Für
Dafna
Elieser
Elizur
und
Immanuel

...εἰς τῶν ἑπτὰ ἀγγέλων οἳ παρεστήκασιν καὶ
εἰσπορεύονται ἐνώπιον τῆς δόξης κυρίου....
οὗτος ἦν ὁ καταδείξας ψαλτήριον καὶ κιθάραν...

Texte und Studien zum Antiken Judentum

herausgegeben von
Martin Hengel und Peter Schäfer

34

Entwicklungsstadien des jüdischen Engelglaubens in vorrabbinischer Zeit

von

Michael Mach

J. C. B. Mohr (Paul Siebeck) Tübingen

Die Deutsche Bibliothek — *CIP-Einheitsaufnahme*

Mach, Michael:
Entwicklungsstadien des jüdischen Engelglaubens in
vorrabbinischer Zeit / von Michael Mach. – Tübingen : Mohr,
1992
　(Texte und Studien zum antiken Judentum ; 34)
　ISBN 3-16-145937-7
NE: GT

© 1992 J.C.B. Mohr (Paul Siebeck) Tübingen.

Das Werk einschließlich aller seiner Teile ist urheberrechtlich geschützt. Jede Verwertung außerhalb der engen Grenzen des Urheberrechtsgesetzes ist ohne Zustimmung des Verlags unzulässig. Das gilt insbesondere für Vervielfältigungen, Übersetzungen, Mikroverfilmungen und die Einspeicherung und Verarbeitung in elektronischen Systemen.

Das Buch wurde von Gulde-Druck in Tübingen auf säurefreies Werkdruckpapier der Papierfabrik Niefern gedruckt und von der Großbuchbinderei Heinr. Koch in Tübingen gebunden.

ISSN 0721-8753

Vorwort

Den folgenden Studien liegt meine hebräische Dissertation zugrunde, die 1987 von der Universität Tel-Aviv angenommen wurde. Dabei wurden die beiden ersten Kapitel umgearbeitet, die weiteren völlig neu geschrieben. Für die Umarbeitung galt der Grundsatz, daß diese Buch-Fassung (im Gegensatz zu den Anforderungen an eine Dissertation) nicht unbedingt die einzelnen Arbeitsschritte zeigen, sondern vor allem lesbar sein sollte. Aus diesem Grund habe ich hier Wert darauf gelegt, daß der „rote Faden" sichtbar bleibt. So kam es zum „Neuschreiben" statt zum Übersetzen. Vor allem methodische Diskussionen sind dabei gekürzt worden. Andererseits wurden viele Quellen neu aufgenommen, die ich früher ausgelassen hatte. So hoffe ich, jetzt eine inhaltlich ausgewogene und vielleicht auch lesbare Darstellung gegeben zu haben. Allerdings sind die Ausführungen über Philon dieser Umarbeitung zum Opfer gefallen: Die Schriften des alexandrinischen Philosophen sind nun einmal eine Größe sui generis und lassen sich mit den hier sonst verhandelten Quellen schwer zusammenbringen, will man nicht beiden, Philon und den außerkanonischen Werken gleichermaßen, Gewalt antun.

Schon in der Dissertation war es nicht möglich, alle Quellen zu untersuchen, die im fraglichen Zeitabschnitt Engel erwähnen; eine Auswahl war unumgänglich. Aber es ging ja nicht um eine enzyklopädische Sammlung von Traditionen, sondern um die Entwicklung der Angelologie als solcher, die zunächst zu erheben und anhand der antiken Literatur nachzuweisen ist. Daher mag gelegentlich auch eine Auswahl genügen.

Weiterhin sind Quellen nun jeweils in motivische Zusammenhänge eingearbeitet, anstatt je für sich untersucht zu werden. Die Register erleichtern hoffentlich dennoch die Auffindung der einzelnen Texte.

Anmerkungen und Literaturhinweise sind (trotz des Augenscheins!) möglichst knapp gehalten, damit der Text als solcher noch lesbar bleibt. Die mannigfachen Quellen, die hier zur Rede stehen, haben - in unterschiedlichem Maß - jeweils eine eigene exegetische Literatur erzeugt, die sich nicht annähernd einarbeiten ließ. Schon im hier gegebenen Umfang wird der Leser das eine oder andere vermissen, was man als relevante Diskussion zum Text hätte erwarten können; aber auch in der vorliegenden Form ist der Anmerkungsteil für eine kontinuierliche Lektüre fast zu groß. Anstatt die zitierte Literatur am Ende des Buches als Bibliographie zusammenzufassen, habe ich den Raum lieber für eine Sachbibliographie, den „bibliographischen Anhang", genützt, auf dessen Einleitung hier besonders verwiesen sei.

In Bezug auf die hier vorausgesetzte Einschätzung der außerkanonischen Literatur und der in Qumran gefundenen Schriften, bedarf der deutsche Leser wohl kaum einer methodischen Klarstellung. Ich gehe davon aus, daß die hier zitierten „Apokryphen und Pseudepigraphen" (wie man die außerkanonische Literatur des Judentums früher genannt hat) in aller Regel vorchristlich sind (einzelne christliche Einschübe mag es deshalb trotzdem hier und da geben). Ebenso scheint mir die Identifizierung der Essener mit den Bewohnern von Qumran eine hinreichend sichere Basis zu haben.

Der Titel der Arbeit sollte ursprünglich die behandelte Epoche als Zeit des „Hellenismus" kennzeichnen. Aber gegen die Anwendung dieses Terminus als zeitlicher Orientierungshilfe bei der Bestimmung jüdischer Literatur-Erzeugnisse ist in letzter Zeit eingewandt worden, daß es sich bei „Hellenismus" um einen klar definierten Terminus handle, der sich mit der Epoche des zweiten jüdischen Tempels zwar überschneide, nicht aber decke[1]. Für die jüdische Geschichte und noch mehr für die jüdische Geistesgeschichte kann man aber nicht davon ausgehen, daß die allgemeinen politischen Daten die gleiche Bedeutung hätten. Was bedeutet schon die Schlacht bei Actium im Vergleich zur Zerstörung des Jerusalemer Tempels? Das Jahr 70 der Zeitrechnung ist in der jüdischen Geschichte das Jahr der entscheidenden Wende. Hier wurde die Vielfalt der jüdischen Gruppen im Lande Israel aufgehoben, und die Konsolidierung des Judentums begann. Die spätere Entwicklung hat sich dabei genauso auf Vorläufer bezogen, wie die vor dem Jahr der Katastrophe bestehenden Gruppen nicht schlagartig zu existieren aufgehört haben. Auf der anderen Seite entsprechen politische Daten den geistesgeschichtlichen Entwicklungen eben nur als Rahmen: Der römische Einfluß im Land Israel und auf die jüdische Bevölkerung (auch in der Diaspora) ist bereits spürbar, bevor die „hellenistische Epoche" politisch gesehen endet, und der griechische Geist wirkt noch einige Zeit später

---

1 Vgl. z. B. die Kritik von C. R. Holladay in JBL 104, 1985, S.714-716. Die These mag dahin gestellt bleiben, denn „Hellenismus" ist ja nicht nur ein politischer Terminus.

nach. Aus der innerjüdischen Perspektive heraus bot sich deshalb eine literarisch-historische Eingrenzung an, die hier mit dem Wort „vorrabbinisch" vollzogen ist. Natürlich setzt auch diese Nomenklatur einiges stillschweigend voraus; aber es geht bei dem Präfix „vor-" um die zeitliche Ansetzung der ersten größeren Kompilation rabbinischer Literatur, die wir kennen, die Mischna. Damit ist über die Existenz prämischnischer, rabbinischer Traditionen nichts präjudiziert. Auch hier werden von Fall zu Fall rabbinische Dicta herangezogen werden müssen, um eine Tradition als jüdisch zu erweisen, die sonst nur noch in frühchristlichen Quellen nachweisbar ist.

Statt des geläufigen Terminus „Angelologie" habe ich in einem späteren Stadium der Arbeit eine Umschreibung als „Engelglaube", „Glaube an die Engel" etc. vorgezogen, denn von einem systematisierten Logos *de angelis* kann man (wenn überhaupt im Judentum) sicher nicht in der vorrabbinischen Zeit sprechen. Darüber hinaus kann diese Arbeit nicht alle Vorkommen in der relevanten Literatur notieren, sondern folgt einer Reihe von Motiven und deren Entwicklung. Wo ich dennoch „Angelologie" gebraucht habe, geschieht das mit diesen zwei Vorbehalten.

Die Arbeit ist im Verlauf vieler Jahre entstanden, in denen ich in nicht wenigen Punkten umgelernt habe. So wie ich hoffe, daß das Gelernte der Arbeit zu Gute gekommen sein möge, kann ich doch auch die Befürchtung nicht unterdrücken, daß sich auf diesem Umwege einige Ungleichmäßigkeiten eingeschlichen haben können. Hier ist der Leser um freundliches Verständnis gebeten.

Was die mehr technische Seite angeht: Wissenschaftliche Publikationen werden in den Anmerkungen beim ersten Erscheinen im Kapitel vollständig angegeben, danach nur als „op.cit. [s.o. Anm. x]". Im Anhang, wie in den Anmerkungen selbst, habe ich fremdsprachige Titel (incl. hebräische) meist nicht übersetzt, denn wer schon mit dem Titel Schwierigkeiten hat, wird die entsprechende Publikation selbst auch kaum lesen können (bei hebräischen Veröffentlichungen habe ich aber gelegentlich die von den Verfassern gebotenen englischen Angaben übernommen und durch ein in Klammern hinzugefügtes „hebr." die Originalsprache gekennzeichnet, dies besonders dann, wenn auf Abbildungen verwiesen wurde). Desgleichen habe ich auch in der Arbeit Übersetzungen vermieden, wo sie nicht zum fortlaufenden Verständnis nötig waren.

Für den deutschen Leser dürften einige Hinweise hilfreich sein: Im folgenden ist unter „Bibel" die hebräisch-aramäische Bibel jüdischen Kanons zu verstehen; der Bibeltext wurde - da unpunktiert - manchmal mit zusätzlichen matres lectiones versehen, um lesbar zu sein; das Tetragramm wird in hebräischen Zitaten mit 'ה, in den Zitaten aus der Sekundärliteratur mit Bindestrich gegeben.

In den vergangenen Jahren genoß ich die Hilfe von Lehrern und Freunden. Alle hier zu nennen, führte zu weit. Mit Dank denke ich an die Jahre in Tübingen bei Proff. M. Hengel, O. Betz, P. Schäfer und anderen, dann an die erste Zeit in Jerusalem mit Prof. D. Flusser, bis zu meinem Wechsel an die Universität Tel-Aviv. Prof. I. Gruenwald (Tel Aviv) hatte die erste Form der Arbeit angeregt und auch die weitere Beschäftigung mit dem Thema nicht nur als akademischer Lehrer, sondern als Freund durch die Jahre hilfreich und kritisch begleitet; Prof. Dr. H.-D. Betz (Chicago) hat Teile des Manuskripts durchgesehen und mich nicht nur auf Versehen aufmerksam gemacht, sondern einige grundsätzliche Erwägungen beigesteuert, die dankbar aufgenommen wurden; mein Freund Dr. Dr. M. Augustin hat die biblischen Partien durchgesehen und mich über Jahre mit Kopien von sonst unerreichbarer Literatur versorgt. Einen kurzen Bibliotheksaufenthalt in Tübingen hat Herr Fr. Avemarie derart effektiv vorbereitet, daß viele der als „non-vidi" gekennzeichneten Veröffentlichungen im letzten Stadium noch herangezogen werden konnten. Prof. R. Tsur (Tel-Aviv) half bei der Gestaltung der Druckvorlage mit Rat, Gerät - und Zeit. Prof. M. Hengel und Prof. P. Schäfer haben schließlich die Arbeit bereitwillig in ihre Reihe aufgenommen und so schließt sich ein Kreis der Studien, der mit beiden in Tübingen begann. Die Mitarbeiter des Verlages Mohr-Siebeck haben das Manuskript schnell und mit außergewöhnlicher Sorgfalt behandelt.

Die Jahre der Studien konnten finanziert werden dank der Stipendien der Studienstiftung des Deutschen Volkes, des Deutschen Akademischen Austausch-Dienstes, eines Preises der Rosenberg-Foundation (Universität Tel Aviv) und eines Dekanats-Stipendiums, ebenda, in der Amtszeit von Prof. G. Cohen, der an der Endphase auch persönlichen Anteil genommen hat. Für die Drucklegung und Überarbeitung hat die Yaniv-Stiftung der Tel Aviver Universität ein Teil-Stipendium zur Verfügung gestellt.

Ihnen allen sei gebührend gedankt!

Meine Frau hat die vielen verschiedenen Versionen dieser Angelologie über Jahre hinweg getippt; sie war stets mein erster Diskussionspartner und häufig weit mehr als das. Sie und unsere Kinder haben verdient, daß ihnen nun gewidmet sei, worauf sie solange gewartet haben.

Jerusalem/Tel-Aviv, 1991   Michael Mach

Inhalt

VORWORT vii
ABKÜRZUNGEN xiv
EINLEITUNG 1
KAPITEL 1   DIE BIBLISCHE „ANGELOLOGIE" 10
   1   Die Problemstellung 10
   2   Allgemeiner Überblick 13
   3   Der himmlische Rat 16
   3. 1 Schilderungen des himmlischen Rats 16
   3. 2 Weitere Traditionen 22
   3. 21 Die Völkerengel 22
   3. 22 Der Hofstaat und die Sterne 25
   3. 23 Die Weisheit des Hofstaats 26
   3. 24 Der Hofstaat im Gericht? 27
   3. 3 Die Namen des Hofstaats 28
   4   Der מלאך 37
   4. 1 Erste Überlegungen 37
   4. 2 Das Nomen מלאך 39
   4. 3 Gott und sein Bote 43
   4. 4 Kritik am Gottesboten? 46
   4. 5 Der Bote Gottes und die anderen Boten 47
   5   Die Verschmelzung der Konzeptionen 52
   6   Übersicht über Termini und Traditionen, die den Engeln und Gott gemeinsam sind 56
   7   Die Funktionen der Engel in der Bibel 60
   8   Rückblick 63

KAPITEL 2 DIE ENTSTEHUNG EINER GRIECHISCH-JÜDISCHEN TERMI-
            NOLOGIE FÜR DIE NEUE „ANGELOLOGIE" 65
  1   Methodische Vorüberlegungen..65
  2   Überblick..68
  3   Die „Standart-Übersetzung" des מלאך mit ἄγγελος 69
  4   ἄγγελοι als Hofstaatwesen...73
  5   ἄγγελος und menschliche Boten..86
  6   Trennung von Gott und Engel...89
       Der Engel des Auszugs und die Pessach-Haggada.......................92
  7   Theologische Verwendung des neuen Terminus........................95
  8   Die LXX zu Daniel...99
  9   Die besondere Angelologie der Hiob-LXX 105

KAPITEL 3 DIE ENTWICKLUNG DES JÜDISCHEN ENGELGLAUBENS IM
            AUSSERBIBLISCHEN SCHRIFTTUM..114
  1   Eine neue Geisteshaltung im Judentum und die Entstehung der
       Apokalyptik..114
  2   Überblick..123
  3   Zur Auswahl der Quellen und zur Methode............................127
  4   Die Gemeinschaft der Engel mit den Menschen in ihren ver-
       schiedenen Aspekten..132
  4. 1 Die Weisheit der Engel 133
  4. 11 Zum angelus interpres 142
  4. 2 Engel als Reisebegleiter...144
  4. 3 Engel als Totenführer 148
  4. 4 Die Gemeinschaft mit den Engeln als eschatologische Hoff-
        nung 159
  4. 41 Die Verwandlung des Gerechten.......................................163
  4. 42 Die Verwandlung in Sterne..170
  Exkurs 1 - Die Engel und die Sterne...173
  Exkurs 2 - Die Flügel der Engel und die Krone der Gerechten 185
  4. 5 Die präsentische Engelgemeinschaft 209
  4. 6 Die liturgische und die kultische Gemeinschaft.......................216
  4. 61 Die Traditionen vom Gotteslob der Engel.............................219
  4. 62 Die sieben Himmel und die Aufgaben der Engel darin 228
  4. 63 Die Abhängigkeit des irdischen Kultus vom himmlischen 237
  4. 64 Der Mensch und der himmlische Gottesdienst........................239

4.7	Das „Heer des Himmels" und die kriegerische Gemeinschaft	241
5	Weitere Motive	255
5.1	Engel im Gericht	255
5.2	Völkerengel	257
5.3	Der Kosmos unter den Engeln und die Hierarchie der Himmlischen	262
6	Die Verschmelzung biblischer Angelologie und griechischer Mythologie auf ihrem vorläufigen Höhepunkt: Der himmlische Besucher der Aseneth	265

KAPITEL 4 DIE GEFAHREN DER GEMEINSCHAFT 279

1	Das Fehlen der Engel	279
2	Die Umkehrung des Motivs von der Weisheit der Engel	282
3	Das christologische Problem: Die Engel und der endzeitliche Retter	287
4	Das theologische Problem: Anbetung der Engel und Engel-Opfer	291
5	Das politisch-ideologische Problem: Josephus	300
5.1	Die Problematik	300
5.2	Der Sprachgebrauch zur Kennzeichnung von Engeln bei Josephus	306
5.3	Die Auswahl der Engel-Erwähnungen durch Josephus	310
5.4	Die ideologische Bestimmtheit der Quellen-Auswahl	311
5.41	Die Auseinandersetzung mit den politischen Gegnern	311
5.42	Die Darstellung der Überlieferung in den Antiquitates	317
6.	Die Angelologie des Josephus als Verstehens-Schlüssel für die folgende Entwicklung	330

QUELLENVERZEICHNIS 333

BIBLIOGRAPHIE ZUR ERFORSCHUNG DER ANTIKEN JÜDISCHEN ANGELOLOGIE 351

Register zum bibliographischen Anhang 416

REGISTER 424

Register der modernen Verfasser..424
Sach-Register (in Auswahl) 430
Stellen-Register (in Auswahl) 438

Abkürzungen

Abkürzungen von Reihen und Zeitschriften richten sich im allgemeinen nach S. Schwertner, Internationales Abkürzungsverzeichnis für Theologie und Grenzgebiete/International glossary of abbreviations for theology and related subjects. Berlin/New York 1974. Darüber hinaus sind hier und in der Bibliographie die folgenden Abkürzungen verwendet:

1. Biblische Literatur

Am	-	Amos	Jos	-	Josua
1-2Chr	-	1-2 Chronik	1-2Kön	-	1-2 Könige
Dan	-	Daniel	Koh	-	Kohelet (= Prediger)
Dtn	-	Deuteronomium	Lev	-	Levitikus
Ex	-	Exodus	Mal	-	Maleachi
Ez	-	Ezechiel	Neh	-	Nehemia
Gen	-	Genesis	Nu(m)	-	Numeri
Hab	-	Habakkuk	Pred	-	Prediger (= Kohelet)
Hag	-	Haggai	Pss	-	Psalm(en)
Hi(ob)	-	Hiob	Ri	-	Richter (Iudices)
HL	-	Hohes Lied	Sach	-	Sacharia
Hos	-	Hosea	1-2Sam	-	1-2 Samuelis
Jer	-	Jeremiah	Spr	-	Sprüche (Proverbia)
Jes	-	Jesaja			

2. Außerkanonische Literatur

äHen	-	äthiopischer/1. Henoch	AssMos	-	Assumptio Mosis
Apk	-	Apokalypse (mit Namen)	epJer	-	epistulae Ieremiae
			4Esr	-	4. Esra
ApkAbr	-	Apokalypse Abrahams	Eztrag	-	Ezechielus tragicus
ApkEl	-	Apokalypse Eliahs	grApkBar	-	griechische Apokalypse Baruchs (3. Baruch)
ApkMos	-	Apokalyspe des Mose			
ApkZeph	-	Apokalypse Zephanias	JosAs	-	Joseph und Aseneth
AscIs	-	Ascensio Isaiae	Jub	-	Jubiläenbuch

LAB	- Ps.-Philon: Liber Antiquitatum Biblicarum	TDan	- Testament Dans (TXII Patr)
OdSal	- Oden Salomos	THi(ob)	- Testament Hiobs
OracSib	- Oracula Sibylina	TIs	- Testament Isaaks
Ps	- Pseudo	TIss	- Testament Issachars (T XIIPatr)
PsOrph	- Pseudo Orpheus		
SapSal	- Sapientia Salomonis (Weisheit Salomos)	TJak	- Testament Jakobs
		TJuda	- Testament Judas (TXII Patr)
Sir	- (Jesus) Sirach		
slHen	- slavischer/2. Henoch	TLev	- Testament Levis (TXII Patr)
syBar	- syrische Apokalypse Baruchs (2. Baruch)		
		TRub	- Testament Rubens (TXII Patr)
T	- Testament (mit Namen)		
TAbr	- Testament Abrahams (TAbr.A/B = Kurz- oder Langversion)	TSal	- Testament Salomos
		TXIIPatr	- Testamente der zwölf Patriarchen
TAdam	- Testament Adams	visEsr	- Vision Esras
TAscher	- Testament Aschers (T XIIPatr)	vitAd	- vita Adae et Evae
		Zosim.	- „Apokalypse des Zosimus" = „History of the Rechabites")
TBen	- Testament Benjamins (T XIIPatr)		

3. Qumran

CD	- Damaskus-Dokument	1QM	- Kriegsrolle
		4QSerShirShab	- Rolle der Schabbatlieder
1QGenAp(kr)	- Genesis-Apokryphon		
		4QAmr	- Amram
1QH	- Hodajot	11QMelch	- Melchizedek
1QS	- Sektenschrift	11QPs	- Psalmenrolle
1QSa/b	- Anhang zu 1QS		

4. Rabbinische Literatur

ARN, A/B - Aboth de Rabbi Nathan (Version A und B nach Schechter)
b - babylonischer Talmud, je mit Namen des Traktats:

AZ	- Avoda Zara (עבודה זרה)	Hul	- Hullin (חולין)
Ber	- Berachoth (ברכות)	Ket	- Ketubot (כתובות)
BB	- Baba Batra (בבא בתרא)	Meg	- Megilah (מגילה)
Hag	- Hagiga (חגיגה)	Men	- Menahot (מנחות)

Pes	- Pesahim (פסחים)	Suk	- Sukka (סוכה)
RH	- RoschHaschana (ראש השנה)	Tam	- Tamid (תמיד)
San	- Sanhedrin (סנהדרין)	Yom	- Yoma (יומא)
Schab	- Schabbat (שבת)	Zeb	- Zebahim (זבחים)
Sot	- Sota (סוטה)		

Gen.r etc. - Midrasch Rabba zu den biblischen Büchern Gen etc.
j   - Jerusalemer Talmud mit Namen des Traktats, s.o.
JalkSchim   - Jalkut Schimoni
m   - Mischna mit Namen des Traktats, s.o.
MechRSch   - Mechilta des Rabbi Schimon ben Jochai
MTeh   - Midrasch Tehillim (Psalmen), edt. S. Buber
PesR   - Pesikta Rabbati
PesRK   - Pesikta de Rab Kahana
t   - Tosephta mit Namen des Traktats, s.o.
Tan   - Midrasch Tanchuma (konventionelle Ausgabe)
TanB   - Tanchuma, ed. S. Buber
TgPsJon   - Targum Pseudo Jonatan ben Usiel

5. Josephus

Ant   - antiquitates Iudaicarum
Bell   - bellum (jüdischer Krieg)
Ap   - Contra Apionem
Vita   - vita

6. Neues Testament und alte Kirche

acta	- acta apostolorum	Lk	- Lukas
ApkJoh	- Apokalyse Johannis	MartPolyk	- Martyrium Polykarps
apol	- Apologie (Tertullians etc.)	Mk	- Markus
		Mt	- Matthäus
dial	- Justin: dialogus cum Tryphone Iudaeo	OradGraec	- Tatian: Oratio ad Graecos
Eph	- Epheserbrief	1-2Petr	- 1-2 Petrusbrief
Gal	- Galaterbrief	Phil	- Philipperbrief
Hebr	- Hebräerbrief	ProtJac	- Protevangelium Jacobi
Jud	- Judasbrief	Röm	- Römerbrief
Kol	- Kolosserbrief	1-2Thess	- 1-2 Thessalonicher
1-2Kor	- 1-2 Korintherbrief	1-2Tim	- 1-2 Timotheus
Joh	- Johannes		

7. Zeitschriften und Reihen

AJSt.R	-	Association for Jewish Studies. Review
BEATAJ	-	Beiträge zur Erforschung des Alten Testaments und des Antiken Judentums,
BJSt	-	Brown Judaic Studies
CRJNT	-	Corpus Rerum Iudaicarum ad Nocum Testamentum
DJD	-	Discoveries in the Judaean Desert (of Jordan)
EdF	-	Erträge der Forschung
FzB	-	Forschungen zur Bibel
JBTh	-	Jahrbuch für biblische Theologie
JSJT	-	Jerusalem Studies in Jewish Thought
JSNT	-	Journal for the Study of the New Testament
JSNT.SS	-	Journal for the Study of the New Testament. Supplement Series
JSOT	-	Journal for the Study of the Old Testament
JSOT.SS	-	Journal for the Study of the Old Testament. Supplement Series
JSP.SS	-	Journal for the Study of the Pseuepigrapha. Supplement Series
JU	-	Judentum und Umwelt
NHS	-	Nag Hammadi Studies
RST	-	Regensburger Studien zur Theologie
RWAW.A	-	Rheinisch-Westfälische Akademie der Wissenschaften. Abhandlungen
RWAW.G	-	Rheinisch-Westfälische Akademie der Wissenschaften. Geisteswissenschaften. Vorträge
TSAJ	-	Texte und Studien zum antiken Judentum
WdF	-	Wege der Forschung

8. Sonstige

AKZ	-	Kropp, Ausgewählte koptische Zaubertexte (s. Quellenverz.)
FS	-	Festschrift
MS	-	Manuskript (Handschrift)
PGM	-	K. Preisendanz, Papyri Graecae Magicae (s. Quellenverz.)

Einleitung

Noch vor wenigen Jahren pflegten Untersuchungen über die Engel mit dem Satz zu beginnen: Die Angelologie werde heute nicht genügend erforscht. Diese Behauptung war seit dem Aufkommen der „kritischen Wissenschaft" in Hinblick auf die Engel-Lehre auch am Platz[1]. Etwas anders standen die Dinge eigentlich nur in Bezug auf die apokalyptische Literatur, denn die Verbindung beider, der Apokalyptik und der Engel, lag ja auf der Hand. Dennoch bleiben die Ergebnisse der Forschung bis in unsere Zeit zu einem gewissen Maße unbefriedigend trotz ansteigender Zahl einschlägiger Publikationen in Fachzeitschriften etc[2]. Die Gründe für dieses Unbehagen liegen sowohl in der Art und Weise, in der man versucht hat, das Thema zu behandeln, als auch in der Zielsetzung der meisten Untersuchungen. Es ist deshalb erste Aufgabe dieser Einleitung, die Notwendigkeit einer neuen angelologischen Studie zu zeigen. Hand in Hand damit ist der Forschungsstand zu skizzieren.

Der Glaube an Engel, d.h. an übermenschliche Wesen, die zwischen Gott und dem Menschen stehen, hat ein Janus-Gesicht: Zum einen vermag er der Theologie (im engsten Sinne des Wortes) eine Lösung für bestimmte Fragen anzubieten, zum anderen aber stellt er selbst diese Lösungen wieder in Frage. Hierin liegt das eigentliche Problem jeder Angelologie:

---

1   Vgl. etwa die Worte P. Wendlands, Die hellenistisch-römische Kultur in ihren Beziehungen zu Judentum und Christentum. 2./3. Aufl., Tübingen 1912 (HNT I/2), S. 190, der sich der Aufgabe dadurch entledigt, daß er den Glauben an Engel den unteren Schichten zuweist. Gegen diese Art des Umgangs mit dem Thema vgl. bereits O. Everling, Die paulinische Angelologie und Dämonologie. Ein biblisch-theologischer Versuch. Göttingen 1888, S. 126. Es handelt sich bei dieser Kontroverse nicht um ein Spezificum der Theologie, vgl. etwa die ersten Sätze des Vorworts von K. Preisendanz, Papyri Graecae Magicae. Die griechischen Zauberpapyri hrsg. und übers. v. ... Bd. 1 (hier benutzt nach der 2., verb. Aufl. mit Ergänzungen von K. Preisendanz, durchg. und hrsg. von A. Henrichs. Stuttgart 1973), S. V. Für die letzte Zeit vgl. u.a. L. Scheffczyk, Einführung in die Schöpfungslehre. 3., verb. Aufl., Darmstadt 1987, S. 151. 167.

2   Vgl. den bibliographischen Anhang.

Einleitung

Verschiedene Religionen haben einzelne Aspekte des Lebens mit je anderen Gottheiten in Verbindung gebracht. In den meisten uns bekannten Fällen haben diese Religionen dann eine Rangordnung der diversen Götter entwickelt, bei der ein Gott oder ein Götterpaar an der Spitze der Götterwelt stehen. Die Abhängigkeit der je anderen Götter von diesem obersten, resp. diesen obersten Göttern wurde dann entweder als eine familiäre Beziehung (Vater-Sohn)[3], oder als Ergebnis einer Auseinandersetzung zwischen den Göttern verstanden. Die erste Variante scheint die zweite zu überwiegen, und die letztere dient häufig dazu, Veränderungen in der gegebenen Rangfolge der Götter mythisch zu begründen. Wie immer solche Abhängigkeiten aber erklärt werden, dient die Mehrzahl der Götter zweifelsfrei dazu, die unterschiedlichsten Aspekte des Lebens unter jene Himmlischen aufzuteilen.

Die exponiert monotheistische Religion[4] dagegen hat ihrem einzigen Gott die Fähigkeit zuzuschreiben, alles allein zu regieren, zu jeder Zeit an jedem Ort jedwede Handlung zu tun, die man als eine überirdische zu erkennen meint. Hier soll nun nicht versucht werden, die zeitliche Reihenfolge der beiden Systeme zu ergründen. Für unsere Studien reicht die Einsicht in ihre Existenz und Wesensverschiedenheit. Es konnte dann natürlich nicht ausbleiben, daß beide sich schnell gegenüberstanden. Ein Teil der so angeregten Polemik scheint noch hinter den ältesten Schichten der biblischen Überlieferungen zu stecken.

In dieser Auseinandersetzung konnten die Engel den Platz der fremden Götter einnehmen und so - wenigstens anscheinend - die Einheit des einzigen Gottes bewahren helfen. Dieser Sachverhalt ist als „Jewish counterpart of pagan

---

3   Selbst Platon kann noch von der Erschaffung der Götter ausgehen und somit den unterschiedlichen Rang von Weltschöpfer und Göttern erklären: Tim 39a-40b.

4   Damit soll nicht gesagt sein, daß die jüdische Religion auch in den älteren biblischen Stadien bereits „ausgeprägter Monotheismus" sei. Im ersten Kapitel wird dazu noch einiges gesagt werden müssen. Dennoch darf man von einer bestimmten Stufe an voraussetzen, daß das theologische Bemühen sich auf die Behauptung stützte, es gebe schlechterdings nur einen Gott, vgl. inter alia Dtn 4, 35 sowie die wiederholten Ausrufe Deutero-Jesajas. In den letzten Jahren ist die Frage nach dem Monotheismus in zwei Sammelbänden wieder aufgenommen worden: O. Keel (Hrsg.), Monotheismus im Alten Testament und seiner Umwelt (Freiburg/Schweiz 1980) (BiBe 14), wobei im ganzen Band nur H.-P. Müller Bemerkungen zu den Engeln macht: *Gott und die Götter in den Anfängen der biblischen Religion. Zur Vorgeschichte des Monotheismus.* S. 99-142, hier S. 130f; der zweite Band: Gott, der einzige. Zur Entstehung des Monotheismus in Israel. Hrsg.v. E. Haag. Freiburg/Basel/Wien (1985) (QD 104), darin v.a. G. Braulik, *Das Deuteronomium und die Geburt des Monotheismus.* S. 115-159.

polytheism...the Jewish answer to pagan polytheism" bezeichnet worden[5]. In der Tat werden von den Interpreten einige Bibelstellen auf solche Auseinandersetzungen bezogen, und einige biblische Überlieferungen scheinen den polytheistischen so ähnlich, daß man geneigt ist, die erwähnten Engel als Übernahme aus fremder Religion zu verstehen (natürlich mit der entsprechenden Einschränkung, daß es sich jetzt *nur* noch um Engel handelt). Wenn derartige Theorien sich als richtig erweisen sollten, dann hat der Glaube an Engel die Übernahme fremder Mythen ermöglicht, wobei der übernatürliche Charakter der Erzählungen bewahrt bleiben konnte[6]. Darüber hinaus konnten die Engel einige Funktionen jener heidnischen Götter übernehmen und so Gott selbst von diesen Aufgaben befreien. Die Frage, welche Taten nun in die Hände der Engel gelegt werden und welche unbedingt in der alleinigen Verfügungsgewalt Gottes bleiben müssen, ist bereits ein Hinweis auf die Verquickung von Theologie und Angelologie.

Die biblische Tradition hat den Engeln jede Persönlichkeit vorenthalten; Engel haben keine Namen (abgesehen vom Danielbuch), sie erscheinen in Stereotypen, und selbst ihre normale Bezeichnung als מלאך-ה׳ oder als מלאך־ (ה)אלהים ist keine Charakterisierung ihres Wesens, sondern ihres Auftrags[7]. Hier wird so gut wie nichts erzählt über Aussehen oder besondere Umstände ihres Kommens. Statt dessen hören wir nur von der erschreckten Reaktion der Menschen, die mit der formelhaften Anrede „Fürchte dich nicht!" zusammengeht. Die Beschreibung des Engels einzig in seinem Dienst ist in der Bibel derart fest verankert, daß dem Engel scheinbar kein eigenes Rederecht zusteht. Er überbringt die Worte seines Senders, d.h. Gottes, und sonst nichts[8]. Man kann

---

5   I. Gruenwald, *Jewish Apocalyptic Literature*. ANRW II/19.1, S. 89-118, hier: S. 85 [= ders., *Prophecy, Jewish Apocalyptic Literature and the Problem of the Uncanonical Books*. From Apocalypticism to Gnosticism. Studies in Apocalypticism, Merkavah Mysticism and Gnosticim. Frankfurt/M. e.a. (1988) (BEATAJ 14), S. 13-52].

6   Belege für solche „Kultur-Anleihen" und für die Forschungsgeschichte in dieser Richtung finden sich in der Dr.-Arbeit von A. Rofé, האמונה במלאכים ביש־ ראל בתקופת בית ראשון לאור מסורות מקראיות, Jerusalem 1969, und müssen hier nicht wiederholt werden.

7   Für die einzelnen Angaben vgl. das erste Kapitel.

8   Genaueres im ersten Kapitel; hier vgl. z.B. nur Gen 22. Die „Sünde der Engel" oder eine Auflehnung gegen Gott sind nicht biblisch, sondern entstammen nachbiblischen Traditionen. Noch ungeklärt ist die Frage, ob es biblisch „böse Engel" gibt.

an einigen Stellen nicht einmal mehr genau sagen, wer denn eigentlich spricht, der Engel oder Gott.

Diese Standardisierung geht so weit, daß die Exegeten lange fragten, ob nicht alle Erwähnungen des „Engels des Herrn" sich auf ein und dieselbe Person bezögen[9]. Die Frage läßt sich nicht mit der biblischen Intention vereinen, jene Engel so blaß als möglich zu schildern.

Eine derart unbestimmte Gestalt wie der biblische Engel kann mit den heidnischen Göttern nicht konkurrieren, die namentlich bekannt waren und von denen es mehr oder weniger entfaltete Erzählungen gab.

All diese Einschränkungen des biblischen Engel-Glaubens weisen eindeutig auf die theologische Problematik hin, die die Verfasser der biblischen Bücher gespürt haben: Derselbe Engel, der den heidnischen Göttern derart nahe kommt, könnte auch an ihre Stelle treten, er könnte Aufgaben erfüllen, die man lieber Gott selbst vorbehält. Genauso wie der Engel vor dem Menschen erscheinen kann und so auf den ersten Blick das theologische Problem der direkten Offenbarung Gottes vor dem Menschen löst, kann er aber auch an Gottes Statt erscheinen, d.h. er kann im Denken des Menschen Gottes Stelle zumindest teilweise einnehmen, ist es doch der Engel, den der Mensch de facto zu sehen meint. In der Tat kann man auch schon in der Bibel, noch mehr aber im nachbiblischen Schrifttum erkennen, wie sehr die Engelerscheinungen den Theophanien angeglichen werden. Sollte der Mensch diesem „himmlischen Wesen" nun nicht auch die ihm gebührende Verehrung erweisen? Sollte er nicht zumindest den Boten Gottes ehren? Die letzte Frage stellt sich so dringend, weil der biblische Bote mit seinem Auftraggeber weitgehend identifiziert erscheint.

Die engelische Vermittlung zwischen dem einzigen Gott und dem Menschen birgt also immense Gefahren für den „Monotheismus" selbst, und daher ist es nur allzu verständlich, daß die biblische Angelologie zwei konträre Zielrichtungen hat: Zum einen wird die Existenz von Engeln einfach hingenommen und literarisch benützt, zum anderen versuchen einige Autoren, die Angelologie so weit als möglich einzuschränken.

---

9   Die Identifizierung aller entsprechenden Stellen ist ausschließlich von christlichen Forschern vorgenommen worden und findet sich bis in die neuere Zeit hinein; vgl. G. v.Rad, Das erste Buch Mose. Genesis übers. und erkl. Göttingen 1972 (ATD 2), S. 151 oder ders., Art. ἄγγελος B: מלאך *im Alten Testament*. ThWNT 1, S. 75-79; L.S. Chafer, *Angelology*. BS 98, 1941, S. 389-420; 99, 1942, S. 6-25. 135-156. 262-296. 391-417, hier: 98, S. 412. Zur Übersicht vgl. V. Hirth, Gottes Boten im Alten Testament. Die alttestamentliche Mal'akvorstellung. Berlin 1975 (TA 32), S. 25ff.

Einleitung

Auf diesem Hintergrund ist die Entwicklung des nachbiblischen Engelglaubens zu sehen. Man wird also von Anfang an zwei entgegengesetzte Tendenzen erwarten können. Wer allerdings mit den Quellen vertraut ist, wundert sich über den immensen Aufschwung, den der Glaube an Engel in der nachbiblischen Epoche genommen hat. Dort begegnet ein Vielfaches an Taten der Engel, an direktem Kontakt von Engel und Mensch, an Angelophanie-Schilderungen und zu guter Letzt auch an Engel-Namen. Wie war dieser Aufschwung möglich? Wie konnte trotz der biblischen Zurückhaltung die Angelologie zu einem derart wichtigen Bestandteil der jüdischen Literatur werden? Weiter fragt sich, ob denn tatsächlich alle Autoren jener Epoche die neue Angelologie mitvertraten, und falls nicht, ob sich Gründe für ihre Zurückhaltung angeben lassen.

Allerdings ist es bei diesem Aufschwung nicht geblieben: In einem späteren Stadium der jüdischen Literatur werden die Engel wieder mit einem gewissen Mißtrauen behandelt. Aber die einmal gewonnenen Traditionen des Zwischenstadiums weichen nicht ohne weiteres. So kommt es zu einer neuen Angelologie, die sich als Ergebnis der späteren Entwicklung und ihrer neuerlichen Einschränkung darstellt. Hier ist also ein Bogen geschlagen von der biblischen Form des Engelglaubens zu einer späteren Mischform, bestehend aus Vorsicht und Weiterführung der inzwischen gewachsenen Traditionen.

Es scheint, daß die Frage nach dieser Entwicklung in der Forschung zu selten gestellt worden ist. Die meisten heute bekannten Arbeiten zur antiken jüdischen Angelologie[10] befassen sich mit der biblischen Engel-Lehre oder einem ihrer Teile. Die Verbindungen der späteren biblischen Bücher mit dem beginnenden außerkanonischen Schrifttum wird meist übersehen, schon deshalb weil man am „Kanon" orientiert ist, ohne zu fragen, ob und wie weit dieser auch damals in den gleichen Grenzen galt[11].

---

10 Im folgenden soll keine vollständige Besprechung des Forschungsstandes geboten werden, sondern vielmehr eine Begründung für die hier getroffene Auswahl des Stoffes. Zu diesem Zweck führe ich nur einige wichtige Arbeiten an. Für alles Weitere sei auf die folgenden Kapitel und den bibliographischen Anhang verwiesen.

11 Es ist hier nicht der Ort, diese Frage zu beantworten, aber der unterschiedliche Umfang von MT und Septuaginta, die verschiedenen Arten des Zugangs zum biblischen Text in den Schriften der „nachbiblischen" Zeit und in Qumran - all dies weist auf einen z.T. noch offenen Kanon - zumindest innerhalb der diversen evtl. abgesonderten Gruppen. S. im folgenden.

Eine weitere Einschränkung des Wertes der überreichen „alttestamentlichen" Forschungsliteratur auf unserem Gebiet liegt darin, daß die meisten Arbeiten sich fast ausschließlich auf den Begriff מלאך konzentrieren[12] und sich nicht mit dem Ganzen biblischer Lehre von übermenschlichen Wesen befassen.

Mit Einsetzen der nachexilischen Epoche wird die Forschungsliteratur merklich weniger, mit Ausnahme der Literatur zum Neuen Testament, da dieses als Teil des christlichen Kanons gilt[13].

Statt einer übergreifenden Untersuchung hat sich allerdings ein besonderer Typus von angelologischer Literatur gebildet: Die neuzeitliche Form der Listenweisheit. In dieser modernen Gattung werden die Namen der Engel und angelologische Traditionen auf bestimmten Gebieten gesammelt und hintereinander notiert. Dabei streben die wenigsten Autoren nach Vollständigkeit[14]. Es liegt in der Natur dieser Art von Quellen-Zusammenstellung, daß weite Teile des relevanten Stoffes nicht berücksichtigt werden können.

Besonders auffällig ist die Tatsache, daß es keine zusammenfassende Untersuchung zur Angelologie der Septuaginta, den in dieser Übersetzung enthaltenen „Apokryphen" und dem Rest der sogenannten hellenistisch-jüdischen Literatur gibt, angefangen bei den Fragmenten, über „Joseph und Aseneth" bis hin zu den Schriften des Josephus. Die umfangreichste Untersuchung zu Philon

---

12 Die Unterscheidung der Begriffe, „Bote-Gottes" und „himmlischer Rat" ist ja sachlich richtig, nur darf sie nicht dazu führen, die zwischen beiden Begriffen und den dahinter stehenden Vorstellungen verlaufenden Verbindungslinien nicht mehr zu sehen und dann nur noch einen Teil der beiden als biblische Angelologie zu betrachten. Das letztere geschieht häufiger, vgl. z.B. H. Röttger, Mal'ak Jah-we - Bote von Gott. Die Vorstellung von Gottes Boten im hebräischen Alten Testament. Frankfurt am Main/Bern/Las Vegas (1978) (Regensburger Studien zum Alten Testament 13). Vgl. dort S. 12-32; doch ist auch sein Überblick nicht vollständig.

13 Allerdings fehlt es auch hier an wirklich wissenschaftlichen Untersuchungen, die den Textbestand insgesamt erfassen. Der letzte Versuch einer neutestamentlichen Angelologie liegt mit der Arbeit von O.A. Miranda vor, The Work and Nature of Angels According to the New Testament. Diss. Princeton 1962. Doch bleibt hier vieles unbefriedigend. So ist man nach wie vor auf ältere Teiluntersuchungen angewiesen.

14 Die bedeutendste Ausnahme ist hier wohl der Artikel von J. Michl, *Art. Engel I-IX*. RAC 5, S. 53-258. Aber auch hier fehlt dann die bewußte Auswertung des reichen Materials. In den Listen von R. Margolioth (מלאכי עליון Jerusalem [1948] = repr. 1988) und M. Schwab (Vocabulaire de l'angélologie d'après les manuscrits hébreux de la Bibliothèque Nationale... Paris 1897 mit Supplementband) vermißt man jede Tradition, bei der der Engel unbenannt bleibt.

stammt aus dem Jahre 1846[15], seitdem gibt es nur noch kürzere Teiluntersuchungen.

Aber auch die apokalyptische Literatur und die mit ihr verwandte Qumran-Literatur sind in der letzten Zeit noch nicht eingehend behandelt worden. Für Qumran klären die ersten Arbeiten in der Regel noch die angelologische Terminologie, und für die Menge an apokalyptischem Material verläßt man sich auf die älteren Arbeiten - ungeachtet der inzwischen fortgeschrittenen Forschung.

Die wenigen angelologischen Untersuchungen zur rabbinischen Literatur gehen zwar in aller Regel von der Notwendigkeit aus, diese mit ihren Vorläufern zu verbinden, doch geschieht das zumeist in der Form des „Überblicks", der mit der erwähnten Auflistung von Namen und Motiven engstens verwandt ist. Daher kommt der große Bogen angelologischer Entwicklung nicht in den Blick. Die „Rivalität zwischen Engeln und Menschen"[16] etwa ist gar nicht so erstaunlich, wenn man die vorangegangene Epoche per se ernst nimmt. Die nachfolgenden Kapitel versuchen in diesem Sinne, das Werden und erste Aufblühen des jüdischen Engelglaubens unter Einschluß gelegentlicher Skepsis ihr

---

15 F. Keferstein, Philo's Lehre von den göttlichen Mittelwesen. Zugleich eine kurze Darstellung der Grundzüge des philonischen Systems. Leipzig 1846. Seitdem hat man sich mit der Logos-Theorie des Philon etwas ausführlicher beschäftigt, aber die Engel werden nur hier und da erwähnt, sofern sie als logoi mit den Engeln verbunden sind.

16 So der Titel von P. Schäfers Untersuchung zur rabbinischen Angelologie; Untertitel: Untersuchungen zur rabbinischen Engelvorstellung. Berlin/New York 1975 (SJ 8). Angelologie auf nicht gesicherter historischer Basis dagegen wird spätere dogmatische Vorstellungen in die alten Texte hinein lesen. Auch L. Scheffczyk ist dieser Gefahr nicht entgangen, op.cit. (o. Anm 1), S. 154ff. Besondere Erwähnung verdient das Werk von H. Bietenhard, Die himmlische Welt im Urchristentum und Spätjudentum. Tübingen 1951 (WUNT 2). Es ist die wohl umfangreichste Diskussion einer immensen Fülle von Quellentexten und bis heute mehr als nur ein lohnendes Nachschlagewerk. Aber das Werk entspricht nicht mehr der heutigen Einsicht in das komplizierte Wechselverhältnis der verschiedenen Quellentexte zueinander (ganz davon abzusehen, daß Bietenhard die Qumrantexte noch nicht in seine Überlegungen einbeziehen konnte): Späte biblische, außerkanonisch apokalyptische, urchristliche und rabbinische Quellen sind nicht nur aus dogmatischer Sicht verschiedene Corpora, sondern stehen untereinander auch im Verhältnis der Reaktion der einen auf die anderen. Wer rabbinische Äußerungen durchweg mit apokalyptischen und urchristlichen verbindet, kann die Dialektik der Entwicklung nicht mehr sehen. Bietenhards Buch wurde hier zwar möglichst häufig herangezogen, seiner Tendenz zur Nivellierung wegen aber selten zitiert.

gegenüber bis zum ersten Niedergang nach der Tempelzerstörung nachzuzeichnen.

Ist aus diesen Gründen also der Versuch, jene Entwicklung selbst zu beschreiben, dringend nötig, so ist es doch unmöglich, alle Quellentexte einzeln und detailliert vorzuführen. In der folgenden Untersuchung habe ich mich daher darauf beschränkt, die Linie, die von der biblischen zu jener späteren Angelologie (nach der Zerstörung des zweiten Tempels) führt, vorzuführen. Hierin liegt der sachliche Grund für die Ausklammerung der Schriften Philons: Sie reihen sich in die allgemeine Entwicklung nicht ein.

Die herkömmliche Unterscheidung zwischen palästinischem und hellenistischem Judentum ist dabei nicht unbedingt ausschlaggebend. Zwar gab es wohl Unterschiede zwischen den verschiedenen Einflußbereichen, aber die neuere Forschung hat durch eine ganze Reihe von Untersuchungen den hellenistischen Einfluß auch auf das Mutterland dargelegt[17], und in allerjüngster Zeit ist auch der apokalyptische Einfluß auf das hellenistische Diaspora-Judentum[18] stärker ins Licht getreten. Daher läßt sich diese Aufteilung von Quellen nicht mehr für eine getrennte Behandlung der einen oder anderen Seite allein ausnützen.

Hinzu kommt, daß auch jene hellenistische Welt selbst sich in den Jahrhunderten zwischen der Heimkehr der babylonischen Exulanten unter Esra und dem Ende des jüdischen Krieges mehrfach stark veränderte. Die Verpflanzung großer Menschenmengen aus ihrer ursprünglichen Heimat in eine andere Region führte zum allgemeinen Trend nach einer allumfassenden Religion[19] oder,

---

17 Vgl. z.B. M. Hengel, Judentum und Hellenismus. Studien zu ihrer Begegnung unter besonderer Berücksichtigung Palästinas bis zur Mitte des 2.Jh.s v.Chr. 2. Aufl. Tübingen 1973 (WUNT I 10). S. Lieberman, Greek in Palestine. Studies in the Life and Manners of Jewish Palestine in the II-IV Centuries C.E. New York 1965 und idem, Hellenism in Jewish Palestine. Studies in the Literary Transmission, Beliefs and Manners of Palestine in the I Century B.C.E. - IV Century C.E. New York 1962 (TSJTSA 18).

18 Vgl. die Kritik M. Hengels an U. Fischer (Eschatologie und Jenseitserwartung im hellenistischen Judentum. Berlin/New York. 1978 [BZNW 44]): *Messianische Hoffnungen und politischer „Radikalismus" in der „jüdisch-hellenistischen Diaspora". Zur Frage der Voraussetzungen des jüdischen Aufstandes unter Trajan 115 bis 117 n.Chr.* In: Apocalypticism in the Mediterranean World and the Near East. Proceedings of the International Colloquium on Apocalypticism. Uppsala, August 12-17,1979, ed. D. Hellholm. Tübingen 1983, S. 655-686.

19 Zum folgenden vgl. bes. die Ausführungen von י. גוטמן (Y. Gutman), הספרות היהודית והחלניות בראשית תקופת החשמואים. היהדות והחלניסטית. I-II Jerusalem (1969), hier vol. I, S.15-19.

wie man es gewöhnlich nennt, zum hellenistischen Synkretismus. Sollte Israel diesem Sog allein widerstanden haben? Kann man die Makkabäeraufstände denn wirklich als einzige, repräsentative jüdische Haltung nehmen? Wohl kaum. Verstärkend mag für einige jüdische Denker hinzugekommen sein, daß auch die hellenistische Welt sich immer mehr auf eine monotheistische Religion hin bewegte, wenn man diese Entwicklung auch dahingehend einschränken muß, daß hier wohl vornehmlich Philosophen und andere Gebildete beteiligt waren[20]. Neben der scheinbaren Angleichung in der Frage des Monotheismus steht nun aber auch die Öffnung der griechischen Philosophie hin zur Dämonologie[21]. In diesem Rahmen ist die immense Entwicklung jüdischer Angelologie zu sehen.

Einer methodischen Feststellung bedarf es an dieser Stelle noch: Die hier je herangezogenen Quellenschriften sind eigentlich unabhängige Zeugnisse des Denkens ihrer Verfasser[22]. Sie sind nicht daraufhin konzipiert, als ein großes Ganzes zusammengenommen zu werden. Streng genommen müßte man sie also je einzeln analysieren und den Stellenwert der Engel im Glauben jedes einzelnen Verfassers zu bestimmen versuchen. Historisch legitim erscheint es aber auch, einmal auf der Grundlage von Einzelinterpretationen, denen die Arbeit an kleineren Einheiten vorangegangen ist, im Rahmen des Möglichen eine Zusammenschau zu unternehmen.

---

20 Vgl. die Ausführungen von Y. Amir, *Die Begegnung des biblischen und des philosophischen Monotheismus als Grundthema des jüdischen Hellenismus.* EvTh 38, 1978, S. 2-19; idem, *Der jüdische Eingottglaube als Stein des Anstoßes in der hellenistisch-römischen Welt.* JBTh 2, 1987, S. 58-75.

21 Als Erscheinung des Volksglaubens ist die griechische Dämonologie natürlich nichts Neues, aber ihr Eindringen in die gebildeten Kreise manifestiert sich erst bei Xenokrates wirklich und entwickelt sich von hier aus fort.

22 Im Prinzip handelt es sich darum, daß die von den Neutestamentlern längst gehandhabte redaktionsgeschichtliche Methode auch hier je zu einer Theologie des bestimmten Verfassers führen müßte. Aber dennoch kann man auch heute noch von einem Gemeinsamen der neutestamentlichen Theologie sprechen, das dann gar nicht so eng gefaßt werden müßte, wie es gelegentlich geschieht. Diese Methode findet erst sehr allmählich Eingang in die Erforschung der jüdischen Theologie, vgl. etwa den Aufsatz von I. Gruenwald, *Die Methodenfrage bei der Erforschung rabbinischen Denkens.* (hebr.) Milet 2, 1984/5, S. 173-184. Eine deutsche Übersetzung erschien im Freiburger Rundbrief 35/6, 1983/4, S. 212-218.

Kapitel 1

Die „biblische Angelologie"

1 Die Problemstellung

Schon die Bezeichnung „biblische Angelologie" ist als solche in mehrfacher Hinsicht problematisch, zum einen sofern es um die Bestimmung des „Biblischen" geht, zum anderen im Hinblick auf die Vorstellung einer entwickelten „Lehre von den Engeln". Biblische Angelologie ist mehrfach erforscht worden und stellt nicht den eigentlichen Gegenstand unserer Studien dar, sondern vielmehr eine Einleitung historischer Art[1]. Denn trotz der im folgenden zu beobachtenden Einwirkungen anderer Kulturen bleibt die jüdische Bibel für alle Autoren, die sich bewußt auf den Boden der jüdischen Tradition stellen, die textliche Grundlage, auf die man sich auch dann bezieht, wenn man nicht mehr genau das Gleiche sagen kann oder möchte. Darüber hinaus aber interpretieren verschiedene Autoren der späteren Epoche die biblischen Erwähnungen der Engel je nach Maßgabe ihrer eigenen Anschauungen, d.h. durchaus polyphon. Aber in der Weiterentwicklung der biblischen Tradition wird diese immer wieder aufgenommen, ja zum Teil läßt sich sagen, daß die späteren Entwicklungen ganz wesentlich von der Problematik der verschiedenen biblischen Ansätze her bestimmt sind. Das Verständnis der späteren Schriftsteller hängt also einerseits am biblischen Grund und bestimmt - zumindest für unsere Arbeit - umgekehrt auch dessen Einschätzung. Dabei ist es offensichtlich, daß die diversen biblischen Ansätze von Hause aus verschieden sind und erst die spätere Zusammenschau der getrennten Überlieferungen das neue Bild des Engels schaffen konnte. Man wird darüber hinaus nicht ausschließen können, daß spätere Interpretation auf den bestehenden biblischen Text eingewirkt hat[2]. So steht der Bibelleser

---

1 Trotz aller bewußten Unterschiede ist sie deshalb der Darstellung D. Castellis funktional verwandt (*Gli antecedenti della Cabbala nelle Bibbia e nella letteratura talmudica*. IKO Rom 1899, vol. III = repr. Nendeln 1968, S. 57-109, hier: S. 60ff.).
2 Vgl. unsere Diskussion zu Dtn 32,8f.43 im folgenden.

vor einer Fülle verschiedener Ansätze, die heute in der gleichen Sammlung des Kanons nebeneinander auftauchen.

Im folgenden soll nicht versucht werden, die biblische Angelologie historisch zu entwickeln: Dem antiken Leser lagen diese Ansätze so vor und die modernen Mittel der Redaktionskritik und Quellenscheidung standen ihm nicht offen. Uns aber beschäftigt nicht, wie es zur biblischen Angelologie kam, sondern was aus ihr wurde. Es soll hier auch keine Sammlung aller einschlägigen Zitate folgen. Sowohl die synchrone als auch die diachrone Erforschung biblischer Angelologie hat ihre Vertreter gefunden, deren Ergebnisse nicht unnötig wiederholt werden müssen[3]. In der folgenden Zusammenschau biblischer Äußerungen über die Engel soll vielmehr jene Problematik erhoben werden, die sich aus dem Gesamtbefund ergibt und deshalb als solche den antiken Lesern vor Augen stand[4].

An dieser Stelle müssen nun doch ein paar Worte über den Umfang des biblischen Kanons in alter Zeit fallen, wiewohl das Thema mehrfach behandelt worden ist. Natürlich kann man für die Zeit des zweiten Tempels noch nicht vom späteren Kanon sprechen[5]: Der Enkel des Sirach zeugt für eine gewisse

---

3 Zu den synchronen Arbeiten kann man den Art. מלאך ה׳, מלאכים von J. Licht in der EB (B), vol. 4, Sp. 975-990 rechnen oder - weniger überzeugend - W. G. Heidt, Angelology of the Old Testament. A Study in Biblical Theology. Washington 1949 (SST 2nd. ser. 24), zu den diachronen vgl. die Doktorarbeit von א. רופא (A. Rofé), האמונה במלאכים בישראל בתקופת בית ראשון לאור מסורות מקראיות. Jerusalem 1969; H. Röttger, Mal'ak - Jah-we - Bote von Gott. Die Vorstellung von Gottes Boten im hebräischen Alten Testament. Frankfurt/M./Bern/Las Vegas (1978) (Regensburger Studien zur Theologie 13) [wiewohl hier dadurch eine gewisse synchrone Einebnung stattfindet, daß Röttger eine große Textbasis der gleichen historischen und literarischen Schicht, E, zuweisen möchte]; besonders hervorzuheben sind noch: V. Hirth, Gottes Boten im Alten Testament. Die alttestamentliche Mal'ak-Vorstellung unter besonderer Berücksichtigung des Mal'ak Jah-we-Problems. Berlin (1975) (ThA 32); F. Guggisberg, Die Gestalt des Mal'ak Jah-we im Alten Testament. Diss. Neuenburg 1979. Unter den Genannten beschäftigen sich nur Licht, Heidt und Hirth auch mit solchen Engeln, die nicht ausdrücklich מלאך heißen, d.h. sie beziehen den himmlischen Hofstaat mit ein.

4 Die mit dem Glauben an Engel gegebene denkerische Schwierigkeit wird selten als solche zum Gegenstand erhoben. Einzig J. Licht hat das, art.cit. (vorige Anm.), getan, allerdings im Rahmen eines Enzyklopädie-Artikels, der zur Kürze zwang.

5 Es fällt nicht in den Rahmen dieser Arbeit, die endgültige Fixierung des Kanons historisch festzustellen, vielmehr ist für unsere Überlegungen die Offenheit des Kanons eine wesentliche Voraussetzung. Ob die Weisen tatsächlich je über den

Offenheit, wenn er hofft, daß das Buch seines Großvaters noch in die Sammlung heiliger Schriften gelangen könnte, und ähnliches gilt für die Zusätze zu kanonischen Texten, die sich in der Septuaginta (im folgenden immer: LXX) finden. Darf man aber unter solchen Voraussetzungen den biblischen Kanon einfach als Grundlage für die spätere Angelologie nehmen?

Durch die Funde von Qumran hat sich die Frage nun noch verschärft, denn dort sind nicht nur die kanonischen Bücher gefunden worden (mit Ausnahme Haggais und der Esther-Rolle)[6], sondern auch eine Reihe von Sektenschriften, die nicht unbedingt alle in Qumran entstanden sein müssen[7]. Die Auffindung eines Textes in Qumran sagt also nichts über dessen Kanonizität oder allgemein verbreitete Interpretation aus, aber sie zeigt die Weite, die zu dieser Zeit in einer religiösen Gemeinschaft noch bestand. Die biblischen Texte aus Qumran selbst weichen vom masoretischen Text gelegentlich ab, was nicht nur auf Schreibfehler folgender Generationenen zurückzuführen ist. Vielmehr scheint außer dem genauen Umfang auch die Schreibweise noch nicht in dem Maße festgelegt zu sein, wie das aus der späteren rabbinischen Tradition bekannt ist. Es muß hier aber gleich hinzugefügt werden, daß das Maß an Genauigkeit angesichts des zeitlichen Abstandes denn doch erstaunlich ist[8]. Unter diesen Um-

---

Umfang des Kanons im Rahmen einer quasi christlichen Synode beschlossen haben, scheint allerdings sehr fragwürdig.
Vgl. P. Schäfer, *Die sogenannte Synode von Jabne. Zur Trennung von Juden und Christen im 1./2. Jahrhundert n. Chr.* Judaica 31, 1975, S. 54-64. 116-124 und weiter I. Gruenwald, Apocalyptic and Merkavah Mysticism. Leiden 1980 (AGAJU 14), S.19-25, sowie meine eigenen Bemerkungen im *Geleitwort* zu Y. Amir, Studien zum antiken Judentum, Frankfurt/M. e.a. 1985 (BEATAJ 2); S.Z. Leiman, The Canonization of Hebrew Scripture: The Talmudic and Midrashic Evidence. Hamden/Conn. 1976 (Transactions of the Connecticut Academy of Arts and Sciences 47) bleibt in Vielem methodisch problematisch. Zuletzt erschienen die folgenden: E.E. Ellis, *The Old Testament Canon in the Early Church*. Mikra. Text, Translation, Reading and Interpretation of the Hebrew Bible in Ancient Judaism and Early Christianity. Edt. M.J. Mulder. Assen/ Philadelphia 1988 (CRJNT II/1), S. 653-690; G. Stemberger, *Jabne und der Kanon*. H.P. Rüger, *Das Werden des christlichen Alten Testaments*. Beide in JBTh 3, 1988, S. 163-174 und 175-189 resp. jeweils mit weiterer Literatur.

6 Zum Problem vgl. J. Maier, *Zur Frage des biblischen Kanons im Frühjudentum im Licht der Qumranfragmente.* JBTh 3, 1988, S. 135-146

7 Die Henoch-Fragmente z.B. gehören sicher nicht zum Bestand der in Qumran entstandenen Literatur, sondern nur zu der dort eben gelesenen. Zu den Fragmenten dieser außerkanonischen Literatur in Qumran vgl. Kap. 3.

8 Vgl. inter alia F.M. Cross/S. Talmon (eds.), Qumran and the History of the Biblical Text. Cambridge (Mass.)/London (1975 = repr. 1978) und zuletzt J.E.

ständen kann man den späteren Kanon nur mit gewissen Vorbehalten als Grundlage der außerkanonischen Literatur werten.

Aber auf der anderen Seite zeigen die gleichen Quellen, aus denen man die Offenheit des Kanons folgern könnte, auch die immer stärker werdende Einigkeit der verschiedenen Autoren über den Umfang des *einen* Kanons[9]. Zweifelsfrei ist der Pentateuch schon relativ früh anerkanntes Zentrum des biblischen Kanons, und ebenso dürften die großen Propheten, Jesaja, Jeremia und Ezechiel sowie die Psalmen zu einem allgemein respektierten Grundstock gehört haben. Wie dem auch immer sei, die biblische Literatur ist quasi die einzig erhaltene Quelle für die religiösen Traditionen Israels vor der Zeit des zweiten jüdischen Tempels.

In diesem Sinn kann der biblische Kanon in seinem größeren Teil als Fundament der späteren Entwicklungen angesprochen werden, wenn man auch zu berücksichtigen haben wird, daß sowohl der genaue Umfang - z.B. bei Dan! - wie auch der exakte Text nicht immer dem heute vorfindlichen entsprochen haben müssen.

2 Allgemeiner Überblick

Um die folgenden Ausführungen leichter verständlich zu machen, lassen wir an dieser Stelle einen allgemeinen Überblick vorangehen, dessen Inhalt wir im folgenden entfalten:

Sanderson, An Exodus Scroll from Qumran 4QpaleoExod[m] and the Samaritan Tradition. Atlanta (Georgia) (1986) (HSS 30), deren Beobachtungen zur Verbindung von Samaritanus und Qumran-Textgeschichte aber nicht dazu verleiten sollten, auch die beiden Gruppen selbst in Verbindung zu bringen; schließlich stellt der Samaritanus nicht unbedingt einen verderbten Text dar, und es ist durchaus denkbar, daß hier wie in Qumran ein guter, alter Texttypus aufbewahrt wurde. Vgl. Sanderson S. 317ff.

9 Es bedarf noch einer genauen Untersuchung in dieser Hinsicht, aber aus den häufigen Zitaten in der außerkanonischen Literatur lassen sich doch gewisse Rückschlüsse ziehen: Wäre ‚Habakuk' in den Augen der Qumran-Literaten kein kanonisches Buch gewesen, dann hätten sie den sog. ‚Pescher-Habakuk' schwerlich geschaffen; ebenso beruft sich der Vf. des äHen (1) bei der Schilderung des großen Gerichts wohl kaum auf irrelevante Prophetenbücher. Zu der Bedeutung der Zitate in den sog. „Apokryphen" siehe jetzt D. Dimant, *The Problem of Non-Translated Biblical Greek*. VI Congress of the International Organization for Septuagint and Cognate Studies, Jerusalem 1986. Ed. by C.E. Cox. Atlanta (1989) (SBL.SCS 23), S. 1-19.

Das theologische Problem, das mit dem Glauben an die Existenz von Engeln gegeben ist, kommt in der Bibel auf unterschiedliche Art zur Sprache: durch die Bezeichnung für Engel, die motivischen Gemeinsamkeiten bei der Beschreibung von Theo- und Angelophanien und v.a. durch die häufiger begegnende Ambivalenz von Engel und Gott, die eine Entscheidung, wer denn jeweils gemeint sei, erschwert.

Diese Grundprobleme begegnen innerbiblisch in zwei verschiedenen Konzeptionen, der des „Boten" (מלאך) und der des himmlischen Rats, wobei die Ambivalenz zwischen Gott und seinem Boten stärker ausgeprägt ist. Grundsätzlich gilt es, zwischen diesen beiden Konzeptionen phänomenologisch zu unterscheiden, aber schon in der Bibel werden sie schließlich verbunden[10].

Die Bibel kennt gelegentliche Beschreibungen des himmlischen Rats, aber keinen allen Quellen gemeinsamen Terminus zu dessen Bezeichnung. Es gibt demnach Wesen, die Gott an seinem Ort dienen. Sie sind Gott nahe und doch deutlich von ihm unterschieden. Zu den Menschen aber haben sie kaum Kontakt.

Der Bote Gottes dagegen erscheint in menschlicher Gestalt, weshalb er nicht immer gleich erkannt wird; er heißt gelegentlich sogar איש, wie andererseits bestimmte Menschen (Priester und Propheten) auch den Titel מלאך führen können. Dennoch bleibt der מלאך-ה'/אלהים Bote Gottes und als solcher von den Menschen unterschieden und Gott selbst nahe (Botenrecht).

Beide Konzeptionen sind nicht unproblematisch, insofern die Aufnahme paganer Traditionen bei der Vorstellung vom himmlischen Hofstaat einerseits und die Doppeldeutigkeit des himmlischen Boten andererseits den Monotheismus in Frage stellen. Folgerichtig erscheinen beide Konzeptionen in ambivalenter Beurteilung, wobei nicht ganz auszumachen ist, ob es tatsächlich für beide ein gewisses Maß an Kritik oder nur besondere Vorsicht gegeben hat.

Verschiedene Faktoren sind aber beiden Konzeptionen inhärent, wie die Tatsache, daß es sich um übermenschliche Diener Gottes handelt, um „zwielichtige Gestalten" im doppelten Sinn des Wortes: Mit dem Glanz des Göttlichen

---

10 Soweit ich sehen kann, hat nur Licht (s.o. Anm. 3) beide Konzeptionen wirklich verbunden. Wie die Interpretation der biblischen Angelologie ohne Rücksicht auf die verschiedenen Konzepte aussieht, machen noch W.W. Baudissin, Studien zur semitischen Religionsgeschichte. Heft I-II Berlin 1911 (Vorwort von 1876!), hier: II, S. 124f, und W.F. Albright, Yah-weh and the Gods of Canaan. A Historical Analysis of Two Contrasting Faiths (London/New York 1968 = repr.) Winona Lake o.J. (JLCR 1965), S. 191f, deutlich.

ist der Hofstaat ausgestattet, mit der Unerkennbarkeit der Bote Gottes - und mit der Gefahr für den Monotheismus beide[11]. So wundert es nicht, daß die Bibel auf einer späteren Entwicklungsstufe beide Konzeptionen miteinander vereinen wird. Diese Fusion ist die Grundlage der nachbiblischen Engelvorstellung. Mit der Fusion ist dann aber auch gegeben, daß die einzelnen Elemente, die jeweils die entsprechende Original-Konzeption ausmachten, nun wieder an die Oberfläche treten können, d.h. wenn die Vorstellung vom himmlischen Rat wirklich pagane Elemente aufgenommen hat, dann ist sie für dergleichen auch in Zukunft wieder offen, und insofern der Bote von seinem Auftraggeber nicht oder nur schlecht zu unterscheiden ist, wird ähnliches auch in Zukunft gelten.

Die Verschmelzung beider biblischer Konzeptionen läßt sich auch sprachlich nachvollziehen, sofern in späteren Quellen die Mitglieder des Hofstaates plötzlich im Singular stehen, wie umgekehrt die Boten nun auch als Gruppe auftreten können. Aber für die künftige Entwicklung der Engelvorstellung ist diese Fusion zweier von Hause aus verschiedener Vorstellungen weit über das Sprachliche hinaus ausschlaggebend: Wenn man der Einfachheit halber das Problem kurz reduzieren darf, dann werden hier Züge des Göttlichen mit dem beinahe Menschlichen derart zusammengebracht, daß nun je nach Anschauung das eine oder andere Element überwiegt. Die Verschmelzung des Boten mit dem Hofstaat, d.h. seine Erhebung in den Bereich des Göttlichen, kann einerseits die ohnehin bestehende Gefahr der Vervielfachung der Gottheit nach sich ziehen. Dies umso mehr, als ja auch innerbiblisch Gott und sein Bote nicht immer deutlich voneinander getrennt sind. Sie kann aber auch umgekehrt zum Muster für die quasi göttliche Zukunft des gerechten Menschen werden. Anhaltspunkt

---

11 Die Art der biblischen Textüberlieferung hat den Versuch, eine innerbiblische Entwicklung festzustellen, immens erschwert. Es ist durchaus denkbar, daß die auf uns gekommenen Texte erst das (gedanklich) spätere Stadium der Fusion widerspiegeln: Wenn z.B. Gen 32, 2f von Jakob gesagt wird, er habe das Lager der Engel (מלאכים) gesehen, dann bedeutet das nicht, daß an dieser Stelle in der Tat das Hebräische מלאך ursprünglich ist, vielmehr kann hier irgendein anderer Gruppenname des himmlischen Rats gestanden haben. Ebenso ist durchaus nicht gesagt, daß die Vorstellung vom himmlischen Rat einer einzigen historischen Stufe angehört; man nehme nur Jes 23, 21-23 als Beispiel für einen evtl. jungen Text (was aber umstritten ist, dazu unten). Wir werden solche Fälle im folgenden besprechen.
Eine andere Frage ist es, ob die gelegentlich angenommenen anti-angelologischen Bearbeitungen der biblischen Tradition tatsächlich in dieser Fülle vorhanden sind. Besonders Rofé (s.o. Anm 3) hat diesen Aspekt stark betont, Röttger (s.o.Anm 3) ist ihm darin gefolgt.

hierfür sind vor allem jene Stellen, an denen die Engel in den menschlichen Bereich einbezogen werden (z.B. beim Lobpreis Gottes). In der nachbiblischen Literatur werden beide Entwicklungen eintreten.

3 Der himmlische Rat

3.1 Schilderungen des himmlischen Rats

Die Darstellungen des Hofstaates sind nicht nur deskriptiv: Einigen merkt man einen polemischen Unterton an. Der himmlische Rat kommt dabei fast ausschließlich als Gruppe in den Blick, d.h. es gibt quasi keine Erwähnung bestimmter Individualgestalten. Die Bezeichnungen des himmlischen Rats sind vielfältig - im Gegensatz zum Boten. Die wichtigsten Gruppen-Namen sind: קדושים, בני-(ה)אל(ה)ים, צבא-השמים/צבאות, כרובים, שרפים[12]. Es scheint heute unmöglich festzustellen, ob alle diese Namen[13] als solche und in ihrem jeweiligen literarischen Kontext je ursprünglich sind. In keinem Falle kann man von einer durchgehend gestalteten Terminologie der Rats-Konzeption sprechen.

Eine relativ einfache Schilderung des Hofstaates gibt der Prophet Micha in 1Kön 22, 19[14]:

לכן שמע דבר ה' ראיתי את ה' ישב על-כסאו וכל-צבא השמים עמד עליו מימינו ומשמאלו

Gott befragt seinen Rat dann wegen der politischen Begebenheiten in Israel.

Ähnlich liest sich - zumindest auf den ersten Blick - die Schilderung in Jesaja 6, 1-2:

ואראה את ה' ישב על-כסא רם ונישא
שרפים עמדים ממעל לו...

Auch hier fragt Gott die ihn Umgebenden (V 8):

ואשמע את קול ה' אומר את-מי אשלח ומי ילך-לנו...

---

12 In wörtlicher Übersetzung: Heilige, Götter/Gottes-Söhne, Himmelsheer, Cherubim und Seraphim. In Ps 78, 25 heißt das Manna לחם אברים. Damit werden diese „Starken" aber noch nicht zum Engel-Namen oder zur Bezeichnung des himmlischen Hofstaates (anders Heidt, op.cit., s.o. Anm. 3, S. 1f), vielmehr gilt hier die übliche Bedeutung „Starker"/„Held". Erst in einem späteren Stadium wird aus der Manna-Bezeichnung von Ps 78,25 ein „Engelsbrot" (vgl. Kap. 2). Auch andere Funktionsbezeichnungen der Engel und des Rats sind nicht als Namen zu betrachten wie etwa משרתים, מלאך-מליץ.

13 Vgl. im folgenden Jes 6,1ff mit 1Kön 22, 19ff.

14 Vgl. die etwas andere Formulierung in 2Chr 18, 18; scheinbar störte den Chronisten das "עליו„. Die Änderung sagt einiges über die Einstellung zum Hofstaat. Siehe auch unten S. 83 Anm. 46.

Bei der Thronvision des Jesaja bleiben eine Reihe ungelöster Fragen. Dennoch kann man feststellen: Gott heißt V 3 ה׳ צבאות. Wollte der Prophet damit auf die Bezeichnung des himmlischen Hofstaates als „Himmelsheer" anspielen, die schon bei Micha ben Jimla vorkam[15], oder ist der „Herr der Heerscharen" für Jesaja bereits eine derart geläufige Gottesbezeichnung, daß man ihretwegen keine Verbindung zwischen den beiden Texten herstellen sollte? Ferner: Die wichtigste Aufgabe der Seraphim bei Jesaja ist offenbar das Singen des „Sanctus" (...קדוש קדוש קדוש ה׳ צבאות). Das Loblied zu Ehren Gottes ist auch in einer Reihe anderer Texte das eigentliche, ja legitime Charakteristikum des Hofstaates. Aber trotz allem lernen wir aus der Beschreibung des Propheten nichts über die eigentliche Beschaffenheit und Identität der „Seraphim". Wenn man den neueren Untersuchungen folgt, dann liegt in dem Sanctus der Seraphim bereits ihre Anerkennung der Einzigartigkeit des Gottes Israel und damit ihr Abgewertet-Sein, das der Prophet - für seine Hörer deutlich - vollzog.

Im Gegensatz zu den eindeutigen Schilderungen des Hofstaats bei Micha ben Jimla und Jesaja gibt es einige biblische Texte, die vielleicht ursprünglich den Hofstaat intendiert hatten - aber bei der jetzigen Formulierung bleibt ein gewisser Zweifel. Dies gilt für die Anrede Gottes in Gen 1, 26 „Lasset uns

---

15 Es kann dabei nicht übersehen werden, daß beide Visionen auch wieder ihre Unterschiede haben; dennoch muß man feststellen: Der Prophet sieht Gott auf seinem Thron und wird in dieser Situation beauftragt. Die Gott umgebenden Wesen haben dabei eine gewisse Rolle zu spielen. Man mag zwar annehmen, daß es sich bei den Seraphim nur um zwei, bei dem Himmelsheer um eine große Menge von Wesen gehandelt habe; weiter sind die Seraphim, bes. dann, wenn die Identifikation mit der ägyptischen Uraeus-Schlange richtig ist, von einem Himmels-Heer klar unterschieden etc.; aber das Gemeinsame beider Visionen sollte wegen der bestehenden Unterschiede nun nicht gleich ganz aufgegeben werden. Zur Schlangeninterpretation der Seraphim vgl. O. Keel, Jah-we-Visionen und Siegelkunst. Eine neue Deutung der Majestätsschilderungen in Jes 6, Ez 1 und 10 und Sach 4. Mit einem Beitrag von A. Guthub über die vier Winde in Ägypten. Stuttgart (1977) (SBS 84/85) und die Diskussion dort. Die Unterschiede der beiden Visionen werden von Keel und D. Vieweger, Die Spezifik der Berufungsberichte Jeremias und Ezechiels im Umfeld ähnlicher Einheiten des Alten Testaments. Frankfurt/M./Bern/New York (1986) (BEATAJ 6), mehrfach betont. Dennoch hat auch H.-W. Jüngling, *Der Heilige Israels. Der erste Jesaja zum Thema „Gott"*. Gott, der einzige. Zur Entstehung des Monotheismus in Israel. Freiburg/Basel/Wien (1985) (QD104), S. 91-114, hier: S. 103-108, beide Texte zusammengestellt. Zur Beziehung von Jes 6 zu Ps 99 und zu dem da dreimal wiederholten קדוש vgl. R. Scoralick, Trishagion und Gottesherrschaft. Psalm 99 als Neuinterpretation von Tora und Propheten. Stuttgart (1989) (SBS 138), bes. S. 59f.

einen Menschen machen" und für Gen 11, 7: „Laßt uns herabsteigen und ihre Sprache verwirren". Handelt es sich hier um einen Pluralis majestatis oder tatsächlich um Anrede an eine Gruppe? Unklar ist auch die Dt-Jes-Stelle 40, 3: קול הי דרך פנו במדבר קורא. Da aus dem Zitat deutlich hervorgeht, daß Gott nicht selbst spricht, interpretieren einige hier die Stimme[16] als die eines Mitglieds des himmlischen Rats. Mindestens an zwei weiteren Stellen ist aber wieder eindeutig der Hofstaat[17] gemeint:

Dan 7 beschreibt das Gericht Gottes (V 10):

אלף אלפים ישמשונה ורבו רבון קדמוהי יקומון

In der Rahmenhandlung des Buches Hiob, Kap. 1-2 und in der göttlichen Antwort an Hiob, 38, 7, werden die בני אלים als die Gott Umgebenden genannt. In ihrer Mitte wird über die Versuchungen Hiobs entschieden. Die Abfassungszeit des Buches Hiob ist zwar weiterhin umstritten, aber zumindest für das Daniel-Buch kann man eine Spätdatierung voraussetzen und damit das innerbiblische Fortbestehen der Hofstaat-Tradition bis in die spätnachexilische Zeit belegen.

Die einfache Erwähnung des Hofstaates war nun nicht allen Autoren der Bibel möglich. An einigen Stellen schimmert die Ablehnung relativ klar her-

---

16 Vgl. z.B. W. Zimmerli, Grundriß der alttestamentlichen Theologie. 2., durchges. u. erw. Aufl. Stuttgart e.a. (1972) (ThW 3), S. 192; G. v. Rad, Theologie des Alten Testaments. II: Die Theologie der prophetischen Überlieferung Israels. München 1968, S. 75. 254; F.D. Ross, *The Prophet as Yah-wes Messenger. Israel's Prophetic Heritage.* FS J. Muilenburg ed. by B. W. Anderson and W. Harrelson. London (1962), S. 98-107, hier: S. 104. Nach seiner Darlegung muß man auch Am 3, 7 ernsthaft mitbedenken. Sollte diese Auslegung von Am richtig sein, hätte das enorme Auswirkungen auf die rabbinische Angelologie. Die Verse Jes 40, 1-8 sind zuletzt von C.R. Seitz als Anrede an den Hofstaat aufgefaßt worden: *The Divine Council. Temporal Transition and New Prophecy in the Book of Isaiah.* JBL 109, 1990. S. 229-247. Die aramäischen Targume sehen im göttlichen Plural, der hier zur Rede. steht, meist eine Anrede an die Engel. Vgl. A. Shinan, *The Angelology of the „Palestinian" Targums on the Pentateuch.* Sefarad 43, 1983, S. 181-198, hier S. 184.

17 Dies gilt auch dann, wenn man unter den קדישי עליונין keine Engel versteht. M. Noth hat durch seine redaktionskritischen Untersuchungen zu diesem Kapitel eine heftige Diskussion ausgelöst: *Die Heiligen des Höchsten.* Interpretationes ad Vetus Testamentum pertinentes. FS S. Mowinckel [edt. N. A. Dahl und A.S. Kapelrud], Oslo 1955, S. 146-161 [= repr., ders., Gesammelte Studien zum Alten Testament (1), 3. Aufl. München 1966 (ThB 6), S. 274-290]. Zur Diskussion vgl. die Bibliographie unter 4.43.

vor[18]. So gilt Ps 82 als das einleuchtendste Beispiel der Polemik[19]. Gott richtet die אלים, d.h. die Götter bzw. den Hofstaat (V. 1):

אלהים נצב בעדת-אל בקרב אלהים ישפוט.

In der Fortsetzung werden die Taten dieser אלהים in allgemeinster Weise genannt; doch hier sind V 6f wichtiger:

אני אמרתי אלהים אתם ובני עליון כלכם
אכן כאדם תמותון וכאחד השרים תפלו.

Damit werden die ehemaligen Mitglieder des Hofstaats[20], בני אלים, nun zu Menschen degradiert und haben Teil an der menschlichen Sterblichkeit.

Die Geschichte von Saul und der Frau aus En Dor (1Sam 28, 3ff) enthält neben der Beschreibung auch Kritik: Der König hatte selbst die Wahrsagerei verboten (V 3. 9), dennoch wendet er sich an die Frau und diese sieht (V 13):

אלהים ראיתי עולים מן הארץ.

Diese אלהים gehören nicht direkt zum Thema der vorliegenden Arbeit, denn sie sind nicht Teil des himmlischen Rates, sondern im weitesten Sinn „Geister". Aber im Rahmen biblischer Äußerungen über Mitglieder einer anderen Welt außer und neben Gott bleibt festzuhalten, daß Saul diese Geister rufen lassen kann. Das ändert nichts am Verbot, aber es zeigt die ungebrochene Vorstellung von der Existenz solcher Wesen.

---

18 Nicht alle in Frage kommenden Belege sind wirklich eindeutig: Ex 15, 11 heißt es z.B.: מי כמוך באלים ה׳. Damit ist natürlich eine Wertung gegeben, aber die אלים existieren weiterhin. Ähnlich wird man Ex 20, 2 zu lesen haben: Die Anbetung fremder Götter ist zwar verboten, ihre Existenz wird damit aber nicht automatisch in Frage gestellt.

19 Der Text ist häufiger interpretiert worden. Die beiden Arbeiten, die die Hofstaat-Deutung besonders vertraten sind J.S. Ackerman, An Exegetical Study of Ps 82. PhD Harvard 1966, vgl. da bes. S. 177-272, und H.-W. Jüngling, Der Tod der Götter. Eine Untersuchung zu Psalm 82. Stuttgart (1969) (SBS 38), der eine Übersicht über die verschiedenen Standpunkte vermittelt. Seitdem erschien J. Jeremias, Kultprophetie und Gerichtsverkündigung in der späten Königszeit Israels. Neukirchen (1970) (WMANT 35), hier: S. 120-125, bes. 124 mit Anm. dort. Letzte Übersicht über den Forschungsstand bei H. Niehr, *Götter oder Menschen - eine falsche Alternative. Bemerkungen zu Ps 82*. ZAW 99, 1987, S. 94-98; einige spätere Auslegungen des Psalms sind zusammengestellt bei J.H. Neyrey, *„I said: You are Gods": Psalm 82: 6 and John 10*. JBL 108, 1989, S. 647-663. Vgl. außerdem die Bibliographie unter 4.3 und Anm. 23.

20 Streng genommen handelt es sich bei dem Wort אלים um Götter und noch nicht um „depotenzierte" Götter. Die spätere Zeit wird dann אלים und בני אלים in der Rolle des Hofstaats verstehen; vgl. Kapitel 2 und 3. Die genaue Entstehungszeit von Ps 82 ist nicht mehr zu erheben. Niehr, art.cit. (vorige Anm.), S. 97, schlägt das 8. Jh. vor.

Wieder näher am Thema der Polemik gegen den Hofstaat befinden wir uns mit einem Vergleich zweier Verse aus Hiob.

4, 18: הן בעבדיו לא יאמין ובמלאכיו ישים תהלה
15, 15: הן בקדשיו לא יאמין ושמים לא זכו בעיניו

Die verschiedenen Termini, עבד, מלאך, קדוש, שמים werden hier nebeneinander gesetzt (zu diesem Problem im Folgenden). Die ablehnende Tendenz ist allerdings unbestreitbar. עבד und מלאך werden auch in Jes 44, 26 nebeneinander genannt: מקים דבר עבדו (var.lect.: עבדיו) ועצת מלאכיו ישלים

Die Pluralform des Suffixes ist eine der beiden überlieferten Lesarten und paßt besser zum Vergleich mit der zweiten Satzhälfte. Normalerweise versteht man heute allgemein unter den „Knechten" die Propheten selbst; dann heißen diese aber nun מלאכיו[21]. Die Verbindung der Propheten zum himmlischen Rat wird im Folgenden noch deutlicher. Hier sei nur gefragt, ob der Anspruch Dt-Jes nicht auch eine gewisse Kritik an der Konzeption des Hofstaats enthält.

Auf vergleichbarer Ebene liegen nun jene Bibelverse, die den Hofstaat zur Teilnahme am Lob Gottes auffordern. Hierher gehören Ps 89, 6-9:

ויודו שמים פלאך ה׳　　אף-אמונתך בקהל קדשים
כי מי בשחק יערך לה׳　　ידמה לה׳ בבני אלים
אל נערץ בסוד-קדשים רבה　　ונורא על-כל-סביביו

Die einfache Aufforderung an den Hofstaat, Gottes Lob zu singen, kann nun im Kontext der bestehenden Kritik auch als eine Art von Degradierung empfunden werden: Die Wesen des Hofstaates sind dazu da, zu loben - aber das tun Menschen auch, und so wird der Unterschied zwischen beiden eingeebnet. Deutlich wird diese Tendenz durch den Vergleich mit anderen Belegen, wie Ps 29, 1. 10[22]: מזמור לדוד הבו לה׳ בני אלים הבו לה׳ כבוד ועז...
ה׳ למבול ישב וישב ה׳ מלך לעולם

Das Königtum Gottes ist die Begründung für die Aufforderung an die בני אלים, sein Lob darzubringen. So kann es dann Ps 97, 7. 9 heißen:

---

21 עבד wird auch Jes 37, 24 in der festgeprägten Formel ביד עבדך gebraucht (vgl. 2Kön 19, 23). LXX übersetzen hier ἄγγελος; vgl. Kap. 2, S. 84.

22 Zur Beziehung der hier behandelten Pss-Stellen zur Polemik gegen das kanaanäische Erbe vgl. zuletzt die ausführliche Darstellung bei J. Jeremias, Das Königtum Gottes in den Psalmen. Israels Begegnung mit dem kanaanäischen Mythos in den Jah-we-König-Psalmen. Göttingen (1987) (FRLANT 141), zu Ps 29 bes. S. 92. 124 u.ö. Im Rahmen unseres Überblickes kann es nicht darum gehen, diese Verbindung selbst neu zu untersuchen. Sie wird in Anlehnung an vorhandene Forschung vorausgesetzt.

...השתחוו לו כל אלהים
כי אתה ה׳ עליון על-כל-הארץ מאד נעלית על-כל-אלהים

Ist das Motiv des himmlischen Gesanges aber - ob aus Gründen der Degradierung des Hofstaates oder nicht - einmal gegeben, so wird es weiter verwendet, z.B. im Gebet, Neh 9, 6:

אתה-הוא ה׳ לבדך
את(ה) עשית את-השמים שמי השמים וכל-צבאם
הארץ וכל-אשר עליה
הימים וכל-אשר בהם
ואתה מחיה את-כלם
וצבא השמים לך משתחוים

Weitere Beispiele für den Lobgesang stellen Pss 103, 20ff; 148, 1-3 dar - nur mit dem Unterschied, daß hier bereits Hofstaattermini mit dem Botennamen verbunden sind.

Eine Kritik am Hofstaat ist nun insofern nur natürlich, als das pagane Erbe, welches hinter dieser Vorstellung steht, den biblischen Autoren nur allzu geläufig gewesen sein dürfte. Wir werden auf dieses Erbe gleich im Zusammenhang mit den Gruppenbezeichnungen noch eingehen[23]. An dieser Stelle bleibt festzuhalten: Die Stellung der Bibel zum Hofstaat ist ambivalent: Neben scheinbar neutralen Schilderungen stehen Texte, die sich als eine gewisse Kritik auffassen lassen (z.T. so aufgefaßt werden müssen).

---

23 Vgl. an speziellen Untersuchungen zum Thema: מ.ד. קסוטו, ערך ״בני אלים, בני (ה) אלהים, בני עליון״. EB (B) 2,172f; ders. (=U. Cassuto), *The Episode of the Sons of God and the Daughters of Man (Genesis vi 1-4)*. In: Ders., Biblical and Oriental Studies. Vol. I: Bible. Jerusalem (1973), 17-28 (Für das Original und weitere Literatur vgl. die Bibliographie); E.T. Mullen, The Divine Council in Canaanite and Early Hebrew Literature. (Chico 1980) (HSM 24); W. Schlisske, Gottessöhne und Gottessohn im Alten Testament. Phasen der Entmythologisierung im Alten Testament. Stuttgart (1973)(BWANT 97), bes. S. 15-78; O. Loretz, Psalm 29. Kanaanäische El- und Baaltraditionen in jüdischer Sicht. Altenberge 1984 (Ugaritische-Biblische Literatur 2), 75-78; G. Fohrer, Das Buch Hiob. 2.Aufl. Berlin (1988) (KAT 16), S. 80-82. Mehrere der hier genannten Bibelstellen sind summarisch auf die ugaritische Götterversammlung zurückgeführt bei O. Loretz, Ugarit und die Bibel. Kanaanäische Götter und Religion im Alten Testament. Darmstadt (1990), S. 56-65. 89. Dort weitere Literatur.

3. 2 Weitere Traditionen
3. 21 Die Völkerengel

Zu den weiteren Traditionen vom Hofstaat gehören nun zumindest zwei, die in der jüdischen Angelologie weiter gewirkt haben: Die Vorstellung von den „Völkerengeln" und die Verbindung des Hofstaates mit den Gestirnen.

Die Völkerengeltradition scheint innerbiblisch noch nicht fest verankert zu sein, wiewohl man hierüber im Zweifel sein kann. Zumindest die Späteren werden nicht nur die zwei eindeutigen Stellen in Dan 10 und 12 so auslegen, sondern auch die anderen gleich zu nennenden Stellen. So steht der masoretische Text in Dtn 32, 8f gegen LXX und Qumran:

בהנחל עליון גוים בהפרידו בני אדם
יצב גבולות עמים למספר בני ישראל
כי חלק ה׳ עמו יעקב חבל נחלתו

Im Qumran-Fragment 4QDtn[24] stehen statt der „Söhne Israels" בני אלהים, und diese Textform wird man auch für die LXX voraussetzen müssen, da sie

---

[24] Zu den Textausgaben und zur Diskussion des Textes per se vgl. Kap. 2. Zum Verhältnis des masoretischen Textes zur Qumran-Textform und zur LXX vgl.: ש.א. ליונשטם, נחלת ה׳. Der Aufsatz erschien in zwei verschiedenen Fassungen. Zuerst in der FS S. Dim: פרסומי החברה לחקר המקרא בישראל. ספר ה לזכר ש. דים. בעריכת ח. בר-דרומא, ח.צ.י. גבריהו וב.צ. לוריה. Jerusalem 1958, S. 120-125. Hier hat Loewenstamm den Grundstein für seine späteren Ausführungen gelegt und im Prinzip nichts an der angelologischen Interpretation und ihrem Ursprung in der kanaanäischen Tradition geändert. Die zweite Bearbeitung des Themas ist in Studies in the Bible Dedicated to the Memory of U. Cassuto... [edt. by S.E. Loewenstamm], Jerusalem 1987, S. 149-172 erschienen. Eine veränderte, und nun ganz auf das Problem der נחלה gegenüber Gottes Weltherrschaft zugespitzte Diskussion bei S.A. Loewenstamm, נחלת ה׳. ScrHie 31 (Studies in the Bible. Ed. by S. Yaphet), Jerusalem 1986, S. 155-192. Zu Dtn 4, 19ff siehe dort bes. S. 174ff; zu Dtn 32, 8f S. 177ff. Hier will Loewenstamm die unterschiedlichen Versionen auf ein gemeinsames בני אל zurückführen, daß wegen seiner Ungewöhnlichkeit von den einen zu בני ישראל von den anderen zu בני אלהים geändert worden sei (ebd. S. 179). S. 180ff bezieht auch Loewenstamm Dtn 32 auf die Völkerengel. Die rabbinische Tradition beweist durchgängig nur die immensen Schwierigkeiten, die die Rabbinen bei der Auslegung des Verses in seiner jetzigen, masoretischen Form hatten: In den Midraschim wird ausnahmslos der Ausdruck „Söhne Israels" behandelt. Eine Bekanntschaft mit der angelologischen Tradition bezeugt nur TgJon z.St., der ja auch sonst einige Traditionen aufnimmt, die heute fast ausschließlich aus Qumran bekannt sind (vgl. J.M. Baumgarten, *Qumran and the Halakha in the Aramaic Targumim.* Proceedings of the Ninth World Congress of Jewish Studies. Panel Sessions: Bible Studies and Ancient Near East. 1985. Jerusalem [1988], S. 45-60, hier: S. 47f). In keinem Fall stehen hier „Söhne-Els" in der Bedeutung „Sterne" (so

mit ἄγγελοι übersetzt. Dann hat aber „der Höchste" die Völker unter die Mitglieder des Hofstaats aufgeteilt, d.h. einzelne Mitglieder des Hofstaats sind je zuständig für bestimmte Völker. Wie erklärt sich dieser Wechsel? Obwohl das Qumran-Fragment sicher „Söhne Elohims" liest (und nicht: „Els"), erinnert das an die 70 Söhne Els[25]. Nach der Völkertafel in Genesis 10 gibt es ebenso viele Nationen. Der Wechsel im Text zwischen „Söhnen-Elohims" und „Söhnen Israels" wird wohl an der Zahl der 70 Söhne Israels hängen, die nach Ägypten zogen. Die Formulierung des Verses bindet ihn nun an einen anderen, bereits mit dem Hofstaat verbundenen: Ps 82, 8 schließt das Gericht gegen die בני עליון/אלהים mit den Worten: כי-אתה (הי) תנחל בכל-הגוים.

Im Dtn selbst gibt es in diesem Kontext einen weiteren Beleg, 4, 19f:

ופן תשא עיניך השמימה
וראיתה את-השמש ואת-הירח ואת-הכוכבים כל צבא השמים
ונדחת והשתחוית להם ועבדתם
אשר חלק ה׳ אלהיך אתם לכל העמים תחת כל-השמים
ואתכם לקח ה׳ ויוצא אתכם מכור הברזל ממצרים להיות לו לעם נחלה כיום הזה

W.F. Albright, From the Stone Age to Christianity. 2nd ed. London 1946, S. 227) - trotz der großen Nähe, die der Hofstaat sonst zu den Gestirnen haben kann, wie im folgenden zu zeigen ist.

25 Vgl. den Text CTA 4. VI. 46 (hier zitiert nach: J.C.L. Gibson, Canaanite Myths and Legends [originally ed. by G.R. Driver], 2nd. ed. Edinburgh 1978, S. 63. Hierzu besonders P.D. Miller, The Divine Warrior in Early Israel. Cambridge/Mass. 1973 (HSM 5), S. 17; weitere ausführliche Parallelen aus der Umwelt Israels sind bei J.S. Ackerman, op.cit. (o.Anm. 19), bes. S. 228ff, gesammelt; vgl. ferner: U. Cassuto, The Goddess Anath. Canaanite Epics of the Patriarchal Age. Texts, Translations, Commentary and Introduction. Jerusalem 1951 (=1971), S. 54; C.E. L' Heureux, Rank among the Canaanite Gods El, Ba'al, and the Repha'im. (Missoula/Mont 1979) (HSM 21), S. 13; auch Albright, op.cit. (o.Anm. 10), S. 192 hat die El-Söhne zu Dtn 32, 8 gezogen. W.A.Maier, The Study of 'Asera: The Extra-Biblical Evidence. PhD Harvard-Cambridge/Mass. 1984, S. 42. 46 und Anm. 48. 50, bestreitet, daß die „70" eine besondere Bedeutung habe. (Die inzwischen erschienene Buchfassung der Dissertation war mir noch nicht zugänglich). Die Zurückweisung der Hofstaat-Deutung durch O. Loretz (*Die Vorgeschichte von Deuteronomium 32, 8f. 43*. UF 9, 1977, S. 355-357) scheint zu kurzschlüssig: Die El-Söhne hätten keinen Landbesitz und der Text sei zeitlich zu sehr von Ugarit entfernt, um von da beeinflußt zu sein: Alter ist bei mythologischen Traditionen nicht immer ausschlaggebend, und die Entstehungszeit von Dtn 32 ist umstritten. Für die spätere Interpretation, v.a. auf die Völkerengel, siehe z.B. J.H. Neyrey, „*I Said: You are Gods*": *Psalm 82: 2 and John 10*. JBL 108, 1989, 647-663 und die dort verzeichnete Literatur.

Alle drei Texte gebrauchen die gleiche Wurzel, נח״ל. Man mag die Verse deshalb zusammennehmen. Ob sich daraus eine Folgerung für die Datierung ergibt, ist eine noch offene Frage[26] Sollte sich die frühe Ansetzung des Mose-Liedes durchsetzen, dann wären wir berechtigt, hier einen Beleg für die Völker-engel-Tradition in ältester Zeit zu sehen - allerdings stehen dieser Datierung einige Schwierigkeiten im Wege. In jedem Falle ist Dtn sehr viel älter als Dan und damit die Vorstellung von der Aufteilung der Welt unter verschiedene himmlische Wesen vor der eigentlichen hellenistischen Zeit nachweisbar[27].

Dtn 4, 19f bringt nun den Hofstaat in die Nähe der Gestirne[28] (כל צבא הש- מים). Daraus ergibt sich erneut, daß die verschiedenen Termini für den Hofstaat austauschbar sind. Wenn man also Dtn 4, 19f und 32, 8 zusammen interpretiert[29], dann werden so die Götter der Völker und die Gestirne verbunden - was aus antik-jüdischer Sicht des Götzendienstes ja auch sinnvoll war.

Die hier vorgeschlagene Interpretation scheint zumindest den Rabbinen vorgeschwebt zu haben, wenn diese in der Polemik gegen den Götzendienst Michael, den Engel Israels, mit den Gestirnen verbinden[30]. Die dabei häufige Bezeichnung Michaels als des „großen Fürsten" (השר הגדול), führt zur biblischen Grundlage zurück: In einem der spätesten Bücher der Bibel, Daniel, wird Michael zum ersten Mal namentlich genannt. Der dem Daniel erscheinende Mann (כמראה אדם, 10, 18) wird gegen die Fürsten (שר) von Persien und Griechenland

---

26 Vgl. zuletzt den Bericht von A. Reichert, *The Song of Moses (Dt. 32) and the Quest for Early Deuteronomic Psalmody*. Proceedings of the Ninth World Congress of Jewish Studies, Jerusalem 1985, Division A: The Period of the Bible. Jerusalem 1986, S. 53-60 mit weiterführender Bibliographie, der die Frühdatierung bestreitet. Dtn 32, 8f wird von D.J. Block mit LXX und 4Q gegen MT gelesen, woraus er das hohe Alter der Landverteilungs-Vorstellung unter die Hofstaat-Mitglieder schließt: The Gods of the Nations. Studies in Ancient Near Eastern National Theology. Jackson (Miss.) (1988) (Evangelical Theological Society. MS 2), S. 17-22. Block verbindet Dtn 32 ebenfalls mit Dtn 4, 19f: S. 19.

27 Die Kritik an einer evtl. Anbetung der Sterne kommt gelegentlich zum Ausdruck (außer im Verbot Dtn 4, 19f), so z.B. Zeph 1, 5: לצבא השמים המשתחווים על-הגגות; ebenso (als dritte Steigerungsstufe von Israels Götzendienst) Ez 8, 16. Hierzu und zum Hintergrund der solaren Elemente biblischer Religion vgl. zuletzt M.S. Smith, *The Near Eastern Background of Solar Language for Yah-weh*. JBL 109, 1990, S. 29-39 mit der dort zitierten Literatur.

28 So auch Loewenstamm, art. cit. (s.o.Anm. 24), S. 120.

29 Was nicht unbedingt der historischen Genese entsprechen muß, aber im Interesse des späteren Lesers durchaus möglich und sinnvoll ist.

30 Zur weiteren Ausführung vgl. in Kap. 3 und 4.

kämpfen (ebd. V 20) und ihm hilft Michael, „Euer Fürst" (שרכם, V 21), „der große Fürst, der über den Söhnen Deines Volkes steht" (השר הגדול העמד על-בני עמך, 12, 1).

Die Tatsache, daß Israel hier einen himmlischen Fürsten hat, steht in glattem Widerspruch zu den gerade genannten Stellen aus Dtn. Noch die rabbinische Tradition wird hier unentschlossen sein zwischen dem kategorischen Satz: אין מזל לישראל[31] und dem Völkerengel Michael, der für Israels Belange einsteht.

3. 22 Der Hofstaat und die Sterne

Die Verbindung des Hofstaats mit den Gestirnen ist bereits angeklungen[32]. Hierfür gibt es nun weitere Belege. Ps 103, 20ff heißt es:

ברכו ה' מלאכיו גבורי כח עשי דברו	לשמע בקול דברו
ברכו ה' כל-צבאיו	משרתיו עשי רצונו
ברכו ה' כל-מעשיו	בכל-מקומות ממשלתו

Die Identität der Boten (מלאכים) mit dem Himmelsheer ergibt sich auch aus Ps 148, 1-3:

הללו את-ה' מן-השמים	הללוהו במרומים
הללוהו כל-מלאכיו	הללוהו כל-צבאו
הללוהו שמש וירח	הללוהו כל-כוכבי אור

Die zeitliche Ansetzung dieser Psalmen kann hier dahin gestellt bleiben. Wichtig ist, daß hier „Heer" (צבאות/צבא השמים) mit den Boten im parallelismus membrorum steht, also angelologische Bedeutung hat.

Die Verbindung eines tatsächlichen Heeres (dies eine Bedeutung des Wortes צבא) mit dem Himmelsheer ist nun nicht unbedingt zufällig[33]. Ri 5, 20[34] heißt es: מן-השמים נלחמו הכוכבים ממסילותם נלחמו עם-סיסרא.

Natürlich steht diese Vorstellung von einem himmlischen Hofstaat, der am Kampf teilnimmt, nicht hinter allen Stellen, die vom „Heer" sprechen[35], aber

---

[31] bNed 32a und in der aggadischen Ausschmückung da als Gottesrede.

[32] So z.B. Neh 9, 6 oder Dtn 4,19f. Vgl. die umfangreiche Textzusammenstellung bei Baudissin, op.cit. (o.Anm. 10), I S. 118f und für Ugarit U. Oldenburg, The Conflict between El and Ba'al in Canaanite Religion. Leiden 1969 (Numen Suppl. alt. ser. 3), S. 17f.

[33] Vgl. aber V. Maag, *Jah-wäs Heerscharen*. SThU 20 (1950), S. 27-52, hier bes. S. 51 Anm. 4.

[34] Hierzu vgl. וײנפלד .מ (M. Weinfeld), מן השמים נלחמו. ErIs 14, 1978, S. 23-30 (im hebräischen Teil).

[35] Das gilt schon gar nicht, wenn es um den Gottesnamen ה' צבאות geht; zuletzt hat M. Liverani, *La preistoria dell'epiteto «Yah-weh seba'ot»*. Aion 17, 1967, S.

an einigen darf man sie erwägen, und für die nachbiblische Interpretation wird man diese Möglichkeit ständig im Auge haben müssen. Die Verbindung dieses „Himmelsheeres" mit dem Hofstaat und den Sternen geschieht nun in jenen Texten, in denen der Hofstaat bereits mit den Boten verbunden ist, und so kann der ganze Vorstellungskreis auf die Engel übertragen werden.

3. 23 Die Weisheit des Hofstaats

Die Mitglieder des Hofstaats verfügen nun nicht nur über kämpferische Eigenschaften, sondern auch über eine Weisheit, die den Menschen nicht unbedingt eigen[36] ist. So wird Hiob (15, 8) gefragt: הבסוד אלוה תשמע ותגרע אליך

331-334, den Namen aufgrund eines Ugarit-Fragments mit רשף־צבא zusammengebracht. Die Forschung hat die Frage um den militärischen und den astralen Charakter des צבאות im Gottesnamen über Jahrzehnte hin kontrovers diskutiert; vgl. die Bibliographie unter 4. 56. Als jeweilige Zusammenfassungen des Forschungsstands siehe O. Eissfeldt, *Jah-we Zebaoth.* Idem, Kleine Schriften 3, hrsg.v. R. Sellheim und F. Maass. Tübingen 1966, S. 103-121; A.S. van der Woude, Art. צבא, *saba', Heer.* THAT 2, 498-507. In keinem Falle ist der „Herr der Heerscharen" nur ein pluralis abstractum: צבא bedeutet auch „Heer" und das Himmelsheer schließt die Sterne ein. Vertreter der militärischen Deutung waren und sind u.a. G. Westphal, צבא השמים. Orientalische Studien. FS T. Nöldeke hrsg. v. C. Betzold. Gießen 1906, Bd. 2, S. 719-728; (G.) Beer, *Art. Sabaoth.* PRE 2.R. 2, S. 1533-1535; T.N.D. Mettinger, *YHWH SABAOTH - The Heavenly King on the Cherubim Throne.* In: Studies in the Period of David and Solomon and other Essays. Papers read at the International Symposion for Biblical Studies, Tokyo, 5-7 December 1979. Ed. by T. Ishida. Tokyo 1982, S. 109-138. Als Vertreter der Ablehnung jeder militärischen oder astralen Interpretation z.B. (?) Borchert, *Der Gottesname Jah–we Zebaoth.* ThStKr 69, 1896, S. 619-642, der den Namen aber trotzdem auf den Hofstaat bezogen wissen will. Vgl. weiter die gemeinsame Nennung der Cherubim oder des Cherubim-Throns mit dem Gottesnamen הי צבאות in 1Sam 4, 4; 2Sam 6, 2// 1Chr 13, 6; vgl. 2Kön 19, 15// Jes 37, 16; Pss 80, 2; 99, 1. Zur Beziehung des Gottesnamens „Herr der Heerscharen" zu den Cherubim vgl. bes. R. de Vaux, *Les Cherubins et l'arche d'alliance, les sphinx gardiens et les trônes divines dans l'ancien orient.* Idem, Bible et Orient. Paris 1967, S. 213-259. T.N.D. Mettinger, *Härskaronas Gud.* SEÅ 44, 1979, S. 7-21; ders., *Den närvapande Guden - On tempelteologi och gudsbild i Gamla testamentet.* SEÅ 47, 1982, S. 21-47; ders. im Kongress-Band Tokyo, s.o.

36 Vgl. weiter Rofé, op.cit. (s.o. Anm. 3), S. 53ff.; R.E.Brown, *The Pre-Christian Semitic Concept of ‚Mystery'.* CBQ 20, 1958, S. 417-449, bes. 417-421. T.N.D. Mettinger, King and Messiah. The Civil and Sacred Legitimation of Israelite Kings. (Lund 1976) (CB.OTS 8), S. 251. Hierher gehören auch die Vergleiche König Davids mit einem Boten Gottes, s.u. S. 52. Mettinger vergleicht hier noch Gen 3, 22!

חכמה. Der Terminus סוד ist einer der Gruppennamen des Hofstaats. Eliphaz fragt also rhetorisch, ob Hiob die Verhandlungen zwischen Gott und seinem Rat mit angehört und sich so „Weisheit" verschafft habe. Die Schilderung des Rats entspricht noch der, die in der Rahmenerzählung des Buches ausgeführt ist. Der neue Aspekt liegt nicht in der Beratschlagung Gottes mit seinem Hofstaat, sondern in der - rhetorisch verneinten - Möglichkeit, diese Unterredung mit anzuhören und sich als Mensch auf diese Weise eine außergewöhnliche Weisheit anzueignen.

Jeremia[37] verlacht in der gleichen Art die Lügenpropheten (23,18): כי מי עמד בסוד ה' וירא וישמע את דברו.... Aber hier wird vorausgesetzt, daß die falschen Propheten nicht im Rate Gottes standen - offensichtlich aber die wahren! Die gedankliche Linie führt von hier zu den Visionen des Jesaja und des Micha: Da war von der Beauftragung (Micha), bzw. Berufung (Jesaja) des Propheten die Rede; hier scheint es um seine Befähigung zur Prophetie zu gehen, aber in allen drei Fällen spielt der Hofstaat eine Rolle.

Auf diesem Hintergrund sind die schlecht überlieferten Worte Agurs, Spr 30, 3, zu verstehen: ולא למדתי חכמה ודעת קדושים אדע. Wie die Worte jetzt stehen, sind sie schwer verständlich[38]. Wie immer der Vers aber ursprünglich formuliert gewesen sein mag, so ist doch deutlich, daß die „Heiligen", d.h. die Mitglieder des himmlischen Rats, über eine besondere Weisheit verfügen. Aus der Fortsetzung ergibt sich, daß die himmlische Weisheit dem Menschen nicht zur Verfügung steht, denn: „Wer ist in den Himmel hinaufgestiegen und wieder herab?" (ebd. V. 4).

Daniel beruft sich vor seiner Traumdeutung auf die Weisheit der „Götter" (אלהין), deren Wohnort aber nicht bei den Menschen sei: Dan 2, 11. In diesen Vorstellungen liegt vielleicht der Ursprung zum Verständnis des angelus interpres der Apokalyptik (von Sach an)[39].

3. 24 Der Hofstaat im Gericht?

An einigen Stellen kann man zu dem Eindruck kommen, der Hofstaat fun-

---

37 Vgl. auch die Anfragen Jesajas in Jes 40, 14, die allerdings nicht ganz so deutlich sind und einen anderen polemischen Kontext haben.
38 Die Vorlage der LXX hatte scheinbar אל למדני חכמה ודעת קדושים אדע. Der Wechsel von zwei Buchstaben ließe sich verstehen. Aber die Tochterübersetzungen der LXX lesen wiederum anders. So heißt es in Vulgata und Peschitta „Non didici sapientiam, et non novi scientiam sanctorum".
39 Vgl. I. Gruenwald, op.cit. (o. Anm. 5), S. 8ff.

giere im himmlischen Gericht[40]. Das scheint relativ leicht einsehbar in der Ratsversammlung, die über das Schicksal Hiobs entscheidet (Hi 1, 6-12). Hiob selbst beruft sich auf seinen himmlischen Zeugen: גם-עתה הנה-בשמים עדי ושהדי במרומים (Hi 16, 19). Wer dieser himmlische Zeuge ist, wird allerdings nicht näher bestimmt. Ähnlich unklar ist Ps 89, 37f[41]:

וכסאו כשמש נגדי   זרעו לעולם יהיה
ועד בשחק נאמן סלה   כירח יכון עולם

Man darf schon hier die Sach 3 geschilderte Szene hinzunehmen, auch wenn dort der מלאך ה׳ als Verteidiger des Hohenpriesters Josua auftritt. In welchem Maße diese Stellen wirklich eine Beteiligung des Hofstaats bei der Rechtsfindung voraussetzen, mag dahin gestellt bleiben. Dan 7 schilderte nur die Anwesenheit der Engel beim himmlischen Gericht ausdrücklich (V 10): דינא יתיב וספרים פתיחו. Für die nachbiblische Entwicklung wird es ausschlaggebend sein, daß Anklänge an ein solches Motiv schon „in den Schriften" gegeben sind.

3. 3 Die Namen des Hofstaats

Bislang sind nur die verschiedenen Traditionen genannt worden, die mit dem Hofstaat verbunden sind, ohne auf die unterschiedlichen Namen desselben zu achten. Nun mag es sein, daß diese Namen ursprünglich nicht nur verschiedene Bedeutungen hatten, sondern auch jeweils mit einem sehr bestimmten Teil der Tradition verbunden waren. Dennoch ist heute im biblischen Text von derlei Unterschieden kaum noch etwas deutlich. Mehrfach werden die Namen des Hofstaats einfach gewechselt. Allerdings warnt die Tatsache, daß in bestimmten Texten auch die Boten (מלאך) mit dem Hofstaat zusammen genannt werden, davor, die Austauschbarkeit der Bezeichnungen für das Primäre zu halten.

Die Termini, die zur Beschreibung des himmlisches Rats dienen, sind nun aber nicht nur in Bezug auf verschiedene Traditionen wichtig, sondern zunächst wegen der ihnen jeweils innewohnenden Bedeutung. Die Namen verraten bisweilen den paganen Ursprung der einen oder anderen Vorstellung und eröffnen

---

40 J.S. Ackerman hat versucht, ein ganzes literarisches Schema solcher Gerichtsverhandlungen in den nahöstlichen Mythologien nachzuweisen, op.cit. (o. Anm. 19), S. 211ff.

41 Vgl. hierzu jüngst E.T. Mullen, *The Divine Witness and the Davidic Royal Grant*. JBL 102, 1983, S. 207-218 und die Entgegnung von P.G. Mosca, *Once again the Heavenly Witness of Ps 89: 38*. Ebd. 105, 1986, S. 27-37 mit der dort genannten Literatur. Zuletzt hat T. Veijola Gott selbst als himmlischen Zeugen identifizieren wollen: *The Witness in the Clouds: Ps 89: 38*. JBL 107, 1988, S. 413-417.

zum Teil durch ein wörtliches Verständnis die verschiedensten Möglichkeiten zur Interpretation.

Eine erste Gruppe dieser Namen ist mit den Termini בני-אלים/בני-האלהים/ בני-אלהים/אלהים gegeben. Eine wesentliche Unterscheidung bei der Anwendung dieser Termini innerhalb der Bibel läßt sich nicht erkennen. Der Terminus und die mit ihm verbundenen Traditionen stammen nach der opinio communis der Forscher aus der kanaanäischen Religion[42], wo die Söhne des Gottes El eine Hofstaat-Versammlung bilden. Dort hießen die El-Söhne „bn. ilm.", „bn. il./" und gelegentlich auch „bn. qds." Es ginge über den Rahmen dieser Arbeit hinaus, wollten wir uns fragen, wie es von den El-Söhnen zur Gruppenbezeichnung אלהים gekommen ist. Wenn je in den kanaanäischen Texten eine Abstufung innerhalb dieser Gruppe bestand, dann ist sie schon dort nicht mehr deutlich; innerbiblisch spürt man keine Differenzierung[43]. In dem Moment, in dem der Gott Israels mit dem kanaanäischen Gott El konkurrierend verbunden wird, werden die ohnehin farblosen El-Söhne zum Hofstaat.

Aber genau diese Übertragung von El zu Elohim macht den Hofstaat-Terminus „Söhne-Els" selbst problematisch: Hat Gott denn Söhne wie die paganen Götter des Polytheismus auch? Noch krasser wird das Dilemma, wenn man den Terminus „Elohim" als Gruppenbezeichnung verwendet (z.B. Ps 97, 7): Gibt es denn außer Gott weitere „Elohim"? Hier entsteht das Problem, das die jüdische Auslegung bis ins Hohe Mittelalter beschäftigen wird: Welche dieser Namen sind Gottesbezeichnungen, welche umschreiben etwas anderes?[44] Es ist

---

42 S.o. Anm. 23, bes. die Arbeit von Schlisske, S. 16. Zuletzt J.L. Cunchillos: Cuando los Angelos eran Dioses. Salamanca 1976 (Bibliotheca Salamanticensis XIV, Estudios 12). Trotz gelegentlicher, berechtigter Kritik an der interpretatio ugaritica darf die Tatsache des Kultur-Einflusses hier als gesichert gelten. Dennoch kann man schwerlich aus der Tatsache, daß auch Keret einmal bn. ilm. genannt wird, folgern, daß בני אלים/אלהים in der Bibel meist „Könige" meine. So M.G. Kline, *Divine Kingship and Genesis 6: 1-4*. WThJ 24, 1961, 187-204, die hierfür auch Ps 82 und Ex 21, 6 etc. mit heranziehen möchte.

43 Aber vgl. die etwas andere Auffassung bei ד. דימנט (D.Dimant), "מלאכים שח טאו" במגילות מדבר יהודה ובספרים החיצוניים הקרובים להן. Diss. Jerusalem 1974, Einleitung.

44 In der späteren, jüdischen Literatur wird diese Frage unter dem Begriff שמות קדושים verhandelt, denn für den Umgang mit geschriebenen Gottesnamen gibt es ja eine Reihe von besonderen halachischen Vorschriften. Siehe z.B. י. לוינגר (J. Levinger), על ספר יבאור שמות קדש וחולי המיוחס לרב״ם. Jerusalem Studies in Jewish Thought 4, 1985, S. 19-30. Vgl. für diesen Zusammenhang auch Baudissin, op.cit. (o.Anm. 10), I S. 68.

zwar richtig, daß das hebräische בן nicht nur den physischen Sohn bezeichnet[45], aber diesen meint es in der Mehrzahl der Belege. Was aber geschieht, wenn das hebräische בן wörtlich als υἱός ins Griechische übersetzt wird? Dann fehlt die Weite des hebräischen Wortes völlig[46].

Es scheint, als ob die kanaanäischen El-Söhne sich einer gewissen Unabhängigkeit von El erfreut hätten. Vielleicht schimmert hiervon noch etwas in der fragmentarischen Erzählung in Gen 6, 1-4 durch[47]. Solange derartige My-

---

45 Vgl. bes. G. Fohrer, *Art. υἱός κτλ. B: Altes Testament*. ThWNT 8, 340-354; A.R. Johnson, The One and the Many in the Israelite Conception of God. Cardiff 1961 (2nd ed.), S. 22ff, der hierher auch den Plural אלהים als Gottesbezeichnung überhaupt zieht.

46 Diese wäre wenigstens noch teilweise mit παῖς gegeben, aber das findet in diesem Kontext in der LXX keine Anwendung.

47 Der Text gehört zu den am meisten behandelten in der alttestamentlichen Forschung (vgl. Bibliographie unter 4. 41 und 4. 54). Dabei ist über Jahre hinweg die Alternative diskutiert worden, ob die El-Söhne hier Engel oder Menschen darstellen. Im letzten Falle hat man dann gerne die Söhne Seths eingeführt, denn der Kontext verlange, daß den Menschen-Töchtern auch menschliche Söhne gegenüber stehen. Überdies handle die ganze Urgeschichte ja vom Schicksal des Menschen.
Die Theorie von den Seth-Söhnen wird mit Recht immer weniger vertreten, zuletzt von L. Eslinger, *A Contextual Identification of the bene ha'elohim and benoth ha'adam in Gen 6: 1-4*. JSOT 13, 1979, S. 65-73. Die El-Söhne sind Kontrast zu den Menschen-Töchtern. Die Verse Gen 6,1-4 sind in jedem Fall Fragment einer Erzählung, die uns in ihrem vollen Wortlaut nicht mehr bekannt ist.
Die ursprüngliche Bedeutung dieses Fragments kann man nicht an dem späteren literarischen Kontext ablesen. Tatsache ist, daß auch die nachbiblischen jüdischen Autoren, die das Fragment benützt haben, sich weitestgehend vom literarischen Kontext der Urgeschichte, so wie ihn die moderne Forschung ihn sehen möchte, gelöst haben. Weiter meint der Ausdruck „El-Söhne" in den anderen Vorkommen in der Bibel den Hofstaat und nie Menschen, und die antikjüdische Interpretation versteht die Verse fast ausnahmslos angelologisch - sogar Josephus! C. Westermann nennt denn auch die El-Söhne „Gottwesen", um damit die ältere Hofstaat-Konzeption von der nachbiblischen Angelologie zu unterscheiden. Für das biblische Stadium stimmt das, im nachbiblischen wird diese Unterscheidung zwischen Hofstaat und Engel aufgehoben. Vgl. C. Westermann, Genesis. 1.Tlbd.: Genesis 1-11. Neukirchen 1974 (BK I/1), S. 499. 503; idem, Genesis 1-11. Darmstadt, 1985 (Erträge der Forschung 7), S. 68-76. In der späteren Veröffentlichung differenziert Westermann noch derart, daß nun die El-Söhne ihren göttlichen Charakter eigentlich verloren hätten und nur noch als Starke und Mächtige in der Geschichte fungierten (Hierin folgt ihm sein Schüler M. Augustin, Der schöne Mensch im Alten Testament und im hellenistischen Judentum. Frankfurt/M. [1983] [BEATAJ 3], S. 56f, mit der

then noch in ihrem ursprünglichen Kontext bekannt waren, konnte man in der Degradierung der ehemaligen El-Söhne zum Hofstaat des Gottes Israels noch eine gewisse Lösung sehen: Der alte Mythos mußte nicht völlig geleugnet werden; eine leichte Korrektur tat es auch. Die göttlichen Wesen, die es streng monotheistisch gesehen als relativ eigenständige nicht geben dürfte, sind nun nichts anderes als der himmlische Rat des einen Gottes. In dieser Form aber kann man ihnen keinen eigenen Willen mehr lassen - und schon gar nicht die Fähigkeit, diesen Willen gegen den Gottes durchzusetzen. Aber diese Lösung des Konflikts zwischen dem Gott Israels und dem kanaanäischen El ist von vornherein zweifelhaft. Die Probleme, die einst gelöst werden sollten, treten mit Schärfe dann hervor, wenn der ursprüngliche Kontext des Mythos nicht mehr bekannt ist. Ein kurzer Blick auf die ausführliche Interpretation des Gen-Mythos im äHen 6-12[48] macht die nun im Bibel-Text verankerten Ambivalenzen klar: Eine Engelgruppe steht wider Gott auf und vermag bis zu einem gewissen Zeitpunkt ihren Willen auf der Erde durchzusetzen, obwohl damit der göttlichen Schöpfung geschadet und diese in ihrem Bestand gefährdet wird.

---

erwägenswerten Begründung, daß im Urgeschehen die Menschheit noch nicht in Klassen geteilt sei, daher die Mächtigeren aus einem anderen, also göttlichen, Bereich stammen müssen). Soll dies der Ansatz zu einer Entmythologisierung des ehemals kanaanäischen Fragments unter Verwendung der Seth-Söhne-Theorie sein?
Der jüngste Aufsatz von R.S. Hendel, *On Semigods and the Deluge: Towards an Interpretation of Genesis 6:1-4*. JBL 106, 1987, S. 13-26 diskutiert mesopotamische und altgriechische Mythologie scheinbar ohne Kenntnis Westermanns und erklärt die El-Söhne zum Hofstaat aufgrund der biblischen Terminologie (S. 46 Anm. 16); die These von R. Bartelemus, Heroentum in Israel und seiner Umwelt. Eine traditionsgeschichtliche Untersuchung zu Gen 6, 1-4 und verwandten Texten im Alten Testament und der altorientalischen Literatur. Zürich (1979) (ATA NT 65), die בני אלהים seien „Heroen" trifft zwar nicht ganz den biblischen Sprachgebrauch, paßt dafür aber umso besser mit der „Nachgeschichte" von Gen 6, 1-4 zusammen, wie Kap. 3 hoffentlich zeigen kann. Trotz aller Entmythologisierung leugnet die Bibel die Existenz von anderen Göttern nicht an jeder Stelle. Abwegiger scheint dagegen der Versuch, Gen 6, 1-4 als Polemik gegen Kultprostitution zu verstehen: G.J. Wenham, *Sanctuary Symbolism in the Garden of Eden Story*. Proceedings of the Ninth World Congress of Jewish Studies, Jerusalem 1985, Division A: The Period of the Bible. Jerusalem 1986, S. 19-25, hier: S. 23; doch vgl. bereits die noch etwas vageren Andeutungen bei O. Loretz, *Götter und Frauen (Gen 6, 1-4). Ein Paradigma zu: Altes Testament - Ugarit*. BiLe 8, 1967, S. 120-127, bes. 126f.

48 Vgl. zu diesem Komplex die Arbeit von Dimant (o.Anm. 43).

Der Ursprung des Hofstaat-Namens קדושים ist weit unklarer als der der El-Söhne, wiewohl diese auch gelegentlich so heißen. Statt dessen sind die Probleme deutlich, die eine solche Charakterisierung[49] für die künftige Angelologie mit sich bringen können: „Heiligkeit" (קדושה) ist das hervorstechende Merkmal des Gottes Israels, und daher verlangt er diese auch von seinem Volk (z.B. Lev 19, 2: „Ihr sollt heilig sein, denn heilig bin ich, der Ewige euer Gott".). Wenn später die Boten und der Hofstaat zusammen die jüdische Angelologie bestimmen werden, dann eignet dem Boten (מלאך) diese „Heiligkeit" (obwohl die Bibel die Zusammenstellung מלאך קדוש nicht kennt[50]). Hier liegt einerseits die Absonderung des Engels (denn diese Absonderung ist eine der legitimen Bedeutungen des hebräischen קדוש) z.B. von der Welt der Menschen, wie andererseits auch gerade die verbindende Eigenschaft: Der Heilige verlangt von seinem Volk eben jene Heiligkeit, die der Hofstaat offensichtlich bereits besitzt. Wie immer das Motiv ursprünglich innerbiblisch zu verstehen ist: Die Gemeinsamkeit der Gerechten mit den Engeln[51] wird eines der Theologumena der nachbiblischen Zeit werden, das als solches in der Hofstaat-Bezeichnung קדושים einen biblischen Anhaltspunkt hat. Gleichzeitig damit entsteht aber für die spätere Angelologie das Problem, wie denn „Heilige" sündigen können[52].

---

49 S. v.a. Schlisske, op.cit. (o.Anm. 23), S. 16; vgl. J. VanderKam, *The Theophany of Enoch I 3b-7, 9*. VT 23, 1973, S. 129-150, hier: S. 133. 149f. O. Keel, op.cit. (o.Anm. 15), S. 117, sieht zwar die Übernahme des Heiligkeitsprädikats aus dem El-Kult, betont aber in Anlehnung an andere, daß das Attribut „heilig" als solches innerbiblisch gar nicht so häufig sei. Eine andere Interpretation des Terminus hat H.W. Wolff in Bezug auf Hosea 12, 1 vorgetragen. Wolff sieht in Hos keine Anspielung auf den Hofstaat: Dodekapropheton. 1. Hosea. Neukirchen 1961 (BK XIV/1), S. 271. Vgl. u.Anm. 110.

50 Dagegen ist sie nachbiblisch sehr verbreitet. Man muß hier aber evtl. mit einem Bedeutungswandel rechnen. Die ersten Seiten von bKid interpretieren קד״ש „absondern". Für die weitere Entwicklung und weitere Bibliographie vgl. meinen im Druck befindlichen Beitrag zur E. Gottlieb Gedenkschrift, קדושים - מלאכים: האל והליטורגיה השמימית.

51 Als ersten Hinweis in diese Richtung s. J.H. Charlesworth, *The Portrayal of the Righteous as an Angel*. Ideal Figures in Ancient Judaism. Profiles and Paradigms. Ed. by J.J. Collins and G.W.E. Nickelsburg (Chico 1980) (SBL. SCS 12), S. 135-151. Für weitere Nachweise in dieser Richtung vgl. das dritte Kapitel. Es soll hier aber nicht behauptet werden, daß auch die Vorstellung vom seligen, sprich: engelgleichen, Los der Gerechten nach dem Tode ihren Ursprung in der Hofstaat-Terminologie hat: Hier haben andere Gedanken eingewirkt, vgl. unten Kap. 3.

52 Dieses Problem wird ebenfalls im Hen-Mythos, äHen 6-12, erwogen.

Jene, die von sich meinen, in besonderem Maß „Israel" zu sein, werden dann die Heiligkeit als Attribut für sich selbst in Anspruch nehmen und sich deshalb den Engeln nahe fühlen[53].

Über צבאות und über den Gottesnamen ה׳ צבאות ist bereits einiges gesagt worden. Hier sei nur noch ergänzt: Die Herkunft des Hofstaat- und des Gottes-Namens sind ungeklärt. Unter anderem besteht ein gewisser Zusammenhang dieses Namens auch mit der Welt der Gestirne. Zu den bereits zitierten Versen kann man noch Jes 24, 21. 23 hinzufügen:

והיה ביום ההוא יפקד ה׳ על-צבא המרום במרום ועל-מלכי האדמה על-האדמה...
וחפרה הלבנה ובושה החמה כי-מלך ה׳ צבאות בהר ציון ובירושלים ונגד זקניו כבוד

Hier werden Mond und Sonne als pars pro toto des Heeres der Höhe gebraucht. Man hat diesen Absatz im Vergleich zum Baal-Mythos interpretiert. Sollte diese Erklärung richtig sein[54], dann wäre auch Jes 24, 21-23 auf dem

---

53 Dies gilt in Qumran wie bei Paulus. Für die Essener vgl. die Diskussion um die Gemeinschaft mit den Engeln bei S.F. Noll, *Communion of Angels and Men and „Realized Eschatology" in the Dead Sea Scrolls*. Proceedings of the Eighth World Congress of Jewish Studies, Jerusalem 1981, Division A: The Period of the Bible. Jerusalem 1982, S. 91-97 und die Literatur dort. Paulus kennt das Attribut ἅγιος nicht mehr für die Engel, sondern nur noch für die Christen (s. im folgenden).

54 S. W.R. Millar, Isaiah 24-27 and the Origin of Apocalyptic. (Missoula/ Mont. 1976) (HSM 11), S. 71ff. Sein Vergleich wirkt überzeugend. Man kann natürlich einwenden, daß die kleine Jesaja-Apokalypse nach Auffassung einiger Interpreten insgesamt späteren Datums sei. Selbst wenn die Spätdatierung aber richtig sein sollte, dann haben die Forschungen Hansons gezeigt, daß die Apokalyptik als solche auf relativ alten Elementen fußt. S. P. D. Hanson, *Old Testament Apocalyptic Reexamined*. Visionaries and Their Apocalypses. Ed. by P.D. Hanson. Philadelphia/London (1983) (Issues in Religion and Theology 2), S, 37-60. Hanson schreibt dort: „The Isaiah Apocalypse also fits the general period of Third Isaiah, that is, the late sixth or early fifth century." (S. 51). Zu Hansons Darstellung insgesamt vgl. sein Buch The Dawn of Apocalyptic. The Historical and Sociological Roots of Jewish Apocalyptic Eschatology. Rev. ed. Philadelphia (1979). Zur zeitlichen Ansetzung der Jesaja-Apokalypse vgl. auch O. Eissfeldt, Einleitung in das Alte Testament unter Einschluß der Apokryphen und Pseudepigraphen sowie der apokryphen und pseudepigraphenartigen Qumran-Schriften. 2., völlig neubearb. Aufl. Tübingen 1956, S. 394; G. Fohrer, Einleitung in das Alte Testament. 11., durchges. und erw. Aufl. Heidelberg 1969, S. 404. Eissfeldt neigt zum dritten, Fohrer zum sechsten/fünften Jahrhundert, Millar (s.o., S. 15-20) zum sechsten. Vgl. zuletzt D.G. Johnson, From Chaos to Restauration. An Integrative Reading of Isaiah 24-27 (Sheffield 1988) (JSOT.SS 61), bes. S. 11-17, der den Text näher an das Exil als an die Makkabäeraufstände rücken möchte, aber nicht

Hintergrund kanaanäischer Religion zu verstehen und es läge ein weiteres Beispiel für die Austauschbarkeit der Hofstaat-Namen vor, insofern im ursprünglichen Mythos von den El-Söhnen die Rede war. Die kriegerischen Eigenschaften der צבאות kann man noch durch den שר-צבא-ה׳ unterstreichen, der dem Josua mit gezücktem Schwert in der Hand erscheint (Jos 5, 13f). Dieser Aspekt wird u.a. in der qumranischen Angelologie wiederkehren[55] und überhaupt einen breiten Raum in der nachbiblischen Literatur einnehmen.

Das Daniel-Buch erwähnt עירין in Dan 4. Dieser Name wird im äHen mehrfach aufgenommen und als „die Wachen" (daher „die Wächter") übersetzt. In jüngster Zeit ist vorgeschlagen worden, unter עיר eine semitische, nicht israelitische Gottheit zu verstehen, die die Stadttore beschützt[56]. Wächter werden auch Jes 62, 6 genannt: על חומותיך ירושלים הפקדתי שומרים. Die Wächterfunktion der עירין wird jedenfalls in Dan 4 nicht mehr erwähnt. Außerdem sind sie hier bereits mit den „Heiligen" verbunden (Dan 4, 10. 14: עיר וקדיש). Sie führen nur noch symbolische Handlungen im Traum Nebukadnezars aus. Im äHen sind sie dann als die „Wachen" verstanden worden.[57]

---

konkreter wird, sowei ebd. S. 53-57. Johnson zieht die Deutung auf den Chaoskampf einer angelologischen Deutung vor (S. 54), dort weitere Literatur.

55 Man denke nur an die Kriegsrolle, 1QM. Vgl. weiter unten Kap. 3.

56 R. Murray, *The Origin of the Aramaic 'ir, Angel*. Orientalia NS 53, 1984, S. 303-317. In eine ähnliche Richtung gehen die Überlegungen von B. Hartmann, *Mögen die Götter dich hüten und unversehrt bewahren*. Hebräische Wortforschung. FS W. Baumgartner. Leiden 1967 (VT.S 16), S. 102-105, der eine entsprechende ugaritische Wurzel im hebräischen עי״ר, „bewahren", „schützen" wiederfinden will. Diese Versuche sind dem häufig zitierten von R.H. Charles in jedem Fall vorzuziehen, der die „Irin" als שדים verstehen möchte, um so die „gefallenen Engel" von nicht gefallenen zu unterscheiden: A Critical and Exegetical Commentary on the Book of Daniel. Oxford 1929, S. 91. Vgl. auch J.A. Fitzmyer, The Genesis-Apocryphon of Qumran Cave I: A Commentary. 2nd, rev. ed. Rom 1971 (BibOr 18A), S. 80f. Eine Auflistung, auch der älteren, Lösungsvorschläge bei L.D. Merino, *Los „Vigilantes" en la literatura intertestamentaria*. Simposio Biblico Español (Salamanca, 1982). Ed. por N.F. Marcos, J.T. Barrera, J.F. Vallina. Madrid 1984, S. 575-609, hier S. 575-577.

57 In der syrischen Kirche verdrängt der Terminus עירא allmählich den älteren: מלאך. Vgl. hierzu bes. W. Cramer, Die Engelvorstellungen bei Ephrem dem Syrer. Rom 1965 (OrChrA 173), S. 10-14. 41. 46 u.ö. Cramer möchte den Terminus allerdings aus den Amescha Spentas ableiten (S. 13f), wegen der räumlichen Nähe zu Edessa.

Ob die Seraphim in Jes 6, die Gott umstehen (bzw. „über" ihm stehen), eine Hofstaat-Funktion[58] ausüben, hängt ganz wesentlich an ihrer Definition. Das Wort begegnet in der Bibel fünfmal als Bezeichnung eines Wesens (also nicht als Verbum mit der Bedeutung „brennen"), und weist an den anderen vier Stellen auf eine Schlange hin. Die Beziehung zur ägyptischen Uraeus-Schlange scheint durch die neueren Untersuchungen[59] relativ wahrscheinlich gemacht zu sein. Aufschlußreich sind in unserem Zusammenhang besonders Keels Erwägungen über die Verbreitung und den Mißbrauch des Schlangenkults in Juda im 8. Jh., denen Hiskia mit der Zerstörung der „ehernen Schlange" im Jerusalemer Tempel zu begegnen versuchte (2Kön 18, 14)[60]. Wie immer man die These vom „Schlangenkult" beurteilt, bleiben die Seraphim Mischwesen, die zum bildlos verehrten Gott Israels nur schwer in Beziehung zu setzen sind[61]. Aber zwei mit den Seraphim verbundene Motive werden in der jüdischen (und christlichen) Engelvorstellung weiterwirken: Das Sanctus und die Flügel.

Flügel haben nun auch jene anderen Wesen, die wie die Seraphim von Hause aus nicht so recht zum Hofstaat passen, da es sich auch hier um Mischwesen handelt: die Cherubim. In der Regel handelt es sich dabei um Sphingen mit Menschenkopf, Löwenleib und Flügeln. Laut Gen 3, 24 bewachen Cherubim den Eingang zum Garten Eden[62]. Neben dieser Funktion kennt man Cherubim als Mischwesen, die Herrscherthrone flankieren oder gar durch ihre Flü-

---

58 So Schlisske, op.cit. (o.Anm. 23), S. 27.
59 Vgl. hauptsächlich O. Keel, op.cit (o.Anm. 15), S. 70-115 und die Literatur dort. S.a. M. Görg, *Die Funktion der* Serafen *bei Jesajah*. Biblische Notizen. Beiträge zur exegetischen Diskussion 5, 1978, S. 28-39. Die dämonische Interpretation der Seraphim wurde noch E. Langton vertreten: Essentials of Demonology. A Study of Jewish and Christian Doctrine its Origin and Development. London (1949), S. 37ff. Eine Kombination aus beiden, die Seraphen als schlangenartige Dämonen (nach Jes 14, 29; 30, 6), vertritt M. Limbeck, *Art. Engel*. Die heißen Eisen von A bis Z. Ein aktuelles Lexikon für den Christen. Hrsg. v. J.B. Bauer. (Graz/Wien/Köln 1972), S. 100-108, hier S. 102f. Vgl. weiter Nu 21, 6; Dtn 8, 15 und 2Kön 18, 4.
60 Op. cit., S. 108-110.
61 Die genaue Festlegung des Zeitpunkts, von dem ab die totale Bildlosigkeit als das Ideal der jüdischen Religion galt, kann hier außer Betracht bleiben: Sie gilt spätestens seit der deuteronomistischen Zeit, vgl. hierüber die bei Keel, op.cit. (o.Anm. 15), S. 37ff, angegebene Literatur.
62 Vgl. u.a. A.S. Kapelrud, *The Gates of Hell and the Guardian Angels of Paradise*. JAOS 70, 1950, S. 151-156.

gel bilden[63]. Dieser Vorstellungskreis würde auch die Redeweise vom „Cherubenthroner" erklären[64]. Dennoch bleiben auch bei der Erklärung der Cherubim noch einige Probleme offen[65]. Der Prophet Ezechiel verbindet die Lebewesen (חיות), die in Ez 1 und 3 genannt sind, in Kapitel 10 mit den Cherubim[66]. Damit werden dann auch die Cherubim in den Kreis des Lobgesanges hineingenommen; Ez 3, 12 sagen sie: ברוך כבוד ה׳ ממקומו. Dieser Vers zusammen mit dem Sanctus der Seraphim macht bis heute den Kern der jüdischen קדושה, des liturgischen *sanctus* in seinen Variationen, aus.

Seraphim und Cherubim sind sich nun nicht nur in ihrem Gesang und ihren Flügeln ähnlich[67]. Sie teilen ein weiteres Element: Als Mischwesen sind sie erst später mit den Engeln zusammengenommen worden als die anderen Mitglieder des himmlischen Rats. Innerhalb der Bibel läßt sich dieses Stadium nicht belegen. Die Flügel sind zweifelsohne ein spätes Requisit der jüdischen Engel, denn aus den biblischen Berichten geht eindeutig hervor, daß Engel (sowohl Boten als auch sonst näher beschriebene Wesen des Hofstaats) flügellos sind[68].

---

63 Vgl. die Zusammenstellung von Text- und Bildmaterial bei O. Keel, op.cit. (o.Anm. 15), S. 15-36. Ergänze jetzt das Rollsiegel aus Dor: E. Stern, *Excavations at Tel-Dor - A Canaanite-Phoenician Port-City on the Carmel Coast*. (Hebr.) Qadmoniot 20, 3-4 (=79f), 1987, S. 66-81, hier: Abb. S. 69 unten.

64 Doch vgl. J. Maier, Das altisraelitische Ladeheiligtum. Berlin 1965 (BZAW 93), S. 50-54: *Exkurs: Jah-we Zebaoth, der Kerubenthroner*; idem, Vom Kultus zur Gnosis. Studien zur Vor- und Frühgeschichte der „jüdischen Gnosis". Bundeslade, Gottesthron und Märkabah. Salzburg (1964) (Kairos. Religionsgeschichtliche Studien 1), S. 64-73: *Exkurs: Die Keruben*; M. Metzger, *Himmlische und irdische Wohnstatt Jah-wes*. UF 2, 1970, S. 139-158.

65 Vgl. ברנט .מ.ד. קאסוטו/ר.ד (M.D. Cassuto/R.D. Barnet), ערך כרוב, כרובים. EB(B) 4, 238-244; ferner מ. הרן (M. Haran), הארון והכרובים ומשמעותם הסמלית צורתם, בעית המקבילות הארכיאולוגיות, ErIs 5 (B. Mazar Volume), Jerusalem 1958, S. 83-90; idem, *The Ark and the Cherubim*. IEJ 9, 1959, S. 30-38. 89-94, sowie die Bibliographie unter 4. 52.

66 Diese Verbindung ist nicht ganz eindeutig: Die gleichen Lebewesen, die in Kap 1 חיות heißen, werden in Kap 10 Cherubim genannt. Vgl. hierzu: M. Greenberg, Ezekiel 1-20. A New Translation with Introduction and Commentary. Garden City 1983 (AncB 22), S. 54.

67 Vgl. auch J.C. Greenfield, *Baal's Throne and Isa 6:1*. Mélanges bibliques et orientaux en l'honneur de M.M.Delcor. Ed. par A. Caquot, S. Légasse et M. Tardieu. Kevelaer/Neukirchen 1985 (AOAT 215), S. 193-198, hier: S. 198, der die Linie von Jes 6 über Ez 1 bis zur Hechaloth-Literatur zieht.

68 Vgl. hierzu Kap. 3, Exk. 2: Die Flügel der Engel und die Krone der Gerechten.

Damit sind die meisten Hofstaat-Namen (wenn nicht alle) aus dem paganen Umkreis Israels genommen[69]. Die Bibel beläßt jenen Wesen nun in aller Regel den Lobgesang zu Ehren Gottes und nennt sie an einigen Stellen als Begleiter des Gottes Israels, aber sie nimmt dem Hofstaat die relative Eigenständigkeit (von einem kleinen mythologischen Fragment in Gen 6 abgesehen). Das Maß der Kritik an jenem himmlischen Rat ist durchaus ernst zu nehmen, besonders dann, wenn man mit Jeremia und Jesaja die Übertragung der himmlischen Weisheit auf die Propheten vollzieht. Jes 6 läßt jenen Hofstaat ein einziges Mal in direkte Verbindung mit einem Menschen treten, dem Propheten selbst. In Hinblick auf den Kontakt zu Menschen wird sich das Phänomen geradezu umkehren, wenn wir uns der zweiten Konzeption zuwenden, dem Boten.

4   Der מלאך

4.1   Erste Überlegungen

Zwischen der Degradierung von Untergöttern, Göttern zweiten Ranges etc., zu aufgabenlosen Wesen des Hofstaats eines einzigen Gottes und zwischen der Einschaltung eines vermittelnden Boten zwischen diesem einzigen Gott und dem Menschen hat man zumindest methodisch zu differenzieren. Der Bote unterscheidet sich von den Mitgliedern des himmlischen Rats zuallererst sprachlich: Seine Bezeichnung מלאך hat eine klare Bedeutung, was von den Hofstaatnamen nicht immer gesagt werden kann. Er tritt fast nur im Singular auf[70]. Dennoch haben beide Konzeptionen auch wieder einige Elemente gemeinsam

---

69 Deshalb sind sie weder dämonisch, noch Lokalüberlieferungen; vgl. z.B. F. Lindström, God and the Origin of Evil. A Contextual Analysis of Alleged Monistic Evidence in the Old Testament. (Lund 1983) (CB.OTS 21). Er exegesiert: Gen 32, 23ff; Ex 4, 24ff; 12, 21ff, 1Kön 22, 19ff; Jes 19, 14; Hi 1f. Weiter H. Gese, *Jakob und Mose: Hosea 12: 3-14 als einheitlicher Text.* Tradition and Re-Interpretation in Jewish and Early Christian Literature. Essays in Honour of J. C.H. Lebram ed. by J.W. van Henten e.a. Leiden 1986, S. 38-47, bes. S. 42 Anm. 11.

70 Erst nach vollzogener Fusion der Konzeptionen kann Daniel (3, 25) von *einem* „Heiligen" sprechen. Bis dahin sind Hofstaatwesen nur in Gruppen erwähnt, d.h. im Plural. Nachdem die Bibel beide Konzeptionen zunächst getrennt benützt, sind die Exegeten durchaus im Recht, die Trennung der Konzeptionen verlangen und auch durchführen (stellvertretend sei Röttger genannt); aber nachdem die Bibel die beiden Konzeptionen selbst vereint hat, wird man bei einer Gesamtbetrachtung nicht mehr nur eines der beiden Phänomene behandeln können (Für diese zweite Forschungsrichtung siehe insbesondere die Arbeiten von Licht und Rofé - alle o. Anm. 3).

und können daher in einem gewissen historischen Stadium vereint werden. Auch der Bote bleibt in der Bibel merkwürdig unbestimmt[71]. Dagegen hat er eine Vielzahl von Aufgaben. Es gibt zwar einige Ausleger, die hier und da hinter den „Boten"-Erzählungen der Bibel einen dem Hofstaat ähnlichen paganen Hintergrund sehen wollen, dennoch darf behauptet werden, daß der Terminus מלאך/„Bote" das Spezifikum biblischer Angelologie ausmacht, welches so in den Israel umgebenden Religionen nicht vorkommt. Damit ist nicht gesagt, daß andere Religionen eine Vermittlung zwischen Göttern und Menschen durch Boten nicht gekannt hätten[72]; vielmehr gibt es dort Boten-Götter. Aber jene sind Götter. Hierin liegt der Unterschied zur biblischen Boten-Konzeption: Dem מלאך fehlt die Göttlichkeit. Die religionsgeschichtliche Parallele zu den Boten-Göttern, die nun nach biblischem Verständnis eigentlich gar keine mehr ist, stellt statt dessen das neue Problem dar: Wie muß der biblische Bote vorgestellt werden, damit die Parallele zu den fremden Göttern gar nicht erst aufkommt? Man wird kaum nachweisen können, daß biblische Traditionen bewußt unter dieser Fragestellung formuliert worden seien, aber ausschließen kann man die Möglichkeit auch nicht sogleich.

In jedem Falle stellt sich auch diese neue Größe zwischen den einen Gott und den Menschen und bedarf nun einer genauen Definition, die einerseits den Unterschied zwischen Bote und Gott, andererseits den zwischen Bote und Mensch wahrt. Die mit dem Boten gegebene Problematik äußert sich a) in seiner hebräischen Umschreibung als מלאך, b) in fehlender Unterscheidung zwischen Bote und Gott im biblischen Bericht - sowohl in Bezug auf ihre jeweiligen Reden als auch auf ihre Taten -, c) in der Parallelität des himmlischen Bo-

---

71 Die der späteren Philosophie geläufigen Fragen stellt die Bibel noch nicht (vgl. z.B. Guggisberg, o. Anm 3, S. 156ff), obwohl es manchen Hinweis darauf gibt, daß die biblischen Autoren sich der Probleme dennoch bewußt waren. Zu diesen Hinweisen gehören z.B. die Bezeichnung des Boten als „Mann" oder die Tatsache, daß der Bote in der Regel zunächst unerkannt bleibt, eben deshalb, weil er durch keinerlei äußere Attribute kenntlich ist.

72 Hirth, op.cit. (o.Anm. 3), S. 32ff, hat die verschiedenen Parallelen, die hier in Frage kommen, gesammelt und gesichtet. Sein Ergebnis ist insofern ein negatives, als er feststellen muß, daß den biblischen Boten tatsächlich jede wirkliche Parallele fehlt; dennoch scheint mir den antiken Autoren die Gefahr einer solchen Parallele u.U. bewußt gewesen zu sein. Man muß also in jedem Fall damit rechnen, daß der biblische Bote in einigen Traditionen unter Berücksichtigung fremder „Parallelen" so blaß und unpersönlich gestaltet worden ist, wie sich das in der Bibel durchweg findet.

ten mit menschlichen und d) in der Entwicklung vom מלאך zu den מלאכים und deren Verbindung mit dem Hofstaat.

4. 2 Das Nomen מלאך

Das Nomen מלאך umschreibt eine Funktion und keine Wesensart. Da die Aufgabe eines „Boten" auch in der menschlichen Gesellschaft ihre Bedeutung hat, gilt es den menschlichen Boten vom Boten Gottes zu unterscheiden.

Das Wort מלאך ist eine Nominalbildung der auch in anderen semitischen Sprachen bekannten Wurzel לא״ך mit der Bedeutung „schicken, senden". Das Verb selbst ist in hebräischen Quellen nicht mehr zu finden, doch kennt man es im Arabischen und Alt-Äthiopischen[73]. Die LXX übersetzt fast ausnahmslos mit ἄγγελος. Dieses griechische Wort hat beide Bedeutungen des hebräischen מלאך in der nachbiblisch-jüdischen Literatur, d.h. Gottes-Bote und menschlicher Gesandter. Das gilt bis hin zu den Schriften des Flavius Josephus. Allerdings hat das äthiopische Äquivalent für מלאך die feste Bedeutung „göttlicher Bote" und im Mandäischen wird man es mit „Geist" (in der Regel „bösem Geist") zu übersetzen haben[74]. Aber diese Abweichungen sind sicher

---

[73] Vgl. z.B. L. Köhler/W. Baumgartner, Hebräisches und Aramäisches Lexikon zum Alten Testament. 3. Aufl. neubearb.v.W.Baumgartner unter Mitarbeit v. B. Hartmann und E.Y. Kutscher, hrsg. v. B. Hartmann, P. Reymond und J. J. Stamm. Lieferung II, Leiden 1974, S. 554 und E.L. Greenstein, *Trans-Semitic Idiomatic Equivalency and the Derivation of Hebrew* ml'kh. UF 11, 1979, (FS C.F.A. Schaeffer), S. 329-336, hier S. 331f.

[74] Im Unterschied zur LXX unterscheidet die Vulgata zwischen angeli und nuntii. Woraufhin Hieronymus diese Unterscheidung durchführte, ob aufgrund eigener Überlegungen oder aufgrund einer uns heute unbekannten exegetischen Tradition, ist bis jetzt ungeklärt. In jedem Fall ist das Bemühen um eine Unterscheidung zwischen dem himmlischen und dem irdischen Boten bezeichnend. Eine entsprechende Unterscheidung wird für die aramäischen Targume und die Peschitta von י. שונרי (Y. Shonri) bestätigt: „מלאכים" בתרגומי המקרא הארמיים והפשיטתא. Studies in the Bible and the hebrew Language. FS M. Wallenstein. Ed. by C. Rabin e.a. Jerusalem 1979, S. 269-276. Auf welcher Grundlage die äthiopische Übersetzung der Bibel vorgenommen wurde, läßt sich augenblicklich auch noch nicht ganz sicher sagen. Zwar wird man für einen nicht unbeträchtlichen Teil des Textes die LXX als Vorlage annehmen müssen, aber zumindest für das äHen-Buch, das dort ja zum Kanon gehört, gibt es inzwischen die Theorie von einer aramäischen Vorlage: E. Ullendorf, *An Aramaic „Vorlage" of the Ethiopic Text of Enoch?* Atti del Convengo Internazionale di Studi Etiopici (Academia Nazionale dei Lincei. Problemi attuali di scienza e di cultura 48) Rom 1960, S. 259-268; P. Piovanelli, *Sulla ,Vorlage' aramaica dell'Enoch etiopico*. SCO 37, 1987, S. 545-594.

nicht das Ursprüngliche, wie der Sprachgebrauch in Ugarit zeigt[75], sondern beruhen ihrerseits auf der Bibel und der nachbiblischen Unterscheidung. Nur selten - und dann in den Partien, die hier der Kombination beider Konzeptionen zugesprochen sind - kennt die Bibel das Wort מלאך auch als Umschreibung eines himmlischen Wesens, ohne die Botenfunktion im Blick zu haben. Die Anwendung des Terminus auf Menschen bestätigt die allgemeine Übertragung als „Boten". In späteren Stadien der hebräischen Sprache konnten die Rabbinen die Engel (מלאכים) dann von den menschlichen Boten auch sprachlich unterscheiden, indem sie die letzteren als שליחים (wiederum abgeleitet von einem Verb des Schickens: של"ח) bezeichneten. Aber diese Möglichkeit war offensichtlich in biblischer Zeit noch nicht gegeben.

In den meisten Fällen, in denen die Bibel unter מלאך einen göttlichen Boten verstanden haben will, wird das durch Constructus-Verbindung sicher gestellt: מלאך-ה'/מלאך-אלהים[76]. Mit dieser Funktionsbezeichnung erschöpft sich aber in der überwiegenden Mehrzahl der Belege die Kennzeichnung des „Boten". Boten haben biblisch keine Namen. Daher können sie auch nicht zu einer Individual-Gestalt werden, die dann feste Traditionen um ihre eigene Figur anhäufte. Damit ist die erste Abgrenzung von den Boten-Göttern der Heiden vollzogen. Aber hierin unterscheidet sich die Bibel nicht nur von anderen Religionen, sondern auch ganz wesentlich vom Engelglauben der nachbiblischen Epoche, die -

---

75 Dort wird ml'k ebenso verwendet wie im biblischen Hebräisch: Für menschliche Boten zwischen Königen (so z.B. Keret 14, 124, nach Gibson, op.cit. [o. Anm. 25], S. 85) oder für die Boten Yams an El (z.B. 2 I 11. 22 [Gibson S. 40f]). Dabei heißen die Boten Yams einmal 'glm (= עלם wie in 1Sam 17, 56; 20, 21f). Vgl. ferner Anm. 82.

76 Die spätere christliche Tradition hat den „Engel des Herrn" gerne als Logos, d.h. als präexistenten Christus, aufgefasst. Die philologische Grundlage zu dieser Interpretation hat Baumgarten ganz entschieden in Frage gestellt, und seither gehört diese Tradition wohl der kirchlichen Vergangenheit an - jedenfalls nicht mehr der historisch-kritischen Exegese. Vgl. W. Baumgarten, *Zum Problem des „Jah-we-Engels"*. SThU 14, 1944, S. 97-102 = Idem, Zum Alten Testament und seiner Umwelt. Ausgew. Aufs. Leiden 1959, S. 240-246. Zur Aufnahme der Baumgartenschen Kritik vgl. Hirth, op.cit. (o.Anm. 3), S. 13-22; aber noch von J. Lindblom wird zwischen מלאך und מלאך ה' derart unterschieden, daß der letztere im Prinzip mit seinem Absender identisch sei: Gesichte und Offenbarungen. Vorstellungen von göttlichen Weisungen und übernatürlichen Erscheinungen im ältesten Christentum. Lund (1968) (SHVL 65), S. 69. A. Skrinjar, *Angelus Testamenti (Mal. 3, 1)*. VD 14, 1934, S. 40-48 will den Engel des Testaments als Messias verstehen und setzt so die alte Auffassung fort.

wie schon die Ausnahme des Daniel-Buches anzeigt - die Engel zu fester umrissenen Personen mit eigenen Namen und Attributen werden lassen wird. Biblisch bleibt es bei der funktionalen Beschreibung. So sind denn auch die Aufgaben der „Boten" sämtlich aus der Entsendung zu verstehen: Der Bote vollzieht den Willen Gottes in einer konkreten Situation auf Erden: Entweder teilt er diesen Willen einfach mit oder er vollzieht ihn (siehe im folgenden). Durch die Bezeichnung als Bote wird der מלאך Gott eindeutig untergeordnet; aber in seinem Bote-Sein liegt nun auch das Problem, daß der Bote immerhin der Bote Gottes und keines anderen ist. Seine Botschaft und sein Handeln erhalten ihre Legitimität aus dieser göttlichen Sendung. Zwar sollte der Gesandte nicht die gleiche menschliche Reaktion erfahren wie Gott selbst, aber gerade hier liegt das eigentliche Problem. So möchte z.B. Manoah den Boten ehren und ihm ein Lamm darbringen (Ri 13, 15). Daraufhin sagt ihm der „Bote": ואם-תעשה עלה להי תעלנה. (Wenn du ein Opfer bringen willst, dann bringe es Gott - V 16). Im biblischen Parallel-Bericht[77] zur Manoah-Geschichte, der Berufung Gideons (Ri 6), darf Gideon sein Opfer darbringen. So ist nicht wirklich eindeutig, ob der Vers Ri 13, 16 als Kritik an der Angelologie zu verstehen ist oder nicht. Aus diesem Beispiel wird aber die biblische Problematik klar, die nicht nur hier, sondern mehr oder weniger für die ganze biblische Angelologie gilt.

Zwar sind menschliche und göttliche Sendungen nicht identisch, aber nachdem die Bibel einmal den gleichen Terminus für beide verwendet, muß man eine gegenseitige Beeinflussung in Rechnung stellen, d.h. es ist denkbar, daß die für menschliche Boten geltenden Regelungen auch auf die himmlischen Boten übertragen werden. So ist der menschliche Bote meist nicht der Abgesandte von Privat-Personen, sondern ausdrücklich ein politischer Legat[78]. Das gilt für

---

[77] Die beiden Erzählungen haben im Laufe der Zeit offensichtlich aufeinander eingewirkt und es kann hier nicht untersucht werden, welches Element ursprünglich zu welcher der beiden Erzählungen gehörte. Ri 6 vermischt eine Offenbarung Gottes mit der Erscheinung eines „Boten", so daß hier nicht einmal zwischen diesen beiden von Haus aus verschiedenen Traditionen differenziert werden kann. Vgl. hierzu E. Kutsch, *Gideons Berufung und Altarbau Jdc 6,11-24*. ThLZ 81, 1956, S. 75-84. Demgegenüber fehlt die Theophanie in Ri 13. D. Grimm, *Der Name des Gottesboten in Ri 13*. Bib 62, 1981, S. 92-98, möchte allerdings auch in Ri 13 eine umfunktionierte Lokaltradition des Gottes פלאי sehen; aber das ist nicht zwingend, denn die altchristlichen Engelkulte beweisen ja die Neigung, Mittelwesen zu verehren.

[78] Vgl. hierzu: D.N. Freedman/B.E. Willoughby, Art. מלאך, *mal'ak*. ThWAT 4, S. 887-904, hier bes. 892ff: „Die *mal'akim* sind also Beamte der Regierung." (S. 894), und die Ugarit-Stellen o.Anm 75.

die Boten zwischen Saul und David (z.B. 1Sam 19, 11) wie für die Abgesandten Ben Hadads (1Kön 20, 2 u.ö.). Private Boten kommen in der Bibel quasi nicht vor[79]. Die Verbindung zum himmlischen Rat drängt sich hier insofern auf, als ja auch dieser der Rat eines Großkönigs ist. Hier konnte die Fusion der beiden Konzeptionen also ansetzen.

Wie die irdischen Boten[80], so beschränken sich auch die göttlichen nicht nur auf die Mitteilung einer mündlichen Botschaft[81].

Im politischen Bereich galt, daß die Botschaft des Boten nicht die seine, sondern die seines Absenders war. Daher ist die ihm widerfahrende Behandlung im Prinzip derjenigen, die der Empfänger dem Sendenden selbst zukommen lassen würde, gleich[82]. Nur auf dieser Grundlage kann es 2Kön 19, 23 heißen: ביד

---

79 Aber vgl. Hi 1, 14; Spr 13, 17; Gen 32, 4. 7. Man kann die Tatsache verschieden erklären. Es ist möglich, daß der zwischenmenschliche Bote nicht von Beginn an מלאך hieß, wie die Sprache ja auch heute zwischen politischen und privaten Abgesandten zu unterscheiden versucht (z.B. im Deutschen: Gesandter/Bote/Legat/Nuntius/Botschafter etc.). Es läßt sich genauso annehmen, daß die Bibel nicht am Schicksal Einzelner interessiert war, sofern diese im Vollsinn Privatleute waren und nicht wenigstens Beispiel-Charakter trugen. Die Erzväter jedenfalls werden ja biblisch nicht nur als Einzelpersonen verstanden, sondern als die Väter des Volkes und sind damit über den individuellen Rahmen spürbar hinaus gehoben. Ein Blick in die Konkordanz läßt die erste Möglichkeit zur wahrscheinlicheren werden: של״ח wird von einer Reihe von Personen ausgesagt, nur einige davon sind „Boten", d.h. -מל אכים. Vgl. weiter Freedman/Willoughby, op.cit. (vorige Anm.) S. 890f, die für fast alle Ausnahmen von der Regel eine befriedigende Erklärung finden.
80 Z.B. die Kundschafter in Jos 6, 17. 25. Vgl. Freedman/Willoughby, op.cit. (o. Anm. 78), S. 892.
81 Siehe die Liste der engelischen Aufgaben am Ende des Kapitels.
82 Vgl. v.a. R. Ficker, Art. מלאך. THAT 1, S. 900-908, hier: 903 und Lindblom, op.cit. (o.Anm. 75), S. 69f für die wenigen Stellen, an denen die Bibel selbst diese Identifikation voraussetzt. Gleiches gilt für die Boten Yams (s.o. Anm. 75), die von El angesprochen werden, als sei Yam selbst anwesend. Die göttlichen Boten sind von S.A. Meier entsprechend in den Kontext des nahöstlichen Botenrechts gestellt worden: The Messengers in the Ancient Semitic World. Atlanta (1988) (HSM 45), S. 119-129. Zum Boten vgl. weiter J.T. Greene, The Role of the Messenger and the Message in the Ancient Near East. Oral and Written Communication in the Ancient Near East and in the Hebrew Scriptures: Communicators and Communiques in Context. Atlanta (1989) (BJSt 169); auf andere Art löst A.R. Johnson das Problem (o. Anm. 45), der die Hinwendung zum Boten als Anrede an den Absender in sein Konzept der „extenison of their master's personality" einfügt. So, S. 6, zu den menschlichen Boten und S. 28ff zu Gottes Boten.

מלאכיך חרפת ה׳[83]. Von hier aus hat man die Botschaft des „Boten" in der 1. Person Singular zu verstehen, z.B. Gen 22, 11, wo der „Bote"/מלאך Abraham zuruft: כי עתה ידעתי כי ירא אלהים אתה („Denn nun weiß *ich*, daß du ein Gottesfürchtiger bist"; vgl. auch Gen 16, 10 gegenüber Gen 21, 13). Allerdings stellt diese Praxis aus dem allgemeinen Leben die Unterscheidung zwischen Sender und Bote, d.h. konkret zwischen Gott und seinem „Boten", wieder in Frage. Die gleiche Terminologie, die also dazu angetan war, den Boten deutlich unterhalb Gottes zu setzen, wird nun ihrerseits zu einer neuen Quelle der Identität zwischen beiden.

Da nun die Botschaft des „Boten" ihren Ursprung in Gott hat, darf sie auch Gehorsam verlangen. In diesem Sinne liest sich Ex 23, 20-22:

הנה אנוכי שולח מלאך לפניך לשמרך בדרך ולהביאך אל-המקום אשר הכינתי
השמר מפניו ושמע בקלו אל-תמר בו כי לא ישא לפשעכם כי שמי בקרבו
כי אם-שמע תשמע בקלו ועשית כל אשר אדבר ...

Solange das Wort מלאך nichts weiter hieß als „Bote", konnte solch ein Vers vielleicht noch allgemein verstanden werden: „Hüte dich vor meinem Boten, denn Boten vertreten die, die sie senden." In dem Moment, indem aus מלאך aber eine besondere himmlische Größe wird, stellt diese sich hier in Konkurrenz zu ihrem Absender.

Auf drei Ebenen sind menschliche und göttliche Boten also vergleichbar, so daß sich die Frage nach dem Verhältnis des „Boten" zu Gott durchaus neu stellt:

4. 3 Gott und sein Bote

Aus modernem Verständnis ergibt sich die Notwendigkeit der Unterscheidung, die hier zur Debatte steht. Galt diese aber auch zu biblischer Zeit[84]? Wie bereits gezeigt, kann der „Bote" seine Botschaft in der 1. Person Singular überbringen. Daneben gibt es zwei weitere Problemkreise: Zum einen berichtet die Bibel gelegentlich das gleiche Ereignis zweimal, wobei sie in der einen Erzählung Gott, in der anderen einen „Boten"/מלאך nennt. In anderen Traditionen unterscheidet die Bibel innerhalb derselben Geschichte nicht deutlich zwischen den beiden.

---

83 Siehe auch 2Sam 3, 12f; 1Kön 20, 4f und vgl. oben zu Jes 44, 26; 37, 24.
84 Licht, art. cit. (o.Anm 3) hat die mangelnde Differenzierung zwischen Gott und dem „Engel" zum roten Faden seines Überblicks gemacht.

Zu den Doppel-Berichten gehört z.B. Ex 12, 23[85]. In der Regel gilt die „Plage der Erstgeburt", d.h. die Tötung der Erstgeburt in Ägypten, als eine göttliche Plage: Gott ist der Ausführende. Aber in Ex 12, 23 liest man:

ולא יתן המשחית לבא אל-בתיכם לנגף...

In 2Sam 24/1Chr 21 (s) wird von einem מלאך-משחית berichtet, und so kann man annehmen, daß dieser auch hier gemeint sei. In jedem Falle scheint der Vers davon auszugehen, daß nicht Gott selbst die Erstgeborenen tötete.

Deutlicher als in Ex 12 ist das Problem des „Engels des Auszugs". Auch hier gehen die meisten biblischen Berichte davon aus, daß Gott Israel aus Ägypten herausgeführt habe. Aber in Ex 23, 20. 23; Num 20, 16 und Ri 2, 1-4 steht an Gottes Stelle ein „Bote". So heißt es z.B. in Num 20, 16: וישלח (יהי) מלאך ויציאנו ממצרים[86]. Moses kann hier (nach Ex 23, 20ff) nicht als derjenige gemeint sein, der Israel aus Ägypten herausführte. Dann bleibt also nur ein מלאך, der hier schon weit mehr sein muß als nur einfach ein „Bote". Demgegenüber heißt es nach der Sünde des goldenen Kalbs (Ex 32, 34; 33, 2f.), daß Gott Israel nun nicht mehr begleiten werde, sondern statt dessen nur einen Boten sende, was sich mit Ex 23 und Mal 3, 1 nicht verträgt.

Moses sieht in dieser Weigerung Gottes, sein Volk selbst zu begleiten, eine Strafe, die er aufzuheben bittet (Ex 32f). Demnach ist aber die Herausführung Israels durch einen Boten unvereinbar mit der zweiten Tradition, die im Gefolge der Sünde mit dem goldenen Kalb einen Boten an Gottes Stelle setzte[87].

Man kann weitere solche Doppel-Überlieferungen auch für Ex 14, 19 und Ri 6 annehmen, wiewohl das hier bei weitem nicht so sicher ist: Ex 14, 19 nennt den מלאך in Verbindung mit der Wolke, die ja eigentlich Gottes Gegenwart repräsentiert. In Ri 6 (der Berufung Gideons) lassen sich Theophanie und Boten-Erscheinung nicht mehr eindeutig voneinander trennen.

---

85 Zu den Auswirkungen dieses Verses in der jüdischen Angelologie vgl. das folgende Kapitel.

86 Vgl. B. Stein, *Der Engel des Auszugs*. Bib 19, 1938, S. 286-307; A.S. van der Woude, *Der Engel des Bundes. Bemerkungen zu Maleachi 3, 1c und seinem Kontext*. Die Botschaft und die Boten. FS H.W. Wolff hrsg.v. J. Jeremias und L. Perlitt. Neukirchen 1981, S. 289-300, hier bes. S. 296f.

87 Wobei hier nicht zur Debatte steht, ob es sich bei den verschiedenen Stellen um verschiedene Quellen innerhalb des Pentateuchs handelt. Für die folgenden Untersuchungen ist nur das Nebeneinander der Traditionen von Belang.

In keinem der genannten Fälle kann man die Zweigleisigkeit aus der Identität von Sender und Gesandtem erklären[88].

Die Nähe von Bote und Gott wird auch in einer zweiten Reihe von Texten spürbar, in denen der Mensch nach der Angelophanie den ihm Erschienenen als Gott identifiziert (in einem Falle geschieht auch das Umgekehrte): So lesen wir nach der Engel-Erscheinung vor Hagar, Gen 16, 13:

ותקרא שם-ה׳ הדובר אליה אתה אל ראי כי אמרה הגם הלום ראיתי אחרי ראי

Gott und Bote wechseln auch bei der zweiten Offenbarung vor Hagar (Gen 21, 17): Gott hört sie, der Bote kommt zu ihr, aber Gott öffnet ihr die Augen (damit sie den Brunnen sehen kann).

Manoah fürchtet sich nach der Offenbarung des Boten: מות נמות כי אלהים ראינו. (Ri 13, 22). Die Gottesoffenbarung am Dornbusch beginnt nach dem heutigen Text: וירא מלאך ה׳ אליו (Ex 3, 2). Als Jakob seinen Frauen von der Offenbarung Gottes im Traum berichtet, sagt er ihnen: ויאמר אלי מלאך האלהים בחלום (Gen 31, 11).

Man kann sich mit guten Gründen nun auch fragen, ob denn nicht der berühmte Kampf Jakobs am Jabbok (Gen 32, 25ff) zu diesen Texten gehört. Nach dem Kampf ändert der „Mann" (איש) Jakobs Namen in Israel: כי-שרית עם- אלהים ועם-אנשים ותוכל. Der neue Name Jakobs beinhaltet aber nur das אל-Element[89].

Unter Umständen ist es nicht zufällig, daß in all den mit Jakob verbundenen Stellen (wie ebenso in Ri 13) der Gottesname אל/אלהים gebraucht wird; allerdings begegnet auch einmal der Gottesname ה׳. Es gab Forscher, die die Häufung von „Elohim"-Stellen in diesem Zusammenhang unter Hinweis auf den Hofstaat interpretierten, etwa so, daß jener Hofstaat ja gelegentlich auch בני אלהים bzw. sogar אלהים genannt sei[90]. In jedem Falle wird man die ungeheure Nähe von Gott und Bote festhalten müssen, die den Übersetzern und Interpreten (nicht nur) der alten Zeit theologische Schwierigkeiten bereitete.

---

88 Bei aller Anerkennung der Redaktionskritik fragt sich doch, ob Ri 6 wirklich auf der Grundlage von zwei verschiedenen Quellen zu interpretieren sei: Ist die Verarbeitung der beiden so weit fortgeschritten, dann hatte zumindest der Redaktor keinen Sinn für die Notwendigkeit der Trennung von Gott und Boten.
89 S. unten S. 49f; zur (von ihm verneinten) Möglichkeit, daß der „Mann" hier eine El-Gottheit sei, vgl. Lindström, op.cit. (o.Anm. 69), S. 35.
90 Vgl. etwa B. Jakob, Das erste Buch der Tora. Genesis. Übers. und erkl. (Berlin) 1934, hier S. 491ff bei der Erklärung der „Opferung Isaaks".

4.4 Kritik am Gottesboten?

Die biblische Boten-Konzeption ist von jedem paganen Vorbild also sehr viel weiter entfernt als die Hofstaat-Traditionen; ja man kann sagen, daß der direkte Bezug zu paganen Vorbildern eigentlich fehlt. Man wird deshalb schwerlich von einer regelrechten Kritik am Boten-Konzept sprechen können, ein Problembewußtsein hat die Boten-Texte aber dennoch begleitet[91].

Hiob 4, 18 steht: הן בעבדיו לא יאמין ובמלאכיו ישים תהלה[92]
Vergleiche hiermit Hi 15, 15: הן בקדושיו לא יאמין ושמים לא-זכו בעיניו

Gott verläßt sich also weder auf seine Heiligen noch auf seine Boten. Es ist anzunehmen, daß diese Kritik zunächst dem Hofstaat galt (15, 15), aber durch die Parallelität, in die die Boten (מלאכים) in 4, 18 mit den Heiligen gesetzt werden, gilt die gleiche Ambivalenz nun auch für die Boten.

In der Geschichte vom Propheten aus Bethel (1Kön 13) bleibt der Bote eine durchaus zweideutige Größe: Der heimische Prophet lügt dem fremden vor:

גם-אני נביא כמוך ומלאך דבר אלי בדבר ה׳... (V 18)

Der fremde „Mann" (איש האלהים) glaubt dem einheimischen Propheten, kehrt mit ihm zurück und - wird dafür bestraft. Mit anderen Worten: Auch die Berufung auf die Offenbarung eines himmlischen Boten hätte ihn nicht dazu veranlassen dürfen, dem vorher ergangenen göttlichen Befehl zuwider zu handeln. Ist dieser Zug nun nur zufällig in die Geschichte geraten, etwa derart, daß der Prophet aus Bethel so negativ wie möglich zu zeichnen war und ihm hierzu auch die Vorspiegelung einer Offenbarung, die ihm gar nicht zuteil geworden war, untergeschoben wurde, oder beinhaltet dieser Zug einen Seitenhieb auf die Angelologie? Engel-Offenbarung ist immerhin nicht weiter nachprüfbar, und es läßt sich denken, daß der vorschnellen Berufung darauf hier vorgebaut werden sollte.

Es ist wiederum Manoah, der den Bericht seiner Frau mit größter Skepsis hört und sich nicht scheut, um eine zweite Offenbarung zu bitten (Ri 13, 8):
ויעתר מנוח אל-ה׳ ויאמר בי ה׳ איש האלהים אשר שלחת יבוא-נא עוד אלינו ויורנו מה-נעשה לנער היולד.

Der gleiche Manoah bietet wenig später dem Boten ein Opfer an und muß sich sagen lassen: ואם-תעשה עלה לה׳ תעלנה (ebd. V. 16). Weiter ist es Proprium

---

91 Das anti-angelologische Element hat Rofé stark herausgestrichen, op.cit. (o. Anm. 3), vgl. z.B. S. 89ff oder S. 313ff.

92 Das Wort תהלה ist nicht ganz klar. Es meint in jedem Falle etwas Negatives. „Irrtum" ist als Übersetzung wohl eher zu schwach.

dieser Geschichte, daß der Bote sich weigert, seinen Namen zu nennen (V. 18). Darf man die drei Elemente (Unglauben gegenüber der Frau bei deren Berufung auf eine Erscheinung, Ablehnung eines Opfers für den Boten, Weigerung, den Namen zu nennen) zusammennehmen und als Kritik oder doch wenigstens als Problembewußtsein der Angelologie gegenüber auffassen? Wie immer dem aus der Sicht des biblischen Autors gewesen sein mag, die nachbiblische Literatur wird zumindest zwei der Weigerungen wieder aufnehmen: Die Nicht-Offenbarung des Namens und die Weigerung, das Opfer anzunehmen.

Eine deutliche Kritik läßt sich also außer der Parallelität der beiden Hi-Verse nicht unbedingt nachweisen, aber ein Wissen um die theologischen Schwierigkeiten, die mit der Engel-Offenbarung verbunden sind, scheinen einige biblische Autoren durchaus gehabt zu haben.

4. 5 Der Bote Gottes und die anderen Boten

Die Unterscheidung von Vorkommen des hebräischen Nomens מלאך in solche, die den Boten Gottes, und solche, die menschliche Boten ins Auge fassen, gilt zwar für die meisten Belege, aber eine kleine Gruppe nimmt hier eine Sonderstellung ein: Es gibt Gottesboten, die selbst Menschen sind.

Das gilt zunächst für die Propheten[93]. Hag 1, 13 heißt es über den Propheten selbst:

---

93 Vgl. hierzu u.a. J.F. Ross, *The Prophet as Jah-wes Messenger*. Israel's Prophetic Heritage. FS J. Muilenburg ed. by B.W. Anderson and W. Harrelson. London (1962), S. 98-107; N.H. Ridderbos, *Einige Bemerkungen über den Propheten als Boten Jah-wes*. Travels in the World of the Old Testament. Studies presented to M.A. Beek ed. by H. van Voss, H. ten Cate, N.A. van Uchelen. Assen 1974, S. 211-216. Für die nachbiblische Literatur, in der dieser wichtige Aspekt fast unbehandelt blieb, vgl. W.D. Davies, *A Note on Josephus' Antiquities 15:136*. HThR 47, 1954, S. 135-140; L.H. Silberman, *Prophets/Angels: LXX and Qumran Ps 151 and the Epistle to the Hebrews*. Standing Before God. Studies on Prayer in Scriptures and in Tradition with Essays in Honour of J.H. Oesterreicher. Ed. by A. Finkel and L. Frizzell. New York 1981, S. 91-101; R. Then, „Gibt es denn keinen mehr unter den Propheten?" Zum Fortgang der alttestamentlichen Prophetie in frühjüdischer Zeit. Frankfurt/M. e.a. (1990) (BEATAJ 22), S. 143-161. Then untersucht die verschiedenen hier zu nennenden Stellen, bes. 2Chr 36, 15f, und kommt zu dem Ergebnis, daß sie alle nachexilisch seien. Den frühesten eindeutigen Beleg für die Gleichsetzung des Propheten mit dem מלאך sieht er im aramäischen Targum. Dabei ist aber doch sowohl Ps 151-LXX im Vergleich zur Psalmenrolle aus Qumran übersehen als auch die enge Verbindung der Propheten zum himmlischen Hofstaat und dessen Weisheit (s.o.). Das nachexilische Element könnte in der Identifizierung des Hofstaats mit dem Boten liegen. Wenn dann

חגי מלאך ה' במלאכות ה'. Die Worte Jes 44, 26 sind bereits zitiert worden: ועצת מלאכיו ישלים מקים דבר עבדיו. In 2Chr 36, 15f liest man dann:
וישלח ה' אלהי אבותיהם ביד מלאכיו השכם ושלוח כי-חמל על-עמו ועל-מעונו
ויהיו מלעבים במלאכי האלהים ובזים דבריו ומתעתעים בנבאיו עד עלות חמת-ה'
בעמו עד-לאין מרפא.

Falls der Gottesknecht aus Dt-Jes mit dem Propheten zu identifizieren ist, käme auch Jes 42, 19 für diesen Zusammenhang in Frage. Fraglich sind hier auch die Verse in Mal 1, 1; 3, 1:   משא דבר ה' אל-ישראל ביד מלאכי...
הנני שולח מלאכי ופינה-דרך לפני ופתאם יבוא אל-היכלו האדון אשר-אתם מבקשים
ומלאך הברית אשר-אתם חפצים הנה-בא...

Der „Engel des Bundes" kann ein anderer Ausdruck für jenen Engel sein, der Israel aus Ägypten herausgeführt hat[94]. Wer ist dann aber der zuerst genannte מלאך? In jedem Fall ist die Formulierung derjenigen von Mal 3, 23[95] sehr ähnlich: הנה אנוכי שולח לכם את אליה הנביא לפני בוא יום ה' הגדול והנורא. Eine gewisse Nähe des Boten in Mal 1, 1 zum Propheten selbst ist jedenfalls wahrscheinlich, und von daher legt sich die gleiche Annahme auch für 3, 1 nahe.

Ri 13 ist die Bezeichnung des Boten mit einer prophetischen gekoppelt: איש-האלהים[96]. So erzählt die Frau ihrem Mann (V 6):
איש האלהים בא אלי ומראהו כמראה מלאך האלהים נורא מאד...

Propheten heißen also in der Bibel gelegentlich מלאך/Bote. Man kann diesen Umstand verschieden interpretieren, entweder als prophetische Kritik an der Angelologie (so überwiegend Rofé) oder als funktionale Gleichheit der Gottesboten (wobei nicht unbedingt an Kritik gedacht werden muß). Mit der Übertragung des Boten-Titels auf die Propheten wird nun aber eine neue Doppeldeu-

---

    die Botenfunktion primär den Propheten zugeschrieben wird und erst nachexilisch auf die מלאך-Vorstellung übertragen sein soll (ebd. S. 161), dann scheint hier die historische Entwicklung einfach umgedreht zu sein. Weiteres bei den Genannten und in der Bibliographie unter 4. 31.

94 So van der Woude, art.cit. (o.Anm. 86).
95 Vgl. zu Mal 3, 1. 23 den sehr ähnlichen Vers Ex 23, 20.
96 Vgl. zu diesem J.A. Holstein, *The Case of is-ha'elohim Reconsidered. Philological Analysis versus Historical Reconstruction.* HUCA 48, 1977, S. 69-82. Auch dann, wenn man Ri 13 nicht zu jenen Belegen rechnet, die die Theorie vom „Gottesmann" als Propheten stützen, ändert das nichts an unserer Folgerung, sofern hier ja nicht die Bedeutung des biblischen Begriffs „Gottesmann" erhoben wird (über den die Forscher sich noch nicht ganz einig sind), sondern aus der nachbiblischen Perspektive heraus zu sehen ist, daß der Titel in der Regel auf Propheten angewandt wird und Ri 13 zusammen mit dem des Boten steht.

tigkeit in die Terminologie hineingetragen, die in den kommenden Generationen nicht nur die Frage des Midrasch aufkommen läßt, woraufhin denn Propheten מלאכים hießen (so Lev.r am Anfang), sondern auch die Identifizierung des sich selbst besonders gerecht Dünkenden mit den Engeln erlaubt. Wenn dann auch noch an weiteren Stellen der nachbiblischen Tradition Prophet und Engel zu Wechselbegriffen werden, dann wird in jener Literatur ständig neu nach der Bedeutung des griechischen ἄγγελος[97] zu fragen sein. Lassen sich auf dieser Grundlage auch inhaltliche Einwirkungen der prophetischen Theologie auf die Engel-Reden z.B. der Apokalyptik feststellen? Wenn sich das Buch des Propheten Maleachi als die Mitteilung an einen Boten (מלאך) Gottes gibt, dann muß man dies mit dem Anspruch des Autors von Jub vergleichen, der sein Buch dem Mose durch den „Engel des Angesichts" diktiert sein läßt (Jub 1). Die Zusammenstellung erlaubt jedenfalls eine Reihe neuer Entwicklungen.

Nicht nur der Prophet, auch der Priester heißt biblisch zweimal Bote/מלאך. Mal 2, 7 wird der Priester so beschrieben:

כי שפתי כהן ישמרו דעת ותורה יבקשו מפיהו כי מלאך-ה׳-צבאות הוא.

Maleachi nennt also neben den Propheten auch die Priester „Boten", denn er versteht wohl die Mitteilungen des Priesters (תורה) ebenso wie die prophetische Rede als Ausdruck göttlicher Mitteilung[98].

Im Pred 5, 5[99] geht es um den Priester, der die freiwilligen Opfergaben von den Opfernden entgegennimmt - natürlich als Abgesandter Gottes an dieser Stelle. In Hinblick auf ihn sagt der Prediger dem Opfernden:

אל תתן את-פיך לחטיא את בשרך ואל-תאמר לפני המלאך כי שגגה היא.

---

[97] So übersetzen die LXX z.B. in Ps 151, 4 das hebräische נביא mit ἄγγελος. Vgl. Kap. 3.

[98] Hekataios von Abdera nennt den Hohen Priester der Juden ἄγγελος, was traditionell sein kann. Es ist aber ausgeschlossen, daß Hekataios schon eine griechische Übersetzung zu Mal kannte, denn die LXX-XIIProph ist später. Zu Hekataios vgl. die Notiz von F.R. Walton, *The Messenger of God in Hecateus of Abdera*. HThR 48, 1955, S. 255-257 und M. Stern, Greek and Latin Authors on Jews and Judaism. Ed. with introductions, translations and commentary. Vol. I. Jerusalem 1970, S. 26ff.

[99] Vgl. hierzu besonders א. רופא (A. Rofé), המלאך בקוהלת ה, ה לאור נוסחת ויכוח חכמתי, ErIs 14, 1958 (Ginzburg-vol.), S. 105-109. In der rabbinischen Tradition hat man aus diesem Vers den Schutzengel-Glauben gelesen: Tanh.B Mezora' II (Buber, S. 22b), vgl. P. Schäfer, Rivalität zwischen Engeln und Menschen. Untersuchungen zur rabbinischen Engelvorstellung. Berlin/New York 1975 (SJ 8), S. 27ff. 60ff und die Verweise dort.

Nicht so sicher ist die Erwähnung der sechs[100] Männer, Ez 9. Sie sind wohl himmlische Gestalten und vollführen Gottes Gericht an Jerusalem und seinen Einwohnern - vom Tempel ausgehend. Die besondere Erwähnung des Schreibers (ואיש-אחד בתוכם לבש בדים וקסת הספר במתניו, 9, 2) hat die Interpreten gelegentlich an Priester erinnert. Die Assoziation legt sich bei dem Priester Ezechiel nun auch besonders nahe, aber mehr als ein Anhaltspunkt für spätere, priesterlich orientierte Interpretation ist darin nicht zu sehen. Es ist auffällig, daß die beiden sicheren Stellen eindeutig in die Zeit des zweiten Tempels fallen, Ez immerhin in die Zeit des Exils nach der Zerstörung des ersten Tempels. Man wird diese Beobachtung mit der veränderten Stellung der Priester in der persischen Zeit verbinden dürfen.

Eine gewisse Verbindung zwischen dem Hohenpriester und dem Hofstaat ist in Sach 3, 7 wenigstens intendiert, wenn Josua als Lohn für sein Verhalten versprochen wird: ונתתי לך מהלכים בין העומדים האלה. Mit diesen „Umstehenden" können aber nur die anderen Anwesenden beim himmlischen Gericht gemeint sein, in dem vorher der מלאך ה' und Satan aufgetreten sind. Allerdings wird Josua dadurch nicht selbst מלאך.

Wie nun Menschen den Titel des (Gottes-)Boten erhalten, so gibt es eine innerbiblische Formulierweise, die den (himmlischen) Gottesboten als „Mann" (איש) bezeichnet. Diese Terminologie wird dann auch in die LXX übernommen, wo איש mit ἀνήρ übersetzt wird. Die Gründe für die Entstehung dieser Kennzeichnung des himmlischen Boten als „Mann" sind nicht mehr erkenntlich; eine gewisse Kritik an der Angelologie kann genauso mitgespielt haben wie die simple Vorstellung, daß Gottes Boten nun einmal in menschlicher Gestalt auftreten, weshalb sie ja in der Regel nicht gleich erkannt werden.

Die drei Besucher Abrahams heißen in Gen 18 „Männer", aber als Gäste Lots heißen sie in der Fortsetzung „Boten"[101]. Jakob kämpft mit dem „Mann" (Gen 32, 25ff), der bei der kurzen Erinnerung an diese Szene beim Propheten Hosea wieder zum „Boten" wird (Hos 12, 4f). Als sich der Anführer der himmlischen Heerscharen (שר-צבא-ה') vor Josua offenbart, heißt es: -והנה איש עומד לנג

---

100 So zählt Licht, art. cit. (o.Anm 3), und er scheint mir im Recht zu sein, obwohl die Mehrheit der Kommentatoren hier sieben Engel sehen wollen.

101 י. אבישור (Y. Avishur), סיפור ביקור המלאכים אצל אברהם (בראשית י״ח, א-טז) (4-31 ומקבילו בספרות אוגרית (2 אקהת V: תשמ״ז BetM 32, /1986/87), S. 168-177, hat versucht, für Gen 18 eine Parallele in Dan'ils Geschichte zu sehen, wobei just die Unbestimmbarkeit der Gäste eine Rolle spielt. Das ist insofern wenig überzeugend als Götterbesuche ein Topos der religiösen Erzählung sind.

Der מלאך / *Bote* 51

דו (Jos 5, 13f). Der Bote vor Manoah und seiner Frau, der dort als „Mann Gottes" charakterisiert wurde (Ri 13, 6), wurde schon erwähnt. Auf sein Gebet hin wird dem Daniel der „Mann; Gabriel" (האיש גבריאל) geschickt (Dan 9, 21; vgl. dort 8, 16ff). Der Prophet Ezechiel sieht sechs Männer, die ausgesandt sind, um Jerusalem zu zerstören.

An einigen dieser Stellen läßt sich die Wortwahl durchaus erklären. So erreicht z.B. bei dem Kampf Jakobs, Gen 32, die Geschichte ihren Höhepunkt mit der Namensänderung. Aber der neue Name stellt Menschen und Gott gegenüber. Nun ist es schwer vorstellbar, daß Jakob tatsächlich mit Gott gerungen haben und ihm ebenbürtig gewesen sein sollte. Durch die Umschreibung des zweiten Kämpfers als „Mann" umgeht[102] der Verfasser diese Schwierigkeit scheinbar. Derlei Anhaltspunkte für die Verwendung des Terminus „Mann" als Boten-Bezeichnung lassen sich vielleicht auch für die anderen Belege finden. Für die Fortsetzung der jüdischen Angelologie ist die Tatsache als solche von Bedeutung, daß im Rahmen der biblischen Tradition[103] nicht nur Propheten den Boten-Titel erhalten, sondern jene Boten selbst eine irgendwie geartete menschliche Komponente haben müssen, die berechtigt, sie einfach „Mann" zu nennen.

Eine kuriose Kleinigkeit verdient noch Beachtung, obwohl sie eigentlich kein angelologisches Problem darstellt, sondern eine Art Schreibfehler: 1Chr 21, 20 und 2Kön 6, 33 (vgl. 7, 2) steht מלאך, also Bote, statt מלך, d.h. König. Dieser glatte Fehler taucht nicht nur in Fehlübersetzungen der LXX[104] wieder auf, sondern hat auch Einfluß auf eine scheinbar angelologische Sentenz in den Evangelien (s).

---

102 Die Geschichte der Auslegung zeigt auch hier, daß die zunächst als Lösung gedachte Formulierung im Laufe der Geschichte nach immer neuen Lösungen verlangt. Vgl. hierzu W.T. Miller, Mysterious Encounters at Mamre and Jabbok. Chico (1984), S. 97ff und A. Butterweck, Jakobs Ringkampf am Jabbok. Gen 32, 4ff in der jüdischen Tradition bis zum Frühmittelalter. Frankfurt/M./Bern (1981) (Judentum und Umwelt 3).

103 Zum ἀνήρ in der Offenbarung siehe das Vergleichsmaterial zu Josephus.

104 Dazu in Kap. 2; aber aus solchen Fehlern kann man nicht unbedingt auf theologische Intention schließen. Daher gilt das Argument für die samaritanische Anti-Angelologie der ersten Jahrhunderte nur in Verbindung mit anderen Indizien. Vgl. J. Bowman, The Samaritan-Problems. Studies in the Relationships of Samaritanism, Judaism, and Early Christianity. Pittsburg/Penn. (1975) (Pittsburg Theological Monograph Series 4), S. 134 mit Anm. 74: Samaritanus liest „König" statt „Engel" in Gen 48, 16.

5 Die Verschmelzung der Konzeptionen

Die beiden hiermit in Kürze vorgestellten Konzeptionen des Boten und des himmlischen Rats werden bereits innerbiblisch miteinander verbunden und zwar in beiden möglichen Denkrichtungen. Der Bote verliert dabei seinen ausgesprochenen Boten-Charakter und wird zu einem Teil der „himmlischen Schar", wie umgekehrt die Hofstaat-Mitglieder nun in Funktionen und Attributen des Boten begegnen. Es wäre rein hypothetisch, wollten wir hier versuchen, die Gründe für diese Fusion zu finden. Die Forschung ist an diesem Problem meist vorübergegangen. Auch eine zeitliche Ansetzung ist zumindest zweifelhaft, wie die folgenden Belege deutlich machen werden. Man wird mit einem längerfristigen Prozeß zu rechnen haben, wobei nicht auszuschließen ist, daß ältere Theologumena in jüngeren Texten ihren für uns gelegentlich ersten Niederschlag gefunden haben mögen. In jedem Fall ist diese Verschmelzung der beiden ursprünglich verschiedenen Konzeptionen der Kern[105] der nachbiblischen Angelologie, und nur aus der Verbindung der beiden läßt sich vom Boten in der Folgezeit als einem „Engel" sprechen.

Boten werden nun zu Söhnen Els, d.h. aber bereits zu Gottes-Söhnen und zu Heiligen. Der biblische „Mann" wird zu einer himmlischen Gestalt - dies eines der wichtigsten Ergebnisse der Fusion. Auf dieser Grundlage ergeben sich dann für den antiken Bibelleser neue Probleme, Widersprüche etc. Wie sollten z.B. himmlische Besucher bei Abraham gegessen haben (Gen 18, 8)?

Dan 8, 13 erwähnt die ersten „Heiligen" im Singular:

ואשמעה אחד-קדוש מדבר ויאמר אחד קדוש לפלמוני המדבר

Derselbe Verfasser kennt die עירין auch als Einzelgestalten (vgl. Dan 4, 10. 14. 20). Hiob stellt in den beiden oben zitierten Versen „Boten" in Parallele zu den „Heiligen" (4, 18; 15, 15). Einzelne Psalmenverse, die bereits zitiert wurden, reihen die „Boten" in den himmlischen Rat ein (Pss 103, 20ff; 148, 1f; vgl. Ps 89, 6-9).

Wie die Mitglieder des Rats nun einzeln auftreten, so kennen einige wenige Stellen den Boten in einer Gruppe. Gelegentlich mag man sich fragen, aus

---

[105] Die Verbindung von Engel und Hofstaat sieht auch A. Ohler, Mythologische Elemente im Alten Testament. Eine motivgeschichtliche Untersuchung. Düsseldorf (1969) (Kommentare und Beiträge zum Alten und Neuen Testament), S. 190-219, allerdings geht sie von der - uneinsichtigen - Annahme aus, der himmlische Rat tage, um die Boten zu entsenden. Das mag für andere altorientalische Religionen vielleicht zutreffen, nicht für die Bibel.

welchem Grund der Verfasser diese Boten plötzlich im Plural[106] erscheinen läßt. Meist muß man dann eine gewisse Verbindung zum entstehenden neuen Engel-Bild annehmen. So heißt es Ps 91, 11: כי מלאכיו יצוה לך לשמרך בכל דרכיך.

In seinem ursprünglichen Kontext bereitet auch der Vers Ps 104, 4 einige Schwierigkeiten, obwohl er später gerne als Beweis für eine „spirituelle Angelologie" genommen wurde: עשה מלאכיו רוחות משרתיו אש להט.

Aber der Unterschied zur Botenvorstellung ist in beiden Fällen unübersehbar.

In zwei Erzählungen läßt sich ernstlich fragen, ob die Erwähnung der „Boten" in dieser Form ursprünglicher Bestandteil des Textes ist. Bei Jakobs Traum heißt es (Gen 28, 12): והנה מלאכי אלהים עלים וירדים בו. Die „Boten" erklimmen also die Leiter und lassen sich auf ihr wieder herab - was hat das aber mit ihrem Auftrag als Boten zu tun?[107] Ähneln diese מלאכי-אלהים nicht eher den אלהים der Wahrsagerin aus En Dor? Ebenfalls von Jakob heißt es Gen 32, 2: מלאכי אלהים ויפגעו בו. Jakob ruft daraufhin aus (V 32, 3): זה מחנה אלהים[108]. Zumindest in der ersten der beiden Erzählungen handelt es sich um eine Theophanie, und so kann man argumentieren, daß die „Boten" hier die traditionelle Begleiter-Rolle des Hofstaats übernommen haben. Der zweite Bericht ist derart kurz, daß sichere Rückschlüsse auf seine ursprüngliche Absicht nicht mehr möglich sind. Eine Art Theophanie scheint aber auch hier nahe zu liegen. Man kann von daher vermuten, daß an beiden Stellen ursprünglich von einer Theophanie mit der Begleitung von אלהים als himmlischem Rat die Rede war, wobei jene אלהים dann aus deutlichen theologischen Bedenken zu מלאכי-אלהים geworden wären. Erhärten läßt sich das allerdings nicht.

Die Verbindung des Elohim-Namens mit dem Boten-Titel ergibt sich auch aus einer dritten Stelle - ebenfalls in Verbindung mit Jakob, Gen 48, 15f:

האלהים אשר התהלכו אבותי לפניו אברהם ויצחק
האלהים הרעה אותי מעודי עד היום הזה
המלאך הגאל אותי מכל רע יברך את הנערים ...

---

106 Die ugaritischen Boten sind immer im Plural/Dual genannt. Auch darin unterscheiden sie sich von der biblischen Konzeption.

107 Wenn man Maags Interpretation dieses Verses (aaO, o. Anm. 33) übernimmt, dann zeigt Gen 28, 12 wie Geisterwesen, welche in der Bibel אלהים heißen, die Erde durchdringen. Sollte Maag Recht behalten, dann läßt sich nicht mehr leugnen, daß der in Rede stehende Vers eine gewisse Bearbeitung erfahren hat.

108 Zur kriegerischen Bedeutung des Lagers vgl. auch J. VanderKam, art.cit. (o. Anm. 49), hier S. 138.

Die beiden vorangegangenen Berichte über eine Offenbarung der „Boten" unterscheiden sich deutlich von Jakobs Segen an Josephs Söhne, indem hier nur die Identifikation dieser Boten mit dem „Gott der Väter"[109] vorgenommen wird. Aus allen drei Stellen wird aber die Beziehung von מלאך zu אלהים ersichtlich, die nun die Botenkonzeption als solche einfach aufhebt. Der מלאך in Jakobs Segen ist kein Bote mehr.

Nicht zufällig verbindet auch der Prophet Hosea bei seinem Rekurs auf Jakobs Kampf am Jabbok (Gen 32) מלאך und אלהים. Hos 12, 4f:

...ובאונו שרה (יעקב) את-אלהים וישר אל-מלאך[110] ויוכל ויתחנן-לו...

---

109 Die verschiedenen Thesen zum „Gott der Väter" können in diesem Rahmen nicht alle auf ihr Verhältnis zu den verschiedenen Boten untersucht werden, obwohl eine solche Nachprüfung u.U. einige Ergebnisse erzielen würde. (A. Alts Aufsatz, *Der Gott der Väter*, hier benutzt nach dem letzten Nachdruck: A. Alt, Grundfragen der Geschichte des Volkes Israel. Eine Auswahl aus den <Kleinen Schriften> hrsg.v. S. Herrmann. München [1970], S. 21-98, hat eine nicht unbeträchtliche Diskussion ausgelöst, auf die hier nicht eingegangen werden kann).

110 So der überkommene Text. Allerdings schlägt BHS vor, מלאך zu streichen und statt אל (mit) אל (Gott) zu lesen. H.W. Wolff, op.cit. (o.Anm. 49), S. 267, argumentiert für diese Änderung so: Das Wort מלאך sei vom Rand in den Text eingedrungen, denn wenn es ursprünglich wäre, sollte man den Artikel erwarten. Auch Wolff kämpft mit der Verlagerung der Handlung von einem zum anderen Subjekt, die zwischen ויוכל und בכה ויתחנן-לו stattgefunden hat. Als wesentliches Argument bietet er die These, Hosea erwähne gar keine Engel. Aber all diese Gründe sind nicht wirklich zwingend: Der Artikel ist hier durchaus nicht obligatorisch, die Subjektsverlagerung ist innerbiblisch nicht ohne Parallele und für das Fehlen von Engeln in Hos überhaupt muß Wolff den Vers Hos 12, 1 so interpretieren, daß der Hinweis auf den himmlischen Rat entfällt, obwohl dort die „Heiligen" genannt sind. Wolffs Exegese zu diesem Vers steht auf S. 271. Weiter ist gegen die a-angelologische Interpretation einzuwenden, daß Hos 12, 6 mit der Erwähnung des „Herrn der Heerscharen" fortfährt (zu diesem Namen und seiner Beziehung zum himmlischen Rat s.o. im Text). Gegen die Emendation des überkommenen Textes wandte sich schon Rofé, op.cit. (o. Anm. 3), S. 243 unter Hinweis auf das Wortspiel von עקב/יעקב, ישר-אל/וישראל. Rofés überzeugende Argumentation gegen Wolffs Exegese von Hos 12, 1 ebd, S. 36. Letzte Ablehnungen textkritischer Eingriffe bei Lindström op.cit. (o.Anm. 69), S. 36, der nur das Verb anders punktiert (hier weitere Literatur), und bei H. Gese, art.cit. (o. Anm. 69), S. 42. Wir lesen in Hos 12, 1 „Heilige" als Hofstaat-Namen, und in 12, 4-5 sind „Bote" und אלהים austauschbar gebraucht.

Wollte der Prophet den „Boten" als Teil des himmlischen Rats vorstellen oder meinte er, so die Schwierigkeiten des Genesisberichts[111] zu umgehen?

Selbst in der Verbindung מלאך־ה׳ wird der „Bote" schließlich in das Hofstaat-Konzept eingereiht. Sach 3 berichtet vom מלאך־ה׳ als Verteidiger[112] beim himmlischen Gericht des Hohen Priesters Josua. Dem Hohen Priester steht der Ankläger, שטן, gegenüber. Die Funktion, die der „Engel des Herrn" hier ausübt, ist in anderen Texten mit dem himmlischen Rat verbunden: So nennt Hi 33, 23 einen מלאך מליץ[113], aber in Hi 5, 1 finden sich in gleicher Funktion noch die קרא־נא היש עונך ואל מי מקדושים תפנה: קדושים.

Ein neuer Aspekt der Verschmelzung beider Konzeptionen ergibt sich aus Sach 12, 8, wo der Prophet den Nachkommen aus dem Hause Davids mit einem מלאך־ה׳ vergleicht:

ביום ההוא יגן ה׳ בעד יושב(י) ירושלים
והיה הנכשל בהם ביום ההוא כדויד
ובית דויד כאלהים כמלאך ה׳ לפניהם

Zwar ist David auch sonst mit einem מלאך verglichen worden, und an jenen Stellen scheint es sich ebenfalls bereits um מלאך als Hofstaat-Mitglied gehandelt zu haben, aber dort ging es darum, dem regierenden König ein Kompliment zu machen, um so seine Entscheidung günstig zu beeinflussen[114]. Hier kann der Vergleich mit dem „Engel des Herrn" durchaus eine Abschwächung des Vorangegangenen intendieren, in dem Sinne, daß David nicht wirklich mit Gott, sondern mit dessen Boten verglichen wird[115], dann aber ist trotzdem der Bote als אלהים, also mit einem Hofstaat-Terminus, genannt.

---

111 Das heißt nicht, daß Hosea den Text unserer Genesis so gekannt hätte, sondern nur, daß dies die zweite Variante jener Tradition ist, auf die er sich beruft.

112 Zum Text und seiner Geschichte s.: ב. אופנהיימר, חזונות זכריה. מן הנבואה לאפו־ קליפטיקה. Jerusalem 1961, S. 99. In einem Teil des Textes sind Gott und sein „Bote" scheinbar getrennt, in einem anderen scheinen sie identisch zu sein.

113 Vgl. bes. N. Johansson, Parakletoi. Vorstellungen von Fürsprechern für die Menschen vor Gott in der alttestamentlichen Religion im Spätjudentum und im Urchristentum. Lund (1940), S. 22-40 zu Sach und Hi und für die Geschichte der Texte: S. 75ff. 96ff.

114 1Sam 29, 9; 2Sam 14, 17. 20; 19, 28: Das tertium comparationis ist Davids Weisheit. Vgl. o. zur Weisheit des Hofstaats, sowie Mettinger, King and Messiah (o.Anm. 36), S. 269-271 mit den von ihm genannten Texten Ez 28, 11ff; Jes 14.

115 Die für uns wichtige Wendung „wie ein Bote Gottes vor ihnen" wird gelegentlich von den Auslegern gestrichen, vgl. H.-M. Lutz, Jah-we, Jerusalem und die Völker. Zur Vorgeschichte von Sach 12, 1-8 und 14, 1-5. Neukirchen 1968 (WMANT 27), S. 12.

Die im Rahmen der Fusion beider Konzeptionen auftauchenden Hofstaat-Namen sind also „Heilige", „El-Söhne", „Elohim", „Heerscharen", עירין. Seraphim und Cherubim begegnen in diesem Stadium der Angelologie noch nicht als Engel-Umschreibungen. Damit erhält der biblische Bote neue Züge, die ihm ursprünglich fehlten. Die neue Charakterisierung macht den Boten nun zu einem heiligen Wesen, das zum Bereich Gottes gehört, mit ihm bis zu einem gewissen Grade sogar vergleichbar wird („Elohim"). Man kann die Folgen dieses Prozesses gar nicht genug betonen, wie ein kurzer Blick auf einen kleinen Teilbereich veranschaulichen kann: Philon nennt den stoischen Logos einige Male ἀρχάγγελος und gelegentlich δεύτερος θεός[116]. Wenn das nun mit der davidischen Abstammung des Messias zusammen genommen wird, dann wundert man sich über Joh 1, 1 nicht mehr so sehr: Ἐν ἀρχῇ ἦν ὁ λόγος, καὶ ὁ λόγος ἦν πρὸς τὸν θεόν, καὶ θεὸς ἦν ὁ λόγος.

6 Übersicht über Termini und Traditionen, die den Engeln und Gott gemeinsam sind

Die Diskussion über die Ambivalenz zwischen Gott und Engel hat sich bisher an Texten orientiert, die entweder innerhalb derselben Einheit keine klare Unterscheidung aufwiesen, oder aber durch eine direkte Parallel-Überlieferung Gott und Engel wieder nebeneinander stellten. Hier ist nun der Ort, weitere Momente zu sammeln, die jene Ambivalenz ebenfalls hervorrufen können.

Die relativ ähnliche Terminologie der Erscheinungen ist bereits Gegenstand wissenschaftlicher Untersuchung gewesen und muß hier nicht in ihren Einzelheiten wiederholt werden[117], obwohl diese Untersuchungen meist nicht ausgesprochen angelologisch orientiert waren[118]. Als Beispiel aus diesem Bereich

---

[116] QG II 62; vgl. das griechische Fragment bei R. Marcus, Suppl. II, S. 203 sowie somn. 1, 227-230 und H. Leisegangs Anm. 2 in der Übersetzung, a. l. Vgl. weiter leg.all. 1, 65 und E.E. Ellis, *Biblical Interpretation in the New Testament Church*. Mikra. Text, Translation, Reading and Interpretation of the Hebrew Bible in Ancient Judaism and Early Christianity. Ed. M. J. Mulder. Assen/Philadelphia 1988 (CRJNT II/1), S. 691-725, hier: S. 718 mit Anm. 153 und die dort genannte Literatur. Allerdings ist θεός ansonsten für Philon eher funktionale Bezeichnung, siehe: D.T. Runia, *God and Man in Philo of Alexandria*. JTS. NS 39/1, 1988, 48-75, hier: S. 62

[117] Dabei nehme ich für das Folgende einige Beispiele aus der nachbiblischen Literatur, trotz bekannter methodischer Bedenken, hinzu, denn um die nachbiblische Entwicklung geht es hier.

[118] E. Pax, ΕΠΙΦΑΝΕΙΑ. Ein religionsgeschichtlicher Beitrag zur biblischen Theologie. München 1955 (MTS 10); F. Schnutenhaus, *Das Kommen und*

kann das Verb רא״ה im Nif'al und sein griechisches Pendant ὤφθη gelten[119]. Es steht in den Angelophanien Ri 6, 12; Ri 13, 3. 10. Auch die Engelerscheinung am Dornbusch wird so eingeleitet (Ex 3, 2), aber da entwickelt sich aus der Angelophanie die Theophanie, und der Engel wird im folgenden nicht mehr erwähnt.

Die Theophanie-Furcht[120] ist ein bekanntes Motiv, das auch bei der Angelophanie begegnet. In beiden Fällen eröffnet der Erscheinende seine Rede oft mit den Worten „Fürchte dich nicht!" Die Quelle dieser feststehenden Einleitung ist noch nicht geklärt. Immerhin findet sie auch im Zusammenhang mit dem „heiligen Krieg" Verwendung[121]. In den Angelophanien taucht sie in Ri 6, 23; Dan 10, 19; Tob 12, 16-18; 2Makk 3, 24f; 3Makk 6, 18-20; äHen 15,

---

Erscheinen Jah-wes im Alten Testament. ZAW 76, 1964, S. 1-21; R. Bultmann/R. Lührmann, *Art.* φαίνω, ἐπιφάνεια κτλ. ThWNT 9, S. 1-11; L. Weniger, *Theophanien, altgriechische Götteradvente.* ARW 22, 1923/24, S. 16-57. Die Standart-Terminologie wird von Lindblom leider völlig verkannt, weshalb er ὤφθη und das Kommen des Engels auseinander nehmen kann, op.cit. (o.Anm. 76), S. 75.

119 נראה/וירא (ὤφθη) in Verbindung mit אל/θεός: Gen 18, 1; 35, 9. 1; 48, 3; Ex 3, 16; (Ri 6, 26); Ri, 13, 22; mit אל/κύριος: Gen 12, 7; 17, 1; 22, 14; 26, 2. 24; (Ri 6, 26); 1Kön 3, 5; 9, 2; 11, 9 - wobei diese Liste bereits nach dem Gesichtspunkt der LXX vorgeht. Auch Pax verstand diese Stellen als tatsächliche Schau (op.cit., vorige Anm., hier S. 188), fand aber Widerspruch durch W. Michaelis, *Art.* ὁράω, εἶδον. ThWNT 5, S. 315-381, hier 333. 351. Die mannigfachen hebräischen Verben, die biblisch die Theophanie einleiten und griechisch mit (ἐπι-) φαίνειν wiedergegeben werden, dienen nicht zur Einleitung der Angelophanie. Ausnahme von dieser Regel ist die - allerdings nachbiblische - Stelle in 2Makk 3 (s. Kap. 3). Vgl. die Termini in Gen 35, 7; Dtn 33, 2; Sach 2, 11; Ps 118, 27 (LXX: 117). Die Beobachtungen von Pax zur prinzipiellen Gleichheit der Termini in der Theophanie und der Angelophanie können durch targumische Beiträge ergänzt werden; vgl. z. B.A. Chester, Divine Revelation and Divine Titles in the Pentateuchal Targumim. Tübingen 1986 (TSAJ 14), S. 64-67 zum אתגלה in Ex 3, 2.

120 Vgl. hierzu J. Jeremias, Theophanie. Die Geschichte einer alttestamentlichen Gattung. 2., überarb. und erw. Aufl., Neukirchen 1977, (WMANT 10), hier S. 21ff; G. Wanke/H.Balz, *Art.* φόβος κτλ. ThWNT 9, S. 186-216 (mit Zurückhaltung gegenüber ihrer Benutzung des äHen).

121 Hierzu (H.-M.) P.-E. Dion, *The „Fear-not" Formula and the Holy War.* CBQ 32, 1970, S. 565-570 und E.W. Conrad, Fear not Warrior. A Study of 'al tîra' Pericopes in the Hebrew Scriptures. Chico (1985) (Brown Judaic Studies 75), bes. S. 160 Anm. 3.

1; 21, 9; 60, 3 auf[122]. Im Neuen Testament wird sie dann konsequent auch auf Christophanien übertragen. Es läßt sich also nicht mit Sicherheit ausmachen, ob die Formel mit einer bestimmten Tradition zusammenhängt[123] oder ob sie eine alltägliche Wendung der Umgangssprache ist[124]. Aber die Parallelität von Theo- und Angelophanie an dieser Stelle ist sicheres Indiz für die Ambivalenz von Gott und Engel, und die christliche Übertragung auf Jesus-Erscheinungen stärkt diese Annahme noch. Manoah ruft nach dem Weggang des Engels aus: „Wir werden gewißlich sterben, denn wir haben Gott gesehen!" (Ri 13, 22 - s.o.).

Das Furcht-Motiv als solches begegnet außerdem in Lk 1, 13. 20; 2, 16 (vgl. Mt 1, 20); acta 27, 23f (mit der Anrede „Fürchte dich nicht!"). Auf Jesus übertragen findet sich das Motiv acta 18, 9; Mt 14, 27/Mk 6, 50; Lk 5, 4ff; Mt 17, 6ff/Lk 9, 34; ApkJoh 1, 13ff; Mt 28, 5. 10 (vgl. Lk 24, 36).

Demgegenüber finden sich die die Theophanie begleitenden Lichtsymbole in den biblischen Angelophanien selten: Dan 10, 5f (auf der Grundlage von Ez 1, 26-28)[125] vgl. die Erscheinung in ApkJoh 1,13-16. Man könnte u Ez 9, 2 hierher ziehen, da dort der sechste der „Männer", die der Prophet schaut, geschildert wird: לבוש בדים. Raschi z. St.[126] erläutert בדים נאים לבנים. Weiße oder leuchtende Kleidung wird Gott z.B. in Ps 104, 1-2; Dan 7, 9 zugesprochen. Für Engel finden sich solche Kleider z.B. äHen 62, 15f; 77, 2f; 90, 31f;

---

122 Die Formel ist zweimal mit der Offenbarung verbunden worden: L. Köhler, *Die Offenbarungsformel „Fürchte dich nicht!" im Alten Testament*. SThZ 36, 1919, S. 33-39; G.v.Rad, *Noch einmal zu Lc 2,14 ἄνθρωποι εὐδοκίας*. ZNW 29, 1930, S. 111-115. Vgl. auch VanderKam, art.cit. (o.Anm 45), S. 140f.

123 Der letzte mir bekannte Überblick ist der von J. Becker, Gottesfurcht im Alten Testament. Rom 1965 (AnBib 25), S. 50-55.

124 So I. Lande, Formelhafte Wendungen der Umgangssprache im Alten Testament. Leiden 1949, S. 4f. 92-94.

125 Diese sind nicht nur Wettersymbole, wie S. Grill in völliger Überziehung einiger Passagen meinte: Die Gewittertheophanie im Alten Testament. Exegetische Studie. Wien 1931 (2. Aufl. 1943) (HeilSt 3). Vgl. auch J. Jeremias, op.cit. (o. Anm 120), S. 8-38. 62. Für die biblischen Quellen siehe u.a. Ex 34, 29f. 35; Dtn 33, 2; Hab 3, 3-4; Pss 29, 3-5; 77, 17-20; 104, 1; 144, 5f; Jes 13, 10; Hi 29, 3; 31, 26; 41, 20.

126 Vgl. aber die hiervon abweichende Interpretation Greenbergs in seinem Kommentar z. St. (o.Anm. 66), der diese Kleider mit denen der Priester verbindet.

TLev 8, 2; slHen 22, 8. Der erste christliche Märtyrer[127], Stephanus, sieht in seiner Todesstunde Gott und glänzt selbst, die ihn Umstehenden halten ihn für einen Engel: acta 6, 15; 7, 55; in Übertragung auf Jesus: Mt 17, 2; Mk 9, 2; Lk 9, 29–30[128].

Eine andere Entwicklung macht das Motiv des Reitens durch. In der Bibel gilt Gott als Wolkenreiter (רוכב in Verbindung mit עננים oder mit ערבות): Dtn 33, 26; Jes 19, 1; Ps 68, 5. 18. 34. In einigen Texten wird er als in einem Wagen daherkommend beschrieben. Den Engeln wird ein Gefährt erst in Sach 6, 1-8 zugeordnet. Engel als Reiter sind selbst im Hinblick auf die Theophanie ein wirkliches Novum bei Sach 1, 8-11, aber in der nachbiblischen Literatur wird dieses Motiv häufiger, z.B. 2Makk 3, 25; 5, 2-3; 10, 29; 11, 8. Falls man im Menschensohn des Daniel bereits eine himmlische Gestalt sehen darf (worüber die Forschung geteilter Meinung ist), liegt hier der älteste Beleg für die Übertragung des Wolkenreiter-Motivs[129] vor, denn der Menschensohn kommt, Dan 7, 13, עם-עניי שמיא. In jedem Fall wird der neutestamentliche Menschensohn auf den Wolken daherkommen (z.B. Mk 13, 16; 14, 62). Der Verfasser einiger Partien des äHen kennt die „Wagen des Geistes": 57, 1f; 70,

---

127 Zur späteren Hoffnung vom Schicksal des Gerechten als Verwandlung zum Engel oder Teilnahme am engelischen Los, s. Kap. 3.

128 Es ist fraglich, ob man aus 1Sam 29, 9; Gen 19, 5 und Tob 5, 5ff folgern soll, daß Engel in der Bibel als „schön" und „begehrenswert" gelten, auch dann, wenn diese Auffassung der späteren Hellenisierung deutlich Vorschub leistete. Schon A. Dillmann, auf den diese Auffassung zurückgeht, notiert daneben die „grotesken" Schilderungen der Engel in Dan 10, 5f und 1Chr 21, 16: Handbuch der alttestamentlichen Theologie. Aus dem Nachlass des Verf.s hrsg. v. R. Kittel. Leipzig 1895, S. 322.

129 Zum Cheruben-Reiter vgl. den Text oben. Die Vorstellung vom Wolkenreiter ist allgemeiner verbreitet. Vgl. M. Weinfeld, *„Rider of the Clouds" and „Gatherer of the Clouds"*. JANES 5, 1973 (FS Gaster), S. 421-426. Vgl. ferner Ps 18, 11; 104, 3; 2Makk 3, 25ff; weiteres bei Jeremias op.cit. (o. Anm. 120), S. 70f; vgl. auch A. Schmitt, Entrückung - Aufnahme - Himmelfahrt. Untersuchungen zu einem Vorstellungsbereich im Alten Testament. 2. Aufl. Stuttgart/Würzburg 1976 (Forschungen zur Bibel 10), S. 95f. Wolken spielen auch in der griechischen Theophanie eine Rolle. Vgl. hierzu Weniger, art.cit. (o.Anm. 118), S. 30. Für die neutestamentliche Aufnahme des Motivs vgl. R.B.Y. Scott, *Behold, He Cometh with Clouds*. NTS 5, 1958/59, S. 127-132.

2; 71, 5[130] und in der ApkJoh 6, 2-8 reiten vier engelähnlicheWesen auf Pferden.

Die göttliche Theophanie-Stimme wird meines Wissens nur in neutestamentlichen Quellen mit der Engelstimme verbunden: ApkJoh 12, 28f[131].

Diese Motiv-Zusammenstellung, die sich noch erweitern ließe, zeigt, daß schon in der Bibel ein Prozeß anfängt (nicht mehr!), in dessen Verlauf einige der Theophanie-Elemente auf die Angelophanie übertragen werden[132]. Dieser Prozeß wird in der nachbiblisch-jüdischen Literatur fortgeführt und findet in der neutestamentlichen Schilderung der Christophanie seine Fortsetzung. Die Fusion der Boten-Konzeption mit der des Hofstaats dürfte auch hierfür verantwortlich sein: Erst nachdem der quasi eigenschaftslose, blasse Bote zu einer Gestalt der himmlischen Welt geworden ist, kann er auch die Motive aus den Berichten vom Einbruch des Göttlichen in die Welt an sich ziehen. Erst jetzt kann er vom ersten Moment seines Auftretens an erkannt werden (ganz im Gegensatz zu den Boten-Berichten wie etwa Ri 13), entsprechend Furcht einflößen etc., denn er ist augenscheinlich nicht mehr einfach ein „Mann", sondern Wesen aus einer anderen Welt.

7 Die Funktionen der Engel in der Bibel

Zum Abschluß dieses Kapitels mag noch eine kurze Übersicht über die biblischen Engel-Funktionen folgen (wobei Vollständigkeit der Funktionen, nicht aber unbedingt der Belege angestrebt wird). Die Liste geht von der Bedeutung „Engel" sowohl für die Mitglieder des Hofstaats als auch für das Wort מלאך/Bote aus, denn so las der antike Leser seine Bibel.

---

130 So schon von H. Ewald betont: Abhandlung über des äthiopischen Buches Henókh Entstehung, Sinn und Zusammensetzung, Göttingen 1854 (AGWG 6), hier: S. 20 Anm. 4.

131 Zur Stimme Gottes, die bei seiner Offenbarung die Erde erbeben läßt, vgl. Jeremias, op. cit. (o.Anm 120), S. 13f. 16f. 20ff und die biblischen Texte: Am 1, 2; Jer 10, 13; 51, 16; Jes 33, 3; Pss 46, 7; 104, 7; besonders Ps 99, 1, wo das Motiv mit den Cherubim verbunden ist; ferner: Sir 43, 16f. Für die griechische Theophanie vgl. Weniger, art.cit. (o.Anm. 118), S. 50-53; sowie das Erdbeben-Motiv in Mt 27, 15f bei der Erscheinung des „Engels des Herrn".

132 Vgl. die Belege bei O. Böcher, Dämonenfurcht und Dämonenabwehr. Ein Beitrag zur Vorgeschichte der christlichen Taufe. Stuttgart (1970) (BWANT 90), der die Anwendung der Motive auf die Dämonologie zeigt. Der Prozeß beginnt also biblisch und ist nicht nur Folge des hellenistischen Einflusses.

Funktionen 61

1. Engel werden zum Lobpreis Gottes aufgefordert oder bringen diesen dar: Pss 19, 1f; 97, 7; 103, 20; 148, 2; Hi 38, 7; Neh 9, 6 (Heer des Himmels); Jes 6, 1ff (Seraphim).
2. Engel oder Mitglieder des Hofstaats werden in Visionen biblischer Propheten geschaut: 1Kön 22, 19ff//2Chr 18, 18 (Heer des Himmels); Jes 6, 1ff (Seraphim); Ez 1f.10 (Cherubim/חיות); Dan 4, 10. 14. 20 (עירין); 8, 13 („Heilige"); Sach 2, 1ff (Engel).
3. Engel oder Hofstaat begleiten Gott bei seiner Erscheinung: Gen 28, 12; Ex 3, 2; Dtn 33, 2; Sach 14, 5; Dan 7, 9ff. Eine Erscheinung mehrerer Engel außerhalb dieses Kontextes wird nur Gen 32, 2f berichtet. Vgl. weiter Hi 1, 6-12; Pss 89, 6ff; 97, 7. 9.
4. Engel sind auf verschiedene Weise an der Vorbereitung der göttlichen Erscheinung beteiligt: Mal 3, 1; 1Kön 19, 5. 7.
5. Berufungsberichte nennen normalerweise Gott als den Berufenden auch dann, wenn Engel im Bericht vorkommen; so in Ex 3, 2 (Moses); Jes 6, 1ff (Jesaja); Ez 1-2 (Ezechiel); bei der Berufung Gideons spielt der Engel eine eigenständigere Rolle: Ri 6. Die Vision des Micha ben Jimla, 1Kön 22, 19ff ist von den vorangegangenen zu unterscheiden, da sie keine Berufungsvision ist[133].
6. Engel verkünden dem Menschen den Willen Gottes: Gen 16, 7ff; 21, 17-21 (Hagar); 18 (Gäste Abrahams); 22, 11. 15 (Bindung Isaaks); 31, 11 (Jakob seinen Frauen); Nu 22, 22-35 (Bileam); Ri 13 (die Frau des Manoah); 2Kön 1, 3. 5 (Eliah); vgl. 1Kön 13, 12 (Prophet in Bethel), Ps 104, 4.
7. Engel interpretieren Offenbarung („angelus interpres"): Sach 1, 9. 13f; 2, 2. 5. 7. 10; 4, 1. 4f; 5, 5; (6, 4f); unter dem Namen Gabriel: Dan 8, 15ff; 9, 21f; vgl. Dan 7, 16; Ez 40, 3f[134].
8. Die Weisheit des Hofstaats wird dem Menschen im allgemeinen vorenthalten, ist aber einigen Propheten nach deren Zeugnis zugänglich: Hi 15, 8;

---

133 Vgl. o. Anm. 15.
134 Siehe Hirth, op.cit. (o.Anm. 3), S. 104ff; für die weitere Entwicklung vgl. besonders W. Harnisch, Verhängnis und Verheißung. Untersuchungen zum Zeit- und Geschichtsverständnis im 4. Buch Esra und in der syrischen Baruchapokalypse. Göttingen 1969 (FRLANT 97), S. 60ff; A.L. Thompson, Responsibility for Evil in the Theodicy of IV Ezra. A Study Illustrating the Significance of Form and Structure for the Meaning of the Book. (Missoula/Mont. 1977) (SBL.DS 29), S. 137-155; N. Cohen, "דבר...בי": *An Enthusiastic Prophetic Formula*. ZAW 99, 1987, S. 219-232, bes. S. 230f.

Spr 30, 3; Jer 23, 18; Dan 2, 11; vgl. 1Sam 29, 9; 2Sam 14, 17. 20; 19, 28.

9. Engel bewahren den Menschen: Gen 19 (Lot); 1Kön 19, 5. 7 (Eliah); Dan 3, 25. 28 (die drei Männer im Feuerofen); vgl. Jes 63, 9; Pss 34, 8; 35, 5f; 91, 11; Dan 12, 1.
10. Engel begleiten den Menschen auf dem Wege: Gen 24, 7. 40 (Elieser); Ps 91, 11; besonders gilt das für Israel in der Wüste (s.o.): Ex 23, 20. 23 (gegenüber Ex 33, 2. 34); Nu 20, 16; Ri 2, 1-4; vgl. Mal 3, 1[135].
11. Engel vertreten die Anliegen von Menschen im himmlischen Gericht: Sach 1, 11-13; Hi 5, 1; 33, 23; in deutlicherer Form: Sach 3 (Josua).
12. Engel und Hofstaat stehen mit den Sternen in Verbindung: Neh 9, 6; Pss 103, 20ff; 148, 1-3; (vgl. den Hofstaat-Namen צבאות).
13. Engel nehmen an kriegerischen Ereignissen teil oder sind als Krieger geschildert: Ex 14, 19 (Schilfmeer); Ex 23, 20-23; 33, 2; Jos 5, 13f (שר-צבא-ה'); 2Kön 19, 35/Jes 37, 36/2Chr 16, 30 (Belagerung Sanheribs); Dan 10, 20ff (die „Völkerengel"); vgl. Gen 32, 2f (das Lager[136] der Engel); Gen 32, 25ff (Jakobs Kampf, s.o.) vgl. mit Hos 12, 4f; Ex 12, 33 (Plage der Erstgeburt - המשחית); Ps 35, 5f.
14. Engel strafen: Gen 19 (Sodom); 2Sam 24, 16ff/1Chr 21, 15ff (die Sünde Davids)[137]; vgl. Ex 12, 33 (המשחית).
15. Zu den vorangegangenen gehört auch die Bewachung des Gartens Eden durch die Cherubim: Gen 3, 24.
16. Engel sind über die Völker gesetzt: Dan 10, 10-21 (Michael); 12, 1; vgl. Dtn 4, 19; 32, 8f.

---

135 Die Vorstellung von den „Gnadenboten", die den König begleiten, ist lt. A. Jeremias, Das Alte Testament im Lichte des Alten Orients. Handbuch zur biblisch-orientalischen Altertumskunde. Leipzig 1904, S. 233, auch assyrisch-neubabylonisch belegt (seine Zitate ließen sich nicht verifizieren), vgl. auch die Abb. ebd. S. 339.

136 Das Wort מחנה kann auch die Bedeutung eines Kriegslagers haben - nur ist das an dieser Stelle nicht mehr sicher auszumachen, weil der Bericht beziehungslos im Kontext steht.

137 Zur Literarkritik von 2Sam 24 vgl. H. Schmidt, Jah-we und die Kulttraditionen von Jerusalem. ZAW 67, 1955, S. 168-197, hier: S. 175 (s. im folgenden). Auch dieser Engel ist kein Dämon und nicht mit dem Satan aus der Chr-Parallele zu vergleichen (denn dort bleibt weiterhin ein „Bote" in der Geschichte). Vgl. weiter F.X. Gokey, The Terminology for the Devil and Evil Spirits in the Apostolic Fathers. (Washington 1961 = repr.) New York 1982 (PatSt 93), S. 2 mit Anm.

17. Einzeltradition:
    Engel essen: Gen 18, 8.
18. Problematisierung der Angelologie: Hi 4, 18; 15, 15; 1Kön 13, 12; (vgl. Ps 82).
19. Vergleich zwischen David, bzw. seinem Nachkommen, und den Engeln: 1Sam 29, 9; 2Sam 14, 17. 20; 19, 28; Sach 12, 8.
20. „Schlechte"/„Böse"/„Feindliche" Engel können an folgenden Stellen vermutet werden: Ps 78, 49: משלחת מלאכים רעים; Spr 13, 17: מלאך רשע יפול ברע; ebd. 16, 14: חמת מלך מלאכי מות. In allen drei Versen ist der Charakter des „himmlische Boten" nicht sicher. Daher ist der Glaube an feindliche Engel biblisch nicht eindeutig zu belegen[138].

8 Rückblick

Im Rückblick betrachtet stellt sich die biblische Angelologie als eine „Engellehre im Werden" dar. Die einzelnen Schritte sind noch manchmal nachvollziehbar, obwohl in dem vorliegenden Überblick bewußt auf jeden Datierungsversuch, sowohl der Texte als auch der gedanklichen Entwicklung, verzichtet worden ist:

Die Übernahme des Hofstaat-Modells bringt die theologische Problematik des Polytheismus mit sich und führt daher zu einer gewissen Reservation. Aber sie ermöglicht die Vorstellung von der Existenz einer Gruppe von Wesen, die zu Gott gehören, ihm wesensmäßig verwandt sind und deren Aufgabe im Dienst ihm gegenüber besteht. Derartige Wesen befinden sich in Gottes Nähe, nicht unbedingt in der des Menschen.

Für die Vermittlung des Gotteswillens an den Menschen hat die Bibel das Konzept des Boten geschaffen, dem nun die gewissermaßen „göttlichen Qualitäten" des Hofstaats zunächst einmal fremd sind. Häufig zu Beginn der Geschichte unerkannt, offenbart sich sein Wesen erst bei seinem Weggang. Die Nähe dieser Boten zur Welt des Menschen findet darin ihren Ausdruck, daß ihre eigentliche Bezeichnung genauso gut auch für Menschen gilt. Sogar die spezifischere Bestimmung als „Gottesboten" kann dann auf Menschen übertragen werden.

---

138 Gen 6, 1-4 gehört nicht hierher, obwohl die antike jüdische Auslegung es meist so verstand. So schon Baudissin, op.cit. (o.Anm. 10), I S. 124f; vgl. auch Westermann und Augustin aaO (o.Anm. 47).

In dem Widerspiel von Skepsis jeder himmlischen Vermittlung gegenüber einerseits und der Übernahme der Vorstellung einer Gott umgebenden Gruppe andererseits entstehen die beiden Möglichkeiten, die der biblische Text selbst zu entfalten beginnt: Der Bote kann dem Hofstaat nahe rücken und dessen Attribute auf sich ziehen und zu einer himmlischen Gestalt werden. Er kann aber auch den Menschen näher an die himmlischen Sphären rücken. Dieser Schritt ist trotz der Anwendung des Boten-Titels auf einige Menschen biblisch noch nicht getan.

Die nachbiblische Angelologie, die mit einem Teil der hier bereits behandelten Texte zeitlich korrespondiert, wird nun zuerst den Begriff für die neue Größe „Engel" zu finden haben. Sie kann die neue Begrifflichkeit dann mit weiteren Inhalten füllen. Die folgenden Kapitel werden diesen Vorgang zum Thema haben. Die LXX zeigt im griechischen Sprachgebrauch das allmähliche Finden des Terminus ἄγγελος als *die* angelologische Bezeichnung, wiewohl auch dieser sprachliche Akt sich erst mit der Zeit entwickelt und nicht in allen Übersetzungen der LXX gleichermaßen vertreten ist. Die außerkanonische Literatur füllt den neuen Begriff theologisch mit weiteren Motiven. Aber auch in dieser Periode bleibt ein unübersehbares Maß an Zurückhaltung, gelegentlich sogar Ablehnung der Angelologie gegenüber.

Kapitel 2

Die Entstehung einer griechisch-jüdischen Terminologie für die neue „Angelologie"

1 Methodische Vorüberlegungen

Die griechische Übersetzung der Bibel, die LXX, reflektiert die sprachliche Entwicklung des Engelglaubens, insofern die unterschiedlichen Termini, die im ersten Kapitel genannt wurden, nun jeweils übersetzt[1] und das heißt interpretiert[2] werden. Wenn die oben konstatierte Verschmelzung der beiden angelologischen Konzeptionen zutrifft, dann kann man erwarten, daß sie auch in der Übersetzung zum Ausdruck kommt. Die Forschung erweckt allerdings den Eindruck, als könne die Untersuchung der LXX für die Entwicklungsgeschichte jüdischer Engelvorstellung kaum etwas leisten, insofern hier das hebräische מלאך

---

1 „LXX" steht hier abwehcselnd für die griechische Version der jüdischen Bibel wie auch für die Übersetzer selbst, was sich jeweils aus dem Kontext ergibt. Im folgenden wird davon ausgegangen, daß Abweichungen der LXX vom masoretischen Text (abgekürzt: MT) nicht unbedingt eine andere Vorlage widerspiegeln, wiewohl auch das möglich ist und von Fall zu Fall geprüft werden muß. Als Grundlage der hier vorgetragenen Überlegungen dienten v.a. zwei Veröffentlichungen von E. Tov, auch dann, wenn sie nicht extra genannt sind: ערך תנ״ך , תרגומים (ד) תרגמים יווניים EB(B) 8, 774-830; ders., The Text-critical Use of the Septuagint in Biblical Research. Jerusalem 1981 (Jerusalem Biblical Studies 3). In eine ähnliche Richtung wandte sich zuletzt ג. ברין (G. Brin), שיטת עבודתם של מתרגמי המקרא וזיקתה לקביעת הנוסח Tarb. 57, 1988, 445-449. Für die verschiedenen Probleme, die mit den Rezensionen der LXX gegeben sind, vgl. u.a. H.B. Sweete, An Introduction to the Old Testament in Greek. Rev. by R.R. Ottley... Cambridge 1914, S. 315ff.

2 Sehr viel betonter ist dieser Aspekt natürlich in einigen aramäischen Targumen; vgl. dazu: א. שנאן (A. Shinan), האגדה בתרגומים הארמיים ה״ארץ-ישראליים״ לתורה - עיבודה תכנית ומיקומה בספרות חז״ל (על פי התרגומים לספר בראשית וקטעעים נבחרים משאר החומש). Diss. Jerusalem 1978/79 (= אגדת התרגמים Jerusalem 1979). Die hier relevanten Teile der Arbeit sind später getrennt veröffentlicht worden: A. Shinan, *The Angelology of the „Palestinian" Targums on the Pentateuch*. Sefarad 43, 1983, S. 181-198

fast automatisch mit ἄγγελος wiedergegeben wird. Diese allgemeine Annahme stimmt aber nur bedingt, wie im folgenden zu zeigen sein wird.

Der biblische Text ist über Jahrhunderte hinweg gewachsen, und in je verschiedenen historischen Bedingungen und theologischen Strömungen kam es deshalb zu einer Reihe von angelologischen Aussagen, deren Nebeneinander oben als Problem dargestellt wurde. Dagegen ist die LXX, wenngleich alles andere als das Werk *eines* Mannes, in einer vergleichsweise kurzen Zeitspanne[3] entstanden. Die Übersetzer hatten nicht nur ihr jeweiliges Buch vor Augen, sondern kannten, so darf man annehmen, auch die anderen Bücher, bzw. einen fertigen Text statt der verschiedenen dahinter liegenden Traditionen. So ist in der LXX mit dem Versuch des Ausgleichs verschiedener angelologischer Überlieferungen zu rechnen.

Ein grundsätzliches methodisches Problem liegt im Vergleich eines hebräischen Textes, von dem nicht mit Sicherheit gesagt werden kann, daß er *so* den Übersetzern vorlag, vielmehr schon damals in einer Reihe von Rezeptionen bekannt war, mit einer griechischen Version, die in sich selbst nicht unbedingt auf *einen* Archetypos zurückgehen muß. Man muß also bei jeder Abweichung

---

3 Die Abfassungszeit der verschiedenen LXX-Versionen zu den einzelnen Büchern ist uns zwar nicht bekannt, aber man darf mit einiger Sicherheit davon ausgehen, daß der Pentateuch im 3. Jh, die anderen Bücher im Anschluß daran übersetzt wurden. Als terminus ad quem ist der Prolog des Sirach-Enkels anzusehen. Zu Datierungsfragen vgl. u.a. S. Jellicoe, The Septuagint and Modern Study. Oxford 1968, S. 29-58; B.C. Caird, *Ben Sira and the Dating of the Septuagint*. StEv 5, 1982 (= TU 126), S. 95-100. Ob sämtliche Teile der LXX in der Diaspora entstanden sind, ist nicht sicher; vgl. M. Hengel, Judentum und Hellenismus. Studien zu ihrer Begegnung unter besonderer Berücksichtigung Palästinas bis zur Mitte des 2. Jh.s. v.Chr. 2., durchges. u. erg. Aufl. Tübingen 1974 (WUNT I 10), S. 187ff; da die griechischen Handschriften der LXX nun auch noch relativ spät sind (in der Regel nicht vor dem dritten Jahrhundert - abgesehen von den griechischen Bibeltexten aus Qumran, siehe: J. A. Sanders, *Palestinian Manuscripts, 1947-1972*, im Sammel-Band von Cross und Talmon, nächste Anm., S. 401-413), gibt es auch noch eine Reihe späterer Textveränderungen bis hin zu „christlichen" Varianten; über solche vgl. z. B. A. Rahlfs, Psalmi, SeptG 10 (s. Quellenverz.), S. 30-32; Z. Frankel, Vorstudien zur Septuaginta. Leipzig 1841 (Historisch-kritische Studien zu der Septuaginta nebst Beiträgen zu den Targumim. 1.Bd. 1.Abt.), S. 59f. Dennoch ist die LXX nicht schon deshalb „christlicher Kanon", weil sie von der Kirche übernommen und tradiert wurde, wie zuletzt wieder von S.Z. Leiman vertreten: The Canonization of the Hebrew Scripture: The Talmudic and Midrashic Evidence. Transactions. The Connecticut Academy of Arts and Sciences 47 (1976), S. 1-234, hier: S. 29-39. Vgl. weiter die Einleitung zum 3. Kap.

der LXX damit rechnen, daß sie auf eine andere Vorlage zurückgeht, wie man umgekehrt die verschiedenen griechischen Versionen selbst zu prüfen haben wird.

Jene Versionen können aus der Übermittlungsgeschichte eines Textes stammen; sie mögen ebenso gut auf ursprünglich verschiedene Übersetzungen zurückgehen, die in einem späteren Stadium bis zu einem gewissen Grad vereinheitlicht worden sind. Kann man wirklich von *der* LXX sprechen oder muß man zwischen den Rezensionen als ehemals eigenständigen Übersetzungen unterscheiden? Das Problem wird leicht deutlich an der Frage, welche Rezension der LXX Josephus benutzt habe: Nach Meinung einiger Forscher ist sein griechischer Text der lukianischen Rezension nahe verwandt[4]; aber diese ist um einiges später als Josephus. Heißt das nun, daß auch die lukianische Rezension keine gesonderte Übersetzung, sondern nur die Überarbeitung eines älteren griechischen Textes darstellt? Dann ist erwägen, ob die LXX nicht aus verschiedenen Textformen entstanden sei[5]. Eine textkritische Ausgabe[6] wird dagegen versuchen, von einer Grundform des Textes auszugehen. Die berühmte Aristeas-Legende kann jedenfalls für beide Theorien benützt werden[7].

---

4 Vgl. z.B. A. Mez, Die Bibel des Josephus untersucht für Buch V-VII der Archäologie. Basel 1895. Zu „Protolukian" siehe weiter: E. Tov, *Lucian and Protolucian - Toward a New Solution of the Problem*. (RB 79, 1972, S. 101-113 =) F.M. Cross/S. Talmon, Qumran and the History of the Biblical Text. Cambridge(Mass.)/London (1975), S. 293-305; R. Hanhart, *Das Neue Testament und die griechische Überlieferung des Judentums*. Überlieferungsgeschichtliche Untersuchungen hrsg. v. F. Paschke Berlin 1981 (TU 125), S. 293-303 (mit der dort angegebenen Literatur besonders zu den Funden aus Nahal Hever).

5 P. Kahle versuchte, die Entstehung der LXX in Analogie zu der der Targumim zu verstehen, ist damit aber auf Widerstand gestossen: The Cairo Geniza. 2nd ed. Oxford 1959, hier S. 209-264; vgl. Jellicoe, op.cit. (o. Anm. 3), S. 59-73. Zumindest die Rolle mit dem griechischen Text des Dodekapropheton aus Qumran ist jetzt veröffentlicht: E. Tov, The Greek Minor Prophets Scroll from Nahal Hever (8HevXIIgr) (The Seyâl Collection I) with the collaboration of R.A. Kraft and a contr. by P.J. Parsons. Oxford 1990 (DJD 8); sie enthält aber keine für unseren Zusammenhang relevante Abweichung. Zu den beiden griechischen Versionen und ihren möglichen hebräischen Vorlagen siehe dort S. 145-158.

6 Hier wird die Göttinger Ausgabe (abg.: SeptG und Bd.-nr.) zugrunde gelegt, sofern diese zum jeweiligen biblischen Buch noch nicht erschienen ist, wird nach A. Rahlfs, Septuaginta I-II (s. Quellenverz.) zitiert.

7 Im allgemeinen wird die von Aristeas berichtete Legende als unhistorisch abgelehnt; aber Y. Gutman (גוטמן י.) vertraut ihr zumindest in Bezug auf die Frage, für welches Publikum die LXX eigentlich entstanden sei: für ein heidnisches: הספרות היהודית ההלניסטית. היהדות וההלניות בראשית תקופת החשמואים 2. Bd.

Weiterhin weiß man heute, daß die verschiedenen Übersetzer nicht einheitlich verfahren sind. Im folgenden werden die Werke zweier solcher Übersetzer getrennt untersucht, da sich ihre Angelologie von der der anderen unterscheidet. Aber dieser Teil des Problems läßt sich durch eine je getrennte Untersuchung zu den einzelnen Büchern lösen.

Da die LXX aber letztendlich eine Übertragung von einer Sprache in eine andere darstellt, muß man fragen, ob nicht auch die jeweils andere sprachliche Struktur und die u andere Konnotation von „Äquivalenten" zu einer Sinnverschiebung führt. So zwingt das Griechische z.B. dazu, pronominale Subjekte und Objekte auch da hinzuzufügen, wo das hebräische Original ohne solche auskam. Ist schließlich das griechische ἄγγελος wirklich identisch mit dem hebräischen מלאך?

Auch unter einer Fragestellung wie der unseren muß der Vergleich der LXX mit dem MT die Eigenart des griechischen Textes und die Fragen, die mit seiner Entstehung verbunden sind, berücksichtigen. Aber auf diese Weise kommt man zu neuen Ergebnissen, welche zum einen ihren Selbstwert in der Beobachtung der sprachlichen Entwicklung haben, zum anderen die Grundlage der meisten Schriften des hellenistischen Judentums darstellen.

2 Überblick

Obwohl die methodischen Vorüberlegungen also klargestellt haben, daß eine einheitliche Angelologie der LXX nicht zu erwarten ist, trifft man auf eine erstaunliche Übereinstimmung in der angelologischen Terminologie. Man kann hier schon vorwegnehmen, daß die meisten in Betracht kommenden Verse aufgrund einer dem MT sehr nahen, wenn nicht mit ihm identischen Vorlage übersetzt wurden. Die scheinbaren Abweichungen rühren fast ausnahmslos von

---

Jerusalem (1969), S. 115ff, bes. S. 120f. Aber man wird Gutman vorhalten müssen, daß eine Reihe von hebräischen und aramäischen Ausdrücken in der LXX nicht übersetzt werden (Pessach, Schabbat etc.) und daher für ein heidnisches Publikum unverständlich bleiben müssen.
Zur jüdischen Polemik gegen die Septuaginta siehe jetzt: א. גרינולד (I. Gruenwald), הפולמוס בעניין תרגום התורה ליוונית. T^{e}udah 4, 1986, S. 65-78 und ע. טוב (E. Tov), על „השינויים" שהוכנסו בתרגום השבעים לתורה ושאלת הנסח המקורי של תרגום זה. מסורת חז"ל. FS J. Seeligmann (ed. by Y. Zakovitch and A. Rofé), Jerusalem I-III, hier II, 1983, S. 371-393 = *The Rabbinic Tradition concerning the ‚alterations' inserted into the Greek Pentateuch and their Relation to the Original Text of the LXX*. JSJ 15, 1984, S. 65-89.

theologischen Schwierigkeiten des Originals her, welche durch die „freiere" Wiedergabe behoben oder umgangen werden sollten.

Auf dieser Grundlage läßt sich nun zeigen, daß die LXX in der Tat die Fusion der beiden angelologischen Konzeptionen fortsetzt, aber noch nicht zu Ende führt: Einige Hofstaat-Namen werden bereits mit ἄγγελος übersetzt. Dabei beginnt der Prozeß, innerhalb dessen aus der Funktionsbezeichnung ἄγγελος nun eine Wesensaussage wird. Dieser letzte Prozeß wird erst in der außerkanonischen Literatur voll zum Tragen kommen. Aber schon in einzelnen Passagen der LXX wird das Maß an Eigenständigkeit des Engels größer sein als das des biblischen Boten. Engel werden hier bereits eingesetzt, um bestimmte Aussagen nicht über Gott selbst machen zu müssen. Hand in Hand damit geht das Bemühen der Übersetzer, deutlicher zwischen Engel und Gott zu unterscheiden als das in der Vorlage, dem MT, geschehen war.

Erst auf dieser Ebene werden zwei freie Interpretationen verständlich: die des Übersetzers zur Daniel- und zur Hiob-LXX. Beide benützen im Verlauf ihrer Übersetzung bereits eine entwickeltere Angelologie.

Es werden also folgende Arbeitsschritte nötig sein, um die hier behauptete Entwicklung nachzuweisen:

1. Menschliche Boten, die im MT noch mit dem Terminus מלאך bezeichnet waren, heißen nun nicht mehr so.
2. Der Hofstaat wird mit dem griechischen ἄγγελος bezeichnet.
3. Entscheidungen der Übersetzer an zweideutigen Stellen des MT.
4. Theologische Verwendung des Terminus ἄγγελος.
5. Die besondere Verwendung der fortgeschrittenen Angelologie in LXX-Dan und LXX-Hiob.

Dennoch kann nicht verschwiegen werden, daß in der LXX menschliche Boten erwähnt sind, die nur hier ἄγγελος genannt werden (siehe im folgenden).

3 Die „Standard-Übersetzung" des מלאך mit ἄγγελος

In den allermeisten Fällen setzen die LXX ἄγγελος für מלאך. Diese Übertragung ist derart geläufig, daß man sie in die Reihe der „Standard-Übersetzungen" aufzunehmen hat. Man hat offenbar beide Wörter für vollwertige Äquivalente gehalten. In der Tat bedeutet ἄγγελος im nicht-jüdischen Griechisch „Bote"[8]. Auch der griechische Bote kann zunächst sowohl den von Gott als

---

8 Für eine, allerdings etwas gewagte, Ableitung aus dem Hethitischen s. A. Smieszek, ἌΓΓΕΛΟΣ èt ΛΑΒΥΡΙΝΘΟΣ. Eos. 30, 1927, S. 257-266.

auch den von Menschen gesandten Boten bezeichnen. Wie dem hebräischen מלאך, so fehlt auch dem griechischen ἄγγελος eine Definition seines Wesens. Das Wort gibt nur seine Funktion an. Erst im jüdischen Gebrauch erhält ἄγγελος die Bedeutung „Engel"[9] und geht aufgrund der Vulgata so in die anderen europäischen Sprachen ein. Daneben wird das Nomen aber auch zu einem Götterepiteton, vornehmlich verbunden mit Hekate, aber in späterer Zeit, d.h. wohl im 1.Jh. auch mit dem θεός ὑψίστος[10]. Die außerkanonische Literatur

---

9   Vgl. H.G. Liddell / R. Scott, A Greek-English Lexicon. Rev. and augm. by H.S. Jones. With a Supplement. Oxford 1968, s.v. ἄγγελος. Die Bedeutung „angel" ist dort nicht vor der LXX und der von ihr abhängigen Literatur belegt. Ein ähnlicher Befund gilt für das Wörterbuch von F. Preisigke, Wörterbuch der griechischen Papyrusurkunden mit Einschluß der griechischen Inschriften, Aufschriften, Ostraka, Mumienschilder u.s.w. aus Ägypten. Bearb. u. hrsg. v. E. Kießling, Bd. III, Besondere Wörterlisten. Berlin 1931, der im Abschnitt 21 nur drei Papyri nennt, von denen der erste zu den magischen Papyri gehört und der zweite eindeutig christlich ist. Preisigke folgert, Bd. I, Berlin 1925, s.v. ἄγγελος habe die Bedeutung „Bote", bzw. christlich „Engel". An diesem Befund ändern auch die späteren Bände nichts: Bd. IV/1, Berlin 1944 (-1971) nennt s.v. die Bedeutungen „Bote", in den Zauberpapyri „Götterbote", „Dämon" und (unter „christlicher Kultus") „Engel". Dasselbe gilt für den Supplementband, hrsg. v. E. Kießling, bearb.v. W. Rübsam, Amsterdam 1969, s.v. Vgl. aber J.H. Moulton /G. Milligan, The Vocabulary of the Greek Testament Illustrated from the Papyri and Other Non-Literary Sources. (London 1930 = repr.) Grand Rapids/Mich. (1982), s.v. Doch die dort zitierten Inschriften stammen auch erst aus der Zeit Marc Aurels und Diokletians, ausgenommen die sog. Rachegebete von Rheneia, die laut Deissmann noch in vorchristliche Zeit zu datieren sind. Aber hier handelt es sich ohne jeden Zweifel um jüdische Gebete, also wiederum keinen Beleg für den pagan-griechischen Sprachgebrauch vor der LXX. Siehe A. Deissmann, Licht vom Osten. Das Neue Testament und die neuentdeckten Texte der hellenistisch-römischen Welt. 4., neubearb. Aufl. Tübingen 1923, S. 351ff, bes. S. 357. 359f.

10 H. Achelis hat zuerst auf einige Grabinschriften, v.a. aus Thera, hingewiesen und die Verwendung des Wortes ἄγγελος hier für ein Indiz der christlichen Provenienz halten wollen: *Spuren des Urchristentums auf den griechischen Inseln?* ZNW 1, 1900, S. 87-100. Demgegenüber vertrat F. Cumont die orientalische (syrische) Herkunft einiger dieser Inschriften, die den ἄγγελος mit dem Kult verbinden, denn der paganen Bevölkerung hätte der Terminus δαίμων näher gelegen: *Les anges du paganisme.* RHR 72, 1915, S. 159-182. Er fand einigen Widerspruch durch F. Sokolowski, *Sur le culte d'angelos dans le paganisme grec et romain.* HThR, 53, 1960, S. 225-229 (unter Verwendung und Weiterführung einiger Beobachtungen von M. Dibelius, Die Geisterwelt im Glauben des Paulus. Göttingen 1909, 209-221).
Die Diskussion ist zuletzt erneut angeregt worden durch das bekannte „Orakel" des Klarion in Oenoanda (vgl. u.a. A.S. Hall, *The Klarian Oracle at Oenoanda.* ZPE 32, 1978, S. 263-267, der den Text abdruckt und die archäologischen

wird für den Vergleich des biblischen Engels eher den griechischen δαίμων nahe legen.

Trotzdem enthalten die LXX einigen menschlichen Boten die Kennzeichnung als ἄγγελος vor:

Nu 21, 21 werden die „Boten" Israels zu πρέσβεις und dasselbe gilt für die Boten Balaks, ebd. 22, 5. Jene heißen dann V 7 γερουσία, da die Vokabel πρέσβεις ja bereits vergeben war. Aber der dem Bileam im gleichen literarischen Kontext erscheinende himmlische Engel heißt ἄγγελος (Nu 22, 22ff[11]).

Die Änderung von מלאך zu οἱ κατασκοπεύσαντες in Jos 6, 25 ist als Wille zur Vereinheitlichung bei der Bezeichnung der Kundschafter zu verstehen, die im MT durchweg entweder מרגלים oder אנשים heißen[12]. Eine theologische Absicht steht also wohl nicht dahinter.

Dtn 2, 26-LXX vereinigt die literarische Absicht nach einheitlicher Terminologie[13] mit der Unterscheidung von Gottes-Boten und politischen Boten:

Details bespricht), das nun zusammen mit anderen kleinasiatischen Inschriften von A.R.R. Sheppard besprochen wurde: *Pagan Cults of Angels in Roman Asia Minor.* Talanta 12-13, 1980-81, S. 77-101. Sheppard neigt wieder dazu, in der Anwendung des ἄγγελος-als Beiname des höchsten Gottes durch Heiden einen, wenn auch unverstandenen, jüdischen Einfluß zu sehen. Allerdings sind seine jüdischen Belege (hauptsächlich Philon) derart, daß man zumindest den antiken Lesern tatsächlich einiges Unverständnis unterstellen muß. Vgl. zum Ganzen auch noch R.L. Fox, Pagans and Christians. New York 1987, S. 168-170 mit englischer Übersetzung des „Orakels" und weiterer Literatur.

Dieser ἄγγελος-Kult ist ausdrücklich kein Kult eines Mittelwesens wie etwa der Genien-Kult (vgl. hierzu zuletzt: M.P. Speidel/A.Dimitrova-Milceva, *The Cult of the Genii in the Roman Army and a New Military Deity.* ANRW II, 16/2, 1978, S. 1542-1555) sondern ein Kult des obersten Gottes. Auf andere Beispiele der verwendung von ἄγγελος/מלאך zur Bezeichnung der Götter hat G.W. Bowersock hingewiesen: Hellenism in Late Antiquity. Cambridge e.a. (1990) (Thomas Spencer Jerome Lectures), S. 19f.

11 Allerdings hat der Alexandrinus in Nu 22, 10 ἀγγέλους; Vaticanus und Sinaiticus setzen dafür nur αὐτούς. Die textkritische Entscheidung ist mißlich, aber auch SeptG hat für die Lesart des Alexandrinus keine weitere Stütze: J.W. Wevers, Numeri, Sept G 3/1 (s. Quellenverz.), a.l.. Der Alexandrinus kann an unserer Stelle aber auch - wie das in LXX-Handschriften häufig geschieht - wieder dem MT angeglichen worden sein. C.T. Fritsch, The Anti-Anthropomorphisms of the Greek Pentateuch, Princeton 1943, S. 67-70, bietet eine Liste solcher Angleichungen des Alexandrinus.

12 Aber im ntl. Jak 2, 25 heißen sie wieder ἄγγελοι und nicht ἄνδρες.

13 Siehe im folgenden zu den Übersetzungen von ביד מלאכים.

Moses erwähnt die Boten an Sihon, die jetzt, Dtn 2, 26-LXX πρέσβεις genannt werden. Das entspricht der Übersetzung von Nu 21, 21.

In 1Sam 25, 42 hieß es im MT über Abigail: ותלך אחרי מלאכי דוד. Diese Boten Davids werden in der LXX zu παῖδες, hier im Sinne von „Diener"[14].

1Sam 29, 9 MT hatte der Philister Achisch David mit einem מלאך־אלהים verglichen. In einigen Handschriften[15] der LXX fehlt dieser Vergleich nun, und das scheint die ursprünglichere Lesart zu sein. Einige Forscher[16] haben das so erklärt, als wollten die LXX einen solchen Vergleich nicht von einem Heiden aussprechen lassen. Aber der Vers unterscheidet sich von den anderen Vergleichen des Königs mit einem Engel Gottes dadurch, daß hier nicht von Davids Weisheit die Rede ist, sondern von einer Beschwichtigung: Achisch hatte David an einem Feldzug nicht teilnehmen lassen und dieser beschwert sich nun[17].

Anders liegen die Dinge bei der Übersetzung von Koh 5, 5. Anstelle von מלאך/ἄγγελος (als Bezeichnung des Priesters) steht in der LXX θεός. Damit ist der Sinn des Verses durchaus gewahrt und sogar verschärft[18]: Das Gelöbnis eines Opfers ist einzuhalten, und der Gelobende hat keine Ausflüchte vor Gott zu suchen. Dennoch gilt es festzuhalten: Der Priester als Mensch ist eben hier

---

14 Die Verbindung der Boten mit Ausdrücken, die gleichermaßen für Dienstboten als auch für Knaben oder Jugendliche stehen, ist ein durchgängiger Zug, der jeweils am Rande der Botenterminologie auftaucht: Für die ugaritischen Knaben/Boten des Yam siehe oben in Kap. 1. Das Phänomen wird im NT in Mk 16 wieder begegnen und dann wieder bei Josephus, siehe Kap. 4.

15 Der Vergleich steht im Alexandrinus, der lukianischen Rezension und der des Origines. Es ist möglich, daß wir es hier mit verschiedenen Übersetzungen zu tun haben (siehe Tov, Text-Critical Use..., o. Anm. 1, S. 48 und seine Anm. 22 ebd.). Der hebräische Text meint tatsächlich einen „Engel"-Gottes, s.o. Kap. 1, S. 52.

16 Siehe Hirth, Gottes Boten im Alten Testament. Die alttestamentliche Mal'ak-Vorstellung unter besonderer Berücksichtigung des Mal'ak-Jah-we-Problems. Berlin (1975) (ThA 32), S. 55, für die Nachweise.

17 1Kön 20, 9b (= LXX 21, 9b) werden die Gesandten (מלאכים) Ben Hadads statt als ἄγγελοι als ἄνδρες bezeichnet - aber im Vorderteil des Satzes steht ἄγγελος als Äquivalent für מלאך.

18 Damit liegt aber eine veränderte Einstellung zur Frömmigkeit vor: MT hatte den Priester genannt, als den zuständigen für jene, die ein Gelöbnis nicht einhalten können, hatte aber durch die Formulierung auf dessen Botenfunktion hingewiesen. LXX heben dagegen nicht auf die tatsächlichen Gesprächspartner ab, sondern auf den, dem das Opfer eigentlich gelobt war, und erinnert so an die direkte Verantwortlichkeit des Gläubigen vor seinem Gott unter Umgehung der kultischen Instanz. Zum Priester als ἄγγελος vgl. Kap. 1 Anm. 97 und R. Marcus, Josephus VIII (s. Quellenverz.), S. 66 Anm. a.

kein „Bote Gottes" mehr. Spiegelt sich hierin eine unterschiedliche Einstellung zum Jerusalemer Kult in der Diaspora? Es ist allerdings auch nicht auszuschließen, daß auch die Erzählungen von Manoah und Gideon (Ri 6. 13) und die dort berichtete Abweisung menschlichen Opfers an den Engel auf die Übersetzer eingewirkt haben mögen.

Gegenüber diesen Abweichungen bleibt die erdrückende Menge von Standard-Übersetzungen des מלאך mit ἄγγελος[19]. So kann man aus den hier angeführten Abweichungen von der Regel noch nicht die Änderung der Regel selbst folgern. Insgesamt wird man die Veränderungen eher als erhöhtes Problembewußtsein angesichts einer entstehenden Angelologie charakterisieren müssen.

4 ἄγγελοι als Hofstaatwesen

Einige der biblischen Hofstaat-Termini werden in der LXX nun mit ἄγγελος wiedergegeben. Aber das geschieht nicht konsequent. Vielmehr gehen die Übersetzer bestimmten Hofstaat-Namen eher aus dem Weg als anderen. Bei der Streuung des Materials über mehrere biblische Bücher und unter der Annahme, daß die einzelnen Schriften der Bibel je und je von anderen Personen mit unterschiedlichen Ansichten und Techniken übersetzt worden sind, fragt sich ernsthaft, ob wir hier vor einer Tendenz stehen oder vielmehr vor einer Anzahl von Einzelentscheidungen, die jeweils von den Schwierigkeiten des betreffenden Bibel-Verses abhängig sind. In jedem Fall liest der hellenistische Jude nun in seiner Bibel an einer Reihe von Stellen „Engel" statt einer Umschreibung des Hofstaats.

Im Einzelnen geht es dabei um die folgenden Hofstaat-Namen:

1. אלהים/בני (ה)אל(ה)ים: Gen 6, 2. 4 nehmen die „El-Söhne" Menschen-Töchter und zeugen mit ihnen. Zwar haben einige Handschriften hier für jene „El-Söhne" υἱοὶ τοῦ θεοῦ, d.h. eine wörtliche Übersetzung, aber die meisten Handschriften[20] lesen mit Philon[21] und Josephus ἄγγελοι, was als ursprüng-

---

[19] Zur Statistik siehe F. Guggisberg, Die Gestalt des Mal'ak Jah-we im Alten Testament. Diss. Neuenburg (1979), S. 28f. Demnach haben LXX von 214 Vorkommen des hebräischen מלאך 196 mit ἄγγελος übersetzt. Zu den Ausnahmen: Spr 13, 17; 1Chr 21, 20; Jes 14, 32 beruhen auf Verlesung eines מלאך als מלך; Nah 2, 14 verliest מלאך als מלאכה/מלאכות; auch Jes 42, 19 geht von falscher Lesung des MT aus. Die anderen werden im folgenden behandelt. Zur summarischen Übersicht vgl. Hirth op.cit (o.Anm. 16), S. 28f.

[20] Vgl. die Ausgaben von J.W. Wevers, Genesis, SeptG 1, (s. Quellenverz.); A. Rahlfs, Septuaginta...I: Genesis 1926 (s. Quellenverz.). Die wörtliche Version ist eine Angleichung an den MT. Zu solchen Angleichungen vgl. z. B. Rahlfs,

liche Lesart zu gelten hat. Der Anstoß, den die Übersetzer an einer wörtlichen Wiedergabe nahmen, liegt auf der Hand: Gottes-Söhne, die mit Menschentöchtern Kinder zeugen, passen in ein polytheistisch-paganes Weltbild, nicht in das jüdische. Aber die Auffassung jener El-Söhne als Engel ist scheinbar älter[22] und könnte den Übersetzern aus jüdischer Tradition bekannt gewesen sein. Auch wenn dem nicht so sein sollte, ist die exegetische Entscheidung leicht verständlich.

In den Psalmen wird אלהים einige Male mit ἄγγελος übersetzt, wobei die Übersetzer der Intention gemäß zwischen der Gottesbezeichnung und dem Terminus für den Hofstaat unterschieden haben: In Ps 8, 5f lesen LXX: ...ἠλάττωσας αὐτὸν βραχύ τι παρ' ἀγγέλους...[23] statt מה אנוש כי תזכרנו ובן אדם כי תפקדנו ותחסרהו מעט מאלהים וכבד והדר תעטרהו. Die eigenständige Größe, die nun

    ebd. S. 54; anders Z. Frankel, Über den Einfluß der palästinischen Exegese auf die alexandrinische Hermeneutik. Leipzig 1851, hier S. 46f.

21 So auch P. Katz, Philo's Bible. The Aberrant Text of Bible Quotations in Some Philonic Writings and its Place in the Textual History of the Greek Bible. Oxford 1950, S. 20f. P. Walters (= P. Katz), The Text of the Septuagint. Its Corruptions and Their Emendations. Ed. by D.W. Gooding. Cambridge 1973, S. 255. Hinter der Lesart „Engel" steht weder ein Fehler der Abschreiber noch eine jüdisch-christliche Diskussion, wie Frankel, op.cit. (o. Anm. 3), S. 67 annahm; vgl. auch ders., (vorige Anmerkung), S. 46f., der aber die Henoch-Tradition noch nicht benutzte und daher die angelologische Bedeutung der Stelle noch nicht kennen konnte.

22 Das Wächterbuch aus dem äthHen ist eines der ältesten Teile dieses Werks; im Anschluß an die Qumran-Funde wird dieser Teil jetzt häufig ins 3. Jh. v. d.g.Z. gesetzt. Vgl. zu den verschiedenen Standpunkten: J.C. VanderKam, Enoch and the Growth of an Apocalyptic Tradition. Washington 1984 (CBQ. MS 16), S. 111-114. Die jüdische Tradition kennt die hinter Hen stehende Auslegung bis hin zum Tg Jon a.l. (hier und im folgenden nach der Ausgabe von D. Reider (ד. ריידר), Jerusalem 1974, zitiert (s. Quellenverz.). Vgl. Reiders Anm. 19 a.l. Wie bekannt, verbot Rabbi Jochanan ben Sakkai, die „El-Söhne" mit „Gottes-Söhnen" zu übersetzen, und forderte statt dessen בני דייניה-„Richter". Vgl. hierzu u.a. Walters, op.cit., vorige Anm., S. 250-255: *Excursus XIII:* אלהים *(Exod. 22: 9 (8). 1Sam. 2: 25 in the Greek and Latin Bibles)*; weiter L. Prijs Jüdische Traditionen in der Septuaginta. (Leiden 1948 = repr.) Hildesheim 1987, S. 6. Vgl. auch TRuben 5, 6 und die bei Z. Frankel, op.cit. (o.Anm. 20), S. 47 mit Anm. i gesammelten rabbinischen Belege; und besonders die Diss. von ד. דימנט (D. Dimant), מדבר יהודה ובספרים החיצוניים הקרובים להן "מלאכים שחטאו" במגילות. Jerusalem 1974.

23 Allerdings ist die Aussage des LXX-Verses weit entfernt von der Auslegung der Rabbinen, die in Ps 8, 5f-MT eine Stütze für die Überlegenheit des Menschen über die Engel sehen wollten. Vgl. hierzu E.E. Urbach, The Sages. Their Concepts and Beliefs. Jerusalem 1975, S. 155f.

zwischen Gott und Mensch steht, heißt hier „Engel". Ps 138, 1 (= LXX: 137, 1) las der MT: אודך בכל לבי נגד אלהים אזמרך. Dafür setzen LXX: ἐξομολογήσομαί σοι, κύριε, ἐν ὅλῃ καρδίᾳ μου...καὶ ἐναντίον ἀγγέλων ψαλῶ σοι[24]. Dasselbe geschieht auch Ps 97,7 (=LXX: 96,7): MT השתחוו לו כל אלהים wird zu προσκυνήσατε αὐτῷ, πάντες οἱ ἄγγελοι αὐτοῦ[25].

Ebenso werden die בני אלהים im Zusammenhang mit dem Lobgesang zu Engeln: Dtn 32, 43. Hier besteht die textliche Schwierigkeit, daß der LXX-Text selbst zweimal überliefert ist, nämlich an seinem Ort und in der Sammlung der poetischen Stücke aus den Prosawerken der Bibel, die gelegentlich dem Psalter unter der Überschrift „Oden" angehängt ist; das Moselied ist hier die zweite Ode. Daneben ist die vom MT stark abweichende LXX-Form zu einem Teil mit der in Qumran gefundenen, 4QDtn[26], identisch. In der folgenden Übersicht entsprechen sich die Zeilen mit den gleichen Buchstaben:

---

24 In einigen Handschriften hat sich eine dem V 4 desselben Psalms nachgebildete dritte Zeile eingeschlichen, die entweder zwischen den beiden anderen oder am Schluß steht (siehe Rahlfs, Psalmi, s. Quellenverz., a.l.), aber in keinem Fall zum Text gehört.

25 Zitiert in Hebr 1, 6: προσκυνησάτωσαν αὐτῷ πάντες ἄγγελοι θεοῦ. Dabei ist unklar, ob der Vf. Ps 97, 7 oder aber Dtn 32, 43-LXX im Sinn hat. In jedem Falle setzt auch Hebr hier die angelologische Interpretation des Hofstaats voraus. Für ein Zitat aus Ps 97 hat sich J. de Waard, A Comparative Study of the Old Testament in the Dead Sea Scrolls and in the New Testament. Leiden 1965 (STDJ 4), S. 13-15, eingesetzt.

26 Dtn-LXX nach J.W. Wevers, SeptG III, 2 (s. Quellenverz.); Oden-LXX nach Rahlfs, Psalmi (s. Quellenverz.); 4QDtn: P.W. Skehan, *A Fragment of the „Song of Moses" (Deut 32) from Qumran*. BASOR 136, 1954, S. 12-15. Vgl. ders., *Qumran and the Present State of Old Testament Studies: The Masoretic Text*. JBL 78, 1959, S. 21-25, bes, S. 21. Zum Vergleich der Fassungen untereinander vgl. v.a. R. Meyer, *Die Bedeutung von Deuteronomium 32, 8 f. 43 (4Q) für die Auslegung des Moseliedes*. Verbannung und Heimkehr. Beiträge zur Geschichte und Theologie Israels im 6. und 5. Jh.v.Chr. FS W. Rudolph hrsg.v. A. Kuschke. Tübingen 1961, S. 197-209; א. רופא (A. Rofé), מסורות מקראיות. האמונה במלאכים בישראל בתקופת בית ראשון לאור Diss. Jerusalem 1969, S. 66ff; ש.א. ליונשטם (S.A. Loewenstamm), נחלת ה׳. In: ספר דים. Jerusalem 1958 (s.Kap. 1 Anm. 24), S. 120-125. Zur Beziehung der Qumran-Texte zur LXX überhaupt vgl zuletzt: E. Ulrich, *The Greek mss. of the Pentateuch from Qumran including newly identified fragments of Deuteronomy (4QLXX Deut)*. De Septuaginta. Studies in Honour of J.W. Wevers ed. by H. Pietersma and C. Cox. Mississauge (Ont.) 1984, S. 71-84. Daneben scheint TgPsJon eine noch nicht näher bestimmte Kenntnis einiger apokrypher und essenischer Traditionen gehabt zu haben. Vgl. hierzu J.M. Baumgarten, *Qumran and the Halakha in the Aramaic Targumim*. Proceedings of the Ninth World Congress of Jewish Studies. Panel Sessions: Bible Studies and Ancient Near East. Jerusalem 1985, S. 45-60, hier

	MT:		4QDtn:	
		a)	הרנינו שמים עמו	
c)	הרנינו גוים עמו	b/d)	והשתחוו לו כל אלהים	
e)	כי דם עבדיו יקום	e)	כי דם בניו יקום	
f)	ונקם ישיב לצריו	f)	ונקם ישיב לצריו	
		g)	ולמשנאיו ישלם	
h)	וכפר אדמתו עמו	h)	וכפר אדמתו עמו	

LXX: 2. Ode:
a) εὐφράνθητε, οὐρανοί, ἅμα αὐτῷ
b) καὶ προσκυνησάτωσαν αὐτῷ πάντες υἱοὶ θεοῦ   οἱ ἄγγελοι θεοῦ
c) εὐφράνθητε, ἔθνη, μετὰ τοῦ λαοῦ αὐτοῦ
d) καὶ ἐνισχυσάτωσαν αὐτῷ πάντες ἄγγελοι θεοῦ   υἱοὶ θεοῦ
e) ὅτι τὸ αἷμα τῶν υἱῶν αὐτοῦ ἐκδικεῖται
f) καὶ ἐκδικήσει καὶ ἀνταποδώσει δίκην τοῖς ἐχθροῖς
g) καὶ τοῖς μισοῦσιν ἀνταποδώσει
h) καὶ ἐκκαθαριεῖ κύριος τὴν γῆν τοῦ λαοῦ αὐτοῦ.

Die verschiedenen Textformen sind gelegentlich untersucht worden. Danach dürfte allgemein anerkannt sein, daß die Version aus 4QDtn den anderen sehr wohl als Grundlage gedient haben kann, wohingegen in der langen LXX-Fassung ein Versuch der Kombination aus MT und dem Text von 4Q vorliegt[27]: Zeile c) ist diese Verbindung der beiden hebräischen Texte am deutlichsten zu spüren, denn sie wiederholt die Zeile a) jetzt mit den aus MT bekannten „Völkern" statt der „Himmel" aus 4Q. Jene „Himmel" (שמים) sind biblischer Hofstaat-Terminus[28] und stehen hier, in der Aufforderung zum Lobgesang, an

---

S.47f; ders., *The Duodecimal Courts of Qumran, Revelation, and the Sanhedrin.* (JBL 95, 1976, S. 59-78 =) Idem, Studies in Qumran Law. Leiden 1977 (SJLA 24), 145-171, hier S. 156f. und Shinan, op.cit. (o.Anm. 2), S. 184. 186 u.ö. Die Rolle aus Qumran endet mit diesem Vers, ist also nicht Bestandteil einer Dtn-Rolle (Skehan, aaO, BASOR). S. Kistemaker, The Psalm Citations in the Epistle to the Hebrews. Diss. Amsterdam 1961, S. 22f, hatte vorgeschlagen, die Oden als Lieder-Sammlung zu kirchlich-liturgischen Zwecken anzusehen. Mit 4QDtn wird man zumindest das „kirchlich" streichen müssen.

27 So u.a. Meyer, art. cit. (vorige Anm.); vgl. die Interpretation Frankels, op. cit. (o.Anm. 3), S. 82. Vgl. noch Kap. 1, Anm. 26.

28 Z.B. Ps 89, 6; die Aufforderung zum Lobgesang z.B. Ps 148, 1ff (siehe oben Kap. 1). Über die verschiedenen LXX-Wiedergaben für שמים vgl. Katz, op.cit. (o.Anm. 21), S. 141-146: *Appendix I. 1: The Plural οὐρανοί.* Katz kannte

ihrem traditionellen Ort. MT hat demgegenüber „Völker", wie hier ja auch in V 8 die Völker nach der Zahl der Söhne Israels aufgeteilt werden und nicht nach der Zahl der El-Söhne. M.a.W.: Der MT hat keinen Anklang an den Hofstaat, Qumran und LXX haben ihn. Der Vers Dtn 32, 8 allein läßt noch die Möglichkeit offen, im MT den ursprünglichen Wortlaut zu sehen und die LXX- und Qumran-Variante als spätere Änderung zu interpretieren. Die eindeutige Aufforderung an den Hofstaat in Dtn 32, 43-LXX/4Q dagegen paßt sehr viel besser in den biblischen Kontext als die Textform des MT, und so wird man wohl in beiden Versen mit einer Veränderung des MT rechnen können. LXX haben den Vers, wie er jetzt aus Qumran bekannt ist, in ihrer für einige Bücher typischen Form übersetzt, nämlich als Doppelübersetzung unklarer Ausdrücke: Das erste עמו (MT: c; 4QDtn: a) kann „mit ihm" heißen, aber auch „sein Volk". LXX Zeile a) geben das „mit ihm", Zeile c) dann nicht nur ein „sein Volk" sondern gleich „mit seinem Volk"[29]. Ebenso wenig haben die Übersetzer sich zwischen den beiden Zeilen a) und c) entscheiden wollen und bieten deshalb beide. Entsprechend verdoppeln sie Zeile b/d des Qumran-Textes, um die Symmetrie zu wahren.

Nun ist gerade die verdoppelte Zeile diejenige, in der die אלהים der 4Q-Version mit ἄγγελοι bzw. mit υἱοὶ θεοῦ wiedergegeben werden. „Söhne" kommt in den erhaltenen Vorlagen nicht vor. Die Übersetzer scheinen also nicht zwischen אלהים und בני אלהים/בני אלים unterschieden zu haben: Beide sind gleichermaßen Engel und die Umstellung der beiden Termini in der 2. Ode belegt das. Dabei dürfte Ps 97, 7 auf die Formulierung eingewirkt haben[23].

Aufgrund von 4QDtn hat man Dtn 32, 8f-LXX gern V 43 an die Seite gestellt. Der MT hatte dort:

בהנחל עליון גוים   בהפרידו בני אדם
יצב גבולות עמים   למספר בני ישראל
כי חלק ה' עמו   יעקב חבל נחלתו

Demgegenüber lesen LXX:
ὅτε διεμέριζεν ὁ ὕψιστος ἔθνη   ὡς διέσπειρεν υἱοὺς Ἀδαμ

---

allerdings die Qumran-Fragmente noch nicht, weshalb seine Interpretation in diesem Punkte abweicht.

29 Diese Übersetzungsform wird in unserer Arbeit noch öfter auftauchen (siehe im folgenden zu Dtn 33, 2). Vgl auch Z. Talshir, *Double Translations in the Septuagint*. VI Congress of the International Organization for Septuagint and Cognate Studies, Jerusalem 1986. Ed. by C.E. Cox Atlanta (1989) (SBL.SCS 23), S. 21-61; L. Prijs, op. cit. (o.Anm. 22), S. 26. 45-47. 53.

ἔστησεν ὅρια ἐθνῶν κατὰ ἀριθμὸν υἱῶν[30] θεοῦ
καὶ ἐγενήθη μερὶς κυρίου λαὸς αὐτοῦ Ιακωβ
σχοίνισμα κληρονομίας αὐτοῦ Ισραηλ.

Statt der Söhne Israels stehen hier also die Söhne Gottes, was später in ἄγγελοι geändert wurde. Die Reihenfolge ergibt sich aus der Berücksichtigung von 4QDtn: [ל]בהנח[ל]
בני אל[...]

Seit der Erstveröffentlichung jenes Fragments[31] hat der Herausgeber mitgeteilt, daß aufgrund weiterer Fragmente mit Sicherheit בני אלהים zu lesen sei. Das Problem ist also eher die textkritische Beurteilung des MT gegenüber 4QDtn als die Einordnung der LXX, die hier einen Qumran ähnlichen Text zur Vorlage gehabt hat.

Seit der Entdeckung der Qumran-Fragmente ist die Forschung von der nachträglichen Bearbeitung des MT ausgegangen. Das ist aber zumindest problematisch: Wie in Kap. 3 zu zeigen sein wird, findet sich die Theorie von den Völkerengeln so gut wie ausschließlich in der Apokalyptik und hierfür gibt es gute Gründe. Darüber hinaus ist der überlieferte MT in sich sehr viel sinnvoller als die Qumran-Variante: Das von Loewenstamm diskutierte Problem war ja die Universalität Gottes angesichts seiner besonderen Beziehung zu Israel: -נחלת
יה[32]. Laut MT löst sich dieses Dilemma durch die Beziehung beider Größen aufeinander: Die Völker sind nach der Zahl der Söhne Israels beim Zug nach Ägypten lt. Gen 46, 27, d.h. 70, aufgeteilt. Eine andere Einschätzung der textkritischen Situation müßte erklären, wie die universale Weitsicht von V 8f mit den Anklagen gegen Israels Götzendienst (יזבחו לשדים לא אלה/יקנאהו בזרים) von V 16f zusammen geht.

Die zu Israel in Beziehung gesetzten Völker sollen Gott wegen seiner Gerechtigkeit Israel gegenüber loben (V 43). LXX lesen mit 4QDtn die „Söhne Gottes" und übersetzt in einem ersten Stadium wörtlich. Da aber für בני אלהים ansonsten ἄγγελοι steht, ändert sich innerhalb der LXX der Text nochmals.

Allerdings haben die Übersetzer von Dtn 32, 43 den Hofstaat-Namen שמים/ Himmel nicht als solchen identifiziert und ihn daher wörtlich mit „Himmel"

---

30 So neuerdings Wevers; Rahlfs las noch ἀγγέλων.
31 P.W. Skehan, JBL 78 (o.Anm. 26), S. 21; vgl. R.S. Hendel, *When the Sons of God Cavorted with the Daughters of Men*. Bible Review 3, 1987, S.8-13. 37, wo das Fragment S. 10 abgebildet ist.
32 Vgl. Kap. 1 mit Anm. 24.

übertragen. οὐρανοί ist im Rahmen der theologischen Auffassungen der LXX scheinbar nicht so problematisch wie „Gottes-Söhne". Aber diese Aussage ist insofern wieder einzuschränken, als die LXX in ihrem Bemühen um Symmetrie in V 43 eine neue Zeile hinzugefügt haben, in der nun die υἱοὶ τοῦ θεοῦ wieder den ἄγγελοι entsprechen (gleich, ob man mit der 2. Ode oder der LXX zu Dtn 32 liest).

In die Reihe der engelischen Übersetzungen der בני אלהים gehört auch Hiob 38, 7, wo statt des MT ברן-יחד כוכבי בקר ויריעו כל-בני אלהים nun steht: ὅτε ἐγενήθησαν ἄστρα ᾔνεσάν με φωνῇ μεγάλῃ πάντες ἄγγελοί μου. Angesichts der späteren Versuche, die Erschaffung der Engel im Rahmen der Schöpfung möglichst spät anzusetzen (um eine Beteiligung der Engel an Gottes Schöpfungswerk auszuschließen), ist diese Version von Hiob 38, 7 besonders aufschlußreich: Zur Zeit der Entstehung der Hiob-LXX scheint die spätere Anschauung noch nicht entwickelt oder doch wenigstens noch nicht Allgemeingut zu sein[33].

Die Worte בני אלהים bzw. אלים-אלהים werden weiter an folgenden Stellen mit ἄγγελοι übersetzt, wo sie im Original aber nicht eigentlich den himmlischen Rat meinten:

Jes 9, 5: ויקרא שמו פלא יועץ אל גבור אביעד שר-שלום

LXX: καὶ καλεῖται τὸ ὄνομα αὐτοῦ Μεγάλης βουλῆς ἄγγελος· ἐγὼ γὰρ ἄξω εἰρήνην ἐπὶ τοὺς ἄρχοντας, εἰρήνην καὶ ὑγίειαν αὐτῷ.

Diese Version[34] beruht schwerlich auf einer vom MT verschiedenen Vorlage, sondern ist das Produkt einer, wenn auch sehr freien, Übersetzung des be-

---

33 Auch Jub 2 kennt sie noch nicht und setzt die Erschaffung der Engel am ersten Schöpfungstag an. Der Targum zu Hiob aus Qumran übersetzt wie die LXX die El-Söhne mit den Engeln: „כל מלאכי אלהא",. Die Rabbinen nennen den fünften Schöpfungstag als Tag, an dem die Engel entstanden, denn am sechsten wendet sich Gott ja bereits an die Engel (so die rabbinische Auslegung von Gen 1, 26). Vgl. zur rabbinischen Auslegung Urbach, op.cit. (o. Anm. 23), S. 203ff; die aramäischen Targume nennen gelegentlich den zweiten Tag: Shinan, op.cit. (o.Anm. 2), S. 185; für den Text aus Qumran: J.P. M. van der Ploeg/A.S. van der Woude und M. Sokoloff (s. Quellenverz.).

34 Die genaue Bedeutung von ὑγίεια an dieser Stelle ist fraglich, eigentlich heißt es „Gesundheit", doch kennt die griechische Literatur eine Reihe von Nebenbedeutungen, zu diesen vgl. Liddell/Scott, op.cit. (o.Anm. 9), S. 1842; die Ergänzung am Ende des Satzes hat eine Entsprechung im aramäischen Targum durch den Zusatz באולפניה שלמה יסגי עלנה. Hierzu vgl. O. Betz, Der Paraklet, Fürsprecher im häretischen Judentum, im Johannesevangelium und in den neugefundenen gnostischen Schriften. Leiden 1963 (AGSJU 2), S. 17; zur messianischen Auslegung dieses Verses bei Jes vgl. U. Kellermann, Messias

kannten Textes[35]. Um die Arbeitsweise der Übersetzer richtig zu verstehen, muß man zweierlei bedenken: 1) Formal gesehen entspricht die Deutung des Namens einigen anderen Namens-Interpretationen der Bibel, die ebenfalls bei der Ankündigung einer Geburt gegeben werden. Derlei „Sohnesverheißungsorakel"[36] werden entweder von Gott selbst oder von einem „Boten" ausgesprochen. So befiehlt der Bote Hagar, Gen 16, 11: וקראת שמו ישמעאל כי־שמע ה׳ אל־ עניך[37]. Gen 17, 19 sagt Gott zu Abraham: וקראת את שמו יצחק והקמתי את־בריתי אתו לברית עולם. Die LXX-Version zu Jes 9, 5 paßt nun zu jener zweiten Form der Namensgebung, bei der mit dem Namen auch eine Aufgabe für das Leben des Kindes gegeben wird. 2) Solche Sohnesverheißungsorakel werden nun zwar auch von Engeln ausgesprochen (siehe Hagar), aber hier heißt der verheißene Sohn selbst ἄγγελος. Dieser Unterschied läßt sich erklären, wenn man sich einmal von der vorgegebenen Namenreihe frei macht: Man kann dann auch lesen: יועץ־אל, was dem griechischen ἄγγελος βουλῆς entspricht.

Diese Lesung des Originals ist nicht wörtliche Übertragung, sondern inhaltliche: Gott berät sich mit seinem Hofstaat (siehe Kap. 1). Sein himmlischer Ratgeber wird nun zu einem ἄγγελος, d.h. einem Mitglied jenes Hofstaats, bzw. „himmlischen Rats". Die besondere Aufgabe dieses Engels wird nun

---

und Gesetz. Grundlinien einer alttestamentlichen Heilserwartung. Eine traditionsgeschichtliche Einführung. Neukirchen (1971) (BS 61), S. 54; S.H. Levey, The Messiah. An Aramaic Interpretation. The Messianic Exegesis of the Targumim. Cincinnati e.a. 1974 (MHUC 2), S. 67; zuletzt: P. Grelot, *L'interprétation d'Isaie 9, 5 dans le Targoum des prophètes*. De la Tôrah au Messie. FS H. Cazelles (ed. by) M. Carrez, J. Doré, P. Grelot. (Paris 1981), S. 535-544. Auch wenn die Rabbinen den Vers betont auf Hiskia auslegen, entbehrt das nicht des messianischen Tones, denn über jenen König heißt es z.B. bSanh 94a: ביקש הקב"ה לעשות חזקיהו משיח. Die messianische Interpretation und die Auslegung auf Hiskia werden im Jalkut Hamechiri (Ed. Kahana-Schapira, S. 72f) a.l. deutlich verbunden.

35 Der Text der LXX zu Jes nach J. Ziegler, Isaias, SeptG XIV (s. Quellenverz.). Zum Vergleich der einzelnen Teile siehe W. Michaelis, Zur Engelchristologie im Urchristentum. Abbau der Konstruktion M. Werners. Basel (1942)(GBTh 1), S. 138ff; J. 111, In welcher Gestalt lag das Buch Isaias den LXX vor? Eine textkritische Studie. Giessen 1930 (BZAW 56), S. 24f.

36 Zum Terminus s. P. Humbert, *Der biblische Verkündigungsstil und seine vermutliche Herkunft*. AfO 10, 1935, S. 77-80 und H. Gese, *Natus ex Virgine*. [Probleme biblischer Theologie. FS G. v. Rad hrsg. v. H.W. Wolff. München 1971, S. 73-89 =] ders., Vom Sinai zum Zion. Alttestamentliche Beiträge zur biblischen Theologie. München 1974, S. 130-146.

37 Weitere Etymologien stellen in diesem Zusammenhang die Namen der Erzväter dar, siehe z.B. Gen 29, 32ff.

durch den Genitiv βουλῆς gekennzeichnet. Eigentlich wurde also der יועץ-אל als ἄγγελος wiedergegeben und nicht אלהים/בני אלהים (dabei wird das hebräische פלא zu μεγάλη). Aber für die Fortentwicklung der Angelologie und der Messianologie ist diese LXX-Variante von besonderem Gewicht.

Nur in einem einzigen Falle[38] wird der Gottesname selbst in der LXX als „Engel" wiedergegeben: Ex 4, 24. Dabei ist es sehr wohl möglich, daß LXX die ursprüngliche Lesart behalten haben[39]. Aber es läßt sich genauso gut annehmen, daß die Übersetzer und späteren Ausleger Gott nicht mit dem versuchten Mord an Moses in Verbindung bringen wollten[40]. Die Stelle gehört nicht direkt in unseren Zusammenhang, da das Tetragramm nicht zu den Hofstaat-Namen zählt.

Kein anderer Hofstaat-Name wird also derart häufig mit ἄγγελος wiedergegeben wie die „Söhne Gottes", die בני אלהים bzw. אלהים. Man darf annehmen, daß die hellenistischen Juden, die hinter der LXX als Autoren stehen, den polytheistischen Anklängen wehren wollten. Doch haben sie das nicht konsequent getan (insofern man über die ganze LXX hinweg Konsequenz fordern darf). So wird Ps 89, 7 (LXX: Ps 88, 7) בני אלים mit υἱοὶ θεοῦ wiedergegeben und Ps 29, 1 (LXX: 28, 1), bieten die LXX für הבו לה׳ בני אלים zwei Möglichkeiten an: υἱοὶ θεοῦ und υἱοὶ κριῶν, d.h. Söhne der Stiere (אילים). Dies sind allerdings auch schon alle Abweichungen von der Regel, wonach LXX בני אלים/ אלהים als ἄγγελοι übertragen (betreffs Dan-LXX siehe unten).

---

38 Sach 12, 8 hat LXX zwar zwar eine erweiterte Übersetzung des MT, aber der für unseren Zusammenhang wichtige Vergleich des Nachkommens Davids mit einem Engel Gottes ist im MT gegeben und keine Zutat der Übersetzer.

39 In der Masora steht zum Vers מ״י, d.h. מלאך ה׳. Auch Onkelos und PsJon übersetzen מלאכא; in Jub 48, 2 wird dieser Engel zu „Mastema", dem Fürsten der Finsternis, einem Beinamen Satans. Ebenso deuten MechJitro I (Ed. Horovitz/Rabin, S. 191); bNed 31b-32a; jNed 38b (III1) (Krotoschin Zeile 17ff//Venedig 38b III14, Zeile 14ff); als Satansengel oder einfach Satan auch in den Targumen: Shinan, op.cit. (a.Anm. 2), S. 191; vgl. die Anmerkungen von K. Berger, Jubiläen, JSHRZ II/3 (s. Quellenverz.), S. 542f. und Urbach, op.cit. (o.Anm. 23), S. 154f. Sollte D. Grimm Recht haben, so hätten LXX auch Ri 13 verdeutlicht, daß Manoah das Opfer Gott darbringen wollte und nicht dem Engel. Aber dazu muß er sich auf eine einzelne Handschrift berufen, die nicht zu den großen Text-Zeugen der LXX gehört: *Der Name des Gottesboten in Ri 13.* Bib 62, 1981, S. 92-98, hier: S. 93.

40 Die Einschaltung eines Engels hier ist aber mehr als nur eine Vermeidung des Anthropomorphismus, wie Urbach aaO (vorige Anm.) und Fritsch, op.cit. (o. Anm. 11), S. 56, vgl. dort S. 30-32, vermuten; siehe im folgenden.

Mit der Bezeichnung אלהים verhält es sich nun nicht ganz so: Sofern die Bibel damit die Götter der Nationen meint, übersetzen LXX meist einfach den Plural[41]; bei der Übersetzung zu Jos 24, 15 kennen sie ihn evtl. aber auch für den Gott der Vorfahren Israels (welcher hier deutlich von ה׳ unterschieden ist): את-אלהים אשר-עבדו אבותיכם אשר בעבר הנהר... Da heißt es in der LXX: ... εἴτε τοῖς θεοῖς τῶν πατέρων ὑμῶν... Aber dies ist das einzige Beispiel für eine pluralische Erwähnung des Gottes Israels in der LXX und ist durch die genannte Unterscheidung problematisch. So darf man abschließend sagen, daß die Technik der Übersetzung der Hofstaat-Namen אלהים/אלהים בני mit ἄγγελος eine Vermeidung der polytheistischen Vorstellung von mehreren Göttern bzw. von Söhnen der Götter ist. Die Folge davon ist die nun auch sprachliche Anpassung ehemals paganer Vorstellungen an den Rahmen des biblischen Monotheismus mittels der Angelologie, wobei - in klarer Folge der bereits innerbiblisch beginnenden Entwicklung - das griechische Substantiv ἄγγελος zur Bezeichnung dieses neuen Wesens wird, welches nun klarer von Gott selbst getrennt ist, da es seinen Namen nicht mehr führt und mit ihm nicht mehr als „Sohn" verbunden ist. Diese sprachliche Entwicklung ist nicht Ausgangspunkt einer neuen Angelologie, sondern ihr lexikalischer Reflex.

2. Weitere Hofstaat-Namen, die mit ἄγγελοι übersetzt werden, sind עירין (Dan 4), im aramäischen Teil des Buches, die in der Verbindung עיר וקדיש als Traumerscheinung im Traum Nebukadnezars genannt waren. Theodotion transkribiert das Aramäische, statt es zu übersetzen.

---

41 Diese Übersetzungen stehen im allgemeinen in Verbindungen wie: θεοὶ ἕτεροι oder θεοὶ τῶν ἐθνῶν, z.B.: Dtn 5, 7; 6, 14 u.ö; Jos 23, 7. 16; 24, 2. 16. 20. 23 (θεοὶ ἀλλότριοι). 33b; Ri 2, 2f. 12. 17. 19; 3, 6; 6, 10; 10, 6. 13f; Ruth 1, 15; 1Sam 4, 1f; 6, 5; 7, 3; 8, 8; 17, 43; 26, 19; 28, 13; für weitere vgl. E. Hatch/H.A. Redpath, A Concordance to the Septuagint... (Oxford 1897 = repr.) Graz 1975 s.v. εἴδωλον. Die hier beobachtete Tendenz bei der Übersetzung des Nomes אלהים findet sich ebenso in den aramäischen Targumen: Shinan, op.cit. (o. Anm. 2), S. 182f; vgl. auch י. שונרי (Y. Schonri), המקרא הארמיים והפשיטתא. "מלאכים" בתרגומי Studies in the Bible and the Hebrew Language. FS M. Wallenstein. Ed. by C. Rabin e.a. Jerusalem 1979, S. 269-276, hier: S. 275. Dagegen ist es - wenn man von Philons sehr speziellem Sprachgebrauch einmal absieht - unrichtig, die Bezeichnung בני אלהים als Engelumschreibung in der außerbiblischen Literatur zu sehen: Joseph (in JosAs) ist kein Engel (siehe Kap. 3); Melchizedek wird zwar mit אלהים aus Ps 82 bezeichnet (11QMelch), aber nicht als בן. Anders D.S. Russell, The Old Testament Apocrypha. Patriarchs and Prophets in Early Judaism. (London 1987), S. 93. Vgl. weiter M.E. Stone, A Textual Commentary on the Armenian Version of IV EZra. Atlanta (1990) (SBL.SCS 34), S. 236f.

3. Die „Heiligen" werden nur gelegentlich zu ἄγγελοι, und in den meisten Fällen gibt es hierfür eine klare textliche Begründung: Hiob 5, 1 steht in Parallele zu Hiob 33, 23, so wird der „Heilige" zu einem „Engel". In Hiob 36, 14 punktierten die Übersetzer קדושים anstatt קדשים. Diese Interpretation gehört aber bereits zur spezifischen Angelologie der Übersetzer des Hiob.

Ein letztes Beispiel für die Wiedergabe der „Heiligen" mit „Engeln" ist Dtn 33, 2-LXX.

MT: ה׳ מסיני בא וזרח משעיר למו הופיע מהר פארן ואתה מרבבות קדש מימינו אשדת למו.
LXX: κύριος ἐκ Σινα ἥκει καὶ ἐπέφανεν ἐκ Σηιρ ἡμῖν
καὶ κατέσπευσεν ἐξ ὄρους Φαραν σὺν μυριάσιν Καδης
ἐκ δεξιῶν αὐτοῦ ἄγγελοι μετ' αὐτοῦ.

Man darf diesen Text - bei aller methodischen Problematik - ins Hebräische zurück übersetzen: ה׳ מסיני בא וזרח לנו ומיהר מהר פארן ואתו רבבות קדש מימינו מל־ אכים עמו, wobei die Änderungen gegenüber dem MT kursiv gesetzt sind. Die Version der Siebzig ist demnach eine freie, exegetische Wiedergabe des MT. Kleinere Abweichungen hat die LXX mit anderen antiken Übersetzungen gemeinsam, wie למו zu לנו; dem entspricht Onkelos: לנא. Die Doppelübersetzung[42] von מהר einmal als „vom Berg", ein andermal als „eilte" (מיהר), sind in der LXX nicht selten.

Der Vers enthält zwei exegetische Schwierigkeiten: Zunächst ist das Wort ואתה unklar. LXX interpretieren „mit ihm" (ואתו). Die Rabbinen verstanden diesen Teil des Verses dahingehend, daß Gott sich auch dann deutlich von seinem Hofstaat abhebe, wenn er mit diesem zusammen erscheine. Diese Deutung verstand ואתה vom Wort אות/Zeichen her[43], aber sie sah im Vers bereits eine Theophanie, die von Engeln begleitet war. Zwar verstehen die LXX das Wort ואתה selbst anders, aber auch sie setzen die Begleitung Gottes durch Engel bei seiner Theophanie voraus.

Das zweite Problem des Verses ist im Zusammenhang der Angelologie weitaus wichtiger: LXX verstanden קדש als Ortsname, wie die vorangegangenen Namen auch, und bietet jetzt Καδης. Die Rabbinen sahen in קדש eine defektive Schreibung für קודש und interpretierten רבבות קדש als den himmlischen Rat, der Gott begleitet. Dieser Teil der Interpretation findet sich auch in LXX,

---

42 siehe oben zu Dtn 32, 8.
43 Siehe z.B. PesRKah, zu וזאת הברכה (Ed. Mandelbaum, II, S. 449, dort die meisten Parallelen). Ergänze: Sifre zur gleichen Parascha (Ed. Finkelstein, S. 399), TanB, ברכה ג, Tan ebd. 5, JalqSchim ebd. Nr. 951 und bChag 15a.

allerdings als Wiedergabe für das schwierige אש-דת. Es scheint, als hätten LXX auch hier ein Wort, קדש, zweimal übersetzt[44] und so das Problem des אש-דת übergangen. Die Parallelen aus der rabbinischen Literatur legen die Annahme nahe, daß die angelologische Deutung des Verses selbst älter ist als die Übersetzung der LXX. Aber die LXX-Version unterscheidet sich nun in einem nicht unwichtigen Punkt vom MT und von der späteren jüdischen Auslegung: Die rabbinische Interpretation von אש-דת sah in diesem Ausdruck eine Umschreibung für die Tora[45] und verband das mit den רבבות קודש: So sind nun die Engel bei der Tora-Verleihung anwesend. Diese Verbindung besteht im Text der LXX nicht. Hier erscheint Gott zwar, aber ein Anlaß für diese Erscheinung ist nicht gegeben. Damit wird die Theophanie-in-Engelbegleitung gelöst von jedem Motiv-Kontext, in dem sie in der sonstigen jüdischen Auslegung steht.

Der Hofstaat-Name „Heilige" wird also einmal aufgrund einer direkten Parallele im selben biblischen Buch, einmal anderes Mal aufgrund einer anderen Punktation und zuletzt aufgrund einer älteren Auslegungstradition mit „Engel" übersetzt[46].

4. Eine besondere Behandlung hat das „Heer des Himmels" (צבא השמים) durch die Übersetzer erfahren: Der Name wurde zwar nicht mit ἄγγελοι wiedergegeben, aber die Autoren der LXX haben dennoch zwischen dem einfachen

---

[44] Wie auch מהר-מיהר im gleichen Vers. Schließlich haben die Übersetzer in Dtn 32, 43 eine ganze Verszeile ergänzt, so daß die Technik als solche hier nicht verwundern sollte. Zur Gottesbegleitung durch „alle seine Heiligen" vgl Sach 14, 5, wo LXX aber wörtlicher übersetzen. MT: קדשים עמך ובא ה׳ אלהי כל- :LXX καὶ ἥξει κύριος ὁ θεός μου καὶ πάντες οἱ ἅγιοι μετ' αὐτοῦ. Die meisten für diesen Vers vorgeschlagenen textkritischen Operationen sind überflüssig; vgl. zu diesen z.B. H.-M. Lutz, Jah-we, Jerusalem und die Völker. Zur Vorgeschichte von Sach 12, 1-8 und 14, 1-5. Neukirchen 1968 (WMANT 27), hier S. 22. In Ps 68, 18 (LXX: 67, 18) übersetzen die LXX zwar ebenfalls wörtlich ἐν τῷ ἁγίῳ für בקודש, aber der Targum hat hier: דאנגליא אלפין.

[45] Siehe z.B. PesR 20 (Ed. Friedmann, Blatt 102b); Sifre ברכה 243 (Ed. Finkelstein, S. 398/Ed. Friedmann, Blatt 143a); PesRKah, השלישי בחודש (Ed. Mandelbaum, I, S. 220), ebd. ברכה (ebd., II, S. 449); Tan ebd. 5; TanB ebd. 3; ebenso Onkelos und PsJon a.l. In der neuen Ausgabe des Fragmenten-Targums findet sich diese Auslegung auch dort z.St.: M.L. Klein, The Fragment-Targums (s. Quellenverz.), hier: I, S. 115. 230ff.

[46] Statt אלהיך שם steht Lev 18, 21-LXX: τὸ ὄνομα τὸ ἅγιον. Das Beispiel paßt nicht genau zu unserer Diskussion. Es ist aber das einzige, bei dem nach Meinung von H.S. Gehman die Gleichsetzunge des Wortes אלהים mit paganen Göttern verhindert werden soll: "Ἅγιος in the Septuagint, and its Relation to the Hebrew Original. VT 4, 1954, S. 337-348, hier: S. 337.

Heer (צבא), in der Regel: στρατιά, und dem ‚Heer des Himmels', meist δυνάμεις⁴⁷, unterschieden, jedoch nicht konsequent. Gleiches gilt für den Gottesnamen ה' צבאות, der häufig mit κύριος (ὁ θεὸς) τῶν δυνάμεων übersetzt wird⁴⁸. Diese besondere Unterscheidung der LXX hat Einfluß auf jüdisch-hellenistische Denker wie Philon. Katz weist Aquila das Bemühen um eine konkordante Übersetzung dieses Ausdrucks zu, wobei Aquila ausgerechnet στρατιά bevorzugt haben soll. Immerhin wird im NT in Verbindung mit dem Lobgesang der Engel gesagt: καὶ ἐξαίφνης ἐγένετο σὺν τῷ ἀγγέλῳ πλῆθος στρατιᾶς οὐρανίου (Lk 2, 13). Lukas hat mit Sicherheit die Engel im Blick, aber innerhalb der LXX ist diese Gleichsetzung noch nicht vollzogen.

5. „Cherubim" und „Seraphim" werden in der LXX nicht übersetzt, sondern transkribiert. Die Tatsache als solche warnt vor einer zu schnellen Vereinnahmung der beiden Gruppen für die jüdische Angelologie in der Zeit des zweiten Tempels⁴⁹.

---

47 Siehe besonders den *Appendix I 2* von Katz, op.cit. (o.Anm. 21), S. 146-148: *The „Host of Heaven"*. Zur Symbolik der δύναμις bei der Theophanie vgl. auch J. VanderKam, *The Theophanie of Enoch I 3b-7, 9*. VT 23, 1973, S. 129-150, hier: S. 138f.

48 Siehe z.B. 1Sam 4, 1; 2Sam 6, 2. 18; 1Kön 18, 15; 2Kön 3, 14; 19, 31; Pss (nach MT) 24, 10; 46, 8. 10; 59, 6; 80, 5. 8. 15. 20; 84, 2. 13; 89, 9; Am 6, 14; Zeph 2, 9; Sach 1, 3; 7, 4; Jer 33, 12; Diese Wiedergabe des Gottesnamens findet sich aber z.B. nicht an folgenden Stellen: 1Sam 1, 3. 11; 15, 2; 17, 45; 2Sam 5, 10; 7, 8. 26f; 1Kön 19, 10. 14; 2Chr 11, 19; 17, 17. 24; Pss 69, 7 u.ö. Das Soldaten-Heer wird mit δύναμις z.B. an folgenden Stellen wiedergegeben: Gen 21, 22f; 26, 26; Ex 6, 26; 7, 4; 12, 17. 41. 51; Nu 1, 3. 20ff; schließlich wird in Jos 4, 24 יד ה' mit δύναμις τοῦ κυρίου übersetzt. Zu dieser Stelle vgl. Sweete, op.cit. (o.Anm. 1), S. 327, der hier rabbinische Einflüsse sucht. Zur Problematik der Übersetzung von צבא vgl. insgesamt: A.S. van der Woude, *Art*. צבא, *saba, Heer*. THAT 2, 498-507, der von der Voraussetzung ausgeht, der Ausdruck κύριος τῶν δυνάμεων gehöre zur hexaplarischen Rezension mit Ausnahme seines Vorkommens in den Pss und in 2Kön. Zur Bibliographie siehe dort. Zum Ausmaß des hellenistischen Einflusses auf die Übertragungen von צבאות mit σαβαώθ vgl. G.A. Deissmann, *Die Hellenisierung des semitischen Monotheismus*. NJKA 11, 1903, S. 161-177, hier: S. 169. Zu den verschiedenen Wiedergaben von צבאות in der LXX vgl. noch W. Wink, *The Powers*, vol. I: *Naming the Powers. The Language of Power in the New Testament*. Philadelphia (1984), S. 159ff.

49 LXX haben allerdings Jes 6 dahingehend abgeschwächt, daß nun die Seraphim nicht mehr über Gott stehen, sondern „rings herum". Darauf haben einige Exegeten hingewiesen, vgl. z.B. J. Egnell, *The Call of Isaiah*. Uppsala/Leipzig 1949 (UUA 1, 4), S. 5-69, hier: S. 13. Im gleichen Sinne hat der

Von allen Hofstaat-Namen werden also nur die בני אלהים und die אלהים mit einiger Konsequenz mit ἄγγελοι übersetzt, und auch diese nicht immer. Hier liegt der Grund für die abweichende Wiedergabe auf der Hand. Eine Mittelstellung nehmen „Heilige" und עירין ein. Die Übersetzung des Himmelsheeres mit δύναμις, zumindest an einer Reihe von Stellen, wird dazu führen, daß in späteren Quellen auch dieses griechische Wort in den Katalog der Engelnamen eingehen wird. Eine regelrechte Ausnahme bilden in diesem Stadium die Seraphim und Cherubim.

5 ἄγγελος und menschliche Boten

Mit den beiden letzten Punkten ist die Umwandlung des Begriffes ἄγγελος zu einem Engel-Wesen insofern gezeigt worden, als zum einen menschliche Boten nicht mehr durchgängig ἄγγελος genannt werden, zum anderen einige Hofstaat-Namen nun ausgerechnet durch diese Bezeichnung ersetzt worden sind. Es gilt nun noch in der Gegenprobe zu zeigen, wie begrenzt die bisher gewonnenen Resultate tatsächlich sind. Im folgenden geht es also um die Änderungen der LXX, durch die menschliche Boten zu ἄγγελοι werden:

1. An einer Reihe von Stellen ergänzen LXX ἄγγελοι als Subjekt oder Objekt, wo dieses im Hebräischen fehlen konnte. Diese Art von Ergänzungen gilt gleichermaßen für himmlische wie für menschliche Boten. Für himmlische Boten steht das zusätzliche ἄγγελος z.B. Gen 16, 8 hinter dem hebräischen ויאמר. Das Gleiche findet sich Ri 13, 11 und Sach 1, 17. Bei menschlichen Boten steht ein solches ἄγγελος Nu 22, 10[50]; 1Kön 18, 14; Hiob 1, 16-18. Ähnliches ist Ri 11, 14 zu beobachten[51], wo LXX die Einzelheit hin-

---

Chronist 1Kön 22, 19 bezüglich des Himmelsheers geändert. Hier könnte ein Hinweis auf ein neues Verständnis der Seraphim vorliegen.

50 Im Alexandrinus! Vgl. o. Anm. 11.
51 Andere erläuternde Übersetzungen finden sich z.B. 2Chr 36, 15f-LXX. Der Text enthält ein zunächst unverständliches Wort: וישלח ה' אלהי אבותיהם עליהם ביד מלאכיו השכם . LXX lesen hier: καὶ ἐξαπέστειλεν κύριος ὁ θεὸς τῶν πατέρων αὐτῶν ἐν χειρὶ προφητῶν (sic! = מלאכיו) ὀρθρίζων καὶ ἀποστέλλων τοὺς ἀγγέλους αὐτοῦ. Das unverstandene Wort wird wiederum durch Verdoppelung eines bekannten „erklärt". Dabei kommt es zur Gleichsetzung von Propheten und Boten! Dieses Beispiel gehört aber insofern nicht zu den gerade zu behandelnden, als das Substantiv ἄγγελος erhalten blieb. Vgl. auch Frankel, op.cit. (o.Anm. 3), S. 166f. Die LXX-Version hier ist die von 1Esr-LXX (=Vg: 3Esr) 1, 48. Dort heißt es: καὶ ἀπέστειλεν ὁ θεὸς τῶν πατέρων αὐτῶν διὰ τοῦ ἀγγέλου αὐτοῦ. Siehe die Ausgabe von R. Hanhart, Esdrae, SeptG VIII/1 (s. Quellenverz.) a.l. Propheten und Boten sind auch in Ps-151-

zufügen, daß die Boten Jiftachs tatsächlich zurückgekehrt sind - ein Zug, der auch im MT vorausgesetzt wird.

2. Jes 37, 24 wird aus „Knechten" ἄγγελοι, weil der Übersetzer hier der geprägten Formel ביד מלאך/מלאכים folgt. 2Kön 19, 23 hatte der MT: ביד מלאכיך חרפת ה׳. In der Parallele dazu, Jes 37, 24, steht: ביד עבדיך חרפת. Zwar wird das ביד unterschiedlich behandelt, aber in beiden Fällen liest man nun in der LXX ἄγγελοι. In diesem Rahmen wird man auch Spr 26, 6 zu sehen haben: Aus ביד כסיל wird hier δι' ἀγγέλου ἄφρονος. Damit ist nichts über die Beziehung der verschiedenen Übersetzer untereinander gesagt, vielmehr schreibt die gleiche hebräische Redewendung den LXX eine jeweils ähnliche Übertragung vor[52].

3. Zur Vereinheitlichung der Sprache in der LXX gehört auch das folgende Beispiel, bei dem allerdings keinerlei „Bote" oder „Engel" hinzukommt. Ex 23, 20 sagt Gott zu Moses: אנכי שולח מלאך לפניך und entsprechend in Ex 33, 2: ושלחתי לפניך מלאך. Einzig in Mal 3, 1 wird dieser Bote (sofern es sich um denselben handelt) durch ein Suffix näher bestimmt: הנני שולח מלאכי. In LXX heißt es an allen drei Stellen: ἄγγελόν μου.

4. Das biblische Hebräisch kannte noch eine andere Benennung des menschlichen Boten, die bisher deshalb nicht zur Sprache kam, weil es sich eben um rein menschliche Boten handelt[53]: ציר. Das Wort steht Jes 18, 2 und 63, 9 (defektiv: צר) in Parallele zu מלאך. LXX übersetzen es Jer 49, 14 (= Ziegler 29, 15; Rahlfs: 30, 8;) Spr 13, 17 und 25, 13 mit ἄγγελος.

Spr 13, 17 stellt dabei insofern ein Problem dar, als sich nicht auf Anhieb behaupten läßt, daß LXX hier auf die überlieferte Gestalt von MT zurückgeht: מלאך רשע יפול ברע וציר אמונים מרפא. Demgegenüber steht in LXX: βασιλεὺς θρασὺς ἐμπεσεῖται εἰς κακά, ἄγγελος δὲ πιστὸς ῥύσεται αὐτόν. Es ist nicht auszuschließen, daß die Vorlage von LXX anstatt מלאך מלך las[54]. Wie die

---

LXX zwei identische Bezeichnungen, wie jetzt aus dem Vergleich von LXX und 11QPs hervorgeht; vgl. den Text bei J.A. Sanders, *11QPs^a* (s. Quellenverz.) S. 54ff.Zu ähnlichen Einfügungen der „Engel" vgl. z.B. die armenische Version des 4.Esr 5, 44. 56; 10, 59; 12, 40. 51 und hierzu M.E. Stone, op.cit. (o.Anm. 41), S. XX zu den angegebenen Stellen.

52 Die gleiche Verbindung findet sich für menschliche Boten auch Jer 27, 3 (LXX: 34,2 [Ziegler;Rahlfs:V 3]); und 1Sam 11, 7. An der ersten Stelle übersetzen die LXX: ἐν χερσὶν ἀγγέλων an der zweiten wieder ἐν χειρὶ ἀγγέλων. Ein weiteres Beispiel für diesen biblischen Ausdruck liegt in den Texten der vorigen Anmerkung vor, nur ist die Übersetzungstechnik dort verschieden.

53 Zur evtl. Ausnahme, Jes 63, 9, siehe gleich im folgenden.

54 Vgl. oben Kap. 1.

Übersetzer bislang in einigen Versen ihnen unklare Versteile durch bekannte ersetzt haben, könnte aber auch hier der „König" für einen unverstandenen „Boten" eingedrungen sein, wobei dann die Standard-Entsprechung für „Bote" als Wiedergabe für ציר gewählt worden wäre.

Ebenso wie bei der Verwendung von ἄγγελος für menschliche Boten sind die LXX auch bei der Übertragung von ציר nicht einheitlich verfahren: Zwar haben sie Jer 49, 14 für ציר ἄγγελος gesetzt, aber derselbe Vers kehrt in Ob 1, 1 wieder[55]: וציר בגוים שלח und hier formulieren LXX unpersönlich und umgehen so den ἄγγελος. In Jes 57, 9 und wohl auch 63, 9 wählen LXX nun πρέσβυς und Jes 18, 2 ὅμηρον/Geisel. Dabei ist die abweichende Wortwahl nur in Jes 63, 9 aus der Parallele mit מלאך verständlich[56]. Eine klare Unterscheidung zwischen menschlichen und göttlichen Boten ist aus diesen letzten Belegen jedenfalls nur schwer zu erkennen.

5. Obwohl der Priester in Koh 5, 5, wie oben gezeigt, in LXX nicht mehr „Bote" genannt wird, bleibt es in der einzigen Parallele, die ebenfalls einen Priester מלאך nannte, Mal 2, 7, beim ἄγγελος.

6. Auch in der LXX gibt es zwei Fälle, bei denen מלך mit מלאך vertauscht wird: Spr 13, 17 legt sich diese Vermutung nahe, 2Kön 7, 17 ist sie sicher.

Aufs Ganze gesehen haben LXX also kaum einen menschlichen ἄγγελος zum MT hinzugefügt. Der durch den MT scheinbar nicht gedeckte Zusatz ist in den meisten Fällen durch die griechische Grammatik bedingt, die Subjekte und Objekte gegenüber dem hebräischen Text zu ergänzen hatte. Wenn dabei besonders die Samuelis- und Königsbücher zu nennen waren, so erklärt sich das einfach dadurch, daß diese Bücher auch im MT מלאך häufig im profan-menschli-

---

55 Der Vers fehlt in der griechischen Qumranrolle, s.o. Anm. 5.
56 Man darf annehmen, daß LXX zu Jes 63, 9 den ursprünglichen Sinn bewahrt haben, der im MT durch eine falsche Punktation von צניר als צר verloren gegangen ist. So kam es zu dem Q^ere, das jetzt die Gestalt eines מלאך הפנים in den Text bringt, die es vorher so in der jüdischen Angelologie nicht gegeben hat. Zu פנים insgesamt und zum hier diskutierten Vers vgl. F. Nötscher, „Das Angesicht Gottes schauen" nach biblischer und babylonischer Auffassung. Würzburg 1924, S. 50f. Zur sich entwickelnden Tradition vom „Angesichts-Engel" vgl. einstweilen K. Berger, Jubiläen, JSHRZ II/3 (s. Quellenverz.), zu Jub 1, 27 und seine Anmerkung 27a, S. 319. Urbach, op.cit. (o.Anm. 23), S. 136 charakterisiert demgegenüber Jes 63, 9-LXX als Interpretation, die „corresponds to the Tannaitic exposition" (siehe seine Anm. 6 ebd.), d.h. die Übersetzer hätten den Gedanken an einen zwischen Israel und Gott vermittelnden Engel bewußt verändert. Aber das setzt voraus, daß MT die ältere Lesart hat, was zumindest fraglich ist.

chen Sinne verwendet hatten. Aber die inkonsequente Handhabung bei ציר belegt einmal mehr, daß LXX den neuen Begriff des „Engels" noch nicht durchweg voraussetzen, wie ja auch schon aus der reinen Statistik hervorging: Die meisten Vorkommen des hebräischen מלאך werden automatisch mit ἄγγελος wiedergegeben. Auf dem Hintergrund dieser mechanischen Standard-Übersetzung erhalten die o.g. Abweichungen ihr besonderes Gewicht.

6 Trennung von Gott und Engel

An einigen wenigen Stellen der LXX läßt sich zeigen, daß die Übersetzer trotz aller Mechanik bereits eine über die rein funktionale Boten-Terminologie hinausgehende Vorstellung von den ἄγγελοι hatten. Der Engel wird an einer Reihe von Stellen deutlicher von Gott selbst unterschieden und gelegentlich dazu benützt, um bestimmte Aussagen von Gott fern zu halten. Nach den bereits gemachten Beobachtungen zur Inkonsequenz bei der Wiedergabe des hebräischen מלאך wundert es nicht, daß auch die jetzt anstehenden Belege Ausnahmen aus dem Ganzen der LXX darstellen.

1. In Ex 23, 22-MT waren Gott und Engel miteinander verbunden: אם שמע תשמע בקלו (scil. בקול המלאך!) ועשית כל אשר אדבר d.h.: „Wenn du auf seine (des Boten) Stimme hören und alles tun wirst was ich (Gott) dir sagen werde..." Auf dem biblischen Hintergrund des Botenrechts war dieser Satz verständlich, denn der Bote sagt nicht seine eigene Botschaft, sondern die seines Senders. Mit Verlust dieses Verständnisses der Botenterminologie stellt sich die Frage, wer denn hier rede und auf wessen Stimme zu hören sei. LXX scheinen diese Frage durch den Wechsel des Possessivpronomens zu beantworten: τῆς ἐμῆς φωνῆς: „Wenn du auf meine Stimme hören wirst." Allerdings kann das auch Text ihrer Vorlage gewesen sein, den hebräisches ו und י gehen in den Handschriften häufig durcheinander, bzw. sind gelegentlich schwer zu unterscheiden.

2. Auch in Ex 33, 2 ist nicht deutlich, wer die Völker Kanaans vor Israel vertreiben werde; Gott schickt zwar seinen Engel, aber er, Gott, vertreibt die ursprüngliche Bevölkerung. MT: ושלחתי לפניך מלאך וגרשתי. LXX: καὶ ἐκβαλεῖ, d.h.: „und er wird vertreiben". Diese Klarstellung der LXX stößt sich nun aber mit einigen anderen Verdeutlichungen an anderen Stellen. Zwar mag man annehmen, daß die verschiedenen Stellen von unterschiedlichen Übersetzern herrühren, aber dann wäre doch zumindest wahrscheinlich, daß die Übersetzer von Ri 2 (siehe im folgenden) die griechische Version der Tora gekannt haben. Aus dem Nebeneinander verschiedener solcher exegetischer Entscheidungen er-

gibt sich, daß die Verdeutlichung an solchen Stellen, die Gott und Engel zu sehr miteinander verbunden hatten, das eigentliche Anliegen der LXX darstellt und nicht so sehr die einheitliche Interpretation einer mehrfach wiederkehrenden Tradition:

3. Ri 2 nimmt die Wüstentradition nochmals auf. Es scheint, als hätten die Übersetzer sich hier freier geglaubt als bei der Wiedergabe der Tora. Ri 2, 1 las der MT: ויעל מלאך־ה׳ מן־הגלגל אל־הבכים ויאמר אעלה אתכם ממצרים. Die Versionen der LXX-Handschriften sind hier gespalten. Codex Alexandrinus bietet: καὶ εἶπεν πρὸς αὐτούς (scil.: τὸν οἶκον Ισραηλ) Κύριος κύριος ἀνεβίβασεν ὑμᾶς. / „Es sprach zu ihnen (scil.: dem Hause Israel) der Herr[57]: Der Herr hat Euch heraufgeführt." Nach dieser Eröffnung wird die ganze folgende Rede zu einer Gottesrede. Aber außer dieser kleinen Veränderung am Beginn der Rede hat der Übersetzer sämtliche Verben aus der ersten Person in die dritte verwandelt und so angezeigt, daß der eigentlich Handelnde Gott ist. Demnach aber wäre der Engel der Redende. Die Lesart des Alexandrinus scheint also mehr als nur eine Redaktion erfahren zu haben: Zum einen wurden die Verben in die dritte Person gesetzt und das eine κύριος an den Anfang gestellt („Der Herr hat euch heraufgeführt"), später scheint dann durch das zweite κύριος die Rede selbst Gott in den Mund gelegt zu sein.

Eine verhältnismäßig einfacherere Klarstellung erzielt die Lesart des Vaticanus durch die Voranstellung eines τάδε λέγει κύριος - „So spricht der Herr"[58], einer Formel, die aus der prophetischen Rede bekannt ist. In Entspre-

---

57 Die Verdoppelung des κύριος am Beginn der Rede stört. Da die Satzzeichen nicht zum Textbestand gehören, darf man hier frei überlegen, wie man das doppelte Wort zuordnet. Eine erste Möglichkeit besteht darin, daß der Engel weiterhin der Sprechende ist und seine Rede mit einem doppelten „Der Herr" beginnt; eine andere Möglichkeit ist die, das erste „Herr" als Subjekt zu verstehen (wie oben, d.h. „Der Herr sprach..."). Allerdings läßt sich V 3 der LXX-Fassung nicht verstehen, wenn der Engel der Redende ist. So wenig die Eröffnung mit doppelter Nennung des κύριος befriedigt, so ungeschickt bleibt andererseits die Interpretation, wonach der redende Herr seine Worte mit einer Beziehung auf sich selbst in dritter Person beginnt. In jedem Fall scheint die Verdoppelung des Wortes κύριος einen Eingriff in den Text anzuzeigen, der vorgenommen worden ist, um die Herausführung aus der Wüste wieder Gott selbst zuzuschreiben.

58 Siehe z.B. 1Sam 2, 27; 15, 2 u.ö. Zu Text und Version vgl. Rofé, op.cit. (o. Anm. 26), S. 256ff; Hirth, op.cit. (o.Anm. 16), S. 51f; R. Then, „Gibt es denn keinen mehr unter den Propheten?" Zum Fortgang der alttestamentlichen Prophetie in frühjüdischer Zeit. Frankfurt/M. e.a. (1990) (BEATAJ 22), S. 145f erwägt eine prophetische Interpretation bereits für Ri 2 nach MT.

chung zur Praxis der Propheten, die Worte Gottes in der ersten Person vorzutragen, spricht hier nun auch der Engel so.

Beide Handschriften zeigen - trotz der Unterschiede im Wortlaut - gegenüber der biblischen Tradition die gemeinsame Tendenz, die Herausführung Israels aus Ägypten allein Gott zuzuschreiben. Mit den Worten der Pessach-Haggada: לא על ידי מלאך ולא על ידי שליח.

4. Die mit dem letzten Zitat ausgedrückte Haltung fand in der LXX verschiedentlich ihren Niederschlag. Die Übersetzer haben in Nu 20, 16; Jes 63, 9 und Dan 6, 23 Gottes Heilstaten an Israel mit ihm und nicht mit einem Engel verbunden[59], auch dann, wenn MT dieser Tendenz zunächst nicht entsprach.

Der MT von Nu 20, 16 ließ die Funktion des Engels unbestimmt; man konnte fragen, wozu er eigentlich geschickt worden war: ונצעק אל-ה׳ וישמע קולנו וישלח מלאך ויוציאנו ממצרים. Nach dem Hilferuf Israels greift Gott ein. Subjekt der dann folgenden Handlungen kann dann Gott sein, einschließlich des „Herausführens". Aber dann besteht eigentlich kein Grund, den Engel überhaupt zu schicken. LXX zur Stelle ist nicht derart bestimmt, wie gelegentlich behauptet worden ist[60]: καὶ εἰσήκουσεν κύριος τῆς φωνῆς ἡμῶν καὶ ἀποστείλας ἄγγελον ἐξήγαγεν ἡμᾶς.../„Da hörte der Herr unsere Stimme und, indem er einen Engel sandte, führte er uns heraus..." Die Funktion des Engels ist auch hier nicht klar, aber Subjekt des Herausführens ist hier ohne jeden Zweifel Gott selbst. Doch ist das allein nichts weiter als eine exegetische Entscheidung. Die Tendenz als solche ergibt sich erst aus dem Vergleich mit den folgenden Stellen:

Jes 63, 9-LXX[61] sagt ausdrücklich, daß nicht ein Bote oder Engel, sondern Gott selbst Israel aus seiner Not erlöste. Noch krasser ersetzt der Übersetzer von Dan 6, 23 in der Erzählung Daniels von seiner Errettung aus der Löwengrube das Wort מלאך durch θεός. An dieser letzten Stelle bestehen nun keinerlei exegetische Schwierigkeiten beim Verständnis des MT.

---

59 Vgl. hierzu bes. J.L. Seeligmann, *Menschliches Heldentum und göttliche Hilfe.* TZ 19, 1963, S. 385-411, der die bereits innerbiblische Entwicklung beschreibt, die Hilfe für Israel immer mehr von Gott selbst und immer weniger von einem Mittler ausgehen zu lassen.
60 L. Finkelstein, *The Oldest Midrash: Pre-Rabbinic Ideals and Teachings in the Passover Haggada.* HThR 31, 1938, S. 291-317, hier: S. 306 mit Anm. 31.
61 Zum Verhältnis der LXX zum MT an dieser Stelle siehe oben.

Der Engel des Auszugs und die Pessach-Haggada

Vorwegnehmend darf im Anschluß an diese Übersetzungen bereits gefragt werden, ob das hellenistische Judentum eine über die LXX hinaus belegbare Tradition[62] ausgebildet habe, die die Herausführung aus Ägypten mit einem Engel verband. In der Forschung werden die oben zitierten Worte der Haggada לא על ידי מלאך gerne als Reaktion der Rabbinen auf die vermutete Tradition gedeutet. Dabei beruft sich D. Flusser[63] auf SapSal 18, 15, wo in der Rekapitulation der Auszugstradition der λόγος erwähnt wird. S. Pines[64] sucht die jüdischen Quellen, die hinter Melitons Περι Πασχα stehen, und kommt so zur Annahme der besagten Tradition. Zu beider Argumenten kann man noch Ezechielus tragicus hinzufügen, der die Plage der Erstgeburt einmal mit einem Engel verbindet, ein anderes Mal diesen Engel nicht erwähnt[65].

Biblische Grundlage für die Verbindung der Plage der Erstgeburt mit einem Engel ist natürlich Ex 12, 23, der משחית. Urbach[66] hat die rabbinischen Stellen zusammengetragen, die diesen משחית mit dem Auszugsengel verbinden, während Flusser den Zusammenhang der beiden aus dem Wortlaut der Haggada selbst nachweisen wollte[67]. Zu Recht suchte Pines nach der philonischen Aus-

---

62 Zur Literatur siehe sogleich im folgenden. Urbach, op.cit. (o.Anm. 23), S. 136f hat diesen Versuchen gegenüber zu Recht betont, daß das hellenistische Judentum zumindest auch eine gegenläufige Tendenz kannte; er berief sich hierfür v.a. auf Jes 63, 9-LXX und ließ die anderen Werke des hellenistischen Judentums weitgehend außer Betracht.

63 ד. פלוסר (D. Flusser), "...לא על ידי מלאך", In: (תשל"ב/1972) (פ"ט) 89 טורי ישורון, S. 18-21.

64 ש. פינס (S. Pines), מאפלה לאור גדול. In: ע. הלקין בעריכת. מחקרים בספות מוגשים לש. פליישר, Jerusalem (1973), S. 173-179. Eine lückenhafte Übersetzung dieses Aufsatzes findet sich im englischen Immanuel 4, 1974, S. 47-51 (dort fehlen wesentliche Anmerkungen).

65 Von den beiden Ausgaben von A.M. Denis und H. Jacobson, (s. Quellenverz.) wird hier durchgängig nach Jacobsons Zeilen-Einteilung zitiert (also an den genannten Stellen: Zeile 159 und 184). Zum Text vgl. ebd. S. 60f und zum Kommentar S. 122f.

66 aaO (o.Anm. 62).

67 Das belegt er mit der direkten Fortsetzung des Textes der Haggada: בזרוע נטויה זו החרב כמה שנאמר: וחרבו שלופה בידו נטויה על-ירושלים. - . Das Zitat, 1Chr 21, 16, steht dort in der Erzählung vom Engel, der Jerusalem wegen Davids Volkszählung schlägt. Vgl. Urbachs Rezension zu E.D. Goldschmidts Ausgabe der Haggada: ד. גולדשמידט, הגדה של פסח. מקרותיה ותולדותיה Jerusalem (1960), in: QS 36, 1961, S. 143-150, hier: S. 146 und Urbachs Anm. 17 ebd.

legung des Engels aus der Auszugstradition und des Verses Ex 12, 23. Aber an der einzigen Stelle, an der Philon diesen Vers wirklich interpretiert, QEx I 23, geht es ihm um die beiden „obersten Kräfte"[68]. Dem Wortlaut nach unterscheidet Philon hier sehr genau den משחית von diesen Kräften[69]. Aus Philon läßt sich also für die Verbindung des Auszugsengels mit dem „Würger" der letzten Plage nichts gewinnen.

So bleibt für den Ausspruch aus der Haggada m.E. nur der philologische Weg, den J. Goldin[70] eingeschlagen hat: Da der Satz mehrere Male in der rabbinischen Literatur verwendet wird[71], kann man seinen Ursprung nicht einzig in

---

Die Formel ...לא על ידי מלאך findet sich noch einige Male in der rabbinischen Literatur (s. Urbach ebd.) ebenso in einigen Targumen zu Gen 30, 20 (Shinan, op.cit. o. Anm. 2, S. 187); aber MechBo VII (Horovitz/Rabin, S. 23) steht es in der Auslegung zu Ex 12, 12. Trotz Urbachs abweichender Interpretation kann man aber aus dem biblischen Wortlaut und ebenso aus Flussers Ausführungen entnehmen, daß beide biblischen Figuren - vorausgesetzt, beim „Würger" handelt es sich tatsächlich um eine solche - miteinander verbunden sind. Da Origines seine Auslegungen auf Jes 63, 9 stützt, wie Urbach selbst zugibt, kann man nicht so sicher sein, daß der Kirchenvater wirklich eine jüdische Tradition an dieser Stelle kennt. Vgl. zu dieser letzten These Urbachs Aufsatz: דרשות חז״ל פירושי אוריגנס לשיר השירים והויכוח היהודי-נוצרי. Tarb. 30, 1961, S. 148-170, hier: S. 153 mit Anm. 18. Allerdings ist Urbach damals entgangen, daß Origines den LXX-Text zitiert. Der Aufsatz ist wiederabgedruckt in: Urbach, The World of the Sages. Coll. Studies. Jerusalem (1988), S. 514-536; dort, S. 536, bemerkt Urbach die Abhängigkeit des Origines von der LXX.

68 Die „Kräfte" (δυνάμεις) sind von Philon nur selten mit den Engeln gleichgesetzt worden. Im allgemeinen unterscheidet er zwischen beiden Größen, doch ist hier nicht der Ort, diese Unterscheidung zu begründen.

69 In der Übersetzung von R. Marcus, Philo. Supplement II (s. Quellenverz.), S. 32: „Into every soul at its very birth there enter two powers, the salutary and the destructive." Der משחית ist dann die Erscheinung, welche die Seele zwischen diesen beiden Kräften hat (Marcus setzt die „Erscheinung" mit φαντασία gleich - der Begriff φάντασμα dient Josephus zur Umschreibung von Engeln, siehe unten). In der einzigen philonischen Auslegung von Ex 12, 23, die griechisch erhalten ist, leg.all. 2, 34, nennt Philon den משחית Veränderung: ὄλεθρος δὲ ψυχῆς ἐστιν ἡ τροπή. Philon scheut sonst nicht vor der Angelologie zurück, sondern ist im Gegenteil einer der Autoren, die ein vollständiges System von Vermittlern zwischen Gott und Mensch ausgebildet haben. Auf diesem Hintergrund wird sein Schweigen zum משחית als Engel beredt. Vgl. dagegen die Targume zu Ex 12, 13. 23 und hierzu Shinan, op.cit. (o.Anm. 2), S. 191.

70 *Not by Means of an Angel and not by Means of a Messenger*. Religions in Antiquity. Essays in memory of E.R. Goodenough ed. by J. Neusner. Leiden 1968 (SHR 14), S. 412-424, bes. S. 422ff.

71 So schon Urbach, in seiner Rezension (o.Anm. 67), S.146 Anm.17, und Goldschmidt in der Einleitung zu seiner Ausgabe (o.Anm. 67), S. 35 (mit Anm.

der Pessach-Haggada suchen. Vielmehr haben die Rabbinen bei der Auslegung einer Reihe von mehrdeutigen Bibelstellen versichern wollen, daß der eigentliche Urheber der Handlung Gott selbst sei. Diese Absicht ist hier bereits für die Übersetzer der Bibel ins Griechische gezeigt worden und stellt kein Novum dar.

Der Auszugsengel und der משחית sind zwar miteinander verbunden worden, es besteht eine gewisse Unentschlossenheit seitens Ezechiels des Tragikers, und SapSal nennt einen Logos[72] beim Auszug, aber diese wenigen Belege aus der hellenistisch-jüdischen Literatur reichen nicht aus, eine eigene Tradition zu konstatieren, die dann gegen die hier vorgetragenen Überlegungen zur LXX stünde. Es bleibt dabei: LXX und die späteren Rabbinen verdeutlichen gemeinsam die Urheberschaft Gottes beim Auszug und bei der letzten Plage gegenüber dem biblischen Text. Die Motivation beider Gruppen mag verschieden gewesen sein. Man darf annehmen, daß das rabbinische Bemühen in den Rahmen der Auseinandersetzung um die Einzigartigkeit Gottes gehört. Für LXX dagegen ist die Notwendigkeit einer Entscheidung zunächst einmal sprechendes Indiz für eine sich verselbständigende Engel-Vorstellung. Erst nachdem der Engel als eine selbständige, überweltliche Größe angesehen wird, die nicht mehr nur noch „Bote" ist, verlangt ein zweideutiger Text die Entscheidung der Übersetzer, sofern diese ein Bewußtsein vom Problem des Monotheismus einerseits und von der eigenständigen Gestalt eines Engels andererseits haben.

---

30) und S. 40. Dennoch haben LXX in Jes 63, 9 schwerlich im Geist der Haggada übersetzt, vgl. L. Prijs, op.cit. (o.Anm. 22), 106f.

72 SapSal wird gelegentlich mit Philon in Verbindung gebracht, und zumindest für diesen gilt, daß Logos eine der häufigsten Engel-Umschreibungen ist. Ferner kennt SapSal zwar einige angelologische Motive, benützt sie auch, vermeidet aber das Wort ἄγγελος. Auch EzTrag scheint bei seiner Wiedergabe von Ex 3, 2 den Logos einzuführen (Zeile 99). Da man das griechische Logos auf Hebräisch gut mit דיבור wiedergeben kann, verdient Flussers Hinweis auf einige Handschriften der Pessach-Haggada Beachtung, die im Anschluß an den hier verhandelten Satz den Zusatz haben "ולא על ידי דיבור„. Sollte die Haggada sich aber gegen einen Logos als Mittler beim Auszug gewandt haben, dann könnte es sein, daß wir von einer alten Auslegungstradition nur noch Reste kennen: Zwar hat PsJon zu Nu 16, 20 וחד ממלאכי שרותא, aber Raschi interpretiert diesen Boten auf Mose hin.

In Bezug auf Mose, der in der Bibel u.a. Prophet genannt wird, zeigt S. Lieberman die Beziehung zum דיבור: Greek in Jewish Palestine. Studies in the Life and Manners of Jewish Palestine in the II-IV Centuries C.E. 2nd ed. New York 1965, S. 165-167.

5. Die Unterscheidung zwischen der Tätigkeit Gottes und der des Engels in zweideutigen Texten leitet die LXX offensichtlich auch bei der Wiedergabe der Gideon-Erzählung, Ri 6, 12ff. Der biblische Bericht enthält eine Doppel-Erscheinung: Die Gottes und die eines Boten, wobei beide ineinander verwoben sind: V 12 erscheint der Engel (מלאך ה'), aber nach den schweren Vorwürfen Gideons (V 13) schwenkt der Text um: ויפן אליו ה' (V 14). Dann spricht Gott mit Gideon. Unklar wird der Text ab V 17, wo Gideon dem Erscheinenden sein Opfer (מנחה) darbringen will. Antwortet hier Gott oder bereits der Engel? Spätestens mit V 20 ist wieder deutlich der Engel (aber jetzt: מלאך האלהים) der Gesprächspartner. Erst nachdem der Engel Gideon auf wunderbare Weise verlassen hat (V 21), faßt dieser die Erscheinung zusammen: אהה אדני ה' כי-על-כן ראיתי מלאך ה' פנים אל-פנים (V 22) und erhält die Antwort: ויאמר לו ה' שלום לך אל תירא (V 23). In der griechischen Gestalt[73] fährt der Text aber V 14 mit dem „Engel des Herrn" fort, und V 16 wird entsprechend geändert: Aus ויאמר אליו ה' כי אהיה עמך wird nun: καὶ εἶπεν πρὸς αὐτὸν ὁ ἄγγελος κυρίου Κύριος ἔσται μετὰ σοῦ[74]. Danach ist bis V 22 nur noch vom Engel die Rede. Dessen Abgang wird (V 21-LXX=V 22a MT) konstatiert, und im Anschluß folgt Gottes Erscheinung bzw. Rede.

Im Gegensatz zur großen Menge der Standard-Übersetzungen haben die LXX an den hier genannten Stellen also die Doppeldeutigkeit des biblischen Textes behoben, einmal durch Änderung des Personalpronomens, ein anderes Mal durch drastischere Eingriffe. Aber die klärende und vereinheitlichende Intention ist diesen Übertragungen gemeinsam.

7 Theologische Verwendung des neuen Terminus

Die exegetische Entscheidung zwischen Gott und Engel ist nicht die einzige Ebene, auf der die neue Angelologie zum Ausdruck kommt. Gelegentlich hilft sie bereits, theologische Schwierigkeiten zu umgehen, die nicht in der Unklarheit der biblischen Vorlage selbst begründet sind. Außer jenen beiden biblischen Büchern, die im folgenden getrennt zu betrachten sind, gehören hierher v.a. Ex 4, 24; Ps 78, 25 und evtl. Ri 4, 8.

---

73 Auch hier haben die verschiedenen Handschriften unterschiedliche Lesarten bei der Wiedergabe des Verbs. Diese Instabilität des griechischen Textes ist deutliches Indiz für die interpretatorische Schwierigkeit und den Versuch der Klärung.

74 Vgl. auch im folgenden die Ergänzung der LXX zu Ri 4, 8.

Die kurze Szene in Ex 4, 24-26 bleibt im Wortlaut des MT Stein des Anstoßes für die Exegeten. Von Moses, der sich auf dem Rückweg nach Ägypten befindet, heißt es dort: ויפגשהו ה' ויבקש המיתו. Es besteht - jedenfalls nach dem kanonischen Bericht - keinerlei Anlaß für diesen Wunsch Gottes. LXX setzen statt des Gottes-Namens ἄγγελος κυρίου. Aber hiermit stehen sie in der jüdischen Tradition nicht allein: Die Masora bemerkt: מ"י, d.h.: מלאך-ה'/Engel des Herrn. Zwar hat auch PsJon מלאכא, doch kennt man dessen aggadische Ausschmückungen. Wesentlicher ist die Übereinstimmung mit dem im allgemeinen wörtlicheren Onkelos. Bei diesem Konsensus ist zu erwägen, ob MT wirklich den ursprünglichen Text bietet. Aber selbst wenn dem so sein sollte, dann ist die exegetische Absicht der verschiedenen Übersetzer[75] aufgrund des MT verständlich.

LXX ist in diesem Rahmen lediglich der älteste Zeuge für die gleiche Interpretation, die eine Gott unangemessene Handlung, eine durch nichts begründete Tötungsabsicht, auf den Engel verschiebt. So wird - nicht nur hier[76] - die Theodizee mit Hilfe der Angelologie umgangen. Aber diese Lösung ist nur scheinbar eine Antwort auf die Anfrage des Textes: In den meisten Fällen darf man unterstellen, daß der Engel nicht als völlig selbständiges Wesen gefaßt wird, sondern entweder auf göttlichen Befehl hin oder aber doch mit Einwilligung Gottes wirkt. Sowie dieser Gesichtspunkt bewußt wird, reicht die Einschaltung des Engels nicht mehr aus. Daher ist ein erster Schritt zur Erhaltung der angelologischen Lösung die Dämonisierung und Verselbständigung des Engels: Aus dem Engel des Herrn wird der Fürst der bösen Geister, Mastema, wie im Jubiläenbuch[77]. Die Rabbinen werden die Engel-Interpretation unter dem Aspekt der Abhängigkeit des Boten von Gott umprägen, indem sie eine Schuld im Verhalten des Moses finden wollen.

Hier beginnt eine Entwicklung, die Gott und den Tod des Menschen allmählich trennt: Ex 4, 24-LXX geschieht das noch wegen eines an sich uneinsichtigen Töten-Wollens. In späteren Stadien (Hi-LXX) wird der Tod bereits den Engeln zugeschrieben, und zu guter Letzt entsteht die Figur des מלאך-המות,

---

75 Die gleiche Richtung nehmen auch die anderen rabbinischen Auslegungen z. St., z. B. MechJitro I (Horovitz/Rabin, S. 191), bNed 31b-32a u.ö.
76 Philons Theorie von den Mittelwesen pflegt da inkonsequent zu werden, wo der Philosoph die Kräfte zur Lösung des Theodizee-Problems einschaltet, z.B. bei seiner Interpretation von Gen 19.
77 Vgl. oben Anm. 39f.

des Todes-Engels. Das erste Anzeichen dazu liegt in dieser LXX-Variante zum MT und setzt wiederum die Unterschiedenheit von Gott und Engel voraus.

Eine gänzlich andere Verschiebung der biblischen Engel-Vorstellung steht hinter Ps 78, 25-LXX. Statt MT לחם אבירים אכל איש steht dort: ἄρτον ἀγγέλων ἔφαγεν ἄνθρωπος. Die אבירים sind „Vornehme" oder auch „Starke"[78], in keinem Fall aber ein anderer Name für Engel. Die Wiedergabe dieser „Starken" mit ἄγγελοι ist aber aus dem Kontext des Psalmverses gut verständlich. V 23f stand: ויצו שחקים ממעל ודלתי שמים פתח
 וימטר עליהם מן לאכול ודגן שמים נתן למו

Das biblische Manna[79] steht hier also parallel zum Getreide des Himmels, und so legt es sich nahe, auch unter jenen „Starken"/אבירים „Helden des Himmels" zu verstehen, d.h. Engel.

Die hier beginnende Tradition ist dann in der jüdischen Literatur häufiger rezipiert worden. Wenn es ein „Engel-Brot" gibt, dann kann man Engel auch essend denken: Von SapSal 16, 20[80] über 5Esr 1, 19; vitAd 4, 2 und JosAs 16, 14[81] bis zum babylonischen Talmud (bYom 75b)[82] wird das entweder voraus-

---

78 Anders W.G. Heidt, Angelology of the Old Testament. A Study in Biblical Theology. Washington 1949 (SST. 2nd ser. 24), S. 1f.
79 Vgl. hierzu P. Borgen, Bread from Heaven. An Exegetical Study in the Concept of Manna in the Gospel of John and the Writings of Philo. Leiden 1965 (NT.S 10), und ebd., S. 63, zur Interpretationvon אבירים in איברים, Mekh. בשלח ג (Horovitz/Rabin, S. 167).
80 Vgl. D. Winston, The Wisdom of Solomon. A New Translation with Introduction and Commentary. New York (1979) (AncB.A 43), S. 298.
81 Vgl. zum Text und seiner Interpretation C. Burchard, JosAs, JSHRZ II/4 (s. Quellenverz.), S. 681; M. Philonenko, JosAs (s. Quellenverz.), S. 187 (V 8 bei Philonenko ist ein Teil des Verses 14 bei Burchard); siehe auch Burchards Anmerkungen zu JosAs 17, 6; 19, 8. In PsPhilos LAB 19, 5 wird ebenso vom *panem angelorum* berichtet, das Israel in der Wüste genossen habe. Der Dialog zwischen Gott und Michael, TAbr.A 4, 7-10, ist hier besonders aufschlußreich: Michael weiß nicht, wie er sich - als rein geistiges Wesen - der Gastfreundschaft Abrahams, d.h. konkret der Einladung zum Mahl gegenüber, verhalten soll, und Gott verspricht, ihm einen Geist zu senden, der die von Michael quasi aufgenommene Speise tatsächlich verzehrt. Hier wird die spätere Reflexionssituation der Langversion des TAbr erneut deutlich (s. Kap. 3, passim).
Vgl. weiter Lev.r 34, 8 (Margalioth, S. תשפ״ד-תשפ״ה); Dtn.r 11, 4 (Wilna, S. 119a); bYom 4b; Gen.r 48, 14 (Theodor/Albeck, S. 491); TgPsJon zu Gen 18, 18. TLevi 8, 5 wird Levi bei seiner Einsetzung ins Priesteramt ebenfalls von einem der sieben „Männer" mit Brot und Wein gestärkt. In zeitlichem Abstand hiervon liegen die Erwähnungen der Tradition im ProtJak, wonach Maria im Tempel von Engeln gespeist worden sei: 8, 1; 15, 2. Zur Frage der Beziehungen

gesetzt oder doch zumindest diskutiert. Philon und Josephus werden diese Interpretation von Ps 78, 25 ablehnen[83]; innerhalb der rabbinischen Literatur markiert erst die Diskussion zwischen R. Aqiba und R. Jischmael (aaO) einen Wechsel, der nun den Engeln jenes Maß an himmlischen Eigenschaften zuspricht, das sich mit der Vorstellung vom „Essen" nicht mehr verträgt.

Die ganze Vorstellung vom „Engel-Brot" mag heute etwas seltsam anmuten. Aber sowohl die mit Ps 78, 25-LXX einsetzende Tradition (die auch hier nicht den Übersetzern angelastet werden muß, sondern eine ihnen bekannte Überlieferung wiederspiegeln kann), als auch ihre spätere Ablehnung sind symptomatisch für eine grundlegende Entwicklung der jüdischen Angelologie, die im Laufe der Arbeit noch öfter begegnen wird: Das dem Menschen verwandte Element des biblischen Boten ist über weite Strecken noch spürbar und dient als Ideal. Deshalb kann für jene Wüstenzeit, die später häufig als Ideal-Zeit gegolten hat, Israel eine Teilhabe am Brot, d.h. darüber hinaus am Status der Engel zugesprochen werden. Die weitere Entwicklung der Engel-Vorstellung kann auf die zweite Grundkonzeption biblischer Engel-Lehre zurückgreifend die Heiligkeit und mit ihr zusammen die Unvergleichbarkeit der Engel herausstellen.

Die LXX-Wiedergabe zu Ri 4, 8 gehört vielleicht nicht in diesen Zusammenhang, denn hier ist nur schwer zu entscheiden, ob die Alexandriner wirklich den gleichen hebräischen Text gelesen haben. In jedem Fall kennen LXX eine Texterweiterung, die keinen Anhalt am MT hat. Im Hebräischen steht einfach: אם תלכי עמי והלכתי ואם לא תלכי עמי לא אלך. Die Übersetzung ist zunächst wörtlich und fügt nur am Schluß hinzu: ὅτι οὐκ οἶδα τὴν ἡμέραν ἐν ᾗ εὐοδοῖ κύριος τὸν ἄγγελον μετ' ἐμοῦ/„Denn ich kenne nicht den Tag, an dem der Herr mich mit seinem Engel wohlwollend begleitet." Barak macht seinen Aufbruch zur Schlacht also von der Begleitung durch Debora abhängig. Ihre Anwe-

---

des Verfassers zu jüdischen Quellen - und ihrer vorläufigen Verneinung - vgl. meinen Vortrag: *Are there Jewish Elements in the Protevangelium Jacobi?* Proceedings of the Ninth World Congress of Jewish Studies. Jerusalem 1985, Division A: The Period of the Bible. Jerusalem 1986, S. 215-222.

82 Zu den rabbinischen Parallelen siehe Urbach, op.cit. (o.Anm 23), S. 150 und die Anmerkungen dazu. Targum PsJon a.l. teilt diese Ansicht mit den anderen hier angeführten Quellen. Vgl. weiter L. Prijs, op. cit. (o. Anm. 22), S. 29. Man kann allerdings erwägen, ob Ri 13, 15-20 nicht doch genau das Gegenteil besagen wollte, nämlich daß der Engel nicht nur das Opfer sondern auch jede gemeinsame Mahlzeit mit Manoah ablehnt. So interpretierte A. Dillmann, Handbuch der alttestamentlichen Theologie. Aus dem Nachl. d. Verf.s hrsg. v. R. Kittel. Leipzig 1895, S. 321.

83 Philon, Abr 116. 118; zu Josephus siehe unten, Kap. 4.

senheit ist ihm Anzeichen für den glücklichen Ausgang der Schlacht, der als Folge der Begleitung durch einen göttlichen Engel umschrieben wird. Man kann ausschließen, daß das Wort ἄγγελος hier die Prophetin als menschlichen Boten Gottes bezeichne. Hinter dem Zusatz steckt die aus Jos 5, 14 bekannte Vorstellung[84] vom kriegerischen Engel, der Israel während der Schlacht zur Seite steht. Es läßt sich aber nicht klar bestimmen, ob dieser Versteil nun im MT verloren gegangen ist oder erst durch die Übersetzer hinzugefügt wurde. Gegen eine willkürliche Hinzusetzung[85] durch die LXX spricht die Bearbeitung des Textes Ri 2, wo der Engel, der Israel aus Ägypten und durch die Wüste geführt hat, in den Hintergrund gedrängt, bzw. ganz ausgelassen wurde. Man wird also mit verschiedenen hebräischen Text-Traditionen rechnen müssen, bzw. mit dem Verlust eines Versteils im MT. Die hinter der LXX stehende Überlieferung hat dann ihre Spuren in der nachbiblischen Literatur, v.a. im 2Makk und in der Kriegsrolle aus Qumran, hinterlassen[86], indem nun Engel eine wesentliche Rolle in Israels Kriegen spielen.

8 Die LXX zu Daniel

Die Übersetzung des Daniel-Buchs ins Griechische weicht von allen Detail-Beobachtungen, die bisher gemacht wurden, dadurch ab, daß das biblische Buch selbst den Engeln einen weiteren Raum einräumt und schon Anzeichen der sich entwickelnden Angelologie aufweist (s.o.)[87]. In der Übersetzung zu Dan sind Gott und Engel konsequent unterschieden, sowohl in ihren Taten als auch in ihren Attributen. Eine besondere Stellung nimmt das vierte Kapitel ein, da hier

---

84 Siehe oben, S. 25f zu den kriegerischen Aspekten des Hofstaats und ergänze 2Kön 19, 35//Jes 37, 36.

85 Eine bewußte Bearbeitung etwa im Sinne der Paraphrase jüdischer Geschichte durch Josephus (der allzu kriegerische Engel wie den aus Jos 5 einfach unterschlägt) kann man ausschließen.

86 Zu diesen siehe Kap. 3. Der ἄγγελος, den LXX in 2Sam 11, 18 in kriegerischem Kontext hinzufügen, ist reiner Bote im ursprünglichen Sinn des Wortes: Hier ein Bote Joabs an David.

87 Dagegen fällt es schwer, eine den Übersetzern des Jesaja-Buches eigentümliche Angelologie nachzuweisen. Anders steht es aber mit der Dämonologie, vgl. F. Raurell, *Angelologia i demonologia en IsLXX*. Revista Catalana de Teologia 2, 1977, S. 1-30, vgl. bes. dort S. 10-16. Die relevanten Passagen, in denen die Übersetzer z.B. Sirenen einfügen, sind: Jes 13, 21; 34, 13; 43, 20. Vgl. hierzu bereits G. Weicker, Der Seelenvogel in der alten Litteratur und Kunst. Eine mythologisch-archäologische Untersuchung. Leipzig 1902, bes. S. 77f.

die Textfassungen derart unterschiedlich sind, daß man mit zwei verschiedenen Vorlagen zu rechnen hat[88].

Die Abweichungen des LXX-Textes einmal zusammen betrachtet, kommt man zu dem Schluß, daß der Übersetzer sich das Problem des ersten Teils des biblischen Dan zu eigen gemacht hat: Die Einzigartigkeit des jüdischen Gottes. Dabei sind die verschiedenen Hofstaat-Mitglieder, die der MT erwähnte, nun durchwegs zu „Engeln" geworden, die Gott begleiten. Jene Engel führen das Gericht Gottes aus und setzen Nebukadnezar nach seiner Bestrafung wieder in sein Amt ein. Sie erscheinen auch in LXX immer noch im Traum des heidnischen Königs, aber sie entscheiden nicht mehr selbst, wie es MT noch nahe legte. Beim Dank des Daniel für seine Errettung kommt der Engel nicht mehr vor, aber die Parallele jener Begleiter Gottes zu den heidnischen Göttern ist deutlich ausgesprochen, auch dann, wenn der Übersetzer den Plural von θεός vermeidet.

Der Übersetzer sieht also keine anderen Götter neben dem biblischen Gott Israels, sondern nur Engel und diese sind in ihrer Entscheidungsfähigkeit eingeschränkt, sie führen Gottes Willen lediglich aus. Diese Grundlinie stimmt mit der des MT durchaus überein, auch dann wenn sie hier aus den Unterschieden

---

88 Der Text der Dan-LXX nach J. Ziegler, SeptG XVI/2 (s. Quellenverz.). Noch vor fünf Jahren hielt ich lediglich Kap 4 des LXX-Textes für eine vom aramäischen Text unabhängige Fassung und vermerkte damals, daß das genaue Verhältnis der beiden Fassungen zueinander nicht genügend untersucht sei. Damals gab es nur die kurzen Bemerkungen des Kommentars von Hartman/di Lella: L.F. Hartman/A.A. di Lella, The Book of Daniel. A New Translation with Notes and Commentary on Chapters 1-9 by L.F. Hartman, Introduction with Notes and Commentary on Chapters 10-12 by A.A. di Lella. New York (1977) (AncB 23), hier: S. 76-84; E. Haag, Die Errettung Daniels aus der Löwengrube. Untersuchungen zum Ursprung der biblischen Danieltraditionen. Stuttgart (1983) (SBS 110), versuchte die Rekonstruktion der Textgeschichte aufgrund des aramäischen Texts allein, was höchst problematisch ist. Auch die Annahme verschiedener Übersetzer löst das Problem der LXX-Version nicht, doch vgl. E. Tov, Text-Critical Use (o.Anm. 1), S, 48 mit Anm. 22 ebd. Inzwischen erschien: R. Albertz, Der Gott des Daniel. Untersuchungen zu Daniel 4-6 in der Septuagintafassung sowie zu Komposition und Theologie des aramäischen Danielbuches. Stuttgart (1988) (SBS 131). Albertz hat meinen Verdacht nun durch seine genaue Untersuchung bestätigt und aus dem Befund auch ansatzweise einige Konsequenzen für die Überlieferungsgeschichte des Daniel-Materials gezogen. Dennoch ist Dan 4-6-LXX in die LXX-Fassung des Buches eingegangen und dies war der Text den die griechische Diaspora las. Schon aus diesem Grund legt sich der Vergleich beider Versionen nahe - Albertz hat die Engel-Vorstellungen beider leider nicht in seine Überlegungen einbezogen.

der beiden Versionen gewonnen wird. Ist es doch der heidnische König, der im MT mehrfach die Einzigartigkeit des Gottes Israels anerkennt, so z.B. 2, 47: מן קשט די אלהכון הוא אלה אלהין ומרא מלכין... Ähnliches steht auch in Dan 3, 28f; 4, 31f und 6, 27ff.

1. Der Hofstaat wird an zwei Stellen mit den Engeln identifiziert: Nach 3, 25 sieht der König bei den Männern im Feuerofen eine vierte Gestalt, die einem בר אלהין[89] ähnlich sieht. Diese Gestalt ist nun ein ἄγγελος θεοῦ. In 2, 11 antwortet Daniel auf das Drängen des Königs, ihm seinen Traum zu deuten: ואחרן לא איתי די יחונה קדם מלכא להן אלהין די מדרהון עם-בשרא לא איתוהי. Elohim-Wesen, die Träume zu deuten verstehen[90], aber nicht bei den Menschen wohnen, kann man nur als Hofstaat interpretieren. So übersetzt der Grieche: ἄγγελος (Singular!)[91].

2. Der Übersetzer ringt mit dem Plural der Gottesbezeichnung, wie er im MT steht, einige Male:

Dan 2, 47 erkennt der König den Gott Israels als obersten Gott an und nennt ihn dabei אלה אלהין - LXX: θεὸς τῶν θεῶν.

Dan 3, 25 (LXX: 3, 92) erscheint die vierte Gestalt wie ein בר אלהין - LXX: ὁμοίωμα ἀγγέλου θεοῦ.

Dan 4, 5f. 15; 5, 11. 14 heißt Daniel ein Mann דרוח אלהין קדישין בה/בך (5, 14 ohne das קדישין). Von diesen Stellen haben 4, 5f und 5, 14 keine Entsprechung in der LXX; 4, 15 (LXX: 4, 18) übersetzen die LXX einen offensichtlich abweichenden Text. Der Ausdruck ist also nur Dan 5, 11 in

---

89 Vgl. auch das durch MT nicht gedeckte: ...ἄγγελος δὲ κυρίου συγκατέβη Dan 3, 49 (LXX). Der Verfasser dieses Ausdrucks versteht also Dan 3, 25 (LXX: 3, 92) bereits im Licht der griechischen Übertragung. Dann ist es aber kaum noch wahrscheinlich, daß die Zusätze des Griechen auf einen hebräischen Urtext zurückgehen, es sei denn, der hätte Dan 3, 25 bereits angelologisch verstanden (was aufgrund der Beobachtungen zum MT-Dan nicht ganz auszuschließen ist, siehe z.B. oben S. 49). Für die Annahme einer hebräischen Vorlage der Dan-LXX siehe v.a. C. Kuhl, Die drei Männer im Feuer (Daniel Kapitel 3 und seine Zusätze). Ein Beitrag zur israelitisch-jüdischen Literaturgeschichte. Giessen 1930 (BZAW 55).

90 Zur Weisheit des Hofstaats vgl. oben S. 26f.

91 Dabei läßt sich nicht sicher sagen, ob der Übersetzer den Plural „Elahin" automatisch mit der Gottesbezeichnung „Elohim" identifiziert und deshalb als Singular aufgefaßt hat oder ob er der immerhin außergewöhnlichen Wendung Daniels etwas von ihrer Schärfe nehmen wollte (nach MT wäre Daniel bereit gewesen, dem heidnischen König gegenüber zuzugeben, daß es eine Mehrzahl von „Gott-Wesen" gebe). Eine Einwirkung des „angelus interpres" braucht man hier nicht anzunehmen.

LXX erhalten, da heißt es: καὶ πνεῦμα ἅγιον ἐν αὐτῷ ἐστι (siehe im folgenden).

Dan 5, 4. 23 werden die Götter der Heiden als ... אלהי דהבא וכספא angeführt - LXX: εἴδωλα.

Dan 2, 11 unterscheidet sich nun von allen angeführten Stellen dadurch, daß hier der jüdische Held des Buches spricht und nicht ein Heide. Im Munde des Königs erlaubte auch der Übersetzer den Plural des Wortes „Gott" (2, 47). An den anderen Stellen dagegen hat er ihn umgangen. Dabei hat er zweimal ἄγγελος gesetzt: 2, 11; 3, 25. Bei der Wiedergabe der Götzenbilder dagegen verwendete er εἴδωλα[92]. Der Geist der „heiligen Elahin" ist zum „heiligen Geist" geworden. Nach alledem ist der Übersetzer sich also der Tatsache bewußt, daß fremde Völker durchaus eine Vielzahl von Göttern kennen, und hat versucht, seinen Text gegenüber solchen Vorstellungen abzugrenzen. Wenn er dazu zweimal die Angelologie bemühte, dann konnte er sich auf bekannte Vorgänge berufen: Die „El-Söhne" sind auch sonst innerhalb der LXX zu Engeln geworden, und die Weisheit des Hofstaats ist biblisch.

3. Engel gelten in der Vorlage des Übersetzers von Dan 4 als eine durchaus normale Begleitung Gottes, so daß sie in seinem Text auch da begegnen, wo sie im MT nicht erwähnt waren. Dan 4, 19 (LXX: 4, 22) haben LXX den „Zusatz": ὑψώθη σου ἡ καρδία ὑπερηφανίᾳ καὶ ἰσχύι τὰ πρὸς τὸν ἅγιον καὶ τοὺς ἀγγέλους αὐτοῦ („Dein Herz hat sich in Stolz und Kraft erhoben zum Heiligen und seinen Engeln"). Da die Überheblichkeit Nebukadnezars sich gegen Gott und seine Engel richtete, d.h. gegen die gesamte obere Welt, so reagiert diese nun geschlossen, 4, 22 (LXX: 4, 24 - nicht im MT): καὶ ὁ ὕψιστος καὶ οἱ ἄγγελοι αὐτοῦ ἐπὶ σὲ κατατρέχουσιν („Und der Höchste und seine Engel kommen auf dich herab.").

4. Mit der Übertragung der רוח אלהין קדישין mit πνεῦμα ἅγιον in 5, 11 (LXX: 5, 12) ist ein theologischer Begriff mit weitreichenden Konnotationen eingeführt, den man für mehr als eine Verlegenheitslösung halten könnte. Die ganzen Folgen dieser „Übersetzung" lassen sich hier nicht diskutieren, aber einige Bemerkungen sind zum Verständnis der griechischen Textform angebracht:

Der Übersetzer versuchte, den Plural „Götter" zu vermeiden. An dieser Stelle wird "אל", nun ganz vermieden und der Plural „Heilige" wird zum Attribut

---

[92] Vgl. zu diesem Terminus besonders G. Delling, *Einwirkungen der Sprache der Septuaginta in Joseph und Aseneth*. JJS 9, 1978, S. 29-56, hier: S. 36.

des Geistes. Das ist aber lediglich im Rahmen der Voraussetzungen des Übersetzers dieser Stelle zu sehen.

Die Verbindung der hebräischen Worte רוח אלהין als solche ist durchaus nicht befremdlich: Auch Pharao suchte einen Mann, der seine Träume zu deuten verstünde und charakterisierte ihn als einen von dem gilt, daß רוח אלהים בו LXX: ὃς ἔχει πνεῦμα θεοῦ (Gen 41, 38). Die wörtliche Übernahme dieser Übersetzung wurde nun durch das קדישין gestört: Sofern dieses Attribut zu אלהין ist, sind jene mehrere.

Wenn die Wiedergabe des Verses mit der Weisheit des Hofstaats verbunden sein sollte, was aufgrund von Dan 2,11-LXX nicht unwahrscheinlich ist, dann muß man für Dan 5, 11/LXX:12 in Rechnung stellen, daß auch in 1Kön 22, 19-22 unter den Wesen des Himmelsheeres eine רוח/πνεῦμα genannt war. Aber der Übersetzer des Daniel-Buches wird weiterhin versuchen, den Einfluß des himmlischen Rats so gering wie möglich zu halten. Auch 2, 11 hieß es schließlich nur, daß jene Wesen „nicht mit dem Fleisch zusammen wohnen", also dem Menschen nicht verfügbar, von ihm nicht zu befragen seien. In diesem Sinne wird aus dem Geist, der Daniel die Traumdeutung ermöglicht, nun eine רוח הקודש statt einer רוח קדושים. Damit wird zugleich einer veränderten Auffassung vom Ursprung prophetischen Redens Ausdruck verliehen. Die Weisheit des Propheten entstammt nun nicht mehr seiner Anwesenheit im himmlischen Rat, bzw. seinem Kontakt mit den Engeln (so noch Dan 9, im MT wie in der LXX).

5. In diesen Zusammenhang passen jetzt auch zwei weitere Unterschiede der beiden Rezensionen, die bereits kurz gestreift wurden:

Dan 4, 14 (LXX: 4, 17) heißt es im MT: בגזרת עירין פתגמא ומאמר קדישין שאלתא. Für diese ganze Wendung steht in der LXX: ἕως ἂν γνῷ. Die Entscheidung des Hofstaats, den König zu bestrafen, ist damit hier nicht gegeben. Dafür haben LXX anstelle der Worte די שליט עלאה במלכות אנשא: ἕως ἂν γνῷ τὸν κύριον τοῦ οὐρανοῦ ἐξουσίαν ἔχειν πάντων τῶν ἐν τῷ οὐρανῷ καὶ τῶν ἐπὶ τῆς γῆς, καὶ ὅσα ἂν θέλῃ, ποιεῖ ἐν αὐτοῖς („Bis daß er erkenne, daß der Herr des Himmels Gewalt hat über alle/s[93] im Himmel und auf der Erde und daß er mit ihnen tut, was immer er will")[94]. Der „Zusatz" und die an-

---

93 Ob man πάντων als maskulin oder als neutrum aufzufassen hat, hängt davon ab, ob man den Vers auf den Hofstaat bezieht (was hier vorgeschlagen wird) oder nicht.

94 Albertz, op.cit. (o.Anm. 88) hat diese „Gotteserkenntnis" als theologisches Anliegen der LXX-Fassung bzw. ihrer Vorlage deutlich herausgehoben.

dere Vorlage zu ἕως ἂν γνῷ im LXX-Text ergänzen sich gegenseitig: Der Hofstaat entscheidet nicht selbst über die Strafe, die am Menschen zu vollziehen ist, statt dessen betonen LXX die große Macht, mit der Gott über alle im Himmel und auf Erden herrscht. Auf diesem Hintergrund ist die Übersetzung des πάντων mit „alle" statt „alles" zu sehen.

Zu diesen Veränderungen paßt auch die in Dan 6, 23: Als der König Daniel in der Löwengrube aufsucht, sagt Daniel auf Befragen: אלהי שלח מלאכה וסגר פום אריותא. In der LXX fehlt der Engel und an seiner Stelle steht Gott selbst: σέσωκέ με ὁ θεός.

Wenn aber Rettung und Gericht in der Hand Gottes allein liegen, was bleibt den Engeln als Aufgabe?

6. Engel richten Gottes Willen auf Erden aus. So erscheint ein Engel dem Nebukadnezar im Traum (ἄγγελος anstatt עיר וקדיש), Dan 4, 10. 20 (LXX: 4, 13. 23)[95]. Dieser Engel zeigt dem König das über ihn verhängte Gericht. Engel vollführen die Strafe dann auch. Sie vertreiben den König in die Wüste (LXX zu Dan 4, 32 - nicht im MT): καὶ οἱ ἄγγελοι διώξονταί σε ἐπὶ ἔτη ἑπτά, καὶ οὐ μὴ ὀφθῇς οὐδ' οὐ μὴ λαλήσῃς μετὰ παντὸς ἀνθρώπου.

In der gleichen Erzählung handeln Engel dann auch später: 4, 33 wird der König von einem Engel wieder in Amt und Würden gesetzt; auch hier sind LXX (V 34) ausführlicher als MT: καὶ ἰδοὺ ἄγγελος εἷς ἐκάλεσέ με ἐκ τοῦ οὐρανοῦ λέγων· Ναβουχοδονοσορ, δούλευσον τῷ θεῷ τοῦ οὐρανοῦ τῷ ἁγίῳ καὶ δὸς δόξαν τῷ ὑψίστῳ („Und siehe ein Engel rief mich [scil.: den König] vom Himmel: Nebukadnezar diene dem heiligen Gott des Himmels und gib dem Höchsten Ehre".) Im MT war nur von einer Himmelsstimme die Rede.

Die hier vorgeführten Unterschiede von LXX und MT sind - wie bereits bemerkt - nicht in allen Teilen Interpolationen oder Änderungen des Übersetzers sondern in Kap. 4-6 offensichtlich Übersetzung einer anderen Rezension. Über die Abweichungen der LXX vom MT hinaus gilt es zu bedenken, daß in der

---

95 Theodotion transkribiert hier ιρ.

griechischen Überlieferung die sog. Theodotion-Version die eigentliche LXX fast verdrängt hat. Auch Theodotion zu Daniel ist nicht genau mit dem Rest dieser Rezension vergleichbar. Neben den beiden griechischen Fassungen weisen die in den letzten Jahren entdeckten Qumran-Fragmente zu Daniel darauf hin, daß die Sammlung von Daniel-Erzählungen reichhaltiger war, als aus MT heute hervorgeht[96]. So kann man den Übersetzer nicht mit allen Abweichungen vom MT belasten. Es mag immerhin sein, daß ein Teil davon (oder alle) schon innerhebräisch vorlagen. Allerdings ist die Grundproblematik des Übersetzers wie auch des Verfasser der Vorlage zu Dan 4-6-LXX der Diaspora-Situation durchaus angemessen wie Albertz anhand mehrfacher Einzelbeobachtungen nachgewiesen hat.

Die Gesamt-Tendenz der LXX-Rezension ist dem biblischen Buch selbst verwandt, aber um einiges deutlicher als dieses. Dabei werden „Götter" zu „Engeln" oder aber anders umschrieben („heiliger Geist"). Hier war bereits die Problematik des Verhältnisses von Gott und Engel bewußt. So definiert die griechische Version des Danielbuches den genauen Ort der Engel, die zwar nicht mehr selbst verurteilen, aber doch Gottes Urteil ausführen; die Weisheit des Hofstaats wird vorausgesetzt, ist für den Menschen aber unerreichbar, und so deutet Daniel Träume mit Hilfe eines heiligen Geistes. Engel sind nun also rein ausführendes Organ. Dabei bleiben kleine Ungereimtheiten, so z.B. die Traumerscheinung von Engeln, um dem König sein künftiges Geschick vorherzusagen, im Gegensatz zur Unerreichbarkeit der Weisheit der Engel. Doch klären sich diese jetzt durch die Überlieferungsgeschichte wenigstens zum Teil.

9 Die besondere Angelologie der Hiob-LXX

Die textlichen Schwierigkeiten, die die Beurteilung der LXX zu Daniel erschwerten, sind bei der LXX zu Hiob nicht zu erwarten[97]. Darüber hinaus ist

---

96 Siehe zu diesem ganzen Komplex K.Koch, Das Buch Daniel. Unter Mitarb.v. T. Niewisch und J.Tubach. Darmstadt 1980 (Erträge d. Forschung 144), S. 27ff mit Bibliographie dort und Albertz, op.cit. (o.Anm. 88).

97 Das Besondere an der Angelologie der Hiob-LXX ist in letzter Zeit unabhängig von dieser Arbeit betont worden: J.G. Gammie, *The Angelology and Demonology in the Septuagint of the Book of Job*. HUCA 56, 1985, S. 1-19. Gammie neigt allerdings an der einen oder anderen Stelle dazu, Abweichungen der LXX vom MT als Varianten zu behandeln (siehe im folgenden) und sieht die Besonderheiten der Hiob-LXX nicht im Rahmen der angelologischen Gesamtentwicklung. In jedem Fall legt der griechische Text jetzt ein anderes

die angelologische Bearbeitung hier sehr viel konsequenter, wenn auch von negativer Bewertung der Engel. Der Übersetzer des Hiob-Buchs hat sich wie der des Daniel ein Grundproblem der Vorlage besonders zu eigen gemacht: die Frage nach der Theodizee. Hiob wird zwar vom Satan versucht, aber er versteht seinen Streit als einen Rechtsstreit mit Gott selbst, mit Hiobs Worten (16, 20f): אל-אלוה דלפה עיני ויוכח לגבר עם אלוה. In der Interpretation des Übersetzers erhält die Grundproblematik einen weiteren Aspekt: Der Tod von Mensch und Behemot sowie die Strafe, die dem Menschen auferlegt ist, sind das Werk der Engel. Die funktionale Aufteilung zwischen Gott und Engeln fällt dabei in den Augen des Übersetzers zu Ungunsten der Engel aus. Die positiv zu bewertenden Anteile behält weiterhin Gott allein, aber die negativen gehen auf die Engel über.

Hier ist die wesensmäßige Selbständigkeit der Engel gegenüber Gott als eigener Größe - ungeachtet der Bindung an Gottes Auftrag - ganz vollzogen. Der sicherlich bestehende Einfluß des Satans[98] auf diese neue Angelologie läßt sich nicht genau eingrenzen; aber immerhin erscheint der Satan unter den Engeln: Bei der Beschreibung des himmlischen Rats heißt es ausdrücklich (1, 6; 2, 1): ויבוא גם השטן בתוכם[99].

Die Identifizierung des himmlischen Rats (sowohl der בני אלהים als auch der קדושים) mit den Engeln liegt dem Übersetzer bereits an den anderen o.g. Stellen vor, ist also nicht sein eigenes Werk.

An einigen Stellen überträgt der Übersetzer die Aufgabe des Strafens auf die Engel:

So Hiob 20,15, wo der MT las: חיל בלע ויקאנו מבטנו ירשנו אל. LXX: πλοῦτος ἀδίκως συναγόμενος ἐξεμεσθήσεται, ἐξ οἰκίας (v.l.: ἐκ κοιλίας) αὐτοῦ ἐξελκύσει αὐτὸν ἄγγελος (v.l.: θανάτου). „Der ungerecht geraffte Reichtum wird aus seinem Hause (v.l.: aus seinem Bauch) ausgespien, ein Engel (v.l.: der Engel des Todes) wird ihn herausziehen."

Verständnis von Engeln nahe als der MT. Bei Gammie ist die Forschungsliteratur verzeichnet (S. 2).

98 So auch Gammie, art. cit. (vorige Anm.), S. 5f. 12 zu θανατόφοροι (sic). Die Begründung, daß Satan ja auch Hiobs Kinder umbringe, scheint mir nicht ganz überzeugend.

99 Vgl. inter alia K.F. de Blois, *How to Deal with the Satan?* BiTr 37, 1986, S. 301-309, bes. 303-305.

In der Lesart „Engel des Todes" sah Ziegler die lukianische Rezension[100], wozu er sich auf Spr 16, 14 stützte (חמת-מלך מלאכי-מות - LXX: θυμὸς βασιλέως ἄγγελος θανάτου). Wenn man den neueren Untersuchungen zur Übersetzungstechnik des Autors der Hiob-LXX folgen darf[101], dann gilt das Argument eher umgekehrt: Nachdem es eine Parallele in Spr 16, 14 gibt, ist anzunehmen, daß der Übersetzer zu Hiob sich die dortige Formulierung angeeignet hat[102].

Die Interpretation, wonach die Tötung des Menschen durch Gott in einem späteren Stadium einem Engel zugesprochen wird, ist im Zusammenhang dieser Arbeit nicht neu[103] und wird in der Hiob-LXX gleich wieder begegnen.

Hiob 33,23 las der MT: אם יש עליו מלאך מליץ אחד מני אלף להגיד אדם יושרו. Daraus wird nun: ἐὰν ὦσιν χίλιοι ἄγγελοι θανατηφόροι / εἷς αὐτῶν οὐ μὴ τρώσῃ αὐτόν / ἐὰν νοήσῃ τῇ καρδίᾳ ἐπιστραφῆναι (πρὸς) ἐπὶ κύριον / ἀναγγείλῃ δὲ ἀνθρώπῳ τὴν ἑαυτοῦ μέμψιν / τὴν δὲ ἄνοιαν αὐτοῦ δείξῃ. „Wenn es auch tausende von todbringenden Engeln gibt/keiner von ihnen wird ihm schaden/Wenn er in seinem Herzen denkt zum Herrn umzukehren/ wird er dem Menschen seinen Tadel anzeigen/seinen Irrtum aufweisen."

Der Übersetzer verstand offensichtlich das hebräische מליץ als Bildung von der Wurzel ל״יץ im Hif'il, was „verspotten", „verächtlich machen" heißt. Dies ist auch eine Nebenbedeutung von τιτρώσκειν. Aber die verbreitetere Vorstellung, die mit diesem Verb ausgedrückt wird, ist das „Schaden", inclusive der körperlichen Schädigung[104]. So sind die schadenden Engel jetzt θανατηφόροι.

Auf der Grundlage dieses falschen Verständnisses von מליץ stehen von hier ab todbringende Engel im Text, wo ursprünglich deren Fürsprache[105] inten-

---

100 J. Ziegler, Iob, SeptG XI (s. Quellenverz.), a.l.
101 H. Heater, A Septuagint Translation Technique in the Book of Iob. Washington 1982 (CBQ.MS 11).
102 Es ist außerdem naheliegender, daß die spätere Rezension versuchte, den Text wieder an das „Original" des MT anzugleichen und deshalb das θανάτου gestrichen hat. Diese Tendenz der Rückführung der Übersetzung zum Wortlaut des MT ist aus einigen Rezensionen bekannt und als solche unumstritten; vgl. z.B. Rahlfs in der Einleitung zur Gen-LXX (s. Quellenverz.), S. 9f.
103 Siehe oben zu Ex 4, 24 und Jub 48, 2.
104 Siehe Liddell/Scott, S. 1799.
105 Zur Funktion dieses „Fürsprechers" und zu den Text-Varianten siehe N. Johansson, Parakletoi. Vorstellungen von Fürsprechern für die Menschen vor Gott in der alttestamentlichen Religion, im Spätjudentum und Urchristentum. Lund (1940), hier S. 22ff und die Literatur dort. Zur Entstehung der LXX-Lesart an dieser Stelle vgl. auch Heater, op.cit. (o. Anm. 101) S. 101-104.

diert war. Solches Mißverständnis ist aber nicht unbedingt die Grundlage einer die Engel abwertenden Vorstellung, sondern eher deren Folge.

Eine vergleichbare Änderung liegt in der griechischen Wiedergabe von Hiob 36, 14 vor. MT: בקדשים וחיתם (רשעים של) scil.: נפש בנוער תמות. LXX: ἀποθάνοι τοίνυν ἐν νεότητι ἡ ψυχὴ αὐτῶν/ἡ δὲ ζωὴ αὐτῶν τιτρωσκομένη ὑπὸ ἀγγέλων.

Natürlich ist es denkbar und sogar wahrscheinlich, daß die Einführung der Engel an dieser Stelle zunächst durch eine andere Punktierung des MT bedingt ist, d.h. statt קדשים las der Übersetzer קדושים. Aber in der LXX wird nun der Engel mit dem τιτρώσκειν, dem Schaden-Zufügen und Töten, verbunden. Ist es wirklich nur Zufall, wenn derselbe Übersetzer zweimal die gleiche Änderung am Sinn der Vorlage vornimmt? Die so entstandene Angelologie kennt Wesen, die töten aufgrund ihres So-Seins. Das ist das Neue an der Hiob-LXX, das dem MT völlig fremd war. Die wenigen Stellen, an denen biblisch Engel straften, lassen sich hierfür nicht zum Vergleich heranziehen[106]: Der Engel, der wegen der Volkszählung Davids mit gezücktem Schwert über Jerusalem schwebt (2Sam 24, 16//1Chr 21, 15ff) verrichtet nur seinen Auftrag, hat aber als solcher kein todbringendes Wesen.

Nachdem diese allgemeine Vorstellung des Übersetzers vom Charakter der Engel deutlich ist, verwundern auch andere Abweichungen vom MT nicht mehr. Hiob 40, 11-MT weist Gott den Zweifelnden zurecht: וראה אפך עברות הפץ כל גאה והשפילהו. LXX: ἀπόστειλον δὲ ἀγγέλους ὀργῇ, πᾶν δὲ ὑβριστὴν ταπείνωσον[107]. Diese Übertragung behält den Ton der Vorlage bei: Wenn Hiob sich an Gottes Stelle setzen möchte, dann möge er auch dessen Taten vollbringen, d.h., wenn es um seinen Zorn geht, solle er Engel aussenden. Anders ausgedrückt: Wenn Gott zürnt, sendet er seine Engel zur Strafe aus - das fehlte im MT an dieser Stelle.

An diesen Stellen (Hiob 20, 15 33, 23; 40, 11) geht die Ausführung der Strafe also auf die Engel über, und Gott bleibt sozusagen „der Gütige". Diese neue Aufteilung ist durchaus eine Form der Beantwortung der Theodizee-Frage (zumindest historisch gesehen). Die Engel werden dabei zu mehr als bloßen Handlangern Gottes, sie sind von Natur aus böse. Wie weit dieses Ergebnis konsequente Folge der funktionalen Unterscheidung Gottes und der Engel ist,

---

106 Anders Heater, op.cit. (o.Anm. 101), S. 127, der dieser Erzählung noch die Stelle Jes 54, 16 hinzufügt, wegen der Erwähnung des המשחית. Aber המשחית ist hier ohne angelologischen Bezugspunkt.

107 Das Verb ראה ist nicht übersetzt.

wie weit hier die Gestalt des unter den Engeln anwesenden Satans eingewirkt hat, läßt sich nicht genau gegeneinander abwägen.

Im Rahmen dieser Sicht von den Engeln gibt es in einigen Handschriften eine weitere Abweichung der LXX vom MT, die auf ähnlicher Grundlage basiert. Ein Teil des Verses aus 4, 18 (ובמלאכיו ישים תהלה) wird in 9, 7 wiederholt, so daß der Vers in LXX jetzt lautet:

ὁ λέγων τῷ ἡλίῳ καὶ οὐκ ἀνατέλλει
κατὰ δὲ ἄστρων κατασφραγίζει
κατὰ δὲ ἀγγέλων αὐτοῦ σκόλιόν τι ἐπενόησεν

Ziegler[108] hat die dritte Zeile in seiner Ausgabe gestrichen, es scheint zu Recht, denn die zwei letzten Zeilen sind am Anfang graphisch sehr ähnlich. Sollte die betreffende Zeile aber zum Urbestand der Hiob-LXX an dieser Stelle gehören, dann fällt sie in die gleiche Kategorie der negativen Engelbewertung, was aber hier bereits durch MT vorgegeben ist.

Die hier zuerst begegnende Umwertung der Engel zu negativen, todbringenden Wesen hat in der SapSal ihren Höhepunkt erreicht. Amir hat gezeigt, daß der Verfasser der SapSal den Tod mit dem Satan gleichsetzt[109]. Damit ist aber ein wesentlicher Schritt über die Hiob-LXX hinaus getan, denn nun steht der

---

108 op.cit. (o.Anm. 100) a.l.
109 Y. Amir, *Die Gestalt des Thanatos in der 'Weisheit Salomos'*. Idem, Studien zum antiken Judentum. Frankfurt/Bern/New York (1985) (BEATAJ 2), S. 51-82 (= vom Vf. durchges. Übersetzung des ursprünglich in JJS 30, 1979, erschienen Aufsatzes). Vgl. auch schon V. Maag, *Tod und Jenseits nach dem Alten Testament*. SThU 34, 1964, S. 17-37 und idem, *B^elija'al im Alten Testament*. ThZ 21, 1965, S. 287-293 (repr. beide in idem, Kultur, Kulturkontakt und Religion. Gesammelte Studien zur allgemeinen und alttestamentlichen Religionsgeschichte. Hrsg. v. H.H. Schmid u. O.H. Steck. Göttingen/Zürich [1980], S. 181-202 und 221-231 resp.) Man mag dem hinzufügen, was oben über die Auslegung von Ex 4,24 gesagt wurde.
Zur Fortführung der Entwicklung im Neuen Testament siehe E. Brandenburger, Das Böse. Eine biblisch-theologische Studie. Zürich (1986) (ThSt [B] 132), bes. S. 69ff. Allerdings bleibt dort unklar, wieso Brandenburger diese Entwicklung fast ausschließlich auf den Mythos des äHen zurückführen will, den er nur mit äHen 15 angibt (=Gottes Antwort auf Henochs Bittschrift - nach dem Geschehen).

Tod als eigenständige Größe neben Gott[110]. Dieser schroffe Dualismus ist dem Übersetzer der Hiob-LXX noch fremd, genauso wie die Personifikation des Todes und des Bösen. Seine „todbringenden Engel" sind noch biblisch anonym, nicht eine bestimmte Gruppe, sondern einfach „die Engel". Es handelt sich hier auch noch nicht um die Aufteilung der Welt oder zumindest der Geisterwelt in entgegengesetze Mächte unter der Oberherrschaft Gottes, wie sie in Qumran ausgeprägt vorliegt[111]. Auch die stoische Dämonologie läßt sich damit nicht wirklich vergleichen, da hier seit Chrysippos zwar das Leiden des Weisen durch die Einwirkungen der δαίμονες erklärt wird[112]; aber der Übersetzer des Hiob-Buches ins Griechische hat ihnen allen gegenüber die Unterordnung der Engel unter Gott als ausführende Organe bewahrt. Weiter geht es ihm um Tod und Strafe an den Frevlern - nicht um eine Erklärung des Leidens des Gerechten. Auch der Tod des Frevlers stellt einen Teilbereich der Theodizee dar, insofern Gott als dem *summum bonum* das Strafen „nicht geziemt" (wie Philon es ausdrückt).

Aus der Wiedergabe von Hiob 40, 19 läßt sich schließen, daß der Übersetzer den Engeln auch für das Eschaton eine Rolle aufbewahrt hat. MT: הוא (בהמות) ראשית דרכי-אל העשו יגש חרבו. LXX: τοῦτ' ἔστιν ἀρχὴ πλάσματος κυρίου πεποιημένον ἐγκαταπαίζεσθαι ὑπὸ τῶν ἀγγέλων αὐτοῦ. Um die Abweichungen vom Original besser zu betonen sei eine Rückübersetzung (bei aller eingestandenen methodischen Problematik!) erlaubt: הוא ראשית בריאת אל העשוי לשחק בו על ידי מלאכיו.

Grundsätzlich handelt es sich bei dieser Übersetzung nicht um dasselbe Phänomen wie bei der Wiederholung des Verses in Hiob 41, 25-LXX. Hiob 40, 19 ist ein anerkanntermaßen schwieriger Vers[113]. Man wird eine Textverderbnis

---

110 Darf man - trotz des zeitlichen Abstandes! - hier daran erinnern, daß auch der ugaritische Mot ein El-Sohn war? Vgl. hierzu J.-L. Cunchillos, *Le dieu Mot, guerrier de El*. Syria 62, 1985, S. 207-218 und U. Cassuto, *The Episode of the Sons of God and the Daughters of Man (Genesis vi 1-4)*. Idem, Biblical and Oriental Studies. I-II. Jerusalem (1973), I, S. 17-28, hier: S. 21-23.

111 Vgl. den bibliographischen Anhang unter 8.

112 Siehe z.B. J.v. Arnim, Stoicorum veterum fragmenta. I-IV. Stuttgart (1905-1924 = repr.) 1978-1979, hier: II S. 1178 und siehe weiter I. Heinemann, Poseidonius' metaphysische Schriften. I-II. Breslau 1921-1928, hier: II, S. 429.

113 Keine der mir bekannten Übersetzungen (incl. der modernen) konnte den Vers ohne interpretatorische Zusätze oder Änderungen übersetzen. Die dem MT immanenten Schwierigkeiten hat Heater in seiner ansonsten so wichtigen Arbeit (o. Anm. 101) leider zu gering veranschlagt.

des MT anzunehmen haben. Tur-Sinai (Torczyner[114]) versuchte, den Text folgendermaßen wiederherzustellen: העשוי לשחק בו statt העשו יגש חרבו. Dazu bedarf es nur kleinerer Veränderungen. Wie Tur-Sinai ziehen die Übersetzer und Exegeten das Jod meist zum vorhergehenden Wort; ebenso LXX, die ein העשוי übersetzen. Das griechische Verb ἐγκαταπαίζεσθαι paßt als Intensivform von παίζειν zum לשחק bei Tur-Sinai. Aber die Worte ὑπὸ τῶν ἀγγέλων αὐτοῦ sind nicht aus textbedingten Schwierigkeiten des MT zu erklären.

Heater[115] versuchte, Tur-Sinais Rekonstruktion mit Hinweis auf Ps 104, 26 zu stützen, wo es heißt: לויתן זה יצרת לשחק בו. Auch hier haben die LXX das hebräische לשחק mit einer Form des griechischen Verbs παίζειν wiedergegeben. Die Ähnlichkeit beider Stellen reicht sogar noch weiter: Hieß Behemot „πλάσμα κυρίου", so Leviathan „ὃν ἔπλασας". Aber Behemot und Leviathan werden erst in späteren Quellen identifiziert und ihre Gleichsetzung ist für Heaters Analyse grundlegend[116]. Auch hier ist es nicht von der Hand zu weisen, daß die LXX eventuell der erste Zeuge einer ansonsten erst aus späteren Quellen bekannten Tradition sein kann. Der wesentliche Unterschied zwischen Ps 104, 26 und Hiob 40, 19-LXX besteht darin, daß Ps 104 Gott selbst mit Leviathan spielt (was für Hiob nur dann gilt, wenn Tur-Sinais Textrekonstruktion übernommen wird). In der LXX-Version zum Hiob-Vers spielen aber die Engel mit Behemot. Ob hinter Hiob 40, 19-LXX wirklich der von Heater angenommene Mythos steht, ist hier nicht zu entscheiden.

Wichtiger sind die folgenden Momente: Heater hat gültig gezeigt, daß verschiedene Formen des Verbs παίζειν in der LXX die Nebenbedeutung der Tötung haben[117]. An unserer Stelle wird nun eine Handlung Gottes in die Hände der Engel gelegt, wobei es sich wieder um ein Negativum handelt. In dieser Hinsicht paßt auch diese Veränderung des MT in der LXX zu den vorher genannten.

---

114 H. Torczyner, Das Buch Hiob. Eine kritische Analyse des überlieferten Hiobtextes. Wien/Berlin 1920, S. 316-318. In der späteren hebräischen Ausgabe hat er diesen Versuch weitgehend zurückgenommen: נ.ה. טור-סיני, ‚‚(האל) אשר Jerusalem (1972), S. 340: ספר איוב עם פרוש חדש. מהדורה חדשה מנופה. עשה אותו, למען יגיש לו חרבו, כנושא כלים לאלהים.'' Gammie, art. cit. (o. Anm. 97), S. 8. 10 versteht יגיש als Nif'al von נג"ש/"hart pressen"; statt חרבו liest er unter Berufung auf 40, 11 חרבו und deutet jenen als Engel. 40, 11 verändert er עברות zu חרבות. Zumindest an der letzten Stelle liegt kein Anlaß vor.
115 op.cit. (o.Anm. 101), S. 126.
116 ebd. vgl. auch die dort angegebenen späten Quellen zur Identifikation.
117 ebd. S. 127.

Der Übersetzer wiederholt nun denselben Halbvers (πεποιημένον ἐγκαταπαίζεσθαι ὑπὸ τῶν ἀγγέλων αὐτοῦ) auch in Hiob 41, 25, aber diesmal sollen die gleichen Worte העשו לבלי חת übersetzen[118]. Der Beweggrund für die Wiederholung der vorher gewählten Formulierung mag darin liegen, daß auch hier der MT unverständlich war und dieselbe Form העשו beide Verse miteinander verbindet. Auch Hiob 41, 25 muß ἐγκαταπαίζειν als „Töten" verstanden werden.

Mit diesen Übersetzungen des Hiob-Buches in der LXX liegt im Vergleich zur Bibel eine grundlegende Wandlung im Bild des Todes überhaupt vor, die hier nicht ausgeführt werden kann. Ihre Beziehungen zu älteren Mythen zeigen einmal mehr, daß in der Überlieferung mythologischen Materials Zeit kaum eine Rolle spielt - wie es dem Mythos ja angemessen ist.

Der Übersetzer der Hiob-LXX geht also von der Identität der Hofstaats- mit der Boten-Konzeption aus. Die neue Größe, die beide alten Konzeptionen vereint, sind die Engel, welche - deutlich von Gott unterschieden - die negativen Aufgaben als Auftrag Gottes und als ihrem eigenen Sein angemessen übernehmen. Das gilt nicht so sehr für das persönliche Schicksal Hiobs, auf dem das Buch letztlich seine Problematik entfaltet, sondern für die Bestrafung und Tötung der Frevler insgesamt. Dabei wird das negative Element der Engel aber derart betont, daß hier von „schlechten Engeln" gesprochen werden kann[119], sofern unter dieser Bezeichnung nicht die von Gott abgefallenen und sich gegen ihn auflehnenden Engel, sondern die in ihrem Wirken für den Menschen schädlichen Aspekte der Angelologie intendiert sind. Hiob-LXX führt die Entwicklung weiter, die das Töten von Gott selbst trennt, allerdings immer noch nicht als Interpretation des Todes selbst, sondern nur im Rahmen des Schicksals der Frevler. Für den Übersetzer der Hiob-LXX gilt noch nicht, was SapSal hart ausdrücken kann: ὅτι ὁ θεὸς θάνατον οὐκ ἐποίησεν (1, 13)[120].

---

118 Das בלי heißt biblisch wie modern „ohne"; aber in Jes 38, 17 wird es als „Vernichtung" ausgelegt; vgl. z.B. L. Köhler/W. Baumgartner, Lexicon in Veteris Testamenti Libros Leiden 1953. Supplementum ad Lexicon Leiden 1958, s.v. בלי. S.v. חת erläutern dieselben Lexikographen: Angst/Furcht. Sollte Hiob 41, 25 also ursprünglich gesagt haben, „gemacht ohne Furcht", d.h. so gemacht, daß Furcht ihn nicht befällt?

119 Wenn die Engel selbst schon negativ beurteilt sind, dann verwundert das Fehlen einer äHen, TXIIPatr und Jub ebenbürtigen Dämonologie nicht mehr: Gammie art. cit. (o.Anm. 97), S. 12-19.

120 Zur gegenteiligen Ansicht der Rabbinen vgl. Urbach, op.cit. (o.Anm. 23), S. 204 zu Tanh וישב, (seine Anm. 90). Die Targume fügen demgegenüber einige

Was die Übersetzungen des Pentateuch und einiger anderer biblischer Schriften erst langsam verwirklichten, wird in den zuletzt genannten griechischen Wiedergaben zweier biblischer Werke deutlich: Der biblische Bote und der himmlische Rat sind größtenteils verschmolzen. Menschliche Boten erscheinen hier gar nicht mehr als ἄγγελοι, schon in den älteren LXX-Teilen wurde ihnen dieser Titel ja gelegentlich vorenthalten. Statt dessen steht im ἄγγελος eine selbständigere himmlische Figur vor den Augen des Lesers, die in jenen beiden Werken, die es ganz besonders mit der Gottes-Frage zu tun haben, den Übersetzern bereits als Ausweg aus theologischen Schwierigkeiten erscheint. Die Dan-LXX ist hier noch zurückhaltender, die Hiob-LXX ganz frei.

Für die Folgezeit stehen damit aber zwei Möglichkeiten offen. Jüdische Denker können die durch die Spätschriften der Bibel und die LXX angezeigte Entwicklungslinie aufnehmen und fortführen, sie können aber auch jederzeit zur biblischen Quelle zurückkehren. Selbst die Kombination aus beidem ist denkbar: die Rückkehr zur Nähe des göttlichen Boten, der trotzdem als himmlische Figur verstanden wird. Konkret gesprochen heißt das: In Fortsetzung der bis hierher beobachteten Entwicklung wird der Engel in einem Teil der Überlieferung zu einem rein himmlischen Wesen, ausgestattet mit übermenschlichen Attributen; bei einer Rückkehr zum biblischen Boten-Konzept wird die Aufgabe des Gesandten in anderen Quellen derart im Vordergrund stehen, daß die himmlischen Züge beinahe verschwinden; schließlich kann der Engel in einem dritten Teil der Überlieferung als himmlische Gestalt einer bestimmten Gruppe besonders nahestehend gedacht werden.

In keinem Falle aber wird der Engel wieder derart nahe mit Gott verbunden werden, wie es noch biblisch gelegentlich der Fall war. Sollte ein Autor eine vermittelnde Größe zwischen Gott und Mensch denken, die trotzdem von Gott nicht entschieden getrennt werden kann, wird er auf eine der möglichen Hypostasen-Theorien zurückkommen, aber jene Hypostasen heißen dann nicht mehr Engel[121].

Schadensengel in ihre Übersetzung ein, so Ex 15, 7, und das aufgrund abstrakter Negativa. Vgl. Shinan, op.cit. (o.Anm. 2), S. 191.

121 Wie z.B. die philonischen λόγοι oder δυνάμεις.

Kapitel 3

Die Entwicklung des jüdischen Engelglaubens außerhalb der Bibel

1 Eine neue Geisteshaltung im Judentum und die Entstehung der Apokalyptik

Die außerbiblische Literatur des Judentums zeigt in einem zweifachen Verlauf die Entwicklung jenes Engelbildes, das später das vorherrschende sein wird. Dabei ist diese Literatur als solche in sich völlig heterogen, und es wird nötig sein, einiges über die diversen Quellen zu sagen (siehe im folgenden). Aber trotz fehlender Einheitlichkeit der Quellen gilt: Die Angelologie wird in diesem Zeitraum der nachexilischen Epoche jenen Aufschwung nehmen, den Israel in der vorexilischen Zeit entweder nicht kannte oder doch erfolgreich unterdrückte.

Engel werden eine Reihe von Motiven an sich ziehen (zur Übersicht siehe im folgenden) und dabei häufig den Platz einnehmen, den in der biblischen Tradition Gott selbst innehatte. Die Ausweitung der Motive führt zur Charakteristik einmal der Engel insgesamt, dann auch einzelner hervorragender Engel und Engelgruppen. Die Stellung der Engel zu Gott und zu den Menschen ändert sich dadurch grundlegend und wird im Lauf der Zeit nach einer neuen Definition verlangen.

Doch zunächst entwickelt sich die Engelvorstellung scheinbar ohne theologische Bedenken. Nur wenige Autoren jener Epoche werden die Engel aus ihren Werken verbannen. In der neuen Konstellation kommen beide in der Bibel angelegten Entwicklungsmöglichkeiten zum Tragen und wirken in einigen Kreisen zusammen:

Die völlige Verschmelzung der biblischen Konzeptionen erhöht einerseits den Boten, der, nun selbst Mitglied des Hofstaats, die übernatürlichen Züge der bislang relativ unbestimmt gebliebenen Wesen um Gott erhält. Hier werden alle biblischen Hofstaat-Motive auf Engel übertragen, sowohl solche, die oben als sicher bestehend ausgemacht werden konnten, als auch jene, die sich in der Bibel nur vermuten ließen. Die Angelologie ist so von Anbeginn an mit einer ganzen Palette von Möglichkeiten ausgestattet, die kaum ein historisches Nacheinander implizieren[1].

Andererseits ist dieser neue „Engel" dem Menschen sehr viel näher als noch in der biblischen Literatur. Engel interpretieren dem Menschen das Geschaute, begleiten und schützen ihn etc. In einigen Werken kommt es zur Anschauung von der Gemeinschaft der Engel mit den Menschen, bzw. mit bestimmten Gruppen. Diese Gemeinschaft wird wesentlicher Faktor der Ausgestaltung angelologischer Motive. Dieser zweite Zug der Entwicklung hat seinen Anhalt an jenen biblischen Stellen, die die Engel einfach als „Mann" (איש) bezeichneten bzw. Propheten und Priestern den Titel des מלאך beilegen konnten. In diesem veränderten Zusammenhang ist es nicht unwesentlich, daß die entsprechenden biblischen Texte häufig ebenfalls in die nachexilische Zeit gehören: so sicher Hag 1, 13 für den Propheten als מלאך und Koh 5, 5; Mal 2, 7 für den Priester[2]. Besonders die Verbindung der Priester mit dem מלאך-Titel gewinnt angesichts der betonten priesterlichen Interessen der Qumransekte und einiger anderer Werke der außerbiblischen Literatur an Bedeutung.

Es fragt sich dann, wie im Rahmen der nachexilischen Literatur dieser Aufschwung des Engelglaubens möglich war. Man wird schwerlich behaupten können, daß diese Frage bereits beantwortet worden wäre. Eine Veränderung der Gottesvorstellung allein (etwa im Sinn der zunehmenden Transzendierung Gottes) genügt als Antwort kaum und ist nur eine Verlagerung des Problems: Auch die neue „Theologie" bedarf einer Erklärung. Zu dieser muß man sich einen wesentlichen Wechsel in der religiösen Grundanschauung in Erinnerung rufen, der für die nachfolgenden Jahrhunderte einen nicht zu unterschätzenden Einfluß auf das jüdische Denken überhaupt hatte: Die Entstehung der Apokalyptik.

Mit dem Aufkommen dieser geistigen Bewegung kann man nicht mehr umhin, zu ihr Stellung zu nehmen: Entweder man ist selbst Apokalyptiker oder man argumentiert gegen diese Weltsicht[3]. Selbst das Schweigen wirkt in einigen Quellen[4] wie eine bewußte Reaktion.

Die Apokalyptik wird der wesentliche Quell für die voll ausgeprägte Angelologie. Hier wird die Sicht des Kosmos, d.h. nicht nur der diesseitigen Welt,

---

1 Z.B. im Sinne der Frage, ob die militärische oder die kultische Gemeinschaft mit den Engeln primär sei. Siehe hierzu im folgenden.
2 S.o. S. 45-48.
3 So vor allem Josephus.
4 Vgl. auch die folgenden Überlegungen zu Sirach.

sondern auch der himmlischen, zur ständigen Begegnung mit Engeln führen, die dann die verschiedensten Aufgaben erfüllen. Schließlich entsteht die Notwendigkeit zur Klassifizierung der Engel. Dem folgt (gedanklich, nicht unbedingt historisch) die Individualisierung des Engels, die mit der Verleihung von individuellen Namen beginnt und in der Ausmalung der Engel-Gestalt mit bestimmten Zügen endet - Züge, die im Laufe der Zeit zu charakteristischen Beschreibungsmerkmalen werden.

Die apokalyptische Bewegung und ihre Literatur können hier weder erschöpfend diskutiert noch in ihren verschiedenen Verzweigungen vorgestellt werden[5]. Wir beschränken uns auf das für die Angelologie Wesentliche[6].

Mit der Zerstörung des ersten Tempels trat eine der Identitätskrisen des jüdischen Volkes ein: Die äußerlichen Bedingungen, die bis zu diesem Zeitpunkt die Selbstdefinition des Volkes ausmachten, Tempel, Landbesitz (gelegentlich

---

5 Zur Forschungsgeschichte s. bes. J.M. Schmidt, Die jüdische Apokalyptik. Die Geschichte ihrer Erforschung von den Anfängen bis zu den Textfunden von Qumran. 2., durchges. Aufl. Neukirchen 1976. Für die „Forschungsgeschichte" bezeichnend ist hier, daß sein Überblick über „Das Wesen der Apokalyptik" (S. 277-303) keinen Abschnitt zur Angelologie enthält. Vgl. weiter T.W. Willett, Eschatology in the Theodicies of 2 Baruch and 4 Ezra. (Sheffield 1989) (JSP. SS 4), S. 35-49. Zur literarischen Gattung der Apokalypsen vgl. die Beiträge in J.J. Collins (Ed.), Apocalypse: The Morphology of a Genre. Semeia 14 (1979). Zur Einführung s. v.a. I. Gruenwald, *Prophecy, Jewish Apocalyptic Literature and the Problem of the Uncanonical Books.* (ANRW II/19,1 = überarbeitete Fassung in:) Ders., From Apocalypticism to Gnosticism. Studies in Apocalypticism, Merkavah Mysticism and Gnosticism. Frankfurt/M. e.a. (1988) (BEATAJ 14), S. 13-52. Zur Beschreibung der Apokalyptik insgesamt und zur Bibliographie s. M.E. Stone, *Apocalyptic Literature.* Jewish Writings of the Second Temple Period. Apocrypha, Pseudepigrapha, Qumran Sectarian Writings, Philo, Josephus. Ed. by M.E. Stone. Assen/Philadelphia 1984 (CRJNT II/2), S. 383-441. Daneben werden hier die folgenden Einleitungsschriften jeweils ungenannt vorausgesetzt: G.W.E. Nickelsburg, Jewish Literature Between the Bible and the Mishna. A Historical and Literary Introduction. (London 1981); L. Rost, Einleitung in die alttestamentlichen Apokryphen und Pseudepigraphen einschließlich der großen Qumran-Handschriften. Heidelberg 1971; zur Bibliographie s. bes. J.H. Charlesworth, The Pseudepigrapha and Modern Research. With a Supplement ass. by P. Dykes and M.J.H. Charlesworth. (Chico 1981) (SCS 7S) und G. Delling, Bibliographie zur jüdisch-hellenistischen und intertestamentarischen Literatur. In Verb. m. M. Maser. 2., überarb. Aufl. Berlin 1975 (TU 106).
6 Zur Bedeutung der Angelologie in der apokalyptischen Bewegung vgl. auch I. Gruenwald, *Introductory Essay: The Cultural Milieu of Apocalypticism.* Idem, op.cit. (vorige Anm.), S. 1-11.

durch den Namen der Hauptstadt des Reiches angezeigt) und Staat (in der Form des davidischen Königtums) verschwanden oder wurden doch für die Exulanten unzugänglich[7].

Doch neben den prophetischen Ansätzen der Exilszeit entstand - man möchte sagen: im Winkel - eine neue Hoffnung[8]: Israel wird in sein Land zurückkehren[9], und dort werden Jerusalem und der Tempel in voller Herrlichkeit wieder entstehen.

Diese fromme Erwartung allein hat noch nichts Außergewöhnliches. Als Glaube an eine bessere Zukunft läßt sie sich noch im Rahmen des prophetischen Denkens verstehen, das als solches auf der zeitlichen Ebene liegt[10]. Was sie zu einem Eckpfeiler späteren jüdischen Denkens macht, ist die Tatsache, daß die Hoffnung auch dann noch geäußert wurde, als sich der Traum bereits zu realisieren begonnen hatte. Damit wird die zeitliche Perspektive allmählich verschoben, und an ihre Stelle tritt eine mehrdimensionale Schau der Gegenwart[11]. Der teilweise Verlust der historischen Sicht lädt eine mythologische

---

7 S. hierzu bes. מ.ד. הר (M.D. Herr), ירושלים, המקדש והעבודה במציאות ובתודעה בימי בית שני. Jerusalem in the Second Temple Period. A. Schalit Memorial Volume ed. by A. Oppenheimer, U. Rappaport, M. Stern. Jerusalem 1980, S. 166-177. Herr nennt als Achsen der vorexilischen Zeit Tempel, Prophetie und Königtum und fügt das normale Leben einer Nation in ihrem Territorium als minder wichtigen Umstand hinzu.

8 Die einschlägigen Texte zu dieser Hoffnung - ohne die apokalyptische Literatur - hat ד. פלוסר (D. Flusser) zusammengetragen: ירושלים בספרות הבית השני. Ve-'im Bigvuroth. Fourscore Years. A Tribute to R. and H. Mass ed. by A. Eben-Shushan e.a. Jerusalem 1974, S. 263-294 (wiewohl seine Diskussion des 18-Bitten-Gebets hier nicht ganz überzeugt). Der Aufsatz scheint eine Reaktion auf א.א. אורבך (E.E. Urbach) zu sein: ירושלים של מטה וירושלים של מעלה. Jerusalem through the Ages. The Twenty-Fifth Archaeological Convention. 1967. Jerusalem 1968, S. 156-171 (= Idem, The World of the Sages. Collected Studies. Jerusalem [1988], S. 376-391). Biblische Grundlage der Vorstellung von einem himmlischen Heiligtum scheinen Ex 25, 9 und Dtn 26, 15 gewesen zu sein; an der ersten Stelle zeigt Gott Moses ein תבנית/Modell des Stiftzeltes und an der zweiten Stelle wird Gott angerufen: השקיפה ממעון קדשך מן-השמים. Vgl. weiter Ps 68, 6: במעון קדשו.

9 Dtn 30 bes. V. 3ff gehören nur bedingt in diesen Zusammenhang, insofern dort nur von der Rückkehr ins Land die Rede ist, nicht aber vom Wiederaufbau des Tempels oder der Restauration des Königtums.

10 Zum Bruch des geschichtlichen Denkens zwischen biblischem Bericht und apokalyptischer Hoffnung vgl. bes. J. Licht, *Biblisches Geschichtsdenken und apokalyptische Spekulation*. Jud 46, 1990, S. 208-224.

11 Hierin liegt eine der Voraussetzungen zur späteren mystischen Entwicklung.

Ausdrucksweise geradezu ein[12]. So wird die nachbiblische Angelologie zu einer Reihe von Mythologumena zurückkehren. Eine der geläufigen Definitionen von „Mythos" beschreibt diesen als ein prähistorisches Geschehen, das Gegenwart erklärt. Daher sind in den Mythen Götter oder übernatürliche Wesen häufig in den zentralen Funktionen genannt. Tatsache ist, daß die nachbiblische Literatur - und hier ganz besonders die Apokalyptik - eine sehr viel minutiösere und umfangreichere Angelologie kennt, in der Engel in den verschiedensten Bereichen wirken (siehe unten). Nicht nur die Erklärungen des angelus interpres, sondern auch das Tun der Engel, z.B. im Mythos von den „gefallenen Engeln", verdeutlicht die Zustände in der Zeit des Apokalyptikers auf einer anderen Ebene. Auf dieser Basis erklärt sich die ungewöhnliche Ausweitung der Angelologie, die nun neben den aus der Bibel bekannten Aufgaben der Engel auch ihre Funktion als Lenker der Natur umfaßt.

Das Buch Tobit enthält an zwei Stellen eine längere Schau der prächtigen Zukunft Jerusalems und seines Tempels (Kap. 13f), natürlich unter der Voraussetzung, daß die Söhne Israels wieder in den Grenzen ihres ihnen von Gott gegebenen Landes weilen. Trotz Heimkehr und Wiederaufbau des Tempels wird hier die zukünftige Pracht des erst noch Einzutreffenden beschrieben. Doch zwingt die Ungewißheit in Bezug auf das Alter des Buches[13] zur Vorsicht:

---

12 Vgl. hierzu G.W. Ahlström, *Heaven on Earth - at Hazor and Arad. Religious Syncretism in Antiquity*. Essays in Conversation with G. Widengren ed. B. A. Pearson (Missoula/Mont. 1975), S. 67-83 für die ältere Zeit und für die Auswirkungen dieser Vorstellungen in der späteren Literatur: B. Otzen, *Heavenly Visions in Early Judaism: Origin and Function*. In the Shelter of Elyon. Essays on Ancient Palestinian Life and Literature in Honor of G.W. Ahlström. Ed. by W.B. Barrick and J.R. Spencer. JSOT.SS 31, 1984, S. 199-215. Vgl. weiter F.J. Murphy, *The Temple in the Syriac* Apocalypse of Baruch. JBL 106, 1987, S. 671-683, bes. S. 671. 675 mit der dort zitierten Literatur und B. Janowski, *Tempel und Schöpfung. Schöpfungstheologische Aspekte der priesterlichen Heiligtumskonzeption.* JBTh 5, 1990, S. 37-69.

13 Text nach Hanhart (s. Quellenverz.); J.C. Greenfield, *Ahiqar in the Book of Tobit*. De la Tôrah au Messie. Etudes d'exégèse et d'herméneutique bibliques offertes à H. Cazelles. (Ed.) M. Carrez, J. Doré, P. Grelot. (Paris 1981), S. 329-336, schlägt als Arbeitshypothese für die Datierung das vierte Jahrhundert vor. Angelologische Traditionen, die im Buch Tobit aufbewahrt sind, können an anderer, apokalyptischer, Stelle wiederkehren, wie z.B. die Bindung des ägyptischen Dämons durch Raphael in Tob 6 als Bindung der „gefallenen Engel" durch denselben Raphael in äHen 10, 4. Zur späteren Aufnahme des Motivs in der magischen Literatur vgl. W. Fauth, *Lilits und Astarten in aramäischen, mandäischen und syrischen Zaubertexten.* WO 17, 1986, S. 66-94, hier: S. 87; P.E. Dion, *Raphael l'Exorciste*. Bib 57, 1976, S. 399-413.

Stand der zweite Tempel zur Zeit der Abfassung schon? Mit anderen Worten: Ist die Erwartung Tobits schon zu jenem historischen Anachronismus zu rechnen, der die folgende Literatur z.T. bestimmen wird?

Eindeutiger ist die Situation bei Sirach, der - selbst bestimmt kein Apokalyptiker - zweimal die drei Elemente jener Hoffnung miteinander verbindet, die Flusser als eine Einheit aufgefaßt hat[14]. Sir 36, 16-19 handelt es sich um ein plötzlich in den Kontext hereinbrechendes Gebet:

[אסוף כל שבטי יעקב] ויתנחלו כימי קדם
רחם על עם נקרא בשמך ישראל בכור כיניתה
ורחם על קרית קדשך ירושלים מכון שבתיך
מלא ציון את הודך ומכבודך את היכלך

Sir 51, 12 ist Teil eines Dankpsalms[15] im Stil von Ps 136:

[הו]דו למקבץ נדחי ישראל   כי לעולם חסדו
הודו לבונה עירו ומקדשו   כי לעולם חסדו
הודו למצמיח קרן לבית דוד   כי לעולם חסדו

Sirach selbst schildert am Schluß des „Lobes der Väter" den Hohenpriester Simeon, wie dieser nach verrichtetem Dienst (wohl am Versöhnungstag) den Tempel in aller Pracht verläßt. D.h. Sirach ist sich des bestehenden Tempel-Gottesdienstes voll bewußt und bittet trotzdem um den Wiederaufbau und die Heimführung der Zerstreuten. Hier spätestens wird die Gleichzeitigkeit der Hoffnung auf Restauration und der teilweisen Wiederherstellung älterer Zustände deutlich.

Dieses kurze Beispiel erklärt nicht die Entstehung der Apokalyptik, aber es zeigt die veränderte Einstellung zur Wirklichkeit, wie sie nach der Katastrophe der Zerstörung des ersten Tempels in Israel heimisch wurde. Trotz der allmählichen Rückwanderung einiger der Exulierten und trotz des Wiederaufbaus von Tempel und Stadt schienen jene Realitäten den inzwischen übersteigerten Hoffnungen nicht zu genügen. Nur unter der Voraussetzung, daß über die tatsächlich greifbaren historischen Ereignisse hinweg die Rückkehr zur alten Zeit ersehnt

---

14 Art.cit. (o.Anm. 8), woher einige Anregungen zu diesen Ausführungen stammen.

15 Dieser Text nur in der hebräischen Sirach-Überlieferung, vgl. die Akademie-Ausgabe (Quellenverz.). Flusser, art.cit. (o.Anm. 8), vergleicht noch 2Makk 2, 16-18: Auch wenn der Brief nicht echt sein sollte, schimmert doch die Erwartung durch, daß nach der Wiedereinweihung des Tempels die Diaspora nun eigentlich heimkehren könnte, d.h. auch hier werden Tempelreinigung und Befreiung der Stadt mit der Hoffnung auf die Heimführung der Zerstreuten verbunden.

wurde[16], erklärt sich, warum derartige Hoffnungen schon in der Zeit des bestehenden zweiten Tempels entfaltet werden konnten.

Aus dieser Atmosphäre heraus läßt sich nun auch begreifen, daß ein solches Modell einer „doppelten Wirklichkeit" sich im Moment der Kritik von selbst anbot[17]. Die Verquickung der Priesterschaft mit der finanziellen Oberschicht und ihre teilweise Öffnung zu den neuen hellenistischen Einflüssen hat dann allem Anschein nach einen Teil der Kritiker zu einer Umformulierung jenes Modells von der geteilten Sicht der Wirklichkeit geführt.

Die apokalyptischen Tendenzen der Qumran-Gemeinde sind bekannt - ihre Polemik gegen das Jerusalemer Heiligtum und seine Priester ebenfalls. Wenn man dann in der großen einleitenden Vision des äHen von einer im Traum erlebten Himmelsreise[18] liest, die den Apokalyptiker in ein dem Jerusalemer

---

16 G. Scholem gilt als Urheber der Unterscheidung zwischen einer restaurativen und einer utopischen eschatologischen Hoffnung (*Zum Verständnis der messianischen Idee im Judentum.* [ErJb 28, 1959, S. 193-239 =] Ders., Judaica I. [Frankfurt/M. 1963], S. 7-74, hier S. 10f). Allerdings gibt Scholem selbst zu, daß diese beiden aufs engste miteinander verbunden sind.

17 Zur Kritik an Tempel und Priesterschaft vgl. v.a G. Klinzing, Die Umdeutung des Kultus in der Qumrangemeinde und im Neuen Testament. Göttingen (1971) (StUNT 7) und D.R. Schwartz, Priesthood, Temple, Sacrifices: Opposition and Spiritualization in the Late Second Temple Period. PhD. Jerusalem 1979. Bereits J. Guttmann sprach im Zusammenhang der Apokalyptik von einer zweiten Wirklichkeit, die sich neben die historische der Propheten stellte - nur sind seine Ausführungen für unsere Diskussion zu knapp: Die Philosophie des Judentums. München 1933 (Geschichte der Philosophie in Einzeldarstellungen, Abt. I, Bd. 3), S. 22. A. Rofé sieht die Kritik an der Priesterschaft bereits auf dem Hintergrund entstehender Sekten: *Isaiah 66: 1-4. Judean Sects in the Persian Period as Viewed by Trito-Isaiah.* Biblical and Related Studies Presented to S. Iwry. Ed. by A. Kort and S. Morschauser. Winona Lake 1985, S. 205-217.

18 12-15. Zum Motiv vgl. W. Bousset, *Die Himmelsreise der Seele.* ARW 4, 1901, S. 136-169. 229-273; A. Dieterich, Nekyia. Beiträge zur Erklärung der neuentdeckten Petrusapokalypse. 2.Aufl. Leipzig/Berlin 1913; C. Colpe, *Die „Himmelsreise der Seele" ausserhalb und innerhalb der Gnosis.* Le origini dello Gnosticismo. Colloquia di Messina 13-18 Aprile 1966, Testi e discussioni publ. a cura di U. Bianchi. Leiden 1967 (SHR 12), S. 429-447; und zuletzt: M. Himmelfarb, Tours of Hell. An Apocalyptic Form in Jewish and Christian Literature. Philadelphia (1983); M. Dean-Otting, Heavenly Journeys. A Study of the Motif in Hellenistic Jewish Literature. Frankfurt/M.-Bern-New York (1984) (Judentum und Umwelt 8). Zur Kritik an der älteren Forschung siehe I.P. Culianu, Psychanodia I. A Survey of the Evidence Concerning the Ascension of the Soul and Its Relevance. Leiden 1983 (EPRO 99), mit weiterer Literatur.

Tempel im Grunde ähnliches Gebäude führt, dann versteht man auch hier den priesterlichen Hintergrund[19].

Ein weiterer Grund läßt den Tempel in dieser Zeit immer mehr in den Mittelpunkt der Diskussion rücken: die veränderte politische Lage. Vor dem Exil war der Tempel eines der konstituierenden Elemente im Leben des Volkes, nach dem Exil war er *der* Mittelpunkt des religiösen Denkens schlechthin[20], und trotz aller berechtigten historischen Bedenken auch ein Machtzentrum. Wie immer die Bürger zu ihrem Tempel gestanden haben mögen, zeugt die Tatsache, daß fremde Herrscher sich nicht selten in die Besetzung des Hohenpriester Amtes eingemischt haben, davon, daß hier Israel nach außen vertreten wurde. Aus der präexilischen Zeit sind die Vergleiche Gottes mit einem König geläufig[21]. In der nachexilischen Periode verschiebt sich der Schwerpunkt nun

---

19 Zu diesem s. besonders א. גרינולד (I. Gruenwald), מקומן של מסורות כהניות ביצירתה של המיסטיקה של המרכבה ושל שיעור קומה. Proceedings of the First International Conference on the History of Jewish Mysticism. Early Jewish Mysticism. = Jerusalem Studies in Jewish Thought 6, 1987, 65-120. Vgl. weiter R.G. Hamerton-Kelly, *The Temple and the Origins of Jewish Apocalyptic.* VT 20, 1970, S. 1-15. Zu Kultgemeinschaft und apokalyptischer Wiederaufnahme altorientalischen Mythus vgl. nochmals B. Otzen, art.cit. (o.Anm. 12); M.S. Smith, *Biblical and Canaanite Notes to the Songs of the Sabbath Sacrifice from Qumran.* RdQ 12, 1987, S. 585-588. Allerdings spielten Tempel und Tempeldienst auch nach der Zerstörung eine bedeutende Rolle in der rabbinischen Theologie. Vgl. P. Schäfer, *Tempel und Schöpfung. Zur Interpretation einiger Heiligtumslegenden in der rabbinischen Literatur.* (Kairos 16, 1974, S. 122-133 =) Ders., Studien zur Geschichte und Theologie des rabbinischen Judentums. Leiden 1978 (AGAJU 15), 122-133.

20 Die theologische Bedeutung des Tempels im Übergang von biblischer Prophetie zur Apokalyptik ist deutlich herausgehoben bei A. Causse, *Le mythe de la nouvelle Jérusalem du Deutéro-Esaie à la IIIe Sibylle.* RHPR 18, 1938, S. 377-414.

21 S. oben S. 20 Anm. 20 und weiter K.-H. Bernhardt, Das Problem der altorientalischen Königsideologie im Alten Testament unter besonderer Berücksichtigung der Geschichte der Psalmenexegese dargestellt und kritisch gewürdigt. Leiden 1961 (VT.S 8). Die Behauptung, die Akklamation von Gottes Königtum im Kult sei eine Fortsetzung dieses vorexilischen Selbstverständnisses, muß zumindest im Sinne dieser Ausführungen ergänzt werden. Vgl. M. Hengel/A.M. Schwemer (Hrsg.), Königsherrschaft Gottes und himmlischer Kult im Judentum, Urchristentum und in der hellenistischen Welt. Tübingen 1990, S. 5. 8. 15f.
Im LXX-Zusätzen zu Esther 5, 2a (in der Zählung von Rahlfs = D 13 in der Zählung Hanharts, siehe Quellenverzeichnis) findet sich noch einmal ein Vergleich des Königs mit einem Engel: Esther begibt sich unerlaubtermaßen vor den König, sieht ihn und erschrickt. Ihre Ohnmacht erklärt sie dem Gatten

zum Bild von Gott, der in seinem Tempel thront. Für die Angelologie heißt das unmittelbar: Engel werden nun nicht mehr nur noch als Hofstaat eines Königs gesehen, sondern auch in priesterlichen Funktionen in einem himmlischen Heiligtum (siehe im folgenden). Das kann in dieser Form auch außerhalb der Apokalyptik geschehen, wird aber umso krasser, als der Apokalyptiker nicht mehr nur noch in eine bessere Zukunft, sondern in eine andere himmlische Wirklichkeit flieht.

In seinem Pessimismus erfährt der Apokalyptiker seine Ideal-Vorstellungen nicht selten als himmlische Wirklichkeit, zu der er gelangen kann, die kritisierten irdischen Zustände dagegen als das Werk dämonischer Mächte[22]. Die unabänderliche Gegenwart ist in dieser Form nicht „Gott-gewollt". Aber Gottes Wille ist nicht allein von den Taten der Menschen abhängig. Es ist schlechterdings nicht vorstellbar, daß der rechte Gottesdienst einzig in die Hände einer Priesterschaft gelegt ist, die den Vorschriften Gottes, wie sie der Apokalyptiker interpretiert, nicht entspricht. Aber er selbst ist nicht in der Lage, am für ihn

---

mit den Worten: εἰδόν σε κύριε ὡς ἄγγελον θεοῦ καὶ ἐταράχθη ἡ καρδία μου ἀπὸ φόβου τῆς δόξης σου. Der Vergleich des Königs mit einem Engel Gottes ist aus der Davids-Überlieferung bekannt (s. Kap. 1), und es ist denkbar, daß jene Geschichten auf die Ausgestaltung dieses Zusatzes eingewirkt haben. Die Angst Esthers ist zunächst Theophanie- dann aber auch Angelophanie-Motiv (s. Kap. 1 am Ende). Der engelgleiche König des Esther-Zusatzes sitzt nun auf einem Thron - eine Aussage, die in Verbindung mit dem Motiv der Angst von einem biblischen Autor so nicht gemacht worden wäre. In jedem Fall geht es hier nicht mehr um die den Thron Gottes umstehenden Engel, sondern um den König selbst als Engel. Vgl. zu den Esther-Zusätzen bes. H.(E.) Bickerman(n), *Notes on the Greek Book of Esther*. PAAJR (1951), S. 101-13; C.A. Moore, *On the Origins of the LXX Additions to the Book of Esther*. JBL 92 (1973), S. 382-393 (hier bes. S. 382f); nach Moore soll die Abfassung der Zusätze nicht nach 94 christlicher Zeitrechnung liegen.

22 So z.B. bei dem Mythos von den „gefallenen Engeln" in äHen 6-15. Vgl. D.W. Suter, *Fallen Angels, Fallen Priests: The Problem of Family Purity in I Enoch 6-16*. HUCA 50, 1979, S. 115-135; G.A.G. Stroumsa, Another Seed. Studies in Gnostic Mythology. Leiden 1984 (NHS 24), S. 17-34 und ד. דימנט (D. Dimant), Jerusalem "מלאכים שחטאו" במגילות מדבר יהודה ובספרים החיצוניים הקרובים להן. תשל"ד/1974. Daneben wird dies mehrfach in Qumran deutlich, sowohl in der Aufteilung der Welt unter den Engel des Lichts und den Engel der Finsternis, als auch in einigen dämonologischen Texten; vgl. jetzt ב. ניצן (B. Nitzan), רשע. שירי שבח מקומראן לפחד ולבהלי רוחות Tarb. 51, 1985, S. 19-46.

unerträglichen Zustand[23] etwas zu ändern. Auf der Basis einiger biblischer Ansätze entfaltet er so eine Sicht, in der dem Gerechten, d.h. dem Apokalyptiker und seinen Gesinnungsgenossen, die „wahren" Zustände offenbar sind.

Die Lösung für seine pessimistische Weltsicht sieht der Apokalyptiker also nicht nur in Gottes Eingreifen am Ende der Tage, so gewiß er dieses immer wieder betont und beschreibt, sondern auch in der gegenwärtigen Möglichkeit des Verkehrs mit der himmlischen Welt. Andere Literatur-Gattungen werden von der Apokalyptik deren Hoffnung auf Gottes Gericht und seine Rettung des Gerechten übernehmen (SapSal), und so werden auch angelologische Motive „wandern".

Das Wissen des Apokalyptikers um die „tatsächlichen" Zustände bedarf zum einen einer Legitimation, zum anderen auch einer Möglichkeit des religiösen Verhaltens in dieser Welt. Beide Bedürfnisse gehen durchaus zusammen, insofern sich für den Apokalyptiker „der Himmel öffnet". Hierhin gehört die Himmelsreise und die Beschreibung himmlischer Gegenstände, besonders des himmlischen Heiligtums und der Liturgie dort.

2 Überblick

So kommt es zur enormen Entfaltung der Engelvorstellung im außerbiblischen Schrifttum. Diese ist nicht so sehr damit zu erklären, daß für den Apokalyptiker Gott immer „transzendenter", also unerreichbarer, geworden sei und er

---

23 Hierher gehören der unterschiedliche Festkalender wie er im äHen, dem Jubiläenbuch und den Qumran-Schriften vorliegt (vgl. hierzu S. Talmon, *The Calendar Reckoning of the Sect from the Judaean Desert*. ScrHie4, 2nd ed. (1965), S. 162-199 und R.T. Beckwith, *The Modern Attempt to reconcile the Qumran Calendar with the True Solar Year*. RdQ 7, 1970, S. 379-396. 587-591), die von der Bibel und der rabbinischen Literatur gleichermaßen abweichenden Opfervorschriften des Jub (zu den Unterschieden zwischen der Halacha des Jub und der rabbinischen vgl. C. Albeck, Das Buch der Jubiläen und die Halacha. BHWJ 46; zu Vorschriften, die Israel von den Völkern trennen sollen, besonders: E. Schwarz, Identität durch Abgrenzung. Abgrenzungsprozesse in Israel im 2. vorchristlichen Jahrhundert und ihre traditionsgeschichtlichen Voraussetzungen. Zugleich ein Beitrag zur Erforschung des Jubiläenbuches. Frankfurt/M.-Bern [1982] [EH.T 162]) und die neuen Tempelmaße der Tempelrolle mitsamt deren Opfer-Vorschriften.
Es ist nicht erstaunlich, daß sich für alle „Neuerungen" eine entsprechende Kritik am Bestehenden findet (1QpHab). Auffällig bleibt, daß die Apokalyptik außerhalb dieser wenigen Werke (Jub/Qumran) keine wirklich halachischen Schriften hervorgebracht hat - hierin der großen Menge der ebenfalls von der Apokalyptik bestimmten ersten christlichen Literatur ganz ähnlich.

deshalb eine Reihe von Mittelwesen brauche[24]. Vielmehr weiß sich der Apokalyptiker Gott näher als seine Umwelt. Er ist von ihm „auserwählt"[25]. Dabei steht es außer Frage, daß die Vertreter der neuen theologischen Richtungen sich auf die allgemein anerkannten Schriften berufen, nicht nur, weil die religiöse Taktik dies gebot, sondern, weil man sich in besonderem Maße für die Nachfolger des biblischen Gottesvolkes hielt[26].

Bei aller Veränderung des Denkens und besonders der Angelologie werden bekannte biblische Motive und Erzählungen die Grundlage jeder Entwicklung bleiben. Aber sie wird mythologisch erweitert und den Problemen der neuen Zeit entsprechend ausgelegt und ausgemalt. Auf dieser Basis werden die Apokalyptiker die folgenden angelologischen Motive entfalten, von denen hier jeweils nur einige Beispiele angeführt werden können, da die Quellenbasis zu umfangreich ist, um alle zu berücksichtigen[27]. Aus den biblischen Traditionen fließen jene Elemente, die mit dem himmlischen Rat als Diener des Königs verbunden waren (unten Nr. 1. 2. 5. 6). Diese werden verbunden mit dem neu erwachten kultischen Interesse (Nr. 3. 4). Dabei kommt den Engeln nun noch die Aufsicht über den Ablauf der Natur zu (Nr. 7). Nicht selten sind sie auch Vorbilder oder Ideale für den Menschen (z.B. Nr. 3). Bei dieser „Vervielfa-

---

24 So die gängige Erklärung für das immense Anwachsen angelologischer Traditionen in der außerbiblischen Literatur, z.B. bei D.S. Russell, The Method and Message of Jewish Apocalyptic. 200 BC-AD 100. (London 1964 = 1980), S. 237f.

25 Dies der stehende Terminus des äHen.

26 Die Abhängigkeit der Apokalyptik von der Prophetie wurde eine Zeitlang durch die von v.Rad ausgelöste Diskussion um das Erbe der Weisheits-Literatur in der Apokalyptik überschattet. Die Alternative als solche ist nicht überzeugend. Es gibt zwar auch einige weisheitliche Traditionen in der Apokalyptik, aber jene sind nicht selten an die skeptischen Weisheitsbücher, v.a. Hiob gebunden. Eine Bezugnahme zu den Sprüchen ist dagegen fast nicht festzustellen. Der prophetische Einschlag dagegen bestimmt die ganzen Gerichtsdarstellungen. Zur Literatur s. G.v. Rad, Die Theologie des Alten Testaments. Bd. II: Die Theologie der prophetischen Überlieferung Israels. München 1968, S. 316ff; dagegen: P.von der Osten-Sacken, Die Apokalyptik in ihrem Verhältnis zu Prophetie und Weisheit. München (1969) (TEH 157); J. VanderKam, *The Theophany of Enoch I 3b-7.9*. VT 23, 1973, S. 129-150 gibt ein Beispiel für die Benützung prophetischer Schriften in der Schilderung des Gerichtstags. Vgl. weiter die Diskussion um Hiob und das prophetische Erbe der Apokalyptik bei I. Gruenwald, Apocalyptic and Merkavah Mysticism. Leiden/Köln 1980 (AGAJU 14), S.1-18. Für eine ganz andere Sicht vgl. W.G. Lambert, The Background of Jewish Apocalyptic. London 1978 (WoodL 1977).

27 Hinzu kommen die unter 3 genannten methodischen Schwierigkeiten.

chung" der Engel kommt es dann zur Hierarchie. Aber diese Bereiche überschneiden sich in den jeweiligen Motiven[28]:

1) Da der Apokalyptiker eine eigene Weisheit[29] gegenüber dieser Welt vertritt, baut er auf das Motiv von der Weisheit des Hofstaats, das gelegentlich als solches anklingt, gelegentlich in der Form eines angelus interpres oder aber durch die Möglichkeit der Anfrage an den Engel benützt wird.

2) Bei seinen Himmelsreisen wird der Apokalyptiker nicht selten von einem Engel begleitet. Die Begleitung durch einen Engel bei Reisen ist biblisch und erlebt (offensichtlich noch vor der apokalyptischen Himmelsreise) eine besondere Ausformung in der Erzählung von Tobit. Eine scheinbar hiermit verbundene Tradition ist die Begleitung der Seele der Toten durch Engel; zuerst von ausgezeichneten Persönlichkeiten der Vergangenheit berichtet, wird diese Vorstellung zur allgemeinen Annahme.

3) Der Apokalyptiker sieht sich in besonderer Nähe zum himmlischen Geschehen. So kommt es einmal zur Beschreibung seines zukünftigen Seins mit den Engeln und schließlich zum Glauben an die Verwandlung des Gerechten zum Engel. In der Vorwegnahme des Eschaton kann die „Engel-Gemeinschaft" als schon präsentischer Zustand geglaubt werden. Es folgt:

4) Zur Vision des himmlischen Tempels gehört die kultische Gemeinschaft mit den Engeln: Da der Kritiker der irdischen Tempel-Einrichtung einen himmlischen Ersatz kennt, der für ihn natürlich nicht Ersatz, sondern einzige Wirklichkeit ist, weiß er um die himmlische Liturgie; man wird annehmen können, daß sein Interesse hieran kein rein akademisches ist, sondern praktische Auswirkungen auf die irdische Liturgie hat[30].

5) Die himmlischen Geheimnisse haben ihre Auswirkungen auch auf den Ablauf der Geschehnisse auf Erden und sind in die Kritik an den bestehenden Verhältnissen einbezogen, insofern Engel nun nicht nur im Himmel wirken, sondern Opferzeiten, Opfermengen und andere Details offenbaren - bis

---

28 Die hier genannten Motive werden im folgenden entfaltet.
29 S. v.a. I. Gruenwald, *Knowledge and Vision* sowie weitere Aufsätze in seiner Sammlung o.Anm 5; vgl. sein *Jewish Apocalypticism to the Rabbinic Period*. Encyclopedia of Religion I (1987), S. 336-342.
30 Zu wahrscheinlichen Einflüssen auf die jüdische Liturgie bis hin zur modernen Zeit vgl. מ. בר-אילן (M. Bar-Ilan), סתרי תפילה והיכלות (The Mysteries of Jewish Prayer and *Hekhalot*). Jerusalem 1987, S. 121-152, bes. S. 141-152 sowie meine eigenen Ausführungen קדושים - מלאכים : האל והליטורגיה השמימית. E. Gottlieb Memorial volume ed. by M. Oron, Tel Aviv (im Druck).

hin zu den apokalyptischen Geschichtsüberblicken. Damit sind Engel aber auch Quelle für halachisches Wissen besonderen Inhalts.

6) Da der Apokalyptiker die Hoffnung auf Gottes Eingreifen am Ende der Tage nicht aufgegeben hat, so beschreibt er auch das Gericht, das Kommen Gottes und seinen endzeitlichen Sieg. Das himmlische Gericht als solches war bereits Gegenstand der biblischen Hofstaat-Konzeption - wenn auch in anderer Form. In der apokalyptischen Schau wird es nun mit Gottes Kampf gegen das Böse verbunden, und in der mehr dualistischen Schau stehen sich der Engel Gottes und der Engel, der das Böse vertritt, gegenüber. Dieser Teilbereich hat eine zusätzliche Nuance darin, daß der Gegner der bestehenden Verhältnisse sich durchaus mit militärischen Mitteln unterdrückt glaubt (zumindest gilt das für den „Lehrer der Gerechtigkeit" in Qumran: 1Qp Hab), und so ist Gottes Eingreifen mithilfe seiner Engel-Truppen auch im Rahmen des Motivs vom Hofstaat als militärischer Größe zu sehen. In beiden Bereichen, die eng miteinander verwoben sind, kann der Engel dann gelegentlich die Endzeit heraufführen oder doch zumindest in ihr die Sache des Gerechten derart vertreten, daß man diesen Engel als messianische Gestalt verstehen darf.

7) Insofern die Auseinandersetzung des Apokalyptikers nicht nur mit Andersdenkenden aus den eigenen Reihen geführt wird, sondern diese jeweils in politischen Konstellationen mit ausländischen Mächten stehen, ist die fremde Macht mit in das gedankliche System einzubeziehen. Hier ist der natürlichste Ort für die Theorie von den Völkerengeln.

8) Engel leiten gelegentlich den Naturablauf. Es gibt Engel der Winde, des Regens etc. Schon biblisch war die Beziehung der Engel zu den Sternen, die jetzt besonders entwickelt wird.

9) Mit der ausgeprägten Angelologie, die eine Menge von Engeln voraussetzt, kommt die engelische Hierarchie in den Blick. Schon Tobit kennt eine besondere Gruppe von sieben Engeln. Die biblischen Hofstaat-Namen (und nicht nur sie) werden nun verwandt, um die verschiedenen Gruppen von Engeln voneinander abzusetzen.

Einige dieser Traditionen werden sich auch außerhalb der apokalyptischen Literatur nachweisen lassen. Die Verbindung der Angelologie mit dem Heerwesen und mit den Sternen wird eine Sonderentwicklung durchlaufen, die über die apokalyptischen Notwendigkeiten weit hinaus geht. Aber bei alledem bleiben die Engel selbst in der Apokalyptik zunächst relativ anonym: Sie mögen Namen tragen und Funktionen erhalten, dennoch werden sie nicht weiter dargestellt. Die minutiöse Beschreibung des Engels, die nicht wenige biblische Züge mit paganen vermischt und so neben dem Reichtum an Traditionen den Engel erst zu einer Persönlichkeit werden läßt, entsteht in anderen Werken der Epoche. Das Ergebnis der angelologischen Entwicklung dieser Zeit ist die Durchdringung der meisten Vorstellungsbereiche mit Engeln, die durch vielfache Delegation göttlicher Aufgaben immer selbständiger werden.

3 Zur Auswahl der Quellen und zur Methode

Nun ist die literarische Gattung der Apokalypse nur eine unter den vielen der nachbiblischen Literatur. Einige Werke, die anderen Gattungen angehören, haben zwar einiges an „apokalyptischen Motiven" aufgenommen, aber es gibt eine Fülle nicht-apokalyptischer Literatur, die zum einen Teil Interesse an den Engeln zeigt, zum anderen nicht. Darüber hinaus unterscheiden sich die hier auf die Angelologie hin zu untersuchenden Quellen von den in den beiden vorangegangenen Kapiteln verhandelten grundsätzlich dadurch, daß hier nicht eine fest umrissene Sammlung von Texten behandelt wird, die in irgendeinem historischen Stadium als Einheit verstanden wurde. Die hier herangezogenen Texte sind vielmehr je einzelne Literaturwerke mit unterschiedlicher Theologie und daher auch Angelologie. Gemeinsam ist allen Autoren der Rückgriff auf die Quellen der jüdischen Religion, d.h. die Bibel, bzw. die Teile der Bibel, die bereits eine gewisse Geltung hatten. Aber die einen versuchen, biblische Formen und Motive nachzuahmen, andere interpretieren (gelegentlich kontrovers), um die eigene Anschauung zu rechtfertigen. So eröffnen sich für den Forscher der nachbiblischen Literatur zwei grundsätzliche Möglichkeiten: Entweder man untersucht jedes Werk für sich und erhebt die Bedeutung und Eigenart der darin enthaltenen Angelologie, oder man sucht nach den je gemeinsamen Entwicklungslinien und stellt diese zusammen. Hier ist der zweite Weg eingeschlagen worden. Der Grund dafür ist ein doppelter:

1) Die Tendenzen bei der Ausprägung der Engellehre sind ähnlich. Dabei werden die biblischen Konzeptionen selbst nicht auf ein Mal verändert, vielmehr klingen in der nachbiblischen Literatur noch eine Reihe von biblischen Motiven an: Die Erscheinung eines nicht erkannten Mannes (Raphael) oder die Nähe des Engels zum Propheten (epJer) etc. Dennoch kann man auf Schritt und Tritt die wachsende Erhabenheit des Engels beobachten, bis dieser schließlich wieder in größte Nähe zu paganen, polytheistischen Vorstellungen gerät. Hier-

her gehören u.a. die Wunder, die die Angelophanie nach und nach begleiten werden. Im Endstadium werden Engel dem biblischen Hofstaat in vielem gleich sein: Sie sind weise wie dieser und preisen wie er ihren Schöpfer - aber sie erscheinen jetzt dem Menschen als Angehörige der himmlischen Welt, um entweder dem Einzelnen aus persönlicher Not oder aber dem Volk aus kriegerischer Bedrängnis zu helfen. Zwar wird Gottes Urheberschaft nicht selten betont, aber der vor den Menschen Ausführende ist der Engel. Als Reaktion auf diese Berichte kommt es in einigen nachprüfbaren Parallel-Traditionen sogar zur nachträglichen Tilgung des Engels. Mit diesem Schritt ist die nächste Stufe der Angelologie anvisiert, die in Kap. 4 behandelt werden soll.

Neben der biblischen Grundlage der neuen Werke läßt sich ein zunehmender Fremd-Einfluß auf die Ausgestaltung der Engel-Erzählungen nicht verheimlichen. Delphische Lokalheroen und andere geben zwar nicht die Erzählung von Heliodor als solche (2Makk 3), aber doch eine Reihe von Seitenmotiven. Wenn auch der eine oder andere Zug nicht übernommen worden ist, sondern einfach eine unabhängige Eigenentwicklung darstellt, so haben die Autoren die Nähe zur sie umgebenden hellenistischen Welt zu berücksichtigen - gleich, ob ihr Werk auf Hebräisch geschrieben und nachher übersetzt worden ist[31] oder ob es von Anbeginn an griechisch gedacht und geschrieben wurde[32], denn auch die Übersetzer sind nicht frei, sondern haben ihr Judentum in der heidnischen Umwelt zu vertreten, wie die Dan-LXX deutlich zeigt.

Diese gemeinsamen Züge in der Entwicklung der Angelologie im Allgemeinen und in der speziellen Situation der jüdischen Theologie in Auseinandersetzung mit der hellenistischen Welt im Besonderen erlauben die summarische Behandlung jüdischer Dokumente der Zeit anstelle einer Sammlung von Einzeluntersuchungen.

2) Viele Werke jener Zeit schildern Ereignisse ihrer Gegenwart oder der allerjüngsten Vergangenheit. Da jene Epoche sehr kriegerisch war, fällt den Engeln nicht selten eine militärische Rolle zu. Aber demgegenüber gibt es eine Reihe von Erzählungen, die den persönlichen Aspekt zum Gegenstand haben. Da es hier aber nicht um die Literaturgeschichte der nachbiblisch-jüdischen Schrift-Werke geht, sondern um die Entstehung eines bestimmten Typs der Angelologie, genauer um die Erhöhung des Boten zu einem himmlischen

---

31 Das gilt für einige unkanonische Bücher wie Sirach, Tobit, vielleicht auch die LXX-Zusätze zu Est/Dan/Jer und andere.

32 Wie z.B. die Werke der jüdisch-hellenistischen Literatur, die uns nur fragmentarisch erhalten sind (Aristeas/Ezechielus tragicus u.a.).

Wesen, dessen Verhältnis zu Gott und Mensch neu zu bestimmen ist, kann die literarische Eigenart außer Betracht bleiben. Im Rahmen des Nachweises einer bestimmten Entwicklung ist auch die Auswahl der behandelten Quellen nicht von oberster, sondern nur von nebengeordneter Bedeutung. Kämpfende Engel finden sich nicht nur im 2Makk, sondern auch in Qumran[33]. Die Weisheit des Hofstaats spielt in Tobit wie in den apokalyptischen Werken eine Rolle. Sie findet ihren Ausdruck nicht nur im angelus interpres, sondern auch bei den Engeln, die dem in den Himmel versetzten Seher seine Visionen erklären. Der Apokalyptiker kann seine Himmelsreise[34] mit Hilfe eines Engels unternehmen, wie umgekehrt Tobit von Raphael begleitet wird. Wenn also Motive derart breit gestreut vorliegen, wird der Nachweis der angelologischen Entwicklung nicht so sehr von der Wahl der je einzelnen Quelle beeinträchtigt.

Allerdings enthält die Frage nach der religionsgeschichtlichen Zugehörigkeit jener Quellen ein grundlegendes methodisches Problem. Kann man diese Literatur in Bausch und Bogen als jüdische betrachten? Wie weit geht der christliche[35] Einfluß auf das je einzelne Werk? Auch wenn man diese Fragen für die eine oder andere Schrift dahingehend beantworten muß, daß es sich tatsächlich um spätere, christliche oder christlich bearbeitete Werke handelt[36], ist für unsere Untersuchungen die Gesamtentwicklung ausschlaggebend.

In einigen Forscher-Kreisen sind die nicht-kanonischen Schriften längst zu einer unumstrittenen Quelle für das „intertestamentarische Judentum" geworden. Dabei wird, was in gewissen Sammelwerken gedruckt steht, fast kritiklos für jüdisch und (mit wenigen Ausnahmen) vorchristlich gehalten. Doch hat man sich stets klar vor Augen zu halten: Die Handschriften, die jene Werke enthalten, sind in der Regel spät. Wenn man von der opinio communis ausgeht, hat das Judentum bei der Festlegung seines Kanons jene Schriften nicht

---

33 Vgl. v.a. 1QM und insgesamt S.(F.) Noll, Angelology of the Qumran Texts. Diss. Manchester 1979, S. 176f.

34 S. v.a. die Einleitung in I. Gruenwalds, Apocalyptic and Merkavah Mysticism. (o. Anm. 26) und die Anm. 18 genannten Arbeiten.

35 Vgl. z.B. י. אפרון (Y. Efron), מזמורי שלמה. השקיעה החשמונאית והנצרות. (Zion 30, 1965, S. 1-46 =) Idem, חקרי התקופה החשמונאית. שבע סוגיות. (Tel-Aviv 1980), S. 195-249. Von S. 214 an versucht Efron, die PsSal als christliches Werk zu erweisen.

36 Über Versuche wie den eben genannten vgl. die (leider allzu) kurze Reaktion von E.E. Urbach, The Sages. Their Concepts and Beliefs. I-II. Jerusalem 1975, hier: I, S. 12f.

übernommen und sie deshalb verloren[37]. Die christliche Kirche hat demnach einen Teil dieser Literatur im Rahmen ihres griechischen Kanons, der LXX, aufbewahrt[38], einen anderen außerhalb desselben. Aber aufgrund des Rufes zur „Hebraica veritas" im Gefolge des Hieronymus wurden jene Bücher, die nicht in der LXX standen, auch aus den meisten Kirchen verbannt. Nur dort, wo die Großkirche aus politischen oder anderen Gründen keinen ausreichenden Einfluß mehr hatte, haben sie sich gehalten, meist in Randkirchen. Aber auch so blieb nur ein Teil erhalten, gelegentlich ist man von einer einzigen Handschrift[39] abhängig. Die Texte existieren häufig nur in Übersetzungen und Tochter-Übersetzungen.

Es wird kaum noch diskutiert, daß im Verlauf der Jahre auch christliche Bearbeitungen stattgefunden haben[40]. Die Frage ist nur jeweils, wie weit diese Bearbeitungen reichen und wo eigenständige christliche Literatur - wenn auch auf jüdischer Tradition aufbauend - beginnt. Konkret: Was ist der Unterschied zwischen antik-christlicher Apokalyptik, wie der ApkJoh und dem Hirten des Hermas und jüdischen Werken dieser Gattung, wenn man die „Messias"-Frage

---

37 Zum Problem des Kanons sind bereits einige Worte gefallen (s. S. 11f); für eine von der hier vorgetragenen abweichende Sicht vgl. noch G.W. Anderson, *Canonical and Non-Canonical*. CHB I: From the Beginnings to Jerome. Ed. by P.R. Ackroyd and C.F. Evans. Cambridge e.a. 1970, S. 113-159.

38 Zur Kanonisierung der christlichen Bibel s. H. v. Campenhausen, Die Entstehung der christlichen Bibel. Tübingen 1968 (BHTh 39), Kap. 1-3. Zwar ist die Überlieferung einer Schrift in der LXX nicht mit ihrer Kanonisierung gleichzusetzen (Anderson, vorige Anm., S. 145ff), aber eine bestimmte Wertschätzung sollte damit schon verbunden sein.

39 So stand es jahrelang um syBar, bis in den letzten Jahren eine arabische Version des Buches gefunden wurde. Vgl. Quellenverz.

40 So ist die Lang-Version des TAbr mit einiger Sicherheit um christliche Einschübe erweitert. Der Streit um die TXIIPatr ist demgegenüber sehr viel heftiger: M. de Jonge, The Testaments of the Twelve Patriarchs. A Study of Their Text, Composition and Origin. 2nd ed. Assen 1975 (GTB 25) und *Christian Influence in the Testaments of the Twelve Patriarchs*. Idem (Ed.), Studies on the Testaments of the Twelve Patriarchs. Text and Interpretation. Leiden 1975 (SVTP 3), S. 193-246, datiert das Werk in christliche Zeit und schreibt es einem Christen zu, der allerdings auch jüdisches Material verarbeitet habe, wohingegen J. Becker, Untersuchungen zur Entstehungsgeschichte der Testamente der zwölf Patriarchen. Leiden 1970 (AGAJU 8) das Werk für jüdisch mit einigen christlichen Bearbeitungen hält. Die Meinungsverschiedenheit der beiden geht auch durch die kommentierten Übersetzungen, die beide zum Werk vorgelegt haben (s. Quellenverz.).

einmal ausnimmt?[41] Die Datierung der entsprechenden Werke wird so zu einem historischen Versuch, der auf Vermutungen und Fingerspitzengefühl angewiesen ist[42].

Mit der Entdeckung der Qumran-Rollen tat sich der modernen Forschung eine weitere Sammlung von Texten auf, die man in der Regel in die Zeit vor der Tempelzerstörung datiert. Sofern diese Datierung stimmt, können Qumran-Fragmente das Alter einiger nicht-kanonischer Bücher sicherer bestimmen helfen. Aber diese Folgerung beruht zumindest teilweise auf einem Zirkel-Schluß: Die Gegner der Frühdatierung Qumrans können sich darauf berufen, daß die gedankliche Nähe zu einigen nicht-kanonischen Schriften erst diese zeitliche Festlegung nahelegte (die chemischen Proben erlauben auch eine gewisse Abweichung von dem einmal gewonnenen Datum, so daß man für die Qumran-Rollen auch ins 2. Jh.d.g.Z. gehen kann). Seit der Entdeckung jener Rollen versucht man, sie für die Interpretation des Neuen Testaments fruchtbar zu machen; aber nach Meinung einiger nicht-christlicher Forscher beweist die evtl. Nähe beider Gruppen nichts anderes als die Abhängigkeit der Qumraniten (die entsprechend nicht mehr mit den Essenern verbunden werden) vom Neuen Testament[43].

---

41 Zum Hirten vgl. den Kommentar von Dibelius (s. Quellenverz.) und dessen Aufsatz *Der Offenbarungsträger im „Hirten" des Hermas.* Idem, Botschaft und Geschichte. Ges. Aufs. II: Zum Urchristentum und zur hellenistischen Religionsgeschichte. In Verb. m. H. Kraft hrsg.v. G.Bornkamm, Tübingen 1956, S. 80-93.

42 So hat der Herausgeber der editio princeps „Joseph und Aseneth" für einen christlichen Roman gehalten und diesen ins zweite Jahrhundert datiert. In Folge davon ist dieses, heute unter die jüdische Literatur der Diaspora gerechnete Buch lange nicht richtig beachtet worden: S.P. Batiffol, Studia Patristica. Études d'ancienne littérature chrétienne. Fasc. 1. Paris 1889, S. 35ff und dagegen C. Burchard, Untersuchungen zu Joseph und Aseneth. Überlieferung-Ortsbestimmung. Tübingen 1965 (WUNT 8), S. 140ff und D. Sänger, Antikes Judentum und die Mysterien. Religionsgeschichtliche Untersuchungen zu Joseph und Aseneth. Tübingen 1980 (WUNT 2.R. 5), S. 11-22.

43 Dabei sind solche Theorien nicht selten methodisch problematisch, wie z.B. die Bevorzugung der Kirchenväter-Literatur vor den synoptischen Evangelien durch י. בער (Y. Baer), ישראל בעמים. עיונים בתולדות ימי הבית השני ותקופת המשנה וביסודות ההלכה והאמונה. 2. Aufl. Jerusalem 1969-70, S. 112-114. Vgl. die Antwort ד. פלוסר (D. Flusser): מוצא הנצרות מן היהדות. (FS Y. Baer Jerusalem 1961 =) Ders., מחקרים ומסות. יהדות ומקורות הנצרות. Tel Aviv 1979, S. 418-447. Ebenso ist die Gleichsetzung der „Stadt" in den PsSal mit der in der ApkJoh erwähnten bei Efron, art.cit. (o.Anm. 35), S. 214ff, höchst uneinsichtig.

Auf den folgenden Seiten wird zwar vom consensus der Forschung ausgegangen, aber man sollte sich dennoch die Frage gegenwärtig halten, wie genau unsere Kenntnisse der unkanonischen jüdischen Literatur[44] eigentlich sind. Hier wird vorausgesetzt, daß christliche Schriftwerke[45] nicht ohne klare Bezüge zum proprium christlichen Glaubens denkbar sind, wiewohl jenes sich wandeln kann. Axiom der Einordnung antik-jüdischer oder antik-christlicher Literatur ist hier die Entstehung des Christentums aus dem Judentum, die eine Motiv-Übernahme von Seiten der Kirche jederzeit erklärt. Das Gegenteil bedarf erst noch eines genauen Nachweises, sofern dieser überhaupt möglich ist.

4 Die Gemeinschaft der Engel mit den Menschen in ihren verschiedenen Aspekten

Die Angelologie der nach- und außerbiblischen Literatur ist wesentlich von der Möglichkeit des Kontakts zwischen Mensch und Engel geprägt. Nicht alle hier zu nennenden Faktoren haben den gleichen Hintergrund oder die gleiche Zielrichtung. Dabei ist dieser Kontakt schließlich für alle Bereiche zu spüren: Weisheit, militärische Überlegenheit und persönliches Ergehen werden von den Engeln bezogen, die entsprechend mit diesen Attributen ausgestattet werden. Insofern damit göttliche Attribute auf Engel übertragen sind, Engel diese aber dem Menschen vermitteln, sei es zeitweilig, sei es auf Dauer, kann man die Entfaltung des Engelglaubens jener Zeit als das Herabziehen des Göttlichen in die Welt betrachten, m.a.W.: Die Entwicklung der Angelologie ist ein Stück Welteroberung, insofern Welt „besser", weil *theo*-logisch korrekter, verstanden

---

44 Ganz nebenbei: Die Codices der rabbinischen Literatur sind aus bestimmten Gründen in aller Regel ja auch nicht älter als die der „Apokryphen".

45 Man muß das nicht so hart ausdrücken wie G.E. Lessing, Nathan der Weise, II/2: „Um den Namen, um den Namen ist ihnen nur zu tun", aber man kann doch kaum ein christliches Quellenwerk jener Epoche benennen, das ohne die Verkündigung des „Messias Jesus" auskommt. Zweifellos haben sich einige der Forscher, die den jüdischen Charakter der nachkanonischen Literatur bestritten, von apologetischen Motiven leiten lassen (weshalb ein nicht unbeträchtlicher Teil dieser Bestreitung denn auch nicht publiziert wurde), aber die einfache Deklarierung, ein bestimmtes Werk sei jüdisch, eben deshalb weil aus vergleichbaren Motiven heraus eine christliche Abfassung nicht möglich erscheint, reicht hier ebenso wenig aus. Vgl. im übrigen D. Flusser, *Thesen zur Entstehung des Christentums aus dem Judentum*. (FR 26, 1975, S. 181-184 =) Ders., Bemerkungen eines Juden zur christlichen Theologie. (München 1984) (ACJD 16), S. 94-102; ders., *Lavater und der weise Nathan*. Ebd. S. 82-93.

wird. Die Hilfeleistung der Engel bei der Reise, im Krieg oder bei der „letzten Reise" sind Teil dieser Welteroberung oder doch zumindest „-versicherung". Der Einzelne versichert sich göttlicher Hilfe, d.h. konkret der Hilfe der Engel und macht sich damit Welt verfügbar oder nimmt ihr doch wenigstens einen Teil dessen, was ihn beängstigt und wogegen er aus eigener Kraft nicht anzugehen vermag. Besieht man das Problem allerdings weniger aus anthropologischer als vielmehr aus *theo*-logischer Sicht, dann werden hier Gottes Attribute durch die Hilfe der Engel wieder in die Welt hereingeholt. Man ist versucht, den Satz zu wagen, Gott werde ein Teil dieser verfügbar gemachten Welt. Einen Fingerzeig in diese Richtung bietet der sich entfaltende Glaube an die Verwandlung des Gerechten in ein engelähnliches Wesen, wenn nicht selbst in einen Engel. Damit wird erneut die Rolle deutlich, die die Liturgie und der Opferkult als Mittel zum korrekten Gottesverhältnis erhalten müssen. Es paßt aber umgekehrt auch genau in diese Linie, wenn viele der Autoren, die den Engelglauben stark hervorheben, ihrerseits nicht oder kaum an der Formulierung von Religionsgesetzen (הלכות) interessiert sind. Ein so in die Welt geholter Gott ist aber kaum der immer „transzendenter" gewordene, der für den Fortbestand eines Kontakts mit der Welt der Vermittlung der Engel bedarf. Es ist vielmehr die Zerlegung des Gottesbegriffs in seine je relevanten Züge, und so gesehen ist die Entwicklung des Engelglaubens tatsächlich eine Rückkehr zum paganen Polytheismus, notdürftig durch die Oberherrschaft Gottes über seine immer individueller werdenden Engel kaschiert.

Diese Teilaspekte sollen im folgenden dargestellt werden. Die enge Nähe des Einzelnen zu den Engeln, in einigen Kreisen als Gemeinschaft mit den Engeln erlebt, die „communio sanctorum", ist Kernpunkt dieser Entwicklung, wenn man weiter bedenkt, daß „Heilige" eben nicht nur ein angelologischer Terminus ist, sondern auch die Frommen selbst bezeichnen kann.

4. 1 Die Weisheit der Engel

Jene Weisheit des Hofstaats, biblisch nur in einigen, häufig polemischen, Andeutungen erwähnt, wird nun als Attribut der Engel zum Grundstein des religiösen Wissens jener Kreise, die die Angelologie entfalten. So wie in der paganen Mythologie und im Märchen ja auch alle Geisterwesen ein besonderes Wissen haben[46]. Sie findet in verschiedenen Quellen Ausdruck; nicht alle Be-

---

46 Vgl. G. Weicker, Der Seelenvogel in der alten Litteratur und Kunst. Eine mythologisch-archaeologische Untersuchung. Leipzig 1902, S. 38 (auf dieses Werk hat mich Frau Prof. R. Schlesier mündlich aufmerksam gemacht); für die

lege gehören zur apokalyptischen Literatur. Man kann hierfür z.B. den Bericht des Ps-Eupolemos zum Ausgangspunkt nehmen.

Die biblische Erzählung in Gen 6, 1ff ist schon mehrfach angeklungen. Hier geht es um einen besonderen Aspekt: Die Kinder jener „El-Söhne", die die spätere Zeit einfach als Engel verstanden hat, wurden als „Giganten" interpretiert. Nach der späteren jüdischen Tradition ist einer der Giganten in der Sintflut nicht umgekommen und konnte so die Stadt Babel gründen und in ihr *inter alia* Astrologie lehren. Dies die Hauptlinien des Berichts bei Ps-Eupolemos, zweiter Abschnitt[47]. Nach Ps-Eupolemos ist Abraham ein Nachkomme jener Giganten und deshalb in der Sternkunde bewandert.

Die Entstehung der Astrologie[48] erklärt derselbe Verfasser so: Ἕλληνας δὲ λέγειν τὸν Ἄτλαντα εὑρηκέναι ἀστρολογίαν, εἶναι δὲ Ἄτλαντα τὸν αὐτὸν καὶ Ἐνὼχ γενέσθαι υἱὸν Μαθουσάλαν, ὃν πάντα δι' ἀγγέλων θεοῦ γνῶναι καὶ ἡμᾶς οὕτως ἐπιγνῶναι / „Die Hellenen sagen, daß Atlas die Astrologie entdeckt habe, aber Atlas ist auch Henoch. Dem Henoch wurde ein Sohn, Methusalem, geboren, der alles von den Engeln Gottes lernte und so lernten wir." Die moderne Wissenschaft hält den Verfasser zwar für einen Samaritaner[49] und so kann man fragen, ob er überhaupt jüdische Traditionen widerspiegelt. Aber einige der von Ps-Eupolemos benutzten Traditionen begegnen auch in der zeitgleichen jüdischen Literatur - und das gilt besonders für die angelologischen Aussagen:

Kirchenväter s. E.C.E. Owen, *Δαίμων and Cognate Words*, JThS 32, 1931, S. 133-153, hier seine Nr. 5t.

47 Text bei C.R. Holladay, I, (s. Quellenverz.), S. 174ff, kommentierte Übersetzung bei N. Walter (s. Quellenverz., hier: JSHRZ I/2).

48 Zur Verbindung der Engel mit der Astrologie s. im folgenden.

49 Hier kann die Diskussion mit den Ausführungen J.T. Miliks nicht aufgenommen werden, The Books of Enoch (s. Quellenverz.), S. 8f; zur hierdurch angeregten Forschung siehe den bericht von F. García Martínez/E.J.C. Tigchelaar, *The Books of Enoch (1Enoch) and the Aramaic Fragments from Qumran*. RdQ 14, 1989, S. 131-146 und die Bibliographie der Autoren, ebd., S. 149-174. Für den samaritanischen Hintergrund des Ps-Eupolemos vgl. H. Kippenberg, Garizim und Synagoge. Traditionsgeschichtliche Untersuchungen zur samaritanischen Religion der aramäischen Periode. Berlin/New York 1971 (RVV 30), S. 80-83 und die Bibliographie dort; zu den Beziehungen zwischen jüdischen Traditionen und Ps-Eupolemos vgl. auch B.Z. Wacholder, *Pseudo-Eupolemos' Two Greek Fragments on the Life of Abraham*. HUCA 34, 1963, S. 83-113; ferner die Einleitungen von N. Walter und C.R. Holladay, I, (s.Quellenverz.) jeweils zu Ps-Eupolemos.

In den Erzählungen über Noahs Geburt lesen wir gelegentlich von Henochs Unterweisung durch die Engel, so im GenApkr aus Qumran 2, 19-21:

באדין אנה למך [רטת] על מתושלח אבי וכולא לה [חיות ...{ושאלתה די יאזיל על } חנוך]
אבוהי וכולא מנה ביצבא ינדע בדי הוא רחים ור{ } גי[ג ... ועם קדישיא] עדבה פליג ולה מוין כולא...

("Darauf lief ich, Lamech, zu meinem Vater Metusalah und berichtete ihm alles [und bat ihn, daß er zu Henoch ginge], seinem Vater, um von ihm alles zuverlässig zu erfahren, weil der geliebt ist und [..., so daß ihm bei den Engeln] sein Los zuteil wurde und sie ihm alles erzählen."). Sind die Engel hier nur durch Rekonstruktion zu erschließen[50], so ist der gleiche Sachverhalt an den folgenden Stellen sicher:

äHen 106, 7: „und nun will ich dich, mein Vater, anflehen und bitten, daß du zu unserem [Groß-]Vater Henoch gehen und von ihm die Wahrheit hören mögest, denn sein Wohnsitz ist bei den Engeln." 106, 19 (var.lect): „denn ich (Henoch) kenne die Geheimnisse der Heiligen"[51] (alle Stellen im Zusammenhang mit der außergewöhnlichen Geburt Noahs).

Henochs Beziehung zu den Engeln kommt auch sonst noch vor und ist Quelle seines besonderen Wissens, z.B. äHen 1, 2: „Und es redete und sprach Henoch, ein gerechter Mann, dessen Augen von Gott geöffnet worden waren, und er sah eine Vision des Heiligen im Himmel, die mir Engel zeigten. Und von ihnen hörte ich alles, und ich verstand, was ich sah." 12, 2: „Und alles, was er in den Tagen seines Lebens tat, tat er mit den Wächtern und den Heili-

---

50 Wie in der Fortsetzung dieses Fragments auch. Zu Text und weiteren Parallelen vgl. J.A. Fitzmyer, The Genesis-Apocryphon (s. Quellenverz.), S. 92f (zur Sache vgl. auch ebd. S. 80f); J.C. VanderKam, Enoch and the Growth of an Apocalyptic Tradition. Washington 1984 (CBQ.MS 16), S. 174-176; Die Übersetzung von K. Beyer, die hier zitiert wird, legt eine teilweise andere Rekonstruktion der Textlücken zugrunde als der Text von Fitzmyer, oben angezeigt durch { }; s. K. Beyer, Die aramäischen Texte vom Toten Meer samt den Inschriften aus Palästina, dem Testament Levis aus der Kairoer Genisa, der Fastenrolle und den alten talmudischen Zitaten. Aramaistische Einleitung, Text, Übersetzung, Deutung, Grammatik / Wörterbuch, Deutsch-aramäische Wortliste, Register. Göttingen (1984), S. 168f.

51 Vgl. die Anm. 19c bei S. Uhlig (s. Quellenverz.; die deutschen Henoch-Zitate sind i.a.R. seiner Übersetzung entnommen). Es ist kein Zufall, daß die konkurrierende Lesart die Geheimnisse der himmlischen Tafeln nennt. Vgl. zu diesen Uhligs Anm. 2a zu äHen 103, 2. Dort gibt es neben der Lesart „das heilige Buch": „das Buch der Heiligen", d.h. der Engel. Zu den Qumran-Fragmenten vgl. ausser Milik, Enoch (s. Quellenverz.) auch K. Beyer, op.cit. (vorige Anm.), S. 251.

gen." Jub 4, 21 steht allgemein über die Belehrungen Henochs: „Und Henoch war bei den Engeln Gottes sechs Jubiläen an Jahren. Und sie zeigten ihm alles, auf der Erde und was im Himmel, die Herrschaft der Sonne, und er schrieb alles auf".

Besondere Beachtung verdient die Tatsache, daß die Engel, die mit Henochs Wissen in Verbindung gebracht sind, in den Qumran-Fragmenten fast ausschließlich עירין und קדישין heißen, gelegentlich in der Kombination -עירין וקדי שין[52]. Der Terminus עיר kommt als Engelname nur in Dan 4 vor. Dort aber ging es um eine bestimmte Aufgabe: Die so benannten Engel haben die Strafe für den heidnischen König festgesetzt und verkünden sie ihm nun im Traum. Henoch, die Engel und die Träume sind als Motive auch in den Fragmenten des Gigantenbuches[53] miteinander verknüpft, das wohl ursprünglich zum Henoch-Kreis gehörte. äHen 16, 3 wird den gefallenen Engeln (also den עירין) der Vorwurf gemacht, daß sie die ihnen bekannten Geheimnisse an die Menschen weitergegeben hätten, wenngleich einige Handschriften hier einschränken: „Aber die Geheimnisse waren euch noch nicht offenbart; doch ein verwerfliches Geheimnis kanntet ihr und das habt ihr ... mitgeteilt."[54]

Die Verbindung Abrahams zu den Giganten, ist dem Epiker Philon bekannt[55], der die Giganten für Herrschende hält (wohl Herrscher Babels).

---

52 Vgl. bei Beyer, op.cit. (o.Anm. 50), S. 167-169. 226. 241. 269.
53 Vgl. die Texte und ihre Interpretation bei Beyer, op. cit. (o. Anm. 50), S. 258-268. Damit ist aber noch nicht gesagt, daß das Gigantenbuch ursprünglich anstelle der *Similitudines* gestanden habe und durch diese (späte) Komposition erst nachträglich verdrängt worden sei. Zur Diskussion vgl. z.B. J.C. Greenfield/M.E. Stone, *The Enochic Pentateuch and the Date of the Similitudes.* HThR 70, 1977, S. 51-65; M.E. Stone, *The Book of Enoch and Judaism in the Third Century B.C.E.* CBQ 40, 1978, S. 479-492. Die Aussage in äHen 16, 3 steht in jenem Kontext, der das Wissen der Engel negativ beurteilt; vgl. Kap. 4 sowie J. VanderKam, art.cit. (o.Anm. 26), hier S. 141.
54 Uhlig (s. Quellenverz.) verweist, S. 545 Anm. 3c, auf die Parallele zu Laktanz. Diese ist aber innerchristlich durch die Ausführungen Tertullians vorgegeben: de idolatria 4, 2f. Tertullian legt hier äHen 6ff auf die Dämonen und gefallenen Engel aus, wobei Dämonen und gefallene Engel für ihn offensichtlich eins sind; vgl. den Kommentar von Waszink/van Winden (s. Quellenverz.), S. 114f. Celsus kennt den Mythos offensichtlich und verbindet ihn bereits mit der Zahl 60 oder 70 (bei Origines, Contra Celsum V, 52, Text nach Stern [s. Quellenverz.], S. 257); vgl. auch Julian, Contra Galilaeos 290B (Stern, ebd., S. 525).
55 Text bei Denis, (s. Quellenverz.) S. 203f, hier Zeile 5-7; Übersetzung und Kommentar bei N. Walter, (s. ebd., hier: JSHRZ IV/3), S. 137-171, hier S. 149.

Die Weisheit 137

Die Parallelen zu Ps-Eupolemos entstammen also in der Mehrzahl der apokalyptischen Tradition, wo die dem Apokalyptiker gegebene Offenbarung durch seinen engen Kontakt mit den Engeln möglich ist. Im Rahmen des Ps-Eupolemos ist nun die Entdeckung der Astrologie an die Nachkommen der El-Söhne, d.h. der Engel geknüpft. Diese neue Konstellation ist Fortentwicklung des Motivs von der Weisheit des Hofstaats, die insofern leicht zustandekommen konnte, als ein Teil der Hofstaat-Traditionen über den Begriff des „Heeres der Himmel" schon mit den Sternen verbunden war. Die Gleichsetzung der „Engel" aus Gen 6 mit den Giganten mußte beim griechischen und beim hellenistisch-jüdischen Leser einige Assoziationen wecken. Der Verfasser des 3Makk[56] wird denn auch die Verwegenheit der „Giganten" geißeln (3, 4), und Josephus hält sich an diese Bewertung der Überlieferung (Ant 1, 73).

Deutlich wird die Weisheit den Engeln im slHen zugesprochen, wo es einmal heißt, (Lang-Rezension, 30, 11f) „Und auf der Erde setzte ich ihn (Adam) als zweiten Engel, ehrenvoll und groß und herrlich. Und ich setzte ihn zum König der Erde, das Königtum habend durch meine Weisheit. Und nicht war ihm eine gleich auf der Erde von meinen seienden Kreaturen"[57]. Mit der

---

M. Hengel, Judentum und Hellenismus. Studien zu ihrer Begegnung unter besonderer Berücksichtigung Palästinas bis zur Mitte des 2. Jh.s v. Chr. 2., durchges. und erg. Aufl. Tübingen 1973 (WUNT 10), S. 163f mit Anmerkungen dort, erwägt die Vorbereitung des Gedankens durch den griechischen Titanen-Mythos. Weiter: S. Speyer, *Art. Gigant.* RAC 10, S. 1247-1276.
Für die Verbindung Abrahams mit den Giganten ist es vielleicht nicht unwesentlich, daß nach Ps-Philo, LAB 18, 5, Gott dem Abraham die Ordnung der Sterne zeigte.

56 Text nach Hanhart (s. Quellenverz.); der letzte mir bekannte Versuch, im 3Makk eine auf historischem Bericht fußende Erzählung zu sehen, stammt von א. כשר (A. Casher), רדיפות היהודים באלכסנדריה בימי תלמי פילופאטור לפי ספר .In: מכבים ג מחקרים בתולדות עם ישראל וארץ ישראל, vol. 4 (hrsg.v. U. Rappaport), Haifa (1978), S. 59-76 mit ausführlicher Bibliographie.

57 Übersetzungen aus dem slHen nach N. Bonwetsch (s. Quellenverz.), aber die englische Übersetzung von F.I. Andersen in Charlesworths Sammlung (s. ebd.) ist durchgängig verglichen. An der vorliegenden Stelle ist sie sogar eindeutiger (hier: Rez. J): „And ... I assigned to him to be a second angel ... And I assigned to him to be a king, to reign on the earth, and to have my wisdom." Vgl. ebd. 30, 8. Dennoch kennt slHen auch die gegenteilige Behauptung, daß Gott seinen Engeln nicht alle Geheimnisse kundgetan habe, sie nun aber dem Apokalyptiker anvertraut: slHen 24, 3 (beide Rezensionen) und ebd. 40, 2f: Nicht einmal die Engel kennen ihre genaue Zahl; Henoch selbst aber habe sie aufgeschrieben. Der slHen erweist sich hier, wie auch sonst gelegentlich als eine Mischung älterer apokalyptischer Anschauungen mit offensichtlich späteren Motiven. Doch kann darauf hier nicht eingegangen werden.

138   *Die ausserbiblische Entwicklung*

Einsetzung zum Engel geht die Verleihung der Weisheit zusammen, die Adam dann über alle Kreatur erhebt. Diese Weisheit ist göttlich. Allerdings ist sie von der Anwesenheit des Propheten im himmlischen Rat grundsätzlich verschieden: Dort war der Zugang zu ihr akzidentel, hier ist der Besitz dieser Weisheit attributiv. Der gleiche Verfasser schildert den buchführenden Engel, 22, 11[58]: „Und es rief der Herr den Vreteel (Lang-Rezension: Vrevoel), einen von seinen Erzengeln, welcher war weise, aufschreibend alle Werke des Herrn". Die Lang-Rezension legt nahe, daß nicht nur dieser Engel weise war, denn dort ist Vrevoel beschrieben als der, „welcher auch war schneller an Weisheit mehr als die anderen Erzengel." Diese Tradition wirkt weiter bis die Hekhalot-Literatur, wenn es z.B. 3Hen 48 C 4[59] am Ende heißt, daß Gott dem Metatron seine (d.h. Gottes) Weisheit und Verständnis gegeben habe. Das Schreiben (besonders von Büchern, wohl als Aufzeichnungen für das endzeitliche Gericht) ist ein besonderer Aspekt der engelischen Weisheit: slHen 22, 4; 23, 6; ApkJoh 2, 1; Röm 16, 22; 3Hen 27, 1f[60].

Die Weisheit der Engel kann zu bestimmten angelologischen Titeln führen, wie v.a. die Qumran-Literatur belegt: In der Schabbat-Liturgie aus Qumran[61]

---

58 Kurz-Rezension = 22, 10 bei Andersen. Das Motiv des Schreiber-Engels ist in der außerbiblischen Literatur häufig, vgl. nur z.B. äHen 89, 76; 90, 14. 22. Die letzte Stelle erinnert auffallend an Ez 9 und die sechs „Männer" dort. Im Wächterbuch ist Henoch noch selbst der „Schreiber der Gerechtigkeit" (z. B. 12, 4) und es besteht kein Grund anzunehmen, daß diese Stelle den angelologischen widerspricht. Zur Verbindung des Schreiberamts mit der Weisheit vgl. bes. Uhligs Anmerkung „e" zu äHen 12, 3; und vgl. dort weiter z.B. 89, 76; 90, 14.

59 So nach der Zählung Odebergs (s. Quellenverz.) und entsprechend in der Übersetzung P. Alexanders in der Sammlung von Charlesworth, Bd. I. Bei P. Schäfer (s. Quellenverz.) als § 73 in leicht veränderter Gestalt.

60 Vgl. F. Noetscher, *Himmlische Bücher und Schicksalsglauben in Qumran*. (RdQ 1, 1959, 405-411 =) Ders., Vom Alten zum Neuen Testament. Ges. Aufs. Bonn 1962 (BBB 17), 72-79; und dagegen 4Esr 14, 42, wonach die Gefährten die inspirierten Bücher zwar aufschreiben, aber nicht verstehen. Ferner M. Hengel, op.cit. (o.Anm. 55), S. 366ff und F. García Martínez, *Las Tablas Celestes en el Libro de los Jubileos*. MCom 41 (Heft 78f = Palabra y vida. Homenaje a J.A. Díaz. Ed. A. Vargas Machina y G. Ruiz), 1983, S. 333-349.

61 Dabei kann דעת für das sonst häufige רז stehen: L.H. Schiffman, *Merkavah Speculation at Qumran: The 4QSerekh Shirot 'Olat ha-Shabbat*. Mystics, Philosophers, and Politicians. Essays in Jewish Intellectual History in Honor of A. Altmann. Ed. by J. Reinharz and D. Swetschinski with the collaboration of K.P. Bland. Durham 1982 (Duke Monographs in Medieval and Renaissance Studies 5), S. 15-47, hier S. 32.

Die Weisheit 139

begegnet mehrfach der angelologische Titel אלי דעת, so 4Q400 2 1; 4Q403 1i 31 u.ö., aber auch מלאכי דעת, z.B. 11Q ShirSabb 2-1-9 5[62], oder רוחי דעת אמת וצדק, 4Q405 19 4[63]. Die Verbindung dieser engelischen Weisheit mit den Mitgliedern der Gemeinde in Qumran wird spätestens bei der Benennung der durch die Engel Gesegneten deutlich: יושעי רזי ... טהור, קדושים מיסדי דעת (4Q403 1 i 19 = 4Q405 3 ii 9; 4Q403 1 i 24 = 4Q405 3 ii 16).

Entsprechend verspricht 1QS 4, 22 dem Gerechten der Endzeit, Gott werde ihn reinigen, להבין ישרים בדעת עליון וחכמת בני שמים להשכיל תמימי דרך[64].

Das Motiv der Weisheit des Engels wird auch außerhalb der apokalyptischen Offenbarungen und der Astrologie verwendet, so z.B. in der Susanna-Erzählung[65] (hier nach LXX und *nicht* nach Theodotion); ein Jüngling rettet Susanna, denn καὶ ἰδοὺ ἄγγελος κυρίου ἐκείνης ἐξαγομένης ἀπολέσθαι, καὶ ἔδωκεν ὁ ἄγγελος, καθὼς προσετάγη, πνεῦμα συνέσεως νεωτέρῳ ὄντι Δανιηλ („Und siehe, ein Engel des Herrn, als jene zur Hinrichtung geführt wurde, da gab der Engel, wie ihm befohlen war, einem Jüngling namens Daniel Geist der Einsicht"). Im Unterschied zur רוח אלהין קדישין aus Dan 4-5

---

62 Vgl. zu diesem Text A.S. van der Woude, *Fragmente einer Rolle der Lieder für das Sabbatopfer aus der Höhle XI von Qumran (11Q SirSabb)*. Von Kanaan bis Kerala. FS J.P.M. van der Ploeg... Hrsg.v. W.C. Delsman e.a. Kevelaer/Neukirchen 1982 (AOAT 211), S. 311-337, hier besonders S. 317. 324f.

63 S. C. Newsomes Ausgabe (Quellenverz.), S. 23ff. Vgl. dort auch zu den Titeln מאירי דעת und הוגי דעת etc. Vgl. weiter A.E. Sekki, The Meaning of *Ruah* at Qumran. Atlanta 1989 (SBL.DS 110), S. 158-160.

64 Vgl. O. Betz, *Geistliche Schönheit. Von Qumran zu Michael Hahn. Die Leibhaftigkeit des Wortes. Theologische und seelsorgerliche Studien und Beiträge als Festgabe für A. Köberle...* hrsg. v. O. Michel und U. Mann. Hamburg (1958), S. 71-86, hier S. 72, Anm. 7: „In der Gemeinschaft der Engel erhält der Mensch die vollkommene Weisheit und was vom Gerechten der ersten Frühe berichtet wird, gilt nach dem Sektenkanon auch für die vollendeten Gerechten der letzten Generation." Zu 1Q 4, 22 vgl. auch P. von der Osten-Sakken, Gott und Belial. Traditionsgeschichtliche Untersuchungen zum Dualismus in den Texten aus Qumran. Göttingen (1969) (StUNT 6), S. 179f.

65 Letzte gründliche Auseinandersetzung mit dieser Quelle ist H. Engels Buch Die Susanna-Erzählung. Einleitung, Übersetzung und Kommentar zum Septuaginta-Text und zur Theodotion-Bearbeitung. Freiburg/Göttingen 1985 (OBO 61); vgl. weiter den Kommentar von C.A. Moore, Daniel, Esther and Jeremiah: The Additions. A New Translation with Introduction and Commentary. Garden City/New York (1977) (AncB 44). Es ist möglich, daß die Susanna-Erzählung in Qumran bekannt war: J.T. Milik, *Daniele et Susanne à Qumran?* De la Tôrah au Messie (s.o. Anm. 13), S. 337-359.

(s.o.) geht es hier nicht um „heiligen Geist"[66], sondern um den „Geist der Einsicht". Man könnte den Vers auch dahin interpretieren, daß der Engel jenen Geist wie einen Gegenstand in Empfang nimmt, um ihn dem Daniel zu übermitteln; aber im Rahmen der Tradition von der Weisheit des himmlischen Rats liegt es näher, an eine Einsicht zu denken, die dem Engel eigen ist und an der er jetzt Daniel beteiligt.

Eine Übermittlung dieser Weisheit setzt auch SapSal voraus, wenn der Verfasser dort die σοφία rühmt, denn jene habe Jakob die γνῶσιν ἁγίων gegeben (10, 10)[67].

Der syBar kennt entsprechend einen Ramiel[68] als jenen Engel, der den wahren Gesichten vorgesetzt ist (55, 3) und in der grApkBar begrüßt Michael einen

---

[66] Die Forschung ist über die Ursprache der Susanna-Erzählung geteilter Meinung; sollte Milik (vorige Anm.) nachweisen können, daß sich Fragmente des Textes wirklich in Qumran befunden haben, dann legt sich eine semitische Sprache nahe. In keinem Falle sind die beiden Reaktionen Daniels auf die falschen Aussagen der Ältesten wegen der darin enthaltenen Wortspiele als Argument zu benützen: Fast alle modernen Übersetzungen ahmen das Wortspiel bei kleineren Veränderungen der Baum-Namen und der genauen Strafart nach. Eine Entscheidung der Frage nach der Ursprache aufgrund vermeintlicher Fehlübersetzungen scheint methodisch problematisch. Vgl. hierzu F. Zimmermann, *The Story of Susanna and its Original Language*. JQR 48, 1957/58, S. 236-241.

[67] Man könnte den Genitiv zwar auch anders deuten, aber welche „heiligen Dinge" soll Jakob bei seinem Traum erkannt haben. Auch D. Georgi (Übersetzung der SapSal, s. Quellenverz.) entscheidet sich für eine Deutung auf die Weisheit der Engel. Vgl. auch SapSal 7, 26.
Ähnlich liest sich auf den ersten Blick eine Stelle im TLev (8, 2): Bei der Investitur Levis verleihen ihm die sieben „Männer" die Priestergewänder und übergeben ihm unter anderem τὸ λόγιον τῆς συνέσεως. Allerdings lesen einige Handschriften hier statt „τὸ λόγιον" „τὴν ἐντολήν", was sachlich besser paßt. Entsprechend übersetzt J. Becker a.l. (s. Quellenverz.). Anders H.C. Kee in der Sammlung von Charlesworth: „the oracle of understanding". Der ganze Zusammenhang geht auf die Priestergewänder, die in Übereinstimmung mit dem „unblutigen Opfer" in TLev 3, 6 jeweils als moralische Qualität gedeutet werden, so daß die Stelle aus unserem Kontext besser ausscheiden sollte.

[68] Ramiel ist wohl identisch mit Jeremiel; vgl. äHen 20, 8 mit der griechischen Übersetzung hierzu. Zu diesem Engel s. weiter: 4Esr 4, 36 (in offenbarender Funktion); syBar 63, 6; OracSib 2, 215-217 (MSS!). Er wird dann später häufiger in magischen und mystischen Texten genannt, wobei besonders seine Rolle als Türhüter (seit ApkZeph 6, 8ff) betont ist. Zur Literatur siehe E. Peterson, *Engel- und Dämonennamen. Nomina Barbara*. RMP.NF 75, 1926, S.

anderen Engel: „Χαίροις καὶ σύ ὁ ἡμέτερος ἀδελφὸς καὶ ὁ τὰς ἀποκαλύψεις διερμηνεύων τοῦς καλῶς τὸν βίον διερχομένοις"[69]. Schließlich wird die Verleihung der Weisheit identisch mit der Transformation des Frommen in einen Engel, wenn der Beter bittet: „πλήρωσόν με σοφίας, δυνάμωσ[ό]ν με, δέσποτα, μέστωσόν μου τὴν καρδίαν ἀγαθῶν, δέσποτα, ὡς ἄγγελον ἐπ[ίγ]ειον, ὡς ἀθάνατον γενάμενον..."[70]

Ausgeprägter ist die Tradition von der Weisheit der himmlischen Engel in Tobit. Das Werk selbst ist volkstümlich. Obwohl die entsprechenden Fragmente noch nicht veröffentlicht sind[71], geht man davon aus, daß das Buch auch in Qumran bekannt war[72]. Es ist also wahrscheinlich, daß Tobit im Lande Israel in aramäischer oder hebräischer Sprache abgefaßt wurde[73].

392-421, Nr. 51 und 91 sowie J. Michl, Art. Engel V (Katalog der Engelnamen). RAC 5, S. 200-239, s.v.
Metatron wird in einigen späten Texten als der über die, nun allerdings bereits rabbinisch als Tora-Studium verstandene, Weisheit gesetzte Engel geschildert. In denselben Texten ist er aber auch Offenbarer der himmlischen Schau. Vgl. M.S. Cohen, The Shi'ur Qomah. Liturgy and Theurgy in Pre-Kabbalistic Jewish Mysticism. Lanham/New York/ London (1983), S. 126f.

69 11, 7 - fehlt in der slavischen Version; Vgl. weiter ebd. 4, 14f; TRub 5, 3; TJuda 15, 5 und TIss 2,1.

70 PGM (s. Quellenverz.) XXIIb („Gebet Jakobs"), Zeile 22ff. Allerdings ist der Text noch unsicherer als der Druck bei Preisendanz, S. 149, nahelegt. Mein Dank gilt Prof. P. Schäfer für seine freundliche Vermittlung und der Verwaltung der Staatlichen Museen Berlin für ihre Bereitwilligkeit, mir eine Fotographie des Papyrus Berolensis 13895 zur Verfügung zu stellen. Der Papyrus muß wohl noch einmal gründlich gelesen und kommentiert werden. E.R. Goodenoughs Bestätigung, der Text sei ein Produkt des hellenistischen Judentums, scheint etwas übereilt: Jewish Symbols in the Greco-Roman Period. 1-13, New York 1953-68, II, S. 203. Eine neue englische Übersetzung (von D.E. Aune) in H.D. Betz, Magical Papyri (s. Quellenverz.), S. 261.

71 Der Text nach der Ausgabe von Hanhart in der SeptG; die letzte mir bekannte, umfassende Diskussion des Werkes ist die von P. Deselaers, Das Buch Tobit. Studien zu seiner Entstehung, Komposition und Theologie. Freiburg/Göttingen (1982) (OBO 13).

72 Vgl. H.P. Rüger, Art. Apokryphen. TRE 3, 1978, S. 289-316, hier: S. 299; Deselaers, op.cit. (vorige Anm.), S. 18; L. Rost, Der gegenwärtige Stand der Erforschung der in Palästina neugefundenen Handschriften. ThLZ 78, 1953, S. 143-148; ders., Einleitung (s.o.Anm. 5), S. 44f; J.T. Milik, La patrie de Tobie. RB 78, 1966, S. 522-530.

73 S. o. Anm. 13; wie Greenfield datiert auch Grintz Tobit ins vierte Jahrhundert: ומפתחות. ספר יהודית. תחזורת הנוסח המקורי בצירוף מבוא פירושים (M. Grintz), מ. גרינץ Jerusalem (1958), S. 148. Der Text ist in zwei griechischen Versio-

Raphael kennt die verborgenen Fähigkeiten, die Fischen und Pflanzen inne wohnen (Kap. 6 und 11), wie er auch die Erde heilt, nachdem die aufrührerischen Engel sie durch ihre verbotenen Mitteilungen an den Menschen verdorben hatten: äHen 10, 4-8. Ganz allgemein unterrichten Engel Noah über die Anwendung von Heilkräutern (natürlich als exorzistisches Mittel gedacht): Jub 10, 10-14. Entsprechend werden Engel zur Heilung Kranker in den magischen Texten mehrfach angerufen. Raphael weiß alles im voraus. Die ganze Erzählung von der Reise des jungen Tobit mit dem Engel ist auf dieses Motiv gegründet. In seiner Volkstümlichkeit ist Tob aber - gerade bei der Behandlung der engelischen Weisheit - von den apokalyptischen Anschauungen grundsätzlich zu unterscheiden: Raphael teilt jeweils nur das mit, was Tobit wissen muß, um eine bestimmte Situation zu bestehen. Tobit wird selbst nicht Teilhaber an der besonderen Weisheit. Raphael, auf der anderen Seite, gehört zum himmlischen Rat (der hier bereits auf sieben Erzengel begrenzt ist): Tob 12, 12-15. Aber er kommt selbst zu dem Menschen in diese Welt, anstelle des biblischen Propheten, der den Hofstaat (wenn auch von der Erde aus) an seinem Ort, d.h. um Gott, sah und ihm dort zuhören konnte.

4. 11 Zum angelus interpres

Der Apokalyptiker hat bei seinen Himmelsreisen und Visionen scheinbar ständig die Möglichkeit, einen Engel nach der Bedeutung des Geschauten zu befragen. Aufgrund seiner Frage erhält Henoch eine Antwort, die er mit den Worten einleitet: „Da sprach Uriel, einer von den heiligen Engeln, der bei mir war, der mich führte..." (äHen 21, 5[74]). Ob Henoch, Baruch oder Esra, fast allen Sehern steht diese Möglichkeit offen und sie machen ausgiebigen Gebrauch von ihr. Der angelus interpres, wie ihn die moderne Forschung nennt, ist zugleich eine der verschiedenen Auswirkungen von der Umgestaltung der Weisheit des Hofstaats in der Apokalyptik, und im selben Moment eine der deutlichsten Gefährdungen des biblischen Monotheismus, wie er nach Dt-Jes und Dtn zu verstehen ist. Hatte Jeremiah noch hohnlachend die falschen Propheten gefragt (23, 18): כי מי עמד בסוד ה' וירא וישמע את-דברו, so antwortet der Apokalyptiker: Ich! Wenn aber derselbe Prophet (1, 11. 13) gefragt wird מה-אתה ראה ירמיהו, und er darauf seinem Gott Antwort gibt, die Gott selbst deutet, dann hat

---

nen überliefert. Vgl. hierzu zuletzt J.D. Thomas, *The Greek Text of Tobit*. JBL 91, 1972, S. 463-471.

74 Das Thema ist derart häufig und in der Literatur oft behandelt, so daß wir uns hier kurz fassen können. S.o. S. 60; vgl. weiter Anm. 5a bei Uhlig, S. 554.

sich dieses Verhältnis grundlegend gewandelt: Jetzt ist es der Apokalyptiker[75], der fragt, und der Engel, der antwortet.

Diese neue Rollenverteilung wird 4Esr 5, 38 (in Anspielung auf Dan 2, 11) kurz problematisiert: „Ich sagte: Herrscher, Herr, wen gibt es denn, der dies wissen könnte, außer dem, der nicht bei den Menschen wohnt?" Der Angeredete ist Uriel, jener angelus interpres des 4Esr, und ihm spricht der Verfasser die Weisheit des Hofstaats wieder zu. Dasselbe gilt für 4Esr 4, 21. Der Engel bestätigt die Antwort Esras und begründet: „Quemadmodum enim terra silvae data est et mare fluctibus suis, sic et qui super terram habitant quae sunt super terram intellegere solummodo possunt, et qui super caelos super altitudinem intellegendi"[76].

Auch in der Apokalyptik muß der Offenbarungsempfang[77] nicht immer an die Himmelsreise gebunden sein. Der Verfasser des 4Esr behauptet z.B. nicht, daß er die irdischen Sphären je verlassen habe. Das hindert ihn nicht, eine Vision des himmlischen Jerusalem[78] zu schildern. Ihm gegenüber reist Henoch mehrfach in den Himmeln[79], Levi steigt durch die sieben Himmel (TLev 3), im zweiten Teil der ApkAbr geleitet Yaoel den Erzvater durch allerlei Hindernisse hindurch in den Himmel, und im TAbr 15ff läßt sich Abraham vor seinem Tod von Michael auf einem Cheruben-Wagen zusammen mit 60 Engeln die verborgenen Plätze zeigen.

---

75 Vgl. N. Cohen, *From* nabi *to* mal'ak *to* „ancient figure". JJS 36, 1985, S. 12-24.

76 Dabei ist syntaktisch nicht sicher, ob „qui super caelos" sich tatsächlich auf einen Plural bezieht (siehe J. Schreiner, im Quellenverz., a.l.); aber der Zusammenhang (v.a. mit 5, 38) scheint doch den Plural zu rechtfertigen. M.E. Stone, Fourth Ezra. A Commentary on the Book of Fourth Ezra. Minneapolis (1990) (hermeneia), S. 87f legt zunächst mehr Gewicht auf den Gegensatz der beiden Welten und die eingeschränkten Wissensmöglichkeiten. Aber die Aussage des 4Esra ist hier ja bewußte Korrektur geläufiger apokalyptischer Muster. Vgl. auch idem, *Lists of Revealed Things in the Apocalyptic Literature.* Magnalia Dei. The Mighty Acts of God. Essays on the Bible and Archaeology in Memory of G.E. Wright. Ed. by F.M. Cross, W.E. Lemke and P.D. Miller. New York (1976), S. 414-452, hier S. 419-426.

77 Vgl. hierzu M. Hengel, op.cit. (o.Anm. 55), S. 372f.

78 Aus der umfangreichen Literatur hierzu seien nur genannt: O. Böcher, Kirche in Zeit und Endzeit. Aufsätze zur Offenbarung des Johannes. (Neukirchen 1983), darin besonders: *Die heilige Stadt im Völkerkrieg. Wandlungen eines apokalyptischen Schemas.* S. 113-132; sowie die Arbeiten von Urbach und Flusser, o.Anm. 8, mit deren bibliographischen Angaben.

79 Vgl. z.B. äHen 17ff.

144   *Die ausserbiblische Entwicklung*

Ist die Himmelsreise des Apokalyptikers also die - wenngleich drastische - Ausmalung des biblisch nur kurz gestreiften Phänomens[80], so ist der ständige Umgang des Propheten mit einem ihn begleitenden Engel als Herabholung jener himmlischen Weisheit in die irdische Sphäre zu verstehen. Es fragt sich dann, ob hier nicht ein Indiz für die oben ausgesprochene Vermutung liegt, dernach die Entwicklung des Engelglaubens das Himmlische irdisch greifbarer, d.h. auch verfügbarer, macht.

4. 2   Engel als Reisebegleiter

Die gerade angesprochenen Reiseberichte leiten von selbst zu einem verwandten Vorstellungskreis: der ständigen Begleitung des Frommen durch die Engel. Im Laufe der Zeit kann daraus die Vorstellung von der Gemeinschaft des Menschen mit den Engeln werden, sowohl als Ausdruck der Hoffnung auf eine bessere Zukunft als auch als Umschreibung einer bestimmten Gegenwart. Das Motiv der Begleitung des Menschen durch Engel hat ein biblisches Vorbild und ist nicht nur in der Apokalyptik zu Hause.

Die biblische Grundlage für das Motiv vom Engel als Reisebegleiter liegt im Bericht über die Reise Eliesers, des Knechts Abrahams, nach Haran (Gen 24). Abraham nimmt eine solche Begleitung als selbstverständlich an (V 7), und der Knecht berichtet Laban von der Begleitung eines solchen Engels (V 40). Ebenso wurde Israel in der Wüste von einem Engel begleitet (s.o.). In den Psalmen findet sich ganz auf dieser Ebene der Vers, 91, 11[81]: כי מלאכיו יצוה-לך לשמרך בכל-דרכיך.

Das Buch Tobit macht von diesem Motiv den weitgehendsten Gebrauch: Ohne die Begleitung des jungen Tobit durch Raphael ist die ganze Erzählung

---

80   Es scheint, als sei die rabbinische Reaktion gegen derlei Offenbarungen auf diesem Hintergrund zu verstehen. Nach einigen rabbinischen Berichten wird selbst Moses von den Engeln bedroht, als er in die Höhe des Himmels steigt, um dort die Tora in Empfang zu nehmen. Zu den Texten, ihrer Interpretation und religionsgeschichtlichen Parallelen vgl. J.P. Schultz, *Angelic Opposition to the Ascension of Moses and the Revelation of the Law.* JQR 61, 1970/71, S. 282-307. Die Texte sind teilweise neu ediert und die ganze Tradition kommentiert bei K.-E. Grözinger, Ich bin der Herr, dein Gott! Eine rabbinische Homilie zum Ersten Gebot (PesR 20). Bern/Frankfurt/M. 1976 (FJS 2), S. 142-189. 287-301. Vgl. weiter hierzu D. Halperin, The Faces of the Chariot. Early Jewish Responses to Ezekiel's Vision. Tübingen 1988 (TSAJ 16), S. 289-322. Zu den Inhalten der apokalyptischen Offenbarungen vgl. noch M.E. Stone, *Lists* (o.Anm. 76).

81   Hierher gehört auch der Zusatz der LXX zu Ri 4, 8, s.o.

nicht denkbar. Wenn Tobit-Vater dem jungen Tobit einen erfolgreichen Weg[82] wünscht, ist die Umschreibung als Begleitung eines Engels ganz natürlich: ἄγγελος γὰρ ἀγαθὸς συμπορεύσεται αὐτῷ... (5, 22, vgl. 5, 17).

epJer mahnt die Exulierten, auch in den schweren Tagen Gottes Herrschaft anzuerkennen, ὁ γὰρ ἄγγελός μου μεθ' ὑμῶν ἐστιν, αὐτός τε ἐκζητῶν τὰς ψυχὰς ὑμῶν (V 6). Aufgrund des Zusammenhangs ist nicht klar, ob hier ein Engel oder aber der Prophet selbst gemeint ist; die angelologische Deutung ist aber immerhin sehr wahrscheinlich.

Der unkanonische Anhang zum Danielbuch, Bel et Draco[83], erwähnt das Motiv der Engel-Hilfe bei der Reise in einer anderen Variation:

V 32ff erzählt von der Hilfe des Engels an Daniel. Die Erzählung geht davon aus, daß Daniel (wiederum) in einer Löwengrube ist. Im fernen Lande Juda sucht deshalb ein Engel den Propheten (so Theodotion V 33) Habakuk (Αμβακουμ) auf, der gerade das Essen für die Schnitter bereitet (V 33). Habakuk wird aufgefordert, dieses Essen dem hungrigen Daniel in die Löwengrube nach Babel zu bringen (V 34), was er aber ablehnt, weil er nicht wisse, wo Daniel sich aufhalte (35). V 36 schildert dann die „Reise": καὶ ἐπιλαβόμενος αὐτοῦ ὁ ἄγγελος κυρίου τοῦ Αμβακουμ τῆς κόμης αὐτοῦ τῆς κεφαλῆς ἔθηκεν αὐτὸν ἐπάνω τοῦ λάκκου τοῦ ἐν Βαβυλῶνι („Da ergriff der Engel des Herrn Habakuk am Haupthaar und setzte ihn auf die Grube in Babylon"). Nach-

---

82 Vgl. R. Pautrel/M. Lefebre, *Trois textes de Tobie sur Raphael (Tob V, 22; III, 16s; XII, 12-15)*. RSR 39, 1951 (Mélanges J. Lebreton), S. 115-124, hier besonders 115-117. Einige unkritische Vulgata-Texte bringen das Motiv noch in 10, 12 (so auch Luther), aber in der Ausgabe von Hanhart (Quellenverz.), ist diese Lesart nicht mehr verzeichnet.

83 In der ältesten Handschrift zur Daniel-LXX, Papyrus 967, waren die Bücher ursprünglich so angeordnet: Daniel - Bel et Draco - Susanna. Vgl. die Ausgaben des Papyrus von Geissen und Hamm (Quellenverz. unter LXX-Daniel). Bei Geissen, S. 18, und bei Hamm, S. 18, ist jeweils die Forschungsliteratur verzeichnet. Der Papyrus stammt nach Meinung der Paläographen aus dem Ende des zweiten oder dem beginnenden dritten Jh. d.g.Z. Zum Verhältnis der älteren Daniel-LXX zum Theodotion-Text vgl. auch noch J. Schüpphaus, *Das Verhältnis von LXX und Theodotion-Text in den apokryphen Zusätzen zum Danielbuch*. ZAW 83, 1971, S. 49-72. Die ältere Forschung ist bei A. Bludau, Die alexandrinische Übersetzung des Buches Daniel und ihr Verhältnis zum masoretischen Text. Freiburg 1897 (BSt[F] II/2-3), zusammengefaßt, die neuere bei R. Albertz, Der Gott des Daniel. Untersuchungen zu Daniel 4-6 in der Septuagintafassung sowie zu Komposition und Theologie des aramäischen Danielbuches. Stuttgart (1988) (SBS 131).

dem Daniel sein Essen erhalten hat, dankt er Gott, der Engel aber bringt Habakuk sofort wieder zurück (V 39).

Der Interpret hat mit dieser Szene einige Schwierigkeiten. Aber die Verse gehören zur handschriftlichen Überlieferung von Bel et Draco und lassen sich aus dieser nicht lösen[84]. Einige der neueren Kommentatoren haben Bel et Draco auf das zweite Jh v.d.g.Z. datiert[85]. Demnach sind die Verse nicht allzuweit von der Entstehung der ältesten apokalyptischen Schriften entfernt. Aber im Unterschied zu diesen reist Habakuk hier zwar von Juda bis nach Babel *durch* den Himmel, aber nicht direkt *in den* Himmel. Der Verfasser konnte sich ausserdem auf ein biblisches Vorbild stützen, das aber keinen Engel erwähnt. Ez 8, 2f schildert eine außergewöhnliche Erscheinung: ואראה והנה דמות כמראה-אש ממראה מתניו ולמטה אש וממתניו ולמעלה כמראה-זהר כעין החשמלה. וישלח תבנית יד ויקח-ני בציצת ראשי ותשא אתי רוח בין-הארץ ובין השמים ותבא אתי ירושלמה...

Die Gestalt, die Ezechiel hier erwähnt, bleibt unbestimmt[86], ebenso ihre eigentliche Aufgabe, denn nicht sie, sondern der „Geist" führt den Propheten zum zerstörten Tempel nach Jerusalem. Der Verfasser von Bel et Draco liefert die fehlenden Definitionen nach: Die Gestalt ist nun ein Engel. Dieser wird aber nicht im Lichtglanz geschildert, denn der Verfasser hat noch jenen biblischen Boten vor Augen; dennoch führt der Engel die Aufgabe aus. Das Motiv vom begleitenden Engel wird dann in der Apokalyptik weiter benützt. Vom Engel, der Henoch bei seinen Himmelsreisen begleitet (so schon im Wächterbuch), bis hin zu Jaoel, der im zweiten Teil der ApkAbr den Erzvater zu Gottes Thron führt, sind die Visionäre dieser Begleitung sicher. ApkAbr macht dabei deutlich, daß der Engel nicht nur *angelus interpres* ist, sondern die Reise wesentlich erst selbst ermöglicht. Einer besonderen Engelbegleitung erfreuen sich Levi und Juda: TLev 5, 4.

Die beiden Erwähnungen der Engelbegleitung in epJer und im Tobitbuch unterscheiden sich von den biblischen Erwähnungen hauptsächlich durch die längere Zeitspanne, die die späteren Autoren vorauszusetzen scheinen. Raphael

---

84 Eigentlich sollte erwartet werden, daß die Löwen hungrig sind und hierin die Gefahr für Daniel besteht. Wer ist dieser „Prophet" Habakuk? Handelt es sich bei den Versen 33-38 um einen Einschub?

85 Z.B. O. Plöger, *Zusätze zu Daniel*. Historische und legendarische Erzählungen. JSHRZ I/1, 2.Aufl. (1977), S.63-87, hier S. 67. Vgl. C.A. Moore, op. cit. (o.Anm. 65), S. 125. 128.

86 Zur Bedeutung der hier genannten Elemente vgl. den Kommentar von M. Greenberg, Ezekiel 1-20. A New Translation with Introduction and Commentary. Garden City/New York 1982 (AncB 22), a.l.

Der Engel als Begleiter 147

will schon zugegen gewesen sein, als Vater Tobit gegen das Verbot der Regierung Tote begrub, d.h. aber einige Zeit vor der eigentlichen Entsendung des Engels, Tob 12, 12f. Der Engel der Exulierten ist mit ihnen in Babylon.

Bel et Draco ist die einzige wirkliche Parallele zur apokalyptischen Tradition von der Himmelsreise außerhalb der Apokalypsen. Da aber ein Teil der apokalyptischen Tradition älter ist als dieser Anhang zu Daniel, wird man die Entstehung der apokalyptischen Himmelsreisen unter Hilfe und Beteiligung der Engel kaum auf Bel et Draco zurückführen, wenn auch der biblische Hintergrund aus Ez 8, 2f für die Apokalyptiker aufschlußreich sein kann. Im kaum der Apokalyptik zuzurechnenden LAB werden die persönlichen Schutzengel des Einzelnen, seine *custodes* (Wächter), erwähnt. Die Stelle LAB 13, 6 ist dabei nicht ganz sicher; demgegenüber sind solche Wächterengel beim Zug Israels vorausgesetzt, z.B. 15, 5[87]. Da sie den Menschen ständig begleiten, wird das Gebot Gottes, kein falsches Zeugnis zu sprechen, mit der Reaktion der Wächter begründet. Auch der tote Samuel, den die Frau von Ein Dor heraufbeschwört, wird laut LAB 64, 6 von zwei Engeln begleitet[88].

Das eigentlich Auffallende an dieser apokryphen Daniel-Tradition ist aber die Parallelität zu den Homerischen δαίμονες, die auch des öfteren Menschen unerwartet von einem Ort zum anderen bringen, wenn auch häufig zu ungutem Ausgang[89].

Hat man nun aus der veränderten Situation in Tob und epJer - dauerhafte Begleitung statt punktueller - zu entnehmen, daß hier die Begleitung des Menschen durch einen persönlichen Daimon eingewirkt hat, wie man sie aus der griechischen Tradition kennt? Dort begleiten Daimones den Menschen nicht nur zu Lebzeiten, sondern auch nach seinem Tod bis zu dem Ort, von dem aus seine Seele in den Hades gelangen kann (s. im folgenden). In späterer Zeit gilt

---

[87] Vgl. auch 59, 4; 32, 1; 30, 5. LAB 24, 3 kennt einen einzigen Engel der Wüstengeneration, was sicher vom biblischen Wortlaut beeinflußt ist.

[88] Zur Zweizahl vgl. K. Berger, Die Auferstehung des Propheten und die Erhöhung des Menschensohns. Traditionsgeschichtliche Untersuchungen zur Deutung des Geschickes Jesu in frühchristlichen Texten. Göttingen (1976) (StU NT 13), S. 269f Anm. 104. Das Motiv wird dann in der rabbinischen Literatur sehr stark entfaltet.

[89] Vgl. F.E. Brenk, *In the Light of the Moon. Demonology in the Early Imperial Period*. ANRW II, 16, 3, 1986, S. 2068-2145, hier besonders S. 2073f. 2078f. Zum himmlischen Doppelgänger vgl. auch R. Reitzenstein, Die hellenistischen Mysterienreligionen nach ihren Grundgedanken und Wirkungen. 3., erw.u. umgearb. Aufl. (Stuttgart 1927 = repr.) Darmstadt 1977, S. 178.

die Verschränkung beider Motive sicher, so wenn bei der Errettung des Petrus aus dem Gefängnis, acta 12, 15, die Magd den Geretteten für dessen Daimon hält. Die rabbinischen Weisen werden aus Ps 91, 11 folgern, daß zumindest der Gerechte immer von Engeln begleitet ist. Eine andere Tradition biegt die Engelbegleitung dann auf den Gerechten am Schabbat[90] um.

Bei der Reisebegleitung Raphaels lag ein wunderhaftes Motiv vor, das sich biblisch an Gen 24 anschließt; epJer 6 läßt sich auf dem Hintergrund der Führung Israels in der Wüste begreifen: So wie einst Gott in Gestalt der Feuer- und Wolkensäule Israel geführt hat, so verläßt er es auch jetzt im Exil nicht[91]. Aber hier stehen schon biblisch Engel und Gott gegeneinander (s.o.). Bei Bel et Draco ist dann eine Engel-Erscheinung in gewisser Nähe zu paganen Parallelen unter Anlehnung an eine biblische Theophanie formuliert worden.

4. 3   Engel als Totenführer

Der Reisebegleitung ähnlich ist ein anderes Motiv, das der Begleitung der Seele auf ihrem Wege nach dem Tode. Aber beide sind nicht identisch. Die Begleitung der Seele hat zwar ihre eindeutigen griechischen Parallelen[92], aber auch innerhalb der jüdischen Religion lassen sich Momente nennen, die die Entfaltung dieses zweiten Aspekts der engelischen Begleitung verständlich machen: Die Helden der Apokalyptik sind nicht selten solche Gestalten der Vergangenheit, deren Tod ungewöhnlich ist: Ob Henoch wirklich gestorben ist, kann man aus Gen 5, 24 nicht mit Sicherheit herauslesen (-ויתהלך חנוך את-האל

---

90 Vgl. zu all diesen bes. P. Schäfer, Rivalität zwischen Menschen und Engeln. Untersuchungen zur rabbinischen Engelvorstellung. Berlin/New York 1975 (SJ 8), S. 27ff. 60ff; weiter: TanB מצורע II (S. 22b) zu Koh 5, 5; die rabbinischen Vorstellungen finden einige Parallelen in der ApkMos 12//vitAd 39; vgl. MTeh 55, 3 (Buber, S. 148b), dass. zu 17,8 (ebd., S. 66b), Dtn.r (Wilna) 4, 4 (S. 140b) - in dieser Reihenfolge! Ferner: äHen 100, 5; TgPsJon zu Gen 33, 10; ApkMos 7//vitAd 33. Zur Auslegung von Ps 91, 11 s. besonders tSchab 18, 2 (Zuckermandel, S. 136, Z. 19); tAZ I 18 (ebd., S. 461, Z. 20ff); Gen.r 75, 8 (Theodor/Albeck, S. 886); bSan 103a. Zur letzten Stelle s. die Diskussion von J. Maier, Jesus von Nazareth in der talmudischen Überlieferung. Darmstadt 1978 (EdF 82), S. 66f. 285 und Anm. 136 ebd.
Entsprechend findet sich die ständige Begleitung Jakobs im (wohl christlichen) TJak 2, 4ff, doch da in unübersehbarer Abhängigkeit von Gen 48, 15f.

91 Nach der Zerstörung des zweiten Tempels heißt die Umschreibung für Gottes Gegenwart dann nicht mehr Engel, sondern שכינה, aber es handelt sich sachlich um das gleiche Phänomen: Israel glaubt sich auch im Exil von seinem Gott nicht verlassen; vgl. z.B. bMeg 29a.

92 S. im folgenden, bes. Anm. 107ff.

הים ואיננו כי-לקח אתו אלהים), und die Rabbinen werden den Tod des Henoch in der Diskussion mit den Häretikern mit Mühe nachweisen (Gen.r 25,1 [Theodor-Albeck, S. 238f]). Auf Henoch gehen die ältesten uns erhaltenen außerbiblischen, apokalyptischen Traditionen zurück. Für den Tod des Propheten Eliah bzw. seine Entrückung in einem feurigen Wagen zum Himmel gilt ähnliches. Auch unter seinem Namen sind einige der außerkanonischen Schriften überliefert. Die Anknüpfung an derartige Helden geschah nun *inter alia* aus dem einfachen Grund, daß man auf ihre biblisch „belegte" Himmelsreise verweisen konnte. Aber diese biblische Begründung allein ist sicher nicht geeignet, die Vorstellung von der Heimholung der Seele durch Engel zu erklären. Sie erklärt noch nicht die besondere Beziehung der Engel zum Toten, bzw. seiner Seele.

Man könnte vielleicht darauf verweisen, daß ein Teil der mehr oder weniger apokalyptischen Zukunftsvisionen in der „Testamentsliteratur" enthalten ist. So berichten z.B. die TXIIPatr von der Himmelsreise Levis. Allerdings handelt es sich hier mit Sicherheit um literarische Fiktion, und Levi bietet seine Reise als Teil seines Lebensberichtes dar (also nicht als Ausblick auf die kommende Geschichte seiner Nachfahren). Die Verbindung des Todes mit der Zukunftsschau ist zwar weit verbreitet und hat ihren Grund offensichtlich in der Vorstellung, daß derjenige, der auf der Scheide der beiden Welten steht, schon in das Jenseits sieht, während er den Seinen im Diesseits noch Mitteilung machen kann. Aber sie reicht allein nicht zur Übernahme oder eigenständigen Ausarbeitung des Motivs vom Seelengeleit. Die einzige Erklärung hierfür liegt m.E.s in der engen Verbindung der Gerechten mit den Engeln auch nach dem Tod, wie sie besonders in den apokalyptischen Schriften mehrfach beschrieben wird.

Mehr als das: Neben dem mangelnden biblischen Grund für das neue angelologische Motiv setzt dieses per se eine Änderung der Weltsicht voraus, die zuallererst den Menschen betrifft: Hier wird ein Konzept des Weiterlebens der Seele überhaupt erst laut geäußert, das in dieser Form unbiblisch ist[93]. Unweigerlich erinnern seelenbegleitende Engel an die verschiedenen Wesen paganer Mythologien, die dort als Seelengeleiter bekannt sind. Nur haben jene Wesen, ob Götter oder in deren Auftrag stehende Tiere (wie der Adler), ihre Attribute und Requisiten. Ein Teil davon, wie z.B. die Flügel, wird sich auch in der jüdi-

---

93 Vgl. V. Maag, *Tod und Jenseits nach dem Alten Testament*. SThU 34, 1964, S. 17-37 (= Idem, Kultur, Kulturkontakt und Religion. Gesammelte Studien zur allgemeinen und alttestamentlichen Religionsgeschichte. Hrsg. v. H.H. Schmid u. O.H. Steck. Göttingen/Zürich [1980], S. 221-231), sowie oben die Ausführungen zur Hi-LXX.

schen Angelologie wiederfinden. Insofern die heidnische Überlieferung eine solche Fortexistenz der Seele kannte und sich zu dem „Wie" geäußert hat, hat sie häufig von einer Verwandlung der ehemaligen Menschenseele gesprochen. In was soll die Seele aber übergehen? Hier boten sich die verschiedenen Möglichkeiten, von den Sternen als besonderer, „reiner" Substanz bis hin zu einer Art Vergöttlichung[94]. Daher empfiehlt es sich, hier die Rolle der Engel in Bezug auf die Seele nach deren Tod, die Verwandlung der Seele und die Attribute der Psychopompen in Vergleich zu denen der Engel miteinander zu behandeln.

Es muß allerdings zuvor betont werden, daß die Themenkreise, so verwandt sie auch untereinander seien mögen, nicht unbedingt überall zusammen vorkommen, und daß Teile des Komplexes durchaus für sich stehen können, so v.a. die Fortführung der schon biblisch bekannten Verbindung der Engel mit den Sternen. Dennoch berühren sich Begleitung der Seele, Verwandlung des Gerechten, die Flügel der Engel und die Kronen der Gerechten mit der Astralsymbolik mehrfach.

Zunächst wird die Begleitung der Seele nach dem Tode des Menschen mehrfach berichtet. Das THiobs und TAbr enthalten die ausführlichsten Berichte:
So verlangt Hiob von seinen Töchtern, sie mögen die Amulette (φυλακτήρια) anlegen, ἵνα δυνηθῆτε θεάσασθαι τοὺς ἐρχομένους ἐπὶ τὴν ἐμὴν ψυχήν, ἵνα θαυμάσητε τὰ τοῦ θεοῦ κτίσματα[95]. Jene Geschöpfe kommen

---

[94] E.R. Goodenough nennt diesen Vorgang schlechtweg eine Apotheose trotz des deutlichen Widerstands der jüdischen und christlichen Tradition gegen den Terminus als solchen (wegen der damit gegebenen Vervielfältigung der θεοί): *Psychopompes*. Jewish Symbols (o.Anm. 70), VIII (1958), S. 121-166, hier: S. 133. Seine Ausführungen sind in vielem nach wie vor instruktiv und bieten für das folgende reiches Material; allerdings ist der Wert seiner Darstellungen durch eine Grundvoraussetzung getrübt, die Goodenough hier und auch sonst gerne wiederholt: Er geht von dem symbolischen Wert einer Darstellung, bzw. eines ihrer Teile aus, statt von ihrem Kontext. So müssen dann Adler oder στέφανος einen Symbol-Wert erhalten, der als solcher für Juden übernehmbar ist. Dabei scheint Goodenough zum einen die Interpretation gegebener biblischer Vorlagen zu gering zu veranschlagen und zum anderen den mit dem Symbol intendierten Wert vorschnell als vermittelte Tradition zu verstehen: Die Flügel sind das einleuchtendste Mittel zur Fortbewegung in der Luft, gleich, ob sie von der Mythologie einer Kultur an eine andere weitergegeben werden oder dort eine Neuschöpfung darstellen.

[95] THi 47, 11b: „Damit ihr die, die zu meiner Seele kommen, sehen könnt, damit ihr die Geschöpfe Gottes bestaunt."
Lt. Ausgabe von Brock (s. Quellenverz.), hat MS V in 52, 8 den Zusatz ἁγίους ἀγγέλους, gemäß den Anmerkungen von R.P. Spittler in der Sammlung von

dann tatsächlich: „Und nach drei Tagen sah er die, die zu seiner Seele kamen" (THi 52, 2). Hiob gibt seinen Töchtern eine Reihe von Instrumenten, damit die Töchter jene Wesen auch gebührend begrüßen können (52, 3f); „damit priesen sie die, die zu seiner Seele kamen. Sobald sie aber (die einzelnen Gaben) empfingen, sahen sie hell leuchtende Wagen[96], die kamen zu seiner Seele... Und darauf kam, der auf dem großen Wagen saß[97], und begrüßte den Hiob... und er nahm (Hiobs) Seele, flog - sie in den Armen haltend - auf und hob (sie) auf den Wagen und fuhr gen Osten" (52, 5. 8. 10).

Im TAbr geht dem Tode des Erzvaters seine Himmelsreise voraus (B: Kap. 8ff[98]). Kap 9, 5ff berichtet von der Vision der sechzigtausend Seelen, die ein Engel zum Ort des Gerichts bringt.

In der längeren Rezension A wird das Thema in Kap. 7f ausdrücklich diskutiert: Abraham erklärt Michael, er wisse, daß dieser gekommen sei, seine Seele zu holen, werde ihm aber nicht folgen. Michael tritt daraufhin (Kap. 8) vor Gott und dort wird er nochmals beauftragt, Abrahams Seele in die Höhe zu bringen[99]. Schließlich gelingt es dem - nun endgültig personifizierten - Tod,

---

Charlesworth (Bd. I, S. 829-868) zu 52, 2 nennt V diese Wesen auch in 47, 11; 52, 5f, 8 Engel, entsprechend auch im apparatus criticus von R.A. Kraft (s. Quellenverz.) a.l. B. Schaller (s. Quellenverz.) nimmt die Bedeutung „Engel" für 47, 11b an (vgl. seine Anm. a. l.) und bestätigt in Anm. 52, 2a ebenfalls, daß V die Wesen „ausdrücklich erwähnt" - bei Brock ist die Lesart, wie gesagt, nur einmal im Apparat nachgewiesen. Die folgenden Übersetzungen richten sich nach Schaller.

96 Schaller identifiziert die „Wagen" (τὰ ἅρματα) mit den Engeln aufgrund von THi 33, 9b.

97 Der Wagenfahrer kann nicht Gott selbst sein (so richtig Schaller); deshalb ist es aber noch nicht der „Engelfürst Michael".

98 In dieser Rezension noch auf einer Wolke. Beide Rezensionen sind übersichtlich nebeneinander gedruckt in der Übersetzung von E. Janssen (s. Quellenverz.). Unsere Übersetzung orientiert sich an seiner. Nach Erscheinen wurde die Ausgabe von F. Schmidt (s. Quellenverz.) verglichen: Seine Kurz-Version wird hier durch ein B nach TAbr gekennzeichnet, die Langversion durch ein A (also TAbr.A/B). Im evtl. schon christlichen TIs ist es Gott selbst, der die Seele des Partriarchen auf seinem Thronwagen mitnimmt - unter dem Gesang der Cherubim und „heiligen Engel".

99 Die Weigerung Abrahams hat ihre Entsprechung in den Weigerungen des Mose. Der ganze Midrasch vom Tod des Mose setzt die hier verhandelten Motive bereits als selbstverständlich voraus. Vgl. S.E. Loewenstamm, *The Testament of Abraham and the Texts Concerning the Death of Moses*. Studies on the Testament of Abraham ed. by G.W.E. Nickelsburg. (Missoula/ Mont. 1976) (SBL.SCS 6), S. 219-225; ders., *The Death of Moses*. Ebd. S. 185-217;

Abrahams Seele zu nehmen. Darauf heißt es weiter in der Rez. A: „Und sofort stellte sich der Erzengel Michael neben ihn und mit ihm eine Menge von Engeln, und sie huben seine kostbare Seele in ihren Händen in göttlich gewebte Linnen (ἐν σινδόνι θεοϋφαντῷ)" (20, 10). Jene Engel (oder Isaak und Sara?) balsamieren seinen Leichnam, begraben ihn unter der „Eiche von Mamre", und die Engel tragen die Seele dann unter dem Gesang des Trishagion[100] zu Gott, der ihre Verbringung ins Paradies anordnet. Von alledem weiß die Rez. B, Kap 14, nur, daß Michael Abrahams Seele in den Himmel hinaufnahm.

Ein anderes Mal begegnet die Vorstellung im Zusammenhang mit dem „Engel des Friedens" (s) und dem Kampf der beiden Engelmächte um die

---

K. Haaker/P. Schäfer, *Nachbiblische Traditionen vom Tod des Mose*. Josephus-Studien. Untersuchungen zu Josephus, dem antiken Judentum und dem Neuen Testament. FS O. Michel zum 70. Hrsg.v. O. Betz, K. Haaker, M. Hengel. Göttingen 1974, S. 147-174. Zum Wechsel zwischen Gott und den Engeln beim Begräbnis des Mose vgl. noch M. Smith, *The Image of God. Notes on the Hellenization of Judaism, with Especial Reference to Goodenough's Work on Jewish Symbols*. BJRL 40, 1957/8, S. 473-512, hier: 477.
Eine ähnliche Weigerung, seinen Tod durch Engel auf sich zu nehmen, wird von Esra berichtet: grApkEsr 6 und in der Vision Esras 56ff. TgPsJon zu Dtn 34, 6 nennt Uriel neben anderen Engeln beim Begräbnis des Mose. Die Tatsache, daß Uriel wie in der vitAd neben Michael und Gabriel genannt wird, wobei jeweils Michael oder Gabriel fehlen können, spricht durchaus dafür, daß Adam-Traditionen direkt auf die Mose-Sage eingewirkt haben.

100 Die Balsamierung hier wie in ApkMos 40, 1; ebd. V. 5 kommt auch das Trishagion vor, das als christliches Spezifikum gelten dürfte. Es ist in christlichen Märtyrerakten belegt: G. Tavard, *Art. Engel V*. TRE 9, S. 599-609, hier S. 600, und begegnet in jüdischen Quellen nur zweimal: Im TAbr. A 20, 12, wo sie schon James (s. Quellenverz.) für „unmistakebly Christian" hielt (James, s. Quellenverz., S. 125); im gleichen Zusammenhang setzt Michael die Seele Abrahams vor Gott, dem Vater (!), nieder. Die Rez. A steht auch sonst gelegentlich im Verdacht stärkerer christlicher Redigierung. ApkMos 43 (Tischendorf S. 23) lobt Michael bei seiner Rückkehr: ἅγιος ἅγιος ἅγιος κύριος εἰς δόξαν θεοῦ πατρός κτλ. Der Hinweis auf Gott als Vater macht auch hier eine christliche Redigierung wahrscheinlich (wenn auch nicht zwingend). In der vitAd beten die Engel Adam zwar an („adorare", Kap. 13f), aber nicht mit dem Trishagion. Evtl. ist dieses in der dreifachen Aufteilung des Engellobes in der späteren „Schatzhöhle" intendiert: Engel lobsingen, Seraphim heiligen (מקדשין) und Cherubim segnen (מברכין)- Bezold, S. 4f). Die Zusammenstellung der beiden letzten Verben findet sich in den meisten Keduscha-Formeln der jüdischen Liturgie.

Seele[101], so TAscher 6, 6: „Wenn sie aber ruhig mit Freude [fortgeht], lernt sie den Engel des Friedens kennen und er führt sie ins ewige Leben."

Das Motiv von der Begleitung der Seele des Verstorbenen durch die Engel[102] ist als Vereinigung zweier Vorstellungen der außerbiblischen Angelologie zu verstehen: Der Begleitung des Menschen durch Engel im Diesseits und der Nähe des Gerechten zu den Engeln über die Grenzen der Diesseitigkeit hinaus. Nicht umsonst ist diese Begleitung denn auch ausschließlich in relativ späten Quellen berichtet: Das gilt für die Testamente der zwölf Patriarchen, wie für die Testamente Hiobs und Abrahams[103]; auch die ApkMos und ihre Paral-

---

101 Vgl. TBen 6, 1: „Der Sinn des guten Mannes ist nicht in der Hand der Verführung durch den Geist Beliars, denn der Engel des Friedens leitet seine Seele." - Hier allerdings wohl auf den irdischen Lebenswandel zu beziehen. Die Stelle belegt im Vergleich zu TAscher 6, 6 wie nahe beide Vorstellungen sich sind.

102 Die weiteren Parallelen zu diesem Motiv müssen hier nicht alle aufgeführt werden. Es geht ja nicht um diese spezielle Begleitung, sondern um die damit angezeigte Veränderung der Angelologie.Vgl. noch vitAd 47; ApkMos 33. 38. 40. 43; TAscher 6, 5f; TIs 7; slHen 36, 2; 37, 1; 55, 1; 67, 2 (beide Rezensionen) sowie die Erzählung von der Erhöhung Henochs (die einem Bericht von seinem Tode ursprünglich gleichgekommen sein mag): äHen 70, 2; 3Hen 6, 1 = Schäfer, Synopse §§ 9. 890. Zu diesen Parallelen vgl. ליכט י. (J. Licht), משמעו של ספר צוואת איוב. Proceedings of the Sixth World Congress of Jewish Studies, vol. 1, Jerusalem 1977, S. 147-152. Nach LAB 19, 12. 16 betrauern Engel den Tod des Mose. Vgl. weiter Kropp, Zaubertexte (s. Quellenverz.), hier: III, S. 89f § 155 und S. 161f mit den jeweils angegebenen Stellen. Zu den rabbinischen Parallelen vgl. Dtn.r 11, 10 (Wilna Blatt 120b [קפ], eine legendarische Ausschmückung des Motivs) und bKet 104a, 3Hen 6, 1. Sir 48, 9 gehört nicht hierher, denn es bietet nur eine Paraphrase der Entrückung Eliahs. grApkEsr 7, 6 verbindet Gottes Cherubenfahrt mit dem feurigen Wagen des Eliah; OracSib 2, 187 schildert die Wiederkunft Eliahs in einem feurigen Wagen und gehört ebenfalls nicht hierher. Auch die Schatzhöhle (Bezold, S. 4f) bringt nur die Erhöhung Adams ins Paradies, nach dem Sturz des Satans, in einem feurigen Wagen - aber das ist bereits eine Weiterentwicklung über den Rahmen dieser Arbeit hinaus. Zu dem Nebenmotiv der Verbringung Adams in den Acherusischen See, wie es vitAd vorkommt, vgl. E. Peterson, Die „Taufe" im Acherusischen See. Ders., Frühkirche, Judentum und Gnosis. Studien und Untersuchungen. (Freiburg 1959 = repr.) Darmstadt 1982, S. 310-332.

103 Zu den TXIIPatr vgl. o.Anm. 40; das TAbr wird jetzt ins 2.Jh. d.g.Z. gesetzt, zum THi vgl. außer den gängigen Einleitungen besonders den Aufsatz von Licht (vorige Anm.) sowie M. Delcor, Le Testament de Job, la prière de Nabonide et les traditions targoumiques. Bibel und Qumran. Beiträge zur Erforschung der Beziehungen zwischen Bibel- und Qumranwissenschaft. FS H. Bardtke hrsg.v. S. Wagner. Berlin (1968), S. 57-74.

lele, die vitAd, sind nicht unbedingt jene außerkanonischen Schriften, die wie äHen zum ältesten Material gerechnet werden. In den bereits christlichen Schriften und in der synkretistischen Magie findet sich diese Begleitung dann gelegentlich[104]. Allerdings setzen ältere Schichten[105] des Evangelienberichtes, zu denen die Grabesberichte zumindest teilweise zu rechnen sind, das Motiv bereits voraus, und Jesus benützt es, als sei es allgemein geläufig: Lk 16,

---

104 Vgl. z.B. Clemens Alexandrinus, Quis dives salvetur 42, 16. Ed. O. Stählin Berlin (1909 =) 2. Aufl. hrsg. v. L. Früchtel 1970 (GCS 17), S. 190, und zu den Ergänzungen hierzu M. Hengel/A.M. Schwemer, op.cit. (o.Anm. 21), S. 18f. Zusammenfassend: A. Recheis, Engel, Tod und Seelenreise. Das Wirken der Geister beim Heimgang des Menschen in der Lehre der alexandrinischen und kappadokischen Väter. Rom 1958 (TeT 4); ferner: J. Mossay, *L'intervention ,angélique' dans les funérailles de Constance II. Note sur Grégoire de Nazianze,* Oratio *v, 16.* Mélanges liturgiques offerts à B. Botte, Louvain 1972, S. 379-399; E. Rapisarda, *L'angelo della morte in Virgilio e in Tertulliano (Aen. IV, 242-244;* De an. *53, 6).* Acta philologica III in memoriam N.I. Herescu. Rom 1964, S. 307-311; J.Danielou, The Angels and Their Mission. Westminster 1987, S. 95-105.
Für die koptische Kirche vgl. bes. C.D.G. Müller, Die Engellehre der koptischen Kirche. Untersuchungen zur Geschichte der christlichen Frömmigkeit in Ägypten. Wiesbaden 1959, S. 64 mit Anm. 494 ebd., S. 123. 126 (zum Islam) u.ö., bei dem ich aber keine Untersuchung über die Ursprünge der zitierten Vorstellungen gefunden habe. Vgl. auch ders., Die Bücher der Einsetzung der Erzengel Michael und Gabriel. Louvain 1962 (CSCO 31) und seine Übersetzung ebd. (CSCO 32), S. 49-53, bes. 53. Für die seelenbegleitenden Engel in der koptischen Magie s. Kropp, hier II, S. 151 (Text 43, Z. 63ff); III, S. 78.

105 Die neutestamentlichen Berichte vom leeren Grab kennen alle einen oder zwei Engel (vgl. hierzu P. Gaechter, *Die Engelerscheinungen in den Auferstehungsberichten.* ZKT 89 [1967], 191-202, der allerdings in einigen Aspekten etwas apologetisch erscheint). Noch aufschlußreicher ist hier aber die *transfiguratio Jesu* (Mt 17//Mk 9//Lk 9), wo Moses und Eliah vor Jesus auf dem Berge erscheinen. Hinter der Erzählung ist schon lange ein konkurrierender Auferstehungsbericht vermutet worden, vgl. z.B. J.M. Robinson, *Jesus: From Easter to Valentinus (or to the Apostles' Creed).* JBL 101, 1982, S. 5-37. Vgl. auf diesem Hintergrund die beiden Zeugen in ApkJoh 11, 1-14, die zwar allgemein mit Moses und Eliah gleichgesetzt werden (aufgrund der *transfiguratio*), genauso gut aber zwei Engel sein können; s. hierzu O. Böcher, Die Johannesapokalypse. Darmstadt 1975 (EdF 41), S. 63ff; J. Jeremias, Art. Ηλ(ε)ιας. ThWNT 2, S. 930-943); M. Black, *The ,Two Witnesses' of Rev. 11, 3f in Jewish and Christian Apocalyptic Tradition.* Donum Gentilicium. New Testament Studies in Honor of D. Daube, ed. by E. Bammel, C.K. Barrett, and W.D. Davies. Oxford 1978, S. 227-237, der mögliche Verbindungen von Eliah und Henoch verhandelt.

Engel als Totenführer

22. Daher ist diese Entwicklung wohl kaum nur christlich, sondern bei aller Skepsis der apokryphen Literatur gegenüber als innerjüdisch zu betrachten.

Ohne Frage stehen hinter den ganzen Darstellungen von der Abholung der Seele durch die Engel auch wenige biblische Vorbilder, wie die Himmelfahrt Eliahs, 1Kön 2 (bes. V 11) und der Cherubenwagen des Ezechiel. Aber bei Eliahs Himmelfahrt fungieren keine Engel und bei der Schau des Thronwagens, Ez 1, steigt Gott zu Ezechiel herab - nicht der Prophet hinauf.

Nun lassen sich diese wenigen biblischen Vorgaben ebenso leicht mit einigen griechischen Parallelen verbinden, auf die hier einzugehen ist, wie z.B. mit dem Sonnenwagen[106] als Gefährt für die Seelen nach ihrem Tod. Vorab ist zu betonen, daß die Nennung dieser „Parallelen" keine Abhängigkeit oder kulturelle Einwirkung impliziert. Aber man tut gut daran, sich ihre Existenz vor Augen zu halten, um die immense Annäherung jüdischen Engelglaubens an die pagane Mythologie zu erkennen, die schon per se den jüdischen „Monotheismus" in Frage stellt.

In der griechischen Mythologie sind Dämonen verschiedener Art gelegentlich als Begleiter der Toten auf ihrer letzten Fahrt genannt, und besonders die Sirenen spielen (evtl. ursprünglich selbst Seelen Verstorbener[107]) hier eine besondere Rolle. Platon geht davon aus, daß jede Seele eines Verstorbenen von ihrem Schutzdämon zur Richtstelle und dann in den Hades geleitet wird (Phaidon 107c-108d[108]). Auch Menander[109] und Xenokrates kennen solche Dämo-

---

106 Vgl. grApkBar 6, 1; JosAs 6, 5 (s.u.), hierzu Schallers Anm. zu THi 52, 9, S. 372 und Dean-Otting, op. cit. (o.Anm. 18), S. 127ff; zur Rolle des syrischen Sonnengottes s. F. Cumont, Die orientalischen Religionen im römischen Heidentum. Nach der vierten französischen Aufl. unter Zugrundelegung der Übersetzung Gehrichs bearb.v. A. Burckhardt-Brandenberg. 7., unver. Aufl. (Leipzig 1931 = repr.) Darmstadt 1975, S. 271; die Sonne als Richter des Verborgenen wird bei der Diskussion von JosAs noch einmal begegnen.

107 Vgl. G. Weicker, op.cit. (o.Anm. 46), passim.

108 Die platonische Dämonologie ist zuletzt ausführlich von M. Mühl besprochen und auf orientalische und orphische Einflüsse zurückgeführt worden, wobei die orientalischen Elemente über die Orphik zu Platon gelangt sein sollen: *Die traditionsgeschichtlichen Grundlagen in Platons Lehre von den Dämonen (Phaidon 107 d, Symposion 202 e)*. ABG 10, 1966, S. 241-270.
Phaidros 246e wird in diesem Zusammenhang häufiger genannt, aber dort ziehen Götter und Daimones hinaus zu dem wahrhaften Sein - sie begleiten dabei nicht die Seelen, eher umgekehrt. Für die späteren Platoniker s. die Quellen bei F. Cumont, op.cit. (o.Anm. 106), S. 271f.

nen[110]. Die Totengeleiter sind häufig befiederte Wesen, so besonders die Sirenen[111]. Dieser Umstand ist für die Entstehung der Vorstellung von geflügelten Engeln nicht unwichtig. Weiter gibt es im griechischen Raum die Vorstellung von der Beziehung der Dämonen zu den Sternen und den menschlichen Seelen, was bei der Vorstellung von der Verwandlung des jüdischen Frommen in einen Stern oder einen Engel zu berücksichtigen sein wird[112]. Die Rolle der δαίμο-

---

109 Bei Clemens, Stromata V 130; zur Stoa vgl. A. Bonhöffer, Epictet und die Stoa. Untersuchungen zur stoischen Philosophie. (Stuttgart 1890 = repr.) Stuttgart-Bad-Cannstatt 1968, S. 83.

110 Vgl. R. Heinze, Xenokrates. Darstellung der Lehre und Sammlung der Fragmente (Leipzig 1892 = repr.) Hildesheim 1965, S. 90-91; vgl. weiter F. Andres, *Zum Art. Daimon*. PRE Suppl. III, S. 267-322, bes. S. 287f.; zu eventuellen Einwänden gegen Heinzes Darstellung vgl stellvertretend F.E. Brenk, „*A Most Strange Doctrine*". Daimon *in Plutarch*. CJ 69, 1973, S. 1-11, hier: S. 5f mit der dort genannten Literaurt. Aus dem mehr volkstümlichen Erzählgut vgl. die beiden von P. Wendland übersetzten Geschichten: *Antike Geister- und Gespenstergeschichten*. FS zur Jahrhundertfeier der Universität zu Breslau hrsg.v. T. Siebs. Breslau 1911, S. 33-55, hier: S. 42f.

111 Spätestens mit den etruskischen Sarkophagen ist die Totenreise unter Begleitung eines dämonischen Wesens, das als solches beflügelt ist, auch außerhalb Ägyptens (Totenbuch) belegt; vgl. z.B. die Abbildungen bei L. Banti, Die Welt der Etrusker. (3. Aufl.) Stuttgart (1965) Tafel 100 (Sarkophag aus Vulci), 102 (Sarkophag von Torre S. Severo), 104 (Urne aus Chiusi), 112 (Urne aus Perugia). Die Vorstellung ist derart häufig, daß man Unterweltsgötter auf Schritt und Tritt als geflügelte Wesen antrifft. Zu den Sirenen s. Weicker, op.cit. (o.Anm. 46), S. 16. 18f. 24. 43. 52. 54f. 79f.; F. Cumont, *Les vents et les anges psychopompes*. Pisciculi. Studien zur Religion und Kultur des Altertums. FS F.J. Dölger. Hrsg. v. T. Klausner und A. Rücker. Münster 1939, S. 70-75.

112 Zum Daimon als Seelenbegleiter vgl. P. Wendland, Die hellenistisch-römische Kultur in ihren Beziehungen zu Judentum und Christentum. 2./3. Aufl., Tübingen 1912 (HNT I/2), S. 425-427; weiter F. Cumont, aaO (o. Anm. 106), der die Funktion der Sonne als Wegbegleiter der Seelen bei Mithras und in syrischen Kulten mit den anderen paganen Zeugnissen zusammenstellt. Interessant ist besonders die von Cumont zitierte Inschrift:
Εν δέ [τε] τεθνειοῖσιν ὁμηγύρι[ές] γε πέλουσιν
δοιαί· τῶν ἑτέρη μὲν ἐπιχθονίη πεφόρηται,
ἡ δ' ἑτέρη τείρεσσι σὺν αἰθερίοισι χορεύει,
ἧς στρατιῆς εἰς εἰμί, λαχὼν θεὸν ἡγεμονῆα.
Cumont erwägt wegen der bekannten Formulierung στρατιὰ τοῦ οὐρανοῦ, ob der Verstorbene nun zum Himmelsheer gehöre, verwirft diese Ansicht aber selbst gleich wieder und entscheidet sich statt dessen für einen göttlichen Führer der Seele. Vgl. weiter E. Rohde, Psyche. Seelenkult und Unsterblichkeitsglaube der Griechen. 9. und 10. Aufl. mit einer Einf. v. O. Weinreich. I-II Tübingen 1925, hier: II S. 387ff mit Anm. und 316ff Anm. 1;

νες bei Orakeln und Traumerscheinungen sichert ihre Weisheit als ständiges Attribut[113]. Man vgl. nur die beiden Engel am Grab Jesu (so Lk und Joh) mit den zwei klagenden Sirenen, die Weicker[114] abgebildet und besprochen hat: Der Unterschied besteht wirklich nur noch in den Vogelfüßen der Sirenen.

Die Übertragung mythologischer Motive war auf griechischem Boden offensichtlich leichter, da der Terminus „ἄγγελος" hier ohnehin nicht selten mit chthonischen Göttern verbunden ist[115]. Ist dieser Vorgang nun einfach eine „akute Hellenisierung" der jüdischen Angelologie oder hat man den Befund so zu verstehen, daß die jüdische Angelologie zu älteren polytheistischen Vorstellungen und Denkmustern zurückkehrt?[116] Dabei bleibt es zunächst bei einer inneren Entwicklung aufgrund biblischer Vorlagen. Weicker hatte geschlossen: „Der rettende Todesdämon ist zum christlichen Todesengel geworden, das Lied der Sireneninsel klingt aus im Gesang der himmlischen Heerscharen."[117] Diese Folgerung ist zu kurzschlüssig, denn sie übersieht u.a. den Gesang des biblischen Hofstaats. Aber die Parallelität der Erscheinungen bleibt, und wir werden auf die Frage zurückkommen müssen, ob es sich hier um Kulturanleihen oder unabhängige Entwicklungen handelt.

Fassen wir an dieser Stelle kurz die ersten Gedankengänge zusammen: In konsequenter Folge der Vereinigung beider biblischer Konzeptionen wird die

---

zu Hermes als Engel der Persephone vgl. auch E.R. Goodenough, Jewish Symbols in the Greco-Roman Period. II: The Archeological Evidence from the Diaspora. (New York 1953) (BollS 37), S. 49. Für die spätere Entwicklung z.B. bei Calcidus vgl. J. den Boeft, Calcidus on Demons (Commentarius Ch. 127-136). Leiden 1977 (PhAnt 33), bes. S. 26ff.

113 Vgl. z.B. Weicker, op.cit. (o.Anm. 46), passim und Owen, op.cit. (o. Anm. 46), S. 140.

114 Op.cit. (o.Anm. 46), S. 80.

115 Für die Belege vgl. oben Kap. 2 Anm. 10. Beim christlichen Apologetiker Tatian tritt hier an die Stelle der Engel der Heilige Geist, denn δαίμων ist für ihn eine Bezeichnung der falschen Götter der Griechen und ἄγγελος ist jene Gruppe von Wesen, deren oberster durch seinen Aufstand zum δαίμων wurde. „Gute Engel" werden von Tatian im weiteren Verlauf nicht mehr reflektiert. Aber der Geist nimmt nun die psychopompe Aufgabe der Engel wahr; siehe Or. ad Graec. 13, 2 zur Begleitung der Seele durch den Geist und ebd. 7, 2f zur Rebellion des obersten Engels.

116 Zur Hellenisierung der einzelnen Elemente im TAbr vgl. z.B. S.E. Loewenstamm, *The Testament...* (o. Anm. 99), S. 225, Anm. 4: Das Motiv der Wiedererkennung der Füße Michaels (eher als den Mann selbst) entspringt einer schlechten Imitation von Odyssee XIX, 386ff.

117 Op.cit. (o. Anm. 46), S. 84.

himmlische Weisheit des Hofstaats nun auch ein Attribut der „Boten", die mittlerweile im modernen Sinn zu „Engeln" geworden sind.

Im Unterschied zum biblischen Hofstaat (vgl. nochmals Dan 2, 11!) kommunizieren die „Boten" aber mit dem Menschen, und so erhält der Mensch nun punktuellen Anteil an der himmlischen Weisheit. Damit ist eine wesentliche Schranke zwischen dem Menschen und der Region des Göttlichen gefallen. Dennoch läßt sich dieser erste Schritt durchaus als Entfaltung biblisch angelegter Möglichkeiten verstehen und setzt nicht durchwegs eine griechische oder sonstige pagane Beeinflussung voraus.

Das Wächterbuch des äHen schreibt die Vermittlung einiger geheimer Kenntnisse ausgerechnet den gefallenen Engeln zu, versteht den Vorgang also analog zum Prometheus-Mythos[118] etwa als Übertretung der göttlichen Ordnung. Hierin ist noch ein Nachklang der biblischen Trennung beider Bereiche zu vernehmen.

Wenn dann aber in einer anderen Traditionsentwicklung Engel zu den ständigen Begleitern des Menschen - zumindest des Gerechten - werden, dann liegt der Verdacht einer Hellenisierung bereits näher, auch dann, wenn es im Prinzip für das Motiv als solches biblische Vorbilder gibt.

Im Falle der psychopompen Engel scheinen die biblischen Motive nun nicht mehr auszureichen, um die außerbiblische Entwicklung zu erklären. Mit

---

[118] Das heißt nicht, daß man den Mythos von den gefallenen Engeln zwingend auf diesem Hintergrund zu verstehen hätte: Es läßt sich aber auch nicht bestreiten, daß Assoziationen, die die modernen Forscher hier anregen, auch die alten Leser beflügelt haben mögen. Dennoch können zur Entstehung dieser Tradition noch eine Reihe anderer Mythen aus verschiedenen Kulturkreisen beigetragen haben. Zur Literatur in dieser speziellen Frage vgl. T.F. Glasson, Greek Influence in Jewish Eschatology with Special Reference to the Apocalypses and Pseudepigraphs. London 1961, bes. S. 62-67; P.D. Hanson, *Rebellion in Heaven. Azazel, and Euhemeristic Heroes in 1 Enoch 6-11.* JBL 96, 1977, S. 195-233; G.W.E. Nickelsburg, *Apocalyptic and Myth in 1 Enoch 6-11.* JBL 96, 1977, S. 383-405; J.C. VanderKam, op. cit. (o.Anm. 50), S.127f. 183f und zuletzt C. Molenberg, *A Study of the Roles of Shemihaza and Asael in Enoch 6-11.* JJS 35, 1984, S. 136-146, der den griechischen Einfluß aber geringer veranschlagen möchte. Tertullian benützt den Hen-Mythos, um den heidnischen Götzendienst zu erklären (s.o. Anm. 54). Die Parallele bei Tatian dagegen kennt nur die Rebellion des erstgeborenen Engels, der später mit Zeus gleichgesetzt wird, und ist insgesamt der Schatzhöhle und einigen gnostischen Texten mehr verwandt als äHen 6ff; vgl. Or. ad Graec. 7, 2f; 8, 2. Von da ab gelten Tatian die griechischen Götter als Dämonen: 9, 1; 12, 4; 13, 3; 14, 1; 18, 2f; 21, 2; vgl. weiter unten zu den Völkerengeln.

dieser neuerlichen Nähe zu paganen Vorstellungen ist der Engel weit mehr als jene blasse Gestalt des biblischen Boten. Hier steht der jüdische Monotheismus deuteronomistischer und deutero-jesajanischer Prägung auf dem Spiel. Allerdings haben die bislang betrachteten Texte ein wesentliches Element noch nicht aufweisen können, das eine breitere Gefährdung der Einzigartigkeit Gottes nach sich ziehen würde: Eine Beschreibung des Äußeren des Engels fehlt bislang. Diese wird auch bei zwei weiteren nachbiblischen Entwicklungen der Angelologie vorläufig nicht in den Vordergrund treten: bei der präsentischen Gemeinschaft der Gerechten mit den Engeln und bei der himmlischen Liturgie. Erst bei der Entfaltung der Engeln und Sternen[119] gemeinsamen Züge, sowie bei der Vorstellung von der Verwandlung des gestorbenen Gerechten in einen Engel oder zumindest ein engel-ähnliches Wesen und bei der umfangreichen Anwendung des kriegerischen Motivs wird die Beschreibung der Engel schließlich unvermeidlich.

4. 4 Die Gemeinschaft mit den Engeln als eschatologische Hoffnung

Es wird sich nicht sicher nachweisen lassen, daß die Begleitung der Seele durch Engel besonders nach dem Tod mit der eschatologischen Gemeinschaft von Engeln und Gerechten ursprünglich zusammenhängt. Aber beide Vorstellungen sind dadurch eng miteinander verbunden, daß sie ein Weiterleben der Seele in himmlischen Sphären voraussetzen.

Für einen Teil der jüdischen Literatur läßt sich die Aneignung dieses Grundsatzes verständlich machen: Besonders der Apokalyptiker sieht ja die Zukunft der Gerechten nicht in dieser Welt. Hier macht sich die pessimistische Grundhaltung der Apokalyptik besonders bemerkbar: Weil diese Welt derart verdorben ist, vermag sich der Außenseiter, der sich - mit welchem Recht auch immer - unterdrückt fühlt, nicht mehr vorzustellen, daß diese Welt von Gott wieder in einen Zustand gebracht wird, in dem der Gerechte glücklich leben kann. So wird das Leben in dieser Welt und in der Zeitspanne danach verstanden als eine Gemeinschaft mit den Engeln.

Es läßt sich nicht mehr ausmachen, welche der verschiedenen Traditionen zuerst entstand. In jedem Fall weiß sich eine bestimmte Gruppe von Menschen (und hier meist solche Autoren, die der apokalyptischen Tradition nahe stehen) den Engeln derart nahe, daß sie ihr Leben hier und dort mit den Engeln zusammen zu führen scheint. Das geht soweit, daß nach einigen Quellen der gestor-

---

119 S. im folgenden.

bene Gerechte schließlich in einen Engel verwandelt wird. Diese Traditionen haben nun auch außerhalb der apokalyptischen Literatur bei der Lösung des Problems geholfen, dem sich die Verfasser gegenüber gestellt sahen: Den Frevlern scheint es ja, im Unterschied zu den Gerechten, objektiv gut zu gehen. Hierzu bemerkt der Verfasser der SapSal:

δικαίων δὲ ψυχαὶ ἐν χειρὶ θεοῦ (3, 1)
ὡς χρυσὸν ἐν χωνευτηρίῳ ἐδοκίμασεν αὐτοὺς
καὶ ὡς ὁλοκάρπωμα θυσίας προσεδέξατο αὐτούς.
καὶ ἐν καιρῷ ἐπισκοπῆς αὐτῶν ἀναλάμψουσιν
καὶ ὡς σπινθῆρες ἐν καλάμῃ διαδραμοῦνται (3, 6f)
πῶς κατελογίσθη ἐν υἱοῖς θεοῦ
καὶ ἐν ἁγίοις ὁ κλῆρος αὐτοῦ ἐστιν (5, 5)
Δίκαιοι δὲ εἰς τὸν αἰῶνα ζῶσιν
καὶ ἐν κυρίῳ ὁ μισθὸς αὐτῶν
καὶ ἡ φροντὶς αὐτῶν παρὰ ὑψίστῳ.
διὰ τοῦτο λήμψονται τὸ βασίλειον τῆς εὐπρεπείας
καὶ τὸ διάδημα τοῦ κάλλους ἐκ χειρὸς κυρίου... (5, 15f)[120]

Das Vorkommen der Vorstellung vom zukünftigen Los der Gerechten in der SapSal ist verhältnismäßig spät. Hier scheint nicht nur die gerade betroffene Generation im Blick des Verfassers zu sein, sondern auch das Schicksal der bereits gestorbenen Gerechten.

---

120 „Die Seelen der Gerechten aber sind in Gottes Hand/Wie Gold im Schmelztiegel prüfte er sie/und wie ein Ganzopfer nahm er sie an/und zur Zeit ihrer Visitation werden sie hervorleuchten/und wie Funken im Schilfrohr werden sie hindurchfliegen/Wie wurde er unter die Söhne Gottes gerechnet/und ist sein Los unter den Heiligen? Die Gerechten aber leben in Ewigkeit/im Herrn ist ihr Lohn/und die Sorge um sie ist beim Höchsten/Deswegen werden sie die Königswürde der Zierde/und das Diadem des Schönen aus der Hand des Herrn empfangen."
Auch D. Georgi (s. Quellenverz.) vergleicht zu diesen Versen die Erhöhungsaussagen, d.h. die Traditionen von der Verwandlung des Gerechten. Auf den apokalyptischen Charakter der Verse 3, 6f hat m.W.s zuerst A. Dupont-Sommer hingewiesen: *De l'Immortalité astrale dans la „Sagesse de Salomon" (III 7)*. REG 62, 1949, S. 80-87, der zugleich die Verbindungen zur Astral-Symbolik hergestellt hat, die im folgenden zur Sprache kommen werden. Vgl. auch den Kommentar von D. Winston, The Wisdom of Solomon. A New Translation with Introduction and Commentary. New York (1979) (AncB 43), S. 33. Allerdings ist die Vergöttlichung Jakobs in Sap Sal 10 nicht ganz so eindeutig, wie Georgi annehmen möchte, ebd. Anm. zu SapSal 10, 10. 12.

Die Gemeinschaft mit den Engeln als eschatologische Hoffnung 161

Es kommt also über die Vorstellung eines mit den Engeln gemeinsamen Loses zu der der Verwandlung in einen Engel, oder zumindest in ein engelähnliches Wesen. Hier wird die Nähe des Menschen zu den Engeln, die das Botenkonzept noch kannte - wiederum weit überzogen - in Anspruch genommen. Besonders in einer Zeit, in der Propheten bereits als Engel galten und in der wohl auch zwei Bibelstellen entstanden sein dürften, die den Priester "מלאך„/Bote nennen (Koh 5, 5; Mal 2, 7), haben jene Kreise, die einerseits die prophetische Botschaft mindestens so ernst nahmen wie die „gesetzlichen" Partien der Tora im strengeren Wortsinn, und die andererseits nicht selten Beziehungen zu priesterlichen Traditionen zeigen, sich den Engeln nahe gewußt.

Die genaue Bedeutung dieser Nähe ist erst noch zu erheben. Doch bleibt vorläufig festzustellen, daß dieser Strang der angelologischen Entwicklung dem zuvor aufgezeigten teilweise zuwider zu laufen scheint: Wo der Mensch mit den Engeln in engster Gemeinschaft lebt, kann der Engel nicht mehr nur jenes beinahe pagan-mythologische Wesen sein, sondern die Nähe muß trotz aller Aussagen über die Neuschöpfung des Glaubenden auch eine qualitative Nähe (nicht Gleichheit!) sein, es sei denn, daß nun auch der gestorbene Gerechte einer Erhöhung entgegen sieht.

Ihren Anfang nimmt diese Vorstellung (wiederum nur gedanklich, nicht unbedingt historisch) bei der Gemeinschaft einiger weniger mit den Engeln. So war das Wohnen Henochs bei den Engeln durchaus eine Besonderheit in allen oben zitierten Texten. Wenn der Tod den Abraham als „φίλε γνήσιε τοῦ θεοῦ τοῦ ὑψίστου, καὶ τῶν ἁγίων ἀγγέλων ὁμόσκηνε"/„Freund Gottes des Höchsten und Begleiter der heiligen Engel" (TAbr.A 16, 9[121]) begrüßt, dann liegt das noch ganz auf der gleichen Ebene, denn auch in diesem Werk ist Abraham ja die herausragende Gestalt, die Vorbild-Funktion hat.

Aber es bleibt nicht bei der Nähe der besonderen Gerechten der Vergangenheit zu den Engeln, sondern die (eschatologische) Zukunft wird überhaupt als Gemeinschaft mit den Engeln umschrieben[122]. Biblisch kann in dem zweideu-

---

[121] Dagegen hat die Rezension B 13 nur: φίλος κυρίου τοῦ θεοῦ· χαῖρε, τὸ παραμύθιον τοῦ ξενισμοῦ τῶν ὑδοιπόρων.

[122] Deshalb sind aber noch nicht alle Aussagen über die Engel-Gemeinschaft rein eschatologisch zu fassen, wie gleich zu zeigen sein wird. Diese Tendenz überwiegt bei der Diskussion P.S. Franks, ΑΓΓΕΛΙΚΟΣ ΒΙΟΣ. Begriffsanalytische und begriffsgeschichtliche Untersuchung zum „engelgleichen Leben" im frühen Mönchtum. Münster 1964, S. 185-191. F. Nötscher versucht, die ganzen jetzt zu verhandelnden Texte als reine Vergleiche zu betrachten - schwerlich mit Erfolg: Altorientalischer und alttestamentlicher

tigen Terminus קדישי עליונין der Vision Dan 7 ein Hinweis auf diese eschatologische Erwartung gesehen werden[123], insofern jener dem jetzigen Kontext nach wohl die Söhne Israels intendiert, aber evtl. in einer früheren Redaktionsschicht statt dessen Engel verstand.

Aber es gibt eine Fülle eindeutigerer Aussagen. So berichtet der Verfasser des äHen mehrfach von den künftigen Orten der Gerechten, z.B. 39, 4f: „Und ich sah dort eine andere Vision: Die Wohnungen der Heiligen und Gerechten. Hier sahen meine Augen ihre Wohnungen bei den Engeln seiner Gerechtigkeit und ihre Ruheorte bei den Heiligen..."; ebenfalls in den Bilderreden (41, 2 im Zusammenhang der Vision „aller Geheimnisse des Himmels"): „Dort sah ich die Wohnungen der Auserwählten und die Wohnungen der Heiligen." In Henochs Epistel (104, 6) verspricht Henoch: „Und nun fürchtet euch nicht, ihr Gerechten, wenn ihr die Sünder stark werden und (mit) ihrem Weg Glück haben seht, habt keine Gemeinschaft mit ihnen, sondern haltet euch von ihrer Gewalttat fern, denn ihr sollt Gemeinschaft mit den Guten des Himmels haben."

Wie im äHen 104, 6 diese Zukunftserwartung zur Mahnung vor jeglichem Kontakt mit den Frevlern dient, so benützt sie der Autor der SapSal in der Auseinandersetzung mit Andersdenkenden. Nach 4Esr 7, 85 sehen die Gerechten, wie die Kammern (anderer) Seelen von Engeln in großer Ruhe behütet werden, und ebd. 95 gilt als vierte Stufe[124], „daß sie die Ruhe erkennen, die sie jetzt in ihren Kammern versammelt, in tiefer Stille, von den Engeln be-

---

Auferstehungsglauben. (Würzburg 1926 = repr.) Darmstadt 1980 (durchges. und mit einem Nachtrag hrsg. v. J. Schabert), S. 282. Einige - in der Regel spätere - Texte sind bei J.H. Charlesworth gesammelt: *The Portrayal of the Righteous as an Angel*. Ideal Figures in Ancient Judaism. Profiles and Paradigms. Ed. by J.J. Collins and G.W.E. Nickelsburg. (Chico 1980)(SCS 12), S. 135-151. Unter anderem Aspekt diskutiert auch O. Betz eine Reihe der hier genannten Quellen, op.cit. (o.Anm. 64). Vgl weiter W. Bousset/H. Gressmann, Die Religion des Judentums im späthellenistischen Zeitalter. 4. Aufl. mit einem Vorw. v. E. Lohse. Tübingen 1966 (HNT 21), S. 276-278.
Für die weitere Wirkung der Verwandlungstradition in der Kirche vgl. neben Frank auch A. Heising, *Der heilige Geist und die Heiligung der Engel in der Pneumatologie des Basilius von Cäsarea. Ein Beitrag zum Verständnis der theologischen Arbeitsweise in der griechischen Patristik*. ZKTh 87, 1965, S. 257-308, der die ursprüngliche Wesensgleichheit von Engel und Mensch nicht nur bei Basilius nachweist.

123 Vgl. die von M. Noth ausgelöste Diskussion, s.o. S. 18 und Anm. 17.
124 Zu der Tradition von sieben Klassen der Gerechten vgl. bes. M. Smith, The Image (o.Anm. 99), S. 498f. 503f. sowie Lev.r 30, 2 (u.Anm. 149); vgl. weiter TAbr.A 20, 14.

wacht, genießen..." Die Bewachung des Ruheorts durch die Engel stellt eine Verbindung der psychopompen Aufgabe mit der eschatologischen Gemeinschaft der Gerechten mit den Engeln dar.

ApkEl 1, 10[125] wird den Gerechten versprochen, daß sie mit den Engeln zum himmlischen Jerusalem aufsteigen werden. Ebenso heißt es TDan 5, 12: „Und die Heiligen werden in Eden ausruhen und über das neue Jerusalem werden sich die Gerechten freuen"[126]. Das Motiv wird dann ApkZeph 9, 4f breit ausgemalt: Der Engel läuft zu den Gerechten, allen voran Abraham und Isaak, Jakob, Henoch, Elijah und David und spricht mit ihnen wie ein Freund mit Freunden.

4. 41 Die Verwandlung des Gerechten zum Engel

Am deutlichsten sind hier die Verwandlungen Henochs und seine Erhöhung zum Menschensohn, verhalten in äHen 71, 11: „Und ich fiel auf mein Angesicht und *mein ganzer Leib schmolz dahin, und mein Geist wurde verwandelt*, und ich schrie mit großer Stimme, mit dem Geist der Kraft, und ich pries und verherrlichte und erhöhte (ihn)", drastischer in der Verwandlungsszene slHen 22, 8ff, in einem Befehl an den Archistrategen Michael[127]: „Und es sprach der

---

125 So in der Zählung bei O.S. Wintermute in Charlesworth's Sammlung I, 721-753, hier S. 737. Bei der diffizilen Überlieferungslage stellt sich aber nach der Veröffentlichung des Chester Beatty Papyrus 2018 durch A. Pietersma u. S. Turner Comstock (s.Quellenverz.) doch die Frage nach dem christlichen Einfluß. Vgl. dort z.B. die klar christlichen Sätze Blatt 1, Zeile 16ff.

126 Zu diesem Aspekt s. auch im folgenden. Das Paradies (der Garten Eden) in Verbindung mit dem neuen Jerusalem weist m.E.s auf die Identifizierung des Gartens mit dem Tempel, wie sie auch Jub 3 vorgenommen zu sein scheint. Vgl. u.Anm. 314.

127 Der erste Teil hängt im wesentlichen von der Gerichtsszene Sach 3 ab, wo der Hohepriester Josua ebenfalls neu gekleidet wird. Auch im slHen folgt etwas wie die Öffnung der Bücher, d.h. ein ursprünglich mit dem Gericht verbundenes Motiv, nur mit dem Unterschied, daß nun Henoch zum Schreiber wird, indem ihm das Rohr der Schnellschreibung gegeben wird (22, 12). Zur Verwandlung Henochs vgl. Uhligs Anm. S. 466 (s. Quellenverz.). Vgl. weiter, Hengel, op.cit. (o.Anm. 55), S. 357ff.
Während der Reinschrift des Manuskripts erschien: M. Himmelfarb, *Revelation and Rapture: The Transformation of the Visionary in the Ascent Apocalypses*. Mysteries and Revelations. Apocalyptic Studies since the Uppsala Colloquium. Ed. by J.J. Collins and J.H. Charlesworth. (Sheffield 1991) (JSP.SS9), S. 79-90. Dort weitere Quellen und eine leicht abweichende Interpretation des Phänomens. P.B. Decock, *Holy Ones, Sons of God, and the Transcendent Future of the Righteous in 1Enoch and the New Testa-*

164   *Die ausserbiblische Entwicklung*

Herr zu Michael: Tritt herzu und entkleide Henoch von den irdischen Kleidern[128] und salbe ihn mit meiner guten Salbe und kleide ihn in die Kleider meiner Herrlichkeit...Und ich schaute auf mich selbst, und *ich war wie einer von [seinen*[129]*] Herrlichen, und nicht war ein Unterschied des Anblicks.*"

Die Verwandlung Henochs wirkt noch in den Hekhalot-Texten nach, wenn Henoch im sog. 3.Henochbuch zu Metatron verwandelt und dabei die Umwandlung seiner Glieder in verschiedene Arten von Feuer und Licht geschildert wird[130]. Auch in der rabbinischen Literatur scheint es noch Hinweise auf diesen Vorstellungskreis zu geben. Die Mechilta des Rabbi Schim'on ben Jochai erklärt zu Gen 3, 22[131]: דרש ר' פפיוס הן האדם היה כאחד ממנו כאחד ממלאכי השרת

---

ment. Neotestamentica 17, 1983, S. 70-83, lag mir nicht vor. Zu den himmlischen Büchern s.o. Anm. 60.

128 Einmal entfaltet, kann die Vorstellung von der Verwandlung mittels Kleiderwechsel dann auch rückwärts auf Bibeltexte angewandt werden: Josua wird verwandelt, indem er die Gewänder der Weisheit (vestimenta sapientie - sic!) und den Gürtel des Wissens (zona scientie), die vorher Mose getragen hat, anzieht, LAB 20, 2f.: „et immutaberis et eris in virum alium." Auch hier hat wohl Sach 3 eingewirkt. Dietzfelbinger (s. Quellenverz.), a.l., weist zu Recht auf die Lesart der Vulgata hin, die 1Sam 10, 6 liest: „et mutaberis in virum alienum"; aber bei Ps-Philon dient diese Verwandlung als Zeichen für die Befähigung zur Prophetie, s. im folgenden. Ähnlich denkt sich der Vf. der ApkZeph die Verwandlung als einen Wechsel der Kleider: 8, 4. Vgl. weiter L. Blau, Das altjüdische Zauberwesen. Budapest 1898, S. 63. 81f.

129 So die längere Rezension, die kürzere hat nur den Artikel. Bei den Unterschieden zwischen beiden Rezensionen ist die quasi wörtliche Übereinstimmung dieses Verses immerhin bemerkenswert.

130 3Hen 15. 48C = §§ 73. 85 in Schäfers Synopse. Zu Henochs Erhöhung zum Menschensohn s. im folgenden; zur Verbindung Henochs mit Metatron s. bes. מ. אידל (M. Idel), "חנוך הוא מטטרון". Proceedings of the First International Conference on the History of Jewish Mysticism. Early Jewish Mysticism. Jerusalem 1987 (JSJT 6/1), S. 151-170. Ähnlich heißt es von Mani, καὶ ἐγενόμην ὡς εἷς τῶν μεγίστων ἀγγέλων; Kölner Mani-Kodex 51, 1 (s. Quellenverz.), S. 32f. Zur Verwandlung Manis vgl. weiter T. Schneider, *Der Engel Jakob bei Mani*. ZNW 33, 1934, S. 218-219; vgl. weiter die Arbeiten Böhligs, bibliographischer Anhang 3.

131 Beschalach XIV, 29 (Epstein/Melamed, S. 68, Z. 13ff): „R. Papajus legte aus, dann würde der Mensch/Adam wie einer von uns' (Gen 3, 22) - wie einer der Dienstengel. Da sagte R. Akiba: Genug Papajus! Was erklärst du da? (Vielmehr) ,dann würde der Mensch wie einer von uns' lehrt, daß der Heilige, gepriesen sei er, zwei Wege gab, einen Weg zum Leben und einen zum Tod und er (der Mensch/Adam) wählte für sich den Weg des Todes." TgPsJon und TgNeophity übersetzen das problematische אלהים in Gen 3, 5 als מלאכיו - vgl.

Die Verwandlung des Gerechten zum Engel 165

אמר ר' עקיבה דייך פפיוס מה אתה מקיים הן האדם היה כאחד מלמד שנתן הקב״ה לפניו
שני דרכים דרך חיים ודרך מות ובחר הוא לו דרך המות. Die Anwendung[132] des
אלהים-Namens auf Melchizedek (11QMelch 2, 10) ist noch krasser und für die
Entwicklung der Angelologie folgenreicher.

Doch was von Henoch als dem Prototyp der Apokalyptiker gesagt wird, hat auch anderweitig Ausdruck gefunden[133]: äHen 51, 5 gibt es in den Handschriften die Lesung: „und alle werden zu Engeln in den Himmeln. Und ihr Angesicht wird vor Freude leuchten.[134]" Der slHen verspricht: „Selig sind die Gerechten, welche entfliehen werden dem großen Gericht des Herrn, weil sie leuchten werden siebenfach mehr denn die Sonne" (längere Rez. 66, 7[135]).

Im syBar wird diese Vorstellung ausführlich geschildert (51, 1ff):

„Wenn dieser festgesetzte Tag vorüber ist, wird sich die Gestalt derer verändern, die schuldig erfunden sind, und auch die Herrlichkeit von denen, die als Rechtschaffene gelten können. Das Aussehen derer, die hier frevelhaft gehandelt haben, wird schlimmer gemacht werden, als es jetzt ist, weil sie Martern erleiden müssen. Die Herrlichkeit von denen, die sich jetzt rechtschaffen gezeigt haben, wie mein Gesetz es will, und die in ihrem Leben Einsicht hatten und die in ihrem Herzen hier der Weisheit Wurzeln pflanzten - ihr Glanz wird dann verherrlicht sein in unterschiedlicher Gestalt. Ins Licht ihrer Schönheit wird verwandelt sein das Ansehen ihres Angesichtes. ... (5) Darum - wenn sie (scil.: die Frevler) sehen werden, daß die, über die

---

A. Shinan, *The Angelology of the „Palestinian" Targums on the Pentateuch*. Sefarad 43, 1983, S. 181-194, hier S. 183.

132 Wenn die Gemeinde von Qumran sich sonst als die „Söhne des Lichts" versteht, d.h. als die unter dem Engel des Lichtes Stehenden (1QS 3, 22ff), dann scheint Melchizedek die Rolle dieses Engels übernommen zu haben, sofern dieselbe Gemeinde sich als בני השמ[י]ם ומנחלת מלכי צדק versteht: 11Q Melch 2, 5. Der Text wiederholt derlei Formulierungen, z.B. Z. 8 desselben Fragments.

133 In der vita Eliae wird dann Entsprechendes auch über diesen Propheten gesagt. Vgl. die Textzusammenstellung bei M.E. Stone/J. Strugnell (s. Quellenverz.), hier S. 95 (= T. Schermann, Prophetarum Vitae Fabulosae Indices Apostolorum Discipulorumque Domini Dorotheo Epiphanio Hippolyto aliisque vindicata. Leipzig 1907, S. 52, Z. 10-20).

134 Vgl. die Anm. 5a bei Uhlig. Zum Leuchten s. in der Fortsetzung. Hinzu kommt äHen 61, 4.

135 Die kürzere Version hat statt dessen (65, 10f): „Selig die Gerechten, die entrinnen werden dem großen Gericht des Herrn, weil leuchten werden <ihre> Angesichter wie die Sonne". Vgl. entsprechend 66, 7. Zur Siebenzahl der Lang-Version vgl. oben Anm. 124.

sie sich jetzt hoch erhaben dünkten, alsdann erhoben und verherrlicht werden weit mehr als sie und verwandelt werden diese wie auch jene - zum Glanz der Engel diese, jene zu bestürzenden Erscheinungen und gräßlichen Gestalten - noch schlimmer werden sie vergehen. ... (10) Denn in den Höhen jener Welt wird ihre (scil.: der Gerechten) Wohnung sein; sie werden Engeln gleichen und den Sternen ähnlich sein. Sie werden sich wandeln in jegliche Gestalt, die sie nur wünschen - von Schönheit bis zur Lieblichkeit, vom Licht zum Glanz der Herrlichkeit."

Diese Schilderung ist nun schon eine der späteren, weshalb sie nicht nur die Zukunft der Gerechten farbenprächtig ausmalt, sondern die der Frevler bereits parallel hinzusetzt[136]: Beide werden verwandelt werden - je nach ihrem Tun auf dieser Erde[137]. Die Verwandlung der Gerechten findet sich weiter Lk 20, 36: „Sie können ja auch nicht mehr sterben, denn sie sind Engeln gleich und sind Söhne Gottes"[138]. Auf einer solchen Grundlage kann auch Paulus den Korin-

---

136 Der syBar wird allgemein zu Beginn des 2.Jh.s d.g.Z. datiert, da er offensichtlich den 4Esr voraussetzt, dieser aber 30 Jahre nach der Zerstörung des Tempels geschrieben sein will. Noch später liegt das gelegentlich in diesem Zusammenhang zitierte „Gebet Jakobs" mit seiner Bitte um Verwandlung, s.o. Anm. 70. Die beiden Testamente Isaaks und Jakobs erkennen in dem dem Patriarchen erscheinenden Engel Michael den jeweiligen Vater des Patriarchen: TIs 2, 1-4 und TJak 2, 4. Beide sind offensichtlich spät und TIs nach 2, 1b vom TAbr abhängig; TJak ist deutlich christlich.

137 Das besondere Ideal der Gerechtigkeit in Verbindung mit der Tora ist in dieser Form ein Merkmal der beiden Apokalypsen, die nach der Tempelzerstörung geschrieben wurden: 4Esr und syBar. Das heißt nicht, daß die älteren Apokalypsen keinerlei Definition des Gerechten gehabt hätten, aber diese ist dort nicht deutlich und befaßt sich mit Halacha fast ausschließlich in den Zusammenhängen, die zwischen den Apokalyptikern und der Tempelpriesterschaft strittig sind (Opfer, Opferzeiten, Kalender etc.). Die Verwandlung der Gerechten in Engel ist in diesem Stadium noch nicht mit der talmudischen Definition eines Engels (bSan 38b//bSchab 151b) in Verbindung zu bringen; etwas anders M. Dean-Otting, op.cit. (o.Anm. 18,) S. 119f mit Anm. 60f, S. 166.

138 Vgl. die Parallelen: Mt 22, 30//Mk 12, 25//Lk 20, 35f. Ähnlich im Mart Polyk 2, 3 am Ende. Paulus verspricht den Christen, Phil 3, 20f: „Denn das Reich, in dem wir Bürger sind, ist in den Himmeln, und aus ihm erwarten wir auch als Heiland den Herrn Jesus Christus, der unseren Leib der Niedrigkeit verwandeln wird (μετασχηματίσει), so daß er gleichgestaltet wird (σύμμορφον) seinem Leib der Herrlichkeit (τῷ σώματι τῆς δόξης αὐτοῦ)..." Hier liegt die Übertragung des Motivs auf den Messias vor - ein Thema, das jüdisch vorgegeben ist, wie im folgenden zu zeigen sein wird. Doch nicht die „Engel-Christologie" interessiert an diesem Punkt, sondern die

thern „ein Geheimnis" (μυστήριον) sagen[139]: „Wir werden nicht alle entschlafen, wir werden aber alle verwandelt werden im Nu, in einem Augenblick, bei der letzten Posaune; denn die Posaune wird erschallen, und die Toten werden unverweslich auferweckt werden, und wir werden verwandelt werden." (1Kor 15, 51f). Mehrfach kennt Ps-Philon die Verwandlung, so die des Mose: LAB 19, 16 im Rahmen einer kleinen Apokalypse; LAB 28, 9 umschreibt den Tod geradezu als Verwandlung. Nach LAB 33, 5 sagt Debora zu den Israeliten: „Es wird eure Gestalt dann sein wie die Gestirne des Himmels, die jetzt bei euch bekannt sind." Doch verwendet der Verfasser das Motiv auch für die Erklärung von Taten zu Lebzeiten der Helden (s).

Es ist möglich, daß Lk 24, 36-43 in dieselbe Linie gehört: Die Jünger halten Jesus für ein πνεῦμα; act 12, 15 nehmen sie an, der Engel Petri habe an die Tür geklopft[140]. Eine deutliche Umbildung des Motivs findet sich dann in-

    daraus resultierende Vorstellung von der Verwandlung der Christen in einen „Leib der Herrlichkeit". Die Annahme des neuen Christen kann der Autor der OdSal dann so umschreiben: „Gesicht und Gestalt einer neuen Person nahm ich an, und ich ging einher in ihr (ihm?) und wurde erlöst", 17, 4 nach der deutschen Übersetzung von Lattke (s. Quellenverz.); Charlesworth' englische Version ist noch etwas eindeutiger (s. Quellenverz. a.l.).
    Vgl. allgemein auch G.G. Stroumsa, *Polymorphie divine et transformations d'un mythologème: L' »Apocryphon de Jean« et ses sources*. VigChr 35, 1981, S. 412-434; idem, *Form(s) of God. Some Notes on Metatron and Christ*. HThR 76, 1983, S. 269-288.

139 In der Parallele 1Thess 4, 16 fehlt die Verwandlung, obwohl die meisten anderen Elemente des „jüngsten Tages" auch hier genannt sind. Aber nur in 1Kor 15 diskutiert Paulus die Frage nach der Zukunft der verstorbenen Seelen in dieser Breite (1Thess hat einen etwas anderen Skopus, der eher mit Mt 24, 31 zu vergleichen ist, nicht aber mit den Parallelen der synoptischen Apokalypse). In diesem Sinne ist wohl auch Kol 1, 12 zu verstehen. Vgl. hierzu auch P. Benoit,"Άγοι *en Colossiens 1.12: Hommes ou Anges?* Paul and Paulinism. Essays in Honour of C.K. Barrett ed. by M.D. Hooker and S.G. Wilson. London 1982, S. 83-99. Die Gottesebenbildlichkeit Jesu (z.B. Hebr 1, 3; Kol 1, 15; 2Kor 4, 4) läßt sich hier noch bedingt heranziehen (wie es Georgi, SapSal Anm. a zu 7, 26) getan hat, insofern Kol 1, 15 damit Jesus als Erstgeburt der Schöpfung parallelisiert und Paulus (ebd. V. 6) die Erleuchtung der Christen auf die Erkenntnis „der Herrlichkeit Gottes auf dem Angesicht Christi" verbindet. Doch scheint der Gedankengang hier in umgekehrter Richtung zu verlaufen: Weil Jesus Gottes Ebenbild ist, erkennen die Gläubigen in ihm Gottes eigene Herrlichkeit. Der Gedanke an eine Verwandlung ist damit nicht direkt zu belegen.

140 Auf beide Stellen hat - in diesem Zusammenhang - D. Daube aufmerksam gemacht: *On Acts 23: Sadducees and Angels*. JBL 109, 1990, S. 493-497, hier S. 495. Ob damit auch die angebliche Leugnung der Existenz der Engel durch

nerchristlich in ApkJoh 4 bei der Beschreibung der 24 Ältesten. Im himmlischen Gottesdienst (s) fungieren sie im Lobgesang, aber auch im Gericht. Daher könnten sie sehr wohl als entrückte Märtyrer angesehen werden, die dann aber den Status der Engel hätten[141].

Im Lauf der Zeit entwickelt sich die, wie es scheint, nachträgliche Begründung für die Möglichkeit einer solchen Umwandlung: Der Mensch ist ursprünglich als Ebenbild Gottes geschaffen[142]. Die beiden Henochbücher konstruieren daraufhin, daß diese Gottesebenbildlichkeit eine Ähnlichkeit mit den Engeln bedeute[143], was aufgrund der Interpretation des אלהים-Namens als Bezeichnung des Hofstaates ja auch nahe lag: äHen 69, 10-11: „Denn die Menschen sind nicht anders geschaffen als die Engel, daß sie rein und gerecht bleiben, und der Tod, der alles vernichtet, hätte sie nicht betroffen, aber durch diese ihre Kenntnis (scil.: des Schreibens) gehen sie zugrunde..."[144] und slHen 30, 11 „Und auf der Erde (sic!) setzte ich ihn (Adam) als zweiten Engel..." Entsprechend ist es zu verstehen, wenn grApkBar 4, 16 Adam seine Herrlichkeit wegen seines Ungehorsams verliert. Dagegen kann der slavische Text desselben Werkes Michael als „den Herrlichen" bezeichnen: 13, 4.

Unter der apokalyptischen Voraussetzung, daß die Endzeit eine Wiederherstellung des gerechten Zustandes des Anfangs bedeutet (wie es in der Formel

---

      die Sadduzäer erklärt ist (die sich entsprechend nur gegen die Verwandlung der Gerechten in einen Engel gewehrt hätten), mag offen bleiben.

141 Vgl. Mt 19, 28; Lk 22, 30 und J.M. Baumgarten, *The Duodecimal Courts of Qumran, Revelation, and the Sanhedrin*. (JBL 95, 1976, S. 59-78 =) Idem, Studies in Qumran Law. Leiden 1977 (SJLA 24), S. 145-171, hier S. 153-155.

142 Gen 1, 26f. Die grApkBar läßt Adam wegen seines Ungehorsams der „Herrlichkeit Gottes" entkleidet werden (G 4, 16).

143 Ähnliches ergibt sich aus dem Vergleich einiger späterer Midraschim, die M. Smith zusammen gestellt hat (The Image, o.Anm. 99, S. 476f): Gegen die eigentliche Intention der Argumentationskette wird so, z.B. in Ex.r 32, 7 (Wilna, S. 60d), aus dem ursprünglichen Vergleich des Menschen mit Gott die Ebenbildlichkeit von Mensch und Engel. Die armenische Version des 4Esr hat das Motiv 7, 96 und 8, 62I. Vgl. M.E. Stone, A Textual Commentary on the Armenian Version of IV Ezra. Atlanta (1990) (SBL.SCS 34), S. XXI. 188. 236f, der ebenfalls besonders auf Gen 3, 5 in der Interpretation der Targume verweist. Vgl. auch die „History of the Rechabites" (Zosim.) 7, 10f: Charlesworth II, 453: Sie sind engelgleich und Zosimus ruft aus „o earthly angels" - so nach der syrischen Überlieferung. Der griechische Text ist hier kürzer.

144 Vgl. die ähnliche Äußerung in der SapSal 1, 13 und dazu Y. Amir, *Die Gestalt des Thanatos in der ‚Weisheit Salomos'*. Idem, Studien zum antiken Judentum. Frankfurt(M.)/Bern/New York (1985, BEATAJ 2), S. 51-82.

von der Entsprechung von Urzeit und Endzeit normalerweise ausgedrückt ist), bedeutet die Verwandlung des Menschen in einen Engel lediglich die Rückgabe seines ihm bestimmten Status. Damit ändert sich aber das Verhältnis des Menschen zum Bereich des Göttlichen grundlegend. Was die biblische Erzählung von der Vertreibung aus Eden so mühsam begründete, die Trennung des Menschen von Gott und dem Bereich des Göttlichen überhaupt, ist hier wieder aufgehoben. Nicht umsonst ist das Motiv im slHen mit Adam verbunden.

Es wurde schon oben darauf hingewiesen (Anm. 128), daß das Motiv des Kleider-Wechsels den inneren Wandel anzeigen kann. Es ist nun hinzuzufügen, daß diese Verwandlung in einen engel-ähnlichen Status nicht unbedingt *post mortem* oder allgemein eschatologisch zu deuten ist. Die Verwandlung der Töchter Hiobs[145] mit Hilfe der „goldenen Gürtel" ermöglichte ihnen zweierlei: Das Sprechen, d.h. Lobpreisen Gottes, in der Sprache der Engel und das Sehen jener Engel, die kamen, um Hiobs Seele zu holen. In Reaktion darauf stimmen die prophetischen Töchter ein Loblied an, während die anderen Hinterbliebenen den Tod Hiobs beklagen. M.a.W.: Die Töchter sind bereits derart verwandelt, haben ein „neues Herz" (vgl. 1Sam 10, 6. 9), daß sie wie die Engel singen und die Engel sehen, aber sie sind dennoch durchaus irdisch und leben. Hier durchdringen sich verschiedene Traditionen und schmelzen zu einer Einheit zusammen, die nicht nur als Hoffnung des Gerechten auf die Zukunft zu verstehen ist, sondern eine Gemeinschaft mit den Engeln in der Gegenwart bedeutet. Entsprechend verwandelt sich Kenan zur Zeit der Schlacht durch Anziehen des Geistes und Wechsel der Kleider, LAB 27, 10-12. David wird nach dem Sieg über Goliath vom begleitenden Engel verändert, damit Saul ihn nicht erkennt: LAB 61, 9.

Auf der anderen Seite haben die Gerechten der Vorzeit zwar Vorbild-Funktion für die späteren Frommen, in ihrem Tun wie in ihrem Schicksal, aber das macht ihre Verwandlung noch nicht zu einer Art „Einsetzung"[146] in ein himmlisches Amt, das der Person des Messias - noch dazu eines gestorbenen und auferstandenen - als Denkmodell gedient haben könnte.

---

145 Vgl. für das folgende P.W. van der Horst, *Images of Women in the Testament of Iob*. Studies in the Testament of Iob. Ed. by M.A. Knibb and P.W. van der Horst, Cambridge e.a. (1989) (SNTS.MS 66), S. 93-116, bes. 104-106.

146 In seiner überaus wichtigen und in Vielem heilsamen Zurückhaltung einigen neueren Versuchen gegenüber ist dieser Aspekt von L.W. Hurtado etwas überzogen worden: One God, One Lord. Early Christian Devotion and Ancient Jewish Monotheism. Philadelphia (1988), S. 55. Hurtado muß notwendigerweise auf den späteren Henoch-Metatron zurückgreifen, da selbst slHen seine These

4. 42 Die Verwandlung in Sterne

In dem Maße, in dem die Engel selbst mit einer Reihe von charakteristischen Merkmalen ausgestattet gedacht werden, gehen diese im Prozeß der Verwandlung auf den (ehemaligen) Menschen über. So kommt es zu einer Reihe von Texten, die die Verwandlung der Menschen in Sterne[147] berichten, denn an diesem Punkt, der Veränderung des Menschen in ein anderes Wesen, sind Engel und Sterne nicht mehr deutlich voneinander zu trennen. Biblisch ist die Verwandlung der Gerechten in Sterne bei Dan 12, 3 belegt:

והמשכלים יזהרו כזהר הרקיע ומצדיקי הרבים ככוכבים לעולם ועד

Außerhalb der Bibel kommt sie z.B. an den folgenden Stellen vor: 4Esr 7, 97: „...daß ihnen gezeigt wird, wie ihr Gesicht wie die Sonne leuchten soll und wie sie dem Licht der Sterne gleichen sollen, von nun an nicht mehr vergänglich" (vgl. ebd. 7, 125). äHen 104, 2 kann die in der Epistel Henochs ja schon erwähnte Verwandlung in Engel auch anders umschrieben werden: „...aber jetzt werdet ihr leuchten und werdet scheinen[148], und das Tor des Himmels wird für

---

kaum deckt. Noch weniger ist durch die Verwandlungs-Tradition eine Art *deificatio hominis* gegeben. Selbst wenn M. Smiths Rekonstruktion von 4QM (= 4Q 491) zugestimmt wird, heißt es dort nur (seine Z. 35f):

אני עם אלים אחש[ב
ו]כבודיא עם בני המלך

Ascent to the Heavens and Deification in 4QM^b. Archaeology and History in the Dead Sea Scrolls. The New York University Conference in Memory of Y. Yadin. Ed.by L. Schiffman. (Sheffield 1990) (JSOT/ASOR.MS 2 = JSOT. SS 8), S. 181-188.

147 Vgl. zu dieser Tradition auch G.W.E. Nickelsburg, Resurrection, Immortality, and Eternal Life in Intertestamental Judaism. Cambridge (Mass.)/London 1972 (HTS 26), hier bes. S. 30. Zur weiteren Verbindung der Engel mit den Sternen s. im folgenden.

148 Ob dieses Leuchten nun das eines Engels oder das eines Gestirnes ist, läßt sich kaum sicher sagen; da der Unterschied zwischen beiden aber zumindest in diesem Vorstellungskreis aufgehoben zu sein scheint, kommt es hier auf die exakte Einordnung auch nicht mehr an. äHen 104, 6 vergleicht die Zukunft der Gerechten mit den Sternen - aber diese Lesart findet sich nur in äthiopischen Handschriften, nicht im griechischen Text. Es versteht sich von selbst, daß das Leuchten als solches ein Element der göttlichen Welt ist, wenn man so will: ein Theophanie-Leuchten, das den himmlischen Wesen auch dann zugeschrieben wird, wenn sie nicht wirklich erscheinen, also „epiphan" werden. Es gehört zur δόξα. Aber dennoch ist dieser Lichtglanz gehäuft durch den Vergleich mit den Gestirnen umschrieben. Zu seinen biblischen Grundlagen vgl. auch oben S. 57. Zum Leuchten der Gerechten. bzw. zum Leuchten auf die Gerechten vgl. weiter äHen 39, 7; 38, 4; 43-44; (50, 1); entsprechend sind die heidnischen Götzen keine Götter, weil sie nicht

euch geöffnet werden". Wenn man das mit 39, 5 verbinden darf (trotz der unterschiedlichen Herkunft der Stücke), dann handelt es sich um Engel.

AssMos 10, 9 verbindet die Gerechten mit den Sternen: „Et altauit te deus / et faciet te herere caelo stellarum / loco habitationis eorum." Jesus vergleicht das künftige Schicksal der Gerechten mit dem Leuchten der Sonne, Mt 13, 43 „Dann werden die Gerechten im Reich ihres Vaters leuchten wie die Sonne."[149] Schließlich heißt es von ihm in der transfiguratio (Mt 17, 2ffpar.) „und sein Angesicht leuchtete wie die Sonne, seine Kleider aber wurden weiß wie Schnee."

Das Leuchten, das oben z.B. äHen 104, 2 erwähnt wurde, ist auch sonst eine der möglichen Umschreibungen jener Verwandlung, etwa im oben zitierten Text aus SapSal 3, 6f. Im Traum sieht Isaak seinen im Sterben begriffenen Vater als Sonne: TAbr.B 7. Entsprechend unterscheidet Paulus bei der Darstellung des Auferstehungsgeschehens den Glanz der himmlischen und irdischen Leiber analog zum unterschiedlichen Glanz der Sterne: 1Kor 15, 40-42. Ps-Philon kann einmal die Verwandlung der Sterbenden als Transformation zu Gestirnen verstehen: LAB 33, 5.

Die Verwandlung des Gerechten nach seinem Tod - nicht die Wiederherstellung des gestörten Gottesverhältnisses und nicht das Gericht auf Erden - ist eine bereits sehr individualistische Lösung des Problems. Sie erinnert mehr an die Verwandlung der Menschen des ersten Geschlechts in Hesiods erga, 121ff, die zu δαίμονες ἁγνοί geworden sind, oder an jene Kämpfer in Troja, die unter der Herrschaft des Kronos auf den Inseln der Seligen scheinbar ewig weiterleben, ebd. 165-173 (incl. 169a/b), als an irgend eine biblische Aussage. Auch die damit verwandte Vorstellung von der Verwandlung der Gerechten in Sterne hat ihre eindeutigen griechischen Parallelen, v.a. in Hesiods Astronomie. Platon läßt seinen Demiurgen die Zahl der Seelen gemäß der Zahl der Sterne fest-

---

strahlen können: epJer 66. Allerdings kann Sirach auch den Hohenpriester Simeon mit Sonne und Mond vergleichen: 50, 6f.

149 Vgl. 2Kor 3, 18. Rabbinisch ist diese Vorstellung z.B. Lev.r 30, 2 belegt (Ed. M. Margulies, Bd. 2, S. תרצבf.): „Dies sind die sieben Klassen der Gerechten, die in der Zukunft (in der zukünftigen Welt) die Schechina schauen werden, und ihre Gesichter werden der Sonne, dem Mond, dem Firmament (רקיע), den Sternen, den Blitzen, den Rosen (? - לשושנים) und dem reinen Leuchter, der im Heiligtum war, gleichen." Es folgen Schriftbeweise für diese Gleichheit. Für die Parallelen vgl. die Anm. Margulies a.l. Zur Tradition der Lichtmetaphorik zwischen Ugarit und Qumran vgl. M.S. Smith, art.cit. (o.Anm. 19), S. 586f.

legen (Timaeus 41d/e)[150]. Hier stellt sich von neuem das Problem der Verbindung der δαίμονες und der Götter zu den Seelen der Menschen[151] einerseits und den Sternen andererseits. Ausgangspunkt der griechischen Philosophen scheint Platons Darstellung vom Fall der Seele, Phaidros 246-249, gewesen zu sein, im wörtlichsten Sinn: ein Sündenfall, jedenfalls nach dem Verständnis der Späteren. Dann kann die gefallene Seele aber auch wieder aufsteigen (schon Platon spricht in diesem Zusammenhang vom neuen Wuchs der Federn) und wird schließlich (schon bei Empedokles?[152]) bei ihrem Aufstieg von δαίμονες begleitet. Noch Plutarch scheint der Ansicht zuzustimmen, daß die moralische Vervollkommnung dazu führt, daß die vom Körper befreite Seele zunächst zum δαίμων, dann zum Gott wird[153]. Dieser Vervollkommnung, d.h.

---

150 Hesiod nach Evelyn-White (s. Quellenverz.); weiteres bei M. Hengel, op. cit. (o.Anm. 55), S. 342. 359 mit Anmerkungen. Vgl. auch P. Volz, Die Eschatologie der jüdischen Gemeinde im neutestamentlichen Zeitalter nach den Quellen der rabbinischen, apokalyptischen und apokryphen Literatur ([= 2. Aufl. von: Jüdische Eschatologie von Daniel bis Akiba, Tübingen 1934] =) repr. Hildesheim 1966, S. 396ff; J.J. Collins, *The Heavenly Representative. The „Son of Man" in the Similitudes of Enoch*. Ideal Figures in Ancient Judaism. Profiles and Paradigms. Ed. by J.J. Collins and G.W.E. Nickelsburg. (Chico 1980) (SCS 12), S. 111=133, hier: 113; idem, *Apocalyptic Eschatology in Apocalyptic Literature*. CBQ 36, 1974, S. 21-43, bes. S. 32-36. Zur Unsterblichkeit der Sterne und den damit verbundenen paganen Vorstellungen vgl. A.D. Nock, *Sarcophagi and Symbolism*. (AJA 50, 1946, S. 140-170 = repr.) Idem, Essays on Religion and the Ancient World. Selected and edt...Z. Stewart. I-II, Oxford 1972, S. 606-641, S. 632ff und M. Smith, The Image (o.Anm. 99), S. 499 mit Anm. 1.

151 Tatian polemisiert ausdrücklich gegen den Glauben, die Seelen der Verstorbenen würden zu Dämonen: Or. ad Graec. 16, 1 und fragm. 2 (Ausg. Whittaker, s.Quellenverz., S. 79). Plutarch, de Genio Socratis 588bff, bes. 591d veranschaulicht Tatians Gegenposition zum Teil. Zur Verbindung δαίμων - ψυχή - ἀστήρ vgl. Culianu, op.cit. (o. Anm. 18), S. 10f u.ö., und P.C. van der Horst, *ΔAIMΩN*. Mnem, ser. 3, 10, 1942, S. 61-68; F.E. Brenk, op.cit. (o.Anm. 89), S. 2089. 2095f. Zur Verwandlung in δαίμονες in der Zeit nach Hesiod ebd. S. 2082.

152 Siehe M. Detienne, *La „Démonologie" d'Empédocle*. REG 72, 1952, S. 1-17; ders., *Xénocrate et la démonologie Pythagoricienne*. REA 60, 1958, S. 271-279; vgl. weiter Weicker, op. cit. (o.Anm. 46), S. 16 mit Anm. 3. S. 22f. 54f. Die Äußerungen der Tragiker hierzu sind gesammelt bei W. Burkert, Greek Religion. Cambridge/Mass (1985), S. 181 (die deutsche Ausgabe des Werkes und die häufiger zitierte Untersuchung von Nowak lagen mir nicht vor).

153 Siehe u.a. F.E. Brenk, op.cit. (o.Anm. 111), S. 7. 11. Damit können dann auch die tapferen Krieger geschildert werden, wie die Kämpfer bei Hesiod, s.

Liebe zur Philosophie, entspricht in den jüdischen Texten die Kennzeichnung der Aufsteigenden als „Gerechter".

Hier ist der natürliche Ort, einige exkursartige Bemerkungen über das Verhältnis der Engel zu den Sternen in der außerbiblischen Literatur nachzutragen.

Exkurs 1 - Die Engel und die Sterne

Nachdem die Verbindung der Engel mit den Sternen biblisch mit dem Ausdruck צבא השמים vorgegeben ist, an einigen Stellen wie Ps 148, Hi 38 und Ri 5 bewußt angesprochen wurde[154] und in der LXX zu Hiob noch einmal zu Tage trat, überrascht es nicht, daß die Gerechten, denen ein engelgleiches Los verheißen ist, dieses Los nicht nur als Verwandlung in Engel, sondern auch als Verwandlung in Sterne schildern[155].

Allerdings läßt sich fragen, ob die Astral-Vergleiche deshalb gewählt sind, weil eine Zugehörigkeit zur himmlischen Welt Teilhabe an deren δόξα einschließt, oder aber deshalb, weil auch außerhalb der Zukunftshoffnungen der Gerechten Engel bereits mit den Sternen verbunden sind. Im letzteren Fall kön-

---

o., die Vaterlandsverteidiger bei Platon, Aeneas bei Dion. Halikarnasses, I 64. Die Aeneas gewidmete Inschrift verdeutlicht, was für jüdischen Glauben auf dem Spiel stand: Πατρὸς θεοῦ χθονίου ὃς ποταμοῦ Νομικίου ῥεῦμα διέπει (ebd.); auf weitere Parallelen hat J.D. Tabor hingewiesen: „Returning to the Deity": Josephus's Portrayal of the Disappearances of Enoch, Elijah, and Moses. JBL 108, 1989, S. 225-238.

154 Zu den verschiedenen Wiedergaben von צבאות in der LXX vgl. oben S. 83f und weiter W. Wink, The Powers. Vol. I: Naming the Powers. The Language of Power in the New Testament. Philadelphia (1984), S. 159ff. Die Verbindung des Hofstaats mit den Sternen hält sich bis in gnostische Texte hinein. Vgl. hierzu F.T. Fallon, The Enthronement of Sabaoth. Leiden 1978 (NHS 10), S. 60. Über weiteres Material in Bezug auf die Rolle der Sonne vgl. H.-P. Stähli, Solare Elemente im Jah-weglauben des Alten Testaments. Freiburg/Göttingen 1985 (OBO 66), dessen Material allerdings nicht vollständig ist; zur Bedeutung der Sonne in späteren Texten vgl. die pointierte Darstellung von M. Smith, Helios in Palestine. EJ 16, 1982 (H. M. Orlinsky-vol.), S. 199*-214*. Zur Verbreitung des Tierkreis-Motivs in den antiken Synagogen s.bes. ג. פרסטר (G. Foerster), גלגל-המזלות בבתי-הכנסת. ומקורותיו האיקונוגרפיים) ("The Zodiac in Synagogues and its Iconographic Sources") EJ 18, 1985 (N. Avigad-vol.), S. 380-391; für das religionsgeschichtliche Umfeld vgl. bes. R. Dussaud, Notes de mythologie Syrienne. RAr 4.Ser. 1, 1903, S. 124-148, bes. S. 142ff und H. Seyrig, Antiquités Syriennes. 95: Le culte du Soleil en Syrie a l' Époque romaine. Syria 48, 1971, S. 337-373; Hier wird aus dem umfangreichen Material nur jeweils das die Angelologie betreffende herausgegriffen.

155 Zum folgenden vgl. auch M.E. Stone, Lists (o.Anm. 76), S. 426ff.

nen die biblischen Grundlagen genauso mitgewirkt haben wie die Vorstellungen vom himmlischen Lichtglanz.

Im Rahmen der hellenistischen Umwelt ist bei der Verbindung der Engel mit den Sternen nur die Tatsache problematisch, daß damit längst überholt geglaubte Mythologumena erneut in die Angelologie eindringen. Die Sterne gelten in der griechischen Welt ja nun einmal als belebte Wesen (im Unterschied zu Gen 1) und sind - wie ihre Namen immer noch bezeugen - mit den Gottheiten des griechisch-römischen Pantheons aufs engste verknüpft[156]. Engel erneut mit Sternen zu identifizieren, heißt daher im jüdischen Bereich, ihnen wiederum jene relative Eigenständigkeit und Göttlichkeit zuzusprechen, die die biblische Polemik einzudämmen versucht hatte.

Unter dieser Problemstellung betrachtet werden die Aussagen der Quellen um einiges deutlicher: Im Rahmen der Apokalyptik begegnet die Verbindung der Engel mit den Sternen zunächst im Zusammenhang des Mythos von den gefallenen Engeln, oder in der Darstellung der engelischen Verwaltung des Kosmos, in die dann auch die Verwaltung der Gestirnabläufe gehört. Noch in relativ jungen Texten scheint dann der Rekurs auf die Macht der Erz-Engel über die Gestirne zur Polemik gegen die Außenwelt zu gehören.

In jenen Quellen dagegen, die man allgemein der hellenistisch-jüdischen Diaspora zuweist, sticht die Erfindung der Astrologie durch eine Persönlichkeit der Vergangenheit und der Ersatz des Hofstaats durch Sterne hervor. In einem Fall läßt sich aber auch hier die ganze Problematik der Verwandlung der Gerechten greifen. Dabei liegt dem griechischen Bereich die gesamte Vorstellung von einer Verwandlung der Seele spätestens seit Hesiods *erga* zugrunde[157]. Wenn auch die genaue Entwicklung dieses Teils der griechischen Religion immer noch undeutlich ist, so steht Hesiod hier doch keineswegs allein[158].

---

156 S. z.B. W. Foerster, Art. ἀστήρ. ThWNT I (1933), S. 501-503, hier S. 501: „Dabei sieht die griechische Auffassung die Sterne ihrer geistigen Stofflichkeit wegen als ‚Götter'". Siehe dort zur älteren Literatur. Am Faktum als solchem hat sich seitdem nichts geändert. Vgl. weiter zur Problematik aus jüdischer Sicht: M. Schlüter, „D`raqon" und Götzendienst. Studien zur antiken jüdischen Religionsgeschichte, ausgehend von einem griechischen Lehnwort in mAZ III 3. Frankfurt/M./Bern (1982) (Judentum und Umwelt 4), S. 116f mit den Anmerkungen dort.

157 Vgl. auch Rohde, op.cit. (o.Anm. 112), I, S. 95ff.

158 Zur orphischen Lehre von der Seelenwanderung sind in letzter Zeit in der Reihe „Greek and Roman philosophy. A fifty-two volume reprint set ed. by L. Tarán" (hier: New York/London 1987) drei grundlegende Arbeiten in Neudruck wieder erschienen: G. Rathmann, Quaestiones pythagoreae orphicae

Die Engel und die Sterne 175

Vielmehr hält sich auch eine gewisse Verbindung der δαίμονες zu den Sternen bis in die Hermetik[159]. Die unveränderte Kraft derartiger Vorstellungen läßt sich aus ihrer Verwendung in der Mithrasliturgie ablesen, wo der Beter inter alia aufgefordert wird, zu deklamieren: ἐγώ εἰμι σύμπλανος ὑμῖν ἀστήρ...[160].

Die Annahme, daß die Astrologie von einem jüdischen Ahnvater (Henoch oder Abraham) stammt oder doch wenigstens übermittelt wurde, ist bereits im Zusammenhang mit der Weisheit des Hofstaates behandelt worden[161].

Die Zusammenschau der Astronomie mit dem Mythos von den *gefallenen Engeln* findet sich schon im äHen selbst, z.B. 18, 13-16: „Ich sah dort sieben Sterne wie große brennende Berge. Als ich danach fragte, sprach der Engel: 'Das ist der Ort, wo Himmel und Erde zu Ende sind; ein Gefängnis wird er für die Sterne und das Heer des Himmels sein. Und die Sterne, die über dem Feuer rollen, sie sind es, die das Gebot Gottes übertreten haben vom Anfang ihres Aufgehens an.'"[162] Zwar dienen diese Aussagen offensichtlich auch dazu, die

---

Empedocleae. (Diss. Halle 1933); W. Stettner, Die Seelenwanderung bei Griechen und Römern. ([Tübinger Beiträge zur Altertumswissenschaft 22] Stuttgart/Berlin 1934); P.C. van der Horst, Les vers d'or pythagoriciens. Ed. avec une intr. et un comm. ([Diss. Leiden] Leiden 1932).
Neben den älteren Überblicken z.B. bei (F.)Boll/(W.)Gundel, Art. *Sternbilder, Sternglaube und Sternsymbolik bei Griechen und Römern*. ALGM VI (Leipzig/Berlin 1924-1937=) Hildesheim 1977, Sp. 867-1071, bes. 1062-1065 vgl. die Warnungen A.H. Armstrongs (und die von ihm zitierten): Expectations of Immortality in Late Antiquity. Milwaukee 1987 (AqL 1987), besonders in der Einleitung.

159 Vgl. M.P. Nilsson, Geschichte der griechischen Religion. I-II. (II = 2., durchges. u. erg. Aufl.) München 1950-55 (HAW V/2, 1-2), hier II, S. 574.

160 Der Text nach der Ausgabe von Dieterich (s. Quellenverz., Magica), dort S. 8, Z. 1ff. Einige andere Elemente, die hier im Zusammenhang der Angelologie verhandelt werden, treten dort in der Beschreibung des Helios erneut auf (zur Rolle des Helios und bes. den die Engel-Lehre betreffenden magischen Texten s.u.). Aufgrund der Verbreitung des Mithraskultes, zu dem diese Liturgie gehört, könnte man annehmen, daß der Text zeitlich zu weit von den hier diskutierten Quellen entfernt sei, aber Dieterich setzt ihn, trotz aller methodischer Vorsicht, tentativ in das 2. Jh., eher in dessen erste Hälfte. Vgl. weiter die Verbindung der Sterne mit den Göttern und Dämonen bei Porphyrius und in anderen paganen Quellen: Cumont, op.cit. (o.Anm. 106), S. 140 mit den Anmerkungen S. 287.

161 S.o.S. 124-126.

162 Verbunden mit sieben Sternen findet sich die astrologische Darstellung des Engelfalles auch in äHen 21, 3-6; mit einer unbestimmten Zahl von Sternen ebd. 80, 6 und in der Tiersymbolapokalypse 86, 1ff; 88, 1-3; 90, 24. Trotz anderer Vorschläge scheint auch Uhlig in seiner Übersetzung (s. Quel-

Unstimmigkeiten zwischen dem postulierten Lauf der Gestirne (der in einigen Teilen des Buches notwendig zu einem Sonnenkalender führen soll) mit dem tatsächlichen Ablauf zu überbrücken, aber die Selbstverständlichkeit, mit der der Verfasser das Geschehen in der Welt der Sterne mit dem Verhalten von Engeln zusammennimmt, belegt die enge Verbindung beider Größen, ebenso wie die zahlreichen Parallelen innerhalb des äHen[163]. Die Jub 8, 3 erwähnte Felsen-Schrift[164] interpretiert die Sünde der „gefallenen Engel" anscheinend auch im Zusammenhang mit der Astrologie: „Und er las, was darin war, und übertrug es, und irrte aufgrund ihrer, wie denn die Lehre der Wächter in ihr war, durch die sie sahen, die Wahrsagekunst von Sonne und Mond und Sternen und in allen Zeichen des Himmels."

Eine gewisse Anspielung auf zumindest ähnliche Vorstellungen mag man in Dan 8, 10 sehen, wo es vom letzten der geschauten Tiere heißt:

ותגדל עד-צבא השמים ותפל ארצה מן-הצבא ומן-הכוכבים ותרמסם

Allerdings fragt sich, wie weit Daniel hier schon die verschiedenen Tiere als Engel (dann am ehesten als Völkerengel) versteht. Daher ist dieser Beleg zumindest problematisch.

---

lenverz.), Anm. a.l., die Interpretation der entsprechenden Stellen auf die gefallenen Engel zu bevorzugen.

163 Es bleibt auf die Stammbäume in Jub 4, 14 hinzuweisen: Die Bibel nannte fast ausschließlich die männliche Erbfolge; Frauen, mit denen die jeweils genannten Männer Nachkommen zeugen könnten, fehlen. Die nachbiblische Literatur, hier also bes. Jub 4, liefert jene Frauen-Namen nach und nennt auch die Väter jener Frauen. Einige dieser „Väter" tragen Namen, die außer dem theophoren Element auch sprachliche Indizien aufweisen, die an Sterne und Wetter-Erscheinungen erinnern: Barakiel, Rakeel etc. P. Schäfer hat deshalb geschlossen, daß der aus Gen 6, 1-4 erschlossene Mythos von den „Engel-Ehen" hinter den Stammbäumen stünde (*Der Götzendienst des Enosch. Zur Bildung und Entwicklung aggadischer Traditionen im nachbiblischen Judentum*. Ders., op.cit (o.Anm. 19), S. 134-152, bes. S. 143-147. Ihm hat sich K. Berger in seiner Übersetzung des Jubiläenbuchs angeschlossen (s. Quellenverz.), Anm. b zu Jub 4, 15. Immerhin sind dabei also auch Stern- oder Himmelselemente konstitutive Bestandteile jener Namen. äHen 6, 7 werden die Namen der aufständischen Engel genannt, unter ihnen finden sich: Kokabi'el u.a. Vgl. weiter Schäfer, Rivalität (o. Anm. 90), S. 24 mit Anm. 83. Allerdings gilt für beide Listen (im Jub und in äHen), daß die Überlieferungsgeschichte der Texte eine detaillierte Interpretation der Namen erschwert.

164 Die scheinbare Parallele hierzu, Josephus, Ant 1, 70, hat, in ihrem eigenen Kontext gelesen, durchaus einige polemische Untertöne; s. hierzu im nächsten Kapitel.

Im wesentlich späteren TSal haben dann die vier Erzengel Gewalt über je einen der vier ersten der 36 Himmelskörper. So bindet in 18, 4f Michael den ersten der 36; in 8, 9 vernichtet Uriel den „Irrtum", einen der sieben Sterne und nimmt, 18, 7, Artosael, den dritten der 36, gefangen. 18, 6 fängt Gabriel den Barsafael (= den zweiten der 36) und 18, 8 Raphael den Oropel (= den vierten).

Hier liegt bereits eine Kombination aus dem Bericht von der göttlichen Reaktion auf die Klagen der vier Erzengel vor Gott lt. äHen (9-) 10 mit der Übernahme der 36 Dekane[165] vor, die als solche auch sonst noch begegnet: So erwähnt Artapanus im dritten Fragment[166] eine Aufteilung der Völker, die an die „Völker-Engel" erinnern könnte: Moses habe - so wird zu seinem Ruhm berichtet - die πόλις[167] in 36 νόμοι aufgeteilt. Jedem einzelnen habe Moses sodann seinen Gott gegeben, den die Einwohner zu verehren hätten[168]. Alles, was Artapanus zum Ruhme Mosis sagen möchte, ist dies: Die Ägypter erhielten ihre Wochen-Gottheiten - und so auch ihre berühmte Astrologie - von Mo-

---

165 Zur Vorstellung von den Dekanen vgl. v.a. W. Gundel, Dekane und Dekansternbilder. Ein Beitrag zur Geschichte der Sternbilder der Kulturvölker. Mit einer Untersuchung über die ägyptischen Sternbilder und Gottheiten der Dekane von S. Schott. 2., durchges. Aufl. mit einem bibliographischen Anhang von H.G. Gundel. Darmstadt 1969 (1.Aufl.: 1939), hier S. 3. Es mag sein, daß die Zahl 36 in diesem Zusammenhang bereits der babylonischen Astrologie angehört, wie A. Jeremias, *Art. Sterne (bei den Babyloniern)*. ALGM IV (Leipzig 1909-1915 =) Hildesheim 1977, Sp. 1427-1500, hier Sp. 1431, aufgrund einer Emendation im Text von Diodorus' Bibliotheca historica 30, 6 annehmen möchte; aber zum einen ist seine Darstellung etwas zu polemisch, zum anderen liegt für unseren Zusammenhang nichts an seiner Theorie, denn für TSal und den gleich zu nennenden Artapanus ist Ägypten in jedem Falle näher und die astrologischen Vorstellungen der hellenistischen Zeit dort sind hier ausschlaggebend.
166 Text bei Holladay, I, (s. Quellenverz.).
167 Damit ist wohl Ägypten gemeint: vgl. Holladay, I,, S. 233 mit Anm. 48.
168 Man könnte hier die 36 als Hälfte von 72 verstehen, was gelegentlich statt 70 erscheint, und so eine Andeutung auf die Völkerengel vermuten (dazu s. u.). Aus Qumran weiß man von einem Sanhedrin mit 36 Mitgliedern statt mit 72. Aber es scheint sehr viel wahrscheinlicher, daß Artapanus hier die 36 ägyptischen Dekane im Sinne hatte, die die 36 Wochen à 10 Tagen als Götter der Woche regierten. Auf den Text der Tempelrolle, der für die „36" relevant ist, hat J.M. Baumgarten, *The Heavenly Tribunal and the Personification of Sedek in Jewish Apocalyptic*. ANRW II 19/1 (1979), S. 219-239, hier: S. 221 mit Anm. 5, hingewiesen. Auch der Vergleich dieser Stelle des Artapanus mit Platons Gesetzen VIII 848d (Verweis von Holladay, I,, S. 233 mit Anm. 48) erklärt in keinem Fall die Zahl 36. Vgl. weiter Baumgarten, *The Duodecimal Courts* (o.Anm. 141).

ses. Der Text des Artapanus gehört also in die Kategorie jener jüdischen Überlieferungen von der wesentlichen Rolle eines jüdischen Weisen bei der Entdekkung und Übermittlung der Astrologie, wie die Traditionen über Henoch und Abraham auch. Im Unterschied zu den Henoch-Traditionen besteht hier keine angelologische Vermittlung des astrologischen Wissens.

Die außerkanonische Literatur kennt eine Fülle von Aufgaben der Engel bei der Verwaltung des Kosmos. In unserem Zusammenhang interessiert dabei v.a. die Mitwirkung bei dem Umlauf der Gestirne und die Offenbarung des Sternlaufs durch Engel. Der Engel „Uriel" ist in den astronomischen Partien des äHen der über die Gestirne gesetzte Engel[169], d.h. er zeigt Henoch nicht nur den Ablauf der Gestirne (wie z.B. äHen 33, 1f), sondern ist auch dafür verantwortlich: äHen 72, 1; 79, 6; 82, 7. Außer der Begleitung Henochs durch Uriel[170] berichtet der Text die Einteilung des Jahres in Jahreszeiten, Monate und Tage durch Engel (äHen 82, 1ff).

Andere Texte lassen die *Identifikation* der Engel mit den Sternen nun auf verschiedene Weise erkennen: äHen 43, 3 berichtet der Seher u.a. „Und ich sah

---

[169] äHen 72, 1.3; 74, 2; 75, 3; 82, 7f; slHen 4; 19, 2. Vgl. hierzu besonders E. Rau, Kosmologie, Eschatologie und die Lehrautorität Henochs. Traditions- und formengeschichtliche Untersuchungen zum äth. Henochbuch und zu verwandten Schriften. Diss. Hamburg 1974, S. 140-150, bes. 141 mit Anm. 11 auf S. LVI. Die belebten Sterne werden ApkAbr 19, 9 genannt; doch ist das noch im Rahmen der engelischen Verwaltung des Kosmos zu verstehen und bedeutet nicht gleich eine Identifizierung von Engeln und Sternen. Weitere Verbindungen der beiden Größen durch das Wirken der Engel an den Sternen, bes. dem Sonnenwagen und der Begleitung des Mondes, z.B. in slHen 11, 4 (vgl. 16, 7); 19, 2ff; grApkBar 6, 2. 16; 7, 4; 8, 1. 4; 9, 3 u.ö.; vgl. weiter M. Dean-Otting, op.cit. (o.Anm. 18), S. 127-148.

[170] Die Figur des Uriel hat dabei, wie es scheint, eine eigene Entwicklung durchgemacht: Als über die Sterne gesetzter Engel zeigt er dem Henoch die Straforte der gefallenen Engel, d.h. Sterne (äHen 18, 14-19, 2; 21, 5f. 9f). So wird er, ebd. 20, 2, zu dem über den Tartarus gesetzten Engel. Entsprechend führt er mit den drei anderen Erzengeln, lt. OracSib 2, 215 (MSS!), das Gericht herauf und öffnet die Tore des Hades (ebd. 227ff). Damit ist er aber mit dem Gericht und dem Schicksal des Einzelnen im Gericht verbunden. So nimmt er (mit Michael) den Leichnam Adams: vitAd 48, 1 und führt (mit Gabriel) die Auferstandenen ins heilige Land. TAbr.A 13, 11 kennt einen Engel Purouel, der die Seelen mit Feuer prüft. Feuer, πῦρ, entspricht aramäischem אור (Feuer). Purouel ist daher wohl eine gräzisierte Form von Uriel. Wenn der Midrasch, Nu.r 2, 10 (Wilna 5d), dann Uriel von hebräischem אור/ Licht = Tora ableitet und als Offenbarungsengel identifiziert, kehrt Uriel zu seiner ursprünglichen Rolle im äHen und 4Esr zurück.

Die Engel und die Sterne 179

... ihren (scil. der Sterne) Umlauf entsprechend der Zahl der Engel..." Es ist nicht ganz klar, wie man sich die Entsprechung zu denken hat, aber die direkte Abhängigkeit des Vorgangs von der Zahl der Engel ist deutlich. Ebenfalls in den Bilderreden wird nun aber der Sonne und dem Mond, nach einer kurzen Beschreibung ihrer Bahn, das Gotteslob zugesprochen (41, 7): „...und eines [ist] gegenüber dem anderen vor dem Herrn der Geister, und sie loben und preisen, ohne zu ruhen, denn ihr Lob ist Erquickung für sie." Dieses Lob ist nun selbst in den Texten, die eine gewisse Zurückhaltung der Angelologie gegenüber an den Tag legen, die üblichste Aufgabe der Engel bzw. des Hofstaats[171].

Eine andere Form der Verbindung beider Größen begegnet im sicher ebenfalls etwas späteren TAbr; auch hier wird von einer Verwandlung gehandelt, wenn auch diesmal nicht von der des Gerechten, sondern des Todes: Nachdem der Erzengel Michael erfolglos versucht hat, Abrahams Seele zu holen, schickt Gott nun den Tod selbst, verlangt aber von ihm, sich so zu verwandeln, daß Abraham, der Freund Gottes, nicht erschrecken möge. Der Tod, so heißt es daraufhin (Vers. A 16, 6), „...gab sich einen Anblick nach der Gestalt der Sonne (καὶ ἐποίησεν ὄψιν ἡλιόμορφον) ... er war angetan mit der Gestalt eines Erzengels, seine Wangen erstrahlten mit Feuer (ἀρχαγγέλου δὲ περιβαλόμενος μορφὴν, τὰς παρειὰς αὐτοῦ πῦρ ἀπαυγάζων)..." Abraham, der auf eine weitere Erscheinung Michaels wartet, bemerkt einen Lichtglanz (φωτὸς

---

[171] Die Segensliste in TJuda 25, 2 ist in diesem Zusammenhang problematisch: „Und der Herr wird den Levi segnen, der Engel des Angesichts mich (scil. Juda) und die Mächte der Herrlichkeit den Simon, der Himmel den Re'uben, den Issachar die Erde, das Meer den Sebulun, die Berge den Joseph, das Zelt den Benjamin, die Sterne den Dan, der Luxus den Naphtali, die Sonne den Gad, und der Mond (v.l. der Ölbaum) den Ascher." Die Liste beginnt also mit einer Aufzählung, die nach Gott himmlische Wesen als Segnende nennt, wendet sich dann an Begriffe, die entweder selbstevident sind (wie das Zelt des Benjamin: Zelt = Tempel) oder aus den entsprechenden biblischen Segnungen des Stammes genommen sind (so mit Berger, a.l., Gen 49, 15: Erde; 49, 13: Meer; Dtn 33, 15: Berge). Am Ende steht eine Reihe von astrologischen Bezeichnungen, zu denen einzig „der Luxus" (ἡ τρυφή) nicht zu passen scheint (die hierfür in den Übersetzungen angebotenen Erklärungen von Becker [s. Quellenverz.] und H.W. Hollander/M. de Jonge [The Testaments of the Twelve Patriarchs. Leiden 1985 ((SVTP 8)), S. 230] lösen das Problem nicht). Man wird annehmen dürfen, daß die Begriffe des Mittelteils erst spätere Umdeutung sind, da ja auch die Lesart zu Ascher offensichtlich nachträglich (s. Berger a.l.) den Mond an die biblische Vorlage (Dtn 33, 13?/24?) angepaßt hat und daraus einen Ölbaum machte, wenn auch die Interpretationen der Vorlagen jeweils sehr frei gehalten sind.

ἀπαύγασμα[172], 16, 8) und begrüßt den Tod: „Sei gegrüßt, du Sonnengesichtiger, du Sonnengestaltiger, du berühmtester Gehilfe, du Lichtträger, du wunderbarer Mann" (Χαίροις <ἡλιόρατε, ἡλιόμορφε,> <θεσμο->συλλήπτωρ ἐνδοξότατε <ὑπερένδοξε>, φωτοφόρε, ἀνήρ[173] θαυμάσιε 16, 10). Obwohl der Gast sich tatsächlich als „Tod" vorstellt, beharrt Abraham „du bist die Herrlichkeit und die Schönheit der Engel und der Menschen[174] (σὺ εἶ ἡ δόξα καὶ τὸ κάλλος τῶν ἀγγέλων καὶ τῶν ἀνθρώπων 16, 12)." Das alles beruht auf Abrahams Irrtum, er habe Michael vor sich.

Daneben stehen die *Vergleiche* der Engel mit den Sternen im Rahmen der bereits oben erwähnten Übertragung von Lichtsymbolik auch auf die Engel:

In der Übertragung der Gottesattribute aus Ez 1, 26-28 auf die himmlische Gestalt bei Daniel (es ist durchaus nicht ausgemacht, daß es sich dabei um Gabriel handelt, der Kap. 9 erwähnt wurde) dürfte die biblische Grundlage der Vergleiche der Engel mit Lichtphänomenen liegen[175]. Diese sind per se nicht unbedingt astral zu deuten, aber eine gewisse Nähe muß man beiden schon zubilligen.

Ez 1, 26-28 beschrieb die Gestalt Gottes: ועל דמות הכסא דמות כמראה אדם... עליו מלמעלה וארא כעין חשמל כמראה-אש בית-לה סביב ממראה מתניו ולמעלה וממראה

---

172 Zum ἀπαύγασμα vgl. auch SapSal 7, 26, wo die Weisheit ein ἀπαύγασμα γάρ ἐστιν φωτὸς ἀιδίου.

173 Die Bezeichnung „Mann" ist dabei durchaus wieder im Rahmen des biblischen und nachbiblischen Sprachgebrauchs für Engel. Die Worte καὶ ἐποίησεν ὄψιν ἡλιόμορφον sind bei Schmidt eingeklammert, weil sie in der Handschrift A fehlen, aber sie gehören zum Text. Statt des oben gebotenen Textes las James noch: πυρὶ ἀστράπτων. Weitere Divergenzen zwischen den Texten von James und Schmidt sind in <> vermerkt.

174 Version B hat davon nur diese letzte Entgegnung: „Denn ich sehe deine jugendliche Schönheit, daß sie nicht von dieser Welt ist." Das hat seine sachliche Entsprechung im Text der Lang-Version.
Dagegen ist fraglich, ob der zerstörende Stern in OracSib 5, 155ff wirklich ein Engel ist oder per se wirkt. Angelologisch interpretiert J.J. Collins in Charlesworth' Sammlung (s. Quellenverz.), I, S. 397 Anm. m2.

175 Zur Motiv-Übertragung vgl. die Liste am Ende des ersten Kapitels. Zum folgenden s. M. Karrer, Die Johannesoffenbarung als Brief. Studien zu ihrem literarischen, historischen und theologischen Ort. Göttingen (1986) (FRLANT 140), bes. S. 143ff mit der Literatur dort. J. Michl, Die Engelvorstellungen in der Apokalypse des Johannes. 1. Teil: Die Engel um Gott. München 1937, S. 203, ist derart mit der Bestreitung babylonischer Einflüsse beschäftigt, daß er die griechischen nicht mehr sieht. Zu den Lichtvergleichen gehört auch das griechische Fragment der ApkZeph.

מתניו ולמטה ראיתי כמראה-אש ונגה לו סביב כמראה הקשת אשר יהיה בענן ביום הגשם
Demgegenüber heißt es von der „Gestalt" in Dan 10, 5f: כן מראה הנגה סביב הוא מראה דמות כבוד-ה'
והנה איש-אחד לבוש בדים ומתניו חגרים בכתם אופז. וגויתו כתר-
שיש ופניו כמראה ברק ועיניו כלפידי אש וזרועותיו ומרגלותיו כעין נחושת קלל וקול דבריו
כקול המון.

Im slHen 19, 1 (Lang-Version) liest man z.B.: „Und ich sah dasselbst sieben Legionen der Engel, sehr leuchtende und überaus herrliche, und ihre Angesichter glänzend, mehr als die Sonne strahlend..." Genauso bewegen sich die Vorstellungen des Vf.s der ApkZeph 6, 11ff und die kurze Charakteristik der Engel in jRoschHasch II, 5 (58a) im Rahmen der Wiederaufnahme der Elemente aus Dan 10, 5f. 400 Engel nehmen die Krone der Sonne, wenn diese abends ins westliche Tor eingeht, und tragen sie zu Gott: slHen 14, 2 (beide Rezensionen)

In der ApkJoh 1, 12b-16 findet sich dann dieselbe Aufnahme der Motive, diesmal mit der Gestalt des Menschensohns verbunden. Dabei ist es durchaus nicht sicher, daß dieser „Menschensohn" eine Messias-Prädikation Jesu darstellt. Es könnte sich auch um eine andere himmlische Gestalt handeln, die dem Seher erscheint. Der Text lautet:

καὶ ἐπιστρέψας εἶδον ἑπτὰ λυχνίας χρυσᾶς / καὶ ἐν μέσῳ τῶν λυχνιῶν ὅμοιον υἱὸν ἀνθρώπου, ἐνδεδυμένον ποδήρη καὶ περιεζωσμένον πρὸς τοῖς μαστοῖς ζώνην χρυσᾶν / ἡ δὲ κεφαλὴ αὐτοῦ καὶ αἱ τρίχες λευκαὶ ὡς ἔριον λευκὸν ὡς χιών, καὶ οἱ ὀφθαλμοὶ αὐτοῦ ὡς φλὸξ πυρός, / καὶ οἱ πόδες αὐτοῦ ὅμοιοι χαλκολιβάνῳ ὡς ἐν καμίνῳ πεπυρωμένης, καὶ ἡ φωνὴ αὐτοῦ ὡς φωνὴ ὑδάτων πολλῶν, / καὶ ἔχων ἐν τῇ δεξιᾷ χειρὶ αὐτοῦ ἀστέρας ἑπτά,...καὶ ἡ ὄψις αὐτοῦ ὡς ὁ ἥλιος φαίνει ἐν τῇ δυνάμει αὐτοῦ.

Besonders die Attribute des letzten Verses gehen nun um einiges über die biblischen Vorlagen hinaus: Die sieben Sterne hängen mit den sieben Gemeinden zusammen, an die der Seher schreibt. Aber immerhin sind diese Sterne hier erwähnt und befinden sich in der Hand der himmlischen Gestalt. Deren Aussehen wird dann zusammenfassend umschrieben als das Aussehen der scheinenden Sonne „in ihrer Kraft", d.h. auf dem Höhepunkt ihrer Laufbahn. Nur muß man sich klar machen, daß die Unterscheidung zwischen dem Naturphänomen „Sonne" und dem griechischen Sonnengott Helios in dieser Form griechisch meist nicht deutlich ist: ἥλιος bedeutet beides.

Auf diesem Hintergrund lassen sich nun einige Äußerungen in den Fragmenten der jüdisch-hellenistischen Literatur untersuchen, die für sich genommen nicht unbedingt in unseren Zusammenhang gehören müßten, in Anbetracht der Verbindung der Sterne mit den Engeln aber einiges Gewicht erhalten. Man darf vermuten, daß an einigen Stellen die Sterne die Engel ersetzt haben:

Der Tragiker Ezechiel (im folgenden immer EzTrag) berichtet von der Vision, in der Mose den göttlichen Thron gesehen hat und sich auf ihn setzte:

καί μοί τι πλῆθος ἀστέρων πρὸς γούνατα
ἔπιπτ᾽, ἐγὼ δὲ πάντας ἠριθμησάμην

(„verneigten sich vor mir eine Fülle von Sternen und ich zählte sie alle", Zeile 79f[176]). Man kann in dieser Stelle den ersten Ansatz zur späteren Merkavah-Literatur erblicken[177], es liegt aber mindestens ebenso nahe, hier einen der spätesten Ausläufer der prophetischen Berufungsberichte unter Mitwirkung des Hofstaats zu sehen[178]. Für die zweite Interpretation hätte man nur anzunehmen, daß Ezechiel Moses als Propheten versteht. In jedem Falle spielt der Thron hier eine wesentliche Rolle, und so hätte man in Parallele zu den Seraphim in Jes 6 eine Schilderung des Hofstaats erwarten sollen. Statt dessen aber verneigen sich die Sterne. Die Proskynese der Himmelskörper ist bereits biblisch Teil der Rats-Konzeption, wie aus Neh 9, 6 hervorgeht[179]: Dort verneigte sich das „Heer des Himmels", eben jener Hofstaat-Name, der biblisch sowohl den himmlischen Rat als auch die Menge der Sterne bezeichnen kann. Die El-Söhne (=griechisch ἄγγελοι) jubelten mit den Morgensternen in Hiob 38, 7, und einige LXX-Handschriften verbanden Sterne und Engel auch in Hiob 9, 7. Nach all dem ist die Nennung der Sterne bei EzTrag durchaus als Hofstaat-Schilderung zu verstehen. Aber der sonst belegte Parallelismus von Sternen und Hofstaat fehlt hier. Es bleiben die Sterne.

---

176 Nach den Zeilen der Ausgabe von Jacobson zitiert. Der Text von Denis wurde durchgehend verglichen (s. Quellenverz.). In seiner Kritik an Jacobson hat P.W. van der Horst, *Some Notes on the Exagoge of Ezekiel*. Mn ser. IV, 37, 1984, S. 354-375, weitere kommentierende Anmerkungen verzeichnet.

177 So I. Gruenwald, op.cit. (o.Anm. 26), S. 128f.; ebenso P.W. van der Horst, *Moses' Throne Vision in Ezekiel the Dramatist*. JJS 34, 1983, S. 21-29.

178 Zur Fortwirkung dieser biblischen Gattung in der nachbiblischen Literatur vgl. bes. M. Black, *The Throne-Theophany Prophetic Commission and the „Son of Man". A Study in Tradition-History*. Jews, Greeks and Christians. Religious Cultures in Late Antiquity. Essays in Honour of D.W. Davies. Ed. by R. Hamerton-Kelly and R. Scroggs. Leiden 1976 (SJLA 14), S. 57-73.

179 Auch Gruenwald verbindet EzTrag an dieser Stelle mit dem Gebet aus Neh 9: op.cit. (o.Anm. 26), S. 128f. Aber die Verbindung mit den Sternen des Joseph-Traums ist doch zur Erklärung wohl kaum ausreichend. Anders: E. Vogt, *Tragiker Ezechiel*. JSHRZ IV/3 (1983), S. 115-133 a.l. und Gruenwald, ebd.

PsOrph[180] besingt Kraft und Stärke Gottes, dessen Platz im Himmel auf einem goldenen Thron fest gegründet sei:

οὗτος γὰρ χάλκειον ἐπ' οὐρανὸν ἐστήρικται χρυσέῳ εἰνι θρόνῳ...[181]

In diesem Zusammenhang hätte man eine Erwähnung des Hofstaats erwartet, aber weder dieser noch die Sterne werden erwähnt. Das Gold des Throns reicht dem Dichter zur Bezeichnung des Glanzes.

An anderen Stellen sind Engel und Hofstaat offensichtlich intendiert, aber ihre Erwähnung geschieht, wenn überhaupt, in mehrdeutigen Termini. So bei Ps-Phokylides: ἄφθονοι Οὐρανίδαι καὶ ἐν ἀλλήλοις τελέθουσιν. „Neidlos sind auch die Himmlischen untereinander"[182]. Aufgrund des Kontextes ist deutlich, daß die „Himmlischen" hier die Gestirne meinen[183]. Aber wenn der Verfasser diesen Gestirnen den Neid abspricht, heißt das doch, daß sie potentiell einen eigenen Willen haben, also nicht nur unbelebte Steinmassen sind. Im Rahmen des angelologischen Zusammenhangs ist der Vorbild-Charakter dieser „Himmlischen" besonders zu betonen.

Derselbe Autor fährt fort: εἰ γὰρ ἔρις μακαρέσσιν ἔην' οὐκ ἂν πόλος ἔστη. „Denn wenn es Streit unter den Seligen gäbe[184], wäre das Himmelsge-

---

180 Der Text in der Sammlung von Denis, S. 163-167, eine deutsche Übersetzung von N. Walter, JSHRZ IV/3 (s. Quellenverz.), S. 173-276 und die englische von M. Lafargue in Charlesworths Sammlung, S. 795-801.

181 Zeile 33f; ἐπ' statt ἐς mit N. Walter, (s. Quellenverz.), hier S. 237 mit Anm. r; der Text entspricht hier der Ausgabe von Denis. Eine andere Textfassung (wie Walters Übersetzung nach Rezensionen) bei O. Kern, Orphicorum fragmenta collegit... (1922 = repr.) (Zürich 1972), S. 257-264.

182 Text bei Denis, S. 149-156, hier Zeile 71; über den Verfasser und seine Zeit vgl. zuletzt U. Fischer, Eschatologie und Jenseitserwartung im hellenistischen Diasporajudentum. Berlin/New York 1978 (BZNW 44), S. 125-128.

183 Wörtlich verstanden sind die Kinder des Ouranos die griechischen Götter. N. Walter, s. Quellenverz., S. 204 mit Anm. 71a übersetzt „Himmlische" und versteht darunter die Himmelskörper. Vgl. weiter: M. Hengel, op.cit. (o.Anm. 55), S. 427-432; J. Maier, *Die Sonne im religiösen Denken des antiken Judentums*. ANRW II 19/1 (1979), S. 346-412; P.W.van der Horst, The Sentences of Pseudo-Phocylides with Introduction and Commentary. Leiden 1978 (SVTP 4), a.l.; J.M. Baumgarten, *Tribunal...* (o. Anm. 168); Fischer, op.cit. (vorige Anm.), S. 128-143.

184 Zur Neidlosigkeit der Gestirne gibt es eine Reihe von Parallelen in der rabbinischen Literatur, die zwar kaum von der jüdisch-hellenistischen abhängig sein dürfte, wie umgekehrt durch diese Parallelen keine ältere jüdische Tradition belegt werden kann, die die jüdischen Hellenisten gekannt haben könnten. Dennoch ist zu betonen, daß die Verbindung der Gestirne mit den Engeln und entsprechenden griechischen Vorstellungen in der jüdischen

wölbe nicht" (Zeile 75). Die „Seligen" werden auch Zeile 162f erwähnt und es liegt nahe, sie ebenfalls als Gestirne aufzufassen. Aber eine Verbindung dieser Gestirne mit den Engeln wird von Pseudo-Phokylides nicht hergestellt. Vielmehr nähert sich seine Formulierung der griechisch-hellenistischen in Bezug auf die Götter.

In diesem Rahmen hat man nun seine Warnung, Gräber nicht zu öffnen, zu verstehen (Zeile 101ff): μὴ...καὶ δαιμόνιον χόλον ὄρσῃς / „Errege nicht 'daimonischen' Zorn", denn (Zeile 103f) die Toten werden aus ihren Gräbern aufsteigen und ...ὀπίσω δὲ θεοὶ τελέθονται/„danach sind sie Götter" (Zeile 104). Diese Zeilen haben einige Diskussion ausgelöst[185]. Wie immer man die Intention des Dichters bestimmt, wird man zugeben müssen, daß die Worte selbst eine Verwandlung in Götter zumindest nicht ausschließt. Damit wäre dann jener Punkt erreicht, an dem Engel, Sterne und Gerechte derart nahe aneinander gerückt sind, daß der Unterschied zu paganen Mythologumena nicht mehr deutlich ist. Diese zuletzt genannten jüdisch-hellenistischen Texte zeigen jedenfalls die relativ unbesorgte Übernahme astrologischer Motive auch in jener Literatur, ebenso wie die bekannte Inschrift aus Milet, die wohl mit den sieben Planeten-Engeln zusammenzubringen ist. Wie wenig die monotheistische Religion sich durch die Identifikation der Sterne mit den paganen Göttern stören ließ, zeigen nicht zuletzt die Mosaikdarstellungen des Tierkreises und besonders des Helios - auf den Fußböden von Synagogen bis ins vierte Jahrhundert[186].

Tradition weiter besteht: bHag 15a heißt es: גמירא דלמעלה לא הוי לא ישיבה לא תחרות ולא עורף. Aber dies ist ein Ausspruch im Munde „Achers".
Eine besondere Nuance erhält diese rabbinische Anschauung in ARN, A 12 (Schechter, S. 26): מנין שיריאים זה מזה (מלאכי השרת) ומכבדים זה את זה וענותנין מבני אדם שבשעה שפותחין את פיהם ואומרים שירה זה אומר לחבירו פתח אתה שאתה גדול ממני וזה אומר לחברו פתח אתה שאתה גדול ממני. Hierzu ist der Zustand der Gerechten in der künftigen Welt zu vergleichen, bBer 17a: [לא כעולם הזה העולם הבא העולם הבא אין בו לא אכילה ולא שתיה ולא פריה ורביה ולא משא ומתן ולא קנאה ולא תחרות אלא צדיקים יושבין ועטרותיהם בראשיהם ונהנים מזיו השכינה שנאמר ויחזו את האלהים ויאכלו וישתו. (Ex 24) [Hervorhebung von mir].

185 Vgl. die Angaben Walters in seiner Übersetzung (s. Quellenverz.), S. 207 mit Anm. 103a-104a.
186 S.o.Anm. 154 und vgl. L.I.Levine in der Einleitung zum von ihm herausgegebenen Sammelband Ancient Synagogues Revealed. Jerusalem 1981, S. 1-10, hier S.8f: Die Helios-Darstellung aus Hammat-Tiberias habe keineswegs nur dekorative Zwecke erfüllt, wie aus der aus dem Sefer Harazim bekannten Anrufung des Helios hervorgeht. B. Narkiss, *Pagan, Christian, and Jewish Elements in the Art of Ancient Synagogues*. The Synagogue in Late Antiquity. Ed. by L.I. Levine. Philadelphia (1987), S. 183-188, hier: 185f vergleicht die

Exkurs 2 - Die Flügel der Engel und die Krone der Gerechten

Ist die Verbindung der Engel mit den Sternen - und in deren Gefolge diejenige der Gerechten mit den Sternen - also sicher belegt, so darf an dieser Stelle eine weitere Nebenbetrachtung eingebracht werden. Es ist nämlich durchaus denkbar, daß die psychopompe Aufgabe der Engel auch zu anderen Veränderungen der Engel-Vorstellung geführt haben mag, konkret: zum Attribut der Flügel[187]. Doch bewegen wir uns hier auf wesentlich unsichererem Boden als in den vorangegangen Abschnitten, weshalb die folgenden Ausführungen nicht mehr sein können - und wollen - als eine Anregung zur Diskussion und eventuell eine erste Hypothese.

Abbildung des Helios auf der Quadriga mit der Apotheose des Constantin auf Wagen mit vier Pferden. Vgl. dort Abb. 13. 9 und 10 zum Fußbodenmosaik von Bet Alpha mit Helios im Sonnenkreis mit vier Pferdeköpfen.
Auch im Bericht von M. Dotan, Hammath-Tiberias - Early Synagogues and the Hellenistic and Roman Remains. Jerusalem 1983, wird dieser Helios mit den Herrschern verglichen. Dotan setzt das Mosaik an das Ende des 3./ Beginn des 4. Jh.s aufgrund des Sol-invictus-Kultes, obwohl das archäologisch früheste Vergleichsmaterial nach seiner Darstellung bereits im 2.Jh. existiert: S. 40ff. Vgl. ebd. Tafeln 13, 1/2; 26; 29, 1/2. Weiter: Y. Tsafrir, Eretz Israel from the Destruction of the Second Temple to the Muslim Conquest. vol. II: Archaeology and Art. Jerusalem 1984 (Hebr.), S. 407ff. Vgl. auch A.R.R. Sheppard, *Pagan Cults of Angels in Roman Asia Minor*. Talanta 12-13, 1980-81, S. 77-101, hier S. 82; vgl weiter Kap. 2, Anm 10.

187 Das Problem ist durchaus nicht nur von kunsthistorischem Interesse, wie sich gleich herausstellen wird. Die umfangreichste Arbeit ist immer noch die von F. Lugts, *Man and Angel*. GBA 6th ser., 25, 1944, S. 265-282. 321-345; vgl. daneben F. Landsberger, *The Origin of the Winged Angel in Jewish Art*. HUCA 20, 1947, S. 227-254. Beide Autoren enden schließlich bei der Übertragung des Motivs von den bekannten zwei Hofstaat-Gruppen, den Seraphim und Cherubim, auf die Engel im allgemeinen. Zu den Flügeln der Seele insbesondere vgl. P. Courcelle, *Art. Flügel (Flug) der Seele I*. RAC 8, S. 29-65. Die aus der präexilischen Zeit bekannten Darstellungen von geflügelten Wesen (vgl. zu diesen z.B. den geflügelten Uräus und den geflügelten Scarabäus, die bei N. Avigad abgebildet sind, Hebrew Bullae From the Time of Jeremiah. Remnants of a Burnt Archive. Jerusalem 1986, S. 110 bullae 199-201) haben ihre Fortsetzung in frühnachexilischem Bildmaterial wie z.B. in der „Gottesdarstellung" bei N. Avigad, Bullae and Seals from a Post-Exilic Judaeen Archive. Jerusalem (1976) (Qedem 4), S. 31 der hebr. Zählung, wobei der Gott auf einer Art Wagen sitzt, aus dessen Seiten je ein Flügel hervorragt. Unklar bleibt, wem die Flügel eigentlich gehören, dem Wagen oder dem Gott. Derartige Darstellungen haben nicht direkt mit den Engeln zu tun, sondern belegen das Fortbestehen des Flügelmotivs für die himmlische Welt, konkret: Für Gott und evtl. seinen Thronwagen.

Die biblischen Boten haben keine Flügel. Dies ist die einzige Erklärung für die Tatsache, daß Boten Gottes mehrfach von Menschen nicht erkannt werden, ob es sich nun um die drei Gäste Abrahams (Gen 18,1ff), um den Engel vor Gideon (Ri 6) oder um den vor Manoah und seiner Frau (Ri 13) handelt: Der Mensch sieht eine Person, die ihm wie ein anderer Mensch vorkommt. Die Frage Josuas an den kriegerischen Engel (Jos 5), ob er zu den Feinden oder den eigenen Leuten gehöre, ist nicht anders zu verstehen.

Die meisten Hofstaat-Wesen scheinen ebenfalls ohne Flügel gedacht zu sein, jedenfalls gibt es für die El-Söhne, die Himmelsheere und die Heiligen keinerlei Hinweis auf Flügel. Nur die Seraphim Jesajas und die Cherubim des Ezechiel haben sechs bzw. vier Flügel.

Die verschiedenen Götter und Psychopompen der Heiden haben aber gelegentlich Flügel, und genau an diesem Motiv entzündet sich die Diskussion, wo die jeweiligen geflügelten Wesen, wie etwa der Adler, religionsgeschichtlich einzuordnen sind[188]. Darüber hinaus kennt die heidnische Mythologie durchaus die Verbindung der Astralkulte mit der Vorstellung von der Geleitung der Seele, wie andererseits Gestirngötter nicht selten geflügelt gedacht sind. Ein deutliches Beispiel für die zuletzt genannte Tatsache ist eine Adler-Figur mit der Sockel-Aufschrift ΗΛΙΟΣ[189].

Die spätere Kunst kennt Engel meist beflügelt, und aus den schrecklichen Kriegern und Gottesmännern sind - im Laufe der Zeit - schöne Jünglinge und schließlich nette kleine „Putten" geworden. Die „Jünglinge" gehen mit Sicherheit auf die hier verhandelte Epoche zurück. Es scheint, als ob auch die beflügelten Figuren ihren Ursprung in der Periode um die Zeitenwende oder relativ kurz danach hätten. Die Kunstgeschichtler kennen zwar Darstellungen von beflügelten Engeln erst ab dem vierten Jahrhundert (und auch da nur vereinzelt), aber mit dem fünften und sechsten Jahrhundert wächst die Zahl der Belege für Engel-Darstellungen mit Flügeln in Mosaiken, Skulpturen und Handschriften-Miniaturen[190]. Gegen die Datierung des Motivs einzig aufgrund dieser Fun-

---

188 Vgl. o.Anm. 111 und weiter den Abschnitt über den Adler bei Goodenough, o.Anm 94.

189 Für Helios als Begleiter der Seele vgl. o.Anm. 153. Der Adler ist bei Seyrig, art.cit (o.Anm. 154), S. 371, abgebildet und diskutiert ebd. S. 371-373. Vgl. ferner O. Eissfeldt, *Die Flügelsonne als künstlerisches Motiv und als religiöses Symbol*. Idem, Kleine Schriften II. Hrsg. v. R. Sellheim u. F. Maass. Tübingen 1963, S. 416-419.

190 Belege bei Lugts, art.cit. (o.Anm. 187), der methodisch sicher richtig zwischen Darstellungen biblischer Szenen und davon unabhängigen Engelab-

de[191] spricht zweierlei: Zum einen fehlen jüdische Kunstdenkmäler aus dieser Zeit fast ganz und zum anderen war die christliche Kunst nicht nur Nachfolgerin der jüdischen, sondern stand durchaus in ihrer eigenen Auseinandersetzung mit der heidnischen Welt.

Läßt sich die große zeitliche Lücke zwischen der biblischen Literatur und den späteren Darstellungen nun durch die außerkanonische Literatur[192] füllen? Die wenigen literarischen Zeugnisse, die sich den Kunstwerken an die Seite stellen lassen, sind ausnahmslos problematisch:

äHen 61, 1 wird von den Engeln gesagt: „sie nahmen ihre Flügel und flogen davon"[193]. Der letzte Bearbeiter des Textes übersetzt hier allerdings aufgrund einer varia lectio „sie übernahmen ihre Aufgabe und flogen davon". Apk Abr kennt in 18, 5f eine Schilderung der חיות des göttlichen Thronwagens; jene

---

bildungen unterscheidet. Im letzteren Fall sind die Flügel nach seiner Darstellung früher zu beobachten. Vgl. aber A. Kropp, Zauberpapyri (s. Quellenverz.), III, S. 371 zu Abb. 10: Ein Engel mit Flügeln und aura, dargestellt als Blätterkranz. In den Gemälden von Dura-Europos (The Excavations at Dura-Europos conducted by Yale University and the French Academy of inscriptions and letters. Final Report VIII, pt. 1: C.H. Kraeling, The Synagogue, with contributions by C.C. Torrey, C.B. Welles, and B. Geiger. [New Haven 1956 =] repr. [New Haven 1979]) erscheinen z.B. keine geflügelten Engel in den Darstellungen biblischer Szenen wie Gen 22 (Abb. XVI) oder Gen 28 (Abb. XXVI); dagegen sind die Seelen, die in der Darstellung der Prophetie aus Ez 37 zu den Körpern zurückkehren, geflügelte, eifarbig graue Wesen (Abb. LXX). Die eher dogmatischen Ergebnisse G. Stuhlfauths dürften inzwischen überholt sein: Die Engel in der altchristlichen Kunst. Freiburg/Leipzig/Tübingen 1897 (ASCA 3), bes. S. 242-247.

191 Der Ablauf der Übernahme von solchen Motiven wie den Flügeln oder dem Kranz dürfte relativ vergleichbar sein. K. Baus hat diesen Prozeß für das Kranz-Motiv nachgezeichnet, auf das wir unten noch zurückkommen werden, und nachgewiesen, daß die Kirche den heidnischen Symbolen zunächst aufgrund der Polemik gegen heidnische religiöse Praktiken ablehnend gegenüber stand: Der Kranz in Antike und Christentum. Eine religionsgeschichtliche Untersuchung mit besonderer Berücksichtigung Tertullians. Bonn 1940 (Theoph 2). Leider fehlen bei ihm (1940!) die jüdischen Quellen meist.

192 Vgl. A. Dieterich, Nekyia. Beiträge zur Erklärung der neuentdeckten Petrusapokalypse. 2.Aufl Leipzig Berlin 1913. S. 41: In der Kunst finde sich der Nimbus erst seit Alexander d.Gr. und erst besonders seit Augustus.

193 J.T. Milik, Enoch (s.Quellenverz.), S. 97, schloß u.a. aus diesem Vers den christlichen Einschlag der similitudines und daher ihre späte Entstehungszeit. Ihm ist - nicht nur an diesem Punkt - zu Recht widersprochen worden; vgl. J.C. Greenfield/M.E. Stone, op.cit. (o.Anm 53), hier 65 und die Anm. zu den Lesarten a.l. bei Uhlig (s. Quellenverz.).

188 *Die ausserbiblische Entwicklung*

Lebewesen haben je sechs Flügel. Mit zweien bedecken sie das Angesicht, mit zweien die Füße und mit zweien fliegen sie. Das entspricht der Schilderung der Seraphen in Jes 6, die hier offensichtlich mit den חיות verwechselt oder identifiziert sind[194]. Die grApkBar[195] enthält nach der ausführlichen Schilderung des Phönix (Kap. 6) in 7, 5 den bemerkenswerten Zusatz: „Als ich aber eine solche Herrlichkeit sah (scil. die der aufgehenden Sonne und des Phönix, der seine Flügel ausbreitete), wurde ich von großer Furcht niedergedrückt, und ich wich zurück und verbarg mich in den Flügeln des Engels." ApkEl 38, 17-39, 1[196] spricht davon, daß der Messias seine Engel senden werde, sechs Myriaden und viertausend, von denen jeder sechs Flügel hat.

Am ausführlichsten sind die Erwähnungen des Motivs im slHen: 3, 1 werden geflügelte Engel geschildert: „Es geschah, als ich geredet hatte mit meinen Söhnen, riefen mich jene Männer und nahmen mich auf ihre Flügel und trugen mich empor in den ersten Himmel." Direkt im Anschluß daran heißt es (slHen 4, 2ff): „Und sie (die zwei Männer) zeigten mir 200 Engel, welche Macht haben über die Sterne und die Kompositionen der Himmel; und sie fliegen mit ihren Flügeln..." Die kürzere Rezension ist hier noch ausführlicher. 11, 4 und 16, 7 schildern jeweils den Weg der Sonne und des Mondes auf ihren Wagen, wobei 16, 7 nach der Notiz über die fliegenden Geister, die den Wagen vorantreiben (kürzere Rezension), bzw. nach einem Vergleich zwischen ihrem Fahren und den Winden (längere Rezension) ziemlich unerwartet hinzugefügt ist, daß ihre Engel jeder sechs Flügel hätten[197]. In 11, 4 ist der Zusammenhang

---

194 In der gleichen Schrift findet sich der Beleg für eine Schlange mit zwölf Flügeln: 23, 5. Die Flügel sind überhaupt mit der Unterwelt und daher mit dem Dämonischen verbunden. Auf dieser Grundlage hat J.M. Baumgarten versucht, auch in 4Q184 eine Beschreibung der Lilit zu entdecken: *On the Nature of the Seductress* in 4Q184. RdQ 15, 1991 (= Mémorial J. Starcky I: Textes et études qumrâniens. Ed. par É. Puech et F. Garcia Martínez), S. 133-143.

195 Die Frage der christlichen Interpolation dieser Schrift ist noch nicht endgültig geklärt. Daß es eine solche gegeben hat, beweist die Erwähnung des Jesus-Namens in 4, 15. Ob man aber ganz so zuversichtlich sein kann, wie der Herausgeber Picard (s. Quellenverz.), S. 77f seiner Einleitung, ist nun doch fraglich. Vgl. dagegen W. Hages Übersetzung (s. Quellenverz.), hier S. 18f, der die Zitate hier folgen.

196 In der Übersetzung von Schrage (s. Quellenverz.), S. 264. Diese Zählung weicht von der O.S. Wintermutes in der Sammlung Charlesworth (Bd. 1, S. 721-753), ab, wo sich der Text S. 750 findet. Vgl. weiter ApkEl 5, 2; Apk Mos 37, 3.

197 Dagegen finden sich die sechsflügeligen Seraphen z.B. in ApkMos 37, 3 (nicht in der vita Parallele); slHen 19, 6: „sieben Phönixe und sieben Che-

besser begründet: „Und es führen sie (scil. die Sonne)...Engel - ein jeder Engel hat sechs Flügel -..." Im direkten Anschluß daran werden zwei wunderbare Vögel beschrieben, die den Wagen der Sonne mit ihren Flügeln vorantreiben sollen; hier scheint der Verfasser an die Lebewesen aus Ez 1 gedacht zu haben, denn er beschreibt die Vögel als Mischwesen[198]. 21, 1 scheint eine besondere Engelklasse der „Sechsflügeligen" neben den hier ausdrücklich genannten Cherubim und Seraphim zu kennen; der Text läßt sich aber (besonders in der kürzeren Rezension) auch anders erklären: Cherubim und Seraphim singen vor Gottes Thron, aber nur die Sechsflügeligen (die dann wohl die Seraphim sein müßten) bedecken den Thron mit ihren Flügeln. Im Anhang zum slHen bringt Michael Melchizedek auf seinen Flügeln in den Garten Eden (3, 9). Im 3Hen 22, 6 (= Schäfer, Synopse § 34/870) bedecken die Flügel den ganzen schrecklichen Engel, aber hier ist das Element durch den Namen des Engels vorgegeben: כרוביאל.

Besieht man sich diese Belege, dann ist die Stelle aus äHen als einziger sicherer Beleg aus der Zeit des zweiten Tempels anzusehen: ApkEl ist zweifellos spät und wird gelegentlich ins 3.Jh.d.g.Z. datiert. Der Beleg aus ApkAbr entpuppt sich als ungenaue Übertragung der Flügel der Seraphen auf die חיות. gr ApkBar gilt mit einigem Recht als eine christlich interpolierte Schrift und ist kaum vor dem zweiten Jh.d.g.Z. entstanden. Die Entstehungszeit des slHen in seinen uns heute vorliegenden Rezensionen ist wiederum äußerst unklar. Selbst wenn man ApkEl auf das 2.Jh. vordatieren könnte und ApkAbr, die diesem

---

rubim, sieben Sechsflügelige, die einer Stimme sind und einstimmig singen." Zu diesem Motiv s. bes. M. Weinfeld, *The Heavenly Praise in Unisone.* מקור חיים/Meqor Hajjim. FS G. Molin hrsg.v. I. Seybold. Graz 1983, S. 427-437.

Es mag sein, daß der Phönix bereits bei EzTrag intendiert ist. Vgl. hierzu die Diskussion von H. Jacobson und B.Z. Wacholder/S. Bowman: H. Jacobson, (s. Quellenverz.), S. 157-165; B.Z. Wacholder/S. Bowman, *Ezechielus the Dramatist and Ezekiel the Prophet: Is the Mysterious ζῷον in the Ἐξαγωγή a Phoenix?* HThR 78, 1985, S. 253-277 und Jacobsons Entgegnung: *Phoenix Resurrected.* Ebd. 79, 1986, S. 229-233. Als Alternative schlagen Wacholder/Bowman immerhin einen Adler vor, was in unserem Zusammenhang nicht weniger wichtig ist. Vgl. weiter slHen 1, 3; 12, 2; 19, 6 und im Zusatz 72.

198 Allerdings sind die Übereinstimmungen nicht allzu deutlich. Nebenbei: Die Zahl der Flügel jener Vögel ist 12 (nicht sechs wie bei den Engeln), obwohl beide Arten von Flügeln deutlich parallelisiert sind: 12, 2: „ihre Flügel, die der Engel".

Jahrhundert anzugehören scheint, als eigenständige Quelle für die Flügel der Engel werten möchte, kommt man damit nur in die Zeit, aus der auch Tertullians bekannte Äußerung stammt (apol. 22, 8):

„Omnis spiritus ales est: hoc et angeli et daemones."

Die Bestreiter der Spätdatierung der Bilderreden des äHen entkräften Miliks Argument, daß geflügelte Engel erst mit Ende des 2.Jh.s bekannt seien, durch eine Änderung des Textes - entweder mit Hilfe der Textkritik (Uhlig) oder durch Interpretation der bekannten Lesart (Stone/Greenfield), so daß von den Flügeln der Engel nichts bleibt. Scheidet aber äHen 61, 1 als Beleg aus, so bezeugen nur Texte aus der christlichen Zeit, die wenigstens theoretisch dem Verdacht christlicher Bearbeitung ausgesetzt sind, das Motiv, zumal ein Kirchenvater als frühester Zeuge an ihre Seite tritt.

Ist der geflügelte Engel nun deshalb von Hause aus eine christliche Entwicklung? Mit Sicherheit wird man die Frage kaum beantworten können. Aber einige Gedanken seien an diesem Punkt erlaubt:

Die Begleitung der Seele des Verstorbenen durch Engel ist ein offensichtlich griechisches und ins Judentum übernommenes Motiv, wie oben gezeigt wurde. Nun fehlen zwar Bilddokumente aus der Zeit des zweiten Tempels, aber schon im dritten Jh. zeigen die Synagogen in Galiläa und auf den Golanhöhen einen reichen dekorativen Schmuck. Es ist kaum anzunehmen, daß die dahinter stehende Einstellung der jüdischen Gemeinden auf ein Mal entstand[199]. Zwar

---

[199] Ob die Übernahme der Motive auch eine Assimilation an den Inhalt bedeutet, ist seit E.R. Goodenoughs verschiedenen Äußerungen sehr umstritten. Vgl. hierzu E.E. Urbach, *The Rabbinical Laws of Idolatry in the Second and Third Centuries in the Light of Archeological and Historical Facts*. IEJ 9, 1959, S. 149-165; E.R. Goodenough, *The Rabbis and Jewish Art in the Greco-Roman Period*. HUCA 32, 1961, S. 269-279; R. Meyer, *Die Figurendarstellungen in der Kunst des späthellenistischen Judentums*. Jud. 5, 1949, S, 1-12; J. Gutman, *The Second Commandment and the Image of God*. HUCA 32, 1961, S. 161-174; G. Vermes, *Bible and Midrash: Early Old Testament Exegeses*. CHB I, S. 199-231, bes. 217f; J. Four, *The Biblical Idea of Idolatry*. JQR 69, 1978/79, S. 1-15; A.D. Nock, art.cit. (o.Anm. 150); M. Smith, The Image (o.Anm. 99), S. 510f; und zu alledem Goodenoughs Antworten: *Jewish Symbolism*. EJ (E) 15, 568-578; *The Evaluation of Symbols Recurrent in Time, as Illustrated in Judaism*. ErJb 20, 1951, S. 285-319. Beide Arbeiten sind nachgedruckt in: Goodenough on the History of Religion and on Judaism. Ed. by E.E. Frerichs and J. Neusner. Atlanta (1986) (BJSt121), S. 95-105; 107-142. Zuletzt hat sich J. Neusner zum Thema geäußert und die ganze Diskussion um das religiöse Symbol in Aufnahme der Arbeiten Goodenoughs in andere Bahnen gelenkt: Symbol and Theology in Early

war die politische Situation[200] kurz vor dem zelotischen Aufstand einer Übernahme heidnischer Bildmotive nicht gerade günstig, aber schon eineinhalb Jahrhunderte später beginnt gerade im religiösen Bereich, d.h. als Synagogen- und Grabschmuck, jene künstlerische Ausgestaltung, die dann im weiteren Verlauf durch die Mosaiken von Hammat Tiberias und Bet Alpha berühmt wird.

Auffällig ist dabei die nahezu uneingeschränkte Übernahme bekannter heidnischer Motive[201]. Eines der verbreiteteren unter diesen ist der Siegeskranz, die *corona* oder der στέφανος, der sich sowohl auf Türpfälzen als auch auf Sarkophagen findet[202]. Die heidnische Verwendung des Kranzes[203] ist vielfältig, und die reiche Palette verbietet von vorneherein die einseitige Interpretation des Kranzes bzw. seines jeweiligen Symbolwertes. Vom Requisit der am Kult

---

    Judaism. Minneapolis (1991). Ebd. S. 145ff eine statistische Übersicht über die Funde und einige der Motive.

200 Doch vgl. C. Roth, *An Ordinance Against Images in Jerusalem A.D. 66.* HThR 49, 1956, S. 169-177.
Eine andere Möglichkeit, die hier gleich zu verhandelnden Niken-Darstellungen auf den Synagogenfriesen zu verstehen, legt A. Kindler nahe, wenn er auf die gehäufte Prägung römischer Münzen mit dem Victoria-Motiv im Raum „Palästinas" nach der Zerschlagung des Bar-Kochba-Aufstandes hinweist: Man könnte ebenso geneigt sein, die jüdischen Darstellung als Entgegnung zu verstehen: Nike/Victoria ist hier, im jüdischen Gebetshaus, nicht bei den Römern. Vgl. Kindlers Münzmaterial z. B. in seinem Aufsatz *City Coins of Eretz Israel and the Bar-Kokhba War.* Cathedra 49, 1988, S. 37-61.

201 Vgl. L.I. Levine, op. cit. (o.Anm. 186), hier: S. 7.

202 Gerade an dieser Stelle ist der häufig eingetretene Verlust der außerkanonischen Literatur in ihren Originalsprachen bedauerlich, denn in den Übersetzungen und gar Tochter-Übersetzungen ist nicht immer klar auszumachen, welche Art von Rundung denn mit dem στέφανος gemeint sei.

203 Zu den verschiedenen Funktionen des Kranzes in der heidnischen Antike s. Baus, op.cit. (o.Anm. 191); L. Deubner, *Die Bedeutung des Kranzes im klassischen Altertum.* (ARW 30, 1933, S. 70-104 =) Idem, Kleine Schriften zur klassischen Altertumskunde. Hrsg. v. O. Deubner. Königstein 1982, S. 389-423; zur Rolle des Kranzes im Zusammenhang der Verwandlung vgl. R. Reitzenstein, op.cit. (o.Anm. 89), S. 42. M. Blech, Studien zum Kranz bei den Griechen. Berlin/New York 1982 (RVV 38). Dort weitere Literatur. Vgl. auch die umfangreiche Materialsammlung bei W. Grundmann, *Art.* στέφανος, στεφανόω. ThWNT 7, S. 615-635. Im Zusammenhang unserer Überlegungen hat E.R. Goodenough eine Studie vorgelegt, die aber durch ihre Einseitigkeit an Überzeugungskraft verliert: *The Crown of Victory in Judaism.* ArtB 28, 1946, S. 139-159.

Teilnehmenden, dem Schmuck von Götterbildern und Altären[204] über die Verwendung im Totenkult und zur Auszeichnung des Siegers bei gymnastischen Spielen reicht die Skala bis zur Auszeichnung und Belohnung von Soldaten.

Im Zusammenhang mit der Angelologie interessiert zweierlei: Einmal tragen Engel selbst Kränze, bzw. eine *aura* (über den Zusammenhang im folgenden), zum anderen verleihen sie Kränze an verstorbene Gerechte. Aufgrund dieser doppelten Übernahme des Kranzmotivs stellt sich nun die Frage nach der Entwicklung so: Haben die Engel als Zeichen ihrer Zugehörigkeit zur göttlichen Welt in der späthellenistischen Zeit den Kranz als Motiv erhalten - dies dann etwa im Zuge einer Hellenisierung der Vorstellung vom himmlischen Glanz? Haben sie dann weiter die Bekränzung der Verstorbenen als Zeichen ihrer Aufnahme in die himmlischen Sphären ausgeübt? Wäre dem so, dann erklärte sich der Kranz der Gerechten im Rahmen ihrer Verwandlung[205].

Man kann diese Entwicklung auch umgekehrt sehen: Aus der häufigen metaphorischen Redeweise vom künftigen Siegeskranz der Frommen entwickelt sich der Gedanke, daß Mitglieder der himmlischen Welt insgesamt bekränzt seien. Wenn die christliche Kunst die bekränzten Engel erst relativ spät[206] be-

---

204 Im folgenden können jeweils nur einige Beispiele genannt werden, Archäologen und Kunsthistoriker werden sie leicht vermehren können (Ein Teil der hier genannten Objekte ist auch bei A. Reifenberg, Denkmäler der jüdischen Antike. Berlin 1937 [Bücherei des Schocken Verlags 75-76] abgebildet). Zu rein ornamentalen Kranz-Verzierungen vgl. z.B. A. Negev, The Greek Inscriptions from the Negev. Jerusalem 1981 (SBF.CM 25), Plate 1. אילן .צ 52 אריאל. כתב עת לידיעת) Jerusalem (1987) בתי כנסת בגליל ובגולן. (Z. Ilan), ארץ-ישראל. שנה תשיעית/חוברת), S. 71 (Synagoge von Chirbet Ulam), ebd. S. 112; Y. Tsafrir, op.cit. (o.Anm. 186), S. 154; G. Foerster, *The Art and Architecture of the Synagogue in its Late Roman Setting in Palestine*. The Synagogue (s.o. Anm 186), S. 139-146, hier 141: „one of the most common ornaments on the lintels is the wreath-stephanos, or corona found on a wide range of monuments..." Weiteres Material bei Goodenough, (nächste Anm.), S. 149ff., der aber jede rein ornamentale Interpretation ablehnt.

205 An einigen Stellen begegnet das Bekränzungsmotiv verbunden mit der Vorstellung vom Kleiderwechsel, die schon oben als Teil der Verwandlungssymbolik gesehen wurde; s.o. Anm. 128 und 1Kor 15, 52f; 5Esr 2, 42-47; AscIs 9, 6-13; vgl. ApkJoh 6, 10f mit 2, 10; vgl. weiter A.J. Brekelmans, Martyrerkranz. Eine symbolgeschichtliche Untersuchung im frühchristlichen Schrifttum. Rom 1965 (AnGr 150. SFHE B 25), S. 32-34. 51f; C. Haag, *Perseverance in the Testament of Job*. Studies on the Testament of Job. Ed. by M.A. Knibb and P.W. van der Horst. Cambridge e.a. (1989) (SNTS.MS 66), S. 117-154.

206 Zu spätantiken, bekränzten Engeln s. Baus, op.cit. (o.Anm. 191), S. 221.

zeugt, dann mag das mit der Auseinandersetzung der Kirche mit dem paganen Polytheismus erklärt werden; doch liegen die literarischen Zeugnisse früher.

Bei näherem Hinsehen wird man wohl, statt eine derartige Entwicklung künstlich konstatieren zu wollen, beide Ansätze zwar zeitlich nicht zu weit, dafür aber sachlich zunächst grundsätzlich scheiden: Die Vergleiche des künftigen Loses der Frommen/Gerechten mit den Siegern, d.h. der metaphorische Zuspruch des Siegeskranzes einerseits und die Übertragung des Kranzes auf himmlische Wesen andererseits. Beides verbindet sich, wie es scheint, spätestens im 2.Jh. Zu unterscheiden ist hiervon der Kranz als Ornament auf Sarkophagen und über Portalen öffentlicher Gebäude, wie z.B. Synagogen[207]. Aber gerade die beiden zuletzt genannten Elemente haben auf die Angelologie eingewirkt:

Eines der verschiedenen heidnischen Motive ist die Verleihung des Siegeskranzes durch Nike[208]. Diese Göttin hat - wohl schon früh - eine Art Vervielfältigung durchmachen müssen wie Eros scheinbar auch. Im späthellenistischen Zeitalter jedenfalls begegnet sie nicht selten als Paar. Für ornamentale Zwecke bot sich eine Gruppierung zweier Niken um einen Kranz ja auch an, wie andererseits die Sirenen noch lange paarweise dargestellt werden, obwohl die literarische Tradition bereits drei Sirenen kennt[209]. In dieser Form trifft man die Gruppe auch über Synagogenportalen. Hier aber stellt sich die Frage, wie der antike jüdische Synagogenbesucher die beiden geflügelten Wesen auf beiden Seiten des Kranzes deutete. Als griechische Niken, bzw. römische Viktorien wird er sie kaum genommen haben[210]. Suchte der jüdische Beter aber nach geflügelten Wesen seiner Tradition, dann boten sich nur Seraphim und Cherubim an, die beide, als ehemalige Hofstaat-Mitglieder, allmählich in die verschiedenen Engelklassen eingereiht wurden. Auf den Sarkophagen mag der Kranz den Symbolwert jenes eschatologischen Lohns der Frommen gehabt haben, aber auch hier findet er sich gelegentlich zusammen mit geflügelten Wesen.

---

207 Deubner hat, art.cit. (o.Anm. 203), S. 405. 413f.416 (= S. 86. 94f. 97 des Originals), auf den apotropäischen Aspekt besonders des Lorbeerkranzes hingewiesen. Seine Beispiele genügen, um den Kranz allein über Portalen und auf Sarkophagen zu erklären. Sie reichen aber nicht zum Verständnis des Kranzes zwischen geflügelten Wesen, bes. Niken und Eroten.
208 Zum Kranz der Nike vgl. bes. Blech, op.cit. (o.Anm. 203), S. 177-181.
209 Siehe Weicker, op.cit. (o.Anm. 46), S. 59ff.
210 Trotz der an sich ansprechenden These A. Kindlers (o.Anm. 200), der hierin den Widerspruch der jüdischen Gemeinde sehen wollte: Der wahre Sieg gehört trotz römischer Militärmacht der Synagoge.

In jedem Fall begegnen im Lauf der Zeit nicht nur erhöhte Gerechte, sondern auch Engel und andere himmlische Wesen mit einem Kranz, und die jüdische Literatur wird Engelnamen wie אכתריאל und זריאל bilden. Der Kranz ist Ehrenkrone, besonders Schmuck und so kommt es zu jenem Engel, der für die täglich neue Krone Gottes zuständig ist. Wir führen die Beispiele in dieser Reihenfolge vor: Der (metaphorische) Vergleich des Frommen mit einem Sieger und entsprechend das Versprechen der Kranz-Verleihung, sowie die tatsächliche Darstellung der erhöhten Gerechten mit Kranz; der Kranz der Engel oder anderer himmlischer Wesen; die Engel אכתריאל, זריאל und סנדלפון.

1. Die Kränze/Kronen der Gerechten als künftiger Lohn

Goodenough hat zum Thema einige Belege beigebracht, die nur zum kleinen Teil stichhaltig sind[211]. Wirklich überzeugend ist eigentlich nur SapSal

---

211 Art.cit. (o.Anm. 203), S. 154f. In Judith 15, 1 bekränzen sich die Frauen bei der Siegsfeier (ἐστεφανώσαντο). Dabei muß man nicht unbedingt an Lev 23, 40, den Feststrauß zum Laubhütten-Fest oder an dionysische Feierlichkeiten denken, wie C.A. Moore, Judith. A New Translation with Introduction and Commentary. New York 1985 (AncB. 40), S. 246. Die Bekränzung bei Siegesfeiern war allgemeiner griechisch-römischer Brauch. Allerdings legt der Gebrauch des gleichen griechischen Wortes hier und 2Makk 10, 7 (θύρσος) die Assoziation zum Laubhütten-Fest nahe. Auch Jub 16, 30 kennt die überraschende Vorschrift für dieses Fest, „daß sie Kränze auf ihre Häupter setzen und daß sie Blätterzweige nehmen und Weiden vom Fluß." Aber man sollte das nicht mit archäologischen Funden zusammenbringen, die den Kranz, Lulav, Etrog und Menorah als Symbolgruppe gebrauchen und so zur Konstruktion eines Laubhüttenfest-Kranzes kommen, wie Brekelmans versucht, op.cit. (o. Anm. 205); Literatur ebd. Bei Jud 15, 1 ist doch wohl lediglich an den freudigen Empfang der Siegerin gedacht. Nichts legt es nahe, hier eine Anspielung auf das Schicksal der Gerechten nach dem Tode zu sehen. Jud 3, 7 zeigt, daß der Verfasser des Buches die Sitte des Bekränzens bei feierlichen Anlässen auch sonst kennt: Holofernes wird mit königlichen Ehren empfangen. Dazu gehören auch Kranz, Tanz und Musik. 3Makk 7, 16 ziehen die geretteten Juden bekränzt mit allerlei Blumen aus; cf. 4, 8 wo die Gatten am Nacken Stricke tragen statt eines Kranzes (στέφανος), und Josephus, Ant 19, 358, wonach sich die Einwohner von Caesarea und Sebaste aus Freude über Agrippas Tod bekränzen. Laut 1Makk 4, 57 bekränzen die Juden die Vorderseite des Tempels mit goldenen Kränzen und Schildchen, nachdem sie den Tempel wieder erobert und gereinigt haben, ihn also jetzt wieder benützen können. Im gleichen Sinne schreibt Jub 16, 30 die Bekränzung für das Laubhüttenfest vor (Vgl. hierzu noch M. Smith, *Image*, o. Anm. 99, S. 510 mit Anm. 4). All das hat mit der hier verhandelten Frage nach dem Kranz für verstorbene Gerechte - noch dazu nach bzw. im Vollzug ihrer Verwandlung in Engel - nichts zu tun.

5, 16: διὰ τοῦτο λήμψονται τὸ βασίλειον τῆς εὐπρεπείας/καὶ τὸ διάδημα τοῦ κάλλους ἐκ χειρὸς κυρίου... („Deswegen werden sie [die Gerechten] die Königswürde der Zierde/und das Diadem des Schönen aus der Hand des Herrn empfangen"). Schon in 2, 8 sagen die Frevler: „ Laßt uns bekränzen (στεψώμεθα) mit Rosenknospen." Dabei ist zunächst kaum an mehr gedacht als an eine Art von Symposion. Aber der Autor stellt in diesen Kapiteln die Frevler den Gerechten gegenüber, und so ist aus diesem Vergleich zumindest die Folgerung zu ziehen, daß es sich bei SapSal 5, 16 nicht unbedingt um eine traditionelle Aussage handeln muß; der Vers kann dem Willen zur Parallelität der erklärten Absicht der Sünder gegenüber dem Schicksal der Gerechten entsprungen sein. Allerdings gibt es weitere Belege für den Kranz (oder die Krone), die zwar je für sich genommen nicht unbedingt eindeutig sind, zusammen gesehen aber unsere These stützen mögen

Für einen Vergleich mit einer Kampfsituation kommen die folgenden Aussagen in Betracht:

In 1QH 9, 25 kann der essenische Beter von den Nachstellungen seiner Feinde und seinen anderen Leiden behaupten, sie würden ihm לכליל כבוד. 1QS 4, 7f schildert den Gerechten mit einem כליל כבוד. Licht verbindet diesen Ausdruck nicht nur mit den nachfolgenden neutestamentlichen Stellen[212], sondern auch mit Sir 45, 12[213], TBen 4, 1 und der bereits erwähnten Stelle aus Sap Sal. TBen 4, 1 verlangt von den Söhnen das Nachahmen des Erbarmens und der Barmherzigkeit, ἵνα καὶ ὑμεῖς στεφάνους δόξης φορέσητε. Das heißt auch hier, daß der Kranz als Auszeichnung erworben wird; aber das muß nicht im Eschaton sein. Dem gegenüber steht aber die zuerst erwähnte qumranische Schilderung (1QS 4, 7) in jenem berühmten Zusammenhang der Lehre von den zwei Geistern, unter denen die Menschheit sozusagen aufgeteilt ist. Die Verfasser der Qumran-Schriften haben bei solchen Äußerungen meist ihren Glauben an die Gemeinschaft der Gerechten mit den Engeln im Auge (siehe dazu im fol-

---

212 In seiner Ausgabe von 1QS (s. Quellenverz.), S. 97. syBar 15, 8 wird die zukünftige Welt für die Gerechten zu einer Krone mit großer Herrlichkeit. Vgl. noch AscIs 7, 22. Das Motiv begegnet dann in der rabbinischen Literatur gelegentlich, s. z. B. bBer 17a (s.o. Anm. 184) oder bMeg 15b und öfter; weiteres bei E.G. Hirsch, *Art. Crown*. JE 4, S. 370-372, dessen Stellen sich aber nicht alle verifizieren ließen. D. Flusser, *Das jüdische Martyrium im Zeitalter des zweiten Tempels und die Christologie*. FrRu 25, 1973 (= ImmD 2), S. 187-194, hier S. 189,

213 Dies ist nur wegen des Ausdrucks zu vergleichen. Vom Priester heißt es dort, er trage inter alia eine עטרת פז.

genden). Das legt zumindest einen Zusammenhang zwischen der Krone des Gerechten und der des Engels nahe (mehr allerdings nicht).

In die gleiche Richtung geht die Erwähnung des Kranzes in 4Makk 17, 15: Die Frömmigkeit der Mutter und ihrer sieben Söhne (die den Märtyrer-Tod erlitten) werden hier als quasi athletische Sieger bekränzt. Natürlich ist dieser Sprachgebrauch noch bildlich, aber er zeigt die Richtung an, in die sich die meisten neutestamentlichen Zeugnisse des Kranz-Motivs bewegen werden: Der Siegeskranz ist vor allem die Märtyrerkrone.

Als Verheißung an den Frommen wird der Kranz in den folgenden Texten genannt:

ApkEl 20, 12ff[214] mahnt: „Denkt daran, daß er euch bereitet hat Throne und Kronen im Himmel. Alle, die auf mich (v.l.: auf meine Stimme) hören werden, empfangen die Throne und die Kronen..." Zu den Kronen gehören hier die Throne, die auch sonst noch erwähnt werden - und dies nicht nur in ausgesprochen späten oder umstrittenen Texten[215]: äHen 108, 12f sagt der Engel dem Henoch u.a. „und ich[216] werde jeden einzelnen auf den Thron seiner Herrlichkeit setzen und sie werden glänzen in den Zeiten, die zahllos sein werden."

Dies die jüdischen Quellenbelege[217]. Auch neutestamentliche Autoren setzen die Hoffnung auf die Krönung der Gerechten selbstverständlich voraus:

---

214 So nach W. Schrage (s. Quellenverz.) = 1, 8 in der Übersetzung von O.S. Wintermute in Charlesworth's Sammlung I, S. 721-753, hier 736.

215 Vgl. noch THi 4, 10 und die wohl spätere grApkEsr 6, 17. Brekelmans, op. cit. (o.Anm. 205), S. 14ff, bes. S 30ff, nimmt diese Zusammenstellung als einen seiner Belege für die Interpretation der Kränze als Herrschaftszeichen, obwohl auch er letztlich zugesteht, daß der Kranz Zeichen der „himmlischen Zugehörigkeit" ist (ebd. S. 29).

216 Der Wechsel zur ersten Person überrascht zwar in 108, 11, aber die Wendung „die meinen heiligen Namen geliebt haben" stellt doch klar, daß hier hinter der Engelrede eigentlich eine Gottesrede steht.

217 Die von Goodenough, art.cit. (o.Anm. 203), S.156f, vorgetragenen Philon-Interpretationen scheinen in diesem Zusammenhang - ohne die Einzeldiskussion hier vorführen zu können - zu gewaltsam. Aus der Reihe seiner neutestamentlichen Belege (ebd. S. 154) kann Phil 3, 14 (wo der Terminus selbst gar nicht vorkommt, sondern Paulus bildlich dem Kampfpreis nachjagt) hier nicht angeführt werden. Die künftige Welt insgesamt wird den Frommen eine „Krone großer Herrlichkeit" sein: syBar 15, 8. Dagegen hat die spätere rabbinische Überlieferung die Tradition ausgebildet, wonach die Söhne Israels in der Stunde der Tora-Verleihung am Sinai jeder von einem Engel eine Krone (עטרה) bekamen: PesR 21 (Friedmann, S. 102bf); PesRK 16 (נחמו) (Mandelbaum, 266f). Vgl. Gruenwald, op.cit (o.Anm. 26), S. 128f mit Anm. 2.

ApkJoh 2, 10[218]: „Sei getreu bis in den Tod, und ich will dir die Krone des Lebens (τὸν στέφανον τῆς ζωῆς) geben." Jak 1, 12: „denn nachdem er sich bewährt hat, wird er die Krone des Lebens empfangen, welche er denen verheißen hat, die ihn lieben." Nicht ganz so eindeutig ist 2Tim 4, 7f: „Den guten Kampf habe ich gekämpft, den Lauf vollendet, den Glauben bewahrt. Fortan liegt für mich bereit der Kranz der Gerechtigkeit (ὁ τῆς δικαιοσύνης στέφανος), den der Herr, der gerechte Richter, mir an jenem Tag verleihen wird, aber nicht mir allein, sondern auch allen, die sein Erscheinen lieb gewonnen haben (καὶ πᾶσι τοῖς ἠγαπηκόσι τὴν ἐπιφάνειαν αὐτοῦ)." Hier wird durch den Kontext eine Anspielung auf den Siegeskranz[219] beim Wettkampf nahe gelegt, auch wenn der Kranz selbst dann „Kranz der Gerechtigkeit" heißt (wie im TLev 8, 2). 2Petr 5, 4 heißt es: „Und wenn der Oberhirt (ἀρχιποίμενος) sich offenbaren wird, werdet ihr den unverwelklichen Kranz der Herrlichkeit (τῆς δόξης στέφανος) davontragen."

Die verstorbenen Gerechten erhalten nun einen στέφανος, der jenem von den Niken verliehenen Siegeskranz der klassischen Antike entspricht[220].

---

218 Vgl. ApkJoh 6, 2; 9, 7; 12, 1; 14, 14; mit 3, 11; 4, 4. 10 und 2, 10.

219 Die Kommentatoren sind sich bei den meisten neutestamentlichen Stellen (vgl. noch 1Kor 9, 25; ApkJoh 3, 11 u.ö.) nicht im Klaren, ob jeweils der Siegeskranz oder ein anderer gemeint sei. Zu dieser verschiedenen Erklärung dürfte Paulus mit seinen Vergleichen aus dem sportlichen Leben, wie 1Thess 2, 19, beigetragen haben. Vgl. z.B. E. Lohmeyer, Die Offenbarung des Johannes. Tübingen 1926 (HNT 16), zu 2, 10: Siegeskranz und gleichzeitig göttliches Symbol; H. Kraft, Die Offenbarung des Johannes. Tübingen 1974 (HNT 16a), S. 61f sieht darin eher ein göttliches Symbol; M. Dibelius, Die Pastoralbriefe erkl.v. 4., erg. Aufl. von H. Conzelmann. Tübingen 1966 (HNT 13), S. 91, verweist auf die Märtyrer; ders. bleibt in einem anderen Kommentar zunächst unentschlossen, bevor er sich für eine Art Vergottungssymbol ausspricht in Anlehnung an das Mysterien-Wesen: Der Brief des Jakobus. 11. Aufl. hrsg.v. H. Greeven. Göttingen 1964 (KEK 15), S. 118; W. Bousset, Die Offenbarung Johannis. Göttingen (1906 = repr. 1966) (KEK 16), S. 209, bestreitet, daß es sich um Wettkampf-Kränze handeln soll und betont: „Strahlenkrone, Strahlenkränze sind das Abzeichen der Lichtgötter. Daraus scheint die eschatologische Idee entstanden zu sein, daß die seligen Frommen Lichtkränze trugen." R.H. Charles, The Revelation of St. John with Introduction, Notes, and Indices also the Greek Text and English Translation. Edinburgh (1920 = repr. 1979) (ICC), I, S. 58f, denkt eher an Kennzeichnung himmlischer Wesen; vgl. all' diesen gegenüber aber die Interpretation von G. Holtz, Die Pastoralbriefe. (4. Aufl.) Berlin (1986) (ThHK 13), S. 194, der hier nur das Motiv des Wettkampfes sieht.

220 Zu diesem Problem s. Goodenough, art.cit. (o.Anm. 203), S. 147 und W. Grundmann, art.cit (o.Anm. 203), S. 622.

Dabei ergibt sich die Nähe des Kranzmotivs zur Verwandlung des Gerechten aus den folgenden beiden Stellen:

In der Gerichtsszene, der Abraham beiwohnt, kommen zwei Cherubim mit den himmlischen Büchern, und Abel, der Richter, der sie aufschlägt und daraus die Sünden nachweist, hat drei Kronen auf dem Kopf, die mittlere ist größer als die anderen (TAbr.B 10, 8f).

In derselben Schrift, TAbr.A 7, 2ff, nennt Isaak seinen Vater eine Sonne, die ihm im Traum vom Kopf genommen worden sei[221], die Strahlen seien bei ihm geblieben. Diese Sonne erinnert deutlich an eine Strahlenkrone und schafft so die Beziehung des Kranzes zur *aura*.

In diesem Zusammenhang wird man die auffällige Parallel-Beschreibung Josephs und des himmlischen Besuchers der Asenath, JosAs 5, 6//14, 9, zu sehen haben, wobei 14, 9 die Ähnlichkeit ausdrücklich feststellt: „ein Mann gemäß allen Dingen gleich dem Joseph"[222]. Beide tragen eine Strahlenkrone.

Die Erfüllung der Verheißung des eschatologischen Kranzes als Siegeszeichen mag man in der Verwendung des Motivs auf Sarkophagen erblicken: Der Tote hat überwunden und nun wird ihm der Kranz verliehen[223]. Wohl bekanntestes Beispiel hierfür ist der Jahreszeiten-Sarkophag aus Rom, der durch Cumonts Interpretation[224] in den Mittelpunkt[225] einer anhaltenden Diskussion gerückt wurde. Doch gibt es daneben weitere Sarkophage mit Darstellungen ge-

---

221 Das erinnert zunächst an den Traum Josephs, der in der außerbiblischen Literatur häufig rezipiert wird. Aber nach dem weiteren Verlauf der Erzählung scheint die Krone Abrahams dessen künftiges Geschick, d.h. seinen Tod und die damit verbundene Verwandlung anzudeuten. Vgl. auch versio B 7.

222 Zu diesem himmlischen Besucher s. im folgenden. Levi wird bei seiner Investitur durch Engel die Krone der Gerechtigkeit übergeben, die aber im Rahmen der priesterlichen Kleidung zu sehen ist: TLev 8, 2.10.

223 So auf einem Sarkophag aus Bet Schearim; vgl. Tsafrir, op. cit. (o.Anm. 186) S. 154 und Ilan, op.cit. (o.Anm. 204) S. 128. Hier der Hauptansatzpunkt für Goodenough, art. cit. (o.Anm. 203). Für die Auffassung vom Tod des Märtyrers als seiner Prüfung, die entsprechend mit dem Kranz ausgezeichnet wird, vgl. Flusser, art.cit. (o.Anm. 212), S. 191.

224 F. Cumont, *Un fragment de sarcophage judéo-païen*. RAr ser. 5, vol. 5, 1916, S. 1-16. Hierzu Landsberger, art.cit. (o.Anm. 187), S. 244f und Reitzenstein, op.cit. (o.Anm. 89), S. 146f.

225 Vgl. zuletzt A. Konikoff, Sarcophagi from the Jewish Catacombs of Ancient Rome. A Catalogue Raisonne. Stuttgart 1986, S. 41-43 zur Beschreibung und 43-46 zur Bibliographie. Abbildung ebd. Plate 12.

flügelter Wesen[226], die aber nicht immer Viktorien sein müssen, sondern auch Eroten[227], Cupiden oder Sirenen in etwas freundlicherer Erscheinung, wie sie der späthellenistischen Zeit angemessener ist[228], sein mögen.

Wie immer man sich zu den dionysischen Motiven auf derartigen Sarkophagen stellt, so kann man die Abbildung geflügelter Wesen doch nur schwerlich anders verstehen, denn als Uminterpretation der damit kopierten Vorlagen. Kränze[229] mögen auch in der ihnen eigentlichen Bedeutung übernommen worden sein, Vögel und andere Tiere waren vielleicht nicht immer in dem Maße anstößig. Aber die Abbildung menschenähnlicher Wesen mit Flügeln läßt nur eine von zwei Deutungen zu: Entweder hat man tatsächlich die Boten der Siegesgöttin/bzw. die Eroten im Sinn gehabt oder aber man verstand diese Wesen als etwas anderes. Dann aber bleibt nur eine angelologische Deutung übrig, die sich nach der Entwicklung des Seelengeleiter-Motivs geradezu nahelegte[230].

---

226 S. z.B. bei Konikoff, op.cit. (vorige Anm.), Plate 7 und 13; bei dem Import-Sarkophag, den Tsafrir, op. cit. (o.Anm. 186), S. 198 zeigt, hat der Sommer unter den vier Jahreszeiten eindeutig Flügel: Die vier Jahreszeiten umrahmen Dionysos. Besonders deutlich ist der Sarkophag aus Beth-Schearim, s. N. Avigad, Beth She'arim. III: The Archaeological Excavations During 1953-1958. The Catacombs 12-23 (Hebr.). Jerusalem 1971, pl. XLVI/1. Die Darstellungen geflügelter Wesen auf Wandzeichnungen, ebd., sind nicht ganz so deutlich; vgl. B. Mazar (Maisler), Beth She'arim. I: Report on the Excavations During 1936-40. The Catacombs I-IV. (2nd ed.) Jerusalem 1957, S. 68.

227 Vgl. zu den Eroten zuletzt M. Söldner, Untersuchungen zu liegenden Eroten in der hellenistischen und römischen Kunst. I-II Frankfurt (M.)/Bern/New York (1986) (EHS. R. 38, Bd. 10); Bd. 1 S. 320ff diskutiert die Verfasserin die vielen Beziehungen zur Sepulkral-Kunst.

228 Vgl. Weicker, op.cit. (o.Anm. 46).

229 Vgl. z.B. die von Goodenough angeführten Hasmonäer-Münzen, art.cit. (o. Amm. 168), S. 141. Es gibt zwar einige Darstellungen von Flügelwesen in Dura-Europos, wie z.B. auf dem Mantel Aarons, aber bei den Darstellungen der Engel-Erzählungen vermißt man die Flügel. Vgl. o. Anm. 188.

230 Natürlich ist hier zu unterscheiden zwischen der beabsichtigten Darstellung einer biblischen Engel-Erzählung, in der der Engel noch einige Zeit flügellos bleiben wird, und der vom Benutzer intendierten Interpretation eines Symbols, das als solches fertig übernommen wurde. (s.o. Anm. 157); so wird es sich auch erklären lassen, daß die christliche Kunst sich zwar des Unterschieds zwischen den weiblichen Viktorien und den männlichen Engeln bewußt blieb, aber dennoch die Viktorien im Zusammenhang mit der Sakral-Kunst übernahm (dies als Antwort an Stuhlfauth, l.c. [o.Anm. 157]).
Die Niken sind schon früher mit den Engeln in Verbindung gebracht worden: K. Felis, Die Niken und die Engel in altchristlicher Kunst. RQ 26, 1912, S. 3-

Auf den Synagogen-Portalen findet sich der Kranz meist[231] eingerahmt zwischen zwei Tieren, häufig Vögeln (besonders Adler). Diese Tierdarstellungen sind nicht selten nachträglich beschädigt worden[232]. Der Grund hierfür dürfte darin liegen, daß die bildliche Darstellung von Lebewesen weder für Muslime noch - in späterer Zeit - für Juden mit dem biblischen Bildverbot vereinbar war. In einigen wenigen Fällen aber ist der Kranz nicht von zwei Vögeln, sondern von zwei Niken flankiert, die in der hellenistisch-römischen Kunst normalerweise geflügelt erscheinen. Diese können schwebend oder schreitend abgebildet sein[233].

So weisen die Darstellungen des Kranzes und seine Verwendung auf Sarkophagen vom Kranz des Gerechten zu den Flügeln der Engel zurück und auf den Kranz der Engel voraus.

2. Die Kränze der Himmlischen

Doch zuvor sei wenigstens darauf hingewiesen, daß eine Art von Kranz oder Krone auch biblisch belegt ist - hier aber nicht für Engel, sondern für Gott selbst oder, in einem Fall, für Zion in der Endzeit: Jes 28, 5 wird vorausgesagt: ביום ההוא יהיה ה' צבאות לעטרת צבי ולצפירת תפארה לשאר עמו. Aber dieser Vers ist zum einen im Kontext zu sehen, in dem der Prophet gegen die עטרת גאות von Ephraim spricht, und zum anderen unterliegt es keinem Zweifel, daß hier nicht eine tatsächliche Krone Gottes gemeint ist, sondern bildlich von

---

25. A.C.M. Beck, Genien und Niken als Engel in der altchristlichen Kunst, Diss. Gießen 1936 (beide aber mit gewissen Einschränkungen).

231 Z.B. bei Ilan, op.cit. (o.Anm. 204), S. 23. 61 (dasgl.: Y. Tsafrir, op.cit. [o.Anm. 186], S. 217. Vgl. das Bildmaterial ebd. vol. I: Political, Sociological and Cultural History. Jerusalem [1982], hrsg.v. Z. Baras e.a., S. 179); ebd. S. 91. 111; bei Foerster, art.cit. (o.Anm. 203), Abbildung 10.5 und 10.13.

232 So auf den Abbildungen z.B. bei Ilan, op.cit. (o.Anm. 204), S. 23 (Löwen?); Abb. 10.5 bei Foerster. Es ist heute nicht mehr sicher auszumachen, ob die Darstellungen bereits durch Juden aufgrund einer internen Bilderfeindlichkeit Bewegung zerstört wurden oder erst auf islamischen Befehl hin. Vgl. die Interpretation Goodenoughs, *Jewish Symbolism*. (o.Anm. 166) gegenüber der von Z. Ilan/I. Damati, The Synagogue and Beth-Midrash at Ancient Meroth. Qad. 20 (=H. 79-80), 1987, S. 87-96, hier: 92f. Das gleiche Bild ist nochmals veröffentlicht in Ilans Aufsatz *The Synagogue and Study-Hall at Meroth* (Hebr.). Synagogues in Antiquity. Ed. by A. Kasher, A. Oppenheimer, U. Rappaport. Jerusalem 1987, S. 231-266, hier: 255.

233 Vgl. z.B. die Abbildungen bei Ilan, op.cit. (o.Anm. 204), S. 127f. für schwebende Niken.

Gott selbst als der Krone für den „Rest seines Volkes" gesprochen wird. Ähnliches gilt für die bildliche Übertragung des Kronen-Motivs auf Zion in Jes 62, 3: והיית עטרת תפארת ביד-ה' וצניף מלוכה בכף-אלהיך[234]. Näher kommt der Gotteskrone Ez 1, 28, wenngleich da nicht von עטרה sondern vom Regenbogen, der קשת, gesprochen ist, die hier zumindest nicht als ὕλη sondern als τόξον übersetzt ist (doch siehe gleich im folgenden)[235]. In Ezechiels Scheltrede an den König von Tyrus (Ez 28, 11ff), in der der König unter anderem mit einem כרוב verglichen wird, sagt der Prophet (V. 12): אתה חותם תכנית מלא חכמה וכליל יופי. Dieser Reif heißt in der LXX στέφανος κάλλος.

Der auctor ad Hebraeum sieht die Auszeichnung Jesu darin, daß Gott ihn mit Ehre und Herrlichkeit bekränzt habe (2, 7). Besonders die ApkJoh spricht fast allen überirdischen Personen einen Kranz zu, der meist als στέφανος[236] bezeichnet wird: 14, 14: der Menschensohn; 12, 1: die Sonnenfrau[237]; 12, 3: der Drache; 13, 1: das Tier aus dem Meer; 9, 7: die Heuschrecken; 6, 2: der erste Reiter; 19, 12: der Reiter gegen Satan. Anstelle eines στέφανος kann auch eine ἶρις treten: So erscheint die Gestalt 1, 13-15 (wobei hier offenbleiben kann, wer damit intendiert ist[238]). Diese aura ist Gott selbst eigen (4, 3f), kennzeichnet aber auch einen Engel (10, 1). Wenn man die Gestalt in 1, 13-15 mit Jesus identifizieren darf, dann liegt hier die typisch neutestamentlich Entwicklung vor, die Motive, die Gott eigen waren (vgl. Ez 1, 28), gleichermaßen auf Jesus und die Engel überträgt.

---

234 Ez 28, 12 spricht zwar in der griechischen Version von einem στέφανος κάλλους, aber damit ist keine himmlische Krone gemeint, sondern eine durchaus irdische.

235 Zwar hat Ez 1, 26-28 auf die Erscheinung in Dan 10, 5f deutlich eingewirkt, aber eine ausgesprochene Wiederaufnahme des Motivs vom Regenbogen oder dem Kranz fehlt auch hier (allerdings ist Dan 10, 5f statt dessen voll von Licht-Terminologie).

236 So schon J. Michl, Die 24 Ältesten in der Apokalypse des hl. Johannes. München 1938, zum Kranz insgesamt S. 10-14, hier S. 13 mit Anm. 2. Die Zusammenstellung spricht gegen Michls Äußerung (S. 14) „Solche Ehrenstellung mag Engeln wie Menschen zustehen."

237 Hier wird erneut die Nähe des Kranzes zum Sternen-Kranz bzw. zum astralen Glanz deutlich, denn der στέφανος der Frau besteht aus 12 Sternen. Gleiches gilt für grApkBar 6, 2: Auf dem Sonnenwagen sitzt ein „Mensch" mit Feuerkrone. Daß es sich dabei um Helios handelt, dürfte außer Frage stehen.

238 Vgl. oben Anm. 175; zu den von M. Karrer dort zitierten Stellen aus JosAs s. im folgenden.

Die Kronen der Engel selbst werden im allerdings etwas späteren 3Hen 18 = Schäfer, Synopse § 859, erwähnt, wo berichtet wird, daß jeder שר beim Anblick des nächst höheren seine Krone niederlegt[239]. Die klarste Parallele zu diesem Ablegen der Krone findet sich in der ApkJoh, wo die Ältesten bei der himmlischen Liturgie ihre Kronen ablegen: 4, 4. 10. כרוביאל ה׳ hat dann einen כתר קדושה על ראשו ששם המפורש חקוק בו und ist über die כתרי ראש und die עטרת קדם der Cherubim gesetzt: 3Hen 22, 5. 8 (= Schäfer §§ 33f/869f).

Die Beziehung zu den Sternen scheint auch die Übernahme des Kronen-Motivs vereinfacht zu haben, insofern pagane (Astral-) Gottheiten häufig mit einem Strahlenkranz begegnen, der sich allerdings auch als *aura* interpretieren läßt. Dies gilt natürlich besonders für Helios[240].

In unserem Zusammenhang wird diese Verbindung z.B. an den folgenden Stellen deutlich: slHen 14, 2f z.B. wird die Krone der Sonne zweimal genannt[241]. In der ApkZeph 6, 11 erscheint dem Seher ein großer Engel, dessen

---

239 Vom שר des ersten Himmels heißt es sogar, er steige hierfür von seinem Pferd herab - ein Element, das dann nicht weiter benützt wird. Kronen werden dann im 3Hen ständig genannt, vgl. z.B. 12, 4//48 C 7; 13, 1; 16, 1f; 17, 8; 18, 25 (in Parallele zu ApkJoh 4f); 21, 4: Die Kronen der חיות sind wie Regenbogen, wie die Sonne mit Strhalen und hell wie der Morgenstern; weiter 3Hen 26, 7; 39, 2Vgl. G. Widengren, Iranisch-semitische Kulturbegegnung in parthischer Zeit. Opladen 1960 (RWAW.G 70), S. 77: Die drei Magier aus Mt 2 werden später als Könige verstanden und legen als solche zur Huldigung des Kindes ihre Kronen ab. Widengrenn sieht darin iranische Einwirkung, was nach ApkJoh 4f und den Hekhalot-Texten nicht unbedingt notwendig ist.

240 Die Zahl der Strahlen wechselt bei der Krone des Helios von Darstellung zu Darstellung. Es scheint, als ob die ursprüngliche Form aus sieben Strahlen bestand und diese erste später (in der römischen Zeit) zu zwölf erweitert wurden. So besonders: F. Dölger, *Das Sonnengleichnis in einer Weihnachtspredigt des Bischofs Zeno von Verona. Christus als wahre und ewige Sonne. Die 12 Apostel als „corona duodecim radiorum" und die Zwölfstrahlenkrone des Sonnengottes*. Alle in AuC 6, 1940 (= repr. 1975), S. 1-56. Ihm selbst sind die sieben-strahligen Darstellungen auf den Münzen aus Rhodos scheinbar entgangen, die er ebd. S. 42f abbildet. Vgl. weiter die Abbildungen bei M.J. Vermaseren (Hrsg.), Die orientalischen Religionen im Römerreich. Leiden 1981 (EPRO 93), S. 262 (siebenstrahlig mit dem Adler), S. 240 (mit 13! Strahlen), S. 225 sowie die siebenstrahligen Münzbilder bei Seyrig, op.cit. (o.Anm 154), S. 367.
In unserer Literatur hat der himmlische Besucher der Aseneth (s.u.) eine Strahlenkrone mit 12 Strahlen, die Sonne, die im TAbr.A 7, 3 Abraham darstellen soll, dagegen sieben. Entsprechend hat der bereits himmlische Henoch dort drei Kronen: TAbr. B 7.

241 Auf die Strahlenkrone des Helios wird noch mehrfach zurück zu kommen sein.

„Gesicht leuchtet wie die Strahlen der Sonne in ihrer Herrlichkeit". Im griechischen Fragment derselben Schrift, das Clemens bewahrt hat[242], heißt es von den Engeln im fünften Himmel: καὶ τὸ διάδημα αὐτῶν ἐπικείμενον ἐν πνεύματι ἁγίῳ.

ApkAbr 11, 2 beschreibt den Engel, der dem Abraham erscheint, und nennt dabei einen „Turban auf seinem Haupt, wie das Ansehen des Regenbogens." Jener Regenbogen ist nichts anderes als ein στέφανος, wie ein Blick in das Neue Testament und die LXX zeigen[243].

3. Die Verleihung der Kränze

Der Zusammenhang der zukünftigen Krone der Gerechten mit den Kränzen/ Kronen der Himmlischen wird nun dadurch hergestellt, daß die Himmlischen selbst ihre oder eine Krone verleihen: So wird die Krone Gottes zumindest in einem Falle Moses übergeben: Im Drama des EzTrag, Z. 70ff, schildert Moses, wie in seinem Traum Gott auf seinem Thron sitzend, διάδημ' ἔχοντα, ihm dieses Diadem überreicht. Es folgt jene Anbetung der Sterne, die im Zusammenhang mit den Astral-Motiven der Angelologie bereits erörtert wurde[244].

Diese Vorstellung wird dann in späteren, christlichen Texten weiter verwendet. So heißt es z.B. im Hirten des Hermas, sim 8, 2, 1[245]: „Da ließ der Engel

---

Vgl. für's erste A. Dieterich, op.cit. (o.Anm. 160), S. 39ff, mit älterer Literatur und einigen ausgew. Quellen. Hier interessieren besonders seine Ausführungen S. 40 über die Parallelität von Lichtgöttern und Helden, wenn sie besonders götterähnlich erscheinen. S. 44: „Hier ist die Thatsache, die wir festlegen, die Beschreibung aller Seligen mit dem Strahlenkranz in dem Texte des 2. Jahrhunderts. Möchten nun auch bildliche Darstellungen dieser Dinge gerade in Rom später erst nachgefolgt sein, in Ägypten waren jedenfalls diese Anschauungen schon damals vollständig in die Christengemeinde übergegangen."

242 Stromata V 77 nach der Ausgabe von O. Stählin wiederabgedruckt in der Sammlung von Denis (s. Quellenverz.), S. 129, danach zitiert.

243 S. o. Anm. 235 und vgl. K.H. Rengstort, Art. ἶρις. ThWNT 3, S. 340-343. Nebenbei: In einigen griechischen Traditionen ist der Kranz Zeichen der Investitur des Propheten oder sein „Amts-Symbol", siehe Deubner, art.cit. (o. Anm. 203), S. 401 = 82.

244 S.o. S. 182 mit Anm. 176-178.

245 Vgl. ebd. sim VIII 3, 6. Damit ist das Motiv noch lange nicht erschöpft; es wird in der christlichen Theologie dann zur Siegeskrone der Märtyrer führen; vgl. U. Kellermann, *Das Danielbuch und die Märtyrertheologie der Auferstehung. Erwägungen.* Die Entstehung der jüdischen Martyrologie hrsg.v. J. van Henten unter Mitarb. v. B.A.G.M. Dehandschutter u. H.J.W. van der Klaauw. Leiden e.a. 1989 (SPB 38), S. 51-75, hier: S. 73. grApk Esr

des Herrn (ἄγγελος τοῦ κυρίου) Kränze (στέφανοι)[246] holen. Und man brachte Kränze von Palmzweigen und er bekränzte die Männer..."

Schließlich berichtet 5Esr (= 4Esr 1-2) 2, 46f[247]: „ille iuvenis quis est, qui eis coronas inponit et palmas in manus traduit? Qui respondens dixit mihi: ipse est filius Dei, quem in saeculo confessi sunt." Der christliche Einschlag der Stelle[248] ist nicht zu übersehen, aber es fragt sich doch, ob nach den angeführten Stellen nicht auch hinter 5Esr 2, 46f jüdische Tradition steht.

Nebenbei sei vermerkt, daß im TLev 8, 2 die sieben „Männer" dem künftigen Priester bei seiner Inthronisation den στέφανος τῆς δικαιωσύνης verleihen. Nun ist damit sicher wieder die Priesterkleidung gemeint, hier also das

---

6, 17. 21 verspricht der *dominus* Esra, daß seine Krone bereit sei, er möge also beruhigt sterben. Nach Kap. 7 ist dieser *dominus* Jesus. Sollte das ursprünglich sein, dann gehörte auch diese Stelle zum christlichen Märtyrerkranz. Vgl. weiter 2Tim 4, 8; 2Clem 7, 1-3; MartPoly 17, 1.
Eine interessante Seitenüberlieferung zur Krone Nimrods steht in der Schatzhöhle (Bezold, S.30) - gleich ob dieser Nimrod wirklich Zoroaster ist oder nicht, wie W. Bousset annahm, der für die Stelle S. 36 angibt (wahrscheinlich aufgrund der Zählung des arabischen Textes: Da steht der Text folio 18b = S. 36): Hauptprobleme der Gnosis. Göttingen (1907 = repr. 1973) (FRLANT 10), S. 147. „Dieser (Nimrod) sah etwas wie eine Krone am Himmel. Da rief er Sisan, den Weber, und er flocht ihm eine ähnliche und setzte sie auf sein Haupt, und deshalb sagte man, es sei vom Himmel die Krone auf ihn herabgestiegen." Aus dem Vergleichsmaterial, das Bousset zitiert, geht die in unserem Zusammenhang wichtige Frage nach der Unterscheidung Gottes von anderen himmlischen Wesen hervor: Im christlichen Adambuch des Morgenlands (so Dillmann S. 117, nach dem Zitat bei Bousset, l.c.) heißt es: „Und er ward immer mehr verderbt, bis daß er in seiner Seele dachte, *daß er selbst Gott sei.*" (Hervorhebung von mir). Vgl. auch die Od Sal 1, 1; 9, 8. 9. 11; 15, 15; 17, 1; 20, 7f. Nach J.H. Charlesworth symbolisiert die Krone die Rettung: The Odes of Solomon (s.Quellenverz.), S. 28, Anm. 15.

246 Daß die Kränze vergottende Kraft haben sollen, scheint übersteigert. Die Verwandlung des Gerechten in einen Engel ist noch keine deificatio; doch s. den Kommentar von M. Dibelius, (s. Quellenverz.), S. 591. Der Text nach Whittaker (ebd.), S. 67. Vgl. außerdem AscIs 7, 22; 9, 13.

247 Text nach Bensley (s. Quellenverz.); Klijn hat in seiner Ausgabe des lateinischen Textes auf die Rahmenkapitel leider verzichtet.

248 Der „junge Mann" muß nicht unbedingt eine Umschreibung für den Menschensohn sein (so vermutet J.M. Myers, I and II Esdras. Introduction, Translation and Commentary. New York [1982] [AncB. 42],S. 153). Aber die von ihm selbst herangezogene Parallele aus Hermas (s.o.) hat dafür einen Engel und sowohl Mk 16 als Josephus nennen die Engel gelegentlich νεανίας. Lt. A. Kropp, Zaubertexte (s. Quellenverz.), Papyrus VII, 2. 4ff bietet Uriel den Seeligen die himmlischen Kränze dar.

Diadem des Hohenpriesters[249]. Dennoch ist es nicht unbedeutend, daß dieses bei der allegorisierenden Wertung der einzelnen Priestergewänder ausgerechnet mit der Gerechtigkeit verbunden wird, jener Tugend also, die zum Erwerb des στέφανος führt. Ferner ist mit diesem Levi ja nicht nur der historische Israel-Sohn gemeint, sondern der Ahnherr der Priester. Bei der Besprechung der Beziehung der Engel zu Priestern und Liturgie wird darauf zurück zu kommen sein.

4. Die Engel סנדלפון und אכתריאל, זריאל

Die Traditionen vom Kranz haben in der jüdischen Literatur weitergewirkt: In den aramäischen Zaubertexten begegnet ein Mal ein Engel namens זריאל in einer Fiberbeschwörung[250]. Die Herausgeber lesen zwar „Zariel", aber die Ableitung vom Hebräischen זר/Kranz dürfte augenscheinlich sein. Leider enthält der Kontext keinen weiteren Hinweis auf diesen Engel; er wird neben מיכאל, כסיאל, כריאל und עזריאל genannt.

In der bekannten Geschichte von R. Ischma''el, bBer 7a[251], wird berichtet, wie der Rabbi in seiner - anachronistischen - Funktion als Hoherpriester bei der Darbringung des Räucheropfers ראיתי אכתריאל י"ה ה' צבאות שהוא יושב על כסא רם ונשא. Die traditionellen Ausleger sind sich nicht einig, ob אכתריאל hier eine Umschreibung Gottes oder ein Engelname sein soll[252]. In jedem Fall ist der Name vom Wort כתר/Krone abzuleiten[253]. G.G. Scholem[254] hat den Vorschlag gemacht, im Namen Akatriel einen der geheimen Namen Gottes zu sehen, genauer: den geheimen Namen der Gotteskrone. Tatsache bleibt aber, daß

---

249 Das Priestertum ist schon wegen der entsprechenden biblischen Belege durch ein Diadem ausgezeichnet. In diesem Sinn wird man die Äußerung im Anhang zum slHen zu verstehen haben, wonach Methusalem bei seiner Ernennung zum Priester ein goldenes Diadem erhält (Bonwetsch, S. 108, dort als Anhang 1, 8 gezählt). Auch hier folgt sofort ein Vergleich dieses Priesters mit dem Leuchten der aufgehenden Sonne am Mittag.
250 J. Naveh/S. Shaked (s. Quellenverz.), Amulet 2, Zeile 14, S. 44-49.
251 Vgl. die Parallele: Schäfer, Synopse (s. Quellenverz.) § 151.
252 Vgl. ר. מרגליות, מלאכי עליון המוזכרים בתלמוד בבלי וירושלמי, בכל המדרשים, זהר ותי- קונים, תרגומים וילקוטים. 3.Aufl., Jerusalem (תשמ"ח/[1987/88]), S. 12f, Anm. 24a.
253 So auch M. Schwab, Vocabulaire de l'angélologie d'après les manuscrits Hébreux de la Bibliothèque Nationale. Paris 1897, S. 55.
254 Jewish Gnosticim. Merkabah Mysticism, and Talmudic Tradition. (2nd ed.) New York 1965, S. 54. Siehe insgesamt ebd. S. 51-55. S. 54 konstatiert Scholem in Bezug auf die Kronen der Engel: „and we know already that all of them have crowns" - leider ohne jeden Beleg oder Diskussion der Tatsache.

Akatriel in einigen Hekhaloth-Texten offensichtlich ein Engel-Name ist. Akatriel ist über die Kronen gesetzt (תגא, was seinem Namen am nächsten kommt), sitzt am Eingang des Paradieses und lobt an anderer Stelle Gott vom vierten Himmel aus (מקלס ברקיע רביעי)[255]. Interessant ist eine kurze Notiz, ebd. § 138: ועל זו התפילה סח לי אכתריאל. Sie verbindet die beiden Elemente, Krone und Gebet, mit demselben Namen: אכתריאל.

Allerdings ist sonst Sandalphon der über die Krone Gottes gesetzte Engel. So wird er bHag 13b erwähnt[256]. In einer Reihe von Midraschim wird vorausgesetzt, daß diese Krone aus den Gebeten Israels geflochten sei[257]. In die Gebetstradition ist auch die Vorstellung eingegangen, daß Moses auf dem Sinai einen כליל תפארת erhalten habe (Schabbat-Morgen-Liturgie). Diese Vorstellung basiert zwar auf dem Lichtglanz, der schon biblisch als Folge der Theophanie beschrieben wird, findet aber ihren Ausdruck auch bei EzTrag und seiner Schilderung der Sinai-Offenbarung (s.o.).

Nun ist es sicher richtig, daß die verschiedenen hebräischen Termini, die hier verwendet sind, זר/כתר/עטרה/כליל, nicht einfach austauschbar sind; dennoch bezeichnen sie Gegenstände, deren genaue gegenseitige Abgrenzung nur noch schwer auszumachen ist. כתר und עטרה scheinen jedenfalls 3Hen 22, 8 (= Schäfer § 40/870) identisch zu sein. Allerdings ist die rabbinisch und jüdisch-mystisch belegte Tradition nun von der apokalyptischen zu trennen: Der Apokalyptiker hoffte auf den Erhalt des Kranzes/der Krone, gleichviel, ob diese nun nur als Märtyrerkranz oder auch als Zeichen der wesenhaften Veränderung der Seinsweise des Verstorbenen verstanden wird. Die nachfolgende jüdische Tradi-

---

255 Schäfer, Synopse §§ 501, 597 und 667 resp.
256 Vgl. I. Gruenwald, op.cit. (s.o. Anm. 26), S. 65f. 128 mit der dort angegebenen Literatur. Gruenwald zieht es vor, סנדלפון als Syndalphon zu lesen. Ex.r 21, 4 (Wilna, Blatt 40a) nennt allerdings nur einen über die Gebete gesetzten Engel, ohne Erwähnung seines Namens.
257 Vgl. Gruenwald, ebd. sowie ש. ליברמן (S. Lieberman), דברים אחדים על שקיעין. אגדות, מנהגים ומקורות ספרותיים של היהודים שנשתקעו בספרי הקראים והנוצרים Jerusalem (1939 =) 1970, S. 13f, der auf Parallelen zu dieser Tradition hinweist, die mit Michael verbunden sind (wie schon die allerdings fraglichen Stellen in der grApkBar. Dort hatte Michael die Tugenden der Gerechten als Blumen dargebracht). Vgl. weiter K.E. Grözinger, op.cit. (o.Anm. 80), S. 161-168; entsprechend ist das Motiv in die Liturgie eingegangen: in einigen Ritus beginnt die קדושה, das sanctus, mit der Erwähnung der Krone, die Gott durch das Singen des sanctus sozusagen dargebracht wird. Zu den hier einfließenden Elementen der Rivalität vgl. Schäfer, op.cit. (o.Anm. 90), S. 64 mit Anm. 147.

tion verbindet das Kranz-Motiv mit einer liturgischen Handlung der Gemeinde und behält es - von ganz wenigen Stellen abgesehen - Gott vor. Dabei ist nicht sicher zu entscheiden, ob es sich um eine bewußte Umbildung der Tradition handelt oder um eine andere Verwendung eines Symbols, das als solches bereit lag[258].

Die genaue Datierung der Übertragung des Flügelmotivs auf die jüdischen und dann christlichen Engel will aufgrund all' dieser Quellen nur schwer gelingen. Es ist deutlich, daß die Flügel mit dem Geleit der Seele zusammenhängen. Außerdem tragen Seelengeleiter in der paganen Kunst und Mythologie zunächst Flügel, dann auch den Kranz für den Verstorbenen. So kamen wir zu den verschiedenen Bedeutungen des στέφανος.

Deutlich sind in der jüdischen und der ihr unmittelbar folgenden christlichen Tradition die folgenden Ebenen:

Die einfache Reisebegleitung durch einen Engel, die biblisch ein absolutes Seitenmotiv darstellte, wird im Rahmen einer einfachen Religiosität stark ausgebaut (Raphael in Tob). In einigen Kreisen versteht sich der Glaubende schließlich ständig von Engeln begleitet.

Noch in vorchristlicher Zeit scheinen die Engel auch die Aufgabe der Totenbegleitung übernommen zu haben. War die ständige Begleitung schon ein unbiblisches Element, das dafür aber im griechischen Raum gut bekannt war, so ist vollends die Totenbegleitung reine Anleihe in der paganen Mythologie und Religion, was hier mit dem Ausbau der biblisch vorgegebenen Astral-Vergleiche einher geht.

Von daher legt sich die Vermutung nahe, daß auch die Flügel der begleitenden Wesen aus diesem Traditionskomplex übernommen worden sind. Wann dieses Stadium erreicht wurde, läßt sich nicht mehr genau bestimmen.

Es wurde aber scheinbar durch eine Reihe von Veränderungen in der Angelologie selbst vorbereitet: Die pagane Vorstellung vom Kranzes der Götter, bzw. das Göttliche (daher wohl die Übertragung des Gottes-Kranzes auf die am Opfer Teilnehmenden), die Verbindung schon der biblischen Engel mit den Sternen unter Berücksichtigung der paganen Ikonographie, die auch ihre Gestirngottheiten mit Strahlenkränzen ausstattete (v.a. Helios), sowie schließlich der Glaube an die Verwandlung des Menschen in einen Engel oder eine ihm

---

258 Ein eigenes Forschungsgebiet stellt nach diesen Ausführungen noch die rabbinische Verwendung des Ausdrucks כתר תורה dar. Vgl vorläufig מ. בר (M. Beer), המונח 'כתר תורה' בספרות חז"ל ומשמעותו החברתית (על מאבקם של חז"ל להנהיג את העם). Zion 55, 1990, S. 397-417.

ähnliche Gestalt - dies sind die Momente, die zusammen den Engel mit dem Kranz und den Gläubigen mit der Hoffnung auf den Erhalt dieses Kranzes verbinden.

Ist diese breite Basis einmal hergestellt, dann kann jede Darstellung der Nike, bzw. Niken, die den Siegeskranz bringen, auf Engel bezogen werden. Dieses letzte Stadium scheint bereits gegen Ende des zweiten Jh.s bildlich nachweisbar[259]. Die neutestamentlichen Quellen stammen zwar ausnahmslos aus der Zeit nach der Tempelzerstörung, aber ihre breite Streuung (Deuteropaulinen neben Jak und ApkJoh!) zeigt, daß die Hoffnung auf einen Siegeskranz im künftigen Leben bereits sehr früh christliches Allgemeingut gewesen sein muß, das sich als solches am leichtesten erklären läßt, wenn man seinen Ursprung in jüdischen Kreisen annimmt. Hierfür spricht dann auch die Aufnahme des Kranz-Motivs im 4Makk und im syBar. Wenn die oben zitierten außerbiblischen Quellen nicht unbedingt alle aus der Zeit vor 70 stammen sollten, dann darf man doch annehmen, daß sie ihre Traditionen aus den gleichen Kreisen bezogen, wie jene frühen Christen. Selbst wenn man den hier unterbreiteten Vorschlag einer relativen Frühdatierung der beiden letzten Vorstellungskreise in Abrede stellen wollte, weil man etwa einen Einfluß des Judentums auf das junge Christentum nicht in allen Bereichen für evident hält, oder weil man einen wesentlichen Teil der Quellen in die bereits christliche Ära datiert, dann kann man nicht umhin zuzugeben, daß die in der außerbiblisch-jüdischen Angelologie angelegten Elemente mit einiger Zielstrebigkeit zu diesem angelologischen Synkretismus führen mußten. Hierin liegt die Gefahr der nachbiblischen Engel-Lehre für jede Religion, die den Glauben an einen einzigen Gott, der sich von den Göttern der Heiden unterscheide, betont. Die neuen Elemente des Engel-Glaubens lagen ja alle bereit: In der paganen Mythologie und Ikonographie. So gesehen kann man über die meisten der in diesem Exkurs angeführten Texte den Satz schreiben, den Dieterich[260] in Bezug auf die Petrus-Apokalypse des 2. Jh.s geprägt hat: „Jedenfalls aber kann kein Himmel hellenischer sein als der dieser Apokalypse des Petrus."

---

259 Wobei ich bei allen Datierungsfragen von den oben genannten Archäologen und Kunsthistorikern abhängig bin und mir kein eigenes Urteil anmaße.
260 op.cit. (o.Anm. 18), S. 45.

4.5 Die präsentische Engelgemeinschaft

Die bisher genannten Aspekte der außerkanonischen Angelologie sind in einem wesentlichen Punkt widersprüchlich: Zum einen erhofft der Fromme die Gemeinschaft mit den Engeln in der Zukunft und in einigen Texten sogar seine Verwandlung in ein engelisches Wesen, zum anderen setzt ein Motiv wie das der Reisebegleitung durch Engel oder der Übertragung engelischer Weisheit auf den Frommen die Gemeinschaft in der Gegenwart und im Diesseits voraus. Es ist bereits darauf hingewiesen worden, daß Motive teilweise von der einen Ebene auf die andere übertragen werden können, wie z.B. die Verwandlung der Hiob-Töchter im THi 48, 3; 49, 2; 50, 2[261]. Die Ambivalenz der beiden Ebenen, der Zukunftserwartung und des Glaubens an die gegenwärtige Anwesenheit der Engel, kommt z.B. in einer varia lectio zu THi 33, 2 zum Ausdruck. Nach einem Teil der Überlieferung fordert Hiob auf: „Seid still! Ich will euch nun meinen Thron zeigen und die Herrlichkeit seiner Pracht, die mit den Heiligen (οἱ ἅγιοι) ist." Eine andere Lesung setzt τὰ ἅγια, also: „die im Heiligtum ist"[262].

Besonders auffällig ist in dieser Hinsicht der Befund in den Qumran-Schriften. Forscher haben hier neben einer militärischen und einer priesterlich-liturgischen Gemeinschaft eine präsentische erkannt[263]. Dabei scheinen Versuche[264], den Ursprung dieser dreifachen Gemeinschaft einseitig in einem der

---

261 S.o. S. 161 und Anm. 144f und vgl. 1Kor 13, 1.

262 So liest Schaller, a.l., und ergänzt hierzu richtig „im (himmlischen) Heiligtum". In der Forschung ist, zu Recht, mehrfach darauf hingewiesen worden, daß in der biblischen und noch mehr in der außerbiblischen Literatur termini wie „Heilige", „Erwählte" etc. nicht immer eindeutig bestimmt werden können: Meinen sie Engel oder Gerechte? Die Unklarheit der Quellen scheint mir dafür zu sprechen, daß beide bereits zu sehr miteinander vereint sind, als daß man sie noch unterscheiden müßte. Zur Bibliographie vgl. o. Anm. 30; ferner die Selbstbezeichnung der Qumraniten als אנשי הקודש z.B. 1QS 8, 17. 23 u.ö.

263 J. Maier, Vom Kultus zur Gnosis. Studien zur Vor- und Frühgeschichte der „jüdischen Gnosis". Bundeslade, Gottesthron und Märkabah. Salzburg 1964 (Kairos 1), S. 133; P.S. Frank, op.cit. (o.Anm. 122), S. 191-195; H.-W. Kuhn, Enderwartung und gegenwärtiges Heil. Göttingen 1966 (StUNT 4), S. 66-93 (Exkurse); P. von der Osten-Sacken, op.cit. (o.Anm. 64), S. 222-232; G.W.E. Nickelsburg, art.cit. (o.Anm.118), S. 152-156; P. Schäfer, op.cit. (o.Anm. 90), S. 33-40; H. Lichtenberger, Studien zum Menschenbild in Texten der Qumrangemeinde. Göttingen (1980) (StUNT 15), S. 224-227.

264 Schäfer, loc.cit. (vorige Anm.), lehnt sie wegen der engen Verzahnung der drei Gemeinschaftsvorstellung zu Recht ab.

210 *Die ausserbiblische Entwicklung*

drei Gebiete zu suchen, wenig überzeugend. In Anbetracht der gerade festgestellten Spannung zwischen einer eschatologischen und einer präsentischen Angelologie (die sich auch ergänzen können und also nicht ausschließen müssen) geht es kaum an, die präsentische Gemeinschaft nur als Prolepse des Eschatons zu verstehen. Hier durchdringen sich verschiedene Vorstellungskreise[265].

Die präsentische Gemeinschaft mit den Engeln erscheint in Qumran in Verbindung mit den Motiven der himmlischen Weisheit, des (kultischen?) Lobpreises Gottes, der militärischen Gemeinschaft und den Vorschriften bezüglich der Aufnahme, bzw. Nichtaufnahme in die Gemeinde.

Zunächst kann der Verfasser der Hodajot aufgrund jener Gemeinschaft mit den Engeln sich selbst dieselbe Weisheit zusprechen, die den Engeln zukommt, 1QH 2, 13:   ומליץ דעת ברזי פלא   ותשימני נס לבחירי צדק[266]

Die letzte Formulierung bezeichnet übernatürliches Wissen. פלא dient biblisch zur Bezeichnung des Wunderhaften oder des von Gott gewirkten Wunders.

In 1QS 11, 4-9 wird nun die Gemeinschaft mit der Weisheit der Engel verbunden: וגבורתו משענת ימיני   כיא אמת אל היאה סלע פעמי
    אור בלבבי מרזי פלאו   וממקור צדקתו משפטי
    תושיה אשר נסתרה מאנוש   בהויא עולם[267] הביטה עיני

---

265 Vgl. S.F. Noll, *Communion of Angels and Men and „Realized Eschatology"* *in the Dead Sea Scrolls*. Proceedings of the Eighth World Congress of Jewish Studies, Jerusalem, August 16-21, 1981. Division A: The Period of the Bible. Jerusalem 1982, S. 91-97.

266 „Du setztest mich [zum] Zeichen den Erwählten der Gerechtigkeit und [zum] Erklärer des Wissens in den Geheimnissen des Wundersamen".
In Anlehnung an die Ausgaben von J. Licht werden hier Qumran Texte nach Sinnzeilen geschrieben. Die Zeilen-Zählung bleibt davon unberührt. Sie ist die übliche. Aber Zeilenanfänge werden nicht gekennzeichnet.
Die hier gegebenen Übersetzungen der Qumran Texte sind als Erleichterung für den Leser gedacht und bewahren bewußt die Schwierigkeiten des jeweiligen Originals. Die vorhandenen deutschen Versionen sind für unsere Diskussion gelegentlich zu glatt und können deshalb nicht immer übernommen werden (sind aber, soweit erreichbar, nachgesehen worden; dies gilt bes. für E. Lohse, Die Texte aus Qumran. Hebräisch und Deutsch... 2., kritisch durchges. u. erg. Aufl. München (1971)). Eckige Klammern in Text und Übersetzungen zeigen Ergänzungen der Textlücken an, spitze Klammern dagegen Ergänzungen, die durch das Deutsche bedingt sind.

267 Die Übersetzung des עולם hängt davon ab, ob man hier die biblische Bedeutung „Ewigkeit" oder die (bereits bei Kohelet belegte) später übliche Bedeutung „Welt" voraussetzt. Vgl. hierzu besonders E. Jenni, *Das Wort 'olam im Alten Testament*. ZAW 64, 1952, S. 197-248; 65, 1953, S. 1-35. Für die folgenden Texte ist allgemein die zeitliche Bedeutung anzunehmen.

דעה ומזמת ערמה מבני אדם   מקור צדקה ומקוה גבורה
עם מעין כבוד מסוד[268] בשר   לאשר בחר אל נתנם לאוחזת עולם
וינחילם בגורל קדושים   ועם בני שמים חבר סודם לעצת יחד
וסוד מבנית קודש למטעת עולם   עם כול קץ נהיה[269]

Die Gerechtigkeit Gottes ist Hoffnung und Stütze des Beters, aber nicht nur seine Gerechtigkeit, sondern אור בלבבי מרזי פלאו, „Licht in meinem Herzen von seinen wunderbaren Geheimnissen" erbauen den Verfasser. Die תושיה, die vor den Menschen verborgen war, ist ebenfalls eine Umschreibung für Weisheit[270]. Die Gabe der Weisheit läßt sich als Folge jener Gemeinschaft mit den Engeln verstehen. Doch ist sie dann mehr als eine Bestätigung der Gnade, die die Mitglieder der Gemeinde bei Gott gefunden haben; sie ist zugleich Grund für die Existenz der Gemeinde außerhalb des Restes Israels. Der Zusammenhang begegnet ein weiteres Mal in 1QH 11, 9ff:

ובטובכה רוב סליחות   ורחמיכה לכול בני רצונכה[271]

---

268 Hier als menschliche „Versammlung". Ansonsten ist סוד in den meisten anderen hier genannten Texten Hofstaat-Terminus.

269 Der Text ist nur schwer zu übersetzen und verlangt eher eine Nach*dichtung*. Das folgende ist entsprechend zu verstehen: „Denn Gottes Wahrheit ist der Fels meiner Schritte/seine Stärke Stütze meiner Rechten/und aus der Quelle seiner Grechtigkeit [kommt] mein Recht/Licht in meinem Herzen von den Geheimnissen seines Wundersamen/das ewige Sein schaute mein Auge/Erkenntnis, die vor Menschen verborgen ist,/Wissen und kluges Sinnen vor den Kindern Adams/Quelle der Gerechtigkeit und Sammlung der Stärke/mit dem Brunn der Herrlichkeit vor der Versammlung des Fleisches/denen, die Gott erwählt, gab er sie zu ewigem Besitz/und gab ihnen Anteil am Los der Heiligen,/und mit den Söhnen des Himmels verband er ihre Versammlung zu gemeinsamem Rat/und die Versammlung heiligen Baues zu ewiger Pflanzung/mit allem Ende wurde sie." Zu diesem Text s. M. Weinfeld, *The Morning Prayers (Birkhoth Hashachar) in Qumran and in the Conventional Jewish Liturgy*. RdQ 13, (1988) (= Mémorial J. Carmignac: Études Qumraniennes éd. p. F.G. Martínez et É. Puech), S. 481-494, bes. 484.

270 S. Licht in seiner Ausgabe, S. 221 und vgl. CD 2, 3.

271 Dies eine Bezeichnung der Gemeindemitglieder selbst. Vgl. J. Jeremias, Ἄνθρωποι εὐδοκίας. ZNW 28, 1929, S. 13-20, zu Lk 2, 14.
An diesem ntl. Vers entzündete sich die Debatte, die auch in Bezug auf die Qumran-Terminologie meist wegen der Bedeutung dieses Ausdrucks diskutiert wurde. Jeremias vertrat bereits 1929 aufgrund hebraistischer Überlegungen, was nach den Funden opinio communis wurde. Nach Veröffentlichung einiger Qumran Texte siehe C.H. Hunzinger, *Neues Licht auf Lc 2, 14* ἄνθρωποι εὐδοκίας. ZNW 44, 1952/53, S. 85-90; G. Schrenk, *Art.* εὐδοκία. ThWNT 2, S. 740-748; E. Vogt, *„Pax Hominibus bonae voluntatis" Lc 2, 14*. Bib 34, 1953, S. 427-429 (revidierte Fassung = *Peace Among Men of God's Good*

וברזי פלאכה השכלתם	כי החדעתם בסוד אמתכה
להתקדש לכה מכול תועבות נדה ואשמת מעל	ולמען כבודכה טהרתה אנוש מפשע[272]
ובגורל עם קדושיכה	להיחד [עם] בני אמתך
ומרוח נעוה לבינת[כה]	להרים מעפר תולעת מתים לסוד [עולם]
עם צבא עד ורוחו[ת דעת]	להתיצב במעמד[273] לפניכה
ועם ידעים ביחד רנה[274]	להתחדש עם כול נהיה

Nicht umsonst mündet der Text in einer Aussage über die Gemeinschaft mit den Engeln; doch ist diese Gemeinschaft hier eindeutig kultisch verstanden: Die Engel „wissen", welches Loblied sie zu singen haben. Diese Stelle ist u. U. von einer anderen abhängig[275], in der die weitreichenden Bezüge der Engel-Gemeinschaft ebenfalls zum Ausdruck kommen, 1QH 3, 19-23:

כי פדיתה נפשי משחת	אודכה אדוני
ואתהלכה במישור לאין חק[276]	ומשאול אבדון העליתני לרום עולם

ואדעה כיא יש מקוה לאשר יצרתה מעפר לסוד עולם ורוח נעוה טהרתה מפשע רב

Pleasure. The Scrolls and the New Testament. Ed. by K. Stendahl, New York 1957/London [1958], S. 114-117. 270); J.A. Fitzmyer, ‚*Peace upon Earth among Men of His Good Will*' *(Lk 2: 14)*. (TS 19, 1958, S. 225-227 =) Idem, Essays on the Semitic Background of the New Testament. (London 1971 =) repr. (Missoula/Mont. 1974), S. 101-104.

272 Die gehäufte Anwendung kultischer Reinheitsterminologie, hier טהרתה und נדה, im Zusammenhang moralischer Kategorien ist Charakteristikum der Qumran-Literatur und kann hier nicht behandelt werden. Vgl. Kuhn, op.cit. (o.Anm. 263), S. 84 und Klinzing, op.cit. (o.Anm. 17), S. 106-114.

273 Der Terminus wird von Kuhn,. op.cit. (o.Anm. 263), S. 70-72 hauptsächlich priesterlich gedeutet, dem schließen sich Klinzing, op.cit. (o.Anm. 17), S. 117, und Schäfer, op.cit. (o.Anm. 90), S. 37-39, an. Dagegen betonte von der Osten-Sacken, op.cit. (o.Anm. 64), S, 227, den militärischen Aspekt.

274 „Und in deiner Güte <ist> die Menge der Verzeihungen/und dein Erbarmen allen Söhnen deines Willens/denn du hast ihnen den Rat deiner Wahrheit mitgeteilt/und in deinen wundersamen Geheimnissen hast du sie verständig gemacht/zu deiner Ehre reinigtest du <den> Menschen von Untat/sich dir zu heiligen von allen Greueln der Menstruation und Schuld der Veruntreuung/ sich zu vereinigen [mit] den Söhnen deiner Wahrheit/und mit dem Los des Volkes deiner Heiligkeit/aus dem Staub zu erheben den Wurm der Toten zu [ewigem] Rat/und aus verkehrtem (gekrümmten) Geist zu [deiner] Einsicht/ um im Rang anzutreten vor dir/mit dem bleibenden Heer und den Geister[n des Wissens]/sich zu erneuern mit allem Seienden/und mit den Wissenden im gemeinsamen Jubel (Jauchzen)."

275 Vgl. Kuhn, op.cit. (o.Anm 263), S. 80ff. Ihm folgt Schäfer, op.cit. (o. Anm. 90), S. 37; vgl. zum Ganzen 1QH frag. 2.

276 Vgl. hierzu 1QH frag. 2, 15 (unter der Voraussetzung der Rekonstruktion von J. Licht, op.cit. [Quellenverz.], S. 223).

ולבוא ביחד עם עדת בני שמים   להתיצב במעמד עם צבא קדושים
להלל שמכה ביחד ר[נ]ה   ותפל לאיש גורל עולם עם רוחות דעת
                                ולספר נפלאותיכה לנגד כול מעשיכה[277]

Der Beter dankt seinem Schöpfer (יצ״ר)[278] für die Rettung (-הר, טהר, תה, פדיתה). Diese ist in mehrfacher Hinsicht aufschlußreich: Obwohl aus Staub geschaffen[279], ist der Zweck des Menschen doch offensichtlich die Teilnahme am סוד עולם, am ‚ewigen Rat' oder aber am ‚Rat der Welt'. Diese Teilnahme wird ausgedrückt als ein להתיצב במעמד, was gelegentlich militärischen Sinn haben kann, der hier durch den direkt damit verbundenen Hofstaat-Terminus צבא קדושים bestätigt wird. Aber damit nicht genug. Das Ziel der Zusammen-

---

277 „Ich lobe dich, Herr,/denn du hast meine Seele befreit (losgekauft) aus dem Abgrund/aus der Unterwelt der Vertilgung hast du mich erhöht zu ewiger Höhe/so daß ich auf der unerforschlichen Ebene einhergehe/und weiß, daß es eine Hoffnung gibt für den aus Staub Erschaffenen zu ewigem Rat (Versammlung)/verkehrten Geist hast du gereinigt von vieler Untat/um im Rang anzutreten mit dem Heer der Heiligen/und um in die Gemeinschaft (Einung) zu kommen mit der Gemeinde der Himmels-Söhne/Denn du hast dem Mann ewiges Los geworfen mit den Geistern des Wissens,/deinen Namen zu preisen in gemeinsamem J[ube]l und deine Wundertaten zu erzählen gegenüber all' deinen Werken." Vgl. weiter 1QH 4, 24f. Zu 1QH 3, 22f siehe auch B. Gärtner, *The Temple and the Community in Qumran and the New Testament.* Cambridge 1965 (SNTS.MS 1), S. 132.

278 Von einer „Neuschöpfung", die Lichtenberger, op.cit. (o.Anm. 263), S. 225f, annimmt, ist hier nicht eigentlich die Rede. Vielmehr ist eine qualitative Veränderung des Menschen durch טהרתה angezeigt, womit aber nicht mehr gesagt ist als dies, daß der vor Gott (kultisch) dienende Mensch „rein" (טהר) sein muß, was hier bereits aus dem Bereich der nur kultischen Bedeutung in den des Moralischen uminterpretiert ist (מפשע רב), s.o. Vgl. weiter M. Weinfeld, art. cit. (o.Anm. 269), S. 483f.
J. Licht hatte aus dem gemeinsamen Lob der Gemeinde von Qumran und der Engel geschlossen, daß der Verfasser von 1QH „in gewisser Weise ein Himmelsbürger, ein fast übermenschliches Wesen" wird: *Die Lehre des Hymnenbuches.* Qumran. Hrsg. v. K.E. Grötzinger e.a. Darmstadt 1981 (WdF 160), S. 276-311, hier: S. 310 (Original: *The Doctrine of the Thanksgiving Scroll.* IEJ 6, 1956, S. 1-13). Das liegt eher in jener Linie von Erwartungen, die einige Apokalyptiker an die zukünftige Welt knüpften. Die Engelgemeinschaft garantiert keineswegs bloß „die diesseitigen Heilsgaben" oder „das irdische Wohlergehen" (vgl. in dieser Richtung nochmals Lichtenberger, S. 100f. 226).

279 Vgl. hierzu 1QH frag. 2, 4.

kunft der Geretteten und der Himmels-Söhne ist das Loben des göttlichen Namens und die Verkündigung seiner Taten[280].

An anderen Stellen ist diese Engel-Gemeinschaft[281] nur kurz angesprochen, so heißt es z.B. 1QH 6, 13: ובגורל יחד עם מלאכי פנים[282].

Ob nun die Namen der Engel auf die vier Schilde der Türme geschrieben sind (1QM 9, 14ff) oder die Kampfgemeinschaft der Gemeindemitglieder[283] mit den Engeln mehrfach betont wird (z.B. 12, 1-5): Die kriegerische Gemeinschaft ist ein besonders auffälliges Charakteristikum der Kriegs-Rolle.

Die Gemeinschaft mit den Engeln findet in den Qumran-Schriften ihren auffälligen Ausdruck in den Vorschriften bezüglich der Aufnahme, bzw. Nicht-Aufnahme in die Gemeinde, כי מלאכי קודש [בעד]תם (1QSa 2, 8f). Was hier für

---

280 Zur kultischen Funktion s. im folgenden. Hier wird sie besonders von Maier, op.cit. (o.Anm 263), S. 133 und Lichtenberger, op.cit. (o.Anm. 263), S. 125f betont. Vgl. auch Kuhn, loc.cit. (o.Anm. 263).
Der kultische Aspekt erfährt eine, für Qumran typische, Präzisierung dadurch, daß einige der hierher gehörenden Texte offensichtlich Interpretationen des biblischen Priestersegens darstellen, vgl. K.-E. Grözinger, *Midraschisch erweiterte Priestersegen in Qumran.* FJB 2, 1974, S. 39-52, bes. 44ff. Zum Gotteslob in der Qumran-Gemeinde s. weiter 1QH 4, 24f; 6, 13; 7, 11f; 13, 11; Hf 10.
In 1QSb 4 wird der Gesegnete mit Engeln verglichen. Licht meinte in seiner Einleitung zu 1QSb, es handele sich um den Hohenpriester, bzw. den כהן הרוש (ähnlich auch Schäfer, op.cit. [o.Anm. 90], S. 39). Allerdings bestehen nicht wenige Beziehungen zum Königtum und von daher zu einem davidischen Messias: Der Gesegnete befindet sich בהיכל מלכות (Z. 26); es heißt von ihm er sei כמלאך הפנים במעון קודש (25). Daneben gilt der Vergleich des Priesters mit dem Engel aber auch Mal 2, 7 und Jub 31,14. Die Aussage, Z. 28, die Aufgabe des Gesegneten bestehe darin, להאיר פני רבים, läßt sich mit Davids Weisheit vergleichen, die ja der eines Engels gleicht (s.o. Kap. 1). Daher liegt Sach 12, 8 als biblischer Hintergrund ebenfalls nahe. Tatsächlich dürfte es sich um den Hohenpriester handeln, der nun aber (kaum zufällig!) auch mit davidischen Elementen gezeichnet wird. Vgl. auch 1QSb 3, 25 und hierzu P. Wernberg-Møller, The Manual of Discipline Transl. and Annotated with an Introduction. Leiden 1957 (STDJ 1), S. 79 mit Anm. 25.

281 Wenn der Beter in Qumran sich also mit den Engeln verbunden weiß, dann folgt aufgrund seiner dualistischen Weltsicht (1QS 3, 13f!), daß die Gerechten mit den Engeln des Lichtes, die Frevler mit den Engeln der Finsternis, bzw. mit den Engeln Belials Gemeinsamkeit haben: 1QH 2, 22 kann daher die Hofstaat-Termini umdrehen: סוד שוא ועדת בליעל (die Verfolger) והמה.

282 „und in einigem Los mit den Engeln des Angesichts". Vgl. von der Osten-Sacken, op.cit. (o.Anm. 64), S. 222.

283 S. im folgenden. Die Texte sind zum größten Teil bei Schäfer, op.cit. (o. Anm. 90), S. 33ff, zusammengestellt und übersetzt.

die Ratsversammlung gesagt ist[284], gilt 1QM 7, 4-6 für die Teilnahme am endzeitlichen Krieg und CD 15, 15ff ganz allgemein für die Zugehörigkeit zur Gemeinde[285]. Die verschiedenen Kataloge jener Gebrechen, die den Ausschluß bewirken, gehen auf Lev 21, 16ff zurück; Num 5, 1ff und Dtn 23, 10ff haben evtl. auf 1QM 7 eingewirkt.

Kann man diese verschiedenen Ebenen der Engel-Gemeinschaft in Qumran nun miteinander in Beziehung bringen? Der Erwerb der himmlischen Weisheit beinhaltet offensichtlich sowohl das Wissen um die Gott wohlgefällige Lebensführung als auch die Kenntnis des ihm darzubringenden Lobes. Beides kann als Folge der Begegnung mit Vertretern der himmlischen Welt verstanden werden. Wie die himmlische Weisheit, so beruht die militärische Gemeinschaft auf biblischer Tradition. Ähnliches gilt für das Gotteslob. Die Kriterien zur Nicht-Aufnahme in die Gemeinde bilden den kritischen Punkt. Dabei veranschaulicht die Verbindung zu den biblischen Vorschriften zum Ausschluß von Priestern aus dem Tempeldienst, daß sich die Gemeinde (trotz zugestandener Aufnahme von Leviten und nicht levitischen Israeliten) als priesterliche Gemeinde im Vollzug kultischer Handlungen versteht[286]. Ist dieses kultische Leben nur als Ersatz für den (freiwilligen?) Verlust des Jerusalemer Kults zu verstehen? Es scheint, als läge die Bewußtseinsstufe tiefer: Die Gemeinde hat das richtige Gottesverhältnis, lebt in der von Gott gewollten Beziehung und vollzieht entsprechend die göttlichen Gebote gemäß der „richtigen" Auslegung (sie-

---

284 Vgl. Lichtenberger, op.cit. (o.Anm. 263), S. 226.
285 CD 15, 15ff nach der Übersetzung der bislang unveröffentlichten Fragmente aus 4Q von J.T. Milik, Ten Years of Discovery in the Wilderness of Judaea. London (1959=1963) (SBT 26), S. 114; א.קימרון (E. Qimron), לציונם. על שגגות וזדונות במגילות מדבר יהודה: עיון במונחים המשמשים Proceedings of the Tenth World Congress of Jewish Studies, Jerusalem, August 16-24, 1989. Division A: The Bible and its World. Jerusalem 1990 (hebr. Teil), S. 103-110, hier, S. 105; ferner: 11QTemp 45, 17f und 11QBer 13f. Zum Ganzen J.A. Fitzmyer, *A Feature of Qumran Angelology and the Angels of ICor. XI 10*. Idem, Essays (s.o. Anm. 271), S. 187-217; sowie Lichtenberger, op.cit. (o.Anm. 263), S. 100 zu 11QBer 13f; Yadin 1QM (s. Quellenverz.), S. 301f; Klinzing, op.cit. (o.Anm. 17), S. 80ff. Schäfer, op. cit. (o.Anm. 90), S. 36 bemerkt zu 1QM 7, 1-7, daß hier die Gegenwart Gottes durch die Anwesenheit der Engel ersetzt sei. Allerdings ist Dtn 23, 15 doch nur eine begrenzte Vorlage zur hier verhandelten Vorstellung.
286 So auch D. Dimant, 4QFlorilegium *and the Idea of the Community as Temple*. Hellenica et Judaica. Hommage à V. Nikiprovetzky. Éd. par A. Caquot, M. Hadas-Lebel et J. Riaud. Leuven/Paris 1986, S. 165-189, hier: S. 188f. Vgl. auch Lichtenberger, op.cit. (o.Anm. 263), S. 227.

he bes. CD passim). Sie unterscheidet sich hierin vom Großteil Israels, der in die Irre geht. Diese Gottesnähe kann sie aber nicht anders begreifen als in priesterlicher Terminologie. Dabei mag ein evtl. priesterlicher Ursprung der Gemeinde mitgespielt haben; doch auch ohne eine solche Annahme ist einsichtig, daß der Tempel in besonderer Weise als Ort der Begegnung mit dem Göttlichen verstanden wurde. Dem Inneren des Tempels näherten sich nur noch Priester, das Allerheiligsten betrat selbst der Hohepriester nur ein Mal im Jahr. In Fortsetzung biblischer Vorstellungen wird dann ein Leben vor Gott als priesterliches Leben zu verstehen sein. Gottesnähe wird zum kultischen Lebensvollzug, von dem entsprechend die auszuschließen sind, die biblisch nicht als Priester fungieren durften. Wie die historischen Rekurse am Beginn des CD einerseits und die eschatologisch-militanten Hoffnungen nicht nur der Kriegsrolle andererseits zeigen, ist das keine Vorwegnahme des Endes, sondern eine Fortsetzung des ursprünglichen Zustandes wie er z. B. unter Moses und Aaron bestand (CD 5, 18f[287]). Anders gesagt: Die Einhaltung von Gottes Gebot befähigt zum Leben in der Gemeinschaft der Engel, wie umgekehrt CD 2, 18 von den „gefallenen Engeln", den עירי השמים, sagen kann, sie hätten Gottes Gebote (מצות) nicht gehalten.

Damit ist wesentliches über die Engel selbst gesagt: Natürlich liegt bei der Übertragung der priesterlichen Vorschriften über die Teilnahme am Kult dasselbe Heiligkeits-Ideal zugrunde. An heiligem Ort nehmen an heiliger Handlung nur solche teil, die dazu geeignet sind, d.h., die gewisse Gebrechen nicht haben. Der starke priesterliche Einschlag der Qumran-Theologie einmal dahingestellt, bleibt in unserem Zusammenhang die bewußte Parallelisierung von Engeln, Priestern und der Gemeinde selbst. Diesem Zug gilt es nun nachzugehen.

4. 6   Die liturgische und die kultische Gemeinschaft

Liturgie und Kult hängen wesensmäßig zusammen, auch wenn das historisch nicht immer so gewesen sein mag: Zu den Aufgaben der Leviten gehört der Gesang. Nach dem Untergang des Tempels wird die Liturgie den Platz des Opferkults einnehmen[288]. Doch schon vorher kann CD 11, 21 behaupten: -ות

---

[287] ביד שר האורים!

[288] Für die biblische Periode vgl. M. Haran, *Cult and Prayer*. Biblical and Related Studies Presented to S. Iwry edt. by A. Kort and S. Morschauser. Winona Lake 1985, S. 87-92 und S. Talmon, *The Emergence of Institutionalized Prayer in Israel in Light of Qumran Literature*. Idem, The World of Qumran from within. Collected Studies. Jerusalem/Leiden (1989), S. 200-243. Auf priesterlichen Sprachgebrauch im Zusammenhang mit dem ציבור שליח , dem Vorbeter in der

פלת צדקם כמנחת רצון/"und das Gebet der Gerechten ist wie ein wohlgefälliges Opfer". Hinter dieser Formulierung steht Spr 15, 8: ותפלת ישרים רצונו (wie überhaupt die Opferterminologie in der Weisheitsliteratur entsprechend uminterpretiert wird). In der Qumran-Stelle aber ist es kein moralischer Grundsatz, der statt des Opfers steht, sondern das Gebet. Entsprechend kennt 1QS 9, 4f den Ausdruck תרומת שפתים למשפט, der auch hier Opferkult und Gebet in eins setzt. Die Beziehung der Engel zu kultischen Handlungen ist in der außerbiblischen Literatur reichhaltiger als zuvor. Die Bibel hatte den Engeln das Gotteslob gelassen, ja sie gelegentlich extra aufgefordert, am Lob der Menschen teilzunehmen. Dieses Thema ist weiter entwickelt worden. Doch davon einmal abgesehen, kennt die außerbiblische Literatur einen anderen Vorstellungsbereich: Die Behauptung der Existenz eines himmlischen Heiligtums, die notwendig die Frage nach dessen Kultpersonal aufkommen lassen mußte. Hier boten sich die Engel naturgemäß an. Im Rahmen dieses zweiten Komplexes sind Engel also nicht mehr nur noch lobende Sänger, sondern haben einen priesterlichen Rang inne.

Zwischen diesen beiden Themenkreisen, dem Gotteslob und der priesterlichen Amtsausübung im himmlischen Tempel, gilt es zu unterscheiden: Die erste ist im Grunde biblisch und wird nun lediglich entfaltet, die zweite ist eine Neuerung. Zwar wird auch im Rahmen eines himmlischen Gottesdienstes am dortigen Tempel das Lob nicht fehlen, aber zwischen diesem und den ausgesprochen priesterlichen Diensten besteht zunächst nicht nur der zeitliche, sondern auch der konzeptuale Unterschied. Die Durchdringung beider Vorstellungskreise läßt sich dann mehrfach beobachten, und auf dieser Basis können auch andere angelologische Traditionen kombiniert werden.

Um nur ein Beispiel zu nennen: Im 'Midrasch der zehn Worte' wird die priesterliche Funktion in himmlischen Tempel mit der psychopompen Aufgabe der Engel so verbunden, wie in der grApkBar an derselben Stelle mit den Gebeten der Menschen. Im Midrasch heißt es, Kapitel 1:‏למעלה משחקים זבול ובז- בול יש מזבח בנוי ומיכאל שר של ישראל הוא כהן גדול ועומד ומקריב עליו קרבן בכל יום.

Synagoge, hat besonders F. Böhl hingewiesen: *Zur Fürbittfunktion des Vorbeters (Sheliah Sibbur)*. FJB 2, 1974, S. 53-64, bes. S. 54f. Doch vgl. zuletzt die Einwände J. Maiers gegen vorschnelle Rückschlüsse aus dem traditionellen Gebetbuch: *Zu Kult und Liturgie der Qumrangemeinde*. RdQ 14, 1990 (Proceedings of the Groningen Congress on the Dead Sea Scrolls. Ed. by F. García Martínez, III: The History of the Community), S. 543-586. Dort S. 570ff eine Auflistung der je kultisch-liturgisch verstandenen Qumran-Texte.

218   *Die ausserbiblische Entwicklung*

שחקים[289] ("Über שחקים[289] ist der זבול und dort steht ein gebauter Altar. Und Michael, der Fürst (שר) Israels ist der Hohepriester, der steht und täglich Opfer darbringt. Und was bringt er dar? Die Seelen der Gerechten").

Der Text ist ein spätes Kombinationsprodukt, denn er verbindet die Aufteilung des Himmels in sieben verschiedene Himmel, wie sie auch sonst vorkommt, mit der Theorie eines Opferaltars in einem jener Himmel, der Vorstellung von Michael als Hohempriester und - wie es scheint - Resten der psychopompen Aufgabe der Engel. Innerrabbinisch liegt ein Teil dieser Vorstellungen in älteren Traditionen bereit, so z.B. bHag 12b, wo Resch Laqisch die sieben Himmel aufzählt und nacheinander inhaltlich bestimmt. Zum זבול heißt es da: זבול שבו ירושלים בית המקדש ומזבח בנוי ומיכאל השר הגדול עומד ומקריב עליו קרבן שנאמר בנה בניתי בית זבול לך מכון לשבתך ("זבול, worin sich Jerusalem, der Tempel und ein gebauter Altar befinden; und Michael, der große Fürst, steht und opfert auf ihm, wie es heißt: 'Ich habe dir ein Haus gebaut, dir zur Wohnung, eine Stätte zu deinem Sitz'[290]"). Hier ist Michael, der große Fürst (Dan 10, 21), bereits in jenem Himmel und opfert, wenngleich er noch nicht den Titel eines „Hohepriesters" trägt.

Die Seelen der Verstorbenen sind mit Michael (und anderen Engeln) durch das Motiv der psychopompen Engel bereits verbunden. Innerrabbinisch findet sich das Motiv z.B. Nu.r 11, 7 (Wilna 44d): ר' מאיר אומר גדול הוא השלום שלא ברא הקב"ה מדה יפה מן השלום שניתנה לצדיקים שבשעה שנפטר מן העולם שלש כתות של מה"ש מקדימין אותו בשלום[291]. Es fehlt nun nur noch der Schritt von der Sorge der Engel um die Seele des Verstorbenen zum himmlischen Opferdienst. Dieses Stadium läßt sich durch die vermittelnde Sorge der Engel überbrücken, wie sie z.B. darin zum Ausdruck kommt, daß Engel die Gebete der Frommen nicht nur vor Gott tragen, sondern vor ihm darbringen wie ein Räucheropfer. Das letztere wird zumindest in der grApkBar 11ff gesagt (dazu im folgenden).

Dieses Beispiel von Motiv-Verbindungen stellt eine der Möglichkeiten dar, die sich durch die neue priesterliche Funktion der Engel ergeben. Mit dem bib-

---

[289] Die beiden hebräischen Ausdrücke werden in der rabbinischen Kosmologie durchweg als Umschreibungen verschiedener Himmel verstanden.

[290] 1Kön 8, 13. Zu Michaels Rolle als Hohempriester vgl. weiter bZeb 62b; bMen 110a; bSuk 52b; bPes 51a u.ö. und hierzu Gruenwald, op.cit. (o.Anm. 26), S. 65.

[291] Es folgen eine Reihe von Schriftversen, die die Dienstengel jeweils sprechen sollen. Vgl. weiter PesR 2 (Friedmann, 5a) u.ö.

Die liturgische und die kultische Gemeinschaft 219

lischen Lob der Engel hat das nichts mehr zu tun (wenn man einmal davon absieht, daß der himmlische Kultus natürlich auch seinen Lobpreis kennt und die קדושה in einigen Texten bereits mit der Heimholung der Seele durch die Engel verbunden war).

Im folgenden werden daher zunächst die verschiedenen Entwicklungen des Gotteslobes durch die Engel behandelt, dann folgen die Traditionen vom himmlischen Heiligtum und dem priesterlichen Dienst der Engel dort. Hieran kann man die Erörterung derjenigen Traditionen schließen, die von der Einsetzung des irdischen Priestertums durch die Engel sprechen und - damit schließt sich der Kreis - die Schilderungen von der Teilnahme des Menschen am himmlischen Lob und Kult erwägen. Auf dieser Basis läßt sich dann genauer bestimmen, worin die wesentlichen Veränderungen der Angelologie durch die neuen kultisch-liturgischen Dimensionen liegen und welche Gefahren sie u mit sich bringen.

1   Die Traditionen vom Gotteslob der Engel

Das Gotteslob wird anscheinend nicht beziehungslos gesagt, sondern in bestimmten Situationen. Engel begleiten Gottes Entscheidungen und Handlungen, indem sie loben. Schon der Jubel der Gottes-Söhne bei der Erschaffung der Welt (Hi 38, 7) steht nicht beziehungslos da. Ebenso dankt der Dichter der Psalmen aus bestimmten Gründen. Aber das gilt nicht für das sanctus der Seraphim oder das Lob der Cherubim. Neben dem Gotteslob aus gegebenem Anlaß steht also schon biblisch das Lob des Hofstaats als Teil seiner Aufgaben. Beide Formen des Gesangs sind daher biblische Grundlage für die nachbiblische Entfaltung des Motivs, d.h. die menschliche Aufforderung zur Teilnahme am Gotteslob wie in Pss 29, 1; 103, 20f; 148, 1f. wie auch der eigenständige Gesang des Hofstaates, denn in der außerbiblischen, jüdischen Literatur werden Seraphen und Cherubim als Engel gedeutet, und so treten zu den genannten Stellen nun Jes 6, 3 und Ez 3, 12 hinzu. Weniger häufig wird Hi 38, 7 genannt. Im Laufe der Zeit scheint das sanctus der Seraphim besonders hervorzutreten. Daneben läßt sich eine Zuspitzung der Dankes-Situation erkennen: Diese wird, wenn auch nicht ausschließlich, so doch immer mehr in das eschatologische Geschehen eingebunden erscheinen.

Ältestes Zeugnis für die Vorstellung von der Existenz eines himmlischen Lobgesangs und dessen Verbindung zu den Gebeten der Menschen scheint wiederum das Buch Tobit zu sein. Von Raphael heißt es dort, er sei im himmlischen Rat anwesend gewesen, als Tobit der Vater sein Gebet verrichtete. Von diesem Ort wurde Raphael zu Tobit und seinem Sohn gesandt, 3, 16f: καὶ εἰσηκούσθη ἡ προσευχὴ ἀμφοτέρων ἐνώπιον τῆς δόξης (LXX-I: τοῦ μεγάλου 'Ραφαήλ/LXX-II: τοῦ θεοῦ) καὶ ἀπεστάλη (LXX-II: 'Ραφαὴλ) ἰάσασθαι τοὺς δύο,...; und 12, 15: ἐγώ εἰμι 'Ραφαήλ, εἷς ἐκ τῶν ἑπτὰ ἁγίων ἀγγέλων, οἳ προσαναφέρουσιν τὰς προσευχὰς τῶν ἁγίων καὶ εἰσπορεύονται ἐνώπιον τῆς δόξης τοῦ ἁγίου (LXX-II: οἳ παρεστήκασιν καὶ εἰσπορεύονται ἐνώπιον τῆς δόξης κυρίου)[292].

Diese Selbstvorstellung enthält eine kurze Beschreibung des Hofstaats und eine Abstufung seiner Mitglieder. Mit der Umschreibung der sieben „heiligen Engel", die vor dem Thron Gottes stehen, ist der biblische Hofstaat-Name „Heilige" zu einem Attribut der Boten geworden - ein weiterer Beleg für die Fusion der beiden biblischen Konzeptionen. Entscheidender aber ist die Verbindung des menschlichen Gebets zum Geschehen im himmlischen Rat: Tobits Gebet wird dort gehört und deshalb der Engel entsandt. Dabei ist dieser Engel einer derjenigen, die die Gebete der „Heiligen" vor Gott tragen, d.h. also schon in diesem frühen Stadium[293] besteht die Vorstellung, daß die Gebete der Menschen nicht direkt vor Gottes Thron dringen, sondern durch die Engel vermittelt werden. Das Gebet der Engel selbst vor Gott wird hier noch nicht mitgeteilt, dafür findet sich aber in Tobits Gottes-Lob, Tob 8, 15: Εὐλογητὸς εἶ σύ ὁ θεός ἐν πάσῃ εὐλογίᾳ καθαρᾷ καὶ εὐλογείτωσάν σε οἱ ἅγιοί σου καὶ πᾶσαι αἱ κτίσεις σου καὶ πάντες οἱ ἄγγελοί σου καὶ οἱ ἐκλεκτοί σου[294]. Auch Tob 11, 14 bietet eine Lobes-Formel, die den biblischen gegenüber erweitert ist: Εὐλογητὸς εἶ ὁ θεός καὶ εὐλογητὸν τὸ ὄνομά σου εἰς τοὺς αἰῶνας, καὶ εὐλογημένοι πάντες οἱ ἅγιοί σου ἄγγελοι[295].

---

292 3, 16f: „Und das Gebet der beiden wurde erhört vor der Ehre (Doxa) ‚des großen Raphael'/ ‚Gottes' und ‚er'/‚Raphael' wurde geschickt, die beiden zu heilen..." 12, 15: „Ich bin Raphael, einer der sieben heiligen Engel, die die Gebete der Heiligen hineinbringen und eintreten vor die Ehre des Heiligen." Das Zitat aus 12, 15 gehört auch nach Meinung Deselaers zum Grundbestand des Textes (op.cit., o.Anm. 71, S. 185ff). Seine Interpretation des ἐγώ εἰμι als Versprechen auf *göttliche* Rettung/Erlösung, überzeugt nicht. Für die Heilung durch den Engel verweist Hengel, op.cit. (o.Anm. 55), S. 440 auf äHen 8, 3 (wo die Lesung aber nicht sicher ist) und Jub 10, 10ff (diese Stelle ist sicher).

293 Das Vorkommen dieser Vermittlungs-Theorie in Tob hat Auswirkungen auf die Einschätzung der entsprechenden Passagen in der grApkBar.

294 „Dich sollen alle deine Heiligen, alle deine Geschöpfe, alle deine Engel und alle deine Auserwählten preisen."

295 „Gepriesen seist du Gott und gepriesen sei dein Name in Ewigkeit und gepriesen seien alle deine heiligen Engel." Zu diesem Motiv-Kreis gehört auch,

Das hier Gesagte paßt genau in die geschilderte literarische Situation im Tobit-Buch, denn Raphael hat Tobit-Vater, den Sohn und die Braut soeben gerettet. Aber durch die einmal gewählte Formulierung ist das Tor zu Mißverständnissen geöffnet: Man kann das Gelobt-Sein der Engel auch im Rahmen einer Überbetonung jener Himmelswesen verstehen. Das ist nicht mehr als eine Interpretationsmöglichkeit, denn das Buch Tobit weist eine Reihe von Parallelen zur Manoah-Erzählung in Ri 13 auf[296] und man wird annehmen müssen, daß diese nicht zufällig sind; dann ist sich aber der Verfasser von Tobit der Gefahren der Angelologie bewußt. Dennoch ist Tob 11, 14 Beleg für einen weniger strengen Umgang mit der Angelologie, der zu guter Letzt zu verstärkten Warnungen vor der Angelolatrie und zu klaren Anzeichen von deren Bestehen führt[297].

In der apokalyptischen Literatur wird der Engel-Gesang[298] häufiger erwähnt:

äHen 39, 12 ist eine der am wenigsten mit anderen Motiven belasteten Schilderungen in Anlehnung an Jes 6, 3: „Dich preisen die, die nicht schlafen,

---

daß Raphael einer jener sieben Engel ist, die die Gebete der Menschen vor Gott tragen (s.o. 12, 15). Zur Segnung Gottes und der Engel in Qumran vgl. Lichtenberger, op.cit. (o.Anm. 263), S. 99f mit Anm. 2.

296 Dies ist nicht der Ort, alle aufzuzählen und zu untersuchen, verwiesen sei auf einige Momente: Der Engel ist ein unerkannter Mann; der alte Tobit möchte sich bei ihm bedanken, indem er ihn auszahlen will, was von Raphael abgelehnt wird. Erst mit dieser Ablehnung ist die Selbstvorstellung des Engels verbunden, der alsbald für die beteiligten Menschen nicht mehr sichtbar ist.

297 S. hierzu im Folgenden.

298 Vgl. hierzu grundsätzlich I. Gruenwald, *Angelic Songs, the Qedusha and the Problem of the Origin of the Hekhalot Literature*. From Apocalypticism to Gnosticism (o.Anm. 5), S. 145-173 mit weiterer Literatur. Die Ausführungen Bietenhards sind lückenhaft, außerdem verlegt er sich zu ausschließlich auf rabbinische Quellen unter Vernachlässigung der außerbiblischen: H. Bietenhard, Die himmlische Welt im Urchristentum und Spätjudentum. Tübingen 1951 (WUNT I/2), S. 123ff. Zu den literarischen Beziehungen des außerbiblischen und des biblischen Gotteslobs vgl. bes. ב. ניצן (B. Nitzan), התפילה והשירה הדתית מקומראן בזיקתן למקרא. Diss. Tel Aviv 1989, bes. S. 292-343. Zu den rabbinischen Texten vgl. Schäfer, op.cit. (o.Anm. 90), passim, bes. S. 164ff. Auf die Rolle des Engelgesangs in den späteren mystischen und anderen Texten kann hier nur hingewiesen werden. Vgl. z.B. 3Hen 35, 4; 38, 1; 40, 1f; ApkAbr 17 lehrt ein Engel Abraham ein himmlisches Lied, bei dessen Rezitation der Erzvater in den Himmel aufsteigt. Zur קדושה in den gnostischen Texten vgl. u.a. „Hypostase der Archonten" 145, 20f.

und sie stehen vor deiner Herrlichkeit und preisen, verherrlichen und erheben (dich), indem sie sprechen: ‚Heilig, heilig, heilig ist der Herr der Geister - er erfüllt die Erde mit Geistern."[299]

Im slHen wird zwar der Wortlaut des Engel-Gesanges nicht mitgeteilt, wohl aber der Gesang als solcher 19, 6: „Und in ihrer (scil. der Engel) Mitte sieben Phönixe und sieben Cherubim, sieben Sechsflügelige, die einer Stimme sind und einstimmig[300] singen, und nicht ist möglich, ihren Gesang zu erzählen, und es freut sich der Herr über seinen Fußschemel."[301]

Im LAB 18, 6 begegnet die später in der rabbinischen Literatur verbreitete Deutung[302] des „Mannes" aus Gen 32, 25ff als eines Engels, der Jakob verläßt, weil er zum himmlischen Lobgesang zu erscheinen hat: „Als dieser (scil.: Jakob) im Staube kämpfte mit dem Engel, der über den Lobgesängen stand, ließ er ihn nicht los, bis er ihn segnete."

Wohl in Anlehnung an eine ähnliche Tradition wird TAbr.B 4, 4 der Aufstieg Michaels zur Rücksprache mit Gott durch den Engel-Gesang motiviert: „Als die Sonne sich dem Untergang näherte, trat Michael aus dem Hause heraus und wurde in die Himmel aufgenommen, um vor Gott anzubeten. Denn beim Untergang der Sonne beten alle Engel Gott an. Der erste der Engel ist

---

299 Das Trishagion wird von einem Baum gesprochen, an dem Abraham und der Archistratege Michael vorüber gehen: TAbr.A 3, 3. Zum Motiv des Baumes in unserem Zusammenhang vgl. Halperin, op.cit. (o.Anm. 80), S. 527 (Anm. f); Blau, op.cit. (o.Anm. 128), S. 46f. Das Trishagion bei der Vision Gottes oder seines Thrones ist zu unterscheiden von dem der psychopompen Engel, z.B. TAbr.A 20, 10-14; ApkMos 43, 6 (s.o.Anm. 100); weiter ApkMos 40, 5; bHul 91b; 3Hen 35, 5ff und P. Alexander in Charlesworth, I, S. 249. Das spätere TAdam kennt den Gesang der Seraphim in der vierten Stunde der Nacht (1, 4 in den syrischen Versionen); vgl. die Ausgabe Robinsons (s. Quellenverz.), S. 52f. 70f. 90f; weiter: TIs 8, 3; 9, 1.

300 Vgl. zu diesem Motiv besonders Weinfeld, art.cit. (o.Anm. 197); slHen 18.

301 Ähnlich 20, 3-21, 1, mit dem bezeichnenden Unterschied, daß hier eine Abstufung innerhalb der Engel-Gruppen vorgenommen wird, insofern als die „Herrlichen", Cherubim, Seraphim und die Sechsflügeligen im Gegensatz zu den anderen Engeln Gottes Thron nicht verlassen „singend mit leiser Stimme vor dem Angesicht des Herrn." (21, 1). Vgl. weiter ebd. 8, 8; 15, 1; 17; 19, 3; 23, 1f; 42, 4.

302 Vgl. z.B. bHul. 91b. Auch bei anderen Gelegenheiten wird der himmlische Lobgesang in den Bibltext eingetragen; vgl. z.B. die Targume zu Ex 14, 24 und hierzu A. Shinan, *The Angelology of the „Palestinian" Targums on the Pentateuch.* Sefarad 43, 1983, S. 181-198, hier S. 185.

dieser Michael. Und sie beteten alle an und gingen weg, ein jeder an seinen Platz."

Eine außergewöhnliche Interpretation der Verbindung des Engel-Gesanges mit dem des Menschen scheint in slHen 31, 2 (längere Rezension) vorzuliegen: „Und ich machte ihm (Adam) die Himmel geöffnet, daß er sehe die Engel singend das Siegeslied." Warum der Gesang der Engel ausgerechnet ein Siegeslied sein soll[303], ist erst noch zu erheben. Es ist nicht auszuschließen, daß bestimmte Motiv-Verbindungen hier eingewirkt haben. Engel singen ihr Lob in der außerbiblischen Literatur nämlich häufig zu besonderen Anlässen: so z.B. äHen 61, 9-11, im Rahmen der Gerichtsschilderung:

„Und wenn er (=Gott) sein Angesicht erheben wird, um ihre verborgenen Wege entsprechend der Rede des Namens des Herrn der Geister und ihren Pfad entsprechend dem Weg des gerechten Gerichtes des Herrn der Geister

---

[303] Auch in der neueren englischen Fassung von F.I. Andersen in der Sammlung Charlesworth, I, S. 91-221, a.l., steht „triumphal song". Sehr viel weniger motiviert als hier steht der terminus noch in den Apostolischen Constitutionen 7. 35. 3f (F.X. Funk, I, S. 430): Unter Aufnahme des Verses Dan 8, 13 werden dort fast alle Engel-Namen genannt, die aus der nachbiblischen Literatur (inklusive des NT) bekannt sind. Für unsere Diskussion wesentlich ist die Auffassung vom Wechselgesang, die hinter der Stelle zu stehen scheint (ein Seraph und die sechsflügeligen Cherubim [sic!] singen das Trishagion, τὴν ἐπινίκιον ᾠδήν ψάλλοντα, die anderen Engel antworten mit Ez 3, 12, wie in den traditionellen jüdischen Keduscha-Formula. Auch hier besteht eine Beziehung zu Israel (ἐπίγειος), die auf den Gesang der Engel mit Ps 68, 18 antworten. Hinter dem genannten Abschnitt hat man mehrfach eine jüdische Quelle vermutet. Zu dieser und ihrer möglichen Rekonstruktion vgl. zuletzt D.A. Fiensy, Prayers Alleged to be Jewish. An Examination of the *Constitutiones Apostolorum*. Chico (1985) (BJSt 65), bes. S. 176ff. 198f. Text und eine Arbeitsübersetzung dort S. 66-69. Zum Siegeslied bes. S. 177 Anm. 34.
Damit ist noch nicht gesagt, ob schon in diesem frühen Stadium die Rezitation des Trishagion in einen mystischen Bezugsrahmen gehört. Zur Möglichkeit als solcher und zur Literatur in der Frage vgl. M. Smith, The Image (o.Anm. 99), S. 480 mit Anm. 1; sowie meine eigenen Bemerkungen, art. cit. (o.Anm. 30). Origines geht vom täglichen Kontakt mit den Engeln in der Liturgie aus: Vom Gebet 3, 5; ebenso TIs 2, 1ff, wenn Michael dem Patriarchen morgens gegenüber tritt und von diesem gesagt wird, er sei an den täglichen Umgang mit den Engeln gewöhnt. Zur christlichen Verwendung des *Sanctus* vgl. jetzt auch B.D. Spinks, The Sanctus in the Eucharistic Prayer. Cambridge (1991), dessen Besprechung der biblischen und außerbiblischen Texte für unsere Zwecke zu sehr bei der Einführung in die patristischen Texten stehen bleibt. Grundlegend bleibt hier weiterhin E. Peterson, Das Buch von den Engeln. München 1955.

zu richten, werden sie alle mit *einer* Stimme reden und preisen und verherrlichen und erhöhen und heiligen den Namen des Herrn der Geister. Und er wird das ganze Heer der Himmel rufen und alle Heiligen in der Höhe und das Heer Gottes und die Cherubim, Seraphim und Ophanim und alle Engel der Gewalt und alle Engel der Herrschaften, den Erwählten und die anderen Mächte, die auf dem Festland und über den Wassern sind, an jenem Tage; und sie werden *eine* Stimme erheben und werden preisen, verherrlichen, erhöhen im Geist der Treue, im Geist der Weisheit im (Geist) der Geduld... und sie werden alle mit *einer* Stimme sprechen: ‚Gepriesen sei (er) und gepriesen sei der Name des Herrn der Geister für immer und ewig'."

Das tatsächlich dargebrachte Lob („Gepriesen sei er und gepriesen sei der Name des Herrn der Geister für immer und ewig") erinnert auffallend an eine gängige jüdische Formel: ברוך הוא וברוך שמו, wenn man berücksichtigt, daß die Gottesbezeichnung „Herr der Geister" ein Spezifikum der Bilderreden ist.

Die Heiligen, die hier unter den anderen Engel-Bezeichnungen genannt werden, können Engel sein, es kann sich aber auch um die in den Bilderreden genauso häufige Selbstbezeichnung der auserwählten Frommen handeln. Sollte die erste Deutung zu bevorzugen sein, dann ist der biblische Hofstaat-Name קדושים hier aufgenommen. Er steht jedenfalls nun in einer Reihe mit den anderen Hofstaat-Namen, den Cherubim, den Seraphim und dem Heer des Himmels und biblisch nicht angelologisch verstandenen wie den Ophanim, sowie neuen Bildungen wie den „Engeln der Gewalt", den „Engeln der Herrschaften" etc.

Der Anlaß zu diesem einstimmigen Jubel und die hierfür aufgezählten Teilnehmer sind allerdings ein beredtes Zeugnis für die veränderte Angelologie: Die Engel loben Gott nicht etwa bloß in Ausübung eines ständigen Amtes, sondern aufgrund seines Gerichts[304]. Der Vollzug des endgültigen Gerichtes, d.h. der Beginn der Heilszeit, ist nun gemäß den Bilderreden der Grund für das Lob der Engel. Sie begleiten diese Entwicklung mit ihrem Jubel, wie sie z.B. Hi 38, 7 die Schöpfung begrüßten.

Die Teilnahme der Engel am Gericht soll im weiteren Verlauf des Kapitels noch angesprochen werden. Hier reicht der Hinweis auf die Übertragung der Empfindungen des Autors auf die Engel: Der Mensch, besonders der leidende Unterdrückte, erwartet diesen Tag des Gerichts, an dem der unheilvolle Zustand

---

[304] Nicht anders steht es ebd. 69, 26: „Und es herrschte große Freude unter ihnen, weil ihnen der Name des Menschensohnes offenbart worden war." Die Offenbarung des Menschensohns (bzw. seines Namens) gilt in den Bilderreden auch sonst als der Anfang des Gerichts.

endlich beendet werden soll. Seine Freude wird hier den Engeln zugesprochen. Man wird nicht fehl gehen, wenn man darin eine Weiterentwicklung des Gedankens sieht, den äHen 9ff bereits in der Reaktion der vier Erzengel auf das Treiben der „gefallenen Engel" im Wächterbuch entwickelt hat: Auch hier ist die Frage des Menschen an Gott den Engeln in den Mund gelegt. Die Erzengel werden mit der Bestrafung der „gefallenen Engeln" beauftragt (s).

Nebenbei sei vermerkt, daß die Engel ihren Lobgesang auch einstellen können, wenn das Geschehen auf Erden entsprechenden Anlaß bietet. So geschah es nach LAB 19, 12. 16 aus Anlaß von Moses Tod[305]. Dies ist die Umkehr des Motivs vom Engel-Lob bei göttlichen Entscheidungen.

Die Verquickung von Engel-Lob und göttlicher Gerichtsentscheidung, welche für den Gerechten Rettung, für den Frevler Strafe bedeutet, findet sich[306] noch häufiger und bildet einen motivischen Zusammenhang. So sind Lob und Fürsorge innerhalb der Bilderreden ein weiteres Mal in 40, 3-7 verbunden:
„Und ich hörte die Stimmen dieser vier Gestalten, wie sie vor dem Herrn der Herrlichkeit Lob darbrachten. Und die erste Stimme pries den Herrn der Geister von Ewigkeit zu Ewigkeit. Und die zweite Stimme hörte ich preisen den Erwählten und die Auserwählten, die aufgehoben sind bei dem Herrn der Geister. Und die dritte Stimme hörte ich bitten und beten für die, die auf dem Festland wohnen, und flehen im Namen des Herrn der Geister. Und die vierte Stimme hörte ich, wie sie die Satane abwehrte und ihnen nicht erlaubte, an den Herrn der Geister heranzutreten, um die anzuklagen, die auf dem Festlande wohnen."

Die genannten vier Wesen gehen zwar auf die vier Lebewesen in Ez 1 zurück, aber sie werden in äHen 40, 9ff expressis verbis mit den vier Erzengeln, Michael, Raphael, Gabriel und Phanuel, identifiziert[307]. Damit sind jene חיות nun mit den vier bekanntesten Engeln eins geworden.

---

305 Der *hymnus militum* ist natürlich der Engel-Gesang, denn *militum* steht hier für צבא. Für weitere Parallelen zu diesem Motiv (dem Aufhören des Engelgesangs) vgl. L.H. Feldmann in seinen Prolegomena zur englischen Übersetzung des LAB von James (s. Quellenverz.), S. CVI.

306 Auch im TIs 6, 24f singen die himmlischen Lebewesen ein leicht umformuliertes Trishagion aufgrund des göttlichen Versprechens an die Gerechten. Das Versprechen ist hier an ein Erinnerungsopfer für das Opfer Isaaks (Gen 22) gebunden: die קטורת (6, 16). Allerdings ist bei diesem Testament aus der koptischen Kirche nicht ganz klar, wieweit hier das jüdische Material wirklich reicht. Die literarische Abhängigkeit einiger Details vom TAbr macht eine frühe Entstehung ohnehin unwahrscheinlich; s.o. Anm. 136.

307 Vgl. Uhlig in seiner Übersetzung (s. Quellenverz.) Anm. 2a a.l.

Wichtiger als dieser Schritt sind die Funktionen der vier Engel: Sie loben nicht nur Gott, sondern auch den Erwählten, d.h. die messianische Gestalt der Bilderreden, und mit ihm zusammen die Auserwählten, d.h. die Mitglieder jener Gemeinschaft, die man als Trägergemeinde für die Gedankenwelt des Verfassers der Bilderreden annehmen muß. Doch ist die Fürbitte für die Menschen und die Abwehr der Satane ein fester Bestandteil des Engel-Lobes. Hier vermischt sich das reine Lob mit einer rettenden Funktion.

Lob, Gericht, Fürsprache und Vermittlung bilden einen Themenkomplex, den man durch die Annahme erklären könnte, daß der himmlische Gesang bis zu einem gewissen Grad als priesterliche Aufgabe verstanden wurde und dem entsprechend auch andere priesterliche Funktionen nun auf Engel übertragbar wurden. Die Aussöhnung Gottes mit seinem Volk gehört in diese Kategorie. Aber die Motiv-Verbindung in Tob 3 warnt vor allzu einfacher Erklärung: Schon dort wurde das Gebet des Vaters im himmlischen Rat gehört, während Raphael, einer jener Engel, die die Gebete des Menschen vor Gott tragen, zugegen war.

Von daher scheint es wahrscheinlicher, daß die biblischen Aufforderungen an den Hofstaat zum Gotteslob mit der Vorstellung von der Beratung, wie sie z.B. Hi 1f belegt ist, verbunden wurden: Der allzeit um Gottes Thron präsente himmlische Rat singt dort sein Lob, und im gleichen Rat wird auch das Gericht vollzogen, bzw. wie bei Tobit über das Schicksal des Einzelnen entschieden. Es ist dann nur verständlich, wenn der Hofstaat auf Gottes Handeln mit Gesang und zwar mit Lob reagiert. Jetzt dürfte deutlich geworden sein, warum der Engel-Gesang schließlich als „Siegeslied" bezeichnet wird: Er wird angestimmt, wenn Gott sein Recht, d.h. die erwartete Auflösung des ungerechten Zustandes, durchgesetzt haben wird, und ist dann auf diese Rettung bezogen auch in eschatologischen Zusammenhängen sinnvoll. Der Triumph des Geretteten findet sich so z.B. zweimal in der ApkZeph: 7, 10 und 9, 1[308].

---

308 Da allerdings diese Apokalypse im Hinblick auf die Religionszugehörigkeit ihres Verfassers nur schwer einzuordnen ist, muß man die Möglichkeit offen lassen, daß die Vorstellung vom „Triumph" entweder einer theologia gloriae contra crucis (im Sinne der Unterscheidung zwischen der Theologie des Johannes von der des Paulus) entstammt, dann also von Hause aus christlich wäre (in jedem Falle wird dies die Einschätzung der christlichen Tradenten gewesen sein), oder aber aus der paganen Vorstellung von der Erhöhung des Verstorbenen herkommt. Überhaupt lesen sich einige Passagen dieser Schrift wie eine Übernahme allgemein hellenistischer-römischer Vorstellung von der Art, wie sie etwa in Vergils Aenaeis VI zum Ausdruck kommen.

Die liturgische und die kultische Gemeinschaft 227

Es entspricht der apokalyptischen Zusammenschau von Urzeit und Endzeit, wenn Hi 38, 7 das Lob der Engel aus Anlaß von Gottes Schöpfung ertönt, wie es später aus Anlaß des Gerichts laut werden wird. So lobt der „Hymnus an den Schöpfer"[309]:

מבדיל אור מאפלה
שחר הכין בדעת לבו
כי הראם את אשר לוא ידעו
אז ראו כול מלאכיו וירננו[310]

Und so berichtet es der Vf. des Jubiläenbuchs (2, 3): „Und dann sahen wir sein Werk und segneten ihn und lobten vor ihm wegen all' seines Werkes."

In der Verlängerung dieser Entwicklung wird dann der Lobgesang der Engel auch mit dem Auftreten des Messias verbunden werden, und das geschieht beim neutestamentlichen *sanctus*, Lk 2, 13f[311].

---

309 11QPs^aCreat. XXVI 11f (s. Quellenverz.: 11QPs), S. 89f. Derartige Aussagen sind aber kaum geeignet, die Vorstellung von der engelischen Weisheit im Ganzen wieder in Frage gestellt. Die Beziehung zwischen Jub 2, 3 und dem Hymnus aus Qumran ist noch ungeklärt (vorausgesetzt, es gab eine solche). Vgl. hierzu die Anm. 3a bei Berger, Jubiläenbuch (s.Quellenverz.). Zu diesem Hymnus vgl. weiter מ. וײנפלד (M. Weinfeld), ובספר בן סירא. עקבות של קדושת יוצר ופסוקי דזמרה במגילות קומראן Tarb. 45, תשלי״ו (1975/76), S. 15-26. Doch vgl. auch J. Maier, art.cit. (o.Anm. 289).

310 „Der trennt (unterscheidet) Licht von Finsternis/Morgenröte bereitete im Wissen seines Herzens/denn er zeigte ihnen, was sie nicht wußten (kannten)/da sahen alle seine Engel und jubelten"

311 Die Diskussion um diesen Text ist derart reichhaltig, daß hier nicht einmal versucht werden kann, die wichtigste Literatur zu nennen. Es sei nur betont, daß für die hier vorgenommene Einordnung des Verses in die Angelologie die Interpretation D. Flussers ausschlaggebend ist, wonach das sanctus dreigliedrig zu lesen ist und zwar als freie Umschreibung von Jes 6, 3 wie die targumische Wiedergabe auch. Vgl. Flussers Ausführungen: *Sanktus und Gloria*. Abraham unser Vater. Juden und Christen im Gespräch über die Bibel. FS O. Michel hrsg.v. O. Betz, M. Hengel und P. Schmitt. Leiden 1963 (AGSU 5), S. 128-152 = Ders., Judaism and Christianity. Collection of Articles. (Jerusalem 1973), S. 275-298.
Vgl. auch W. Cramer, Die Engelvorstellungen bei Ephräm dem Syrer. Rom 1965 (OrChrAn 173), S. 129. PGM I, 195-222 enthält ein interessantes Beispiel für die synkretistische Verwendung des sanctus und die daraus resultierende Unklarheit bezüglich der eigentlich verehrten Person: Ist es Gott selbst oder der Erstgeborene? (m. E.s ist der Text ein christliches Gebet, das durch die Einfügung von zwei Reihen nomina barbara und eine angehängte Unterschrift nur oberflächlich für magische Zwecke verwendbar gemacht wurde).

Das Trishagion der vier Tiere (sic!) aus ApkJoh 4, 8 ändert sich in 5, 8. 11f, und jene Tiere und die Ältesten singen nun ein neues Lied[312]. 14, 3 heißt es von diesem „neuen Lied": „... und niemand konnte das Lied lernen außer den 144000", d.h. den Geretteten. Hier schließt sich jener Kreis, der von der Degradierung des Hofstaats zum himmlischen Chor über die Entfaltung des himmlischen Gesanges bis hin zum Lob Gottes in bestimmten Situationen zur Teilnahme des Gerechten an diesem Gesang führte: Nun sind es nur noch die Geretteten, die im Stande sein werden, das neue Lied zu lernen.

Die immer häufigere Verwendung des Trishagions leitet dabei über zu den Funktionen der Engel im himmlischen Tempel: Das ursprüngliche Dreimal-Heilig hörte Jesaja ja im irdischen Tempel.

2 Die sieben Himmel und die Aufgaben der Engel darin[313]

In diesem Zusammenhang verdient zuerst Henochs Aufstieg in den himmlischen Tempel, äHen 14, Beachtung, wenn auch dieser Text für den gegenwärtigen Kontext nicht ganz sicher ist[314]. Henoch gelangt im Traum (Ἐγω εἶδον κατὰ τοὺς ὕπνους μου) in einen himmlischen Bau, um dort für die gefallenen Engel zu bitten. Obwohl aber V 21 feststellt: „keiner von den Engeln konnte eintreten, noch sein Angesicht den Erhabenen und Herrlichen sehen, und keiner, der zum Fleisch gehört, vermag ihn zu sehen", fährt der Text fort: „...zehn-

---

312 Der Text greift durchweg auf jüdisch-apokalyptische Traditionen zurück, wie C. Rowland gezeigt hat: *The Visions of God in Apocalyptic Literature.* JSJ 10, 1979, S. 137-154. Dennoch enthält er eindeutig christliche Theologumena: L.W. Hurtado, *Revelation 4-5 in the Light of Jewish Apocalyptic Writings.* JSNT 25, 1985, S. 105-124.

313 Die nun folgenden Texte verbinden in der Regel die Einzelelemente, die hier aus Gründen der methodischen Klarheit getrennt werden sollen. Die Überlappung läßt sich leider nicht vermeiden.

314 Vgl. hierzu und zur Literatur Halperin, op.cit. (o.Anm. 239), S. 79ff. Immerhin heißt es Jub 4, 23 in größter Nähe zu dem Gericht an den gefallenen Wächtern: „Und er (Henoch) wurde genommen aus der Mitte der Menschenkinder. Und wir (die Engel) führten ihn in den Garten Eden zu Größe und Ehre. Und siehe er schreibt dort das Gericht und das Urteil der Welt." Die Nähe von Tempel und Paradies kommt auch in der Erzählung Jub 3, 8ff zum Ausdruck. Wenn man den Bericht über den Engel des Angesichts in Jub 1, 29 streng eschatologisch nimmt (wie der zweite Teil des Verses eigentlich nahelegt), dann wird hier nicht von einem der kommenden Jerusalemer Tempel gesprochen, sondern von dem endzeitlichen (unter Übergehung des historischen). Ähnliches gilt für ApkMos 29, 3, wenn Adam die Engel um Würzkräuter aus dem Paradies bittet, damit er, einmal aus dem Paradies vertrieben, weiter Gott opfern kann.

tausendmal zehntausend (waren) vor ihm, aber er brauchte keinen Rat. Und die Heiligen der Heiligen, die in seiner Nähe waren, entfernten sich nicht bei Nacht und verließen ihn nicht" (V 22f). Die Beschreibung des himmlischen Gebäudes mit seinen zwei Räumen, dessen letzter durch den ersten zu erreichen ist, erinnert - nicht zuletzt wegen des göttlichen Throns im zweiten Raum - an den Jerusalemer Tempel, bzw. sein himmlisches Gegenstück[315].

Der Aufstieg Levis in TLev 3, 2ff ist mit der Schilderung einiger Aufgaben der Engel verbunden. Bei seiner visionären Himmelsreise sieht Levi hier die sieben Himmel und die darin diensttuenden Engel und Geister; so sollen sich im untersten Himmel die Geister befinden,

„die zur Vergeltung der Menschen dienen, im zweiten (Himmel) sind die Mächte der Schlachtreihen, aufgestellt für den Tag des Gerichts... und über ihnen sind die Engel. Im (Himmel) über allen verweilt die große Herrlichkeit hoch über jeder Heiligkeit[316]. Im nächsten sind die Erzengel (v.l. „die Engel des Angesichts des Herrn"), die Dienst tun und Sühne darbringen für alle (unwissentlichen) Verfehlungen der Gerechten. Sie bringen dem Herrn Wohlgeruch des Räucherwerks als ein vernünftiges, unblutiges Opfer (λογικὴν καὶ ἀναίμακτον προσφοράν) dar. In dem (Himmel) darunter sind Engel, die Antworten bringen, den Engeln des Angesichts des Herrn. Im nächsten (darunter) gelegenen (Himmel) sind Throne und Gewalten. In ihm werden beständig Hymnen Gott dargebracht."

Sehr viel deutlicher wurde die Sitation seit der Veröffentlichung der Lieder zu den Schabbat-Opfern aus Qumran. Aber diese können hier[317] nicht eingehend behandelt werden. 4QSerShirShab nennt die Engel mehrfach כהנים - Prie-

---

315 S. hierzu auch Gruenwald, op.cit. (o.Anm. 26), S. 32ff.
316 Charles weist in seiner Ausgabe (s. Quellenverz.) auf die Lesart ἐν ἁγίῳ ἁγίων hin. Das klingt sehr nach einem himmlischen „Allerheiligsten" (קדשים קדש); aber es nicht mehr sicher zu entscheiden, ob dies die ältere Lesart war oder vielmehr eine nachträgliche Korrektur.
317 Die notwendigen Analysen für unseren Zusammenhang hat die Herausgeberin in ihrer Einleitung bereits durchgeführt und darauf darf hier verwiesen werden: C. Newsome, Songs of the Sabbath Sacrifice (s. Quellenverz.), S. 39ff und 79ff zum himmlischen Tempel und S. 23ff mit 77f zur Angelologie und besonders den priesterlichen Aufgaben der Engel in dieser Rolle. Vgl. z.B. 11QShirShab 8f; 4Q400 I 14-17 u.ö. Zum Massada-Fragment der Rolle s. auch É. Puech, *Notes sur le manuscrit des cantiques du Sacrifice du Sabbath trouvé à Massada.* RdQ 12, 1987, S. 575-583.

ster oder משרתים[318] - Diener[319]; ja der Text ist wesentlich auf die Vorstellung von einem himmlischen Dienst der Engel in sieben verschiedenen heiligen Bezirken gegründet.

Stellvertretend darf hier ein von der Herausgeberin[320] inzwischen leicht verbesserter Text aus 4QSerShirSabb zitiert werden, 4Q 405 20 ii 21-22:

למש[כיל שיר עולת] ה[ש]בת שתים עשרא [בעשרים ואחד לחודש השלישי]
[הללו לאלוהי...פ]לא ורוממ[ו] הו...הכבד
במשכ[ן אלוהי] דעת יפולו לפנו ה[כרו]בים וב[ר]כו בהרומם
קול דממת[321] אלוהים [נשמע] והמון רנה ברים כנפיהם קול [דממת] אלוהים
תבנית כסא מרכבה מברכים ממעל לרקיע הכרובים
[והו]ד רקיע האור ירננו מתחת מושב כבודו
ובלכת האופנים[323] ישובו מלאכי קודש[322] יצאו מבין [ג]לגלי כבודו
כמראי אש רוחות קודש קדשים סביב מראי אש שבולי אש בדמות חשמל[324]

---

318 Der Titel משרתי פנים ist stehende Engel-Bezeichnung im sog. 3Henoch. S. auch P. Alexanders Einleitung in Charlesworth, I, S. 249.

319 S. in Newsomes Einleitung die Listen S. 26 und ebd. S. 30. Für die Bezeichnung der Engel als „Diener" vgl. weiter 1QM 13, 3: וב[ר]וכים כול משר- תיו בצדק יודעיו באמונה. Yadin weist zu Recht auf biblische Formulierungen hin wie etwa Ps 103, 21-22. Daher stellt sich die Frage, ob לשרת in diesen Texten wirklich zuerst priesterliche Bedeutung hat. Selbst wenn das so sein sollte, muß die Umschreibung der Engel als λειτουργικὰ πνεύματα in Hebr 1, 14 noch nicht auf ein ursprüngliches מלאכי השרת zurückgehen. Weiter A. Caquot, *Le Service des Anges*. RdQ 13, 1988 (= Mémorial J. Carmignac: Études Qumraniennes éd. p. F.G. Martínez et É. Puech), S. 421-429.

320 C. Newsome (s. Quellenverzeichnis), S. 303 und kritische Anmerkungen ebd. Inzwischen hat Frau Newsome den Text einer genaueren Analyse unterzogen: *Merkabah Exegesis in the Qumran Sabbath Shirot*. JJS 38, 1987, S. 11-30. Wir zitieren hier nach dieser Fassung.

321 Zu דממה vgl. Newsome, art.cit. (vorige Anm.), S. 23. 28 und besonders D. C. Allison, *The Silence of the Angels: Reflections on the Sabbath Sacrife*. RdQ 13, 1988 (= Mémorial J. Carmignac: Études Qumraniennes éd. par F. García Martínez et É. Puech), S. 189-197. Noch Ephrem kennt den stillen Gesang der Seraphim, siehe Cramer, op.cit. (o.Anm. 311), S. 129.

322 מלאכי קודש sind nicht unbedingt „heilige Engel", wiewohl es Parallel-Bildungen hierzu gäbe.

323 Es ist nur schwer zu entscheiden, ob אופנים hier wirklich nur die Räder des göttlichen Thronwagens meint oder schon eine Art Engelklasse darstellt. Es scheint, als sei der vorliegende Text ein Beleg für das Übergangsstadium.

324 Das Wort ist in seiner Bedeutung unklar. Die Diskussion darüber kann hier nicht aufgenommen werden.

Gemeinschaft und Liturgie

ומעשי [נ]וגה ברוקמת כבוד צבעי פלא ממולח[325] טוהר
רוחות [א]לוהים חיים[326] מתהלכים תמיד עם כבוד מרכבות [ה]פלא
וקול דממת ברך בהמון לכתם והללו קודש בהשיב דרכיהם
בהרומם ירוממו פלא ובשוכן [יעמ]ודו קול גילות רנה השקיט
ודממ[ת] ברך אלוהים בכול מחני אלוהים וקול תשובח[ות...]
מבין כול דגליהם (sic!) בעבר [...ו]רננו כול פקודיהם א[ח]ד אחד במעמד [ו][327]

Die genaue Zeitangabe, die an einer kultischen Handlung orientiert ist (dem עולה-Opfer), ist verbunden mit einer Umschreibung des Aufenthalts-Ortes Gottes, dem משכן, ebenfalls einer biblischen Bezeichnung zunächst für das Stiftszelt, dann für die Wohnung Gottes ganz allgemein. Die Geister des „Allerheiligsten" nennen ein weiteres Element des Tempels. All dies wird im Himmel (רקיע) vorgestellt, ist dann noch mit dem aus Ez bekannten Thronwagen ver-

---

325 Die Wurzel hat die Bedeutung von „Salz" etc. entsprechend habe ich übersetzt. Aber es ist klar, daß das Wort hier etwas anderes, auf die Art der Zusammensetzung gerichtetes meinen muß.

326 In Anlehnung an biblischen Sprachgebrauch und die ihm folgende Interpretation (s.o. Kap. 2) heißen die Engel in den Qumran-Schriften zwar nicht selten אלהים, aber die Verbindung אלהים חיים scheint doch zu fest zu sein und umschreibt sonst immer Gott selbst. Da רוח zweigeschlechtlich gebraucht werden kann, entsteht aus unserer Auffassung keine grammatische Schwierigkeit: Die Geister des lebendigen Gottes gehen einher.

327 „Dem Mas[kil ein Lied Ganzopfer] des 12. Sabbats [am 21. des dritten Monats]/[preist den Gott... des Wun]ders (Wunder)baren) und er[he]bt ihn... die Herrlichkeit/in der Wohnstat[t des Gottes] des Wissens. [Die Cheru]bim fallen vor ihm nieder und se[g]nen. Bei ihrem Erheben [wird] eine Stimme göttlicher Stille [gehört] und ein Lärm des Jubels beim Sich-Erheben ihrer Flügel, eine Stille göttlicher [Stille]/ein etwas wie den Thronwagen segnen sie über dem Himmel der Cherubim/[Glan]z des Licht-Himmels bejubeln sie unter dem Sitz seiner Herrlichkeit/und beim Schreiten der Räder (Ofanim) kehren (wenden sich) die Engel der Heiligkeit zurück, ziehen sie aus zwischen den [Rä]dern seiner Herrlichkeit/Wie das Aussehen des Feuers die Geister des Allerheiligsten rundum, das Aussehen von Feuerströmen in der Form des חשמל/Werke hellen Scheins im Gewirkten der Herrlichkeit wundersame Farben, rein gesalzen/Geister des lebendigen Gottes gehen beständig einher mit der Herrlichkeit der wundersamen Wagen/und eine Stimme stillen Segens im Lärm ihres Gehens, und sie preisen den Heiligen beim Umkehren ihrer Wege/in ihrem Erheben erheben sie wundersam und beim Einwohnen [steh]en sie; Stimme freudigen Jubels wird still/und Stille göttlichen Segens in allen Lagern Gottes und Stimme des Lobens.../von zwischen den Fahnen (Feldzeichen) {בעבר - in dieser Form nicht zu übersetzen}[...und alle (gemusterten) Einheiten jubeln ein jeder in seinem Stand."
Ich gebe zu, daß die fragmentarische Erhaltung, mehr aber noch die poetische Dichte des Textes mir das Übersetzen quasi unmöglich macht.

knüpft und kann so nur ein himmlisches Geschehen umschreiben, eben Gottes himmlische Wohnstatt. Hier findet der Lobgesang der Engel und Cherubim statt. Aber der Gesang wird nun seinerseits als Loblied vorgetragen.

In dieser himmlischen Kosmographie mit ihrem Tempel üben Engel also verschiedene Aufgaben aus, und darunter v.a. kultische. In Levis Vision der sieben Himmel (s.o.) haben einige Engel daneben auch strafenden Aufgaben, die eng mit dem letzten Gericht zusammenhängen. Hier interessieren v.a. die drei kultischen Aktivitäten: Die Gott am nächsten stehenden Engel bringen das Räucheropfer, die קטורת, dar. Dieses Opfer ist in der nachfolgenden Literatur mit einer Reihe von Traditionen behaftet, welche im Kern um die Offenbarung von Engeln im Allerheiligsten des Tempels und die damit verbundenen Gefahren kreisen[328]. Schon zuvor hieß es von den Erzengeln, daß sie Dienst tun und die Sühne für die (versehentlichen) Sünden der Gerechten darbringen (ἐξιλάσκομαι[329]). Im Himmel, in dem sich die Throne und Gewalten befinden, „werden beständig Hymnen Gott dargebracht." Und ebenso bringen die Engel laut ApkZeph[330] im fünften Himmel beständig Gott Hymnen dar.

---

328 Eine besondere Rolle wird dem Räucheropfer schon in der SapSal 18, 21f zuerkannt (in Wiedergabe von Num 16, 4f). Unter den rabbinischen Erzählungen dürfte die von R. Jischmael die bekannteste sein (bBer 7a). Weitere Parallelen finden sich z.B. über Schimon den Gerechten in bYom 39b, sowie tSot 13, 5-6; bSot 33a. Vgl. zum ganzen Komplex J.Z. Lauterbach, *A Significant Controversy Between the Sadducees and the Pharisees*. HUCA 4, 1927, S. 173-205, der allerdings das gesamte Material ausschließlich mit dem Versöhnungstag verbindet. Das muß nach MTam VI, 3 nicht unbedingt so sein.
Ferner wird der Grundstock jener Tradition in Lk 1 bei der Erscheinung Gabriels vor Zacharias vorausgesetzt. Wäre der Vater Johannes des Täufers wirklich Hoherpriester gewesen (wie man nach Lauterbach auch hier annehmen sollte), dann hätte die christliche Quelle das sicher vermerkt. Im Protevangelium Jacobi 7 wird aus Zacharias dann zwar ein Hoherpriester, aber hier handelt es sich sicher um eine innerchristliche Weiterbildung der Kindheitsgeschichten der Evangelien und nicht um jüdische Tradition. Immerhin hören die Priester, die den inzwischen ermordeten Zacharias suchen, ebenfalls eine Himmelsstimme (in den Nachtragskapiteln 23f). Vgl. hierzu meine kurze Diskussion *Are there Jewish Elements in the „Protevangelium Jacobi"?* Proceedings of the Ninth World Congress of Jewish Studies, Jerusalem 1986. Division A: The Period of the Bible. Jerusalem 1986, S. 215-222f.

329 In LXX-Nu 29, 11 übersetzt das Verb offensichtlich die Wurzel כפר.

330 „οἰκοῦντας ἐν ναοῖς σωτηρίας καὶ ὑμνοῦντας θεὸν ἄρρητον ὕψιστον." (Griechisches Fragment). Nebenbei: Wenn nach 3Hen 36 die Engel vor der קדוש in den Feuerstrom steigen, ist hier eine Reinheitsvorstellung vorausgesetzt, deren Quelle im Jerusalemer Heiligtum zu suchen ist.

Der Verfasser der grApkBar beschreibt von Kap 11 an den fünften Himmel. Michael[331] kommt zu bestimmter Stunde, um die Gebete der Menschen entgegenzunehmen (11, 4). Diese werden ihm von den „Engeln der Gerechten" gebracht (12, 1-5). Engel anderer Menschen erscheinen ebenso vor ihm mit wenigen bzw. gar keinen Gebeten und Tugenden (12, 6ff). Den Engeln der Frevler[332] wird ausdrücklich untersagt, die ihnen zugewiesenen Menschen zu verlassen (16, 1ff), den Engeln der Gerechten aber himmlisches Öl[333] zur Belohnung ihrer Schützlinge mitgegeben (15, 1). Schließlich liegt es nahe, auch in den 24 Ältesten aus ApkJoh 4 die 24 Priesterklassen lt. 1Chr 24, 4-6 zu verstehen, wiewohl das nicht ganz unumstritten ist[334]. Die Verbindung der Engel mit dem himmlischen Geschehen kommt auch in der „Krönung" Gottes durch Sandalphon zum Ausdruck - aber hier ist sie eindeutig an das irdische Gebet Israels gebunden (s.o. S. 206).

---

331 Michael heißt 11, 2 „Türhüter des Himmelreichs". TLev 5, 1 öffnet ein Engel die Tore des Himmels und wird nachher als Schutzengel Israels bezeichnet. Damit kann - muß aber nicht - Michael gemeint sein. Von einem mit seinem Namen fest verbundenen Motiv kann daher nicht die Rede sein. Vielmehr ist grApkBar hier kontextgebunden zu interpretieren: Da die Himmelstür nur geöffnet wird, um die Gebete der Menschen einzusammeln, wird sie also auch nur für den einsammelnden Engel, d.h. Michael, geöffnet und deshalb durch ihn. Vgl. zur Rolle Michaels in anderen Einzelheiten den „Sturmwind" des 3Hen 35, 5 und hierzu die Einleitung von P. Alexander zu seiner Übersetzung in der Sammlung Charlesworth. Zur Aufgabe der Engel als Hüter der himmlischen Tore vgl. Justin, der den Psalmvers ויבוא מלך הכבוד שאו שערים ראשיכם..., Ps 24, 7. 9, gelegentlich auf die Engel deutet: dial. 36, 5; 84, 4. Er kennt auch den Willen der Engel, sich der Seelen Verstorbener zu bemächtigen: ebd. 100, 5.

332 Hier begegnet einer der christlichen Einschübe, 13, 4, wenn diese Engel sich beklagen, daß sie ihre Schützlinge nie in die Kirche gehen sahen oder zu den geistlichen Vätern. Die entsprechenden Zeilen lassen sich aber aus dem Kontext nehmen, ohne daß dieser dadurch gestört würde. Gleiches gilt für die Strafandrohung gegen diese Frevler in 16, 3f: Die Frevler „haben nicht meiner Gebote geachtet und nicht danach gehandelt, sondern sind Verächter meiner Gebote - und meiner Kirchen - geworden - und Frevler gegen die Priester, die meine Worte ihnen verkünden." Der letzte Gedanke deckt sich im Prinzip mit 2Chr 36, 15f und kann, wenn man die spezifisch christliche Terminologie außer Acht läßt, genauso gut jüdisch sein.

333 Vgl. Seths Wunsch nach himmlischem Öl in ApkMos 9, 3; 13, 1; sowie die Rolle dieses himmlischen Öls bei der Verwandlung Henochs slHen 8, 1; 22, 8; 56, 2.

334 So zuletzt Hurtado, art.cit. (o.Anm. 312), S. 114; zur älteren Literatur siehe z.B. meine Bemerkungen (art.cit., o.Anm. 30).

Für die „reinen Beschreibungen" stellt sich nun die Frage, ob und wieweit solche angelologischer Spekulation oder praktischen liturgischen Bedürfnissen der jeweiligen Trägergruppe entspringen[335]. Hier darf man vielleicht aus einem etwas anders gearteten Kontext schließen: Der Autor des Jubiläenbuches hat seine Vorstellungen gänzlich in den Himmel verlegt, wenn er dort (2, 2) zunächst alle Geister geschaffen sein läßt, „jeden Geist, der dienen soll vor ihm, nämlich die Engel des Angesichts und die Engel der Heiligung". Dann folgen in der Aufzählung die Engel der Elemente und der Wettererscheinungen etc. 2, 17ff wird dann Gen 2, 1 (ויכלו השמים והארץ וכל צבאם) dahingehend verstanden, daß Gott bereits den Engeln das Sabbat-Gebot gegeben habe. Jedenfalls berichtet der „Engel des Angesichts" dem Mose, daß Gott „allen Engeln des Angesichts und allen Engeln der Heiligung, den beiden großen Geschlechtern, uns sagte er dies" (scil. das Gebot der Sabbat-Ruhe, 2, 18). Genauso kann derselbe Verfasser den Engeln die Einhaltung des Wochenfestes bis zu den Tagen Noahs zuschreiben (Jub 6, 18). Nach Noahs Tod seien dessen Kinder in die Irre gegangen, und nur Abraham und seine Nachkommen hielten das Fest noch.

Damit ist der Vorbild-Charakter, den der Apokalyptiker dem himmlischen Geschehen einräumt, genau umrissen[336]: Israel hält den Sabbat, weil es den Engeln gleicht. Ergo halten auch die Engel den siebten Tag. Wenn von diesen Engeln gilt, daß sie Gott im Lobpreis dienen, dann wird das also auch Israels Aufgabe sein, und von daher sind die Verbindungen des Apokalyptikers zu den himmlischen Stätten an dieser Stelle zu verstehen.

Dieser Parallelismus der Vorschriften für die Priester und der Handlungen der Engel, z.B. im Zusammenhang der Reinheitsvorschriften, welche die Engel (wie die rechtmäßigen Priester!) halten sollen, könnte sich eventuell deutlicher nachweisen lassen, wenn die Rekonstruktionen von 4QSerSchiSchab hier ein-

---

[335] Besonders L.H. Schiffman hat den praktischen Bezug solcher Beschreibungen in Frage gestellt: art.cit. (o.Anm. 53); sowie an anderer Stelle: י. שיפמן, ספרות ההיכלות וכתבי קומראן, Proceedings of the First International Conference on the History of Jewish Mysticism. Early Jewish Mysticism. Jerusalem 1987 (Jerusalem Studies in Jewish Thought 6, 1-2), S. 121-138. Siehe auch Hurtado, art.cit. (o.Anm. 312), S. 114.

[336] äHen 15 ist nicht unbedingt hierher zu ziehen: In der Abweisung von Henochs Bitte für die gefallenen Engel wirft Gott jenen vor, daß sie, die einst heiligen, geistigen, unvergänglichen Wesen, sich an Frauen verunreinigt und mit ihnen gezeugt hätten. Nun sind Anklänge einer anti-priesterlichen Kritik im Mythos von den gefallenen Engeln durchweg zu spüren, aber hier wird die Lebensart der Engel der der Menschen bewußt gegenüber gestellt (bes. V. 5).

Gemeinschaft und Liturgie 235

wandfrei wären. So liest die Herausgeberin 4Q400 1 i 14: ‏ואן]י[ן טמא בקודשיהם‎. Allerdings ist die Textfolge aufs Ganze gesehen sehr fragmentarisch[337].

Nimmt man die verschiedenen bisher besprochenen Motive zusammen, dann ergibt sich folgendes Bild: Der Apokalyptiker kann dem himmlischen Geschehen beiwohnen, ja er kann in ein himmlisches Wesen verwandelt werden. Er sieht und hört bei derartigen Reisen die Engel bei ihrem Lobgesang, besonders dann, wenn Gott vom Menschen erwartete Entscheidungen trifft, bzw. Versprechen in die Tat umsetzt, so z.B. beim Eintreffen des Gerichts (s.o.). So stimmt der Fromme, der dieses Anblickes gewürdigt wurde, nicht selten in den himmlischen Gesang ein. Auf diesem Hintergrund scheint es nun aber geradezu zwingend anzunehmen, daß die Verfasser solcher Texte wie 4QSerShirSabb den himmlischen Gottesdienst in Gestalt ihrer eigenen Liturgie beschreiben und dadurch an ihm teilnehmen[338].

Ein besonderes Problem stellt in diesem Zusammenhang die Figur des Melchizedek dar. Nach der kurzen Erwähnung in Gen 14, 18-20 ist er Priester: ‏ומל-‎ ‏כי-צדק מלך שלם הוציא לחם ויין והוא כהן לאל עליון‎. Ob dagegen der Psalmist mit der Bezeichnung ‏מלכי-צדק‎ wirklich jenen Priester-König aus Salem meint, ist zweifelhaft. Zwar steht Ps 110, 4b: ‏אתה-כהן לעולם על-דברתי מלכי-צדק‎, aber der Angesprochene ist doch wohl der König selbst, wie sich aufgrund von V. 1 und den folgenden Aussagen über seinen künftigen Sieg über die Feinde nahelegt.

Trotz dieser äußerst schmalen Text-Basis in der Bibel selbst, hat sich die Gestalt des Melchizedek zu einer wesentlichen Figur innerhalb der jüdischen Eschatologie entwickelt und ist durch die bekannten Vergleiche mit Jesus im

---

337 S. Newsomes Ausgabe (Quellenverz.), S. 89 und ihre berechtigten Überlegungen zur Interpretation, ebd. S. 103; ferner: A. Caquot, art.cit. (o.Anm. 320), S. 423; Newsome, art.cit. (o.Anm. 320), S. 13 u.ö. P. Alexander bei Charlesworth, I, S. 249. Der 3Hen ist voller Bezüge zur himmlischen Liturgie wie die meisten anderen Schriften der Merkava-Literatur auch. S. auch o. Anm. 298.

338 Vgl. Allison, art.cit. (o.Anm. 321), S. 192; Newsome, art.cit. (o.Anm. 320), S. 30 mit der letzten Anm. und Nitzan, op.cit. (o.Anm. 298), S. 302. Allerdings hat Frau Newsome anderenorts darauf bestanden, daß die Beschreibung des himmlischen Kults nur zu einer Präsenzerfahrung führe, nicht zur direkten Teilnahme. Vgl. C. Newsome, *,He Has Established for Himself Priests': Human and Angelic Priesthood in the Qumran Sabbath* Shirot. Archaeology and History in the Dead Sea Scrolls. The New York University Conference in Memory of Y. Yadin. Ed. by L.H. Schiffman. (Sheffield 1990) (JSP.SS 8 = JSOT/ASOR.M 2), S. 101-120, bes. S. 117.

Hebräerbrief auch in die Tradition der Kirche[339] eingedrungen. Priesterliche[340] Motive erscheinen in diesem Zusammenhang häufig. In 11QMelch ist der

---

[339] Die Literatur über Melchizedek ist umfangreich. An jüngeren Arbeiten seien nur die folgenden genannt: F.L. Horton, The Melchizedek Tradition. A critical examination of the sources to the fifth century A.D. and in the Epistle to the Hebrews. Cambridge (1976) (SNTS.MS 30); das Fragment 11QMelch wurde veröffentlicht von A.S. van der Woude, *Melchisedek als himmlische Erlösergestalt in den neugefundenen eschatologischen Midraschim aus Qumran Höhle XI.* OS 14, 1965, 354-373; seitdem wurde dieses kurze Stück häufig diskutiert. Eine von der editio princeps abweichende Transkription bietet J.T. Milik, *Milki-sedek et Milki-resa' dans les anciens écrits juives et chrétiens.* JJS 23, 1972, S. 95-144 (allerdings ohne jede Photographie!); seither erschienen v.a. P.J. Kobelski, Melchizedek and Melchiresa'. (Washington 1981) (CBQ.MS 10) und C. Gianotto, Melchisedek e la sua tipologia. Tradizioni guidaiche, cristiane e gnostiche (sec. II a.C. - sec. III d.C.) (Brescia 1984) (RivBib. Suppl. 12), s. hier v.a. S. 64-75. 81-86; א. גרינולד (I. Gruenwald), דמותו המשיחית של מלכיצדק, Mahanajjim [= מחניים] 124, 1970, S. 88-98 (hebr. Paginierung).
Eine neue Lesung des Textes 11QMelch mit neuer Fragmentenzuteilung hat É. Puech vorgeschlagen: *Notes sur le manuscrit de 11QMelkîsédek.* RdQ 12, 1987, S. 483-513. Er datiert den Text ins 2. Jh. v.d.g.Z.

[340] Hierzu gehören die Ausrufung des Brachjahres und andere Bezüge hauptsächlich zu priesterlichen Texten der Tora. Weiteres z.B. bei Kobelski, op.cit. (vorige Anm.), S. 57-59. Die Vorstellung von Melchizedeks als messianischem Hohenpriester läßt sich u.U. auch noch aus dem Vergleich von HL.r 2, 13 (zu 2, 12) mit bSuk 52b gewinnen: Der Midrasch nannte Melchizedek als dritte messianische Gestalt, der Talmud nennt statt dessen einen כהן צדק. S. hierzu G. Wuttke, Melchisedech der Priesterkönig von Salem. Eine Studie zur Geschichte der Exegese. Gießen 1927 (BZNW 5), S. 23.
Natürlich gehört der Anhang zum slHen (bei Bonwetsch als isolierter Anhang gezählt, bei F.I. Andersen in der Sammlung Charlesworth ohne Unterbrechung zum vorausgehenden Text als Kap 69ff) in diesen Zusammenhang. Demnach wird dem letzten amtierenden Priester Nir auf wunderbare Weise ein Sohn, Melchizedek, geboren, den der Architstratege Michael dann vor der Sintflut in den Garten Eden bringt, um ihn so vor dem Gericht zu retten. In der Endzeit wird dieser Melchizedek wieder als Priester dienen. Allerdings ist dieser Text in mehrfacher Hinsicht problematisch: Als reine christliche Komposition ist er kaum zu denken, denn ein Christ würde eine derart krasse Parallele zur Geburt Jesu (die Frau Nirs wurde von ihrem Mann nicht „erkannt") kaum erfinden, aber auch als jüdischer Text bleibt der Anhang schwierig, denn er setzt eine besondere Empfängnis voraus. Es ist gut möglich, daß hier Traditionen wie die von der besonderen Geburt Noahs (GenAp 2) mit priesterlich-messianischen Spekulationen über Melchizedek (11Q-Melch) verbunden sind. Der genaue Ort dieser Kombination läßt sich aber nicht mehr feststellen. In jedem Fall fehlt Melchizedek im slHen der angelologische Zug, statt dessen sind die Lichtmotive auf die Priesterwürde zu beziehen: Auch

"Priesterkönig aus Salem" der Befreier der Endzeit. Melchizedek selbst wird als himmlisches Wesen[341] vorgestellt und erhält den Titel אלהים (11QMelch 2, 10)[342]. Der Ausdruck נחלת מלכי צדק erinnert hier auffällig an die Aufteilung der Menschheit unter die zwei Geister, wie sie in 1QS 3, 18ff vorgenommen ist. Damit werden dann aber auch der Geist des Lichtes, der Wahrheit etc. und Melchizedek identifiziert oder zumindest parallelisiert.

3 Die Abhängigkeit des irdischen Kultus vom himmlischen

Eine Brücke zwischen dem irdischen und dem himmlischen Heiligtum wird nun dadurch geschlagen, daß der irdische Priester seine Aufgabe und damit seine Legitimation durch die Engel erhält. Schon Sach hatte dem Hohenpriester Josua den Eintritt in den himmlischen Rat versprochen: -כה-אמר ה' צבאות אם-בדר כי תלך ואם את-משמרתי תשמר וגם-אתה תדין את-ביתי וגם תשמר את-חצרי ונתתי לך מהלכים בין העמדים האלה (Sach 3, 7). Die dort Umstehenden sind niemand anderes als der himmlische Gerichtshof, wie aus der vorausgegangenen Verhandlung Josuas zwischen dem Ankläger und dem „Engel des Herrn" deutlich wird.

In diesem Zusammenhang ist an Sir 50, 6f zu erinnern, wo Simon der Hohepriester mit den Sternen verglichen wird wie sonst nur die verwandelten Gerechten.

Die Verbindung des irdischen und des himmlischen Kults wird in der nachbiblischen Literatur mehrfach thematisiert und verschärft, insofern der Priester, besonders der Hohepriester nicht nur Zugang zum himmlischen Rat haben, sondern von diesem geradezu eingesetzt werden. Hier können nun nur

---

Metusalem, der Vorgänger Nirs, wird in Licht-Termini geschildert: „Sein Angesicht leuchtete wie die Sonne in der Mitte des Tages aufgehend" (1, 10).

341 Zu möglichen Verbindungen zwischen dem Gen-Text und einer angelologischen Interpretation vgl. Kobelski, op.cit. (o.Anm. 339), S. 52ff, allerdings sind die einzelnen Elemente schwerlich überzeugend. Es scheint kaum vorstellbar, daß eine Tradition wie die von der eschatologischen Gestalt Melchizedeks aufgrund biblischer Assoziationen entstanden ist, eher dürfte der biblische Text als Stütze für eine solche veränderte Tradition herangezogen worden sein. Dagegen ist die Identifizierung Melchizedeks mit Michael nur aufgrund der Tatsache möglich, daß Michael im Verlauf der Geschichte die anderen angelologischen Motive auf sich gezogen hat, vgl. z.B. van der Woude, art.cit. (o. Anm. 339), S. 369-373.

342 Vgl. Horton, op.cit. (o.Anm. 274), S. 71ff; Milik, art.cit. (o.Anm 274), S. 96ff; letzte Zusammenfassung der bereits angeschwollenen Literatur zu dieser Frage bei Kobelski, op.cit. (o.Anm. 339), S. 59-62.

einigeBeispiele genannt werden[343]: Levi erhält sein Amt durch Engel (Männer in weißer Kleidung, TLev 8,2ff[344]). Ähnliches weiß das Jubiläen-Buch vom Segen Isaaks an Levi zu berichten: „Und dich und deinen Samen bringe er nahe zu sich aus allem, was Fleisch ist, daß er diene in seinem Heiligtum wie die Engel des Angesichts[345] und wie die Heiligen" (31, 14). In 4QAmr heißt dann Aaron מלאך-אל[346]. Wenn also einerseits das irdische Priestertum seine Legitimation aus der himmlischen Einsetzung bezieht, andererseits schärfste Kritik am vorhandenen Jerusalemer Kultpersonal geübt wird[347], dann wird man die

---

343 Zum himmlischen Heiligtum vgl. o. Anm. 7f und weiter V. Aptowitzer, בית המקדש של מעלה על פי האגדה. Tarb. 2, 1930f, S. 137-153. 257-287; sowie die bereits genannten Arbeiten von E.E. Urbach und D. Flusser (o. Anm. 8); vgl. an Texten z.B.TDan 5, 12; TLev 3; 4QSerSchirSchab passim; ApkEl 1, 10; 4Esr 8, 52; 10, 27; slHen 55, 2; Hebr 11, 16; Phil 3, 20; Hebr 12, 22; Gal 4, 26; ApkJoh 21; weiter TLev 8, 2; 11Q Melch u.ö. Vgl. weiter die Bemerkungen von P. Alexander in der Sammlung von Charlsworth, 1, 249 zum himml. משכן im 2. Fragment von 4QSerShirShab.
Im Akhim-Fragment der ApkZeph 5 begegnet ebenfalls eine Schilderung, die auf eine himmlische Stadt weist: Aber v.a. die Höllenschilderungen dieser Schrift erinnern nun doch mehr an das sechste Buch der Aenaeis des Vergil als an irgend eine jüdische oder christliche Tradition - die jeweiligen Apokalypsen inbegriffen.

344 In TLev 5, 2 setzt Gott selbst Levi zum Priester ein, aber direkt in der Folge überreicht ihm der Engel das Schwert, um Rache zu nehmen für die geschändete Dina. Die apokryphe Tradition wird indirekt auch noch im Targum des PsJon bestätigt, wenn dort zu Gen 32, 25 ergänzt wird, daß Michael das künftige Priestertum Levis verkünde. Vgl. Shinan, art.cit. (o.Anm. 300), 189. Ebd. S. 188 Anm. 38 verweist Shinan auf die Bezeichnung קיים מלאך für Pinchas, führt sie aber sogleich auf Mal 2, 7 zurück und diskutiert sie deshalb nicht weiter.

345 Zu den Angesichtsengeln vgl. 1QH 6, 13; 1QSb 4, 25f (s.o. Anm. 222); TJuda 25, 2 (s.o. Anm. 139); vgl. ApkJoh 4, 6f. Zur Diskussion s. auch Schäfer, op.cit. (o. Anm. 90), S. 20-22 und die Belege dort. Engel des Angesichts treten nicht nur als Gruppe auf, sondern auch als einzelne Engel-Gestalten: Jub 1, 27; 2, 1. 18; 3Hen 3, 2 u.ö.; es ist nicht auszuschließen, daß die Bezeichnung aus der Lesart zu Jes 63, 9 (s. oben in Kap. 2) herrührt, es ist aber genauso gut vorstellbar, daß der spätere Name hier nachträglich in den Bibeltext eingedrungen ist.

346 4QAmr nach J.T. Milik (s. Quellenverz.), hier S. 94; K. Beyer, op.cit. (o. Anm. 49), S. 213f.

347 Wie immer man sich bei äHen 14ff entscheidet (und m.E. hat man hier die These zu übernehmen, daß die „gefallenen Engel" zumindest auch reale kultisch-politische Entsprechungen aufweisen), ist die Situation z.B. im TLev klar: 17f setzt den Fall der Priester und ihre Bestrafung vor Beginn der messianischen Zeit voraus (trotz des redaktionskritischen Befundes darf man diese gemeinsame Grundtendenz der verschiedenen Teile in der Art zusammen

himmlische Einsetzung der Priester als Anspruch jener nicht-amtierenden Abtrünnigen zu deuten haben, für die nun der himmlische Gottesdienst eine Art Ersatz des irdischen ist.

4 Der Mensch und der himmlische Gottesdienst

Für unseren Zusammenhang ist es von immenser Bedeutung, daß der Apokalyptiker wie die Mitglieder der Qumran-Gemeinde auch einen Zugang zu jenem himmlischen Heiligtum zu haben glaubt. Dieser Zugang ist nicht nur für die Zeit nach dem Tode versprochen, wie in TDan 5, 12; ApkEl 1, 10 (s. o.), sondern besteht in der Vision schon jetzt. Hierher gehört u.a. die Verwandlungsszene äHen 71[348]. Der erhöhte Gerechte bringt sein Lob in den gleichen Wendungen vor, die für das Lob der Engel verwendet werden, äHen 71, 11: „und ich schrie mit großer Stimme, mit dem Geist der Kraft, und *ich pries*[349] und *verherrlichte* und *erhöhte ihn*." Mit nahezu denselben Termini preist der Hofstaat Gott bei der Offenbarung des Menschensohns (ebd 69, 26 s)[350]. Wenn die Töchter Hiobs durch Anlegen der Zaubergeschenke in die Lage versetzt werden, die Engel zu sehen, welche die Seele ihres Vaters abholen, dann stimmen sie ein Lied in der Sprache der Engel (διάλεκτος[351]) an (THi 48, 3,

---

nehmen). C. Newsome in ihrer Ausgabe der 4QSchirSchab, S. 72, findet in den Liedern der Rolle „that the cycle of songs in the Sabbath Shirot was developed precisely to meet this need for experimental validation", d.h. die priesterlich ausgerichtete Gruppe von Qumran, die der Realität gegenübersteht, sucht nach dem Beweis ihres wahren Priestertums.

348 Vgl. schon oben S. 163.

349 Kursive von mir. Auch LAB 20, 2f folgt die prophetische Rede der Verwandlung.

350 Nach äHen 27, 3f werden die Geretteten Gott nach dem Gericht preisen (leider ohne den Wortlaut) und V 5 fügt als Schlußformulierung Henochs hinzu: „Da pries ich den Herrn der Herrlichkeit und verkündete seine Gerechtigkeit und lobsang ihm, wie es seiner Majestät gebührt." (zu den textlichen Problemen des Verses s. Uhligs Anmerkungen a.l.). äHen 63, 2 singen sogar die dem Gericht verfallenen Könige und Mächtigen Gottes Lob: „Und sie werden den Herrn der Geister preisen und verherrlichen, und sie werden sprechen: ‚Gepriesen sei der Herr der Geister, der Herr der Könige, der Herr der Mächtigen...'."

351 Ähnlich heißt es im gleichen Werk vom Dialekt der Archonten, (49, 2), dem derer die in der Höhe sind (50, 1) oder dem Dialekt der Cherubim (50, 2); vgl. 52, 7. Dennoch kann derselbe Verfasser auch eine Wortoffenbarung „in einem überaus hellen Licht" schildern: 3, 1; 4, 1. Vgl. weiter slHen 17 (Lang-Version); 21, 1; ApkZeph 8, 1-5; 1QH 6, 13.
Die Sprache der Engel ist dann Gegenstand rabbinischer Auseinandersetzung: Nach einigen soll man nicht auf Aramäisch beten, da die Engel, die die Gebete

s.o.). Die Sprache der Engel ist auch dem geretteten und verwandelten Zephania bekannt (ApkZeph 8, 4): „Ich betete mit ihnen und kannte ihre Sprache, die sie mit mir sprachen."

Sehr viel schlichter berichtet TAbr.A 5, 2, daß der „Archistratege" Michael mit Abraham bete, als dieser dem Brauch gemäß das Abendgebet verrichtet[352].

An allen genannten Stellen besteht ein direkter Zusammenhang zwischen dem Lied der Engel und dem der Gerechten. Auch bei den Schilderungen der präsentischen Gemeinschaft mit den Engeln (s.o.) lief die Tendenz ja häufig auf das gemeinsame Lob hinaus, wie z.B. in 1QH 11, 9ff: ביחד רינה.

Auch die ntl. Apokalypse läßt den Seher am himmlischen Gottesdienst teilnehmen (4, bes. V. 8-11), in dessen Verlauf die vier חיות das Trishagion (in christlicher Erweiterung) singen. Daraufhin werfen die 24 Ältesten ihre Kronen nieder. Es ist schon darauf hingewiesen worden, daß diese 24 Ältesten den 24 Priesterklassen jedenfalls nahe stehen (s.o.).

Ohne dies hier ausführlich vorführen zu können, sei darauf hingewiesen, daß in einem scheinbar späteren Stadium dann das Verhältnis umgekehrt wird: Nicht mehr der Mensch lauscht dem Gesang der Engel und ist imstande mitzusingen, sondern die Engel lobsingen dem Menschen. Diese Auffassung liegt bereits hinter vitAd 13ff, wie hinter der Parallele in der Schatzhöhle[353] und wird in der rabbinischen Literatur gelegentlich aufgenommen[354].

---

vor Gott tragen, dieser Sprache nicht mächtig seien, andere aber bringen Beispiele dafür, daß die Himmelsstimme sich ausgerechnet in dieser Sprache an Menschen gewandt habe. Vgl. zum Ganzen auch 1Kor 13, 1 und zu den rabbinischen Quellen (bSot 33a e.a.) Schäfer, op.cit. (o. Anm. 90), S. 62; sowie van der Horst, art.cit. (o.Anm. 145), S. 105f. 111f; Blau, op. cit. (o.Anm. 128), S. 46f; Allison, art.cit. (o.Anm. 321), S. 190 mit Anm. 6 und D. Flusser, *Psalms, Hymns and Prayers*. CRJNT II/2 (o. Anm. 5), S. 551-577, hier: S. 564. Da das Lob der Engel in einer besonderen Sprache gesagt wird, kann der Seher es dann auch nachher nicht behalten oder doch wenigstens nicht mitteilen, so z.B. Herm vis 1, 3, 3 (anders Dibelius im Kommentar [s.Quellenverz.], a.l.).

352 Vgl. die Kurz-Version B 4, 4.
353 Bezold (Quellenverz.), S. 4f.
354 Vgl. bBB 75b und M. Smith, The Image (o. Anm. 99), S. 478ff. Zum Warten der Engel auf das Geschehen in der irdischen Liturgie s. Schäfer, op.cit. (o. Anm. 90), S. 164-180. Auf der anderen Seite sind die unzähligen Einwirkungen engelischer Liturgie auf synagogalen wie kirchlichen Gottesdienst

4. 7   Das „Heer des Himmels" und die kriegerische Gemeinschaft

Ein anderer Aspekt der Gemeinschaft der Engel mit den Menschen ist die Hilfe der Engel im Kriegsfall. Hier wird die Darstellung der himmlischen Helfer wesentlich über das biblische Material hinausgehen. Damit ist zweierlei angedeutet: Zum einen hat die Tradition vom himmlischen Eingreifen in besonderer Notsituation mehrfach biblische Vorbilder, zum anderen wird auch die Epoche des zweiten Tempels eine stürmische Zeit erleben, in der Israels Unterstützung durch himmlische Wesen Zuspruch und Stärkung bedeutet. Aber nicht nur die z.T. erfolgreiche Auseinandersetzung mit ausländischen Feinden fordert zur Interpretation unter Zuhilfenahme biblisch-angelologischer Muster heraus. Wer immer sich in dieser Zeit unterdrückt fühlt, erlebt die Gegenseite ja doch als politisch, d.h. „machtpolitisch" stärkere. Diese Macht äußert sich durchaus militant, und entsprechend ist eine Befreiung von ihr zugleich ein kriegerisches Geschehen. Im Rahmen der mehrfach angesprochenen apokalyptischen Traditionen heißt das, daß die Frommen sich auch in einer kriegerischen Gemeinschaft mit den Engeln sehen. Aber die Hilfe der Engel kann dann auch auf die Siege der Makkabäer übertragen werden. So wird das Motiv nicht auf die Apokalyptik beschränkt bleiben. Das Moment der Gemeinschaft ist in einigen Texten vorhanden, aber es gibt daneben auch solche Texte, die die himmlische Hilfe ohne menschliches Zutun beschreiben.

Zur biblischen Vorgabe der verwendeten Motive kann man an einige Texte erinnern, die schon in Kapitel 1 genannt wurden. Am deutlichsten heben sich hier der kämpfende Michael und die „Fürsten" (שרים) aus dem Daniel-Buch ab, auch wenn man zugeben muß, daß dieser Text bereits in die hier verhandelte Zeit fällt. Aber der שר צבא ה׳ aus Jos 5 ist ein Beleg für das Alter der Vorstellung von Engeln, die an Israels Kriegen teilnehmen. Daneben ist der Engel zu nennen, der das Heer Assurs schlug, und die Antwort Balaks, Ri 4, 8-LXX - vorausgesetzt der Vers ist ursprünglich[355].

Trotz der somit also gegebenen biblische Grundlage bedeutet die Aktualisierung und Weiterführung des Motivs in der außer- und nachbiblischen Literatur

---

nicht zu übersehen. Beide schließen, um nur ein Beispiel zu nennen, das *sanctus* ein und kennen weitere Elemente der imitatio angelorum. Für die kirchliche Liturgie s. z.B. Spinks, op.cit. (o.Anm. 303) und U. Riedinger, *Eine Paraphrase des Engel-Traktates von Klemens von Alexandreia in den Erotapokriseis des Pseudo-Kaisarios?* ZKG 73, 1962, S. 253-271, hier S. 269; für die synagogale s.o. Anm. 30.

355 S.o. S. 89. 92f.

eine Veränderung der Angelologie. Stellt man einmal zusammen, was jene biblischen Texte über die jeweils genannten Engel zu sagen wissen, dann erfährt man, genau genommen, kaum etwas. Die Bibel schildert diese Engel nicht, erwähnt allenfalls ein Schwert in ihrer Hand, und läßt die Engel somit weiterhin in jenem Dunkel, das die Identifizierung nicht selten erschwert: Josua muß den „Mann" erst fragen, zu wem er eigentlich gehöre.

Die außerbiblische Literatur wird dagegen die Engel schildern und ihnen eine Reihe von Attributen beilegen, die entweder so dem biblischen Engel noch fehlten oder aber dort nur angedeutet waren. Bei dem Einfluß, den die pagane Umwelt nun auf das jüdische Denken gewinnt, werden auch die Darstellungen der kriegerischen Engel nicht selten eher an pagane Mythen erinnern als an biblische Vorgaben. So entsteht erneut das Problem, den Monotheismus vom paganen Polytheismus abzugrenzen.

Die Weiterführung des Motivs vom kriegerischen Engel dient verschiedenen Zwecken: Sie kann im Rahmen jener mythologischen Gegenwartsbewältigung eingesetzt werden, die für einige apokalyptische Texte so typisch ist, sie kann Interpretation (evtl. auch „propagandistische" Interpretation) der Realpolitik sein oder als Ausdruck einer schon mehr auf dem Wege der Verinnerlichung sich befindenden Anschauung vom Wesen des Menschen liegen. Beginnen wir mit jener Interpretation jüngster Vergangenheit, die durch die tatsächlichen Kriege Israels heraufbeschworen wurden. Es ist gut möglich, daß die Erwähnungen Michaels, Dan 10, 13. 21; 12, 1, in diesen Rahmen gehören. Doch sei das hier dahingestellt.

1) Die Makkabäerbücher nennen uns eine Anzahl von Rettern Israels, die zwar nicht immer „Engel" heißen, aber doch so verstanden werden müssen. Im Gegensatz zum Raphael des Tob erscheinen sie auch nur punktuell im Moment der Krise, sind also keine ständigen Begleiter. 2Makk mag geradezu ein Buch der Epiphanien genannt werden (s. 2, 21)[356]. Der Terminus ist als solcher gut griechisch und benannte dort häufig das Erscheinen einer Gottheit. So darf man jenen Hinweis in 2Makk 2, 21 als ersten Hinweis darauf ansehen, wie der Verfasser selbst sein Werk verstanden wissen wollte.

2Makk 3, 9ff erzählt die Geschichte von Heliodorus, der nach Jerusalem kam und dort u.a. die Tempelschätze rauben wollte[357]. Im Augenblick der

---

356 Vgl. hierzu zuletzt R. Doran, *2 Maccabees and „Tragic History"*. HUCA 50, 1979), S. 107-114, hier: S. 112ff.

357 Über jene Tempelschätze vgl. S. Lieberman, Hellenism in Jewish Palestine. Studies in the Literary Transmission, Beliefs, and Manners of Palestine in the

höchsten Gefahr, als Heliodor sich bereits in der Schatzkammer des Tempels befindet, da ὁ τῶν πνευμάτων καὶ πάσης ἐξουσίας δυνάστης ἐπιφάνειαν μεγάλην ἐποίησεν (V 24)[358]. Der Terminus ἐπιφάνεια ist dabei Bezeichnung einer *göttlichen* Erscheinung, wie nicht nur das Furcht-Motiv im gleichen Vers, sondern auch das in V 25 folgende ὤφθη verdeutlicht. Der Inhalt der Erscheinung dagegen ist bereits komplizierter: Heliodor sieht zunächst einen Reiter auf einem Pferd, wobei sich von selbst versteht, daß das Pferd besonders schönes, d.h. glänzendes Zeug trägt und der Reiter furchterregend und mit blitzenden Waffen ausgerüstet ist. V 26 gesellen sich (προεφάνησαν) zu diesem himmlischen Reiter δύο νεανίαι τῇ ῥώμῃ μὲν ἐκπρεπεῖς, κάλλιστοι δὲ τὴν δόξαν... Auch hier überbieten sich die Ausdrücke für das Herrliche und Schöne der Jünglinge selbst und ihrer Waffen. Roß, Reiter und Jünglinge schlagen auf Heliodor ein[359]. Überwältigt wird er ohnmächtig aus dem Tempel getragen, und der bei alledem besorgte Hohepriester opfert Gott mit der Bitte um Rettung des Frevlers (V 31f). In diesem Augenblick (V 33) erscheinen die beiden Jünglinge dem Heliodor in den gleichen Gewändern wie zuvor ein zweites Mal und sagen ihm, er solle dem Hohenpriester danken, denn um seinetwillen habe Gott ihm sein Leben bewahrt, er aber, der vom Himmel Geschlagene, solle überall die Größe Gottes des Herrschers verkünden.

Die Erscheinung eines himmlischen Reiters zu Pferd und die zweier Jünglinge entspricht nun nicht genau den bekannten angelologischen Traditionen.

I Century B.C.E. - IV Century C.E. New York 1962 (TSJTSA 18), S. 169 mit den Anmerkungen dort; zur Frage, welche Gelder denn eigentlich zur Diskussion standen, siehe die Anmerkungen V. Tcherikovers, Hellenistic Civilization and the Jews. (1959 = repr.) New York 1977, S. 465f.

358 Doch vgl. die variae lectiones im Apparat von Hanhart (Quellenverz.)!

359 Die genaue Verteilung der Aufgaben ist dabei insofern unsicher, als die Verse in mehrfacher Hinsicht auf die Verarbeitung verschiedener Quellen hinweisen und die Endredaktion nicht alle Spuren der früheren Versionen hat verwischen können. Vgl. hierzu zuletzt (mit einer Auswahl der Literatur) C. Habicht in seiner Übersetzung (Quellenverz.) a.l. und ebd. in der Einleitung, S. 172f. Sollte man auf der Einheitlichkeit bestehen, dann muß man doch zugeben, daß hier zwei verschiedene Erzähltypen in eine Geschichte geflossen sind; vgl. J.A. Goldstein, *Review of Doran's* Temple Propaganda. (JQR 75, 1984, S. 79-88 = repr.) Idem, Semites, Iranians, Greeks, and Romans. Studies in their Interactions. Atlanta (1990) (BJS 217), S. 209-220, hier: S. 213. Zu den Pferden vgl. Sach 1; THi 52; TAd 4, 7f; 3Hen 18 (s.o.). Auch dieses Motiv gehört in die Spätzeit der Bibel bzw. die außerkanonische Literatur und bezeugt die Einwirkung der Zeit.

Das Volk aber sieht in diesen Erscheinungen und ihrer Folge, der Bewahrung des Tempelschatzes, ein Eingreifen Gottes selbst und dankt ihm (V 30).

Bevor wir uns Einzelheiten des Textes zuwenden, sind weitere himmlische Erscheinungen aus dem gleichen Werk zu erwähnen:

Während der Vorbereitungen des Antiochus zu seinem zweiten[360] Feldzug gegen Ägypten erscheint (φαίνεσθαι) den Bewohner von Jerusalem 40 Tage lang ...διὰ τῶν ἀέρων τρέχοντας ἱππεῖς διαχρύσους στολὰς ἔχοντας καὶ λόχους σπειρηδὸν ἐξωπλισμένους καὶ μαχαιρῶν σπασμοὺς[361] καὶ ἴλας ἵππων διατεταγμένας καὶ προσβολὰς γινομένας καὶ καταδρομὰς ἑκατέρων καὶ ἀσπίδων κινήσεις καὶ καμάκων πλήθη καὶ βελῶν βολὰς καὶ χρυσέων κόσμων ἐκλάμψεις καὶ παντοίους θωρακισμούς[362].

Die Stelle enthält eine Reihe von bemerkenswerten Termini, auf die sowohl etliche Quellen, als auch die Diskussion hier immer wieder zurückkommen werden. Zwar sind eine Reihe von Ausdrücken lediglich der Beschreibung einer militärischen Einheit entnommen, aber andere gehören nicht notwendig in diesen Kontext, wie die starke Betonung des Leuchtens und der Pracht (doppelte Verwendung des Stammes χρυσ-/gold-)[363].

Im selben Werk erinnert Judas Maccabaeus seine Soldaten vor der Schlacht gegen Nikanor an die göttliche Hilfe in den Tagen Sanheribs (durch einen Engel) und andere Hilfestellungen Gottes für sein Volk (8, 19-20). Die siegrei-

---

360 Zur Kennzeichnung „zweiter Feldzug" s. J.A. Goldstein, II Maccabees. A New Translation with Introduction and Commentary. Garden City/New York 1983 (AncB 41A), S. 246f.

361 Die genaue Stellung der letzen Wörter im Satz ist umstritten, siehe Habicht a.l.

362 2Makk 5, 2f: „durch die Lüfte (sah man) Reiter in golddurchwirkten Rüstungen sprengen, weiter Abteilungen von Lanzenträgern, die je unterschiedlich bewaffnet waren, sowie Scharen von Pferden in Schlachtordnung, sodann Angriffe und Attacken der einen und der anderen, Bewegungen der Schilde, einen Wald von Speeren, gezückte Schwerter, geschleuderte Geschosse, das Funkeln goldenen Zeugs und vielerlei Panzerungen." Unser Text weicht von Hanharts in Details ab; zur Begründung vgl. Habicht (beide im Quellenverz.), a.l.

363 Die Traditionen vom „Tag des Herrn" (יום ה') wie sie biblisch bekannt sind, belegen das Leuchten der Waffen hier nicht ausreichend. Anders Goldstein, op.cit. (s.o.Anm. 360), a.l. Glänzend sind dann auch Schwert und Pfeile Cherubiels: 3Hen 22, 6 = Schäfer § 33/869. Zum „Gold" vgl. auch die goldenen Gürtel, die Hiob seinen Töchtern gibt: THi 46, 5ff und ApkJoh 1, 13 (s.o.).

chen Juden schreiben dann (V 24) ihren Sieg der Hilfe des παντοκράτωρ zu, der ihnen ein Bundesgenosse (σύμμαχος) gewesen sei.

In der Schlacht gegen Timotheus erscheinen plötzlich fünf Reiter (2Makk 10, 29f), deren Pferde wiederum mit goldenem Zeug ausgerüstet sind, beschützen Judas und greifen gleichzeitig die Feinde an[364]. Dabei schleudern sie Pfeile und Blitze.

Die Bitte Judas' (2Makk 11, 6), Gott möge einen guten Engel zur Rettung Israels schicken (ἀγαθὸν ἄγγελον ἀποστεῖλαι πρὸς σωτηρίαν Ἰσραηλ), verwundert auf diesem Hintergrund nicht mehr; ebenso wenig die Tatsache, daß ein solcher Engel dann auch erscheint (V 8). Der Sieg wird wieder Gott selbst zugeschrieben (12, 11. 16; vgl. 15, 8). Lt 12, 22 erscheint der „Alles-Sehende" (ἡ τοῦ πάντα ἐφορῶντος ἐπιφάνεια)[365] selbst. Auch der Prophet Jeremiah erscheint 2Makk 15, 12ff, wenn auch nur im Traum Judas. Judas behauptet aber, er habe das goldene Schwert aus den Händen des Propheten erhalten, um damit den Feind zu schlagen (V 15).

Im Gebet wird derselbe Held dann sagen können: „Du, Herr (δέσποτα), hast deinen Engel in den Tagen Hiskias, des Königs von Juda, geschickt, und der tötete 185000 aus dem Lager Sanheribs. Und jetzt, Herrscher des Himmels (δυνάστα τῶν οὐρανῶν), sende einen guten Engel (ἄγγελον ἀγαθόν), der vor uns Furcht und Zittern schafft" (2Makk 15, 22f).

Man darf diese Berichte mit verwandten Erscheinungsgeschichten kombinieren. Auch im 3Makk wird Gott um eine außergewöhnliche Erscheinung (με-

---

[364] Die Überlieferung des Textes ist problematisch, aber die verschiedenen Lesarten ändern nichts an unserer Diskussion. Zu den heidnischen Parallelen vgl. v.a. R. Doran, Temple Propaganda: The Purpose and Character of 2 Maccabees. Washington 1981 (CBQ.MS 12), S. 101f und Goldstein, op. cit. (o.Anm. 360), S. 392.398. Die von Goldstein angeführten biblischen Texte belegen mehr den Unterschied als die Übereinstimmung des Berichteten: Trotz aller biblischer Grundlage, die die Vorstellung von himmlischer Hilfe auch im Kampf sicher hat, ist doch der Unterschied zu den Erzählungen wie 2Makk nicht zu übersehen. Der Sieg Israels hängt anscheinend an der durch die prächtige Erscheinung beeinträchtigten Sehkraft der Feinde.

[365] Dieses Attribut ist hier noch mit dem Gott Israels verbunden, wird aber in späterer Literatur auch übertragen, so in JosAs. Zu den weisheitlichen Bezügen des Motivs vgl. D. Sänger, *Jüdisch-hellenistische Missionsliteratur und die Weisheit*. Kairos 23, 1981, S. 231-243, hier: S. 237 mit Anm. 48 und zum biblischen Hintergrund: Jes 23, 24. Zu den Gebeten des 2Makk vgl. N.B. Johnson, Prayer in the Apocrypha and Pseudepigrapha. A Study of the Jewish Concept of God. Philadelphia 1948 (JBL.MS 2), S. 9.

γαλομέρης ἐπιφάνεια) gebeten (5, 8. 51)[366]. Dies trifft ein: τότε ὁ μεγαλόδοξος παντοκράτωρ καὶ ἀληθινὸς θεὸς ἐπιφάνας τὸ ἅγιον αὐτοῦ πρόσωπον ἠνέῳξε τὰς οὐρανίους πύλας, ἐξ ὧν δεδοξασμένοι δύο φοβεροειδεῖς ἄγγελοι κατέβησαν φανεροὶ πᾶσι πλὴν τοῖς Ἰουδαίοις, καὶ ἀντέστησαν καὶ τὴν δύναμιν τῶν ὑπεναντίων ἐπλήρωσαν ταραχῆς καὶ δειλίας καὶ ἀκινήτοις ἔδησαν πέδαις[367].

Der Verfasser des 4Makk rekapituliert die oben in ihren Grundzügen wiedergegebene Heliodor-Geschichte in einer etwas anderen Variation als versuchten Tempelraub des Apollonius (4, 1ff). Statt des einen Reiters und der zwei Jünglinge erscheinen nun zwei reitende Engel in strahlender Rüstung.

Im hier zur Debatte stehenden Zusammenhang können die literarischen Beziehungen der einzelnen Versionen untereinander nicht behandelt werden, wiewohl ihre Aufklärung für die jeweils verschiedene Angelologie der Verfasser bestimmte Schlüsse erlaubte[368]. Unter dem Aspekt der Entwicklung eines Motivs in seiner Allgemeinheit beschränken wir uns auf einige hervorstechende Momente: Die Häufung der Lichttermini ist in den hier zitierten Schilderungen fast ausnahmslos zu beobachten. Nicht selten wird die Bitte um einen helfenden Engel mit dem Engel, der das Lager Assurs schlug, verbunden, wie auch 1QM 11, 11ff. Aber im Unterschied zu jener biblischen „Vorlage" begnügen sich die außer- und nachbiblischen Autoren nicht mehr mit der Feststellung der göttlichen Hilfe, sondern sie beschreiben sie. Dabei zeigen sie sich nicht selten von hellenistischen Motiven abhängig.

Das Interesse an den äußeren Umständen der Erscheinung ist in dieser Ausführlichkeit unbiblisch. Der Glanz, die δόξα, die dabei in den Vordergrund tritt, war zwar biblisch bei einigen Schilderungen Gottes genannt, aber noch nicht mit Angelophanien verbunden. Ein einziges Mal nannte die Bibel reiten-

---

366 S. hierzu den o. Anm. 56 zitierten Aufsatz von A. Casher und die dort zitierte Literatur.

367 3Makk 6, 18f: „Da ließ der hochherrliche Allherrscher und wahrhafte Gott sein heiliges Angesicht erleuchten, und öffnete die Pforten des Himmels, aus denen zwei leuchtende Engel von furchterregendem Aussehen herabstiegen, sichtbar allen, außer den Juden; und sie widerstanden und füllten die Macht der Feinde mit Entsetzen und Furcht und banden mit unbeweglichen Fesseln." Zu evtl. Parallelen dieser Erscheinung siehe die Andeutungen von M. Hadas (Quellenverz.), S. 74f.

368 Vgl. hierzu außer den genannten Kommentaren N. Stockholm, *Zur Überlieferung von Heliodor, Kuturnahhute und anderen mißglückten Tempelräubern.* StTh 22, 1968, S. 1-28; zuvor E. Bickerman, *Héliodore au Temple de Jérusalem.* AIPh 7, 1933-44, S. 5-40.

de Engel[369], Sach 1, 8ff - und auch dies ist eine verhältnismäßig späte Stelle im biblischen Rahmen. Es scheint, daß sowohl hinter Sach als auch hinter den hier genannten außerbiblischen Stellen nicht nur eine Weiterführung biblischer Motive liegt, sondern die Aufnahme hellenistischer Details. Dem steht die Erwähnung des Reitens in der Kriegsrolle nicht entgegen: 1QM 9, 5f.

Die Exegeten haben die Parallelen zwischen den paganen Erzählungen und den jüdisch-außerbiblischen bereits mehrfach erläutert[370]. Die Folgerung, die aus diesem Tatbestand in der Regel gezogen wird, ist die, daß Angelophanien nun mit den Mitteln paganer Ephiphanien geschildert würden. Aber was besagt das für die Angelologie selbst? Wird eine pagan-polytheistische Geschichte schon deshalb innerjüdisch akzeptabel, weil der Göttername nun durch die Bezeichnung „Engel" ersetzt ist? Wenn dem so sein sollte, was ist dann aber dieser Engel? Der Prozeß als solcher ähnelt dem, den die Bibelwissenschaftler für die Übernahme paganer Mythen dort angenommen haben[371]; ein wesentlicher Unterschied besteht aber in der bereits vorgenommen Fusion des biblischen Boten mit dem himmlischen Hofstaat: In der Zeit des zweiten Tempels sind beide Konzeptionen bereits verschmolzen. Der Bote ist nun jene Größe, die die Elemente der nicht-jüdischen Figur zu übernehmen hat.

Anstelle einer langen Liste von Parallelen, mag die Heliodor-Erzählung das Gemeinte veranschaulichen: Eine der allgemein diskutierten Parallelen ist die wunderbare Verteidigung des Heiligtums von Delphi gegen die Perser, Herodot 8, 37-39[372]. Nach dem Bericht von der Ortsveränderung der dem Apollon heiligen Waffen, die niemand berührt habe, heißt es:

---

369 S. die Liste der Motive am Ende des ersten Kapitels, zum reitenden Engel besonders A. Schmitt, Entrückung - Aufnahme - Himmelfahrt. Untersuchungen zu einem Vorstellungsbereich im Alten Testament. 2. Aufl. Stuttgart/Würzburg 1976 (FzB 10), S. 93-96 und E. Bickerman, art.cit. (vor. Anm.), S. 23. 25.

370 Zu 2Makk 3, Daniel und Josephus vgl. z.B. Bickerman, art.cit. (o.Anm. 368), S. 22ff mit Anm. 139. 157. Zuletzt vgl. besonders Doran, op.cit. (o. Anm. 364), passim, zu den beiden ersten Makkabäerbüchern auch Goldstein in seinem Kommentar.

371 Es fragt sich bei der schmalen Stellenbasis aber auch, ob man nicht aufgrund der Beobachtung einer Wiederholung desselben Vorgangs eher die Folgerungen im innerbiblischen Bereich erneut hinterfragen sollte.

372 Vgl. hierzu besonders M.P. Nilsson, Geschichte der griechischen Religion. II: Die hellenistische und römische Zeit. 2., durchg. u. erg. Aufl. München 1974 (HAW 5. Abt., Bd. 2), S. 225f. Dort die Parallelen zu Herodots Bericht. Schon Zeitlin/Tedesche (Quellenverz.), a.l., haben darauf hingewiesen, ebenso Bickerman, art.cit. (o.Anm. 368); Stockholm, art.cit. (o. Anm. 368),

„Als nämlich die Barbaren den Tempel der Athene Pronaia erreichten, zuckten in diesem Augenblick Blitze (κεραυνοί) vom Himmel auf sie nieder, und zwei Bergspitzen des Parnaß rissen sich los, stürzten mit mächtigem Getöse auf sie und erschlugen viele von ihnen. Aus dem Tempel der Athene aber erschollen Stimmen und Kriegsgeschrei...daher ergriff Schrecken (φόβος) die Feinde...Bei ihrer Rückkehr aber berichteten diese Barbaren, wie man mir erzählt hat, daß sie außer diesen Zeichen noch anderes Übernatürliches (ἄλλα ὥρων θεῖα) erlebt hätten: Zwei übermenschlich große bewaffnete Männer (δύο γὰρ ὁπλίτας μέζονας ἢ κατὰ ἀνθρώπων φύσιν ἐόντας) hätten sie verfolgt und dabei Leute aus ihren Reihen erschlagen. Das, sagen die Delpher, seien zwei Heroen ihres Landes gewesen..."

Die Blitze, die Furcht, die beiden Männer[373] und auch die Tatsache, daß die beiden Heroen den Feinden erschienen sind (denn auf sie führt Herodot seine Information zurück) und offensichtlich nicht den Delphern, haben ihre Entsprechung in der Heliodor-Geschichte des 2Makk.

Doch ist dies, wie allgemein bekannt, nicht die einzige Parallele zu 2Makk 3. In seiner Schilderung der Schlacht zwischen Römern und Latinern berichtet Dionysios Halicarnasses in seinen römischen Altertümern 6, 13 von der Erscheinung zweier Männer, die dann mit Castor und Pollux identifiziert werden. Auch die Dioskuren sind natürlich besonders groß und schön. Die Liste solcher Epiphanien ließe sich erweitern. Das meiste Material hat Doran gesammelt[374]

S. 5, und Goldstein, op.cit. (o.Anm. 360), S. 198. Herodots Text nach der Ausgabe Godley (Quellenverz.), die Übersetzungen nach Feix (Quellenverz.). Herodot kennt weitere Erscheinungen von „Männern" (ἄνδρες): 2, 139; 6, 117 vgl. 5, 56; 7, 12. Zu weiteren Parallelen vgl. auch R. Doran, art.cit. (o.Anm. 356), 114 mit Anm. 28 und ders., op.cit. (o. Anm. 364), S. 47-52 zur Analyse des Abschnitts.

373 Wenn die beiden Jünglinge in 2Makk 3 Engel sind (was im jüdischen Rahmen die einzige Erklärung darstellt), dann müssen sie deshalb noch nicht namentlich bekannt sein. E. Nestle hatte versucht, sie mit Michael und Gabriel zu identifizieren, mußte aber zugeben, daß der Reiter, der dann an ihrer Seite erscheint, niemand anderes sein kann, als Gott selbst. Kann man sich aber eine derart grobe Theophanie in einem jüdischen Werk, selbst im 2Makk, denken? S. E. Nestle, *Miscellen. 3. Die himmlischen Reiter im zweiten Makkabäerbuch*. ZAW 25, 1905, S. 210-223, hier: S. 203f.

374 op.cit. (o.Anm. 364), hier v.a. S. 100-102. Doran nennt weiteres, aber selbst seine ausführliche Liste ist noch nicht erschöpfend. Vgl. auch E. Momigliano, *The Second Book of Maccabees*. CP 70, 1975, S. 81-91, hier v.a. S. 86. Zur weiteren Einordnung solcher „Parallelen" in die Interpretation des 2Makk insgesamt vgl. R. Doran, art.cit. (o.Anm. 356), bes. S. 113f, doch

und es muß hier nicht wiederholt werden. Wichtig ist die den meisten Berichten gemeinsame Hervorhebung der glänzenden, häufig goldenen, Rüstung und des Schwertes. Die Blitze, die 2Makk 10, 29-31 nennt, erinnern an den Beinamen des Zeus: Κεραυνός[375].

Die kriegerische Aufgabe der Engel ist nicht nur in der Bibel angelegt, sondern dort auch schon mit den Sternen verbunden[376]. Das erklärt zu einem Teil den besonderen Glanz, der bei diesen Schilderungen immer wieder auftaucht.

Biblische Bezüge werden auch sonst immer wieder angesprochen, so wenn der Verfasser des 2Makk die Vernichtung des Assyrer-Lagers vor den Toren Jerusalems mehrfach ausdrücklich anspricht.

Daß daneben nicht nur durch die verstärkte Betonung des Motivs, sondern auch in den Details der Durchführung hellenistische Elemente eingedrungen sind, versteht sich nun aber besonders dadurch, daß der Interpret seiner eigenen Zeitgeschichte hier wie dort Gemeinsames fand: Schon bei Herodot[377] heißen die dem Menschen Erscheinenden häufig einfach „Mann", wie der biblische Engel gelegentlich איש hieß. Allerdings stellen die Verfasser von 2-4Makk jeweils übereinstimmend fest, daß die Hilfe Gottes Tat gewesen sei. Ihm dankt das Volk. Ihn ruft man an - nicht aber den Engel. Entsprechend nennt das Dankgebet 1QM 14, 4ff nur Gott, obwohl hier als Gegner noch Belial und seine Geister genannt werden. Eine ganze Reihe von engelischen Helfern in der Schlacht kennt Ps-Philon, so bei der Schlacht Kenans (LAB 27, 10f); ebd. 61, 5ff hilft Zerhivel (v.l. Zeruel) dem David gegen Goliath etc.

---

vgl. M. Hengel, op. cit. (o.Anm. 55), S. 178.181 (mit Anm. 318), der die Erscheinungsgeschichten des 2Makk charakterisiert als „apokalyptische Engelerscheinungen in hellenistische Form gebracht."

375 Vgl. aber auch Sach 9, 14 (über Gott): ...ויצא כברק חצו...

376 Der Hofstaat-Name צבאות ist seinerseits besonders mit dem Tempel verbunden, vgl. hierzu bes. W. Keßler, *Aus welchen Gründen wird die Gottesbezeichnung „Jah-we Zebaoth" in der späteren Zeit gemieden?* Gottes ist der Orient. FS O. Eißfeld, Berlin-Ost (1959), S. 79-83.

377 Eine reiche Liste von Erscheinungen solcher ἄνδρες bietet G. Lohfink, Die Himmelfahrt Jesu. Untersuchungen zu den Himmelfahrts- und Erhöhungstexten bei Lk. München 1971 (StANT 26), S, 195f, wobei sich allerdings nicht alle Texte verifizieren lassen. Schon Homer kann seine Helden mit δαίμονες vergleichen, wenn er diese in rasender Schlacht schildert: Il. V, 437; XXI, 227 u.ö. vgl. Brenk, op.cit. (o.Anm. 89), S. 2074. 2078.

Auch andere Elemente der kriegerischen Motive sind biblisch belegt, wie die Identifikation Michaels als des ἀρχιστράτηγος; so z.B. grApkBar 11, 4[378] und ständig in den beiden Versionen des TAbr. Der Grund hierfür kann einfach in der Erwähnung Michaels im Daniel-Buch liegen, wo er als „Euer großer Fürst" dem Engel helfen wird, der laut seinem Bericht vor Daniel mit den anderen Engelfürsten Krieg führt (vgl. Dan 10, 13. 21; 12, 1). Aber dieser Text ist selbst spät.

2) Aus der apokalyptischen Vorstellung vom Kampf der himmlischen Mächte gegen die Heere des Bösen entwickelt sich schließlich die grundsätzlichere Aussage vom Kampf zweier himmlischer Wesen um die Seele des Frommen.

In ApkJoh 12, 7 wird das allgemein ausdrückt als Kampf der beiden himmlischen Heere. Ein solcher findet sich auch AssMos 10, 1f, wo Taxo die Gerechten beschwört, lieber gerecht zu sterben, als die Gebote zu übertreten: „Und dann wird seine Herrschaft über seine ganze Schöpfung erscheinen, und dann wird der Teufel nicht mehr sein, und die Traurigkeit wird mit ihm hinweggenommen sein. Dann werden die Hände des Engels gefüllt werden, der an höchster Stelle steht, und sogleich wird er sie rächen an ihren Feinden."

Noch ganz auf der mythologischen Stufe steht diese Anschauung von der militanten himmlischen Hilfe in den verschiedenen mit dem „Fall der Engel" verbundenen Traditionen: In der Tier-Symbol-Apokalypse wird das Schwert den Ungetümen von einem der Engel gegeben, damit diese sich gegenseitig schaden (äHen 88, 2). Entsprechend erhalten die „Schafe" ein Schwert für den apokalyptischen Krieg (ebd. 90, 19) und geben es am Ende der Kampfhandlungen zurück, d.h. sie bringen es in „sein Haus", wohl den Tempel (V 34).

Schon biblisch begegnen Engel mit Schwertern in der Hand. Nicht nur die Cheruben, die lt. Gen 3, 24 den Eingang zum Garten Eden bewachen, haben ein חרב מתהפכת. Auch der שר צבא ה׳ aus Jos 5, 13, der den Bileam bedrohende Engel, Nu 22, 23 und der Engel bei der Tenne Araunas[379] führen dieses Schwert in der Hand. Aber es besteht doch ein wesentlicher Unterschied in der

---

378 Michael z.B. noch TDan 6, 5; slHen 22, 6; vgl. äHen 20, 5; slHen 22, 6; 33, 10. grApkBar 2, 6; 10, 1 wird der Titel einem Engel Phanael zugesprochen. Engel werden im slHen häufig als Soldaten bezeichnet oder umschrieben, z.B. 23, 1; 29, 3; 30, 1 (die bewaffneten Wächter des Paradieses); 33, 7 u.ö.

379 1Chr 21, 16: וחרבו שלופה בידו (dies die feste Redewendung), vgl. V. 30. Das Schwert fehlt in der Parallele 2Sam 24. Zur weiteren Tradition vgl. u.a. 3Hen 22, 3-9.

Darstellung: Biblisch hieß es von jenen Engeln einfach, daß sie das gezogene Schwert hielten. Anders in der außerbiblischen Literatur: Judas erhält das goldene Schwert durch den Propheten (2Makk 15, 15), Levi das seine durch einen Engel (TLev 5, 3), ebenso die Frommen der Tier-Symbol-Apokalypse (äHen 88, 2; 90, 19). Nicht mehr die himmlische Gestalt, die zum Zweck der Bewachung, des Kampfes oder der Strafausführung das Schwert hält, sondern der Mensch, der die Waffe auf übernatürliche Art bekommt, steht in der außerbiblischen Literatur im Mittelpunkt[380]. So fragt sich, ob man die makkabäische Revolte daraufhin nicht stärker als eine von apokalyptischen Hoffnungen getragene Bewegung interpretieren sollte, unbeschadet der sozialen Bedingungen, die in diesen Kriegen ihre eigenen Bedeutung gehabt haben.

Die so bekundete Kriegsgemeinschaft zwischen dem „Heer des Himmels" und dem Heer Israels leitet von selbst zu dem Aspekt der kriegerischen Gemeinschaft zwischen Engel und Mensch über, wie er besonders in Qumran thematisiert worden ist. Einige Beseipiele mögen hier genügen:

1QM 1, 10f heißt es: -כיא הואה יום יעוד לו מאז למלחמת כלה לבני חושך בו יתקר
בו לנחשיר[381] גדול עדת אלים וקהלת / אנשים בני אור וגורל חושך נלחמים יחד לגבורת אל בקול המון גדול ותרועת אלים ואנשים ליום הווה[382]. Der Text fährt fort in der Beschreibung der drei גורלות sowohl der Söhne des Lichts als auch des Heeres Be-

---

380 Vgl. auch Kenans Schwierigkeit, seine Hand vom Schwert zu lösen, nachdem ihm der Engel in der Schlacht geholfen hatte: LAB 27, 11. Zur Bedeutung von Gottes Schwert in den Kriegen der Endzeit vgl. u.a. 1QM 12, 10f.

381 Offensichtlich bedeutet נחשיר etwas wie „Jagd", von daher auch in weiterem Sinne, vgl. J. Levy, Chaldäisches Wörterbuch über die Targumim... I-II, 2. Ausg. Leipzig (1876), s.v. נחשירכן, der allerdings nur auf die Targume eingeht; im Syrischen kennt man den weiteren Gebrauch, wie Yadin in seinem Kommentar (Quellenverz.) a.l. ausführt. Daher die gelegentliche Übersetzung mit „Gemetzel".

382 „Denn dies ist ihm Tag der Bestimmung zum Krieg der Vernichtung den Söhnen der Finsternis, an ihm (scil. dem Tag) nähern sich dem großen Gemetzel die Versammlung der Göttlichen und die Gemeinde / der Menschen. Die Söhne des Lichtes und das Los der Finsternis kämpfen miteinander zur Stärke Gottes mit der Stimme einer großen Menge und dem Geschrei der Göttlichen und Menschen am Tage des Verderbens(?)".
Bei Yadin weitere Parallelen aus 1QM zum endzeitlichen Krieg, die hier nicht nochmals ausgeschrieben werden, vgl. 1QM 9, 14ff; 12, 1-5 und 6-9; 14, 8; 15, 14; 17, 6; 19, 1 u.ö.; 1QS 3, 13ff. 23; 4QM[a]; 1QH 3, 33-36; zum letzten Text besonders א.ל. סוקניק (E.L. Sukenik), מגילות גנוזות מתוך גניזה ראשונה ושניה. קדומה שנמצאה במדבר יהודה. סקירה Jerusalem (1948-50), II, S. 41f (= מ״א); äHen 1, 9; TLev 3, 3 und Yadins Einleitung zu 1QM, Kap. 9 § 16; von der Osten-Sacken, op.cit. (o.Anm. 64), S. 231; Schäfer, op.cit. (o. Anm. 90), S. 35.

lials und stellt (Z. 15f) noch einmal die himmlische Hilfe beider gegeneinander. Nach 1QM 19, 14ff werden die Namen von Michael, Gabriel, Sariel und Raphael auf die Schilde der Türme (מגני המגדלות) geschrieben.

Auch 1QH 3, 32-36 werden die Himmlischen in die Darstellung des eschatologischen Geschehens mit einbezogen:

וארץ תצרח על ההווה הנהיה בתבל   וכול מחשביה[383] ירועו
ויתהוללו כול אשר עליה   ויתמוגגו בהווה ג[דו]לה
כיא ירעם אל בהמון כוחו   ויהם זבול קודשו באמת כבודו
וצבא השמים יתנו בקולם   [ו]יתמוגגו וירעדו אושי עולם
ומלחמת גבורי שמים תשוט בתבל   ולא תשוב עד כלה ונחרצה לעד
ואפס כמוה[384]

Die Verbindung zu den Vorstellungen von einer präsentischen und einer liturgischen Gemeinschaft macht z.B. 1QM 12, 1-4 deutlich:

כיא רוב קדושים לכה בשמים וצבאות מלאכים בזבול קודשכה לה[לל שמ]כה. ובחירי עם קודש

שמתה לכה בי[חד ומס]פר[385] שמות כול צבאם אתכה במעון קודשכה ומ[ניין קדו]שים בזבול כבודכה.

וחסדי ברכה [לאלפיכה] וברית שלומכה חרתה למו בחרט חיים למלוך על[יהם] בכל מועדי עולמים

ולפקוד צ[באות בח]יריכה לאלפיהם ולרבואותם יחד עם קדושיכה [וצבא] מלאכיכה לרשות יד[386]

במלחמה. [להכריע] קמי ארץ בריב משפטיכה ועם שמים ברכ[ותיכה.][387]

---

383 מחשב lt. Licht, a.l., der tiefe Ort, der verborgen ist, wie die Gedanken im Herzen eines Menschen. Auf jeden Fall ist die Bedeutung „Tiefe" durch die Verwendung in der vorangegangenen Zeile sichergestellt: מחשבי תהום.

384 „Die Erde schreit über das auf dem Erdkreis Gewordene/und alle ihre Tiefen rufen/und unsinnig rasen alle, die auf ihr sind,/und schwanken durch das große Verderben/denn Gott tobt (donnert) in der Fülle seiner Kraft/seine heilige Wohnung lärmt in seiner wahren Ehre/das Heer des Himmels läßt seine Stimme ertönen/die Menschen der Welt rasen und beben/ der Krieg der Himmels-Helden zieht auf dem Erdkreis umher/und kehrt nicht zurück bis zum Ende/nichts ist ihm gleich."

385 So in der Rekonstruktion Yadins; andere haben ובספר, so z.B. E. Lohse, op. cit. (o.Anm. 266), S. 206. Die Fotographie bei Sukenik (s. Quellenverz.) läßt keine weiteren Schlüsse zu. מספר שמות ist z.B. Nu 3, 40 belegt. Dagegen scheint die Vorstellung von einem Buch hier etwas seltsam.

386 Der Ausdruck ist unklar und kaum zu übersetzen. Yadin schlägt eine Bedeutung im Sinne von Kraft vor, entsprechend Lohse, op.cit. (o.Anm. 266), a.l., „zur Machtentfaltung der Hand"; aber auch das ist nicht sehr viel deutlicher.

387 Hier ist eine Zeile frei gelassen, das folgende also bewußt abgesetzt.

ואתה אל נ[ורא] בכבוד מלכותכה ועדת קדושיכה לעזר עולמי[ם ונת]נו בוז למלכים לעג
וקלס לגבורים. כיא קדוש אדוני ומלך הכבוד אתנו עם קדושים.[388] גבו[רים ו]צבא מל-
אכים בפקודינו
וגבור המלחמה בעדתנו וצבא רוחיו עם צעדינו...[389]

Der Text ist zwar hauptsächlich am Kriegsgeschehen interessiert; aber wenn die Ergänzung in der ersten Zeile richtig ist, dann bildet diese Schilderung den Inhalt eines Gott dargebrachten Lobes. Hier zeigt sich, daß man die verschiedenen Traditionen von der Gemeinsamkeit der Frommen mit den Engeln motivisch unterscheiden kann. Aber damit ist noch nichts über die Verwobenheit der Motive untereinander gesagt[390]. Unter der Voraussetzung der kultischen Gemeinschaft, die sich in einer so priesterlich ausgerichteten Gruppe wie der der Qumran-Essener noch am leichtesten verstehen läßt, sind die Vorstellung vom ständigen Umgeben-Sein durch Engel und die Hoffnung auf die Hilfe der Engel im eschatologischen Krieg erklärbar. Aber auch dieses dictum ist letztlich nicht absolut zu nehmen, denn die Hilfe der Engel erscheint in den anderen o.g. Texten ohne die beiden begleitenden Vorstellungskreise von der präsentischen und der liturgischen Gemeinschaft, wie umgekehrt jene häufig

---

388 Die syntaktische Abgrenzung ist hier zumindest offen für andere Vorschläge. Yadin hat einen Punkt gesetzt, ihm ist u.a. Lohse gefolgt.

389 „Denn die Menge der Heiligen ist <bei> dir im Himmel/und die Heere der Engel in der Wohnung deiner Heiligkeit, um deinen Na[men zu prei]sen. Und die Erwählten des heiligen Volkes/hast du dir gesetzt in Einung und die Zahl der Namen all ihrer Heere <ist> mit dir in der Wohnung deiner Heiligkeit und die S[umme der Heil]igen in der Wohnung deiner Herrlichkeit/und die Gnaden des Segens [deinen Tausenden] und der Bund deines Friedens seinem Volk hast du eingeritzt mit dem Griffel des Lebens, zu herrschen üb[er sie] zu allen Zeiten der Ewigkeit/zu mustern die Heere deiner Erwählten zu ihren Tausendschaften und Zehntausendschaften zusammen mit deinen Heiligen und das Heer deiner Engel zur Kraft (?) der Hand/im Krieg/[um zu beugen] die sich erheben <aus/gegen> dem/das Land in deinen Rechtsstreiten und mit den Erwählten des Himmels <sind> [deine Seg]nungen/und du bist ein [furchtba]rer Gott in der Herrlichkeit deines Königtums und die Versammlung deiner Heiligen in unserer Mitte zu ewiger Hilfe [und wir gebe]n Verachtung den Königen Spott/und Hohn den Helden. Denn heilig ist der Herr und der König der Herrlichkeit <ist> mit uns mit den Heiligen Helden und Heer der Engel <stehen> in unserem Befehl (Aufgebot)/und der Held des Krieges in unserer Versammlung und das Heer seiner Geister mit unserem Schritt..." Der Rest ist für unsere Diskussion unwesentlich. Vgl. weiter B. Gärtner, op.cit. (o.Anm. 277), S. 92ff.

390 S.o.S. 209 mit Anm. 263 zur Literatur. Aufschlußreich könnte hier auch sl Hen 17; 23, 1f sein, wenn man das Werk so früh ansetzen dürfte.

ohne einen Anklang an die kriegerische Gemeinschaft auskommen. Es ist daher nicht von einer einseitigen Entwicklung von einem der drei Vorstellungskreise auszugehen, sondern von dem sich quasi gleichzeitig entfaltenden Glauben an die Präsenz und die Hilfe der Engel in den verschiedenen Bereichen des Lebens und damit an die Möglichkeit der Teilnahme am himmlischen Kult.

3) Zum Abschluß sei darauf hingewiesen, daß es in einigen Schriften dieser Zeit auch eine der hier nachgezeichneten scheinbar entgegengesetzte Tradition gibt: Häufig wird ein „Engel des Friedens" in der Rolle des angelus interpres[391] genannt. Die Beziehung dieses Engels zum Kampfgeschehen macht TDan 6, 2ff deutlich: „Nahet euch Gott und dem Engel, der für euch bittend eintritt, denn er ist der Mittler zwischen Gott und Menschen (μεσίτης θεοῦ καὶ ἀνθρώπων), und für den Frieden Israels wird er sich gegen das Reich des Feindes[392] stellen. Darum müht sich der Feind, alle, die den Herrn anrufen, zu Fall zu bringen, Denn er weiß, daß an dem Tage, an dem Israel umkehren (ἐπιστρέψει[393]) wird, das Reich des Feindes beendet sein wird.. Denn er selbst, der Engel des Friedens, wird Israel stärken, damit es nicht in das äußerste Übel fällt, [...[394]], denn keiner der Engel ist ihm gleich. Sein Name wird an jedem Ort Israels sein und unter den Völkern[395]. Hier schimmert bereits der Kampf der beiden Engelmächte um die Seele durch, wie er auch TAscher 6, 6 zuzugrunde liegt: „Wenn sie (die Seele) aber ruhig mit Freude (fortgeht), lernt sie den Engel des Friedens kennen und er führt sie ins ewige Leben"[396].

Der begleitende Engel ist als Engel des Friedens das Gegenstück zur Welterfahrung des Visionärs. Die These mag vielleicht etwas gewagt erscheinen, aber es sollte doch ernsthaft überdacht werden, ob dieser Engel des Friedens nicht

---

391 z.B. äHen 40, 8; 52, 5; 53, 4; 54, 4; 56, 2 (vgl. die Anm. 40, 8a in Uhligs Übersetzung); TBen 6, 1 u.ö.

392 So, ἐχθροῦ, mit den Handschriften (wie übrigens auch Becker in seiner Übersetzung), die andere Lesart (θεοῦ) ergibt nur schwer einen Sinn.

393 v.l.: πιστεύσει, was aber kaum wahrscheinlich ist.

394 Hier folgt ein offensichtlich christlicher Zusatz, vgl. auch Beckers Übersetzung (Quellenverz.).

395 Die Worte „und unter den Völkern" weisen auf keinerlei christliche Intention hin: Die Anerkennung des einen Gottes durch alle Völker am Ende der Tage ist weit verbreitete Tradition. Daher muß man die Worte nicht, wie Becker es tut, in Klammern setzen. Er bestätigt selbst, daß sie als solche weder christlich noch sekundär sein müssen. Allerdings sind die messianischen Untertöne dieses Abschnitts bemerkenswert.

396 S.o. S. 152.

angemessener Ausdruck für die Sehnsucht der Frommen in einer kriegerischen Zeit ist. Die Möglichkeit, diese Welt zum Zweck der Schau des Himmlischen zu verlassen, ist *inter alia* vielleicht eine in die Form der Vision gebrachte Hoffnung auf das Ende der irdischen Bedrängnis. Dieser Satz mag nur bedingt zutreffen; es scheint aber, daß es doch den einen oder anderen Text gibt, an dem er sich nachweisen läßt. Eine solche Auffassung der Dinge würde sich jedenfalls in eine Entwicklung der Verinnerlichung durchaus einreihen, die sich an verschiedenen Stellen der außerkanonischen Literatur beobachten läßt.[397] Doch kann das nicht mehr Aufgabe dieser Untersuchung sein.

5 Weitere Motive

5. 1 Engel im Gericht

An dieser Stelle bleiben einige Entwicklungen vorhandener Motive nachzutragen. Zunächst haben die Engel auch weiterhin eine positive Aufgabe im himmlischen Gericht, wie ja bereits aus einigen biblischen Zeugnissen hervorging. Dabei erfüllen die Engel nun eine dreifache Aufgabe: Sie sind Zeugen für das Geschehen auf der Erde (und entsprechend auch Ankläger oder Verteidiger). In diesem Rahmen werden sie auch als die Schreiber und Buchführer gedacht. Ferner sind sie die Vollstrecker des Urteils und bestätigen das Gericht durch ihren Jubel. Die Themenkreise sind bekannt und müssen hier nicht ausführlich vorgeführt werden. Einige Beispiele mögen genügen[398].

Jub 4, 6 stellt ausdrücklich fest: „Deswegen kommen wir (scil.: die Engel) und tun kund vor dem Herrn, unserem Gott, jede Sünde, die geschieht im Himmel und auf Erden, welche im Licht oder in Finsternis und die überall (ist)". LAB 11, 12 warnt, nicht falsches Zeugnis zu reden wegen der *custodes*, die den Lügner sonst anklagten. In der Tier-Symbol-Apokalypse wird ein Engel beauftragt, die Taten der 70 Hirten zu notieren: äHen 89, 76; 90, 14. Nach slHen 19, 5 befinden sich die Erzengel, die die Taten der menschlichen Seelen vor Gott berichten, im sechsten Himmel. Die Parallel-Version hat hier bereits das Motiv des Schreibens. Mit dieser Aufgabe der Zeugenschaft ist die des Notierens eng verbunden:

---

397 S.o. S. 120 mit Anm. 17.
398 Weiteres z.B. bei Schäfer, op.cit. (o.Anm. 90), S. 30f. 62ff und Baumgarten, *Duodecimal Courts* (o.Anm. 141). Wie Engel ständige Begleiter und Wächter des Menschen nach LAB sind, so kennt sie auch Porphyrius in dieser Aufgabe: Ad Marcellam 343f: καὶ εἰσιν ἄγγελοι θεῖοί τε καὶ ἀγαθοὶ δαίμονες ἐπόπται τῶν πραττομένων.

Das Schreiben war schon Ez 9 Teilaufgabe der Engel, die dort erschienen, um das Urteil auszuführen. Dan 7 begann die große Gerichtsszene mit dem Öffnen der Bücher, und auch die Öffnung des Buches mit den sieben Siegeln, ApkJoh 5, 1ff, ist als Beginn des eschatologischen Gerichts zu verstehen. Doch hat das Schreiben auch im Zusammenhang der Offenbarungen seinen Platz. So ist die einfache Nennung der Tätigkeit im slHen 22, 11 noch eher in den Komplex des Zeugnisses zu stellen, das Diktat der Bücher durch Engel, wie slHen 23, 6 oder Jub 1 gehört dagegen zur Offenbarung; dasselbe gilt für 4Esr 14, 42[399].

Engel begleiten das himmlische Urteil durch ihren Jubel oder ihre Bestätigung, wie oben bei der Besprechung der himmlischen Liturgie deutlich wurde. Entsprechend kann der Autor des THi das Verdammungsurteil des Elihu so umschreiben: „Der Herr hat ihn vergessen und die Heiligen haben ihn verdammt" (43, 10). Diese Aussage bewegt sich ganz im Rahmen der Schilderung des Urteils der עירין וקדישין in Dan 4, besonders in der LXX-Fassung. Dies ist die natürliche Folge der Vorstellung, daß den Engeln selbst an der Durchsetzung des göttlichen Rechts liegt. So sind die Fragen der vier Erzengel an Gott, äHen 9, zu verstehen. Man darf hier vermuten, daß die Fragen des Menschen nach der Durchsetzung von Gottes gewollter Ordnung den Engeln in den Mund gelegt werden. Aber wer so fragt, wird das Urteil dann auch ausführen: äHen 10. Die Vorstellung von den strafenden Engeln, die sich schon in der LXX zu Hiob nachweisen ließ[400], beherrscht die außerbiblische Angelologie durchweg. Schon äHen 1 beginnt mit einer Gerichtsvision, die V 9 die „10 Millionen Heiliger" nennt, welche kommen, um das Gericht auszuführen. Zwar steht hinter diesem Vers Dtn 33, 2-LXX, aber inhaltlich ist damit nichts Außergewöhnliches angesprochen. Das Motiv findet sich auf Schritt und Tritt bis hin zu den TXIIPatr: Laut TLev 3, 2f strafen Engel die Ungerechten. Es versteht sich von selbst, daß die Ankläger im gleichen Maß auch um das Wohl der Gerechten bemüht sind. So stellt der Glaube an Fürsprecher-Engeln[401] nur die zweite Seite

---

399 Vgl. weiter THi 52 (Nereus); ApkJoh 2, 1 und Röm 16, 22; 3Hen 27, 1f..
400 S. o. S. 105ff.
401 Vgl. hierzu O. Betz, Der Paraklet. Fürsprecher im häretischen Judentum, im Johannesevangelium und in neugefundenen gnostischen Schriften. Leiden 1963 (AGSU 2), S. 40-43. 64-69. 149-158; und schon vorher N. Johansson, Parakletoi. Vorstellungen von Fürsprechern für die Menschen vor Gott in der alttestamentlichen Religion, im Spätjudentum und Urchristentum. Lund (1940), S. 22-40. 75-84. 275-278.

derselben Auffassung dar, dernach die Engeln um das Recht Gottes besorgt sind.

Die seltsame Behauptung des Paulus, 1Kor 6, 3, ist im Licht dieses Glaubens an die Mithilfe der Engel beim göttlichen Gericht zu verstehen: „Wißt ihr nicht, daß wir über die Engel richten werden?" Allerdings muß man hier schon hinzunehmen, daß Paulus die Aufgaben der Engel nicht selten den Christen zuschreibt. In eine ähnliche Richtung verweisen jene Menschensohn-Worte, die das Kommen des Menschensohns mit den Engeln des Himmels ankündigen wie z.B. Mt 16, 27//Mk 8, 38//Lk 9, 26. Doch weist das bereits auf die Kritik oder zumindest eine neue Ambivalenz des Engel-Glaubens voraus.

Zwar ist auch der griechische Helios der klassische Zeuge und wird demgemäß bei verschiedenen Handlungen in dieser Funktion angerufen, aber ein Einfluß ist hier kaum anzunehmen: Die Grundlage dieser Vorstellung ist zu sehr Allgemeingut und beruht auf dem Glauben an eine himmlische Gerechtigkeit, die auch die kleinen Dinge dieses Lebens berücksichtigt und entsprechend belohnt bzw. verurteilt. In diesem Stück geht die außerbiblische Angelologie kaum über das bereits innerbiblisch Angelegte hinaus.

Aber die immer deutlicher werdende Aufteilung der Aufgaben, in deren Vollzug die Engel nun zu den ausführenden Organen des göttlichen Gerichts werden, weist auf ein tiefer liegendes Phänomen in der Hellenisierung des biblischen Gottesbegriffs: die Übernahme des parmenidischen Seins-Begriffs in der platonischen Wertung. Hier wird Gott selbst nur noch mit dem Guten und deshalb auch mit dem Recht identifiziert. In der Fortführung dieser Identifizierung wird Philon dann um die Vermittlung des Göttlichen in der Welt der Materie ringen. Doch kann das nicht mehr Teil unserer Darstellung sein.

5. 2   Völkerengel

Eine besonders in der apokalyptischen Tradition entwickelte biblische Vorstellung ist die von den „Völker-Engeln". Aber auch in den anderen Literatur-Gattungen der Epoche gibt es Hinweise auf die Aufteilung der Völker unter die Engel, wenngleich hier eine gewisse Vorsicht im Umgang mit dieser Überlieferung zu beobachten ist[402]. Der Grund hierfür ist erst noch zu erheben. Die wenigen Hinweise aus der nicht-apokalyptischen Literatur finden sich an den folgenden Stellen:

---

402   Siehe hierzu u.a. P. Volz, op.cit. (o.Anm. 150), S. 199; Hengel, op.cit. (o.Anm. 55), S. 342ff; W. Wink, op.cit. (o.Anm. 154), S. 26ff und Baumgarten, art.cit. (o.Anm. 141), bes. S. 156-158.

258 Die ausserbiblische Entwicklung

Sofern eine Textveränderung seitens der Übersetzer vorliegt, ist Dtn 32, 8f-LXX hier zu nennen[403].

Nicht ganz so sicher, wie gemeinhin angenommen, ist Sir 17, 17:
(ἐν γὰρ μερίσμῳ τῶν ἐθνῶν τῆς γῆς πάσης [pauci][404])
ἑκάστῳ ἔθνει κατέστησεν ἡγούμενον/καὶ μερὶς κυρίου Ισραηλ ἐστίν[405].

Sirach ist in seiner Formulierung nicht eindeutig: Die erste Zeile findet sich nur in einem Teil der Handschriften[406] und gehört so kaum an diesen Platz. Der ἡγούμενος ist nicht notwendig etwas anderes als ein menschlicher Herrscher[407]. In der Formulierung des Enkels ist jedenfalls kein eindeutiger angelologischer Terminus enthalten. Mehrere Indizien sprechen dennoch dafür, daß Sirach die Völker-Engel im Sinn hat; unter diesen sticht die Betonung des „Anteils des Herrn" (μερὶς κυρίου) hervor, die so aus LXX zu Dtn 32, 9 bekannt ist; ferner die Gegenüberstellung der Herrscher mit Gott, weshalb wohl an himmlische Herrscher zu denken ist.

Die fragliche Stelle im dritten Fragment des Artapanus ist schon oben diskutiert worden[408]. Dabei stellte sich heraus, daß wohl kaum die Völkerengel, sondern eher die 36 Dekan-Sternbilder den natürlichen Hintergrund zur Erklärung bilden. Damit sind die Zeugnisse der Diaspora-Literatur erschöpft.

Der Befund ändert sich in der apokalyptischen Tradition, die entsprechend ihrer sonstigen Grundtendenzen auch das Geschehen zwischen den Völkern als ein nicht nur irdisches versteht. Aber nicht alle als Beleg für den Glauben an Völkerengel herangezogenen Textzeugen sind derart sicher, wie allgemein angenommen:

---

403 S.o. S. 75ff.
404 Vgl. die Ausgabe von Ziegler (s. Quellenverz.), a.l.
405 „(Als er [scil.: Gott] alle Völker der Erde aufteilte) / gab er jedem Volk einen Herrscher / und der Anteil des Herrn ist Israel."
406 In der Ausgabe der hebräischen Fragmente erscheint der Vers nicht: The Book of Ben Sira. (Historical Dictionary, s. Quellenverz.). Die Unsicherheit bezüglich des genauen Ortes des Verses sagt noch nicht unbedingt etwas über seine Zugehörigkeit zum Buch selbst; vgl. z.B. den Kommentar von סגל מ.צ. (M.S. Segal), מבוא, פירוש ומפתחות. ספר בן סירא השלם. כולל השרידים העבריים שנתגלו מתוך הגניזה והחזרת הקטעים החסרים ... עם 2., verb. Aufl. Jerusalem (1972), a.l.
407 Der Kommentar von G. Sauer (s. Quellenverz.), a.l., verzeichnet die Möglichkeit einer angelologischen Deutung gar nicht erst. Doch vgl. Wink, op.cit. (o.Anm. 154), S. 29 mit Anm. 48.
408 S.o. S. 177.

Die Völkerengel 259

Schon Dan 10, 13. 20f nennt den שר מלכות פרס gegenüber dem sich offenbarenden Engel, dem Michael als einer der השרים הראשונים gegen den שר יוון helfen wird. Es ist möglich, daß auch die Parallelisierung des צבא השמים und der Könige der Erde in Jes 24, 21 hierher zu ziehen ist.

In der Namensliste der heiligen Engel, äHen 20, 5, ist Michael der vierte Engel, „der über Menschen und Nationen gesetzt ist".

Es entspricht den separatistischen Tendenzen des Jub, wenn dort die „Geister", die über die Völker (hier vornehmlich, aber nicht ausschließlich Ismael und Esau) gesetzt sind, die ihnen Anvertrauten bewußt in die Irre führen, d.h. sie zum Abfall von Gott bewegen: 15, 31bf. Allen bisher genannten Stellen mit Ausnahme von Dan 10, 13. 20f, ist eines gemeinsam: Die Völker sind in die Hände jener Engel gegeben. Israel dagegen ist in der Hand Gottes selbst. Daher irren die Völker in ihrem Kult, Israel aber betet den einzig wahren Gott an.

Auf diesem Hintergrund ist ist die Rolle der siebzig Hirten in der Tier-Symbol-Apokalypse des äHen (89, 59ff) nicht so deutlich: Einerseits stehen diese Hirten, in deren Hände die Schafe gegeben sind, gleich nach den gefallenen Sternen, d.h. den aufrührerischen Engeln aus Gen 6, 1-4 in der apokalyptischen Interpretation dieser Stelle, im Gericht (90, 24ff), anderseits stimmt die Übergabe der „Schafe" in die Hände dieser Hirten nicht zum sonstigen Bild der Völkerengel, insofern die Hirten hier eben nicht die der anderen Tiere sind, sondern Hirten der Schafe, d.h. Israels, und nun die ihnen anvertraute Herde den wilden Tieren überlassen[409]. Schon Dillmann[410] hat deshalb eine Interpretation der Zahl 70 als Anspielung auf die 70 Jahrwochen nach Jer 25, 11-13; 29, 10; 27, 7 und Dan 9, 2. 24ff vertreten und die Frage nach den „Völkerengeln" lieber offen gelassen.

Noch unklarer sind andere Belege, wie TLev 5, 6f, wo sich der Engel als der Fürsprecher Israels bezeichnet, oder TDan 6, 1f, die Nennung des Engels, der nahe bei Gott steht und für Israel eintritt. Hier fehlt ein Hinweis auf die Vertre-

---

409 Dennoch hat sich die Auffassung von den Völkerengeln an dieser Stelle weitgehend durchgesetzt, s. z.B. Uhligs Anm. a.l. und Hengel, op.cit. (o. Anm. 55), S. 342ff.; Wink, op.cit. (o.Anm. 154), S. 29f. Die Zahl der Völker, 70, ist aber sicher nicht von den babylonischen Wochengöttern abzuleiten, sondern von den 70 Völkern der Völkertafel der Genesis. Es mag sein, daß diese ursprünglich von babylonischen Vorstellungen abhängig ist, doch steht das hier nicht mehr zur Debatte. Anders z.B. Bietenhard, op.cit. (o.Anm. 298), S. 109f.

410 A. Dillmann, Das Buch Henoch uebersetzt und erklärt. Leipzig 1853, S. 265f.

tung der anderen Völker[411]. Reicht die Erwähnung eines Engels, der Israel vor Gott besonders vertritt, bereits aus, um die Anschauung von Engeln zu begründen, die jeweils auch den anderen Nationen zugeordnet seien?

Wirklich ausführlich ist die Darstellung der Aufteilung der Völker im Gefolge von Gen 11 im hebräischen TNaph 8ff: Gott selbst kommt vom Himmel auf die Erde herab – in Anlehnung an die biblische Vorlage, Gen 11, 7: הבה נרדה ונבלה שם שפתם, wobei der göttliche Plural als Anrede an die Engel verstanden wird. Da die Turmbaugeschichte schon biblisch nahe bei der Völkertafel steht, lag es nahe, die Gott begleitenden Engel mit den 70 Völkern zu verbinden. Hier heißen sie aber bereits מלאכי השרת (8, 4) und Michael steht an ihrer Spitze[412]. Es überrascht zunächst, daß den Völkern die Wahl ihres Engels jeweils frei gestellt wird (9, 2ff); aber das geschieht nur, um die Wahl Gottes durch Abraham als besonders verdienstwürdig herauszustellen. An diesen Umstand wird die nachfolgende ethische Mahnung angeknüpft.

Man darf auf diesem Hintergrund die Aussendung der 70 Jünger durch Jesus als Aufruf zu einer alle Völker umfassenden Mission verstehen: Lk 10, 1ff.

Dieser textliche Befund läßt sich nun so zusammenfassen: Einige Autoren haben die Vorstellung, daß die Heiden unter der Aufsicht, evtl. auch der Verwaltung von himmlischen Wesen stehen. Biblische Belege ließen sich – wenn sie nicht ursprünglich dieselbe Tradition widerspiegeln – zumindest so interpretieren[413]. Dabei fehlt bislang jeder Beleg in der jüdisch-hellenistischen Literatur. Man mag das damit erklären, daß die Nähe zu einigen griechischen Überlieferungen die Juden im griechischen Sprachbereich von einer Betonung der Völ-

---

411 Der ἄγγελος τῆς ἀνθρωπότητος, ApkMos 32, 3, gehört ebenso wenig in diesen Zusammenhang, noch weniger AssMos 10, 1f; grApkBar 6, 1; syBar 67, 2f; anders D.S. Russell, op.cit. (o.Anm. 24), S. 245. Für die Übertragung angelologischer Traditionen auf Michael typisch sind die Varianten zu dieser Stelle; vgl. die neue Ausgabe von Bertrand (s. Quellenverz.), S. 136. Michael kann dann mit den Schreiber-Engeln in Verbindung gebracht werden, vgl. Hengel, op.cit (o.Anm. 55), S. 344 mit Anm. 507.

412 Beide Elemente lassen, unbeschadet anderer Beobachtungen, diese Traditionsstufe als spät erscheinen. Die Herausgeber des Textes haben ihn denn auch in aller Regel für ein mittelalterliches Produkt gehalten. Die Information Winks, das hebr. TNaph sei in Qumran gefunden worden, entbehrt einer nachprüfbaren Grundlage: der Hinweis Miliks auf einen hebräischen Text des TNaph ist deutlich auf eine hebräische Version des ansonsten nur griechisch bekannten Testaments aus der Sammlung der TXIIPatr bezogen. Siehe Wink, op.cit. (o.Anm. 154), S. 31; J.T.Milik, Ten Years of Discovery in the Wilderness of Judaea. London (1959 = 1963) (SBT 26), S. 34.

413 S.o. S. 22ff und 75ff.

ker-Engel abhielt. Es mag genauso gut sein, daß die Tradition dort bekannt war und wir lediglich aufgrund des fragmentarischen Zustands, in dem die Reste dieser Literatur auf uns gekommen sind, hiervon nichts wissen.

In jedem Fall bestehen auffällige Parallelen in beiden Kulturbereichen, die zwar nicht direkte Abhängigkeit des Einen vom anderen implizieren, dennoch für die Entwicklung des jüdischen Engel-Glaubens nicht uninteressant sind: In den Gesängen Pindars, die auch in der hellenistischen Epoche bekannt gewesen sein dürften, erzählt der Grieche von der Verlosung der Welt[414] unter die Olympier. Dabei war Helios, der Sonnengott, gerade nicht anwesend und wurde deshalb vergessen. Zeus soll daraufhin eine Wiederholung der Verlosung erwogen haben, als Helios in Vorausschau der Zukunft die Insel Rhodos aus dem Meere aufsteigen sah und sich mit ihr zufrieden gab. Pindar möchte mit dieser Erzählung nur die besondere Beziehung der Insel Rhodos zu Helios erklären, aber auf diesem Wege ist der Mythos als solcher erhalten geblieben.

Platon berichtet in den Gesetzen IV 713c-d, daß Kronos jedem Staat δαίμονες als Regierende gegeben habe. Gemäß Kritias 109 b-c verlosten die Götter das Land unter sich wie Hirten das Vieh. Die erste der beiden Stellen ist dem in Sirach 17, 17 Gesagten ähnlich, insofern es hier wie da um die Regierenden geht. Ein später Nachhall der griechischen Vorstelung von der Aufteilung der Völker unter verschiedene himmlische Mächte könnte noch im Orakel von Oenoanda[415] gefunden werden, wo es heißt: μεικρὰ δὲ θεοῦ μερὶς ἄγγελοι ἡμεῖς (sic). Allerdings ist nur der Terminus μερὶς ein Indiz in diese Richtung, denn mit diesem Wort wird in der LXX die Aufteilung der Völker, bzw. die besondere Beziehung Israels zu Gott trotz der Aufteilung der Völker umschrieben, wie z.B. Dtn 32, 8f[416]. Für Tatian, Justin und Tertullian sind die Götter der Völker δαίμονες[417]. Spätestens ab Tertullian wird ihre Existenz auf zurückgeführt und so mit der außerbiblischen-jüdischen Angelologie verbunden. Aber die Möglichkeit zu einer solchen Interpretation ist schon bei Tatian gegeben.

---

414 Pindar (siehe Quellenverzeichnis), Olympische Gesänge VII, 55ff.
415 Zum Text und seiner Problematik s. o. S. 70 mit Anm. 10.
416 S. o. S. 77f. Zu weiteren Konsequenzen dieser Vorstellung vgl. u.S. 298ff.
417 S. o. Anm. 54. 118. Für Justin vgl. inter alia 1Apol. 54/70, 1ff; 66, 4; dial. 83, 4; dial. 91, 3; 94, 2. Vgl. zum Ganzen bes. E. Pagels, *Christian Apologetists and the "Fall of the Angels": An Attack on Roman Imperial Power?* HThR 78, 1985, S. 301-325.

Der Glaube an die Völker-Engel hat bei einigen Interpreten Verwunderung hervorgerufen und ist quasi in den Mittelpunkt der nachbiblischen Angelologie gerückt. Demgegenüber muß man sich aber klar machen, daß die Verwaltung der Völker durch Engel nur ein Teilaspekt jenes Glaubens ist, der Engel bei der Verwaltung der gesamten Welt ständig am Werk sieht. Dieser letzte Aspekt ist nun noch kurz zu ergänzen. Er bietet im Wesentlichen kaum Neues, sondern rundet das bisher gewonnene Bild lediglich ab:

5. 3   Der Kosmos unter den Engeln und die Hierarchie der Himmlischen

Aus dem bisher angeführten wird deutlich, wie sehr der Fromme der nachbiblischen Zeit den Kosmos immer mehr unter der Verwaltung der Engel sieht. Im Gefolge der biblischen Schöpfungspsalmen, v.a. Ps 104, kann der Beter in Qumran die Verbindung der Engel mit den Erscheinungen des Kosmos folgendermaßen preisen:

1QH 1, 8-13   ומשפט לכול מעשיהם   אתה יצרתה כול רוח ופעו[לתה הכינותה]
[ו]כול [אשר בם[418 תכנ]תה לרצונכה   ואתה נטיתה שמים לכבודכה
בטרם היותם למלאכי ק[ודש ידעתם[419   ורוחות עוז[420 לחוקיהם
מאורות לרזיהם   והיו] לרוחות עולם בממשלותם
וכול רוחות סערה] למשאם   כוכבים לנתיבות[ם
ואוצרות מחשבת לחפציה]ם[421   זקים וברקים לעבודתם

Gott hat demnach nicht nur die entsprechenden Geister gekannt (man mag übersetzen „erkannt"), bevor sie zu Engeln wurden, sondern er hat ihnen ihre jeweilige Aufgabe erteilt.

---

418 Lohse liest צבאותם, S. 112.
419 Ergänzung von Licht. Die Lücke im Text ist zu groß für ein einfaches Pronomen, wie z.B. Lohse vorschlägt. Siehe die Fotographie bei Sukenik, אוצר המגילות הגנוזות... (s. Quellenverz.), S. 35.
420 Die Übersetzung des Wortes רוח ist hier Frage der Interpretation: Lohse entscheidet sich für „Wind". Das ist sachlich genauso möglich wie „Geist"; vgl. Ps 104, 4: עשה מלאכיו רוחות משרתיו אש להט.
421 „Du hast jeden Geist gebildet und seine Werke (fest)gesetzt/und Rechtssatz für alle ihre Taten/und du hast die Himmel zu deiner Herrlichkeit gebeugt/ und alles, was darin ist, hast du nach deinem Willen gesetzt/und Geister des Mutes nach ihren Gesetzen/bevor sie Engel der Heiligkeit wurden, kanntest du sie/und sie wurden zu Geistern der Welt in ihren Herrschaften/Leuchten für ihre Geheimnisse/Sterne auf ihren Bahnen/und alle Winde des Sturmes für ihre Last/Brandpfeile und Blitze für ihre Arbeit (Werk)/Schätze des Planes nach ihrem Zweck."
Text nach der Ausgabe von J. Licht (s. Quellenverz.), S. 58f; vgl. weiter seine Einleitung S. 49f.

Nicht weniger deutlich ist die Paraphrase des Schöpfungsberichts in Jub 2, 2: „Denn am ersten Tag schuf er die Himmel, die über den Himmeln sind, und die Erde und die Wasser und jeden Geist, der dienen sollte vor ihm, nämlich die Engel des Angesichts und die Engel der Heiligung auch und die Engel des Geistes des Feuers und die Engel des Geistes des Windes und die Engel des Geistes der Wolken und aller Finsternis und des Hagels und des Schnees und die Engel der Stimmen und der Donnerschläge und für die Blitze und die Engel der Geister der Kälte und der Hitze und des Winters und des Frühjahrs und der Erntezeit und des Sommers und (die Engel) aller Geister seiner Werke, die in den Himmeln und auf der Erde und die in allen Schluchten und der Finsternisse und des Lichts und der Morgenröte und des Abends, die er bereitet hat im Wissen seines Herzens."

Die Aufteilung der verschiedenen Elemente und Naturerscheinungen mit den jeweils hierüber herrschenden Engeln führt von selbst zur Frage der Hierarchie. Hier stehen verschiedene Systeme nebeneinander. Die Zahl der obersten Engel wechselt von sieben zu vier, gelegentlich innerhalb desselben Werks. So stellte sich schon Raphael vor als einen der sieben Engel, die vor dem Thron Gottes stehen, Tob 12, 15. äHen 20 gibt eine Liste von sieben Erzengeln wie offensichtlich 4QSerShirShab auch[422]. Im TLev 8 wird Levi durch „sieben Männer" in das Priesteramt eingesetzt. Daneben kennt äHen 9f vier Erzengel[423]: Michael, Sariel[424], Raphael und Gabriel. Zwar vermittelt nur Michael die Gebete der Frommen in der grApkBar 11-16, doch sind in 4, 7 die vier Erzengel und der Engel Satanael genannt, der das Namenselement „-el" aber aufgrund seines Sturzes verloren haben soll[425].

---

422 Vgl. P. Alexander in Charlesworth, I, S. 269f mit Anm. 17b und ebd. zu 3Hen 18. Die sieben hervorragenden Engel heißen hier נשיאי ראש.

423 Vgl. auch ebd. 40, 9; 54, 6; 71, 8.

424 Die Namen Sariel und Raphael sind in der äthiopischen Überlieferung nicht sicher; vgl. Uhligs Anm. a.l. E. Isaac in Charlesworth I a.l. hat nur drei Engel in beiden Kapiteln und nennt den mittleren Surafel. Es kann sein, daß Uriel und Sariel hier kontaminiert sind. In jedem Fall ist der Name des vierten Erzengels am unsichersten, vgl. bereits Schäfer, op.cit. (o.Anm. 90), S. 22f.

425 Die griechische Parallelüberlieferung zum slavischen Text hat Samael statt Satanael. Vgl. hierzu H.E. Gaylord, *How Satanael lost his „-el"*. JJS 33, 1982, (FS Y. Yadin), S. 303-309. Es mag sein, daß Jes 14, 13f hier im Hintergrund steht. Vgl. weiter slHen 18, 31.
Vier Erzengel werden z.B. noch genannt: ApkMos 40, 1; vier von sieben, Michael, Gabriel, Uriel und Raphael: TSal 1, 6; 2, 4; 5, 9 (wo einer fehlt); vgl. weiter E.R. Goodenough, op.cit. (o.Anm. 70), II, S. 229. 232. In den

Wenn nach äHen 20, 7 Gabriel über die Paradiesschlangen und die Cherubim gesetzt ist, dann sind hier wohl die שרפים als Schlangen verstanden.

Damit ist Gabriel aber über zwei Gruppen von Hofstaat-Wesen gesetzt, und so wird eine Entwicklung angezeigt, in der im folgenden auch solche Termini zu Engeln erklärt werden, die ursprünglich nicht so aufgefaßt werden mußten wie die אופנים[426] oder גלגלים aus der Thronwagen-Vision des Ezechiel. Die Notwendigkeit dieser Entwicklung ist durch die Aufteilung der Engelwelt in Gruppen und Klassen gegeben.

Am Ende dieser Entwicklung ist aus der Verschmelzung des biblischen Boten mit den verschiedenen Gruppen des Hofstaats eine neue Größe geworden, die ihrerseits nicht nur Vorbildcharakter hat, sondern auch in sich sehr viel deutlicher beschrieben und letztlich hierarchisch gegliedert wird. Die Ansätze hierzu lagen im kanaanäischen Erbe der biblischen Religion bereit, aber die Autoren der biblischen Bücher hatten dieser Entwicklung mit unterschiedlichem Erfolg gewehrt. Die Rückkehr zu derlei Vorstellungen in der außer- und nachbiblischen Literatur ist vor allem eine Rückkehr zur polytheistischen Denkweise[427].

---

magischen Papyri werden die Erzengel dann häufiger genannt; vgl. z.B. S. Eitrem, Papyri Osloenses. Fasc. 1: Magical Papyri. Oslo 1925, S. 111; PGM III, Z. 149f: Michael, Suriel, Gabriel und Raphael; nur Michael und Gabriel PGM I, Z. 301f. Zu den Vierer- und Siebenergruppen der AKZ vgl. Kropps Einleitung (s. Quellenverz.), III, S. 70-83; hier stehen neben den bekannten vier die später in magischen und mystischen Quellen wichtiger gewordenen Abael und Anael; aufgrund der koptischen Vorliebe für Suriel verdrängt dieser meist Uriel. Vgl. hierzu H.J. Polotsky, *Suriel der Trompeter*. (Muséon 49, 1936, S. 231-243 =) Idem, Collected Papers. Jerusalem 1971, S. 288-300. 3Hen 17 kennt eine Liste von sieben Erzengeln, die über die sieben Himmel gesetzt seien. Von den hier genannten Namen sind nur Michael und Gabriel bekannt, die anderen stellen hebräische ad-hoc-Bildungen dar, vgl. hierzu auch P. Alexander in Charlesworth, I, S. 269 mit weiteren Verweisen.

426 Vgl. z.B. äHen 61, 10; 71, 7; 2Hen 29, 3(B); bRH 24b; 3Hen 25,5 und hierzu P. Alexander in Charlsworth (s. Quellenverz.), I, S. 279.

427 Vgl. bes. E.T. Mullen, The Divine Council in Canaanite and Early Hebrew Literature. (= The Assembly of the Gods) (Chico 1980) (HSM 24)., S. 277: „The members of Yah-weh's council, who had previously had only a collective function in the assembly, are now given specific functions in the human and divine realms." und ebd. S. 278: „While this elaborate development of a hierarchy of angels and demons is difficult to trace, since Hellenistic thought and Persian dualism were obvious contributing factors, the early Hebrew and Canaanite sources provided the seed from which such a development would grow."

5.4 Die Verschmelzung biblischer Angelologie und griechischer Mythologie auf ihrem vorläufigen Höhepunkt: Der himmlische Besucher der Aseneth

An einem Punkt fließen die verschiedenen hier verhandelten Motive zusammen und veranschaulichen noch einmal die ganze Gefahr des neuen Engel-Bildes in seiner Nähe zu paganen Vorstellungen. Das Beispiel hierfür ist der himmlische Besucher der Aseneth in JosAs, der in einigen wesentlichen Zügen eher dem griechischen Helios gleicht als einem biblischen Engel. Und trotzdem sind eine Reihe von Motiven dieser Darstellung den biblischen Vorbildern verwandt.

R. Reitzenstein konnte 1927 von jenem himmlischen Besucher der Aseneth schreiben: *„Es ist nach dem jüdischen Erzähler der Erzengel Michael, nach den aus der ursprünglichen Erzählung erhaltenen Zügen unverkennbar der Sonnengott selbst in der Gestalt des Josephs."*[428] Dagegen hat D. Sänger Einspruch erhoben, und Reitzensteins leicht hingeworfene These hat es ihm leicht gemacht[429]. Dennoch besteht das Besondere von JosAs nicht in der Alternative zwischen griechischem Helios und biblischem Engel, sondern in der Verschmelzung der Motive beider. Die Reihe von Parallelen zeigt vor allem das methodische Problem und die extreme Nähe, gleich viel, ob man JosAs aus den griechischen Parallelen herleiten will oder nicht. Die Frage hat zu heißen: Wie verstand der antik-jüdische Leser, dem die paganen Parallelen z.T. bekannt gewesen sein dürften, eine solche Geschichte in seinem kulturellen Bezugssystem? So gefragt sprengt die Darstellung des „Mannes" in JosAs die biblische, und z.T. auch die nachbiblische, Vorstellung von Engeln als Mittlerwesen und kommt einer Paganisierung des Judentums empfindlich nahe. Es scheint, daß JosAs dabei nur die extreme Spitze des Eisbergs darstellt.

Die Verbindung der biblischen und nachbiblischen Engel zu den Sternen hat diese Verschmelzung sicher gefördert. Die Darstellungen des Lichtglanzes der Engel gehören ebenso hierher wie die Erscheinung des Daniel, Dan 10, 5f. Es ist also durchaus nicht unverständlich, wenn Motive[430], die zuerst im Rahmen

---

428 op.cit. (o.Anm. 89), S. 249.
429 *Phänomenologie oder Geschichte? Methodische Anmerkungen zur religionsgeschichtlichen Schule.* ZRGG 32, 1980, S. 13-27, hier S. 23.
430 So etwa der goldene Gürtel, denn so wird man כתם אופז in Dan 10, 5 doch wohl zu verstehen haben, und die die Erscheinung begleitenden „Blitze". Die Pfeile Gottes sind zwar auch sonst als Blitze bezeichnet (vgl. Sach 9, 14; 2Makk 10, 13; 2Sam 22, 15; Ps 144, 1 und hierzu Goldstein, op.cit., o.Anm. 360, S. 392), aber sie kommen dann nicht aus seinen Augen. Zur Abhängigkeit JosAs

einer Theophanie genannt sind und dann auf Angelophanien angewandt werden, nun das göttliche Element in die Angelophanie hineinziehen[431].

Dieser leider allzu wenig beachtete Text gehört sicher zu den späteren im Vergleich zu den vorher genannten Apokalypsen. Bis heute gibt es keine den modernen Ansprüchen genügende kritische Ausgabe[432] und die Einleitungsfragen bleiben weiterhin umstritten[433]. Die jüdische Provenienz des Werkes dürfte aber inzwischen feststehen[434]. Entsprechend kommt der Tatsache, daß JosAs an keiner Stelle die Tempelzerstörung erwähnt, besondere Bedeutung zu.

---

von Dan 10, 6 vgl. C. Rowland, *A Man Clothed in Linnen: Daniel 10. 6ff and Jewish Angelology*. JSNT 24, 1985, S. 99-110.

431 S. o. S. 177; die Kommentatoren zu Daniel nennen eine Reihe von Parallelen aus Ez, die abgesehen von 1, 26-28, meist Einzelheiten betreffen. Vgl. stellvertretend O. Plöger, Das Buch Daniel. Gütersloh 1965 (KAT 18), S. 148; J.A. Montgomery, A Critical and Exegetical Commentary on the Book of Daniel. Edinburgh (1927 = 1950) (ICC), S. 408f.

432 Statt der Ausgabe von Batiffol (s.o.Anm. 42) ist hier der Text von C. Burchard zitiert (s. Quellenverz.). Der Text von Philonenko (s. Quellenverz.) bietet nur die kürzere Version, ohne wenigstens in den Anmerkungen auf die Unterschiede zur längeren Rezension aufmerksam zu machen. Auf diesem Text basiert die hebräische Übersetzung von ג.צורן (G. Zorn), הכהן. הוידוי והתפילה אשר לאסנת בת פוטיפרע In: 2 (1985) דפים למחקר בספרות, S. 82-113. D. Flusser hat dieser Übersetzung eine Einleitung vorangestellt: - הלניסטי יוסף ואסנת רומן יהודי, ebd. S. 73-81. Die deutsche und die englische Übersetzung des Werkes von J. Burchard beruhen auf seinem kritischen Text, dem aber vorläufig ein apparatus criticus fehlt.

433 Der letzte mir bekannte Versuch einer chronologischen Einordnung stammt von D. Sänger, *Erwägungen zur historischen Einordnung und zur Datierung von „Joseph und Aseneth"*. La Littérature Intertestamentaire. Ed. par A. Caquot. Paris 1985, S. 181-202 (vgl. ZNW 76, 1985, S. 86-106). An anderer Stelle hat derselbe Verfasser versucht, JosAs als Zeugnis einer Identitätsbestimmung innerhalb der jüdischen Gemeinde zu verstehen; s. *Bekehrung und Exodus. Zum jüdischen Traditionshintergrund von „Joseph und Aseneth"*. JSJ 10, 1979, S. 11-36. Insgesamt aber ist das Werk zumindest auch eine romanartige Erzählung; vgl. hierzu bes. Burchard in den Einleitungen zu seinen beiden Übersetzungen; G. West, *Joseph and Aseneth: A Neglected Greek Romance*. CQ 68, 1974, S. 70-81; R.T. Pervo, *Joseph and Asenath and the Greek Novel*. SBL.SP 10, 1976, S. 171-181.

434 Vgl. z.B. V. Aptowitzer, *Asenath, the wife of Joseph. A haggadic literary historical study*. HUCA 1, 1924, S. 238-306; Burchard, Untersuchungen (o. Anm. 42), S. 91-112; Sänger, Mysterien (o.Anm. 42), S. 11-87 und G. Delling, *Die Kunst des Gestaltens in „Joseph und Aseneth"*. NT 26, 1984, S. 1-42. Die z.B. von D. Sänger in allen seinen hier zitierten Untersuchungen betonten Beziehungen zur Sprache und zu einigen Motiven bei Philon scheinen im allgemeinen gesichert zu sein.

Der himmlische Besucher 267

Aus der ganzen Geschichte ist für den angelologischen Zusammenhang die Schilderung des himmlischen Besuchers wichtig. Sie hat ihre deutlichen Parallelen in der Schilderung Josephs selbst, auf die jeweils zurückzukommen sein wird. Da es sich hier aber nicht um eine kurze Episode handelt, die sich kurz zusammenfassen ließen, da der Text andererseits nicht derart bekannt ist, wie andere antik-jüdische Texte, wird er im folgenden etwas ausführlicher vorgestellt.

Der Besuch findet statt, nachdem Aseneth ihre angestammte Religion demonstrativ verlassen und sich an den Gott Israels gewandt hat. Dieser Wechsel wird durch siebentägiges Fasten und Trauerbräuche wie Sack und Asche begleitet. Am letzten Tag spricht Aseneth ihr Gebet bei Sonnenaufgang und wendet sich hierfür nach Osten[435]. Der Morgenstern erscheint (14, 1-2) und wird von

---

Dagegen ist selbst eine christliche Überarbeitung zumindest fragwürdig. Sie wurde zuletzt vertreten von T. Holtz, *Christliche Interpolationen in „Joseph und Aseneth"*. NTS 14, 1967/68, S. 482-497, wogegen sich K. Berger heftig wandte: *Jüdisch-hellenistische Missionsliteratur und apokryphe Apostelakten*. Kairos 17, 1975, S. 232-248.

In jedem Fall ist die bekannte Szene mit dem Kreuz, 16, 17 kein Anhaltspunkt für eine religiöse Zugehörigkeit: In einem nahezu magischen Akt erinnert sie eher an die Zauberpapyri als an das junge Christentum. Doch muß diese Diskussion vorerst zurückgestellt bleiben. Die Abhängigkeit des Autors von der Septuaginta (so besonders G. Delling, *Einwirkungen der Sprache der Septuaginta in „Joseph und Aseneth"*. JSJ 9, 1978, S. 29-56) steht dem nicht im Wege: vgl. G.A. Deissmann, *Ein epigraphisches Denkmal des alexandrinischen Alten Testaments*. Idem, Bibelstudien. Beiträge, zumeist aus den Papyri und Inschriften, zur Geschichte der Sprache, des Schrifttums und der Religion des hellenistischen Judentums und des Urchristentums. (Marburg 1895 = repr.) Hildesheim/New York 1977, S. 21-54.

Anklänge an die Merkava-Literatur lassen sich dagegen nur schwer nachweisen. Anders: H.C. Kee, *The Socio-Religious Setting and Aims of Joseph and Aseneth*. SBL.SP 10, 1976, S. 183-192 und R. Bauckham, *The Worship of Jesus in Apocalyptic Christianity*. NTS 27, 1980/81, S. 322-341, bes. 332.

435 11, 1y-Burchard (fehlt in den anderen Ausgaben). Von Ägypten aus gesehen ist das nicht die Richtung nach Jerusalem, hat also nichts mit der später traditionell gewordenen jüdischen Gebetsrichtung zu tun; vgl. auch Burchards Anmerkung zur Stelle.
Über die Richtung zum Sonnenaufgang hin vgl. weiter Sänger, Mysterien (o.Anm. 42), S. 55. Von da aus ist es ebenfalls fraglich, ob die Zeitangabe mit späterem jüdischem Brauch verbunden werden darf. Zu diesem siehe E. Peterson, *Die geschichtliche Bedeutung der jüdischen Gebetsrichtung.* und idem, *Das Kreuz und das Gebet nach Osten*. Beide im Sammelband seiner Aufsätze: Frühkirche, Judentum und Gnosis. (Freiburg 1959 = repr.) Darmstadt 1982, S. 1-14. 15-35 und weiter F. Dölger, *Echo 26: Ostung im Gebet. Echo*

ihr begrüßt als ἄγγελος καὶ κῆρυξ. Die Himmel öffnen sich (14, 2) und ein großes Licht (φῶς μέγα) strahlt ihr entgegen. Ein „Mann" tritt ein[436].

Die Schilderung des Mannes nimmt nun einen verhältnismäßig breiten Raum ein: Er sendet Lichtstrahlen aus[437] und stellt sich mit den Worten vor: Ἐγὼ εἰμὶ ὁ ἀρχιστράτηγος κυρίου τοῦ θεοῦ καὶ στρατιάρχης πάσης στρατειᾶς τοῦ ὑψίστου (Batiffol, 59, 11f/Burchard14, 8[438]). Doch damit nicht genug wiederholt der Verfasser eine ganze Reihe von Elementen, die aus der Schilderung des „Mannes" in Dan 10, 5f und aus der Umschreibung Gottes Ez 1, 26-28 bekannt sind: καὶ ἰδοὺ ἀνὴρ ὅμοιος κατὰ πάντα τῷ Ἰωσῆφ τῇ τε στολῇ καὶ τῷ στεφάνῳ καὶ τῇ ῥάβδῳ τῇ βασιλικῇ πλὴν τὸ πρόσωπον αὐτοῦ ἦν ὡς ἀστραπή, καὶ οἱ ὀφθαλμοὶ αὐτοῦ ὡς φέγγος ἡλίου· αἱ δὲ τρίχες τῆς κεφαλῆς αὐτοῦ ὡς φλὸξ πυρὸς ὑπολαμπάδος καιομένης, καὶ αἱ χεῖρες αὐτοῦ καὶ οἱ πόδες ὥσπερ σίδηρος ἐκ πυρὸς ἀπολάμπων ὥσπερ γὰρ σπινθῆρες ἀπέστενδον ἀπό τε τῶν χειρῶν καὶ τῶν ποδῶν αὐτοῦ.[439]

Die einzelnen Elemente, die hier aus den genannten biblischen Vorlagen übernommen worden sind, müssen nun nicht mehr en detail belegt werden. Sie wurden ja bereits genannt. Im Zuge der Entwicklung von den Theophanie- zu Angelophanie-Elementen ist es denn auch nur natürlich, wenn der himmlische Besucher die verwirrte Aseneth mit dem bekannten „Fürchte Dich nicht!" anredet. Es entspricht biblischer aber, von Raphael[440] abgesehen, kaum außer-

---

27: *Die Ostung beim Sterben. Echo* 28: *Die Beerdigung mit dem Gesicht nach Osten.* AuC (1932 = repr.) Münster 1975, S. 76-79.

436 ἄνθρωπος τοῦ οὐρανοῦ. So nach den textkritischen Untersuchungen Burchards. Der Titel ἄγγελος wird dem Besucher erst später zuteil; s. Burchard, Untersuchungen (o.Anm. 42), S. 12-22. 68-74 sowie die Anmerkungen in den Übersetzungen. Die Bezeichnung ἄγγελος κυρίου ist demgemäß noch später in den Text eingedrungen.

437 Batiffol 59, 9: φωτὸς ἀκτίνας ἐκπέμπων; fehlt bei Burchard.

438 Burchard liest: ἐγὼ εἰμὶ ὁ ἄρχων τοῦ οἴκου κυρίου καὶ στρατιάρχης πάσης στρατίας.

439 „Und siehe ein Mann ganz dem Joseph gleichend, in seinem Gewand, seinem Kranz (Krone) und seinem königlichen Szepter; aber sein Gesicht war wie Blitz, seine Augen wie die Strahlen der Sonne und sein Haupthaar wie Feuerflammen einer brennenden Fackel und seine Hände und Füße wie Eisen, wie Leuchten aus dem Feuer, denn Funken stoben von seinen Händen und Füßen" (Batiffol, 59, 14ff/Burchard 14, 9). Zur Bedeutung der „Fackel" vgl. Burchards Anmerkung a.l.

440 Vgl. Tob 3, 6-12.

biblischer Entwicklung, wenn er ihr mitteilt, *er* habe ihr Gebet gehört (15, 2). Aseneth vollzieht den von ihrem Besucher angeordneten Kleiderwechsel (14, 10-17, s.o.), den man hier mit Grund als Identitätswechsel verstehen darf: Sie ist nun eine andere. Allerdings findet dieser Wechsel wie bei den Töchtern des Hiob im Diesseits statt. Sein Ziel ist nicht zuerst die Verwandlung in ein den Himmlischen nahes Wesen, sondern Aseneths jüdische Identität, ihr Proselytenstatus also. Wenn dieser Wechsel im Beisein und teilweise auf Geheiß des Himmlischen geschieht, dann ist die Parallele zum THi wohl deutlich. In der Tat teilt „der Mann" Aseneth mit, daß ihr Name im Himmel aufgeschrieben sei mit dem Blute seines Fingers (15, 3) und daß sie dem Joseph als Frau angetraut würde, nachdem sie als Proselytin aufgenommen sei[441]. Die von Burchard für die Textherstellung herangezogenen Handschriften haben in diesen ganzen Partien keine Erwähnung Gottes[442].

Eigenheit von JosAs ist die Nennung der μετάνοια, der himmlischen Schwester des Besuchers, die vor Gott für Aseneth Fürsprache eingelegt haben soll und von der gilt, daß sie ob ihrer Schönheit und Güte bei allen Himmlischen, Gott, ihrem Vater, und allen Engeln geehrt und geliebt wird (15, 8)[443]. Die „Umkehr" ist Jungfrau - wie Aseneth auch. Der Besucher gleicht, von seinem übernatürlichen Glanz abgesehen, in allem dem Joseph. Man darf also voraussetzen, daß beide Paare jeweils verbunden sind. Wie fest diese Verbindung zu denken ist, kann nicht mit Sicherheit ausgemacht werden, aber es scheint deutlich, daß die beiden irdischen Akteure des Romans ihr himmlisches Gegenüber haben, gleich ob dies nun ein je ganz getrenntes Wesen oder der persönliche δαίμων sein soll[444].

Nach einigen Anweisungen des Besuchers, die zumeist die bevorstehende Verbindung Aseneths mit Joseph betreffen, fragt Aseneth nach dem Namen des Himmlischen (15, 12x[445]). Daß der Besucher eine Ausflucht sucht, um seinen

---

441 Der genaue Ablauf ist z.T. unklar durch die Verwendung symbolischer Sprache, die auch die verschiedenen zeitlichen Ebenen nicht immer klar scheidet. Für unsere Diskussion liegt nicht viel an der Frage, wann die Aufnahme Aseneths ins Judentum nun tatsächlich als vollzogen gedacht ist.
442 Doch vgl. Batiffol, S. 60, Z. 22ff.
443 Vgl. Batiffol S. 61, Z. 13ff.
444 Sänger hat die Identifikation der μετάνοια mit Aseneth und beider mit der Weisheit mehrfach vertreten; so *Missionsliteratur* (o.Anm. 365), S. 236.
445 Burchard. Der Vers fehlt bei Batiffol und Philonenko; doch vgl. die Liste der Lesarten bei Burchard, Untersuchungen (o. Anm. 42), S. 68. Zur weiteren Entwicklung dieses Motivs s. Berger, art.cit. (o.Anm. 404), S. 241ff.

Namen nicht zu nennen, erstaunt nach den biblischen Vorbildern wie Ri 13, 18 kaum. Dagegen ist seine Begründung in sich höchst auffallend: Die Namen der im himmlischen Buch Aufgeschriebenen dürften nicht ausgesprochen werden und seien „wunderbar". Zu den weiteren Parallelen zur Manoch-Geschichte ist auch Aseneths Wunsch zu rechnen, ihren Gast mit Brot und Wein zu bewirten (15, 13). Statt dessen verlangt der Besucher nach einer Honigwabe[446], die sich wunderbarerweise auch in Aseneths Räumen findet. Diese Wabe gilt nun als der Geist des Lebens. Sie sei von den Bienen des Paradieses gemacht worden und von ihr äßen „die Engel (Gottes), alle Erwählten Gottes und alle Söhne des Höchsten ... und alle, die davon essen werden nicht sterben εἰς τὸν αἰῶνα χρόνον" (Batiffol 64, 8ff/Burchard 16, 14).

Durch das Essen dieser Honigwabe (16, 16-16x Burchard) wird Aseneth tatsächlich verwandelt[447]. Eine zweite Wabe entsteht wiederum durch ein Wunder in ihrem Munde; am Ende der Szene wird die Wabe dann verbrannt, indem der Besucher sie berührt „und sogleich stieg eine Flamme aus dem Tisch und verzehrte die Wabe und dem Tisch tat es keinen Schaden" (Burchard 17, 3). Das klingt nach einer Kombination aus Ri 6, 21 und der Dornbusch-Erzählung, Ex 3. Nach dem Segen über Aseneths sieben Jungfrauen befiehlt der Besucher Aseneth, den Tisch wegzuräumen. Und während sie seiner Aufforderung nachkommt, verschwindet er. Aseneth sieht nur ὡς ἅρμα τεσσάρων ἵππων πορευομένων εἰς τὸν οὐρανὸν κατὰ ἀνατολάς· καὶ τὸ ἅρμα ἦν ὡς φλὸξ πυρὸς καὶ οἱ ἵπποι ὡς ἀστραπή· καὶ ὁ ἄνθρωπος εἱστήκει ἐπάνω τοῦ ἅρματος ἐκείνου[448]. Erst jetzt realisiert Aseneth, daß nicht ein Mensch, son-

---

446 Vgl. Ex 16, 31; SapSal 19, 21. Das Manna zeichnet sich inter alia durch den Geschmack von Honig aus, worauf Burchard hingewiesen hat: Untersuchungen (o.Anm. 42), S. 130ff. Nach Ex 16, 14 ist das Manna wie Tau auf der Erde und nach JosAs 16, 8 ist jene Wabe groß und weiß wie der Schnee. Das Manna ist nach Ps 78, 25-LXX das Brot der Engel. Vgl. oben S. 95-97. Philon identifiziert Manna und Honig z.B. in de fuga 138 und det. 117f. Zur Rolle des Honigs beim Religionswechsel überhaupt vgl. auch Berger, art.cit. (o.Anm. 404), S. 235. Für eine andere Interpretation siehe O. Betz, art.cit. (o.Anm. 64), S. 79.

447 Hier ist nicht der Ort, die Frage nach dem real-historischen Hintergrund der Szene zu stellen. Sänger hat sich dafür ausgesprochen, daß eine tatsächliche Form von Proselyten-Aufnahme in der Szene zu sehen sei: *Bekehrung* (o. Anm. 403), S. 178ff.

448 Nach Burchard 17, 7f. „wie einen Wagen von vier Pferden in den Himmel nach Osten fahrend; und der Wagen war wie eine Feuerflamme und die Pferde wie Blitz; und der Mann stand auf jenem Wagen." Batiffols Text divergiert in mehrfacher Hinsicht (z.B. statt „Mann" „Engel"), scheint aber syntaktisch

Der himmlische Besucher

dern „Gott" sie besuchte, der nun in den Himmel, seinen Ort, zurückgekehrt sei (17, 9).

Dies das Ende der himmlischen Visitation. Der „Mann" wird im zweiten Teil der Erzählung nicht mehr erwähnt, obwohl die Handlung hierfür Anlaß geboten hätte. Die Einzelheiten der Geschichte sind für die Entwicklung der Angelologie in mehrfacher Hinsicht bezeichnend und sollen deshalb hier in ihrer Verquickung biblischer und unbiblischer Motive etwas ausführlicher zur Sprache kommen.

Zwar ist die Beziehung der Engel zu den Sternen keine Neuerung, aber hier handelt es sich ausgerechnet um den Morgenstern. Diese Präzisierung war den anderen bisher diskutierten Quellen fremd.

Die Bezeichnung des himmlischen Besuchers als „Mann" ist gut biblisch, wird aber in keiner anderen Quelle so konsequent durchgehalten wie in JosAs, wohl vor allem aus Gründen des Kontrastes am Ende. Die in der Literatur häufig anzutreffende Identifizierung dieses Engels mit Michael ist reine Willkür[449] und stört im vorliegenden Fall sogar beim Versuch einer genaueren Erfassung dieses Engels.

Wie Raphael so beginnt auch dieser Engel seine Rede mit ἐγώ εἰμι (14, 8). Noch genauer ist der Bezug zu Jos 5, 14-LXX: ἐγὼ ἀρχιστράτηγος δυνάμεως κυρίου. Die Elemente ἀρχι- und στράτηγος kommen in JosAs hin-

---

schwieriger als Burchards. Auch Philonenkos Text (17, 6 seiner Zählung) läßt sich nur schwer vergleichen.
449 Doch s.o. zum ἀρχιστράτηγος, S. 249; gegen die einfache Identifikation auch J.P. Rohland, Der Erzengel Michael. Arzt und Feldherr. Zwei Aspekte des vor- und frühbyzantinischen Michaelkultes. Leiden 1977 (BZRG 19), S. 105ff. 138 u. ö. Die Bezeichnung ἀρχιστράτηγος ist zwar mit Michael verbunden (s.o. S. 241), aber sein Name wird hier eben nicht genannt. Michael hat auf der anderen Seite im Laufe der Zeit die verschiedensten Traditionen an sich gezogen, wozu neben der Tatsache, daß sein Name einer der beiden biblisch genannten ist, auch die besondere Beziehung beitrug, die er nach diesem biblischen Zeugniss zu Israel hat; vgl. außer Rohland auch W. Luecken, Michael. Eine Darstellung und Vergleichung der jüdischen und der morgenländisch-christlichen Traditionen vom Erzengel Michael. Göttingen 1898. Anders z.B. Delling, art.cit. (o.Anm. 404). Das von J.T. Milik angekündigte Fragment מלי כתבא די אמר מיכאל למלאכיא, das auf äHen 68, 2-69, 29 zurückgehen soll, ist noch nicht erschienen: Enoch (s. Quellenverz.), S. 91. Es ist nicht einzusehen, weshalb das Fragment der Kriegsrolle, das Baillet DJD VII, S. 26ff publiziert und kommentiert hat, ausgerechnet ein „cantique de Michel et cantique des justes" sein soll. Zum Text selbst vgl. auch M. Smith, art.cit. (o.Anm. 146).

tereinander vor. Aber der himmlische Feldherr vor Jericho wird nicht weiter beschrieben. Er ist offensichtlich so menschlich gedacht, daß Josua erst fragen muß, zu wem er denn gehöre, zu den Feinden oder den eigenen Leuten; eine Schilderung seines himmlischen Glanzes fehlt Jos 5, 13 ganz. Diese ist hier, hauptsächlich aufgrund von Dan 10, 5f, nachgetragen, wenngleich mit kleinen Differenzen[450].

Auch die Tatsache, daß der Engel Aseneths Gebet erhörte, hat ihre Vorlagen von Hagar[451] an bis zu Tobit (s.o.). Gleiches gilt für den Kleiderwechsel z.B. des Hohenpriesters Josua (Sach 3, s.o.).

Daß Aseneth für ihren Übertritt ins Judentum eine Honigwabe verzehren soll, die in vielem an das biblische Manna erinnert, hängt mit anderen Anklängen der Erzählung an den biblischen Bericht vom Auszug Israels aus Ägypten zusammen, der hier wesentlich als Paradigma der Heilszeit gilt. Man darf sagen: Wer Jude werden will, hat nach Meinung des Verfassers die grundsätzliche Erfahrung Israels in der Wüste nachzuholen. Das geschieht hier durch das Essen des Manna[452].

Die Einschreibung Aseneths in das „Buch des Lebens" setzt die Motiv-Verbindung Engel und himmlische Bücher fort, wie sie von Ez 9 an belegt ist[453].

Aber im Gegensatz zu jenen Erzählungen ist der himmlische Besucher der Aseneth bereits mehr als nur ein Bote, er ist selbständig Handelnder. Nicht nur sein Tun, sondern auch die Einzelzüge seiner Beschreibung enthalten eine Reihe von Motiven und Anspielungen, die nicht mehr als Fortentwicklung biblischen Glaubens an die Engel gewertet werden können. Aus dieser Perspektive heraus werden auch die quasi biblischen Elemente erneut problematisch.

Dabei gilt es festzustellen, daß ein Teil der Veränderungen durch die Erzählung von JosAs selbst bedingt, also nicht unbedingt fremdem Einfluß zuzuschreiben sind. Nimmt man die Parallelität der Erscheinungen des „Mannes" einerseits und Josephs und Aseneths andererseits einmal hin, dann muß der

---

450 Vgl. Burchards Anmerkung „c" zu Vers 9. Die anderen von ihm genannten Belege sind zumeist zeitlich JosAs zu vergleichen oder gar später. Vgl. Dellings Vergleich mit Ez 2, 1, art. cit. (o.Anm. 404), S. 43. 48.

451 Auf Grundlage dieser und ähnlicher biblischer Vorgaben versteht sich Aseneths Äußerung, daß Gott sie heimgesucht habe.

452 Auf die Verbindungen von JosAs zur Exodustradition hat Sänger mehrfach verwiesen, s.z.B. art.cit. (o.Anm. 403), S. 26-28. Die Parallelen aus der Pessach-Haggada fehlen bei ihm leider; vgl. weiter ש. פינס (S. Pines), מאפלה לאור גדול. In: פליישר ע. בעריכת הלקין לש. מונשים בספרות מחקרים Jerusalem 1973, S. 173-179, bes. S. 174f; Berger, art.cit. (o.Anm. 404), S. 234.

„Mann" auch jene Attribute an sich haben, die die beiden anderen auszeichneten, also Kleidung und Krone des Joseph, des „stellvertretenden Königs" von Ägypten[454]. Auch Aseneths Augen leuchten nach vollzogenem Übertritt wie die des „Mannes":

14, 9: οἱ ὀφθαλμοὶ αὐτοῦ ὡς φέγγος ἡλίου.
18, 9: τὸ ἴδιον πρόσωπον φέγγος ὥσπερ ὁ ἥλιος.

Josephs Wagen ist biblisch erwähnt (Gen 41, 43), aber ohne die Pferde, die Strahlen und die Krone. Der Vergleich mit Helios, bzw. mit der Sonne fehlt den biblischen Berichten nun ganz.

Auf der anderen Seite reichen die Hinweise auf Helios nicht aus, um die Gestalt des „Mannes" zu erklären, noch weniger die Josephs selbst[455]. Dennoch bot auch hier der biblische Bericht mindestens einen gewissen Anhaltspunkt: Nach Gen 41, 37ff wurde Joseph zum Stellvertreter Pharaos und nur der Thron sollte zwischen beiden unterscheiden (V 40). Pharao aber galt als Sohn des Sonnengottes. Im Zuge des hellenistischen Synkretismus hat dann auch der ägyptische Sonnengott Züge des griechischen Helios angenommen[456]. Der jü-

---

453 Zu Ez 9 vgl. bes. H. Gunkel, *Der Schreiberengel Nabu*. ARW 1, 1898, S. 294-300 und ferner F. Nötscher, art.cit. (o.Anm. 60). Die Gerichtsszene nennt in Dan 7, 9 ausdrücklich himmlische Bücher und der apokalyptische Offenbarer par excellence, Henoch, gilt mehrfach als Schreiber (z.B. äHen 12, 4 u.ö. - s.o.). Entsprechend kennen die TXIIPatr die Bücher des Henoch und Jub erwähnt Bücher und die Felsenschrift der Giganten.
Zu Metatrons Tätigeit als Schreiber vgl. ש. קרויס (S. Kraus), משה ספרא רבא דישראל. In: הגורן ז, תרס"ח (haGoren VII, 1927/28) S. 29-34.
454 Vgl. auch O. Betz, art.cit. (o.Anm. 64), S. 76f. Nebenbei: Auch die Kinder des griechischen Helios gleichen ihrem Vater in Bezug auf die Strahlen und das Leuchten (φέγγος). Die sieben Jungfrauen Aseneths entsprechen den sieben Söhnen, die Rhodos Helios gebar. Natürlich liegt es näher, in den sieben Jungfrauen der Aseneth die sieben Säulen der Weisheit aus Spr 9, 1 zu sehen. Siehe oben zu Beginn dieses Unterabschnitts. Zum leuchtenden Glanz der Aseneth s. auch 20, 6.
455 Vgl. Burchards Anmerkungen zu 5, 5; 6, 6 u.ö. Burchard beeilt sich zu versichern, daß Joseph durch die Parallelen zu Helios nicht gleich „vergottet" sei; unsere Frage lautet statt dessen, ob nicht Helios (und aufgrund der Parallele von Joseph und himmlischem Besucher auch Joseph) zu engelartigen Geschöpfen geworden seien.
Die Auffassung Josephs als Engel in JosAs ist verbreitet, s. z.B. D.S. Russell, The Old Testament Apocrypha. Patriarchs and Prophets in Early Judaism (London 1987), S. 94.
456 Zu Helios vgl. allgemein A. Rapp, *Art. Helios*. ALGM I/2, S. 1993-2026; (O.) Jessen, *Art. Helios*. PRE VIII/1, S. 58-93; zur Verbindung des Helios mit dem ägyptischen Sonnengott (W.) Drexler, *Art. Helioserapis*. ALGM I/2, S. 2026

disch-hellenistische Leser der Genesis konnte sich also durch die Schilderung Josephs an Helios erinnert fühlen. Die Frage ist, was seiner jüdischen Identität und seiner Vorstellung von Mittlerwesen geschah, wenn er dieser Assoziation Raum gab.

Auch der Wagen Josephs hat nun ein Gespann mit vier Pferden (5, 4f), eine Darstellung, die meistens mit Helios verbunden ist[457]. Man darf annehmen, daß der Verfasser die eine oder andere Darstellung des Helios mit der Quadriga kannte. Doch stimmt dieses Detail nicht nur für Joseph, sondern nach Burchards Text auch für den „Mann" (17, 7, nicht bei Philonenko). Nimmt man den Vergleich mit Helios ernst, dann erhalten andere Einzelheiten ihren Platz in diesem Rahmen: Am Ende ihres Fastens sieht Aseneth den Morgenstern[458], Eos, der Helios auch sonst vorangeht[459]. Eos gilt als Schwester des Helios, wie umgekehrt Selene[460] auch.

Der στέφανος des Helios ist eines seiner ständigen Attribute. Meist hat er sieben oder zwölf Strahlen. Licht-Pfeile gehen von seinen Augen aus[461]. Der griechische Gott gilt als Inbegriff der Schönheit. Gleiches wird Gen 39, 6 von Joseph ausgesagt. Da Aseneths Besucher Joseph in allem gleicht, wird verständlich, wieso auch Joseph als besonders schön gilt, so sehr, daß von ihm

---

und A.D. Nock, *Greeks and Magi.* (JRS 30, 1940 = repr.) Idem, Essays on Religion and the Ancient World. Edt. by Z. Stewart, I-II. Oxford 1972, II, S. 516-526, bes. S. 522 mit Anm. 32.

457 Vgl. Rapp, art.cit. (vorige Anm.), S. 2005 u.ö. Allerdings kennt man die Quadriga auch für andere Götter des griechischen Pantheons, z.B. für Zeus, vgl. G.M.A. Richter, A Handbook of Greek Art. London/New York 1974[7], S. 251 und ebenda S. 351 für Helios. Der Wagen des Helios ist bereits in den homerischen Hymnen belegt: 28, 12f; 31, 9. Demgegenüber sind die Anklänge an die Himmelfahrt Eliahs, 2Kön 2, 11f eher schwach, obwohl auch die die Zurückbleibenden einen Wagen mit Pferden sehen. Aber der Prophet fährt im Sturm zum Himmel. Dieses Ereignis ist einmalig und nicht wiederholbar. Für den Besucher der Aseneth scheint die Quadriga das normale Fahrzeug zu sein. Anders Delling, *Kunst* (o.Anm. 404), S. 24 mit Anm. 144 und ders., *Einwirkungen* (o.Anm. 404), S. 51.

458 14, 1f:...ἑωσφόρος ἀστὴρ ἐκ τοῦ οὐρανοῦ ἀνατολάς...

459 Vgl. hierzu A. Rapp, *Art. Eos.* ALGM I/1, S. 1252-1278, bes. S. 1254f. und U. v. Wilamowitz-Moellendorf, Der Glaube der Hellenen. I-II (1931-32 = repr.) Darmstadt 1984, hier: II S. 257.

460 W.H. Roscher, *Art. Mondgöttin.* ALGM II/2, S. 3119-3200, hier: S. 3141. 3143 u.ö.

461 Rapp, *Helios* (o.Anm. 426), S. 1999f und ergänze den Hymnos des Proklus an Helios (Ausg. Vogt, s. Quellenverz.) mit Vogts Anmerkungen a.l.

gesagt werden kann: „Siehe Helios ist zu uns gekommen in seinem Wagen"[462]. Das wird dann auch für den „Mann" gelten.

Eine Reihe anderer Elemente zeigt die Verbindung des „Mannes" zu Helios nicht so deutlich, darf aber vielleicht herangezogen werden, nachdem diese Verbindung einmal erkannt ist. Das Erstaunliche ist bei diesen Motiven gerade ihre Ambivalenz: Sie mögen aus der biblisch-nachbiblischen Entwicklung der Angelologie genommen sein; sie können gleichermaßen der paganen Vorstellung angehören. Die doppelte Zugehörigkeit erklärt dabei keine einseitige Ableitung, wohl aber die gedankliche Voraussetzung für die Übertragbarkeit der jeweiligen Elemente[463]. Natürlich sind derlei Seitenmotive nicht ausschlagge-

---

462 6, 2. Natürlich kann man an den meisten Stellen, an denen hier Helios gesetzt wird, auch mit „Sonne" übersetzen. Für den griechischen Leser sind beide eben eins. Auch Burchard stimmt letztlich zu, daß Helios für das Ideal des Schönen steht und deshalb häufig in metaphorischen Vergleichen genannt wird. S. auch Delling, *Kunst* (o.Anm. 404), S. 12.

463 Die folgende Liste will nicht vollständig sein und ließe sich sicher noch vermehren: Der Besucher Aseneths ist über das ganze Haus des Höchsten gesetzt (s.o.). Auch Helios hat, obwohl nicht zu den Olympiern zählend, eine Entwicklung durchgemacht, an deren Ende er πατὴρ κόσμου genannt werden wird: Vgl. schon Platon, Staat, 508a; Rapp, art.cit. (o.Anm. 426), S. 2015; Wilamowitz-Moellendorf, op.cit. (o.Anm. 429), I, S. 249 zu Sophokles. Der terminus πατὴρ κόσμου findet sich z.B. PGM IV, Z. 1181f; vgl. noch Jessen (o.Anm. 456), S. 62. Zur Stellung des Helios unter den Göttern vgl. z.B. den homerischen Hymnen an Helios, wo er deutlich als ἐπιείκολον ἀθανάτοισιν herausgehoben ist. Vgl. weiter Platon, Staat VI, 508a. An anderen Stellen kann er wegen seines geringeren Ranges auch δαίμων genannt werden, so bei Pindar, VII, 39; doch vgl. Wilamowitz-Moellendorf, op.cit. (o.Anm. 429), I, S. 357. Weiter PGM IV, 1607; II, 81-140 und homerische Hymnen 31, 7. Zu Helios' Sorge um die Gerechten vgl. noch den orphischen Hymnos 8 (nach Quandt, s. Quellenverz.).
Der himmlische Besucher hat eine Schwester; Helios hat deren gleich zwei: Zu anderen hypostatischen Äußerungen über die μετάνοια vgl. (J.) Behm, Art. μετανοέω, μετάνοια. A. ThWNT 4, S. 972-976, bes. S. 975. Besonders Selene gleicht in ihrem zarten Wesen der Schilderung Aseneths. Selene und Eos können aber in der griechischen Literatur und Mythologie auch gelegentlich vertauscht werden; vgl. Wilamowitz-Moellendorf, op.cit. (o. Anm. 429), I, S. 144 mit Anm. 1.
Selene und Helios haben eine besondere Beziehung zum Honig, der bei Helios nach einer Tradition den Libations-Wein ersetzt: Vgl. (mit Einschränkungen) Athenaeus VII 296e, wonach Helios mit der Verleihung der Unsterblichkeit verbunden ist; ebd. XV 693; weiter: homerische Hymnen III 411; Plut. moralia 945c; Rapp, art.cit (o.Anm. 426), S. 2024 und Jessen, art.cit. (o.Anm. 426), S. 71f. Wenn man die Nähe Selenes zu Hekate und Artemis mit heranzieht, dann hat auch sie eine besondere Beziehung zum Honig; vgl. M.

bend, wenn es um die Herkunftsbestimmung für JosAs geht. Sie beweisen auch nicht die Assimilation des Verfassers (ob intendiert oder versehentlich), denn der kann die biblischen Anklänge im Blick gehabt haben. Aber er hat sich vor den Parallelen zur paganen Auffassung nicht gescheut und erlaubt seinen Lesern, den himmlischen Besucher als Sonnengott zu verstehen.

Es seien an dieser Stelle ein paar Beobachtungen zur Rolle des Helios erlaubt, obwohl sie über den Rahmen der vorliegenden Untersuchungen hinausgehen: In der Qumran-Literatur begegnet der Terminus חדודי שמש[464] und daraus wird später die Engelklasse חדודי פנים[465]. Besonderes Interesse hat seit der Veröffentlichung des Textes das Gebet an Helios erregt, das im hebräischen ספר הרזים/Sefer Ha-Razim[466] in hebräischen Lettern erhalten ist, obwohl es sich um ein griechisches Gebet handelt. Mit Recht verweisen in diesem Zusammenhang einige Forscher auf die Darstellungen des griechischen Sonnengottes in den antiken Synagogen[467]. Eine der Möglichkeiten, diese Hinwendung zur „Sonne" zu verstehen, besteht in ihrer Interpretation als Engel. In der Tat finden sich einige Hinweise hierfür[468] in den magischen Papyri. So heißt es von Michael, er lege sein Szepter vor Helios nieder, komme in seinem Wagen hernieder etc.[469]. Michael kann dann die Sonne, den Mond und die Sterne auffor-

---

Schuster, Art. Mel. PRW XV/1, S. 364-384, bes. 379-382. Zum Honig als Götterspeise s. W. Michaelis, Art. μέλι. ThWNT 4, S. 556-559 etc.
Helios ist der klassische Zeuge, denn er sieht ja alles: Il. III, 276; Aischylos, Agamemnon 633 (nach Smith, s. Quellenverz.); homerischer Hymnos an Demeter II 62; PGM IV, Z. 2985; XIII, Z. 768. Nachdem Joseph also als „Sonne" erschienen ist, kann deshalb direkt im Anschluß von ihm gesagt werden, er sähe alles Verborgene: JosAs 6, 2f. Zur Zeugenfunktion der Engel vgl. noch Volz, op.cit. (o.Anm. 150), S. 303.

464 Livre de Noé 3, 5: DJD I, S. 85.
465 Vgl. Gruenwald, op.cit. (o.Anm. 26), S. 211 mit Anmerkung 9 und S. 226.
466 Ausgabe von M. Margolioth (s. Quellenverz. unter Magia). Dort in der Einleitung, S. 12ff, eine Diskussion des Textes, die diesen Helios als Engel interpretiert. Der Text selbst findet sich ebd. S. 98f.
467 S. o. S. 173 mit Anm 154. Vgl. außerdem J. Naveh/S. Shaked, Amulets... (Quellenverz.), S. 36f.
468 Anders R. Wünsche, Antike Fluchtafeln hrsg. u. erkl. Bonn 1912 (KlT 20), S. 10, der in diesen Texten nur auf Hermes abhebt. Zu diesem vgl. in diesem Zusammenhang C.D. Isbell, Corpus of the Aramaic Incantation Bowls. (Missoula/Mont.) 1975 (SBL.DS 17), S. 21. 24; J. Trachtenberg, Jewish Magic and Superstition. A Study in Folk Religion. (1939 = repr.) New York 1982, S. 100.

dern, ihm in der Stunde seines Lobpreises zur Seite zu stehen[470]. Er schwört dann auch bei den sieben Strahlen der Sonne und des Mondes[471].

Wie in der durch die koptischen Texte belegten christlichen Magie so fungiert שמש auch in der jüdischen[472]: Seine Engel sind mit Feuer bekleidet. Außer der ohnehin exponierten Stellung des Helios in den PGM nennen auch jene die Engel des Helios: „Der erscheinende Engel ist der Sonne untertan, und tritt er als Untertan der Sonne herein, so kommt er herein in Gestalt eines deiner Freunde, den du kennst, mit einem glänzenden Stern auf dem Haupt; mitunter kommt er auch herein mit einem feurigen Stern..."[473] Entsprechend heißt es PGM IV 1181ff: ἄκουε,"Ἥλιε, πάτερ κόσμου, ἐπικαλοῦμαί σε τῷ ὀνόματί σου ... σὺ εἶ τὸ ὄνομα τὸ ἅγιον ... τὸ καθηγιασμένον ὑπὸ τῶν ἀγγέλων πάντων...[474]. Dabei haben wohl auch jüdische Elemente mitgespielt, wenn Helios dann weiter angerufen wird als κόσμου κτίστα, τὰ πάντα κτίστα, κύριε, θεὲ θεῶν ... ὁ κτίσας θεοὺς καὶ ἀρχαγγέλους καὶ δεκανούς[475]. Diese Texte sind zwar nur in Papyri belegt, deren Abfassungszeit nach der hier untersuchten Epoche liegt, aber sie enthalten nicht wenig älteres Material. Dabei soll hier nicht die These einer jüdischen Verehrung der Sonne[476] diskutiert werden, sondern die Verbindung, die Helios in diesen Texten

---

469 Kropp, Lobpreis (s. Quellenverz.), S. 12f. In Parallele hierzu kennen andere koptische Zauberpapyri den Wagen, ἅρμα, des Helios. Vgl. etwa Kropp, Oratio (s.Quellenverz.), S. 17 Z. 10ff.

470 Kropp, Lobpreis, S. 14f.

471 Kropp, Lobpreis, S. 20f, wozu man aber die Planeteninschrift aus Milet nicht mehr heranziehen sollte. S. A. Deissmann, Licht vom Osten. Das Neue Testament und die neuentdeckten Texte der hellenistisch-römischen Welt. 4., völlig neubearb. Aufl. Tübingen 1923, Beilage 9: *Die sogenannte Planeteninschrift am Theater zu Milet. Ein spätchristlicher Schutzzauber*. S, 393-399.

472 Vgl. z.B. bei Naveh/Shaked B 13, 21.

473 PGM VII, 796ff; Übersetzung von Preisendanz.

474 Preisendanz: „...höre, Helios, Vater der Welt...ich rufe dich an mit deinem Namen...du bist der heilige Name, der geheiligt ist von allen Engeln..."

475 Ebd. Z. 1200ff. Preisendanz übersetzt: „Der Welt Schöpfer, Allschöpfer, Herr, Gott der Götter ... Schöpfer der Götter und Erzengel und Dekane." Zur Beziehung der Dekane zu Helios einerseits und ihrer Rolle als Abgesandte des Sonnengottes andererseits vgl. Gundel, op.cit. (o.Anm. 165), S. 16. 237f. 347.

476 Vgl. M. Smith, *Helios in Palestine*. ErIs 16 (Orlinski-vol.), 1982, S. 199*-214*; Dean-Otting, op.cit. (o.Anm. 18), S. 137-148 und M. Schlüter, op.cit. (o.Anm. 156), S. 114-117; M. Philonenko, *Prière au Soleil et liturgie*

zu den Engeln hat. Hier hat die Astralsymbolik der biblischen Engel-Vorstellung fortgewirkt und die außerbiblische Angelologie ist über eine verstärkte Benutzung der astralen Motive schließlich zur Darstellung eines Engels unter Zuhilfenahme der Mythologumena des Helios gelangt, die sich in der Herrschaft des Helios über die Engel in den magischen Texten auswirkt. Man wird die häufigen Warnungen der Rabbinen, der Sonne und den anderen Sternen keine Opfer darzubringen, in diese Entwicklung zu stellen haben[477]. Interessanterweise verbinden auch die Rabbinen dieses Verbot mit dem anderen: nicht den Engeln zu opfern. An diesem extremem Beispiel wird damit noch einmal die mit der Angelologie gegebene Gefahr einer polytheistischen Umdeutung der jüdischen Religion in eindrücklichster Form verdeutlicht. Diese Gefahr besteht nicht unbedingt aufgrund fremder Ideen, die durch kulturellen Einfluß auf das Judentum eingewirkt hätten. So sicher auch das passierte, liegen die Grundlagen für diese Entwicklung doch in der Bibel selbst. Aber auch die andere Möglichkeit ist mit dem biblischen Erbe gegeben: Der Versuch, die mit dem paganen Polytheismus gegebenen Mythologumena abzustreifen oder doch wenigstens aus der Literatur und damit aus dem Bewußtsein so weit als möglich zu verbannen.

---

angélique. La Littérature intertestamentaire. Colloque de Strasbourg (17-19 Oct. 1983) (Paris 1985), S. 221-228.

477 Siehe hierzu ausführlicher im nächsten Kapitel. Die Rabbinen sagen in diesem Zusammenhang häufig לשום חמה לשום לבנה. Statt לשום kennen die aramäischen Zaubertaxe ein בשום; vgl. Isbell (s. Quellenverz.) im Index. Zur liturgischen Entwicklung vgl. (L.) Zunz, Die synagogale Posie des Mittelalters. 2. Aufl. Berlin 1919, S. 148ff.

Kapitel 4

Die Gefahren der Gemeinschaft

Der im vorangegangen Kapitel geschilderte Aufschwung der jüdischen Engel-Vorstellungen ist nicht von allen jüdischen Autoren der Zeit gebilligt oder übernommen worden. In einigen Fällen wird man eher von einer gewissen Vorsicht, die Engel überhaupt zu nennen, sprechen müssen als von ausgesprochener Kritik. In jedem Fall überwiegen noch die angelologischen Motive der übrigen Literatur gemessen am Schweigen einiger weniger Autoren in dieser Epoche. Die Gründe zur Zurückhaltung gegenüber oder gar Ablehnung des Glaubens an Engel sind durchaus verschieden. Bei einigen Autoren lassen sie sich auch nicht mehr ausmachen. Dennoch fallen drei Dinge ins Auge: 1. In einem Teil der außerkanonischen Literatur werden Engel nicht genannt, obwohl sie in entsprechenden Parallel-Berichten vorkommen. 2. Josephus nimmt bei seiner Darstellung des jüdischen Krieges und seiner interpretierenden Nacherzählung der jüdischen Altertümer eine durchaus ambivalente Haltung ein. 3. In den neutestamentlichen Schriften finden sich neben Wiederholungen des auch sonst in der außerkanonischen Literatur Nachweisbaren einige Berichte, die die Engel erwähnen, dabei aber quasi über das Entwicklungsstadium der außerkanonischen Literatur hinweg zur biblischen Angelologie zurückkehren. Dieser, wenn man so will, entwicklungsgeschichtliche Anachronismus geht Hand in Hand mit einer Kritik am Glauben an die Engel, die unterschiedlich deutlich geäußert wird. Man wird vielleicht sagen können: Neben einigen Schriften, deren Stellung zu den Engeln nicht ganz deutlich ist, wiewohl sich zumindest eine gewisse Vorsicht ausmachen läßt, treten die Probleme der Angelologie in Bezug auf die Messianologie (so besonders im Urchristentum), die (monotheistische) Theologie und die religiös-politische Ideologie im ersten und zweiten Jahrhundert neu hervor.

1 Das Fehlen der Engel

An einer Reihe von Stellen, an denen besonders apokalyptische Werke oder solche, die ihnen nahe stehen, die Engel erwähnten, fehlt ihre Nennung in zeitgleichen Werken. Dieses Fehlen ist nicht selbst schon Kritik am Engel-Glauben, aber es gilt festzuhalten, daß nicht alle Autoren die oben dargestellte Entwicklung nachvollziehen.

So ist zunächst zu fragen, ob die immer deutlicher hervortretende Identifikation des Engels mit dem Propheten nicht auch eine Art stillen Protestes gegen die veränderte Engel-Vorstellung darstellt: epJer 6 kann davon sprechen, daß ein Engel die Exulanten nach Babylon begleite. Mit demselben Recht läßt sich dieser ἄγγελος aber auch als der Prophet selbst verstehen. Zumindest die spätere rabbinische Tradition weiß von der Wegbegleitung der Exulanten durch den Propheten Jeremiah.

Eupolemos hat offensichtlich das Nathansorakel mit der späteren Geschichte von der Plage über Jerusalem und dem Kauf des Tempelplatzes durch David verbunden. Ein Engel sei David in einer Vision erschienen und habe ihm den Platz gezeigt, an dem der Altar zu errichten sei. Er habe dem König aber befohlen, den Tempel nicht zu bauen, sondern die Durchführung seinem Sohn zu überlassen. Eupolemos nennt den Engel Διαναθάν[1]. Durch die Verbindung der unterschiedlichen Berichte wird so der Engel zum Propheten, bzw. das Prophetenwort zu einer Engelsbotschaft. Aber dieser Engel heißt im weiteren Verlauf wieder „der Prophet", bzw. „Nathan". Es fehlt ihm auch jede übernatürliche Erscheinung, so daß letztlich der Terminus ἄγγελος nichts weiter ist als eine Umschreibung des Botendienstes, den der Prophet leistet.

2Chr 36, 15f übersetzen die LXX נביאיו mit ἄγγελοι, und entsprechend lautet die Version im apokryphen Esra 1, 48f. Dieselbe Identifikation findet sich beim Vergleich des hebräischen Originals von Ps 151, 4 (11Q) mit der Version der LXX.

EzTrag erwähnte die Sterne, die sich vor Moses neigten, ohne dabei den Hofstaat zu erwähnen. Das mag daran hängen, daß für ihn beide identisch sind; es kann aber auch eine bewußte Ausschaltung des Hofstaats bedeuten.

Der Verfasser der SapSal hat zwar einige apokalyptische Themata aufgenommen, aber er erwähnt Engel nur ein Mal. An dieser Stelle (5, 5) vermißt man aber auch das Nomen ἄγγελος. Statt dessen findet sich nur „Söhne Got-

---

[1] Eupolemos, 2. Fragm. bei Holladay, I, S. 116f, Abschn. 5f; In seiner leider immer noch unpublizierten Habilitation weist N. Walter auf folgende biblische Quellen hin, die hier kontaminiert seien: 1Chr 17, 1-12; 2Sam 7, 1-13; 1Chr 21, 15-18; 2Sam 24, 15-18; vgl. noch 1Chr 21, 26-30; 22, 1; 2Chr 3, 1; N. Walter, Untersuchungen zu den Fragmenten der jüdisch-hellenistischen Historiker. Habil. Halle 1967/8, a.l. Vgl. weiter Holladays Kommentar, I, S. 141. Später weiß Eupolemos dann den richtigen Namen des Propheten (fragm. 2, Holladay, I, S. 124f, Z. 13 vgl. S. 130f, Z. 8).

tes", "Heilige". Der "Würger" aus Ex 12 wird bei ihm zum λόγος θεοῦ (18, 15). Sirachs Umgehung der Engel bei seiner Nennung der Tradition von der Aufteilung der Völker unter himmlische Gewalten ist bereits angeklungen (s).

Hinzu kommt eine für Sirach charakteristische Tendenz, die Engel nicht zu nennen. Tut er es doch, dann geschieht das in einem relativ negativen Bezug: So geht aus Sirach 42, 17 hervor, daß der Verfasser die Hofstaatkonzeption kannte:

Massada Handschrift[2]: לא השקיפו קדשי אל   לספר כל נפלאותיו

אמץ אדני צבאיו   להתחזק לפני כבדו.

Die anderen hebräischen Handschriften: לא הספיקו קדושי אל   לספר נפלאות יי׳

אימץ אלהים צבאיו   להתחזק לפני כבדו

LXX: οὐκ ἐξεποίησεν τοῖς ἁγίοις κυρίου ἐκδιηγήσασθαι πάντα τὰ θαυμάσια αὐτοῦ ἃ ἐστερέωσεν κύριος ὁ παντοκράτωρ[3] στηριχθῆναι ἐν δόξῃ αὐτοῦ τὸ πᾶν.

Bei allen kleinen Abweichungen der Versionen untereinander[4] ist deutlich, daß die "Heiligen" die Taten Gottes nicht zu beschreiben verstehen, worunter offensichtlich eine Beschreibung im Sinne des Lobpreises gemeint ist. Nur um vor Gott zu stehen, benötigen sie Kräftigung durch ihn. Sirach ist dabei der erste, der den Gottesnamen ה׳ צבאות in seine ursprünglichen Bestandteile[5] zerlegt und diese neu aneinanderfügt.

Wenn man hinzunimmt, daß die einzige deutliche Aussage über den Hofstaat in Sirach 42, 17 ebenfalls nicht positiv ist und Sirach in 48, 21, bei der Rekapitulation von 2Kön 19, 35 (die assyrische Belagerung), den Engel aus-

---

2 Die Massada Handschrift nach Y. Yadin (s. Quellenverz.) die anderen nach Segal (o.Anm. 402), und der Jerusalemer Ausgabe (ebd.).

3 Der Übersetzer las hier das biblisch verbreitete ה׳ צבאות (wie in der Handschrift Massada), das in der LXX häufig mit "Pantokrator" wiedergegeben ist, ohne auf die besondere Endung zu achten (צבאיו). Daher muß er jetzt ein Objekt hinzufügen: τὸ πᾶν.

4 Der Wechsel von ש und ס ist in rabbinischen MSS öfter zu beobachten.

5 Die Lesung von 4Q381, frag 1 Z.10 und einigen biblischen Belegen, wie Ps 148, 2 unterscheidet sich von Sir 42, 17 dadurch, daß beim Siraciden die Heere Gottes zum Objekt geworden sind. Dennoch hat man die auffallende Ähnlichkeit zum bekannten Gottesnamen zu beachten - und diese scheint hier gewollt.
Zu 4Q381 sieh die Ausgabe von E.M. Schuller, Non-Canonical Psalms (s. Quellenverz.), S. 83f.

läßt[6], dann ergibt sich für diesen Autor zumindest ein vorsichtiger Umgang mit der Angelologie.

Hier sind nun auch einige außerbiblische Umschreibungen biblischer Engel zu erwähnen: EzTrag, Z. 99, nennt den Engel aus Ex 3, 2 einen λόγος θεῖος, welcher dem Moses leuchte (ἐκλάμπει). Allerdings ist dies kein zwingender Beleg, denn zum einen wird die Umschreibung des biblischen מלאך als λόγος für Philon das Normale werden, und zum anderen nennt EzTrag immerhin den משחית ἄγγελος: Z. 159[7].

Die ganze Plage der Erstgeburt wird von Artapanos in seinem dritten Fragment[8] übergangen. Er berichtet von der Offenbarung am Dornbusch nur die göttliche Stimme, nicht aber die Angelophanie[9].

Deutlicher ist die Auslassung der Mittelwesen bei der Bestrafung des Heliodor im 3Makk[10]. Umso auffälliger wirkt die Angelophanie, die derselbe Verfasser ohne jede Parallele in der außerkanonischen Literatur an anderer Stelle berichtet (6, 18f). 1Makk verwendet das Wort ἄγγελος überhaupt nur für menschliche Boten[11], und Judith meidet es ganz.

2 Die Umkehrung des Motivs von der Weisheit der Engel

An einer Reihe von Stellen werden angelologische Traditionen scheinbar umgekehrt. Es geht dabei hauptsächlich um solche, die für die Entwicklung der Angelologie entscheidend waren, hier v das Motiv von der Weisheit des Hofstaats.

---

6 Der Enkel fügt ihn dann wieder ein. Einen Hinweis auf die Gründe zur ambivalenten Stellung Sirachs gegenüber dem Hofstaat kann man u.U. in 24, 1f sehen: Diese Tendenz entspräche der Leugnung der Weisheit des Hofstaats, wie sie in einigen anderen Quellen zu finden ist, s.im folgenden.

7 Ebd. Z. 187 wird dieser „Würger" dann zum „Tod"; vgl. Jacobson (s. Quellenverz.), S. 123. 208 mit seiner Anm. 8. Der Engel in der Einleitung zu fragm. 15 (Text bei Holladay, II, S. 286f) ist eher problematisch: Zum einen gehört er nicht zum Text des Eztrag, sondern nur zur Einleitung des Eusebius, zum anderen handelt es sich hier um ein literarisches Mittel, die Zeugenschaft des Überlebenden; vgl. hierzu Jacobson, S. 136f mit Anm.

8 Holladay, I, (s. Quellenverz.), S. 222f. Vgl. o. S. 174.

9 Ebd., S. 216f.

10 S.o. S. 243f und vgl. M. Hadas (s. Quellenverz.), S. 71: „This is in keeping with our author's conscious avoidance of divine intermediaries."

11 So 1, 44; 5, 14; 7, 10. 41. Der Text nach Kappler (s. Quellenverz.).

Im bekannten Lob der Weisheit, Sir 24, rühmt sich die Weisheit inmitten ihres Volkes „in der Gemeinde des Höchsten tut sie ihren Mund auf und vor seiner Heerschar rühmt sie sich" (1bf)[12]. Leider fehlt hier der hebräische Text. LXX hat „καὶ ἐν μέσῳ λαοῦ αὐτῆς καυχήσεται·/ἐν ἐκκλησίᾳ ὑψίστου στόμα αὐτῆς ἀνοίξει/καὶ ἔναντι δυνάμεως αὐτοῦ καυχήσεται". Die „Gemeinde des Höchsten" dürfte einem hebräischen סוד עליון entsprechen, die „Kräfte" könnten ein צבאיו wiedergeben. Wenn diese Vermutung richtig ist, dann will Sirach die Weisheit über den Hofstaat stellen. Doch beginnt hier eine Tendenz, die über das direkte Anliegen des Jerusalemer Weisheitslehrers hinausreicht.

äHen 16, 3 beauftragt Gott Henoch, den gefallenen Engeln zu sagen: „Ihr seid im Himmel gewesen, aber die Geheimnisse waren euch noch nicht offenbart, doch ein verwerfliches Geheimnis kanntet ihr und das habt ihr in eurer Hartherzigkeit den Frauen mitgeteilt, und durch dieses Geheimnis vermehren die Frauen und Männer das Böse auf Erden." Welches unter den verschiedenen Geheimnissen, die die Engel den Frauen mitgeteilt haben, hier gemeint ist, geht aus dem Kontext nicht hervor. Das Motiv wird dann mehrfach wiederholt[13]. slHen 24, 3 stellt ausdrücklich fest, Gott habe den Engeln nicht alle Geheimnisse kundgetan. Doch ist damit keine allgemein anti-angelologische Haltung zum Ausdruck gebracht; vielmehr begründet der Apokalyptiker mit dieser These sowohl die Macht der gefallenen Engel, Menschen zur Sünde zu bewegen, als auch die Beschränktheit jener Macht: Alle Geheimnisse kannten die gefallenen Engel eben nicht.

Diese Umkehrung des Motivs von der Weisheit des Hofstaats wird nun in der neuen Ausprägung der apokalyptischen Strömungen im Neuen Testament durchaus im Sinn einer Kritik am Engel-Glauben verwendet:

Über die Propheten und Engel sagt der Verfasser des 1Petr (1, 12): „Ihnen wurde geoffenbart, daß sie nicht sich selber, sondern euch mit dem dienten, was

---

12 Vgl. oben zu Sir 42, 17. Anders liegen die Dinge in 1QH 12, 29f. Der Beter reiht Beobachtungen seiner eigenen Unzulänglichkeit vor Gottes Gericht aneinander und fügt diesen hinzu: אפכה וגבו[רי פל]א המה ל[ו]א [יוכל]ו לספר כול כבודכה ולהתיצב לפני Hier handelt es sich nur um eine weitere Aussage, die der Erhöhung Gottes gegenüber dem Beter dient, der sich auch in dieser Hinsicht mit den Engeln in einer Gemeinschaft weiß. Die Tendenz dieses Gebets entspricht scheinbar der des Fragments 1, Z. 2-4 (so Licht, s. Quellenverz., S. 219f); aber hier ist der Text noch fragmentarischer und die meisten relevanten Aussagen sind Ergänzungen Lichts. Vgl. im übrigen dessen Einleitung (ebd.), S. 49
13 Vgl. Uhligs Anmerkung 3c a.l.

euch jetzt durch die verkündigt wurde, die euch in der Kraft des vom Himmel gesandten heiligen Geistes das Evangelium brachten, in das Engel Einblick begehrten." Aus dem Kontext geht deutlich hervor, daß die christliche Gemeinde nun, nach der Erscheinung des Messias, Dinge weiß, die den Engeln und Propheten verborgen waren. Mit anderen Worten: Diese Gemeinde darf sich den Engeln überlegen fühlen.

Es ist gelegentlich darüber diskutiert worden, ob man auch Jesu „Jubelruf" in diesen Kontext einbeziehen soll[14]. Die Antwort ist m.E.s positiv. Nach Lk 10, 24 sagt Jesus seinen Jüngern: „λέγω γὰρ ὑμῖν ὅτι πολλοὶ προφῆται καὶ βασιλεῖς ἠθέλησαν ἰδεῖν ἃ ὑμεῖς βλέπετε..." Die Verwechslung der מלאכים mit den מלכים, der Engel mit den Königen also, ist in dieser Arbeit gelegentlich begegnet, angefangen mit der Schreibweise des massoretischen Textes bis hin zu den Versionen der Septuaginta. Sie ist jedem, der Hebräisch de facto *spricht*, einsichtig. Dann werden dem Kommen Jesu im Jubelruf aber Propheten und Engel gegenüber gestellt. Die beiden alttestamentlichen Vermittler des Gotteswortes sind Jesu unterlegen. Ihre enge Beziehung ist auch in diesem Kapitel wieder zur Sprache gekommen und hat die Arbeit von der hebräischen Bibel an begleitet.

Diese Überlegenheit der Kirche über die Engelwelt steigert der Verfasser des Epheserbriefes noch: „damit jetzt den Gewalten und Mächten in den Himmeln durch die Kirche die mannigfaltige Weisheit Gottes kundgetan wird" (3, 10). MW.: Die Kirche unterrichtet die himmlischen Mächte von der Erlösung durch Christus, denn jene Mächte selbst könnten das Geschehen offensichtlich sonst nicht verstehen. Den Abschluß erreicht diese Entwicklung erst bei (Ps-) Barnabas, der vom jüdischen Gesetzesverständnis nur noch sagen kann: ἄγγελος πονηρὸς ἐσόφιζεν αὐτούς (9, 4).

---

14 Anders z.B. L. Goppelt, Der erste Petrusbrief. Übers. u. erkl. Göttingen (1978) (KEK 12/1), S. 109 mit Anm. 90; N. Brox, Der erste Petrusbrief. Zürich e.a./Neukirchen (1979) (EKK 21), S. 71. Dort weitere Literatur. Ergänze D. Flusser, Die rabbinischen Gleichnisse und der Gleichniserzähler Jesus. Tl. I. Bern/Frankfurt (M.)/Las Vegas (1981) (Judaica et Christiana 4), S. 269; der Verweis auf äHen 16, 3 und slHen 24, 3 ist insofern verfehlt, als es dort eben um die gefallenen Engel ging. Diese Unterscheidung erklärt, daß neben den unwissenden Engeln in der Apokalyptik der *angelus interpres* auftreten kann. Durch seine Bestreitung der angelologischen Auslegung des Jubelrufes und die undifferenzierte Behandlung der Rolle der Engel im eschatologischen Geschehen verstellt sich Goppelt (und nicht nur er!) den Blick für die engelkritische Aussage dieser Texte incl. 1Petr 1, 12.

Doch setzt diese Formulierung des Eph bereits eine Reihe von Entwicklungen voraus, die den neutestamentlichen Engel-Glauben von dem der vorausgehenden jüdischen Apokalyptik trennen. Zum einen sind jene „Mächte und Gewalten" an verschiedenen Stellen durchaus negativ bewertet, wie letztlich auch in Eph 3, 10; weiter beruht die Überlegenheit der christlichen Kirche auf der der christlichen Gemeinde-Mitglieder, welche als Motiv selbst auf der apokalyptischen Hoffnung auf die Verwandlung des Gerechten in ein engelähnliches Wesen aufbaut. Schließlich hat man die Rolle Jesu in diesem Zusammenhang zu bestimmen.

Ohne die Summe neutestamentlicher Engel-Aussagen hier beschreiben zu wollen (denn das würde den Rahmen dieser Arbeit weit übersteigen), seien nur einige charakteristische Züge hervorgehoben. Jene vermögen zu zeigen, daß auch im Neuen Testament die Ambivalenz des Engel-Glaubens ihren - wenngleich höchst eigenen - Ausdruck fand.

Die Aussagen des Paulus, die die Engel erwähnen, sind überwiegend in negative Kontexte eingebunden. Weder Engel noch Fürstentümer werden ihn von der Liebe Gottes trennen (Röm 8, 38); ohne Liebe nützt auch das Reden in Engels-Zungen nichts (1Kor 13, 1). Die Christen sollen sich nicht an heidnische Gerichte wenden, denn sie werden eines Tages die Engel selbst richten (1Kor 6, 3[15]). Besonders deutlich sind die drei angelologischen Stellen des Galaterbriefs: Ein Engel vom Himmel, der den Galatern ein anderes Evangelium verkündigte, sei verflucht (1, 8); der νόμος ist durch die Engel angeordnet und durch die Hand eines Mittlers gegeben (3, 19[16]) - im Gegensatz zur Verheißung Gottes an Abraham, die direkt erging. Doch Paulus selbst, der Verkünder des auf dieser Ver-

---

15 Damit ist nicht unbedingt auf gefallene Engel angespielt, wie es 2Petr 2, 4 ausdrücklich geschieht; vgl. ebenso Judas 6.

16 Die Tora-Verleihung durch Engel ist häufig diskutiert worden. Man kann sie durchaus im Rahmen der Umkehrung der Tradition von der Weisheit der Engel verstehen: Die nächste Parallele stellt das Jub dar. Dieses will ein von einem Engel diktiertes Buch sein, in dem aber Tora umgeschrieben interpretiert wird. Das heißt: Nicht Tora selbst, aber ihre richtige, d.h. halachische Interpretation ist durch das Diktat eines Engels legitimiert und, so gesehen, von Engeln verliehen. Es paßt genau in die polemische Situation des Paulus im Galaterbrief, wenn er eine halachische Interpretation der Tora, die seiner eigenen zuwiderläuft, den Engeln zuschreibt.
Zur älteren Literatur vgl. meine Ausführungen: *Tora-Verleihung durch Engel.* Das Alte Testament als geistige Heimat. FS H.W. Wolff, hrsg. v. M. Augustin/J. Kegler. Bern/Frankfurt/M. (1980) (EHS.T 177), S. 51-70; sowie neuerdings *The Social Implications of Scripture-Interpretation in Second Temple Judaism.* The Sociology of Sacred Texts. (Sheffield, im Druck).

heißung aufbauenden Evangeliums, wurde von den Galatern ursprünglich aufgenommen wie ein Engel Gottes selbst (4, 14). Mit einer Ausnahme[17] sind die anderen von Paulus genannten Engel „Engel des Satans" (2Kor 11, 14; 12, 7).

Diese Liste spricht deutlich gegen eine Hochschätzung der Engel bei Paulus. Sie enthält keinen einzigen „heiligen Engel". Das Attribut der Heiligkeit ist schon bei Paulus auf die Christen übergegangen[18]. Damit ist die Vermittlung der Engel zumindest verringert[19].

So versteht sich nun auch die Gleichgestaltung der Christen mit dem Leib Jesu, statt einer Verwandlung in engelische Wesen in Phil 3, 20f[20]: Sie ist zwar Beleg für den auch von Paulus geteilten Glauben an eine Verwandlung, aber zugleich drückt sie die Spannung aus, die Paulus aufgrund des Glaubens an Jesus als Messias zu den Engeln spürt[21].

---

17 1Kor 11, 10. Doch ist auch diese Erwähnung nicht unbedingt positiv: Die Frauen sollen beim Beten und Prophezeien in der Gemeinde ihren Kopf bedecken ‚der Engel wegen'. Wie immer man diese Begründung aufzufassen hat, scheint ein Element der Angst den Engeln gegenüber mitzuspielen.

18 Trotz der Nähe zu Sach 14, 5 sollte 1Thess 3, 13 deshalb nicht auf die Begleitung Jesu durch die Engel, sondern durch die auferstandenen Christen ausgelegt werden, denn das Attribut „heilig" ist bei Paulus den Glaubenden vorbehalten. Für eine andere Interpretation und die Literatur zur Frage vgl. T. Holtz, Der erste Brief an die Thessalonicher. (Zürich/)Neukirchen (1986) (EKK 13), S. 146f. Vgl. auch P.B. Decock, *Holy Ones, Sons of God, and the Transcendent Future of the Righteous in 1Enoch and the New Testament*. Neotestamentica 17, 1983, S. 70-83 [n.v.]. Eine Mittelstellung nimmt Kol 1, 12 ein. Die Christen haben durch den Vater Anteil am Erbe der „Heiligen im Licht" (τῶν ἁγίων ἐν τῷ φωτί). Diese Heiligen sind die Engel, aber die Christen haben bereits Anteil an ihrem Erbteil. Vgl. hierzu auch P. Benoit, *"Αγιοι en Colossiens 1.12: Hommes ou Anges?* Paul and Paulinism. Essays in Honour of C.K. Barrett ed. by M.D. Hooker and S.G. Wilson. London 1982, S. 83-99 und Fitzmyer, 1QGenApokr (s. Quellenverz.), S. 81.

19 Neben dem Nachweis apokalyptischen Erbes im Denken des Paulus (vgl. z.B. J. Baumgarten, Paulus und die Apokalyptik. Die Auslegung apokalyptischer Überlieferungen in den echten Paulusbriefen. Neukirchen 1975 [WMANT 44], bes. S. 147-158) ist die Bearbeitung dieser Tradition zu beachten.

20 S. o. S. 166 Anm. 138. Dagegen gehört Lk 24, 36ff nicht unbedingt in unseren Zusammenhang: Die Jünger meinen zwar, nicht Jesus, sondern einen Geist zu sehen, aber das beruht auf dem Wissen um Jesu Tod: Er kann es nicht mehr selbst sein. Diese Darstellung läuft einer Χριστος-Αγγελος-Theologie zuwider.

21 Wie hat man auf diesem Hintergrund nun die Gestalt Jesu selbst im vorpaulinischen Hymnus Phil 2, 5ff zu verstehen? Ist das θεός in Aussagen wie „ὃς ἐν μορφῇ θεοῦ", „ἴσα θεῷ" (V 6) eine Bezeichnung Gottes selbst oder ein Rekurs

3 Das christologische Problem: Die Engel und der endzeitliche Retter

Paulus selbst gibt keinen Grund für diese Einstellung gegenüber dem Engel-Glauben an. Doch macht die nachpaulinische Briefliteratur des Neuen Testaments die eigentliche Schwierigkeit deutlich:

Eine Reihe von Inthronisations-Texten bestimmen das Verhältnis Jesu zu den Engeln im Sinne einer Unterordnung. Deutlich behandelt der Verfasser des Hebräerbriefs das Problem, indem er auf die Inthronisationsaussagen des Proömiums (1, 1-4) eine lange Auseinandersetzung folgen läßt, die den einen „Sohn Gottes" den בני אלהים gegenüberstellt[22]. Kürzer und pointierter geschieht das im Hymnus 1Tim 3, 16:

(Jesus) Der geoffenbart worden (ἐφανερώθη) ist im Fleisch,
als gerecht erwiesen im Geist,
erschienen ist (ὤφθη) den Engeln,
gepredigt unter den Heiden,
geglaubt in der Welt,
hinaufgenommen in Herrlichkeit.

1Petr 3, 22 schildert die Inthronisation Jesu schlicht: „der zur Rechten Gottes ist, nachdem er in den Himmel gefahren ist und ihm die Engel und Mächte und Kräfte unterworfen sind."

---

auf אלהים als Hofstaat- und daher nun als Engel-Bezeichnung? Wenn die OdSal mehrfach davon sprechen, daß Jesus eine Krone auf dem Haupt des Gläubigen sei, dann zeigt das die Konkurrenz der angelologischen und der christologischen Motive sowie gleichzeitig ihre gegenseitige Bezogenheit, s.z.B. 1, 1; 5, 11f.
Die Archonten dieser Welt, 1Kor 2, 6-8 gehören durchaus in den Rahmen dieser Vorstellung - trotz der gewichtigen Einwände von J. Schniewind, *Die Archonten dieses Äons*. (ΑΠΟΦΟΡΗΤΑ... FS E. Klostermann [Halle 1945, handschriftl. vervielfältigt], S. 153-162 = repr.) Idem, Nachgelassene Reden und Aufsätze mit einem Vorw.v. G. Heinzelmann hrsg. v. E. Kähler. Berlin 1952 = ders., dass., mit e. Vorw.v. H.-J. Kraus Giessen/ Basel (1987), S. 104-109.

22 Ob Hebr 1-2 gegen einen Engelkult gerichtet ist, wird man bezweifeln müssen, trotz entsprechender Interpretations-Versuche z.B. von W. Bousset, Die Offenbarung Johannis. (1906 = Neudr.) Göttingen 1966, S. 429; vgl. weiter A. Bakker, *Christ an Angel ? A Study of Early Christian Docetism*. ZNW 32, 1933, S. 255-265. Wenn Hebr sich tatsächlich gegen vorhandenen Engelkult wehren sollte, müßte man auch annehmen, daß es einen entsprechenden Moses- und Melchizedek-Kult gegeben habe.

Die apokalyptischen Retterfiguren standen in bestimmter Verbindung zu den Engeln. Schon die Termini der Christophanien verraten die Verbindung zur Sprache der Theo- und Angelophanie[23], wie die exegetischen Schwierigkeiten von ApkJoh 1, 13-16 eindrücklich zeigen: Jesus ist entweder geschildert wie der Engel aus Dan 10, 5f oder wie Gott in der Theophanie Ez 1, 26-28.

Aber auch in einer Reihe von Einzelmotiven läßt sich diese Berührung der Angelologie mit der Messianologie nachweisen. So hatte die Septuaginta den Namen des Kindes in Jes 9, 5 mit ἄγγελος βουλῆς übersetzt.

Der Menschensohn[24] des äHen[25] ist mit einem Engel verglichen, äHen 46, 1f: „Und ich sah dort einen, der ein Haupt der Tage hatte, und sein Haupt

---

23 Vgl. die Liste der Motive o. S. 60ff.

24 Ohne das hier näher begründen zu können, sei doch wenigstens die Frage gestellt, ob die vielen neutestamentlichen Texte, die den Menschensohn zusammen mit den Engeln erwähnen und dabei die Engel als dienstbare Geister dem Menschensohn unterordnen, nicht wesentlich an einer neuen Verhältnisbestimmung interessiert sind, die aufgrund der Affinität dieser Rettergestalt zu den Engeln nötig geworden ist. Besonders aufschlußreich ist in dieser Hinsicht der Doppelbericht ApkJoh 14, 14-16. 17-20: Im ersten Bericht kommt zum Menschensohn „ein anderer Engel"; dasselbe Geschehen wird ein zweites Mal als Geschehen zwischen zwei Engeln berichtet. Hierzu vgl. bes. U.B. Müller, Messias und Menschensohn in jüdischen Apokalypsen und in der Offenbarung des Johannes. Gütersloh (1972) (StNT 6), S. 193ff. Doch die Unterordnung der Engel unter den Menschensohn ist im „Gleichnis vom Unkraut unter dem Weizen" (Mt 13, 24-30) ebenso deutlich ausgesprochen wie in den Worten vom kommenden Menschensohn: Mt 16, 27//Mk 8, 38//Lk 9, 26 (hier werden die Engel, die bei Lk nur als metaphorischer Ausdruck für die Ehre des Menschensohns dienten, bei Mt schon zu „seinen Engeln"); Mt 10, 32f//Lk 12, 8f (wobei Mt die von Lk noch erwähnten Engel einfach ausläßt) - vgl. hierzu ApkJoh 3, 5; Mk 13, 26f (vgl. die MSS!)//Mt 24, 30f, vgl. hierzu Mt 25, 31f und 1Thess 4, 16; 2Thess 1, 7.
Joh 1, 51 ist diese Zuordnung nicht derart deutlich, vgl. den bibliographischen Anhang unter 13. 5.

25 Auch die einzige biblische Erwähnung dessen „wie ein Mensch", Dan 7, 13 gehört insofern in den Kreis unserer Überlegungen, als diese Gestalt auch angelologisch verstanden werden kann, was allerdings an der angelologischen Auffassung der קדישי עליונין hängt. Zur Literatur vgl. meine Anmerkungen in: האל והליטורגיה השמימית : מלאכים - קדושים E. Gottlieb Memorial volume ed. by M. Oron, Tel Aviv (im Druck); und ergänze C. Rowland, The Open Heaven. A Study of Apocalyptic in Judaism and Early Christianity. London (1982), S. 180; ד. פלוסר (D. Flusser), השתקפותן של אמונות משיחיות יהודיות בנצרות הקדומה. In: משיחיות ואסכטולוגיה. עורך צ. ברס Jerusalem תשמ"ד/1984, S. 103-134; für eine abweichende Interpretation vgl. z.B. M. Casey, Son of Man. The Interpretation and Influence of Daniel 7. London (1979), S. 40-45. Allerdings kennt Daniel eine Reihe von Ausdrücken, die dem „Menschensohn" entsprechen und

war wie Wolle so weiß, und bei ihm war ein anderer, dessen Gestalt wie das Aussehen eines Menschen (war), und sein Angesicht voller Güte wie (das) von einem der heiligen Engel. Und ich fragte einen der Engel, den, der mit mir ging und mir alle Geheimnisse zeigte, nach jenem Menschensohn."[26]

Auch der „Sohn Adams" im TAbr.A 12, 5ff[27] ist eine verwandelte Gestalt, die über die Verstorbenen Gericht hält. Als „wunderbarer Mann, anzusehen wie die Sonne, dem Sohn Gottes gleich" (12, 5: καὶ ἐπ' αὐτῷ ἐκάθητο ἀνὴρ θαυμαστὸς ἡλιόρατος ὅμοιος υἱῷ θεοῦ) sitzt dieser Richter auf einem Thron, der Sonne gleich. Allerdings wird er 13, 2 als Abel, der von seinem Bruder ermordete Sohn Adams, bestimmt. Dahinter stehen mehrere Stadien der Traditionsumbildung: Aus dem hebräischen Wort für „Menschensohn", בן אדם, wird der Sohn Adams, der dann aus naheliegenden Gründen mit Abel identifiziert wird. Aber auch nach dieser Entwicklung bleibt deutlich, daß dieser endzeitliche Richter eine engel-ähnliche Gestalt ist, die zusammen mit anderen Engeln[28] wirkt.

Michael nimmt im Wächterbuch eine messianische Aufgabe wahr - auch dann, wenn er keinen messianischen Titel führt (äHen 10, 13ff).

AssMos 10, 2 heißt es von dem Engel, der einst Israel rächen wird:

tunc implebuntur manus[29] nuntii,

---

gleichzeitig deutlich Engel bezeichnen; vgl. Dan 8, 15 (zu Gabriel: גבר כמר־ בחלום והאיש); 9, 21 (כמראה אדם) 18 .(כדמות בני אדם); 10, 16 (קול אדם); 16 (אה). גבריאל אשר ראיתי); 10, 5 (איש אחד לבוש בדים); der letzte Ausdruck wird in 12, 6f zweimal wiederholt.

26 Vgl. bes. E. Sjöberg, Der Menschensohn im äthiopischen Henochbuch. Lund 1946 (SHVL 41), S. 93-95.

27 TAbr.B 10 ist nicht wirklich parallel. Dort erscheint ein Richter, der weder mit dem Menschensohn noch mit einem Engel verbunden sein muß. TAbr.A 12, 11 wiederholt den Ausdruck ἀνὴρ ὁ θαυμάσιος. Zur ganzen Szene vgl. bes. G.W.E. Nickelsburg, *Eschatology in the Testament of Abraham. A Study of the Judgement Scenes in the Two Recensions.* Studies on the Testament of Abraham. Ed. by G.E.W. Nickelsburg. (Missoula/Mont. 1976) (SCS 6), S. 23-64, bes. S. 29ff.

28 Die einzige jüdische Parallele, die ihrerseits dem Menschensohn Engel unterstellt, ist 4Esr 13, 52. Die Verwendung des Sohnestitels in diesem Vers ist durchaus problematisch.

29 „Die Hände füllen" ist ein Ausdruck der priesterlichen Sprache, vgl. Ex 28, 41; 29, 9 (Aaron und seine Söhne); Lev 21, 10 (der Hohe Priester). TLev 8, 10 (bei der Einsetzung Levis durch Engel). Priesterliche Elemente finden sich auch sonst in der jüdischen Messianologie, wie sie ja auch mit den Engeln verbunden sind (s.o.).

qui est in summo constitutus,
qui protinus uindicauit illos ab inimicis eorum[30].

Die priesterliche Ausdrucksweise wird hier verwendet, um die Einsetzung des Engels in das messianische Amt[31] zu kennzeichnen.

Andere Aussagen sind weniger deutlich. So heißt es SybOr 3, 652: „Dann wird Gott von Sonnenaufgang her einen König senden"/καί τότ' ἀπ' ἠελίοιο θεὸς πέμψει βασιλῆα. Ist damit der endzeitliche Retter gemeint oder ein das Endgeschehen einleitendes astrologisches Phänomen?[32]

Aufgrund der messianischen Interpretation des Bileam-Orakels, Nu 24, 17, versteht SybOr 5, 155ff, den Stern als eine messianische Größe[33], wie ja überhaupt die Messias-Gestalt Verbindungen mit der Angelologie aufweist.

In TDan 6, 7 fügen einige MSS zum Engel Israels den „Heiland" hinzu. Der gesamte Abschnitt hat durchaus eschatologische Bezüge (s).

Ob der Engel des Lichts in 1QS 3, 24ff wirklich messianisch zu verstehen sei, mag dahingestellt bleiben. In jedem Fall wirkt Melchizedek als endzeitli-

---

30 „Dann werden die Hände des Engels, der an höchster Stelle steht, gefüllt werden und sogleich wird er sie rächen an ihren Feinden." Vgl. hierzu G.W.E. Nickelsburg, Resurrection, Immortality, and Eternal Life in Intertestamental Judaism. Cambridge (Mass.)/London 1972 (HTS 26), S. 28-31; dagegen ist es nicht sicher, daß die Beschreibung Mose als „magnus nuntius" in AssMos 11, 17 wirklich auf ein griechisches μέγας ἄγγελος zurück geht, wie N. Johansson vermutet: Parakletoi. Vorstellungen von Fürsprechern für die Menschen vor Gott in der alttestamentlichen Religion, im Spätjudentum und Urchristentum. Lund (1940), S. 67. Zuletzt hat J. Tromp an der Identität des *nuntius* als Engel Zweifel geäußert: *Taxo, the messenger of the Lord.* JSJ 21, 1990, S. 200-209. Allerdings ist auch er genötigt, die in AssMos vorgestellte Rettergestalt mit Michael, Melchizedek und anderen Mittlern zu vergleichen, die ihrerseits ebenfalls eine Beziehung zu den Engeln haben, bzw., wie im Falle Michaels, Engel sind.

31 Dessen Darstellung weicht hier allerdings nicht ganz unwesentlich von dem ab, was andernorts zum Grundstock messianischer Hoffnungen gehört. Vgl. J. Licht, *Taxo, or the Apokalyptic Doctrine of Vengeance.* JJS 12, 1961, S. 95-103.

32 E. Sjöberg, Der verborgene Menschensohn in den Evangelien. Lund 1955 (SHVL 53), S. 52f, erwägt zunächst die Möglichkeit, hier einen Hinweis auf den Messias als himmlische Gestalt zu finden, entscheidet sich dann aber für eine Interpretation auf die Himmelsrichtung des Ostens. Collins (in Charlesworth I, s. Quellenverz.), a.l. sieht darin überhaupt einen ägyptischen König, siehe seine Anm. x3.

33 Collins, ebd. S. 397 mit Anm. m2, sieht in diesem Stern einen „Zerstörer-Engel"; vgl. weiter seine Einleitung, S. 392.

cher Hoherpriester in 11QMelch und trägt dazu den angelologisch zu verstehenden אלהים-Titel. Er scheint zumindest über die Engel erhöht zu sein[34].

In jüngster Zeit haben Neutestamentler stärker auf die Abhängigkeit neutestamentlicher Christologie von jüdischer Angelologie geachtet[35]. Aber hier gilt es festzuhalten, daß die Engel durch diese Abhängigkeit erneut in jene Ambivalenz gerieten[36].

4 Das theologische Problem: Anbetung der Engel und Engel-Opfer

Die Kombination der Boten-Konzeption mit der des Hofstaats hatte zur Charakterisierung des Engels als übernatürlicher Gestalt wesentlich beigetragen, ihn aber gleichzeitig weiterhin im Verkehr mit den Menschen stehen lassen. So begegnet dem Menschen nun nicht mehr nur noch der ohnehin problematische Bote, sondern ein der göttlichen Welt angehörendes Wesen. An einer Reihe von Stellen wird deshalb die Problematik der Anbetung dieses Wesens ausdrücklich erwähnt. Kirchenväter und Gegner des frühen Christentums werfen den Juden bzw. den Christen die Anbetung der Engel vor, um so den jeweiligen

---

34 So P. Alexander in Charlesworth (s. Quellenverz.) 1, S. 249. Gegen die Auffassung, Melchizedek sei selbst Engel, vgl. zuletzt die Rezension von J.A. Fitzmyer zu C. Newsome, Songs (s. Quellenverz.): JBL 107, 1988, S. 315f.
Er zieht die Charakterisierung als „an apotheosized figure" vor, S. 316, „because of his earthly origin." Dabei geht es nicht um 11QMelch, sondern um das priesterliche Amt als כהן בעד[ת] אל, 4Q 401 11, 3. Aber diese Apotheose ist, wie oben gezeigt, als Verwandlung in einen Engel gedacht. Zu 1QSb 4, 25ff vgl. o.S. 214 Anm. 280. Siehe im übrigen schon J.A. Emerton, *Melchizedek and the Gods: Fresh Evidence for the Jewish Background of John X. 34-36.* JThS.NS 17, 1966, S. 399-401.
35 Vgl. bes. L.W. Hurtado, One God, One Lord. Early Christian Devotion and Ancient Jewish Monotheism. Philadelphia (1988), S. 71-92. 155-160; J.-A. Bühner, Der Gesandte und sein Weg im 4.Evangelium. Tübingen 1977 (WUNT II/2); vgl. schon früher die Auseinandersetzung M. Werners mit J. Barbel und W. Michaelis (alle im bibliographischen Anhang unter 14. 2). Selbst Ephrem scheint עיר als die angelologische Bezeichnung schlechthin für Jesus gebraucht zu haben, vgl. W. Cramer, Die Engelvorstellungen bei Ephräm dem Syrer. Rom 1965 (OrChrAn 173), S. 103-107, und seine Verweise auf die act Thomae, ebd. S. 35f
36 Andererseits zeigt die fortwährende Benützung des Engel-Glaubens in einigen z.T. sicher späteren Evangelien-Texten (wie Mt 28, 1-4) oder den mannigfaltigen Wundern in der acta auch für das Neue Testament, daß die Engel weiterhin eine positive theologische Aufgabe erfüllen.

Anspruch auf eine monotheistische Religionsform zu entkräften[37]. Die magischen Papyri benutzen Engel-Namen in den Reihen der *nomina barbara*, und die Rabbinen verbieten ausdrücklich das Opfer an Engel.

Allerdings gilt es hier zu unterscheiden: Die erhobene Stellung der Engel konnte zu ihrer Verehrung führen. Von welchem Stadium ab aber hat eine solche Verehrung als Engelkult zu gelten? Ist die Fürsprache der Engel, die im Zusammenhang mit dem Gericht mehrfach erwähnt wird, als solche bereits eine Form des Engelkults? Wie selbständig ist der Engel, wenn er angerufen wird, um Gottes Hilfe zu erlangen? Das Niederfallen vor dem Engel kennt bereits Josua, Jos 5, 14; die Frage nach dem Namen des erscheinenden Engels stellt Manoah, Ri 13, 17. Der שר צבא ה׳ wehrt Josua nicht, der Engel vor Manoah nennt zwar nicht seinen Namen, bewertet die Frage aber auch nicht unbedingt negativ.

Ps-Philo verwendet das Motiv des Engelopfers LAB 34[38] offensichtlich zur negativen Charakterisierung des Aod (= Adod), Vater der Frau von Ein Dor. Dieser Magier soll den über die Zauberei gesetzten Engeln geopfert und sie so seinen Anliegen gewogen gemacht haben. Damit sind hier die gefallenen Engel in Anlehnung an äHen 6ff gemeint. In keinem Fall ist dies ein Beleg für einen tatsächlichen Opferdienst für die Engel. Ps-Philon zeigt aber, wie ein solches Opfer mit der Magie zusammengeht und mit dem Vorwurf, Israel zum Götzendienst zu verleiten[39].

---

37 Vgl. zum folgenden bes. W. Luecken, Michael. Eine Darstellung und Vergleichung der jüdischen und der morgenländisch-christlichen Tradition vom Erzengel Michael. Göttingen 1898, S. 4ff; M. Simon, Verus Israel. A Study of the Relation between Christians and Jews in the Roman Empire (135-425). Oxford 1986, S. 345ff (mit den Anm. S. 500); G. Tavard, Die Engel. Unter Mitarbeit von A. Caquot u. J. Michl. Freiburg e.a. 1968 (HDG II 2b), S. 39.

38 LAB 13, 6 ist dagegen kein klarer Beleg und eher unwahrscheinlich, s. aber Dietzfelbinger (s. Quellenverz.).

39 Gänzlich unbedeutend sind in diesem Zusammenhang die verschiedenen Anreden des Apokalyptikers an den Engel in 4Esr (z.B. 4, 38: „O Dominator, Domine") und syBar (z.B. 75, 1), die eine Identifikation des Engels mit seinem Sender nach biblischem Muster nahelegen (So auch N.B. Johnson, Prayer in the Apocrypha and Pseudepigrapha. A Study of the Jewish Concept of God. Philadelphia 1948 [JBL.MS 2], S. 63; dort weitere Quellen zur Gebetserhörung durch Engel: S. 64). Esra nennt auch den ihn ansonsten begleitenden Engel Uriel „Dominus meus", so daß an der Gestalt des Eremiel/Jeremiel nichts hängt. Die Parallelität zwischen diesen beiden Apokalypsen besteht ja nicht nur an diesem Punkt; anders Hurtado, op.cit. (o.Anm. 29), S. 159 Anm. 45. Die

Engel-Kult 293

Der Verfasser des TLev fragt den ihm erscheinenden Engel nach seinem Namen, „damit ich dich anrufen kann in der Stunde der Drangsal"[40]. Die Stelle ist noch nicht derart ausführlich wie spätere, denn sie kennt noch nicht das tatsächliche Niederfallen des Apokalyptikers. Der Engel antwortet denn auch nur mit der Selbstvorstellung „Ich bin der Engel, der für Israel eintritt, damit sie nicht ganz zerstört werden."

Von jenem Engel des Friedens, der für Israel eintritt, heißt es TDan 6, 1ff: „Nahet euch Gott und dem Engel, der bittend für euch eintritt, denn er ist der Mittler zwischen Gott und Menschen, und für den Frieden Israels wird er sich gegen das Reich des Feindes stellen... Denn er selbst, der Engel des Friedens, wird Israel stärken, damit es nicht in das äußerste Übel fällt [zur Zeit der Gottlosigkeit Israels wird der Herr von ihnen weggehen, und er wird zu einem Volk, das seinen Willen tut, sich hinwenden][41] denn keiner der Engel ist ihm gleich. Sein Name wird an jedem Ort Israels sein." Damit ist jedenfalls ein über allen anderen Engeln stehender Vertreter für Israel genannt. Aber das entspricht sachlich der Stellung Michaels in Dan 10 und 12 und stellt keine Verehrung dieses Engels dar.

Deutlicher ist die Problematik bei den folgenden neutestamentlichen Stellen:

In acta 7, 42f wirft Stephanus den Juden vor, Gott habe sie nach der Sünde des goldenen Kalbes dem Himmelsheer[42] preisgegeben, damit sie diesem dien-

---

philonische Logostheologie sollte nicht einfach mit den apokalyptischen Quellen vermischt werden. Sie bleibt eine Größe *sui generis*, ebd. Anm. 49.

40 TLev 5, 5f. Die Drangsal bezieht sich offensichtlich auf die Schlacht gegen Sichem, die ebd. V 3 erwähnt ist. Unter den vielen für eine Engel-Verehrung herangezogenen Stellen der außerkanonischen Literatur ist diese noch die tragfähigste. Die Sammlung von „Belegen" bei W. Bousset/H. Gressmann, Die Religion des Judentums im späthellenistischen Zeitalter. 4. Aufl (mit einem Vorw. v. E. Lohse), Göttingen 1966 (HbNT 21), S. 327-331, beweist schlechterdings nichts, hat Bousset doch hier sämtliche Fürsprecher-Stellen mit herangezogen.

41 Becker (s.Quellenverz.) klammert den problematischen Satz als christlichen Zusatz ein. Das ist inhaltlich nicht unbedingt zwingend.

42 Die Nennung des Sternes Rompha, der dem Saturn entsprechen soll, könnte nach O. Böcher auf eine eventuelle Kritik am jüdischen Sabbat hinauslaufen. Aber der Skopus der Rede ist doch wohl eher die Anklage des Abfalls von Gott. Vgl. Böcher, Jüdischer Sternglaube im Neuen Testament. (Wort und Wirklichkeit. Studien zur Afrikanistik und Orientalistik. FS E.L. Rapp hrsg. v. B. Benzing, O. Böcher, G. Mayer. Meisenheim 1976, S. 51-66 =) Ders.,

ten. Als Schriftbeweis dient Am 5, 25-27. Die Zusammenstellung als solche ist dann für die adversus-iudaeos-Literatur typisch geworden: Die Geschichte vom goldenen Kalb zeige den Abfall Israels von seinem Gott und Israels Hang zum Götzendienst[43]. Aber die verschiedenen Vorwürfe der Stephanus-Rede sind zu einem guten Teil Produkt intensiver Schriftauslegung und nicht so sehr Bericht jüdischer Zeitgeschichte. Der Angriff des ersten christlichen Märtyrers ist daher problematisch. Aber als Teil des neutestamentlichen Kanons wird er, zusammen mit anderen Stellen, spätere Traditionsbildung erleichtern.

Besondere Aufmerksamkeit hat der Vorwurf des Verfassers des Kolosserbriefs erregt, der seinen Gegnern in Kol 2, 18 vorwirft, sie gefielen sich in ταπεινοφροσύνῃ καὶ θρησκείᾳ τῶν ἀγγέλων. Der Vorwurf ist mit den Äußerungen des Verfassers über die στοιχεῖα τοῦ κόσμου, 2, 8, zusammen zu nehmen, die diese Stelle mit Gal 4 verbindet. In dieselbe Richtung weist der Kontext: V 16 warnt vor Beachtung von Speisegesetzen und Festzeiten, also durchaus den judaistischen Themen, gegen die auch Paulus Gal 4 angeht. Ist die θρησκεία τῶν ἀγγέλων nun als Genitivus subjectivus oder objectivus zu fassen? M.a.W.: Werden Engel hier kultisch verehrt oder glauben sich die Gegner lediglich in einer Kultgemeinschaft mit den Engeln, wie die Apokalyptiker und die Verfasser der Qumran-Schriften auch? Es ist vorstellbar, daß dieser Vorwurf kein aktuelles Verhalten bezeichnet, sondern die durch Paulus vorgegebene negative Einstellung den Engeln gegenüber mit der Polemik gegen die Gegner verbindet. Auf der anderen Seite wird die Gefahr der Engelanbetung innerhalb der Kirche immer deutlicher[44], und Kolossä wird dabei eine nicht unwesentliche Rolle spielen.

Kirche in Zeit und Endzeit. Aufsätze zur Offenbarung des Johannes. Neukirchen (1983), S. 13-27, hier: S. 25.

43 S. z.B. Justin, dial. 19, 5f; vgl. auch 73, 6 und die Abfolge 132f. Vgl. weiter H. Schreckenberg, Die christlichen Adversus-Judaeos-Texte und ihr literarisches und historisches Umfeld (1.-11. Jh.). Frankfurt (M.)/Bern (1982) (EHS.T 172), S .199. 214 u.ö.

44 Vgl. weiter 1Tim 4, 1 gegenüber 5, 21; IgnTrall 5, 1f und Sm 6, 1. Die Literatur hierzu ist zu umfangreich, um hier angeführt werden zu können. Allerdings geht es hier auch nur um die Frage, ob Kol 2, 18 einen jüdischen Engelkult voraussetzt und so auf jüdische Praktiken zurückgreift oder aber eine innerchristliche Entwicklung darstellt. Für weitere Quellen und Literatur s. die Zusammenstellung der Texte bei J.J. Gunther, St. Paul's Opponents and Their Background. A Study of Apocalyptic and Jewish Sectarian Teachings. Leiden 1973 (NT.S 35), S. 172-208, der die verschiedenen Quellen allerdings sehr großzügig nebeneinander stellt und nicht bei allen überzeugt. Zur Literatur vgl. weiter M. Karrer, Die Johannesoffenbarung als Brief. Studien zu ihrem

Der Engel muß den Seher der ntl. Apokalypse zweimal davon abhalten, sich vor ihm niederzuwerfen; so ApkJoh 19, 10: „Und ich fiel vor ihm zu seinen Füßen, ihn anzubeten, und er sprach zu mir: Siehe zu, tue es nicht! Ich bin dein Mitknecht[45] und deiner Brüder, die das Zeugnis Jesu haben. Gott bete an!" Und in einer unerwarteten Dublette hierzu[46], 22, 8f.

Der Apokalyptiker Zephania will im 6. Kap. dreimal niederfallen und anbeten. Zuerst sieht er 6, 1-3 den Feuersee und denkt, Gott käme zu ihm. Daraufhin kniet er (5) nieder, um anzubeten. Ähnliches geschieht beim Anblick des Anklägers im Verlauf des Kapitels und dann bei der Erscheinung des Engels Eremiel. Der aber warnt den Seher: „Gib acht! Bete mich nicht an. Ich bin nicht der Allmächtige, sondern der große Engel Eremiel, der über den Abyss

---

literarischen, historischen und theologischen Ort. Göttingen (1986) (FRLANT 140), S. 178-180; u.v.a. F.O. Francis/W.A. Meeks, Conflict at Colossae. A Problem in the Interpretation of Early Christianity Illustrated by Selected Modern Studies. Rev. Edt. (Missoula/Mont.) 1975 (SBL.SBS 4) mit den dort hrsg. Studien.

45 Die Bestimmung des Engels als „Mitknecht" führt bei E. Schüssler-Fiorenza, The Book of Revelation. Justice and Judgement. Philadelphia (1985), S. 145f, zur Interpretation der Gemeinde-Engel aus ApkJoh 1f in Anlehnung an die Prophetenbezeichnung „Engel", s.o. Dagegen wandte sich M. Karrer, op. cit. (vorige Anm.), S. 171.

46 Das Verhältnis der beiden Stellen zueinander ist nicht eindeutig geklärt, gehört auch nicht in unsere Überlegungen. Sehr bestimmt schreibt H. Kraft, Die Offenbarung des Johannes. Tübingen 1974 (HbNT 16a), S. 227, 22, 8f den Imitatoren von 19, 10 zu. Demgegenüber bemühten sich andere Ausleger, den Unterschied zwischen beiden Stellen klarer hervortreten zu lassen, so besonders E. Lohmeyer, Die Offenbarung des Johannes. Tübingen 1926 (HbNT 16), S. 175. Wieder andere vertraten die Ansicht, die Wiederholung der Vision diene zur Verklammerung der Kapitel 19-22, so J. Ellul, Apokalypse. Die Offenbarung des Johannes - Enthüllung der Wirklichkeit. Neukirchen (1981), S. 99. M. Karrer, op.cit. (o.Anm. 36), S. 175 hält die Dublette für „rhetorisch geschickt", „gezielt und wirkungsvoll". Das mag dahin gestellt bleiben.
Lohmeyer wehrt sich aufgrund einer - wohl übersteigerten - Interpretation des ἐγώ gegen die hauptsächlich von W. Bousset vorgetragene Deutung einer Abwehr der Engelverehrung. Seine Belege für eine tatsächlich praktizierte Verehrung der Engel sind nicht alle stichhaltig: Tob 12, 15; äHen 89, 76 und Jub 30, 20 geht es nicht um die Verehrung des Engels, sondern um dessen Fürbitte für den Menschen vor Gott; zu TDan 6, 2 s.o. Demgegenüber hat sich W. Bousset, op.cit. (o.Anm. 22), S. 429f, im Gefolge W. Lueckens, op. cit. (o.Anm. 37), S. 5ff, eindeutig für eine Bewertung unserer Stelle als Ablehnung der Engelverehrung ausgesprochen.

und den Hades gesetzt ist"[47]. Hierbei kann es sich aber durchaus um eine innerchristlich-apokalyptische Nachbildung der Warnungen aus ApkJoh handeln.

Die in diesem Zusammenhang häufig genannte Stelle[48] aus Justins 1Apol 6, 2 besagt genau betrachtet nichts über eine tatsächliche Engelverehrung der Christen. Justin legt lediglich dar, welche nicht-dämonischen[49], himmlischen Mächte er anerkennt: „sondern ihn (scil.: den wahren Gott) und seinen Sohn, der von ihm gekommen ist und uns diese Dinge gelehrt hat, auch das Heer der anderen guten Engel (...τὸν τῶν ἄλλων ... ἀγαθῶν ἀγγέλων), die ihm anhangen und ähnlich sind, und den prophetischen Geist verehren und beten wir an, indem wir ihn mit Vernunft und Wahrheit ehren (σεβόμεθα καὶ προσκυνοῦμεν, λόγῳ καὶ ἀληθείᾳ τιμῶντες)..."

ClemAlex zitiert, Strom VI, 41, die Schrift Kerygma Petrou als Warnung an die Christen, nicht wie die Juden zu irren und die Engel, Erzengel, Sterne und den Mond zu verehren (σέβεσθε). Origines kennt fast dieselbe Zusammenstellung[50]. Im syrischen Text der Apologie des Aristides[51] heißt es über die Juden: „Doch auch diese sind abgeirrt von der genauen Erkenntnis und meinten in ihrem Sinn, daß sie Gott dienten, aber durch die Art ihrer Handlungen gilt ihr Dienst den Engeln und nicht Gott, indem sie beobachten die Sabbathe und die Neumonde und die ungesäuerten Brote und das große Fasten (Tag?) und das Fasten und die Beschneidung und die Reinheit der Speisen, welche sie nicht einmal so vollkommen beobachten." Die Zusammenstellung der Gebote und deren Verbindung mit einer Engelverehrung ist nicht zufällig: Sie erinnert an Kol 2, 18 und die (für den Apologeten sicher:) paulinische Auseinandersetzung um das Gesetz und seine Gültigkeit. Celsus kommt in seinem Angriff auf das Christentum gleich zweimal auf die jüdische Engelverehrung zu sprechen. I, 26 zitiert ihn Origines „Κέλσος λέγων αὐτοὺς (scil.: die Juden) σέβειν ἀγγέ-

---

[47] Text nach Wintermutes Übersetzung in Charlesworth a.l.
[48] Vgl. z.B. Lohmeyer, op.cit. (o.Anm. 38), S. 175 und Karrer, op.cit. (o.Anm. 36), S. 179.
[49] Justin setzt dabei voraus, daß die Geister, die die „Ungläubigen" vom rechten Glauben abhalten, Dämonen sein müssen. Er folgt hierin der mit Tatian und später Tertullian auch sonst bezeugten Traditionslinie (s.o.). Einen etwas anderen Skopus hat TSal 5, 5, das davon ausgeht, daß jene Menschen, die die Dämonen nicht beim Namen kennen, sie verehren, denn sie hätten keine Gewalt über die von jenen gebrachten Übel.
[50] Allerdings ohne die Erzengel: In Ioannem zu Joh 13, 17; vgl. Luecken, op. cit. (o.Anm. 37), S. 4f.
[51] 14, 4. Text bei Geffcken (s. Quellenverz.), S. 22.

λους καὶ γοητείᾳ προσκεῖσθαι, ἧς ὁ Μωϋσῆς αὐτοῖς γέγονεν ἐξηγητής."
V, 2 und 6 greift der heidnische Philosoph Juden und Christen gleichermaßen an, weil sie einerseits an Engel glauben, die Himmelskörper aber keiner Verehrung für würdig erachten.

Die von Clemens und Origines vorgetragene Verbindung von Sternen und Engeln ist nach dem oben Dargestellten leicht einsehbar. Sie ist biblisch begründet und nachbiblisch wesentlich erweitert worden. Des Aristides Vorwurf ist nicht ganz eindeutig: Ist die Einhaltung jüdischer Gebote als solcher bereits Engel-Verehrung? Dann läge hier wohl eher ein Rückgriff auf Gal 4 und Kol 2 vor. Celsus seinerseits lacht über den Sohn Gottes (den er für einen anderen Engel hält: V, 52) und versteht nicht, wie die „tatsächlichen Götter" neben jenen Engeln nicht verehrt werden. Sofern sich der Vorwurf der Engelverehrung näher bezeichnen läßt, geht es um σέβεσθαι, womit aber keine konkrete Handlung angegeben ist. Auf der anderen Seite ist seine Verbindung der Engelverehrung mit der Magie bezeichnend. Sie erinnert an Ps-Philons Darstellung der Handlungen Aods (s.i.). Mit dieser Kritik des heidnischen Philosophen wird das theologische Problem jedes Engel-Glaubens erneut deutlich: Wie kann man zwischen dem legitimen Gottesdienst und Engel-Verehrung unterscheiden?

Das Problem hat seinen Niederschlag auch in einigen rabbinischen Anordnungen gefunden. tHul 2, 12 wird bestimmt: השוחט לשום חמה לשום לבנה לשם
"כוכבים ולשם מזלות לשם מיכאל שר צבא הגדול ולשלשול קטן הרי זה בשר זבחי מתים[52]
Die Verbindung Michaels mit den Sternen fällt in die bekannte Kategorie, der „Wurm" dagegen ist neu. Das Verbot des Opfers aber verlangt eine Erklärung. Die häufige Bemerkung „wo ein Verbot besteht, gab es wohl auch eine Neigung" dürfte hierzu nicht ganz ausreichen. Opfer zugunsten der Engel und zugunsten der Sterne sind weit mehr als reine „Verehrung". Sie stellen eine tatsächliche Verletzung der monotheistischen Religion dar. Die parallele Mischna (Hul 2, 8[53]) nennt keine Engel. Aber das ändert nichts an dem Verbot, den Engeln zu opfern. Die spätere Diskussion (bHul 40b) verbindet beide Stellen.

---

52 „Wer der Sonne, dem Mond, den Sternen und Sternbildern, Michael, dem großen Feldherrn oder einem kleinen Wurm schlachtet - dieses Fleisch ist Totenopferfleisch."

53 Wer den השוחט לשם הרים לשם גבעות לשם ימים לשם נהרות לשם מדברות שחיטתו פסולה,, Bergen, den Hügeln, den Meeren, den Flüssen oder Wüsten opfert - dessen Schlachtung ist ungültig." bHul 40b: פסולה אין זבחי מתים לא ורמינהו ... אמר אביי
לא קשיא הא דאמר להר הא דאמר לגדה דהר דיקא נמי דקתני דומיא דמיכאל שר הגדול ש״מ.
„Ungültig und kein Totenopfer? Einwand (tHul wie oben). Sagte Abajje: Das ist keine Schwierigkeit: Der eine sagte ‚Berg' der andere ‚der Berggeist', wie wir ja

298 *Die Gefahren der neuen Engel-Vorstellung*

Die besondere Stellung der Engel, die bis zu ihrer kultischen Verehrung führt, scheint vielmehr eine mehrfache Wurzel zu haben. Zum einen ist hier auf die Vorstellung von den Völkerengeln hinzuweisen. Danach sind die Völker ja nicht nur auf jene Engel verteilt, vielmehr bilden die Engel das Kultobjekt für jene Völker. Die Identifizierung der Engel mit den Göttern der Völker ist z. B. in Dtn.r, (Wilna, 104c) פ׳ ואתחנן 2, 34, deutlich: רבי יצחק פתח חלקי ה׳ אמרה נפשי על כן אוחיל לו. אמר רבי יצחק למה״ד למלך שנכנס למדינה ונכנס עמו דוכסין (duces) ואפרוכין (ἔπαρχοι) ואיסטרטליטין (στρατηλάτης). יש מבני המדינה שברו דוכוס שהיה מתקיים עליהם ויש מהם שברו להן איפארכוס ויש מהן שברו להן אסטרטליטין. אמר אחד פיקח איני בורר אלא במלך שכולן מתחלפין והמלך אין מתחלף. כך שירד הקב״ה לסיני ירדו עמו חבורות חבורות של מלאכים מיכאל וחבורתו גבריאל וחבורתו. יש מאו״ה שברו להן מיכאל ויש מהן שברו להן גבריאל אבל ישראל בררו להן הקב״ה. אמרו חלקי ה׳ אמרה נפשי הרי שמע ישראל ה׳ אלהינו ה׳ אחד.[54]

---

auch gelernt haben, daß Michael, der große Feldherr dem ähnelt - lerne daraus." Tatsächlich sind Mischna und Tosephta hier nicht nur in den einzelnen Gliedern völlig unterschiedlich, sondern auch in der Bewertung. P. Schäfer hat versucht, beide auf die Verse Ex 20, 3f zurückzuführen. Das mag so sein, ist aber nicht zwingend: Rivalität zwischen Menschen und Engeln. Untersuchungen zur rabbinischen Engelvorstellung. Berlin/New York 1975 (SJ 8), S. 69. In Kolossää ist es zu einem ausgeprägten Michaelskult gekommen. Vgl. hierzu besonders J.P. Rohland, Der Erzengel Michael. Arzt und Feldherr. Zwei Aspekte des vor- und frühbyzantinischen Michaelkultes. Leiden 1977 (BZRGG 19). Vgl. weiter die kleinasiatischen Inschriften: A.R.R. Sheppard besprochen wurde: *Pagan Cults of Angels in Roman Asia Minor*. Talanta 12-13, 1980-81, S. 77-101, v.a. S. 83f. Immerhin ist nicht nur ἄγγελος sondern auch δαίμων inter alia weiterhin Götterbezeichnung; vgl. jetzt M.L. Barré, The God-List in the Treaty between Hannibal and Philip V of Macedonia: A Study in Light of the Ancient Near Eastern Treaty Tradition. Baltimore/London (1983) (Johns Hopkins Near Eastern Studies), S. 64ff.

54 „R. Jitzchak eröffnete (Threni 3, 24) ‚Der Herr ist mein Teil sprach meine Seele, also will ich auf ihn hoffen'. Sagte R. Jitzchak: Wem gleicht die Sache? Einem König, der in die Stadt kommt und mit ihm kommen Feldherren, Statthalter und Befehlshaber. Unter den Bewohnern der Stadt wählen sich einige den Feldherrn, andere den Statthalter, andere den Befehlshaber, damit er über sie herrsche. Ein Kluger sagte: Ich wähle mir nur den König (selbst), denn alle (anderen) wechseln, aber der König wechselt nicht. So stiegen als der Heilige, gepriesen sei er, auf den Sinai herabstieg, mit ihm Scharen und Scharen von Engeln; Michael mit seiner Schar, Gabriel mit seiner Schar. Es gibt unter den Völkern solche, die sich Michael erwählt haben und solche, die sich Gabriel erwählt haben; aber Israel wählte sich den Heiligen, gepriesen sei er, sie sagten (Threni 3, 24) Der Herr ist mein Teil sagte meine Seele - siehe ‚Höre Israel, der Herr dein Gott ist einer'."

Tatsächlich scheint aber die Verbindung dieser Engel-Verehrung zur Magie nicht zufällig zu sein, wiewohl dieser Umstand in der Forschung kaum wirklich beachtet wurde. In den griechischen Zauberpapyri wird Apollo als Michael, Gabriel, πρωτάγγελε angerufen (PGM I, 300ff). In der Reihenfolge Michael, Suriel, Gabriel und Raphael fügen sich die bekannten vier Erzengel dort zwischen Namen wie Abaoth, Adonai, Abrasax u ein (PGM III, 145ff). Die Reihe ließe sich verlängern und die koptischen Zauberpapyri vermehren sie weiter. In diesem Klima wird den jeweils von den Magoi angerufenen Kräften auch geopfert. Allein die Tatsache, daß eine Reihe jüdischer Gottesbezeichnungen unter die *nomina barbara* geraten sind, spricht deutlich für einen gewissen Kulturaustausch, der zwischen bislang unbestimmten jüdischen Gruppen und den Lehrern der magischen Praktiken bestanden haben muß[55]. Auf diesem Hintergrund sind auch die rabbinischen Verbote der Abbildung von Engeln durchaus verständlich[56]. Noch deutlicher scheinen die Verbote der Anrufung der En-

---

Vgl. die Parallele in Liebermans Ausgabe des Midrasch (dort S. 65f): -שמע יש
ראל זש״ה חלקי ה׳ אמרה נפשי מהו חלקי ה׳ אלא בשעה שחלק הקב״ה את עולמו לאומי העולם
שנא׳ בהנחל עליון גוים (Dtn 32, 8) ונטלה כל אומה ואומה ובחרה לה למיכאל מי שבחרה לה
לגבריאל מי שבחרה לה לשמש ולירח אבל ישראל בחרו להם הקב״ה שנא׳ כי חלק ה׳ עמו וכו׳
(Dtn 32, 9)/„Höre Israel - Das ist es, was die Schrift sagt: Mein Teil ist der Herr sprach meine Seele. Was ist ‚Mein Teil der Herr'? Vielmehr: In der Stunde als der Heilige, gepriesen sei er, seine Welt unter die Völker der Welt aufteilte, wie geschrieben steht (Dtn 32, 8) ‚Als der Höchste die Völker teilte', da nahm jede Nation und Nation und wählte sich, Michael, wer sich Michael wählte, Gabriel, wer sich Gabriel wählte, Sonne und Mond; aber Israel wählte sich den Heiligen, gepriesen sei er, wie geschrieben steht ‚Denn der Anteil des Herrn ist sein Volk' etc. (Dtn 32, 9)".

55 Vgl. aber auch Kenntnisse wie die der Aussprache des Gottesnamens: PGM III, 159; dasselbe in der bereits erwähnten Bleitafel aus Hadrumetum; Text und Fotographie bei G.A. Deissmann, *Ein epigraphisches Denkmal des alexandrinischen Alten Testaments.* Idem, Bibelstudien. Beiträge, zumeist aus den Papyri und Inschriften, zur Geschichte der Sprache, des Schrifttums und der Religion des hellenistischen Judentums und des Urchristentums. (Marburg 1895 = repr.) Hildesheim/New York 1977, S. 21-54; eine kommentierte Fassung bei L. Blau, Das altjüdische Zauberwesen. Budapest 1898, S. 97-112. Spätestens mit dem Sefer Harazim sind die magischen Praktiken dann auch innerjüdisch nachweisbar, vgl. M. Margalioth (s. Quellenverz.), S. 10ff zu den hier interessierenden Praktiken und I. Gruenwald, Apocalyptic and Merkavah Mysticism. Leiden/Köln 1980 (AGAJU 14), S. 225f, zur Datierung und Interpretation des Materials.

56 Vgl. z.B. Mech. Jitro X (Horovitz/Rabin, S. 239); bAZ 42b; ebd. 43b. Vgl. aber E.E. Urbach, *The Rabbinical Laws of Idolatry in the Second and Third*

gel gegen magische Invokationen gerichtet: Finden sich doch die meisten jüdischen Engel- aber auch Gottes-Namen in den Zaubertexten ausgerechnet in den Anrufungen. Sie sind in der außerkanonischen Literatur vorbereitet durch das Motiv von der Vermittlung der Engel beim Gebet, wie es schon Tob 12, 5 ausgesprochen und in der grApkBar (11-16) voll entfaltet ist[57]. Die Rabbinen anerkennen diese Vermittler-Rolle einerseits, wie aus dem Rat hervorgeht, nicht auf Aramäisch zu beten, sondern auf Hebräisch, da die Dienstengel des Aramäischen nicht kundig seien (bSota 33a[58]). Entsprechend werden die Rabbinen dann auch das an die Engel gerichtete Gebet verbieten müssen. Das geschieht jBer IX (Venedig 12a//Krotoschin 13a). Die Verbote der Rabbinen einerseits und die magischen Praktiken andererseits zeigen das theologische Problem jedweder Angelologie noch einmal auf's deutlichste. In der Epoche, die auf die Tempelzerstörung folgt, scheint aber noch ein weiteres Element die besondere Vorsicht dem Engel-Glauben gegenüber gefördert zu haben: Das politische. Am klarsten tritt dieses bei Josephus hervor, dem deshalb die letzten Seiten gewidmet sein sollen.

5 Das politisch-ideologische Problem: Josephus
5.1 Die Problematik

Das Werk des jüdischen Historikers unterscheidet sich grundlegend von allen anderen hier behandelten Primärquellen durch die enge Beziehung des Autors zum jüdischen Aufstand gegen Rom und zum Untergang des zweiten Jerusalemer Tempels. Die Person des Historikers, ihr persönliches Schicksal, ihre traditionelle Prägung, politische Ausrichtung und ihre Abhängigkeit bilden einen Komplex, der zusammengenommen einiges an der besonderen Einstellung zu den Engeln erklärt. Daher sind diese Elemente hier kurz zu erläutern[59]:

Centuries in the Light of Archeological and Historical Facts. IEJ 9, 1959, S. 149-165; und dagegen E.R. Goodenough, *The Rabbis and Jewish Art in the Greco-Roman Period.* HUCA 32, 1961, S. 269-279. S. weiter die o.S. 190 Anm. 199 genannte Literatur.

57 Vgl. auch äHen 99, 3.
58 Vgl. Schäfer, op.cit. (o.Anm. 53), S. 63ff. Weiter: M. Simon, *Remarque sur l'angélolatrie juive au début l'ère chrétienne.* Idem, Le Christianisme antique et son contexte religieux. Scripta varia I-II. Tübingen 1981 (WUNT 23, 1-2), II, S. 450-464.
59 Der Text des Josephus wird durchgängig nach der Ausgabe der Loeb Classical Library zitiert (s. Quellenverz.). Zur Kontrolle wurde die Konkordanz von K. H.

Die besonderen Lebensbedingungen des Josephus nach Ende des Aufstands[60] haben seine Darstellung jüdischer Geschichte - und in diesem Rahmen: jüdischen Engelglaubens - ohne Zweifel beeinflußt. Der Sohn einer Priesterfamilie[61] ist noch im Verlauf des Krieges ins römische Lager gewechselt und lebt seit Beendigung des Kampfes in Rom als Pensionär der kaiserlichen Familie. Josephus schreibt daher nicht in erster Linie für die Juden seiner Zeit, sondern für ein heidnisches Publikum. Ob es je semitische Vorlagen zu seinen griechischen Werken gegeben hat, ist weiterhin umstritten; in ihrer endgültigen Form wenden sich diese Werke an ein paganes Publikum[62]. Josephus gibt

---

Rengstorf herangezogen: A Complete Concordance to Flavius Josephus. I-IV. Leiden 1973-1983.
An älterer Literatur seien die folgenden genannt: A. Lewinsky, Beiträge zur Kenntnis der religionsphilosophischen Anschauungen des Josephus. Breslau 1887, S. 46ff; A. Poznanski, Über die religionsphilosophischen Anschauungen des Flavius Josephus. Halle-Wittenberg 1887, S. 14-17; A. Schlatter, Die Theologie des Judentums nach dem Bericht des Josefus. (Gütersloh 1932 [BFchTh II/26] = repr.) Hildesheim/New York 1979 mit einem Stellenregister von H. Lindner, für unsere Diskussion: S. 54-57; idem, Wie sprach Josephus von Gott? (Gütersloh 1910 [BFchTh 14/1] =) Idem, Kleine Schriften zu Flavius Josephus hrsg. u. eingel. v. K.H. Rengstorf. Darmstadt 1970, S. 24-32.
In der neueren Zeit gibt es zwar einige Versuche, die Theologie des Josephus näher zu bestimmen, doch fehlt in diesem Rahmen jede Beschäftigung mit dem Engel-Glauben; vgl. H.W. Attridge, The Interpretation of Biblical History in the *Antiquitates Judaicae* of Flavius Josephus. Missoula/Mont. (1976) (HDR 7); idem, *Josephus and His Works*. Jewish Writings of the Second Temple Period. Ed. by M.E. Stone. Assen/Philadelphia 1984 (CRJNT II/2), S. 185-232.

60 Der Einfluß der eigenen Biographie auf die schriftstellerische Tätigkeit des Josephus ist unübersehbar. Die Tatsache, daß Josephus im Laufe des jüdischen Krieges die Fronten gewechselt hat, sticht dabei besonders ins Auge. Vgl. hierzu u.a. D. Daube, *Typology in Josephus*. (JJS 31, 1980, S. 18-36 =) FrRu 31, 1979, S. 59-68; W.C. van Unnik, Josephus als historischer Schriftsteller. Heidelberg 1978, S. 43ff; B. Heller, *Grundzüge der Aggada des Flavius Josephus*. MGWJ 80, 1936, S. 237-246; H. Lindner, Die Geschichtsauffassung des Flavius Josephus im Bellum Judaicum. Gleichzeitig ein Beitrag zur Quellenfrage. Leiden 1972 (AGA JU 12), S. 31ff; S. Zeitlin, *A Survey of Jewish Historiography from Biblical Books to the Sefer* ha-Kabbalah *with Special Emphasis on Josephus*. JQR 59, 1969, S. 171-214; und bes. T. Rajak, Josephus. The Historian and His Society. (London 1983).
61 Vita 1ff; Bell 1, 3. S. auch Lindner, op.cit. (vorige Anm.), S. 31f. 53f.
62 Vgl. z.B. Bell 1, 3; Ap 1, 50 und weiter G. Hata, *Is the Greek Version of Josephus' Jewish War a Translation or a Rewriting of the First Version?* JQR 66, 1975/76, S. 89-107; bes. H.S.J. Thackeray hat sich bemüht, den Einfluß von Stilisten nachzuweisen, was allerdings heute nicht mehr ohne weiteres übernommen wird: Josephus the Man and the Historian. New York 1929 (Hulda

302   *Die Gefahren der Gemeinschaft*

selbst zu, klassische Werke gelesen und ihnen nachgeeifert zu haben[63]. Aber der Einfluß jener Werke auf seine Angelologie bleibt begrenzt, wiewohl eine Tendenz zur Hellenisierung[64] des biblischen Stoffes[65] ständig zu spüren ist.

    Stich Strook Lectures. The Jewish Institute of Religion, 2), S. 100-124. Vgl. dagegen z.B. Attridge, art.cit. (o.Anm. 59), S. 212 mit Anm. 49; Rajak, op.cit. (o.Anm. 60), S. 233-236. In jedem Fall behauptet Josephus, selbst für das Griechische verantwortlich zu sein: Ant 20, 263; vgl. Ap 1, 50. Eine andere Frage ist die der inneren Entwicklung des Josephus im Zeitraum zwischen der Abfassung des Bell und der Ant. Zum evtl. Einfluß einer solchen Entwicklung auf die Dämonologie s. z.B. S.J.D. Cohen, Josephus in Galilee and Rome: His Vita and Development as a Historian. Leiden 1979 (Columbia Studies in Classical Tradition 8), S. 148.

63 Ant 20, 263; vgl. Attridge, art.cit. (o.Anm. 59), S. 212ff; zur Nachahmung des Thukydides ebd. S. 195 und Hata, art.cit. (votige Anm.), S. 97; zur Nachahmung des Dionysios Halikarnasses in den Antiquitates Attridge, art.cit., S. 217 und weiter D.L. Balach, *Two Apologetic Encomia - Dionysius on Rome and Josephus on the Jews*. JSJ 13, 1982, S. 102-122; H. Schecker, *Die Hellenisierung des Hexateuch in der Archäologie des Josephus*. Verhandlungen der 55. Versammlung deutscher Philologen und Schulmänner 1925. Leipzig 1926, S. 54; Thackeray, op.cit. (vorige Anm.), S. 56f; היינמן י. (I. Heinemann), דרכו של יוספוס בתיאור קדמוניות היהודים Zion 5, תש"י/1940, S. 180-203. Zur Frage der Quellen und literarischen Abhängigkeiten des Josephus insgesamt vgl. bes. S.J.D. Cohen, op.cit. (vorige Anm.).

64 Die Literatur zu diesem Thema wächst allmählich, besonders L.H. Feldman hat hier mehrere Teil-Kommentare vorgelegt. Vgl. z.B. *Josephus' Version of the Binding of Isaac*. SBL.SP 21, 1982, S. 113-128; idem, *Hellenizations in Josephus' Portrayal of Man's Decline*. Religions in Antiquity. Essays in Memory of E.R. Goodenough ed. by J. Neusner. Leiden 1968 (SHR 14), S. 336-353; idem, *Josephus' Commentary on Genesis*. JQR 72, 1981, S. 121-131; S. Rappaport, Aggadah und Exegese bei Flavius Josephus. Wien 1930 (Veröffentlichung der Chajes-Stiftung 3), S. XXVff; R.J.H. Shutt, *The Concept of God in the Works of Flavius Josephus*. JJS 31, 1980, S. 171-189; H. Spródowsky, Die Hellenisierung der Geschichte von Joseph in Ägypten bei Flavius Josephus. Greifswald 1937 (GBLS 18).
Ob Josephus die Traditionen des hellenistischen Judentums gekannt hat, und falls ja, in welchem Ausmaß, ist weiterhin umstritten; vgl. B.Z. Wacholder, *Pseudo-Eupolemos' Two Greek Fragments on the Life of Abraham*. HUCA 34, 1963, S. 83-113 und dagegen L.H. Feldman, Josephus and Modern Scholarship (1937-1980). Berlin/New York 1984, S. 145
Auf der anderen Seite will W.C. van Unnik eine Polemik gegen heidnische Religionsformen nachweisen: *Flavius Josephus and the Mysteries*. Studies in Hellenistic Religion ed. by M.J. Vermaseren. Leiden 1979, 244-279.
Außer Rappaport versuchen auch andere Autoren, mehr die jüdische Tradition bei Josephus herauszustellen; s.z.B. D. Goldenberg, *The Halakha in Josephus and in Tanaitic Literature: A Comparative Study*. JQR 67, 1967, S. 30-43; idem, *Josephus Flavius or Joseph ben Mattithiah*. JQR 70, 1980, S. 178-182; J.

Dennoch scheint der selbsternannte Pharisäer[66] auch apokalyptische Traditionen gekannt zu haben. Doch ist das Dunkel hier nicht geringer als bei der Einschätzung seiner Gegner. Der allgemeine Eindruck, den man aus den Schriften des Josephus gewinnt, ist der eines möglichst großen Abstands von jeder apokalyptischen Literatur und Gedankenwelt[67]. Diese Tatsache ist angesichts der Entwicklung der Angelologie gerade im apokalyptischen Schrifttum von besonderer Bedeutung.

Das alles hat einen spürbaren Einfluß auf seine Umgestaltung jüdischen Engel-Glaubens. Obwohl dieser Aspekt seines Denkens kaum ernsthaft Gegen-

---

Gutmann, Art. *Flavius Josephus*. EJ (D) 9, S. 394-420. Vgl. hierzu Feldmans Reaktion (*Men's Decline*, s.o. Anm. 64), S. 337.

65 Außer den bereits Genannten vgl. besonders G. Tachauer, Das Verhältnis von Flavius Josephus zur Bibel und Tradition. Erlangen 1872; N.G. Cohen, *Josephus and Scripture: Is Josephus' Treatment of the Scriptural Narrative Similar Throughout the Antiquitates I-XI?* JQR 54, 1963/64, S. 311-332 (hierzu Feldman, Scholarship, o.Anm. 64, S. 129); S.J.D. Cohen, op.cit. (o.Anm. 62), S. 35ff; T.W. Franxman, Genesis and the „Jewish Antiquities" of Flavius Josephus. Diss. Oxford 1975 [= Rome 1979 (BibOr 35)].

66 S. Attridge, Interpretation (o.Anm. 59), S. 9ff; H.-F. Weiss, *Pharisäismus und Hellenismus. Zur Darstellung des Judentums im Geschichtswerk des jüdischen Historikers Flavius Josephus*. OLZ 74, 1979, S. 421-433. Beim Mitglied einer Priesterfamilie verwundern auch evtl. Anklänge an die „Sadduzäer" kaum, vgl. Hengel, The Zealots. Investigations into the Jewish Freedom Movement in the Period from Herod I Until 70 A.D. Edinburgh (1989), S. 6 mit Anm. 2 und S. 371 mit Anm. 286.

67 Allerdings ist man hier auf Rückschlüsse aus der apokalyptischen Literatur selbst angewiesen, wie O. Böcher gezeigt hat: *Die heilige Stadt im Völkerkrieg.* (Josephus-Studien. Untersuchungen zu Josephus, dem antiken Judentum und dem Neuen Testament. FS O. Michel, hrsg. v. O. Betz, K. Haacker u. M. Hengel. Göttingen 1974, S. 55-76 =) Idem, Kirche in Zeit und Endzeit. Aufsätze zur Offenbarung des Johannes. Neukirchen (1983), S. 113-132. Für die Behandlung der Engel ist es typisch, daß Böcher nicht bemerkt, wie die in den apokalyptischen Parallelberichten genannten Himmlischen bei Josephus ausgelassen werden. Vgl. weiter Lindner, op.cit. (o.Anm. 60), S. 33-43; Attridge, Interpretation (o. Anm. 59), S. 20f. Für die Behandlung des Danielbuchs durch Josephus s.bes. F.F. Bruce, *Josephus and Daniel.* ASTI 4, 1965, S. 148-162; weiter: J. Hahn, *Josephus und die Eschatologie von Qumran.* Qumran-Probleme... hrsg.v. H. Bardtke. Berlin 1963 (SSA 42), S. 167-191; R.A. Kraft, *Philo (Josephus, Sirach and Wisdom of Solomon) on Enoch.* SBL.SP 1, 1978, S. 253-258; Rajak, op.cit. (o.Anm. 60), S. 96ff zu evtl. Parallelen zu 4Esr und syBar. Vgl. weiter den Überblick bei P. Bilde, Flavius Josephus between Jerusalem and Rome. His Life, His Works, and Their Importance. (Sheffield 1988) (JSP.SS 2), S. 187-189.

stand der Forschung gewesen ist, wirft gerade seine Neufassung der biblischen und nachbiblischen Tradition entscheidendes Licht auf die Umwälzung des Glaubens an Engel, wie sie in der rabbinischen Literatur erscheint. Man kann geradezu sagen: Josephus erklärt auf seine Weise die Ambivalenz der rabbinischen Angelologie besser als die rabbinische Literatur selbst. Er versucht auf seine Art, das Rad der angelologischen Entwicklung in einem ihrer Teile zum biblischen Stadium zurückzudrehen, im anderen einfach zu übergehen. Dennoch äußert er sich nicht ausdrücklich gegen den Glauben an Engel.

In Verkennung der politischen Dimension haben Forscher denn auch versucht, die Darstellung der Engel in den Werken des Josephus als hellenistische Rationalisierung zu begreifen[68]. Aber Josephus erklärt die Existenz der Engel nicht. Er verschweigt sie an bestimmten Stellen. Hierin besteht der wesentliche Unterschied[69]. Seine Technik der auslassenden Nacherzählung vertuscht an nicht wenigen Stellen mehr als sie dem prüfenden Leser verrät. So werden auch die politischen Gegner nur als „Räuber" beschimpft, ihre ideologischen Vorstellungen aber nicht entfaltet[70].

---

68 So z.B. Schlatter, Wie sprach Josephus (o.Anm. 59), S. 34 und in seinem Gefolge W. Grundmann, Art. ἄγγελος A: Im Griechentum und Hellenismus. ThWNT 1, S. 72-75. Doch s. O. Betz, Das Problem des Wunders bei Flavius Josephus im Vergleich zum Wunderproblem bei den Rabbinen und im Johannesevangelium. Josephus-Studien. s.o.Anm. 67, S. 23-44, hier S. 28, der Josephus im Rahmen des biblisch vorgegebenen Problems verstehen möchte, und S.J.D. Cohen, op.cit. (o.Anm. 62), S. 39. Weiter: W. Wink, Naming the Powers. The Language of Power in the New Testament. Philadelphia (1984), S. 26 mit Anm. 42; und bes. M. Smith, The Occult in Josephus. Josephus, Judaism, and Christianity. Ed. by L.H. Feldman a. G. Hata. Detroit 1987, S. 236-256, hier: S. 239f.

69 Dies gilt auch für den Unterschied zwischen Josephus und Philon. Es ist immer noch nicht ausgemacht, daß die wenigen Gemeinsamkeiten zwischen den beiden wirklich ausreichen, die Abhängigkeit des Historikers vom Philosophen zu beweisen. Doch vgl. F.J. Foakes-Jackson, Josephus and the Jews. The Religion and History of the Jews as explained by Flavius Josephus. New York 1930, S. 244f; ד. שורץ (D.R. Schwartz), ‎-‫כרו‬ ‫פילאטוס‬ ‫פונטיוס‬ ‫השהית‬ ‫ומקורות‬. ‫נולוגיה‬ Tarb. 51, ‫תשמ״ב‬/1982, S. 383-398, hier: S. 397 mit Anm. 52 und den dort Genannten. Für die ältere Forschung vgl. Rappaport, op.cit. (o. Anm. 64), S. XVIIff. In Bezug auf die Engel teilen Josephus und Philon nur die Auslegung von Gen 18, 8 (das Essen der Engel), die so aber auch im CN a.l. zu finden ist.

70 S. v.a. M. Hengel, op.cit. (o.Anm. 66), S. 146ff; W.R. Farmer, Maccabees, Zealots, and Josephus. An Inquiry into Jewish Nationalism in the Greco-Roman Period. New York 1956 (= repr. Westport 1973); Rajak, op.cit. (o. Anm. 60), S. 78ff; Feldman, Scholarship (o.Anm. 64), S. 489ff, Lindner, op.cit. (o.Anm. 60), S. 26ff. Gegen Hengels Identifikation der λῃσταί mit den Zeloten haben

Die ambivalente Stellung zu den Engeln findet ihren Ausdruck sowohl im Sprachgebrauch als auch in der Vorsicht bei der Erwähnung des Hofstaats: Letzterer wird nur einmal genannt (und auch da heißt er ἄγγελοι, Ant 1, 73). Überhaupt wird ἄγγελος wieder im Sinne des biblischen מלאך gebraucht. An einigen Stellen vertuscht Josephus die biblische Engelerscheinung durch Termini wie φάντασμα oder νεανίας. Der Leser des Josephus erkennt die biblischen Angelophanien hier kaum wieder[71]. An anderen Stellen aber wird der biblische Engel gar nicht mehr erwähnt, und die Auswahl ist auf den ersten Blick mehr als zufällig[72].

Bei genauerem Hinsehen wird deutlich, daß sie sowohl von hermeneutischen als auch von ideologischen Gesichtspunkten geleitet ist. In dieser Auswahl und ihrer Bezogenheit auf die gerade erlebte jüdische Geschichte liegt der Schlüssel zur neuerlichen Ambivalenz des Engels - wohl nicht nur in den Schriften des Josephus. Hand in Hand damit geht sein exegetisches Bemühen, zwischen Engel und Gott auch da klar zu unterscheiden, wo eine solche Differenzierung aufgrund des vorgegebenen biblischen Wortbestands nicht immer

---

einige Forscher Einwände erhoben; vgl. z.B. R.A. Horsley, *Josephus and the Bandits.* JSJ 10, 1979, S. 37-62. Dagegen vgl. O. Michel/O. Bauernfeind (s. Quellenverz.) Bd. II/1, S. 265 Anm. 154; K. Wegenast, *Art. Zeloten.* PR 2. R. 18, S. 2474-2499, bes. S. 2480. Zur von Farmer bekräftigten Verbindung der Makkabäer mit den Zeloten vgl. auch S.B. Hoenig, *Maccabees, Zealots and Josephus. Second Commonwealth Parallelisms.* JQR 49, 1958/59, S. 75-84 und Feldman, Scholarship, (o.Anm. 64) S. 646f.
Sollte Roths Interpetation akzeptiert werden, dann gibt es einen weiteren Beleg für den Einfluß der politischen Anschauungen auf die theologische Rekapitulation biblischer Gebote, hier das Bilderverbot. Siehe C. Roth, *An Ordinance Against Images in Jerusalem. A.D. 66.* HThR 49, 1956, S. 169-177.

71 Die Frage nach der biblischen Vorlage des Josephus ist noch nicht ausreichend untersucht, tangiert unsere Überlegungen aber auch nur am Rande; vgl. Thackeray, op.cit. (o.Anm. 62), S. 83ff; R. Plaut, Flavius Josephus und die Bibel. Eine kritisch-exegetische Studie. (Diss. Leipzig) Berlin 1867; A. Mez, Die Bibel des Josephus untersucht für Buch V-VIII der Archäologie. Basel 1895; L.H. Feldman, *Hellenizations in Josephus' Version of Esther.* TPAPA 101, 1970, S. 143-170, hier: S. 143 mit Anm. 1.

72 Zu Josephus' Verwendung der Formel „nichts hinzufügen und nichts wegnehmen" vgl. W.C. van Unnik, *De la Règle Μήτε προσθεῖναι μήτε ἀφειλεῖν dans l'Histoire du Canon.* VigChr 3, 1949, S. 1-36; ders., *Die Formel „nichts wegnehmen, nichts hinzufügen" bei Josephus.* Idem, op.cit. (o.Anm. 60), S. 26-40; S.J.D. Cohen, op.cit. (o.Anm. 62), S. 24ff; D. Goldenberg, art.cit. (JQR 70, o.Anm. 64), hier S. 180.

möglich war. Doch die Grundsätze des Interpreten sind den Überzeugungen des politischen Historikers untergeordnet.

Die Auswahl von Engelstellen, die Josephus seinen Lesern mitteilt - und noch mehr: die er seinen Lesern verschweigt -, läßt sich wohl nur dadurch erklären, daß apokalyptische Vorstellungen und damit zusammenhängende Hoffnungen auf engelische Hilfe zur Ideologie der Aufständischen gehörten. Gegenüber einer solchen These sind die Äußerungen des Josephus nun unter den folgenden Gesichtspunkten darzustellen: Der Sprachgebrauch zur Kennzeichnung der Engel; die tatsächlich vollzogene Auswahl der Stellen, an denen Josephus bereit ist, die biblische Erwähnung eines Engels nachzuvollziehen oder lieber verschweigt; und die dabei erkennbaren politischen oder exegetisch-theologischen Gesichtspunkte.

5.2 Der Sprachgebrauch zur Kennzeichnung von Engeln bei Josephus

Zum Teil läßt sich die Frage nach der die Engel benennenden Terminologie bei Josephus durch den Vergleich mit der entsprechenden biblischen Vorlage klären, für einen anderen Teil ist der Interpret auf sich gestellt. Dabei ergibt sich eine gewisse Schwierigkeit dadurch, daß Josephus das griechische ἄγγελος in seinem profanen Sinn als „Bote" verwendet. So werden menschliche Boten sowohl im Gefolge des biblischen Textes[73] als auch als Ergänzung durch Josephus im Sinne des vorgegebenen biblischen Berichts[74] oder in freier Verwendung, d.h. ohne biblische Vorlage aber im Sinne des menschlichen Boten[75], als ἄγγελοι bezeichnet. Unter den außerbiblischen Texten läßt sich nur Ant 19, 346 mit acta 12, 20 vergleichen: Lk hatte einen ἄγγελος κυρίου, Josephus nennt den ἄγγελος dagegen einen βουβῶν[76]. Diese Verwendung des ἄγγελος im rein funktionalen Sinn bedeutet ein Zurückgehen auf die biblische Ambivalenz des מלאך, bzw. auf die Ambivalenz des griechischen ἄγγελος in der LXX, ohne die innere Entwicklung der LXX und der außerkanonischen Schriften zur Kenntnis zu nehmen. Man muß diese Technik im Zusammenhang der willkürlichen Auswahl der je erwähnten Engel aus der Bibel sehen. Dann wird deutlich, daß es sich hier durchaus um eine Intention des Verfassers handelt.

---

73 So Ant 6, 74f; 7, 34. 141f. 144f; 8, 347; 9, 20-22.
74 Ant 2, 344; 4, 38; 5, 243. 357.
75 Bell 1, 277. 328; 2, 45. 620. 623; 3, 298. 400. 433; 4, 229. 236. 344. 526; Ant 12, 331; 14, 286. 349. 372. 451; 15, 136; 16, 286; 18, 89f; 20, 87. 89.
76 D.h. lateinisch bubo statt griechisch γλαύξ.

Auf der anderen Seite sieht sich Josephus dann genötigt, einen himmlischen Boten ausdrücklich zu kennzeichnen, also ἄγγελος θεῖος[77] bzw. ἄγγελος τοῦ θεοῦ[78] zu setzen[79]. Diese sprachliche Beobachtung hat Auswirkungen auf die wenigen Stellen im Werk des Historikers, an denen die Bedeutung des Wortes ἄγγελος unklar erscheint[80]. Auch hier kann man mit einigen biblischen Parallelen nun als Boten Gottes einen Menschen vermuten.

An anderen Stellen überrascht Josephus seine Leser durch die Umschreibung des ἄγγελος als νεανίας/νεανίσκος, „Jüngling"[81] oder als φάντασ-

---

[77] Z.B. Ant 1, 189.
[78] Z.B. Ant 1, 198.
[79] „Heilige Engel" kennt Josephus nicht. Vgl. Schlatter, Wie sprach... (o. Anm. 59), 32. Dagegen spricht der Befund gegen Schlatters Behauptung, ἄγγελος bedeute für Josephus himmlische Boten; so ders., Theologie (o. Anm. 59), S. 33.
[80] Das gilt für die Herodes-Rede, Ant 15, 136. Der König feuert seine Soldaten zum Krieg an, denn die „Araber" hätten seine Gesandten getötet, wiewohl doch Griechen und Barbaren darin einig seien, daß κήρυκας ... ἱεροὺς καὶ ἀσύλους seien; ἡμῶν δὲ τὰ κάλλιστα τῶν δογμάτων καὶ τὰ ὁσιώτατα τῶν ἐν τοῖς νόμοις δι' ἀγγέλων παρὰ τοῦ θεοῦ μαθόντων. Diese Parallelisierung der Boten in beiden Traditionen ist nur sinnvoll, wenn Josephus auch bei den das Gesetz vermittelnden Boten an Menschen gedacht hat. Der Zusatz παρὰ τοῦ θεοῦ bezieht sich dann auf die Gesetze und nicht auf die Boten. Diese Interpretation wird durch den Vergleich mit Ap 1, 37 bestätigt, wo Josephus von den Propheten sagt, sie hätten die Begegbenheiten ἀπὸ τοῦ θεοῦ μαθόντων. Damit fällt Ant 15, 136 als Beleg für die Verleihung der Tora durch die Engel - ein Ergebnis, das für die Behandlung von acta 7, 52; Gal 3, 19 und Hebr 2, 2 ausschlaggebend sein dürfte. Vgl. weiter die Literatur bei Feldman, Scholarship (o.Anm. 64), S. 437. Die Stelle sagt jedenfalls nichts über das Wesen der Engel nach Josephus, wie noch Poznanski annahm, op.cit. (o.Anm. 59), S. 17; vgl. auch Schlatter, Theologie (o.Anm. 59), S. 56. 59.
[81] Die Konkordanz zu Josephus verzeichnet insgesamt 123 Vorkommen von νεανίας/νεανίσκος, von den Söhnen Jakobs bis hin zu den Söhnen des Herodes. Dabei fällt eine gewisse Konzentration in den Büchern 8 und 16 der Ant auf, was den Schluß auf eine Vorliebe bestimmter Stilisten nahelegen könnte (vgl. Thackeray, o.Anm. 62).
In jedem Fall wehrt dieser statistische Befund einer Interpretation der Engel-Jünglinge als Wesensaussage, wie sie Poznanski annahm, op.cit. (o.Anm. 59), S. 16; vgl. ebenso Lewinsky (o.Anm. 59), S. 47. In der jüdischen Literatur werden nur die beiden Jünglinge in 2Makk 3 so bezeichnet (s.o.). Allerdings kennt auch das Neue Testament einmal, Mk 16, 1-8, einen Jüngling als Engel (jedenfalls im Vergleich der Stelle mit ihren synoptischen Parallelen). Ebenso nennt Hermas Engel νεανίαι: vis 1, 4, 1; 2, 4, 1 (νεανίσκος εὐειδέστατος); 3, 1, 6ff; 3, 2, 5; 3, 4, 1 (wo die sechs Jünglinge als Engel identifiziert werden); 3, 10, 1. 7; sim 6, 1, 5 und 6, 2, 1 (wo wiederum der junge Mann als Engel

μα[82], beides keine angelologischen Termini. Die Stellen des biblischen Berichts, an denen Josephus zu diesem Mittel greift, sind an sich bezeichnend:

Die Engel bei Lot (Gen 19) werden Ant 1, 200 zu solchen Jünglingen, wie auf der anderen Seite der Engel vor Gideon (Ri 6) in Ant 5, 213 und der Engel vor der Frau des Manoah (Ri 13) in Ant 5, 277. 279. Die Jünglinge werden dabei gelegentlich als „schön" bezeichnet[83]. Die sexuelle Lust der Sodomiten wird so verständlicher. Auch die Eifersucht des Manoah, die Josephus in den biblischen Bericht hineinträgt, erhält so eine gewisse Motivation. Es scheint Josephus nicht gestört zu haben, daß die biblische Geschichte gerade an dieser Stelle der Angelophanie-Furcht so deutlichen Ausdruck verliehen hatte (מות נמות כי אלהים ראינו, Ri 13, 22). Hier wirken exegetische und ideologische Beweggründe bei der Neuformulierung angelologischer Texte zusammen. Man mag hinzunehmen, daß Josephus auch eindeutig menschliche מלאכים/ἄγγελοι

---

identifiziert wird). Vgl. Dibelius' Kommentar (s. Quellenverz.), a.l., bes. S. 450f. Es ist auffallend, daß diese Engelbezeichnung in der frühchristlichen Literatur außer bei Mk nur noch beim Hirten begegnet. Immerhin ist der Hirt des Hermas - wie Josephus' Werke auch - in Rom entstanden. Aus den Ant. Rom. des Dionysios Halikarnasses 6, 3, 1-4 stammt denn auch die nächste heidnische Parallele.
Mit dieser Engelumschreibung ist nicht unbedingt die Bezeichnung Metatrons als נער vorbereitet, wie sie v.a. aus der Hekhaloth-Literatur bekannt ist. Josephus intendiert junge Männer, nicht aber, wie das biblische נער, einen Bediensteten; vgl. hierzu J. Macdonald, *The Status and the Role of the na'ar in Israelite Society*. JNES 35, 1976, S. 147-174 und H.-P. Stähli, Untersuchungen zum Begriff נער im Alten Testament. Frankfurt/M. e.a. 1978 (BBET 7), bes. S. 184-217. Metatron ist נער eben als Gottes Diener. Auch R. Abbahus Worte lassen sich hier nicht wirklich vergleichen: -לינוקא רביא ומאי כרוב א״ר אבהו כר
ביא שכן בבבל קורין, bSuk 5b/bHag 13b. R. Abbahu erklärt den Terminus Cherub und nicht die Engel schlechthin. Vgl. weiter o.S. 40, Anm. 75 zu 1Sam 17, 56; 20, 21f.

82 Trotz der Vieldeutigkeit des Wortes kann man aufgrund des biblischen Berichts an den folgenden Stellen davon ausgehen, daß Josephus eine Angelophanie mit dem Terminus φάντασμα umschreibt: Ant 1, 325 (zu Gen 32, 1f); 1, 333 (zu Gen 32, 24ff); 3, 62 (zu Ex 3, 2?); 5, 213 (zu Ri 6); 5, 277 (zu Ri 13).

83 In seiner Schönheit entspricht er griechischem Ideal; vgl. M. Braun, Griechischer Roman und hellenistische Geschichtsschreibung. Frankfurt/M. (1934) (FSRKA 6), S. 22ff. Zur Schönheit der Frau des Manoah, Ri 13; Ant 5, 277, vgl. L.H. Feldman, *Josephus' Version of Samson*. Proceedings of the Ninth World Congress of Jewish Studies, Jerusalem 1985. Division A: The Period of the Bible. Jerusalem 1986, S. 231-238, hier: S. 232. 237. Klassische Parallelen zur Schönheit dieser Jünglinge sind z.B. von P. Wendland gesammelt: *Antike Geister- und Gespenstergeschichten*. FS zur Jahrhundertfeier der Universität zu Breslau. Hrsg.v. T. Siebs. Breslau 1911, S. 33-55, bes. S. 41f.

zu Jünglingen werden läßt[84] und so die bereits beobachtete Doppeldeutigkeit bis in diese neue Nuance hinein festhält.

Auch bei der Verwendung des Terminus φάντασμα wird der angelologische Bezug nur Ant 1, 333 und 5, 277 deutlich. An den anderen Stellen muß man den biblischen Bericht kennen, um die Erscheinung richtig zu deuten. Die so entstehende Ambivalenz des Begriffs greift dann auch auf solche Berichte über, an denen Josephus von φαντάσματα spricht, ohne daß ein angelologischer Bezug klar erkennbar wäre[85]. Die besonderen Ereignisse im Jerusalemer Tempel und dessen Umgebung vor Kriegsausbruch, die dann als Omen gedeutet werden (Bell 6, 296-300), werden als φάσμα τι δαιμόνιον eingeführt (297). Diese φαντάσματα sprechen (300): μεταβαίνομεν ἐντεῦθην[86]. Allerdings kann „φάντασμα" bei Josephus auch einfache Träume bezeichnen[87]. Träume,

---

[84] So der איש-בנימין, 1Sam 4, 12 (LXX: ἀνήρ) in Ant 5, 357 und der Sohn Ebjatars vor Adonijahu, 1Kön 1, 41, in Ant 7, 360: νεανίας ... ἀγαθῶν ἄγγελον. Da es sich hier um den Sohn des Priesters handelt, lag die Umschreibung als Jüngling nicht allzu fern. Dann sind die anderen Jünglings-Engel aber mit Ausnahme von Ant 1, 200 im fünften Buch konzentriert. Das mag wiederum nicht nur von Josephus allein abhängen!

[85] Das gilt für Bell 3, 353, wo Josephus von φαντάσματα berichtet, die er selbst gehabt haben will, bevor er ins römische Lager wechselte, und für Bell 5, 381, einen Rekurs auf die φαντάσματα vor Pharao in der Nacht, in der er Sara zu sich genommen hatte (Gen 12). Für eine angelologische Interpretation der letzten Stelle sprechen nicht zuletzt einige Parallelen der rabbinischen Literatur; vgl. Gen.r 40 (41), 2, Theodor/Albeck, S. 389. Schon das 1QGenAp kannte in diesem Zusammenhang den Hinweis auf רוחא, 20, 20, wenn auch nicht an genau derselben Stelle der Erzählung, s. Wacholder, art. cit. (o.Anm. 64), S. 109f. Der Midrasch hat dann weitere Entwicklungsstufen durchgemacht bis hin zu Gen.zuta (Ausg. Cohen, Jerusalem תשכ"ב/1962, S. ט"ס), der die Version aus Gen.r mit der Tanh. a.l. kombiniert. JalkSchim § 59 basiert auf der Version des Gen.r mit liturgischen Einschüben. Josephus mag mit seinen φαντάσματα in dieser Reihe stehen, er kann aber auch einfach Träume des Pharao im Sinne gehabt haben. Immerhin steht auch bei ihm die ganze Geschichte im Rahmen seiner Rede, in der er das Gebet Abrahams dem Widerstand als positives und nützliches Beispiel gegenüberstellt. Für die angelologische Interpretation vgl. auch G. Vermes, *Bible and Midrash: Early Old Testament Exegesis*. CHB I (1970 = 1980), S. 199-231, hier bes. S. 208.

[86] Die Stimmen werden von Origines dann als Engelstimmen interpretiert. Vgl. W. Mizugaki, *Origin and Josephus*. Josephus, Judaism, and Christianity. Ed. by L.H. Feldman a. G. Hata. Detroit 1987, S. 325-337, hier S. 332; M. Smith, art.cit. (o.Anm. 68), S. 243.

[87] In diesem Sinne verwendet es Josephus selbst in Ant 2, 82 (die Träume des Pharao nach Gen 41) und Ant 10, 272 (Träume des Daniel).

Traumerscheinungen und Angelophanien werden so zueinander in Beziehung gesetzt.

Man darf deshalb schon in der Terminologie des Josephus eine gewisse Deangelogisierung der biblischen Berichte sehen, die nicht nur die außerkanonische Entwicklung überspringt, sondern auch die biblischen Berichte selbst in ihren Aussagen über Engel einschränkt: Schöne junge Männer und Spektren entsprechen nicht den furchterregenden Engeln der Bibel; der inzwischen im griechisch-sprechenden Judentum eingebürgerte Terminus ἄγγελος ist weitestgehend auf irdische Boten reduziert.

5.3 Die Auswahl der Engel-Erwähnungen durch Josephus

Nur an zwei Stellen seines umfangreichen Werkes nennt Josephus Engel, die nicht im biblischen Bericht vorkommen. Beide Stellen stehen im Bell. In den späteren Ant folgt Josephus dem Umfang der Engel-Erwähnungen der LXX unter Auslassungen. Die so gegebene Auswahl ist die eigentliche angelologische Leistung des Historikers, mithilfe derer er seine Meinungen und Vorstellungen v durch Schweigen zum Ausdruck bringt. De facto werden die folgenden Engel-Erwähnungen der Bibel aufgenommen: Gen 6, 1-4 (nach LXX); 16; 21; 18f; 32, 24ff; Ri 13; Nu 22; 2Sam 24//1Chr 21; 2Kön 19 (im Bell, nicht in Ant!). Der Rest der biblischen Angelologie fehlt bei Josephus oder ist seinem Leser nicht mehr erkenntlich - ganz zu schweigen von den außerkanonischen Entwicklungen.

Nun könnte man den Grund für diese Ungleichmäßigkeit in Problemen des biblischen Textes selbst vermuten, die Josephus hätte umgehen wollen. Aber textliche Schwierigkeiten allein erklären die Auswahl nicht: Der Engel aus Gen 22 ähnelt dem der Hagar-Geschichte, Gen 16, doch der eine fehlt, der andere wird erwähnt[88]. Der Engel, der den Propheten Eliah aufweckt und für seinen langen Weg stärkt (1Kön 19), wird zu einem „jemand"[89], wiewohl hier der

---

[88] In beiden Erzählungen ist die Unterscheidung zwischen Gott und dem Engel unklar (s.o. Kap. 1). Das mit Gen 22 gegebene Problem umgeht Josephus durch Auslassung des Engels, Ant 1, 233. Dagegen fügt Josephus dem biblischen Text keine Engel hinzu; Ant 7, 72. 294 handelt es sich um Propheten. Doch vgl. S.J.D. Cohen, op.cit. (o.Anm. 62), S. 39.

[89] Ant 8, 329. 347-349; vgl. O. Betz, art.cit. (o.Anm. 68), S. 26 mit Anm. 21. Die umstrittene Erwähnung der Entrückung des Eliah mag von Josephus wegen der Vorbild-Funktion dieses Propheten als Eiferers so vorsichtig gehalten sein. S.J.D. Cohen sieht darin nur eine weitere Inkonsequenz des Autors, op.cit. (o.Anm. 62), S. 37; genauso plausibel ist der Hinweis auf die allzu deutlichen paganen Parallelen, z.B. die des Quirinus (Ovid, Metam. 14, 805-851 u.ö.).

Text selbst keine Anstöße bot. Der Israel in der Wüste begleitende Engel (Ex 23 u.ö.) fehlt[90], was sich durch die Doppeldeutigkeit erklären ließe (s.o.), wie der שר צבא ה׳ aus Jos 5, 13f, der wiederum eindeutig erscheint[91]. Dabei besteht keine Frage: Auch Josephus benutzt die Engel gelegentlich, um bestimmte Handlungen von Gott abzuwenden oder auch nur um auf bestimmte Aspekte der biblischen Theologie nicht verzichten zu müssen, obwohl diese biblisch nun einmal mit Engeln verbunden waren. Neben einer im biblischen Text begründeten exegetisch-theologischen Problemstellung ist die Auswahl des Josephus also offensichtlich auch noch von einem anderen Gesichtspunkt geleitet.

Diesen finden wir in einer These: Die gesteigerten Hoffnungen auf Hilfe der Engel - sei es zur Zeit der Schlacht gegen den römischen Feind, sei es in einer der anderen oben besprochenen Formen der Gemeinschaft mit den Engeln - erschien Josephus als mit der Ideologie der Aufständischen verbunden und deshalb suspekt. Hinzu kommt als zweites Moment die tatsächliche Auseinandersetzung mit seiner neuen römischen Umwelt und einige innerbiblische Schwierigkeiten, die Josephus durch seine Wiedergabe der entsprechenden Erzählungen zu lösen sucht.

5.4   Die ideologische Bestimmtheit der Quellen-Auswahl
5.41 Die Auseinandersetzung mit den politischen Gegnern

An drei Stellen des Bell erwähnt Josephus die Engel: In der Agrippas-Rede werden sie als Zeugen angerufen wider den Aufstand gegen Rom; die Essener schwören inter alia, die Namen der Engel geheim zu halten, und Josephus selbst erwähnt in seiner eigenen Rede vor dem Volk die Vernichtung des Assyrer-Lagers durch einen Engel.

Das Eingreifen eines Engels zur Zeit der Belagerung Jerusalems durch die Assyrer, 2Kön 19, 35, übergeht Josephus in Ant 10, 21. Aber in seiner eigenen Rede an das Volk, Bell 5, 388, dient ihm diese Geschichte als Beleg dafür,

---

Vgl. J.D. Tabor, „*Returning to the Divinity*": *Josephus' Portrayal of the Disappearences of Enoch, Elijah, and Moses.* JBL 108, 1989, S. 225-238 und C. Begg, „*Josephus' Portrayal of the Disappearances of Enoch, Elijah, and Moses*": *Some Observations.* JBL 109, 1990, S. 691-693.

90 Josephus übergeht aber auch die Geschichte vom Goldenen Kalb, und so fehlt ihm die biblische Begründung für jene Engelerwähnung.

91 Entsprechend übergeht er den Engel 1Kön 22, 19-22: Ant 9, 404; vgl. Schlatter, Theologie (o.Anm. 59), S. 9f. Zwar erwähnt Josephus den Strafengel aus 2Sam 24//1Chr 21, Ant 7, 327, aber den Engel aus 1Kön 13, 18 (der Prophet aus Bethel), fehlt ihm wieder.

daß die Vorfahren sich nicht durch kriegerische Leistungen auszeichneten, sondern durch ihr Vertrauen auf Gott, m.a.W. daß die Väter ihre reinen Hände zum Gebet erhoben, statt damit Waffen zu ergreifen. Der Engel hat zwar das große Heerlager der Gegner zerstört, aber eben nicht in einer kriegerischen Gemeinschaft, sondern in der Stunde, in der das unkriegerische Israel sich mit der Bitte um Hilfe betend an Gott wandte. Diese Darstellung der biblischen Erzählung ist das genaue Gegenstück zu den makkabäischen Anrufungen Gottes, er solle auch jetzt, wie eben damals, einen Engel zur Rettung entsenden[92]. In der Fortsetzung macht Josephus deutlich, daß die Hoffnung auf ein göttliches Eingreifen nur für jene besteht, die Gottes Willen tun; eine Definition, die die Aufständischen nicht mehr trifft, da jene ja u.a. sogar den Tempel verunreinigt hätten, Bell 5, 401ff[93]. Den Angriff auf seine Gegner steigert Josephus soweit, daß er behaupten kann, Gott habe jenen Tempel bestimmt bereits verlassen und sei zu den Römern übergegangen (411). Es ist durchaus nicht ironisch zu verstehen, wenn Gott so zum Wegbegleiter des Josephus selbst wird.

Es scheint einsichtig, daß Josephus die biblische Geschichte hier als Antwort auf die Hoffnungen der Aufständischen erwähnt. Jenen muß er derart deutlich vor Augen führen, daß die einmal gewährte göttliche Hilfe ihnen nicht zusteht. Das kann aber doch nur heißen, daß sie eine solche erhofften[94]. Diese

---

92 Vgl. 1Makk 7, 41; 2Makk 15, 22f; 8, 19; 5, 1ff; die Israeliten heißen geradezu „Söhne des Himmels" in der Stunde, in der Antiochus ihnen nachsetzt: 2Makk 7, 34, s.o. Kap. 3; vgl. weiter K.E. Grözinger, art. *Engel III: Judentum*. TRE 9, S. 586-596, hier: S. 590 weiter PesR 21 (Friedmann, קל״א ב׳).

93 Die Forderung des Josephus hat ihre klarste Parallele in 1QM 11, 1f: ואת. וחנית.
גולית הגתי איש גבור חיל הסגרתה ביד דויד עבדכה כיא בטח בשמכה הגדול ולוא בחרב

94 Entsprechend wurde dieser Teil der Josephus-Rede auch sonst ausgelegt, vgl. v.a. M. Smith, art.cit. (o.Anm. 68), S. 242ff; Farmer, op.cit. (o.Anm. 70) S. 97; Hengel, op.cit. (o.Anm. 66), S. 240f; Lindner, op.cit. (o.Anm. 60), S. 23ff; Böcher, art.cit. (o.Anm. 67), S. 123 mit Anm. 53. Die Kritik T. Rajaks an den Hypothesen zu den messianischen Hoffnungen der Zeloten, op. cit. (o.Anm. 60), S. 139ff, scheinen etwas übersteigert (dort weitere Literatur): Apokalyptische Endzeithoffnungen können auch ohne konkrete Messiasfigur auskommen. In einem bestimmten Stadium des Krieges wird dieser zum Selbstmord, den man entweder mit Blindheit jeder Realität gegenüber oder mit der Hoffnung auf spätere, wohl göttliche, Belohnung erklären muß. Vgl. in dieser Hinsicht bes. V. Nikiprowetzky, *Josephus and the Revolutionary Parties*. Josephus, the Bible, and History. Ed. by L.H. Feldman a. G. Hata. Detroit 1989, S. 216-236. Entgegen der Kritik Hoenigs (op.cit., o. Anm. 70) ist auch auf das Versprechen des Josephus hinzuweisen, von einer ἐπιφάνεια zu berichten - ein weiteres Versprechen, das er nicht einhält: Ant 12, 136. Auch S.

Hoffnung ist eine Aktualisierung der angelologischen Motive, die hier weder zur Interpretation eines vergangenen noch zur Beschreibung eines zukünftigen Ereignisses geschieht. Mit der Anwendung eines angelologischen Motivs auf die Hoffnungen für die unmittelbar bevorstehende Gegenwart werden Theologie und Politik aufs engste verknüpft. Genau gegen diesen Prozeß wendet sich Josephus. Er korrigiert folgerichtig nicht nur den politischen Aspekt, sondern auch den religiösen und interpretiert deshalb die entsprechende Schriftstelle neu. Nur ist von nun an damit zu rechnen, daß Josephus der politisch-ideologischen Gefahr gedenkt, die gewissen religiösen Texten innewohnt. Er wird seine Korrektur auch im weiteren Verlauf der Darstellung von Israels Religion weiter zu beachten haben.

So wird verständlich, daß der kriegerische Engel aus Jos 5, 13f in den Ant fehlt. Nimmt man hinzu, welche Rolle Eliah in der Religionsgeschichte Israels spielt, die des Eiferers nämlich, dann verwundert auch die blasse Wiedergabe des den Propheten erweckenden Engels als „jemand" nicht weiter. Eliah flieht in dieser Szene vor Isebel, die ihn wegen der Tötung der Baals-Propheten verfolgt.

Die Rede des Josephus ist mit der des Agrippas, Bell 2, einerseits und der Eleazars, Bell 7, andererseits zu vergleichen[95]. Der König wendet sich ebenfalls an das Volk, um den Aufstand zu vermeiden und ruft hierzu ὑμῶν τὰ ἅγια καὶ τοὺς ἱεροὺς ἀγγέλους τοῦ θεοῦ als Zeugen an, Bell 2, 401. Der Ausdruck „heilige Engel" entspricht dem Sprachgebrauch des Josephus nicht[96]. Er ist hier mit dem „Heiligtum", d.h. dem Jerusalemer Tempel verbunden. Diese Verbindung ist zwar aus apokalyptischen und anderen Quellen geläufig (s. o.), doch sonst bei Josephus nicht belegt. Unter den Parallelen

---

Zeitlin verbindet dieses Versprechen des Historikers mit 2Makk 3: 2Makk (s. Quellenverz.), S. 125.

95 Zu den Reden im Bell insgesamt und zur Verbindung dieser drei Reden insbesondere vgl. Thackeray, op.cit. (o.Anm. 62), S. 41ff; Rajak, op.cit. (o.Anm. 60), S. 80ff; Lindner, op.cit. (o.Anm. 60), legte die Verbindung der drei Reden seiner gesamten Untersuchung zugrunde. Vgl. weiter Hata, op.cit. (o. Anm. 62), S. 102f. Dagegen fällt es schwer, die Erwähnung des Engels in der Agrippas-Rede als Rücksicht des Königs auf die religiösen Gefühle seiner Zuhörer zu verstehen (s. Zeitlin, op.cit., o.Anm. 60, S. 195f). Zur Beziehung der Agrippas-Rede zu den besonderen Lebensumständen ihres Verfassers vgl. neuerdings auch C. Saulnier, *Flavius Josèphe et la Propaganda Flavienne*. RB 98, 1991, S. 199-221.

96 Doch beachte 1Tim 5, 21: Der christliche Autor bezeugt seine Ansicht feierlich vor Gott, dem Messias Jesus καὶ τῶν ἐκλεκτῶν ἀγγέλων.

sticht hier besonders 2Makk 3 hervor. Eine Tradition wie diese mag Anlaß gewesen sein, den Tempel auch weiterhin unter der Obhut der Engel zu sehen. Nimmt man die Worte des Agrippas-Josephus[97] nun mit des Verfassers eigener Rede zusammen, dann ist die Verbindung zu den Aufständischen selbstevident. Die Engel und der Tempel sollen als Zeugen dafür dienen, daß ein Aufstand gegen Rom ein von vornherein hoffnungsloses Unternehmen sei.

Scheinbar unabhängig von der Auseinandersetzung mit den Aufständischen erwähnt Josephus die Engel ein weiteres Mal im Bell 2, 142, im sogenannten Essenereid[98]: „Außerdem schwört er (scil.: der sich um seine Aufnahme Bemühende), niemandem etwas von den Satzungen (δόγματα) anders mitzuteilen als wie er sie selbst empfing, keinen Raub zu begehen (ληστεία) und gleichermaßen die Bücher der Sekte und die Namen der Engel sorgfältig zu bewahren."

Hier ist die Verpflichtung zur Arkandisziplin einer Sekte geschildert. Dazu gehört die Verpflichtung zur Tradition, die nicht verändert werden darf, wie die Geheimhaltung der Schriften, die diese Tradition beinhalten. Die Namen der Engel sind Teil dieser Tradition. Aber die Verpflichtung, keinen Raub zu begehen, verwundert in diesem Zusammenhang. Der hierfür gewählte Terminus ist derselbe, mit dem Josephus die Aufständischen belegt[99]. Die Qumran-Schriften kennen den eschatologischen Krieg und es ist schwer anzunehmen[100], daß ihre Verfasser zu den Gegnern der Aufständischen gehört haben sollten. Die römische Reaktion hat die Essener offensichtlich mit dem Aufstand verbun-

---

[97] Die Einschaltung von Reden, die das Geschehen interpretieren helfen, ist allgemeine Technik der klassischen Geschichtsschreibung und muß nicht extra nachgewiesen werden. Entsprechend ist die Agrippas-Rede natürlich als Interpretament des Josephus selbst zu lesen.

[98] Zur Literatur vgl. Feldman, Scholarship (o.Anm. 64), S. 607; T.S. Beall, Josephus' Description of the Essenes Illustrated by the Dead Sea Scrolls. Cambridge e.a. (1988) (SNTS.MS 58), S. 85ff.

[99] Zur Problematik vgl. Michel/Bauernfeind (s. Quellenverz.), I, S. 436 und II, 1, S. 265, die zu Recht darauf hinweisen, daß Essener nach des Josephus eigener Darstellung am Aufstand teilgenommen haben, womit die Idealisierung dieser Gruppe an unserer Stelle erneut problematisch wird. Für die Beziehungen dieser Stelle zum Neuen Testament vgl. besonders C. Daniel, *Les noms cryptique des Zélots*. SAO 10, 1980, S. 61-68; O. Cullmann, *Die Bedeutung der Zelotenbewegung für das Neue Testament*. Idem, Vorträge und Aufsätze 1925-1962, hrsg. v. K. Fröhlich. Tübingen/Zürich 1966, S. 292-302 und dagegen Feldman, Scholarship (o.Anm. 64), S. 646f.

[100] S. v.a. Hengel, op.cit. (o.Anm. 66), S. 273ff. Seine Folgerungen hängen natürlich - wie die hier vorgelegten Überlegungen auch - von der Identifikation der Essener mit den Verfassern der Qumran-Schriften ab.

den[101]. Es ist allerdings gut vorstellbar, daß Josephus mit dieser Bemerkung die Essener von der Mitschuld am Aufstand reinigen wollte[102]. In jedem Fall kann dieser Teil des Eides nur als eine von Josephus vollzogene Trennung der Essener von anderen gedeutet werden. Dann wäre der Essenereid dahin zu interpretieren, daß die Namen der Engel sich in der Tradition derer befanden, die sich von Raub fernhielten. Die Tatsache, daß die Qumran-Schriften in der Tat nur wenige Engel namentlich nennen, paßt zu einer solchen „Korrektur" durchaus. Dagegen spricht allerdings, daß die von Josephus dargestellten Essener (ungeachtet des Problems ihrer Identifikation mit den Verfassern der Qumran-Schriften) nach seinem eigenen Bericht mit dem Aufstand verbunden sind, wie andererseits die ideologische Nähe einiger Qumranschriften zu den Aufständischen.

Nebenbei mag vermerkt werden, daß auch Josephus die Namen der Engel weder hier noch sonst in seinen Schriften mitteilt. Bei seiner Paraphrase der beiden biblischen Berichte, in denen der Mensch den Engel nach seinem Namen fragt (Gen 32, 30; Ri 13, 17f), verwischt Josephus sogar die Frage als solche.

In jedem Fall trennt Josephus die Engel von den „Räubern", und man kann sagen: Er trennt zwischen dem Aufstand und der jüdischen Religion. Dieser Teil ist im Rahmen seiner apologetischen Verantwortung voll verständlich.

Nun hat Josephus sich selbst aus der politischen Polemik nicht herausgenommen. Wie bereits bemerkt, ist die Behauptung, Gott oder die τύχη hätte die Juden verlassen und sei zu den Römern übergegangen, dem Lebensweg des Josephus selbst parallel[103]. An verschiedenen Stellen berichtet Josephus von Erscheinungen, die ihm selbst widerfahren seien. So „erscheint" ihm (ἔδοξα) eines Nachts „jemand" (Vita 208), der ihm gegenüber steht. Wer immer das gewesen sein mag, bleibt unklar. Aber in denselben Termini berichtet Josephus von der Erscheinung des toten Alexander vor Glaphyra (Bell 2, 116)[104].

---

101 Bell. 2, 152ff wird das Leiden der Essener geschildert, das so nur dann sinnvoll zu erklären ist, wenn diese wenigstens in den Augen der Römer zu den Aufständischen gehört haben sollten. Nach Bell 2, 567 nahm Johannes der Essäer am Kommando der Aufständischen teil. Dies die beiden Belege für die Teilnahme der Essener am Aufstand; vgl. Michel/Bauernfeind, I, S. 436 Anm. 65.
102 So z.B. auch Hahn, op.cit. (o.Anm. 67), S. 184; doch vgl. J.D. Amoussin, *Observatiunculae Qumraneae II:* Ἀφέξεσθαι δὲ λῃστείας *dans le „De Bello Judaico" (II, viii, 7, 142).* RdQ 7, 1971, S. 535-545.
103 Zum Begriff τύχη vgl. bes. Lindner, op.cit. (o.Anm. 60), S. 42ff. 89ff; Attridge, art.cit. (o. Anm. 59), S. 204 mit Anmerkungen.
104 Vgl. Schlatter, Theologie (o.Anm. 59), S. 57.

In der Nacht, in der Josephus sich entscheidet, zu den Römern überzugehen, erinnert er sich an Träume (τῶν διὰ νυκτὸς ὀνείρων), die er gehabt haben will (Bell 3, 351ff). Der Priestersohn will aufgrund seiner Abstammung auch wissen, wie er, ἔνθους γενόμενος, diese Träume auf dem Hintergrund der heiligen Bücher zu interpretieren habe. Er ruft also die schrecklichen Träume (τὰ φρικώδη ... φαντάσματα) in sein Gedächtnis zurück[105] und spricht ein stilles Gebet. Ist die Verwendung des Wortes φαντάσματα an dieser Stelle wirklich rein zufällig? Rekurriert Josephus hier auf Träme im Sinne des biblischen Daniel (wie Ant 10, 272 zu Dan 8) oder möchte er an seine zumindest später häufigere Umschreibung der Engel als φάντασμα erinnern? Diese Traum-Erinnerung ist nicht zu trennen von der Prophetie vor Vespasian[106].

Dort leitet Josephus seine Rede mit den Worten ein: „Du, Vespasian, glaubst, in Josephus nur einen Kriegsgefangenen zu haben. Doch ich komme zu dir als Künder großer Ereignisse. Denn wäre ich nicht dazu von Gott zu dir gesandt ... " (ἐγὼ δ'ἄγγελος ἥκω σοι μειζόνων μὴ γὰρ ὑπὸ θεοῦ προπεμπόμενος, Bell 3, 400). Nichts zwingt dazu, diesen ἄγγελος angelologisch zu verstehen. Aber selbst, wenn man auf einer rein funktional-menschlichen Bedeutung bestehen wollte[107], läge in dieser Sebstbezeichnung des Historikers nach allem Vorangegangenen noch immer eine gehörige Portion Ironie. Josephus versteht sich in göttlicher Sendung. Ihm steht damit das Amt der himmlischen Boten zu, die den Aufständischen nicht helfen werden.

Nimmt man die beiden letzten Stellen zusammen, dann sieht man in Josephus eben jenen Menschen, der den Willen seines Gottes tut und deshalb dessen Bote zu den Menschen werden kann. Hier beginnt eine gedankliche Entwicklung, die in den Schriften der Rabbinen eine weitere Vertiefung und andere

---

105 Vgl. hierzu Lindner, op.cit. (o.Anm. 60), S. 52-54.
106 Vgl. auch J.R. Bartlett, Jews in the Hellenistic World. Josephus, Aristeas, The Sibylline Oracles, Eupolemos. Cambridge (1985) (Cambridge Commentaries on Writings on the Jewish and Christian World 200 BC to AD 200, vol. 1), S. 124; vgl. weiter Feldman, Scholarship (o.Anm. 64), S. 93ff.
107 So z.B. Lindner, op.cit. (o.Anm. 60), S. 61 und Attridge, Interpretation (o. Anm. 59), S. 10. Allerdings haben Interpreten gelegentlich darauf hingewiesen, daß Josephus sich zumindest als Prophet versteht: Vgl. Lindner, S. 59ff zu Josephus als διάκονος; van Unnik, Josephus (o.Anm. 60), S. 43-46; J. Blenkinsopp, *Prophecy and Priesthood in Josephus*. JJS 25, 1974, S. 239-262, hier: S. 240. Auch die Rede des Jeremiah, Ant 10, 117-119. 124-130, hat einige Berührungen mit Josephus' eigener Rede, Bell 5.

Ausdrucksformen gewinnen wird[108] (womit keine Kenntnis der rabbinischen Dicta auf der Seite des Historikers vorausgesetzt sein soll).

Diese Auslegung ist nicht mehr als eine Hypothese; letztlich wird sie sich nicht zwingend nachweisen lassen. Aber eine gewisse Wahrscheinlichkeit darf sie für sich beanspruchen. Das Maß dieser Wahrscheinlichkeit wird nun durch den Umgang des Exegeten Josephus mit der Überlieferung noch erhöht.

5.42 Die Darstellung der Überlieferung in den Antiquitates

Bei seiner Wiedergabe der biblischen Tradition steht Josephus vor einem doppelten Problem: seiner politischen Überzeugung einerseits und den textinhärenten Schwierigkeiten andererseits. Zugunsten der letzteren wird auch er gelegentlich den Glauben an die Engel heranziehen. Aus Gründen der eher theologischen als ideologischen Apologie wird er angelologische Traditionen auch hier variieren. Diese Mischung aus Abneigung gegenüber einem Engel-Glauben, der den Aufstand ideologisch begleiten konnte, und der Lösung theologischer Probleme wird später die Schriften der Rabbinen charakterisieren: Die Mischna kennt keine Engel. Das ist nicht durch die Gattung dieser Schrift vorgegeben, wie ein Vergleich mit der Tosephta zeigt. Vielmehr werden die Engel und mit ihnen verwandte Traditionen in der direkten Reaktion auf die Zerstörung des Jerusalemer Tempels und die nachfolgenden Aufstandsversuche von einigen rabbinischen Autoritäten, wie es scheint, bewußt nicht genannt[109].

1. Die eher willkürlich erscheinende Auswahl der Engel-Erwähnungen der Ant spiegeln diesen Sachverhalt wieder. An einigen Stellen benützt Josephus den Glauben an die Engel, um der textimmanenten theologischen Schwierigkeit Herr zu werden. Das gilt z.B. für Gen 6, 1-4, den grundlegenden Text für eine ganze Reihe von Apokalypsen, allen voran das Wächterbuch des äHen. Die hier erwähnten „Söhne Gottes" (בני האלהים) mußten auch für den jüdischen Schriftsteller in der paganen Umgebung problematisch werden. Bei allen Verdiensten, die die apokalyptische Auslegung der Stelle zweifellos auszeichnen, beinhaltet sie doch auch ein weiteres theologisches Problem: Die Interpretation der „Engel-Ehen" als Aufstand der Engel gegen Gott mit den sich daraus ergebenden Konsequenzen führt zur Annahme eines den Engeln eigenen Willens und daher zur Einschränkung der göttlichen Macht, d.h. einer Gefährdung des monotheistischen Anspruchs. Doch auch ohne diesen letzten Aspekt bleibt die

---

108 Vgl. v.a. P. Schäfer, op.cit. (o.Anm. 53), der diesen Aspekt in den Mittelpunkt seiner Untersuchungen gestellt hat.
109 Das gilt *mutatis mutandis* auch für die Messianologie und die Eschatologie.

Erwähnung der „Söhne Gottes" ein ausreichendes Problem, das fast ausnahmslos durch die angelologische Interpretation gelöst wurde.

Es gibt einige Anzeichen dafür, daß Josephus die apokalyptische Interpretation der Stelle gekannt, aber bewußt nicht ausgeführt hat[110]. Auch er sieht in den Engeln[111] und ihrem Tun einen Anlaß für die Sünde der Menschen. Aber er besteht eben auch auf der Schuld des Menschen. Hierin unterscheidet sich seine Darstellung von der der Apokalyptiker:

„Denn viele Engel Gottes verkehrten mit Frauen und zeugten Söhne, die hybride waren und allem Guten abgeneigt, weil sie ein solches Vertrauen in ihre Kraft hatten. Denn es wird überliefert, daß sie Ähnliches getan hätten wie das, was die Griechen von der Tollkühnheit der Giganten erzählen." (Ant 1, 73).

---

110 Hierzu zählen: 1. Josephus will die Namen der Söhne und Töchter Adams kennen, die diesem nach der Geburt Seths noch geboren worden seien (Ant 1, 68), nenne sie aber nicht, um sich auf das Wesentliche konzentrieren zu können. Diese Kinder Adams werden sowohl in den LAB 1, 1ff als auch in Jub 4, 1. 8. 10 genannt. 2. Nach Ant 1, 69 kannten die Menschen vor der Sintflut die Wege der Sonne, des Mondes und der Sterne; vgl. Jub 4, 17 und äHen 72-82 (wo allerdings Henoch dieses Wissen vermittelt wird). Der Name Henochs wird in diesem Zusammenhang von Josephus überhaupt nicht erwähnt. 3. Nach Ant 1, 70 haben die Menschen vor der Sintflut ihr Wissen auf zwei Säulen niedergeschrieben. Jub 8, 3 berichtet davon, daß die Söhne Noahs nach der Sintflut eine Steininschrift finden, die ihnen die Tradition der Wächterengel verkündet, also jener Engel, die nach der Tradition des Wächterbuchs „sündigten". Josephus erwähnt die beiden Säulen direkt nach der Notiz über die Astrologie. Der letzte Grund für eine gewisse Gemeinsamkeit zwischen Josephus und der apokalyptischen Tradition besteht in der Nennung der Engel, s.o.

In seiner Ausgabe hat schon Thackeray einige Parallelen zu Jub notiert; in seiner Darstellung (o.Anm. 62), S. 92 hat er diese Liste vervollständigt. Die von Rappaport, op.cit. (o.Anm. 64), S. 16, angeführten Belege reichen aus, hinter den Äußerungen des Josephus eine palästinische Tradition zu vermuten, selbst dann, wenn Josephus das Jub selbst nicht gekannt haben sollte. Schlatter, Theologie (o.Anm. 59), S. 9 mit Anm. 1 nahm eine Abhängigkeit des Josephus von Pseudo-Eupolemos an, den Josephus benützt hätte, ohne die Engel schon im astrologischen Teil zu nennen (vgl. o.S. 134).

111 Die Rede vom doppelten Eifer ($\zeta\tilde{\eta}\lambda o\varsigma$!) der Seth-Söhne nach dem Schlechten hat manche Forscher dazu veranlaßt, auch bei Josephus die Identifikation der בני האלהים mit eben jenen Söhnen Seths wiederzufinden; vgl. z.B. F. Dexinger, Sturz der Göttersöhne oder Engel vor der Sintflut? Versuch eines Neuverständnisses von Gen 6, 2-4 unter Berücksichtigung der religionsgeschichtlichen und exegesegeschichtlichen Methode. Wien 1966 (WBT 13), S. 96.

Die Charakterisierung der Söhne jener Engel als „hybride" legt die Vermutung nahe, daß Josephus von der apokalytischen Tradition mehr wußte, als in seinem Text nun zu lesen ist. Darüber hinaus weist der Vergleich jener Engel-Söhne mit den Giganten[112] auf einen Aufstand der Söhne gegen das Pantheon.

In jedem Fall möchte der Apologet der jüdischen Religion nicht auf die Wiedergabe der Sintflutgeschichte verzichten. Am Beginn jener Geschichte findet sich die kurze Stelle Gen 6, 1-4. Josephus löst mit den anderen jüdischen Auslegern das Problem der Gottes-Söhne durch die Bezeichnung „Engel" und entgeht so der Parallelisierung des Gottes Israel mit den Hauptgöttern paganer, polytheistischer Systeme, die ihrerseits „Söhne" hatten. Im selben Augenblick aber wälzt er einen wesentlichen Teil der Schuld auch auf das Verhalten der Menschen. Aus dem moralischen Fehlverhalten, gekennzeichnet durch das Attribut „hybrid", folgert er die Schuldhaftigkeit.

Sollte diese Interpretation aber nicht nur auf der LXX-Lesart von Gen 6, 1-4 aufbauen, sondern tatsächlich apokalyptischen Hintergrund haben, dann wäre der Eingriff des Exegeten Josephus noch stärker: Statt des Aufstandes der Engel hätte er dann das unmoralische Verhalten der Menschen betont. Wie immer diese Frage zu beantworten sein wird, hat Josephus mit der Einführung des Terminus „Giganten" seinen paganen Lesern wenigstens eine Verstehensmöglichkeit gegeben. Hier aber ist er vorsichtig genug, nicht die Giganten selbst, sondern nur ihre Taten mit denen der Engel zu vergleichen.

Diese Auslegung der Genesis-Stelle wählt aus den verschiedenen Möglichkeiten das kleinere Übel, vorbereitet durch eine LXX-Lesart zur Stelle. Um den Ausbruch der Sintflut sinnvoll zu machen, ist auch Josephus bereit, die Engel zu erwähnen und sie den heidnischen Giganten zu parallelisieren. Er beläßt es aber nicht bei diesem mehr vordergründigen Erklärungsversuch, sondern stellt die Sündhaftigkeit der Menschen betont daneben.

2. An einer Reihe von Stellen hat Josephus ein Problem zu klären versucht, das bereits die Übersetzer der Bibel ins Griechische und die ihnen nachfolgenden jüdischen Ausleger beschäftigte: Die biblische Unklarheit zwischen Theophanie und Angelophanie war jeweils genauer zu bestimmen. Wie bereits oben bemerkt, bringt die differenziertere Auslegung dieser Bibelstellen eine deutlichere Trennung des Engels von seinem Sender mit sich, die ihrerseits

---

112 Dieser Vergleich der Gottes-Söhne mit den Giganten ist schon öfter aufgefallen und gilt mit Recht als eines der Anzeichen für seine Hellenisierung biblischer Tradition; vgl. Heinemann art. cit. (o.Anm. 63), S. 183f. 190; Feldman, *Man's Decline* (o.Anm. 64), S. 352.

Voraussetzung für die Verwendung des Engels als Lösung eines *theo*logischen Problems ist.

In die Reihe dieser Texte gehört zunächst Gen 18f, die drei Besucher Abrahams, von denen zwei zu Lot kommen. Gen 19 sind die Übersetzungen nicht einheitlich, LXX und Syrer übersetzen an je verschiedenen Stellen einmal „Männer", dann „Engel". Die Bemerkung, Gen 18, 8, daß diese Gäste bei Abraham essen, ist für die jüdische Auslegung problematisch[113]. Andererseits ist die Reduzierung der Besucher auf Gott allein (Abraham wendet sich in seiner Rede gelegentlich an eine Einzelperson) ebenfalls schwierig: Sollte Gott gegessen haben? Josephus folgt daher dem Beispiel Philons[114] und behält die angelologische Deutung bei, hält das Essen aber für einen Schein: Ant 1, 197f.

Die Unterredung des Patriarchen mit Gott wird entsprechend bei Josephus nicht mehr als Bindeglied zwischen dem Besuch und der Ankunft bei Lot „auf dem Wege" dargestellt, sondern als getrenntes, unabhängiges Ereignis.

Aber die angelologische Interpretation wird von Josephus selbst nun wieder durchbrochen, wenn er zwar zwei Engel bei Lot ankommen läßt (Ant 1, 200), aber die Strafe an Sodom in Übereinstimmung mit Gen 19, 24 als von Gott selbst herbeigeführt schildert (ebd. 202f). Die „schönen Jünglinge" (εὐπρέπεια τῆς ὄψεως) erschienen zwar in der frevelhaften Stadt und reizen so die Einwohner zu ihrem verbotenen Verlangen[115] nach ihnen, aber die Strafe

---

113 S. o. S. 97f.

114 Womit nicht unterstellt sein soll, daß er sie aus dieser Quelle bezogen habe; vgl. Philon, de Abr 112ff, bes. 118. Attridge, Interpretation (o.Anm. 59), S. 19, bestreitet zu Recht die früher gelegentlich geäußerte Auffassung, als handele es sich nach Josephus um Mittelwesen philonischer Prägung. Auch CN a.l. hält das Essen für eine Täuschung; Philon hält also nicht die einzige vergleichbare Auslegung bereit. Vgl. weiter J.P. Schultz, *Angelic Opposition to the Ascension of Moses and the Revelation of the Law*. JQR 61, 1970/71, S. 282-307, hier S. 286.

115 Attridge, Interpretation (o.Anm. 59), S. 136 mit Anm. 4, bemerkt, daß Josephus nur die Homosexualität der Sodomiter betone, aber bei der Wiedergabe von Ri 19 vergißt er dieses Element völlig (Ant 5, 143). In Ant 1, 199ff wird dieses Fehlverhalten durch die Kennzeichnung der Engel als Jünglinge motiviert. Aber der Terminus enthält keine Konnotation einer Rettergestalt, obwohl der junge Daniel in Susanna einmal so genannt wird und auch Raphael in MS-Sinaiticus des Tob zu 5, 4f. Für beide Stellen liegen die Gründe für diesen Sprachgebrauch auf der Hand. Anders P.A. van Stempvoort, *The Protevangelium Jacobi, the Sources of its Theme and Style and Their Bearing on its Date*. Studia Evangelica 3, 1964, (TU 88), S. 410-426, bes. S. 417f. Josephus hat die sexuellen Motive gelegentlich herausgestellt; vgl. z.B. Heine-

Josephus und die politische Dimension 321

selbst vollzieht Gott. In seiner Auswahl der verschiedenen Verstehensmöglichkeiten, die ihm durch den biblischen Text vorgegeben sind, zeigt sich Josephus auch hier konsequent: Das Verlangen der Sodomiter konnte sich doch nicht auf Gott selbst richten. Ergo behält er für diesen Teil der Geschichte die angelologische Deutung bei. Bei der Strafe Gottes hat Josephus dann keine theologische Schwierigkeit mehr (völlig im Gegensatz zu Philon). Das bedeutet aber: Engel werden in die Deutung aufgenommen, wenn die Problematik es erfordert, d.h. wenn bestimmte Handlungen (aktiv oder passiv) nicht Gott selbst zuzuweisen sind. Konkret heißt das für Gen 18f: Gott ißt nicht und erweckt keine sexuellen Gelüste. Aber er hört das Gebet des Ahnvaters und straft die Sünder[116].

3. Dieselbe Tendenz, Angelophanie und Theophanie deutlich zu unterscheiden, kennzeichnet auch Josephus' Wiedergabe der Bileamgeschichte, Nu 22ff. Dort hatte der Prophet zwar Gottes Zorn auf sich gezogen, weil er trotz des ausdrücklichen Befehls mit den Gesandten Balaks ging, doch ein Engel stellt sich ihm in den Weg: 22, 22. Gott öffnet den Mund der Eselin, aber in der Folge redet nur der Engel mit Bileam (V 28). Die Ambivalenz wird hier noch dadurch gesteigert, daß sowohl Gott als auch der Engel den quasi gleichlautenden Befehl erteilen: ‏...ואת־הדבר אשר־אדבר אליך אתו תעשה/תדבר‎ (V. 20/35). Allerdings unterscheidet sich die Bileamgeschichte von anderen biblischen Texten

---

mann, art.cit (o.Anm. 63), S. 182. 186 und Feldman, *Josephus' Commentary* (o.Anm. 64), S. 131.

116 Auch in der Wiedergabe der Hagar-Geschichte entscheidet sich Josephus zwischen Gott und Engel: Gen 16, 7-14 erzählte eine Angelophanie, aber V 13 reagiert Hagar auf eine Theophanie und V 10 spricht der Engel in einer sonst aus dem Munde Gottes bekannten Formel von der Vermehrung von Hagars Nachkommenschaft (vgl. z.B. Gen 17, 2; 22, 17; 26, 4. 24; Ex 32, 13; Jos 24, 3 u.ö.). Hier wird aus der Verheißung der Nachkommenschaft eine Verheißung der Herrschaft des Kindes unter der Bedingung, daß Hagar ihre hybride Haltung Sara gegenüber korrigiere. Die problematischen Schlußworte der Magd unterschlägt Josephus: Ant 1, 186-190.
Genauso entscheidet sich Josephus bei der zweiten Hagar-Episode, Gen 21, 5-21 (Ant 1, 219): Die Geschichte ist nun reine Angelophanie, und die problematische Verheißung des künftigen Volkes wird zum Versprechen von μεγάλα ἀγαθά. Auf der anderen Seite wird die Bindung Isaaks mit einer reinen Theophanie abgeschlossen, was dem ganzen Duktus der Erzählung auch angemessener erscheint. In keinem Fall ist damit eine quasi chauvinistische Unterscheidung zwischen den Erscheinungen vor dem Vater der jüdischen Nation und der Magd seiner Frau, Ahnmutter der „Araber", intendiert: Auch Moses Vater hört von einem Engel im Traum über Geburt und künftiges Schicksal des Knaben: Ant 2, 205 entgegen dem biblischen Text.

durch ein Detail, an dem Josephus offensichtlich Anstoß nahm: Der erscheinende Engel hält ein gezogenes Schwert in seiner Hand. Damit ist er innerbiblisch noch nicht in die Reihe der kriegerischen Engel zu reihen, aber das Element als solches konnte eine entsprechende Assoziation wecken.

Josephus vereinheitlicht auch hier: Die nächtlichen Erscheinungen Gottes werden nicht berichtet; der erste der beiden fast gleichlautenden Befehle entfällt (Ant 4, 107), den zweiten erteilt Gott selbst am Ende der Geschichte (111); die Eselin verspürt nun einen göttlichen Geist (τοῦ θείου πνεύματος[117], ebd. 108). Erst dann folgt der Engel, der nun kein Schwert mehr in der Hand hält[118].

Man kann versuchen, für die Erwähnung der Engel an diesen Stellen auch ideologische Gründe zu finden. Der Versuch wird für den einen oder anderen Text auch gelingen[119]. Aber im Ganzen wird man doch urteilen müssen, daß

---

117 Dieser Ausdruck ist bei Josephus als Engel-Umschreibung singulär; vgl. E. Sjöberg, *Art. πνεῦμα κτλ. C III: Im palästinischen Judentum.* ThWNT 6, S. 373-387; E. Schweizer, *Art. πνεῦμα κτλ. D: Die Entwicklung zum pneumatischen Selbst der Gnosis.* Ebd. S. 387-394. Da Josephus aber die Bezeichnung der Dämonen als πνεύματα kennt (z.B. Ant 6, 211), sagt das θεῖος an unserer Stelle nichts über sein Verständnis vom Wesen der Engel, sondern ist eine Verdeutlichung wie bei ἄγγελος auch. Man muß weiter mit der Neigung des Josephus rechnen, derartige Erscheinungen dramatisch, d.h. stufenweise einzuführen. Entsprechend wird die volle Angelophanie nochmals eingeführt: ἐπιφανεὶς καὶ ὁ ἄγγελος ἐναργής (110). Vgl. hierzu Attridge, Interpretation (o.Anm. 59), S. 162f; Schlatter, Theologie (o.Anm. 59), S. 53 wollte „Epiphanie" bei Josephus als deutlichen Beleg seiner Hellenisierung mit dem Wunder verbinden. Diese Auffassung ist dann aufgenommen worden von G. Mac Rae, *Miracles in the Antiquities of Josephus.* Miracles: Cambridge Studies in Their Philosophy and History. Ed. by C.F. D. Moule. London 1966, S. 127-147, bes. S. 144-146. Zu dieser Abhängigkeit der Auffassung von Wundern von griechischen Vorbildern, bes. Dion.Halik., vgl. auch noch Foakes-Jackson, op.cit. (o.Anm. 69), S. 248f und Thackeray, op.cit. (o. Anm. 62), S. 57. Josephus selbst wird auf den „göttlichen Geist" im Zusammenhang der Orakel des Bileam zurückkommen (ebd. 118. 120).

118 Dem Schriftsteller Josephus ist dabei die Ironie der biblischen Vorlage völlig entgangen; es fragt sich nur, ob man hierin nicht Absicht sehen sollte. Immerhin hatte Bileam seiner Eselin gedroht: לו יש-חרב בידי כי עתה הרגתיך (Nu 22, 29). Ihm steht nun ein Engel mit einem solchen gezückten Schwert in der Hand gegenüber. Zu einer bewußten Auslassung des Schwertes an dieser Stelle paßt die Tatsache, daß auch die Cherubim, die das Paradies bewachen (zusammen mit dem sich drehenden Schwert, Gen 3, 24), bei Josephus nicht erwähnt werden.

119 So kann man auf die Rolle Bileams als Gegenspieler des Priesters Pinehas hinweisen. Letzterer hat offensichtlich eine besondere Rolle auch im Denken

die Ambivalenz des biblischen Textes den Exegeten zur Klarstellung veranlaßt hat. Das ist weniger Inkonsequenz als vielmehr die andere Seite der theologischen Verwendung des Engel-Glaubens. Sie erklärt die weitere Erwähnung der Engel auch in solchen Quellen, deren Autoren die Engel sonst möglichst meiden.

4. An einigen Stellen scheint es nun deutlicher, daß die den Engeln im biblischen Text zugesprochenen Aufgaben den Historiker und Ausleger zu einer Korrektur am biblischen Bericht drängten. Dies gilt vornehmlich für solche biblischen Berichte, die die Engel in Verbindung mit Kriegsgeschehen oder Rettungsakten zum Wohl Israels bringen. Hier verbindet sich die politische Überzeugung des Historikers mit der exegetischen Tendenz des Interpreten. Hierher gehören zuerst die Texte, die Jakob/Israel mit den Engeln verbinden, also Gen 28; 32, 2f. 25ff; sodann Ri 6. 13. Man mag Davids Volkszählung und ihre Folgen, 2Sam 24//1Chr 21 mit hinzunehmen.

Bei der Wiedergabe von Jakobs Traum (Gen 28, 10ff) hat der Ahnvater zwar eine Vision (ὄψις), aber die Engel werden weder als ἄγγελοι noch mit einem anderen Hofstaat-Namen genannt, sondern erscheinen als ὄψεις κατιούσας σεμνότερον ἢ κατὰ ἀνθρώπου φύσιν ἔχουσας (Ant 1, 279). Das von Jakob geschaute Heerlager der Engel (מחנה אלהים, Gen 32, 2f) wird, Ant 1, 325 zu einer Ansammlung von φαντάσματα, und so wird auch hier die besondere Beziehung Jakobs zu den Engeln verwischt. Da Josephus den Wortlaut von Segenssprüchen normalerweise nicht mitteilt, fehlt auch die Engel-Erwähnung im Jakobssegen, Gen 48, 15f.

Wirklich einschneidend[120] werden die Veränderungen am biblischen Text erst bei der Interpretation der Jabbok-Szene, Gen 32, 24ff. In der antik-jüdischen Literatur ist der biblische „Mann" durchweg als Engel interpretiert worden[121]. Für Josephus mag es ansprechend gewesen sein, daß auch die helleni-

---

der Aufständischen gespielt. bSan 106b nennt Pinehas einen ליסטאה, d.h. λῃστής. In jedem Fall sind beide Gegenspieler, und die Aufwertung Bileams beinhaltet eine Abwertung Pinehas'. Vgl. Hengel, op.cit. (o.Anm. 66), S. 149ff, bes. S. 161f. Zur messianischen Prophetie Bileams vgl. bes. א. גרינולד (I. Gruenwald), ראל. מזריחה לשקיעה. לדמותן של האסכטולוגיה והמשיחיות ביש- im Sammelband: שלום הרעיון המשיחי בישראל. יום עיון לרגל מלאת שמונים שנה לגרשום Jerusalem תשמ״ד (1984), S. 18-36.

120 Franxman, op.cit. (o.Anm. 65), S. 202, sieht zu Recht die Verbindung der beiden Interpretationen, Gen 28 einerseits und Gen 32 andererseits, bei Josephus, aber er beläßt es bei der Feststellung, ohne nach den Gründen zu fragen.

121 So schon bei Hos 12, 4f. (s.o. S. 50f. 54f); LAB 18, 6; Philon, mut.nom. 14; somn. 1, 129 (hierzu vgl. E. Stein, Philo und der älteste Midrasch. Philos

stische Welt Erscheinungen von „Männern" kannte. Einige davon könnte er gekannt haben[122]. Aber nach Josephus erscheint einmal mehr ein φάντασμα, Ant 1, 331. Solche Spektren können nicht nach ihren Namen gefragt werden. Zwar ist die Auseinandersetzung mit Jakob realistisch als Kampf gedacht, aber die Erscheinung ist so unwirklich, daß ihre Sprachfähigkeit erst betont werden muß: ἐκείνου προκατάρχοντος τῆς μάχης ἐκράτει τε τοῦ φαντάσματος ὃ δὴ καὶ φωβῇ χρῆται καὶ λόγοις πρὸς αὐτόν, Ant 1, 331f.

Auch der Inhalt der Engel-Rede wird von Josephus verändert. Wesentlicher aber ist die neue Fassung des Segens, den der Engel Jakob spendet und die damit verbundene Etymologie des Namens „Israel": ὁ ἀντιστάτης ἀγγέλῳ θεοῦ, Ant 1, 333. Damit wird einmal die Doppeldeutigkeit des biblischen Ausdrucks vermieden[123] und außerdem Jakob, der biblisch so sehr mit den Engeln verbunden war, ihnen nun kämpferisch gegenübergestellt. Hierzu erweitert Josephus das Element des biblischen Segens und ändert die Engelrede[124]. Josephus bemerkt, entgegen dem biblischen Text, ausdrücklich den Weggang des Engels.

Schilderungen der Gestalten des Pentateuch verglichen mit der des Midrasch. Gießen 1931 [BZAW 57], S. 37); Proseuche Joseph, Z. 10 (Denis, s. Quellenverz., S. 61; hierzu J.Z. Smith, *The Prayer of Joseph*. Religions in Antiquity. Essays in Memory of E.R. Goodenough ed. by J. Neusner. Leiden 1968 [SHR 14], S. 253-294); zu den Parallelen in der rabbinischen Literatur vgl. E.E. Urbach, The Sages. Their Concepts and Beliefs. Jerusalem 1975, S. 171 mit Anm. 50 S. 761.

122 Herodot z.B. berichtet über solche Erscheinungen 2, 139; 5, 55f; 6, 117; 7, 12. An den beiden ersten Stellen verbindet er das mit dem Wort ὄψις wie Josephus bei der Wiedergabe von Jakobs Traum. Auch das Verb ἀνθίσταμαι, Herodot 6, 117, ist eine der wörtlichen Bezugnahmen des Josephus auf die Darstellung des paganen Historikers. Auch Bartlett, op.cit. (o.Anm. 106), S. 156 setzt Josephus' Bekanntschaft mit den Erzählungen des Herodot voraus.

123 Gen 32, 26 nennt den Gegner Jakobs einen איש, dagegen hat Josephus nur das φάντασμα. Die Namensetymologie setzt neben diesen „Mann" nun aber noch Gott selbst, V 30: כי-שרית עם-אלהים ועם-אנשים ותוכל.

124 Jakob habe keinen geringen Gegner, sondern einen Engel Gottes besiegt, was er als Vorzeichen für kommendes Glück ansehen möge. Seine Nachkommenschaft werde nicht erlöschen und kein Sterblicher werde sie je überwinden. Außerdem befahl der Engel Jakob, von nun an den Namen Israel zu tragen „was in hebräischer Sprache den Widerstreiter des Engels Gottes bezeichnet" (Ant 1, 332f). Josephus vereinfacht die biblische Erzählung in anderen Details und stellt Jakobs Wunsch, etwas über sein künftiges Schicksal zu erfahren, ungeschickt nach. Dabei behauptet er, Jakob habe bemerkt, daß er einen Engel Gottes vor sich habe.

Aus dieser Nacherzählung des Historikers wird man wohl entnehmen müssen, daß die Jabbok-Geschichte in einer sonst unbelegten Auslegungstradition[125] mit dem Schicksal Israels schlechthin verknüpft war. Hier sind für Josephus die exegetischen und ideologischen Fragen miteinander verbunden: Umgehen mochte er die Geschichte nicht; ihre Doppeldeutigkeit in Bezug auf die Person des Erscheinenden klärt er angelologisch; die zu erwartenden künftigen Ereignisse sind mit denselben Worten umschrieben wie die Verheißung des Engels an Hagar: Dort umschrieben sie die Erwartung auf Nachkommenschaft.

Die Verbindung des exegetischen und des ideologischen Moments tritt noch stärker hervor bei den Erzählungen von Gideon und der Frau des Manoah:

Die Doppeldeutigkeit der Erscheinungen in Ri 6 sind bereits mehrfach genannt worden. Gideon ist aber auch eine kriegerische Gestalt, die vom Engel zum Kampf aufgefordert wird, genauer: zur Befreiung seines Volkes von der Fremdherrschaft der Philister. Hierin liegt das ideologische Problem. Ant 5, 213f beschreibt daher den Engel als φάντασμα und νεανίας (s.o.). Das Nomen ἄγγελος kommt im Text des Josephus nicht vor. Ebenso fehlt das Element des Wunders in der Wiedergabe des Historikers, in Übereinstimmung mit seiner Behandlung der biblischen Wunder an anderen Stellen[126]. Die exegetische Entscheidung zu Gunsten der Angelophanie stimmt mit der Version der LXX überein. Lediglich die Umschreibung des Engels bleibt daher in diesem Rahmen auffällig. Sie erklärt sich auf dem zeitgeschichtlichen Hintergrund aber

---

125 Auch Rappaport, op.cit. (o.Anm. 64), kennt kein Parallele. Die Rabbinen werden später diesen Engel mit dem Völkerengel Esaus bzw. dessen persönlichem Schutzengel identifizieren. Sollten beide Identifikationen, die des Engels mit dem Beschützer Esaus und die später verbreitete Esaus mit Rom schon zur Zeit des Josephus bekannt gewesen sein, dann läge hier eine noch stärkere Umbildung des politischen Moments vor; doch läßt diese sich nicht beweisen. Vgl. z.B. Gen.r 77 (Theodor/Albeck, S. 912), wo die Verbindung des Engels mit Esau bereits mit Gen 33, 10 begründet wird: כראות פני אלהים ראיתי פניך. Dieser Vers wird sowohl durch Onkelos als auch durch Ps-Jon angelologisch interpretiert.

126 Die Stellung des Josephus zu den Wundern ist zumindest ambivalent. S. Betz, op.cit. (o.Anm. 68); Attridge, Interpretation (o.Anm. 59), S. 18f; Heinemann, op.cit. (o.Anm. 63), S. 187f, versucht, hierin eine Konzession an den paganen Leser zu finden; vgl. weiter G. Delling, *Josephus und das Wunderbare*. Idem, Studien zum Neuen Testament und zum hellenistischen Judentum. Ges. Aufs. 1950-1968 hrsg. v. F. Hahn, T. Holtz u. N. Walter. Göttingen 1970, S. 130-145; M.R. Moehring, *Rationalization of Miracles in the Writings of Josephus*. StEv 6, Berlin 1973 (TU 112), S. 376-383 und ferner o.Anm. 117.

zwanglos: Wie hätte Josephus in Rom wenige Jahre nach dem gescheiterten Aufstand von einer Einsetzung Gideons in sein kriegerisches Amt durch einen Engel erzählen können?[127]

Die Angelophanie vor der Frau des Manoah unterscheidet sich in mehreren Punkten von der vor Gideon (trotz aller bereits biblischer Gemeinsamkeiten, s. o.). Zwar wird auch das hier verheißene Kind sein Volk eines Tages von der Fremdherrschaft der Philister befreien; aber zunächst wird seine Geburt angekündigt. Bei seinen Wiedergaben der „Sohnesverheißungsorakel" hatte Josephus den Engel auch in den Hagar-Geschichten belassen. Entsprechend entscheidet er sich hier ebenfalls für die angelologische Deutung (trotz des Ausrufs des Manoah am Ende der Geschichte: מות נמות כי אלהים ראינו), umschreibt den Engel aber als φάντασμα und νεανίας (Ant 5, 276ff). Es ist möglich, daß Josephus auch hier mit Andeutungen auf vorhandene pagane Traditionen spielt, wiewohl sich das hier weniger nachweisen läßt als an anderen Stellen[128]. In

---

[127] Man darf voraussetzen, daß Josephus, der sich sonst in seiner Darstellung der Ant so sehr an Dion. Halik. orientiert hat, auch dessen Erzählung von der ἐπιφάνεια des Kastor und Pollux kannte (Ant.Rom. 6, 13, 1-4), die dort als νεανίαι und δαίμονες eingeführt werden. Zwar gebraucht Josephus den Terminus ἐπιφάνεια nicht, denn er bezieht ihn auf jegliches hilfreiche Eingreifen Gottes, nicht nur auf kriegerische Hilfe (vgl. zu diesem Gebrauch z.B. R. Bultmann/D. Lührmann, Art. φαίνω κτλ. ThWNT 9, S. 1-11). Auch die Umschreibung des Engels als φάντασμα unterscheidet seinen Text von dem des römischen Historikers ebenso wie die Zweizahl der Erscheinenden dort gegenüber der Einzahl hier. Dennoch kann man den Verdacht kaum unterdrücken, daß Josephus hier nicht nur unbewußt eine Reminiszenz an die römische Geschichte eingebaut hat. Es ist wohl auch nicht völlig unbedeutend, daß die Anklänge an pagane Erzählungen in den beiden zuletzt behandelten Interpretationen des Josephus auftauchen, in denen es *inter alia* um die politische Bedeutung der biblischen Geschichte geht.

[128] Eine Reihe von Motiven der Josephus-Wiedergabe können weder durch innerbiblischen Vergleich noch durch einen Vergleich mit anderen Stellen bei Josephus erklärt werden. Hierzu gehören die besondere Schönheit des Jünglings (277) und der Frau des Manoah (276); die Rationalisierung bei der Wiederholung der Bitte um Erscheinung durch Manoah, dessen Eifersucht beruhigt werden soll (277. 279); die deutliche Feststellung, daß der „Engel Gottes" „gemäß dem Willen Gottes" erschienen sei (278); trotz der Auslassung des wunderbaren Elements der Gideon-Geschichte (s.o.) wird dieses Wunder nun hier nachgeholt und sogar erweitert: Der Engel zündet das Feuer mit seinem Stabe erst an (284, vgl. dagegen Ri 13, 20); der Engel steigt zwar in der Flamme zum Himmel auf, aber Josephus fügt hinzu ὥσπερ ὀχήματος, wie in einem Wagen (284). Zwar ist der Wagen seit der Entrückung des Eliah (2Kön 2, 11) bekannt und bereits in die jüdische Angelologie eingedrungen (s.o.: JosAs), aber mit Ri 13 hat das Motiv nichts zu tun.

jedem Fall wird die Geburt des künftigen Helden derart überarbeitet, daß der Akzent von der künftigen Befreiung durch Simson nun ganz auf die ehelichen Beziehungen Manoahs und seiner Frau fällt. Der „Jüngling" ist dabei dramatisch-komische Figur und nicht mehr ein göttlicher Engel, der als solcher ernst zu nehmen wäre.

Eine besondere Bearbeitung hat die Erzählung vom Kauf des Tempelplatzes durch David erfahren[129]. Josephus versucht zunächst, die beiden biblischen Berichte, 2Sam 24 und 1Chr 21, miteinander zu verbinden. Ungeklärt ist die Fra-

---

Die Geburtsgeschichte des Herakles hat in der hellenistisch-römischen Zeit offensichtlich einigen Komödiendichtern als Stoff gedient (wie ja später bis hin zu Kleist und darüber hinaus). Von diesen ist die Fassung des Plautus erhalten geblieben (s. Quellenverz.: P. Nixon). Es soll hier nicht behauptet werden, daß diese Fassung dem jüdischen Historiker in ihren Einzelheiten vorschwebte. Aber sie lädt zum Vergleich ein: Auch Amphytrion, der Gatte Alkmenes, ist zur Zeit, da Zeus die schöne Thebanerin heimsucht, gerade nicht anwesend. Sein Begleiter, Hermes, trägt nicht selten den Titel eines ἄγγελος θεῶν (vgl. schon Diehls/Kranz, Quellenverz., I, S. 54). Die Eifersucht des Amphytrion ist eines der tragenden Elemente dieses Komödienstoffs. Aber nachdem der betrogene Ehemann von der Zukunft des verheißenen Kindes gehört hat und ihm die eigentliche Vaterschaft des Zeus bekannt geworden ist, will auch er ein Opfer darbringen (Z. 1126) und den Propheten der Stadt befragen. Da erscheint Zeus (Z. 1129) auf einer Wolke als wahrer *deus ex machina* und beruhigt ihn: Seine Frau habe ihn nicht betrogen. Wie gesagt: Der Stoff der Komödie scheint damals häufiger behandelt worden zu sein (vgl. Nixon in seinem Vorwort). Daher ist es unwichtig, ob Josephus die Fassung des Plautus kannte oder eine andere. Aber es scheint wahrscheinlich, daß sich für Josephus die Geburtsankündigung eines biblischen Helden mit der des paganen Herakles verband. Diese Annahme erklärt zumindest die aufgeführten fremden Elemente. Sollte ein literarischer Bezug tatsächlich existieren, dann hätte Josephus außer seiner Verschleierung der Angelophanie nun auch noch einen Schuß Humor in seine Darstellung einfließen lassen. Vgl. weiter Braun, op.cit. (o.Anm. 83); א. מירסקי (A. Mirski), *ב״קדמוניות היהודים" ליוספוס פלביוס*, ב*יאורי מקרא* Sinai 22, תשי״ח (/1948), S. רפ״ב-רפ״ז, hier S. רפ״ו-רפ״ז und zum *deus ex machina* E. Müller, De Graecorum deorum partibus tragicis. Gießen 1900 (RVV VIII/ 3), passim.

129 Vgl. hierzu Poznanski, op.cit. (o.Anm. 59), S. 15; zu den textlichen Schwierigkeiten siehe auch P.E. Dion, *The Angel with the Drawn Sword (IChr 21, 16): An Exercise in Restoring the Balance of Text Criticism* and *Attention to the Context*. ZAW 97, 1985, S. 114-117. Zum Verhältnis der beiden biblischen Texte zueinander vgl. die Auseinandersetzung zwischen א. רופא (A. Rofé), ראיות. האמונה במלאכים בישראל בתקופת בית ראשון לאור מסורות מק.- Diss. Jerusalem 1969, S. 184-203, und S. Japhet, The Ideology of the Book of Chronicles and Its Place in Biblical Thought, Frankfurt/M. e. a. (1989) (BETAJ 9), S. 139-143.

ge, in welcher Gestalt der Text dem Josephus vorlag: 4QSam^c scheint der Version des Chronisten näher zu stehen als der masoretische Text. In Qumran scheint der Text folgendermaßen gelautet zu haben[130]:

] ומלאך י[הו עומד ע [ם גרן א[רנא ה[יב] וסי וישא [דויד]
[את עיניו ... בין[הארץ ובין [הש[מ[יי[ם וחר[ב[ו שלופה בידו [נטויה]
[על ירושלים ... והזקנים על פנ[יהם מתכ[סים ב[שקים ויאמר דויד ה...]

Hier ist nicht nur das Motiv des gezückten Schwertes in der Sam-Version enthalten, sondern auch das Stehen des Engels zwischen Himmel und Erde (Z. 2). Die Aufgabe des Engels ist in den verschiedenen Erzählungen unterschiedlich stark betont[131]. Doch ist es für unsere Überlegungen nicht entscheidend, ob Josephus die beiden genannten Motive aus einer divergierenden Vorlage von 2Sam 24 oder aus 1Chr 21 kennt. Die ganze Erzählung wird in seinem Werk nur einmal behandelt und hier hat er die verschiedenen Traditionen zusammenzunehmen. Dabei stößt er auf eine Reihe textlicher Probleme in beiden Versionen[132], das heißt hier v.a. auf die bereits bekannte Ambivalenz von Gott und Engel[133], die kriegerische Darstellung des Engels mit gezücktem Schwert in der Hand (auf die 1Chr 21, 19 ausdrücklich zurückkommt) und das Element des Wunderbaren in der Stellung des Engels zwischen Himmel und Erde. Doch diesmal ist die Darstellung des Engels mit dem Ankauf des künftigen Tempelplatzes verbunden.

Ant 7, 324ff wird die Plage nun ganz Gott zugeschrieben und drastisch ausgemalt (325f), ohne Anhalt an den biblischen Vorlagen. Sie erinnert in einigen Zügen an die Darstellung der Leiden der unschuldigen Jerusalemer Bevölkerung in den letzten Tagen der Belagerung (v Bell 5, 512-518), obwohl sie hier deutlich kürzer gehalten ist. Auf den biblischen Text kommt Josephus § 327 zurück: Der Engel streckt seine Hand gegen Jerusalem selbst aus. In diesem

---

130 Siehe E.C. Ulrich, The Qumran Text of Samuel and Josephus. Chico (1978) (HSM 19), S. 156f. Die Anmerkungen von F.M. Cross konnten nicht eingesehen werden. Auch die Arbeit von Ulrich ersetzt keine Ausgabe der Fragmente. So ist z.B. der Umfang der einzelnen Teile nicht deutlich.

131 Nebenbei: Der masoretische Text hat in 1Chr 21, 20 וישב ארנן וירא את-המלאך וארבעת בניו עמו מתחבאים - Natürlich muß es statt המלאך heißen: המלך. So auch S. Japhet, op.cit. (o.Anm. 129), S. 142 mit Anm. 413 und Rofé, op. cit. (ebd.), S. 202.

132 Woher denn die verschiedenen Vorschläge für die redaktionskritischen Operationen rühren; vgl. Japhet und Rofé (o. Anm. 129).

133 Diese muß hier nicht in extenso vorgeführt werden. Um nur ein Beispiel zu nennen: Nach 2Sam 24, 15 ist Gott Urheber der Plage, ebd. V. 16 ist es der Engel.

Stadium hüllt sich der König in einen Sack und fleht zu Gott. Dabei sieht er den Engel in der Luft getragen[134] mit dem gezückten Schwert, das gegen die Stadt gerichtet ist, und bekennt schließlich, daß die Sünde nur von ihm begangen worden sei; Gott möge daher die Unschuldigen verschonen (327f). Josephus läßt also die ausdrückliche Bemerkung, der Engel sei von Gott gesandt, aus. Die Erwähnung des Engels an dieser Stelle spiegelt die Situation in 2Sam 24, 17 wieder; die Details stimmen mit 1Chr 21, 16 und 4QSam^c überein. Wie in 2Sam 24 fehlt auch bei Josephus eine Bemerkung über das Verschwinden des Engels, obwohl Josephus erwähnt, daß Gott sich durch das Opfer versöhnen ließ (333).

Diese Darstellung zeichnet sich nun auch innerhalb der Schriften des Josephus durch einige Besonderheiten aus: Die Ambivalenz zwischen Gott und Engel wird nicht behoben, beide werden nebeneinander erwähnt[135]. Die Verbindung der Engel mit den Waffen einerseits und ihrer Bewegung in der Luft andererseits läßt sich so nur im 2Makk mehrfach nachweisen. Da ist das Motiv allerdings mit der himmlischen Hilfe für den Tempel verbunden. Nachdem Josephus das Motiv des Schwertes an anderen Stellen unterdrückt hatte, verlangt seine positive Erwähnung hier eine Erklärung. Diese liegt in der Tatsache, daß es bei dieser Angelophanie nicht um himmlische Rettung des Heiligtums, sondern um die Bestrafung Davids durch eine auch auf Jerusalem auszudehnende Plage geht. In solchem Zusammenhang übernimmt Josephus den Engel, trotz des Wunderhaften, samt Schwert, läßt ihn neben Gott als zweiten Urheber der Plage stehen und nennt ihn ausgerechnet in dem Moment, in dem er seine Strafhandlung auf Jerusalem ausdehnen will, um so zu zeigen, daß auch diese Stadt dem göttlichen Gericht - durch einen Engel! - nicht entgeht.

Wenn diese Einschätzung der Stelle in den Ant des Josephus richtig ist, dann belegt sie nicht nur die Verbindung der Ideologie der Aufständischen mit der Hoffnung auf die Hilfe der Engel, sondern ist zugleich ein Vorläufer für die spätere Tradition, die die Zerstörung des zweiten Tempels in Anlehnung an die

---

134 Das Stehen des Engels in der Luft ist 1Chr 21 einmalig. Dagegen kennt man die Vorstellung, daß Engel ihren Weg in der Luft zurücklegen (z.B. bei JosAs oder 2Makk, s.o.); die Änderung des Josephus in diesem Punkt ist also verständlich.

135 Man kann erwägen, ob die Einfügung des καί, § 327, die Ambivalenz nicht noch verstärkt: Nun wird der Engel, sozusagen nachträglich, für die ganze Plage verantwortlich.

des ersten (in der Darstellung von Ez 9) den Engeln zuschreibt[136]. Die literarische Verbindung der beiden Katastrophen ist auch bei Josephus noch andernorts zu belegen. So prophezeit Jeremia bei der Zerstörung des ersten Tempels zugleich Einzelheiten, die eher den zweiten betreffen (Ant 10, 79). Die Ratschläge desselben Propheten, Ant 10, 117-119. 126, erinnern auffällig an die des Historikers in seiner eigenen Rede, Bell 5 (s.o.). Ant 10, 128 legt Josephus dem biblischen Propheten die wiederholten Vorschläge des Titus[137] in den Mund: Wenn die Stadt übergeben werde, würde wenigstens der Tempel verschont werden. An diesen Stellen hat der Historiker und zeitgenössische Politiker dem Exegeten die Hand geführt. Für das hier vorgelegte Gesamtverständnis seiner Angelologie ist die Beobachtung wichtig, daß der Exeget sein sonst erkennbares Verfahren der Vereinheitlichung ambivalenter Bibelstellen aufgibt, wenn er so veranschaulichen kann, daß auch Jerusalem (und mit ihm der Tempel) der Strafe des Engels anheimgegeben sind.

6. Die Angelologie des Josephus als Verstehens-Schlüssel für die folgende Entwicklung

Faßt man die bisher gemachten Beobachtungen zusammen, dann erklärt Josephus durch seine Behandlung der biblischen Engel-Texte und seine außerbiblischen Erwähnungen der Engel *einige* Grundlinien der weiteren, v.a. der rabbinischen, Entwicklung.

Wie immer man die Ideologie der Aufständischen beurteilt, wird man sich des Eindrucks nicht erwehren können, daß Josephus besonders kriegerische Engel gemieden hat, es sei denn, jene bestraften Jerusalem. An den meisten Stellen hat er die Angelophanie entweder gestrichen oder so überarbeitet, daß der Leser zur Kontrolle die biblische Vorlage heranziehen muß, um den Engel als solchen zu erkennen. Sowohl die kriegerische Gemeinschaft, wie sie in Qum-

---

136 So syBar 6, 4f mit den Anmerkungen Klijns (s. Quellenverz.), S. 126; L.H. Feldman, Prolegomena zur Neuausgabe von M.R. James, The Biblical Antiquities of Philo. Repr. New York 1971, S. XLVII-XLIX und Böcher, art.cit. (o.Anm. 67); PesR 26 (Friedmann, S. 131a) und ParJer 3, 2-4 (Ausg. Kraft/ Purintun, s. Quellenverz.); vgl. die abweichende slav. Version in der Übersetzung von C. Wolff, Jeremia im Frühjudentum und Urchristentum. Berlin 1976 (TU 118), S. 199. Wolff ist allerdings der Meinung, ParJer sei von syBar abhängig: S. 45.

137 Auch bei der Darstellung des Triumphs des feindlichen Königs schleichen sich Einzelheiten aus der jüngsten Geschichte in die Darstellung der älteren: Ant 10, 133f. Vgl. die Anm. Marcus (s. Quellenverz.), a.l.

ran geglaubt wurde (s.o.), als auch jene Traditionen von der Hilfe der Engel gegen die Feinde, wie sie besonders 2Makk bewahrte, werden den Hintergrund gebildet haben, dem gegenüber man diese Aversion des Historikers zu verstehen hat. Unterstützung durch die Engel will er aber nur denen zuerkennen, die Gottes Willen tun und sich von Räuberei fernhalten, wie die von ihm idealisierten Essener. Es entbehrt nicht der Ironie, wenn Josephus sich so dem römischen Kaiser in der Stunde seines Frontenwechsels als ἄγγελος vorstellt, der den folgenreichen Schritt aufgrund von Erscheinungen in seinen nächtlichen Träumen tut.

Damit wird aber eine Entwicklungslinie eingeschlagen, die nicht nur Josephus charakterisiert, sondern auch eine Reihe späterer Rabbinen: Nach der Katastrophe des Jahres 70 wird gottgefällige Frömmigkeit an die Stelle eines auf Gottes Hilfe pochenden Fanatismus gesetzt. Religion wird dabei wieder mehr von der Tagespolitik gelöst und an die Würdigkeit des Frommen gebunden. Dessen Fehlschlag wird dann nicht mehr als eine dämonische Einmischung oder als fremde Herrschaft, die zu beseitigen ist, gefaßt, sondern als fehlende Moralität des betroffenen Menschen selbst (entsprechend die Umformung von Gen 6, 1-4).

Diese Grundhaltung wirkt sich dann direkt auf die Bearbeitung der biblischen Geschichte aus. Gesichte und Jünglinge entsprechen nicht den biblischen Engeln, die Josephus so umschreibt.

Aber bei der Interpretation des biblischen Textes erkennt Josephus die positive Seite des Glaubens an Engel: Engel helfen, gewisse Vorstellungen von Gott selbst fernzuhalten. Das Essen Gottes, seine Söhne und - gelegentlich - die Ankündigung der Geburt von Söhnen werden Engeln übertragen oder ihnen belassen. In einigen Zweifelsfällen entscheidet sich der Ausleger für eine angelologische Lösung. Nicht immer ist dabei deutlich, auf welche Traditionen er sich bezieht. Es scheint, als kenne er Vorstellungen, die heute nicht mehr anderweitig belegt sind[138].

---

138 Dieser Verdacht legte sich bei der Behandlung der Jabbok-Geschichte nahe (s.o.). Nach Ant 2, 205 erschien dem Amram ein Engel, um die Geburt Moses' vorherzusagen (s.o.). Die Darstellung der Moses-Geschichte bei Josephus ist die nächste Parallele zu Mt 1-2 (Vgl. z.B. E. Nellessen, Das Kind und seine Mutter. Struktur und Verkündigung des 2. Kapitels im Matthäusevangelium. Stuttgart [1969] [SBS 39], v.a. S. 63-65). Beider Vorlage (denn eine direkte gegenseitige Beeinflussung ist ausgeschlossen) ist unbekannt.

Nimmt man dieses letzte Faktum ernst, dann wird man gezwungen, bei den positiven Engel-Erwähnungen auch weitere Frontstellungen des Exegeten wenigstens hypothetisch zu erwägen.

So ist Josephus zur alten Aporie des Engelglaubens zurückgekehrt: Die jüngste Geschichte hat ihm die gefährliche Seite dieses Glaubens vor Augen geführt, die biblische Tradition verlangt seine Berücksichtigung, und gelegentlich hilft dieser Glaube ja auch, problematische Texte angemessen zu verstehen. Ist es wirklich nur Zufall, wenn die Mischna, das früheste Zeugnis rabbinischen Schrifttums, verfaßt unter dem Eindruck eines dreifachen Scheiterns, des Aufstandes von 66-70, des Diaspora-Aufstands und der Erhebung unter Bar-Kochba, keinen Engel nennt, obwohl Parallelüberlieferungen in der Tosephta und den Talmuden die Engel anführen? Man wird das nicht nur auf fremden Einfluß zurückführen können. Vielmehr dringen die Engel erneut in die religiöse Literatur ein - aus dem gläubigen Bewußtsein sind sie nie geschwunden. Keine religiöse Selbstzensur hat die Mittelwesen je ganz eliminieren können.

Quellenverzeichnis

(Kritische Ausgaben und Übersetzungen der zugrunde gelegten Quellenwerke[1])
1. Bibel; 2. Septuaginta und Zusätze; 3. außerkanonische Literatur; 4. Qumran-Texte; 5. Philon von Alexandria; 6. Josephus Flavius; 7. Targume; 8. Rabbinica; 9. Magica und Verwandtes; 10. Antikes Christentum und Gnostica; 11. Pagane Klassik

1. BIBEL

תורה נביאים וכתובים. - Biblia Hebraica Stuttgartensia ed. funditus renovata, ed. K. Elliger/W. Rudolph e.a. Stuttgart (1984).

2. SEPTUAGINTA (und unkanonische Zusätze) [2]

A. Rahlfs, Septuaginta. Id est Vetus Testamentum Graece iuxta LXX interpres. I-II. Ed. nona Stuttgart (1971).

A. Rahlfs, Septuaginta Societas Scientiarum Gottingensis auctoritate ed. I: Genesis. Stuttgart 1926.

J.W. Wevers, Genesis. Göttingen 1974 (SeptG I).

J.W. Wevers, Numeri. Ed. ... adiuvante U. Quast. Göttingen 1982 (SeptG III/1).

J.W. Wevers, Deuteronomium. Ed. ... adiuvante U. Quast. Göttingen 1977 (SeptG III, 2).

---

1 Die reinen Übersetzungen sind in eckigen Klammern angegeben - ohne Rücksicht darauf, ob sie kommentiert sind oder nicht. Übersetzungen, die den Text in der Originalsprache (bzw. der in Rede stehenden Übersetzungs-Sprache) haben, erscheinen wie kritische Ausgaben. Hebräische Ausgaben werden nach dem geläufigen Titel zitiert, d.h. abgesehen davon, ob sie ein englisches Titelblatt haben oder nicht. Hier sind nur solche Quellen-Texte verzeichnet, die im Lauf der Arbeit benützt wurden, ein Rückschluß auf den Publikations- oder Bibliotheksstand ist daher nicht möglich. In Anlehnung an die Praxis bei J.H. Charlesworth, The Pseudepigrapha and Modern Research. With a Supplement. (Chico 1981) (SBL. SCS 7S) stehen bei den außerkanonischen Werken Sammlungen und Fragmente voran, die dann folgenden Werke sind, soweit es ging, alphabetisch nach dem Namen der Titelperson geordnet

2 Die nicht-kanonischen Zusätze erscheinen eingerückt. Die Jüdischen Schriften aus hellenistisch-römischer Zeit, Gütersloh 1973ff (=JSHRZ) werden je am Ort aufgeführt, da die Sammlung nicht vollständig ist.

R. Hanhart, Esdrae Liber I. Göttingen 1974 (SeptG VIII/1).
[K.-F. Pöhlmann, Historische und legendarische Erzählungen. 3.Esra-Buch. (JSHRZ I/5, 1980), S. 375-425].
R. Hanhart, Esther. 2., durchges. A. Göttingen 1983 (SeptG VIII/3).
[H. Bardtke, Historische und legendarische Erzählungen. Zusätze zu Esther. (JSHRZ I/1, 1973), S. 15-62].
R. Hanhart, Judith. Göttingen 1979 (SeptG VIII/4).
M.S. Enslin/S. Zeitlin, The Book of Judith. Greek Text with an English Translation, Commentary and Critical Notes. Leiden 1972 (JAL 7).
[E. Zenger, Historische und legendarische Erzählungen. Das Buch Judith. (JSHRZ I/6, 1981), S. 427-534].
[M.Grintz (גרינץ .מ.י), -.ומפת פירושים מבוא, בצירוף המקורי הנוסח תחזורת .יהודית ספר חות. Jerusalem 1957].
R. Hanhart, Tobit. Göttingen 1983 (SeptG VIII/5).
W. Kappler, Maccabaeorum Liber I. 2., durchges. A. Göttingen 1968 (SeptG IX/1).
S. Tedesche/S. Zeitlin, The First Book of Maccabees. En English Translation by S. Tedesche, Introduction and Commentary by S. Zeitlin. New York (1950) (JAL 1).
[K.-D. Schunck, Historische und legendarische Erzählungen. 1.Makkabäerbuch. (JSHRZ I/4, 1980), S. 287-373].
R. Hanhart, Maccabaeorum liber II ... 2., durchges. A. Göttingen 1976 (SeptG IX/2).
[C. Habicht, Historische und legendarische Erzählungen. 2.Makkabäerbuch. (JSHRZ I/3, 1979), S. 165-285].
S. Zeitlin/S. Tedesche, The Second Book of Maccabees, ed. by S. Zeitlin with Introduction and Commentary. English Translation by S. Tedesche. New York (1954) (JAL).
R. Hanhart, Maccabaeorum liber III. 2., durchges. A. Göttingen 1980 (SeptG IX/3).
M. Hadas, The Third and Fourth Book of Maccabees. Ed. and Translated. New York (1976) (JAL).
A. Rahlfs, Psalmi cum Odis. 3., unv. A. Göttingen 1979 (SeptG X).
[A.S. van der Woude, Poetische Schriften. Die fünf syrischen Psalmen. (JSHRZ IV/1, 1973), S. 29-47].
J. Ziegler, Iob. Göttingen 1982 (SeptG XI).

J. Ziegler, Sapientia Jesu filii Sirach. 2., durchges. A. Göttingen 1981 (SeptG XII/2).

Y. Yadin, The Ben Sira Scroll from Massada with Introduction, Emendations and Commentary. Jerusalem 1965.

The Historical Dictionary of the Hebrew Language. The Book of Ben Sira. Text, Concordance and an Analysis of the Vocabulary. Jerusalem 1973.

[G. Sauer, Unterweisung in lehrhafter Form: Jesus Sirach (Ben Sira). (JSHRZ III/5, 1981), S. 481-644].

[M.B. Segal (מ.צ. סגל), ספר בן סירא השלם כולל כל השרידים העבריים שנתגלו מתוך 2., verb. u. verm. A. הגניזה והחזרת הקטעים החסרים, עם מבוא, פירוש ומפתחות. Jerusalem (1972)].

J. Ziegler, Sapientia Salomonis. 2., durchges. A. Göttingen 1981 (SeptG XII/1).

[D. Georgi, Unterweisung in lehrhafter Form. Weisheit Salomos. (JSHRZ III/4, 1980), S. 389-478].

J. Ziegler, Isaias. 3. A. Göttingen 1983 (SeptG XIV).

J. Ziegler, Susanna, Daniel, Bel et Draco. Göttingen 1953 (SeptG XVI/2).

A. Geissen, Der Septuaginta-Text des Buches Daniel. Kap. 5-12, zusammen mit Susanna, Bel et Draco sowie Esther Kap. 1, 1a-2, 15 nach dem Kölner Teil des Papyrus 967. Bonn 1968 (PTA 5).

W. Hamm, Der Septuaginta-Text des Buches Daniel. Kap. 1-2 nach dem Kölner Teil des Papyrus 967. Bonn 1969 (PTA 10).

W. Hamm, Der Septuaginta-Text des Buches Daniel. Kap. 3-4 nach dem Kölner Teil des Papyrus 967. Bonn 1977 (PTA 21).

[O. Plöger, Historische und legendarische Erzählungen. Zusätze zu Daniel. (JSHRZ I/1, 1973), S. 63-87].

J. Ziegler, Jeremias, Baruch, Threni, Epistula Jeremiae. 2., durchges. A. Göttingen 1976 (SeptG XV).

E. Tov, The Book of Baruch also Called I Baruch (Greek and Hebrew) Edt., reconstructed and transl. (Missoula/Mont. 1975) (SBL. TT 8).

[A.H.J. Gunneweg, Unterweisung in lehrhafter Form. Das Buch Baruch. Der Brief Jeremias. (JSHRZ III/2, 1980), S. 165-192].

3. AUSSERKANONISCHE LITERATUR
SAMMLUNGEN

K.v. Tischendorf, Apocalypses apocryphae Mosis, Esdrae, Pauli, Iohannis, item Mariae dormitio... (Leipzig 1866 =) Hildesheim 1966.

[J.H. Charlesworth, The Old Testament Pseudepigrapha. I-II Garden City/ New York (1983)-1985 (In der Arbeit mit dem Namen des Übersetzers als „Charlesworth" zitiert).]

FRAGMENTE JÜDISCH-HELLENISTISCHER LITERATUR

A.M. Denis, Fragmenta Pseudepigraphorum quae supersunt Graece. Leiden 1970 (PVTG 3).

C.R. Holladay, Fragments from Hellenistic Jewish Authors. Vol. I: Historians. Chico (1983) (SBL.TT 20 PS 10); vol. II: Poets. The Epic Theodotus and Philo and Ezekiel the Tragedian. Atlanta (1989) (SBL. TT 30 PS 12).

[N. Walter, Historische und legendarische Erzählungen. Fragmente jüdisch-hellenistischer Historiker. (JSHRZ I/2, 1980), 89-163].

[N. Walter, Unterweisung in lehrhafter Form. Fragmente jüdisch-hellenistischer Exegeten: Aristobulos, Demetrios, Aristeas. (JSHRZ III/2, 1980), S. 257-299].

[N. Walter, Poetische Schriften. Fragmente jüdisch-hellenistischer Epik. Philon, Theodotus; Pseudepigraphische jüdisch-hellenistische Dichtung: Pseudo-Phokylides, Pseudo-Orpheus, Gefälschte Verse auf Namen griechischer Dichter. (JSHRZ IV/3, 1983), S. 135-278].

O. Kern, siehe unten bei „pagane Klassik".

H. Jacobson, The Exagoge of Ezechiel. Cambridge e.a. (1983).

P.W. van der Horst, The Sentences of Pseudo-Phocylides with Introduction and Commentary. Leiden 1978 (SVTP 4).

[E. Vogt, Poetische Schriften. Tragiker Ezechiel. (JSHRZ IV/3, 1983), 113-133].

APOKALYPSE ABRAHAMS

[G.N. Bonwetsch, Die Apokalypse Abrahams. Das Testament der vierzig Märtyrer hrsg. (Leipzig 1897 [SGTK Bd. 1 H. 1] =) Aalen 1972].

[B. Philonenko-Sayar/M. Philonenko, Apokalypsen. Die Apokalypse Abrahams. (JSHRZ V/5, 1982), S. 413-460].

TESTAMENT ABRAHAMS

M.R. James, The Testament of Abraham. Greek Text, Introduction and Notes. Cambridge 1892 (TS II/2).

[E. Janssen, Unterweisung in lehrhafter Form. Testament Abrahams. (JSHRZ III/2, 1980), S. 193-256].

F. Schmidt, Le Testament grec d'Abraham. Introduction, édition critique des deux recensions greques, traduction. Tübingen 1986 (Texte und Studien zum antiken Judentum 11).

M.E. Stone, The Testament of Abraham. The Greek Recensions. (Missoula/ Mont.) 1972 (SBL.TT 2).

TESTAMENT ADAMS

S.E. Robinson, The Testament of Adam. An Examination of the Syriac and Greek Traditions. (Chico 1982) (SBL.DS 52).

VITA ADAE ET EVAE

D.A. Bertrand, La vie d'Adam et Ève. Introduction, texte, traduction et commentaire. Paris 1987 (Recherches intertestamentaires 1).

Vgl. „Apokalypse Moses"

ARISTEAS, EP.

M. Hadas, Aristeas to Philocrates (Letter of Aristeas). Ed. and transl. (New York 1951 =) New York 1973 (JAL).

[N. Meisner, Unterweisung in erzählender Form. Aristaeasbrief. (JSHRZ II/1, 1973), S. 35-87].

BARUCH, SYR. (= 2 BAR)

S. Dedering, Apocalypse of Baruch. The Old Testament in Syriac according to the Peshitta Version IV/3. Leiden 1973.

The Arabic Text of the Apocalypse of Baruch. Ed. and Transl. with a Parallel Translation of the Syriac Text by F. Leemhuis, A.F.J. Klijn and G.J.H. van Gelder. Leiden 1986.

[A.F.J. Klijn, Apokalypsen. Die syrische Baruch-Apokalypse. (JSHRZ V/2, 1976), S. 103-191].

BARUCH, GRAECE (= 3 BAR)

[S.P. Brock, Testamentum Iobi./] J.-C. Picard, Apocalypsis Baruchi Graece. (PVTG 2, S. 61-96) Leiden 1967.

[W. Hage, Apokalypsen. Die griechische Baruch-Apokalypse. (JSHRZ V/1, 1979), S. 15-44].

Vgl. „Paralipomena Jeremiae".

ELIAH-SCHRIFTEN

M.E. Stone/J.Strugnell, The Books of Elijah, Parts 1-2, coll. and transl. Comprehensive index by W.L. Lipscomb. (Missoula/Mont. 1979)(SBL. TT 18).

A. Pietersma/S. Turner Comstock (with H.W.Attridge), The Apocalypse of Elijah based on P. Chester Beatty 2018. (Chico 1981) (SBL.TT 19).
[W. Schrage, Apokalypsen, Die Elia-Apokalypse. (JSHRZ V/3, 1980), S. 193-288].

IV ESRA

R.L. Bensley, The Fourth Book of Ezra. The Latin Version ed....with an Introduction by M.R. James. Cambridge 1895 (TaS III/3).
A.F.J. Klijn, Der lateinische Text der Apokalypse des Esra hrsg. ... mit einem index grammaticus von G. Mussies. Berlin 1983 (TU 131).
[J. Licht (ליכט .י), ... ספר עזרא. תרגם, פירש וצירף מבוא Jerusalem (1968)].
[J. Schreiner, Apokalypsen. Das 4. Buch Esra. (JSHRZ V/4, 1981), S. 289-412].
M.E. Stone, The Armenian Version of IV Ezra ed. and transl. (Missoula 1979) (Armenian Texts and Studies 1).

ESRA, GRIECH. APOKALYPSE

[U.B. Müller, Apokalypsen. Die griechische Esra-Apokalypse. (JSHRZ V/2, 1976), S. 85-102].

HENOCH, ÄTHIOPISCHER

M. Black, Apocalypsis Henochi Graece. Leiden 1970 (PVTG 3).
[M. Black, The Book of Enoch or I Enoch. A New English Edition with Commentary and Textual Notes. In Consultation with J.C. Vander Kam, with an Appendix on the ‚Astronomical' Chapters (72-82) by O. Neugebauer. Leiden 1985 (SVTP 7) [mit Korrekturen zum griechischen Text]].
C. Bonner, The Last Chapters of Enoch in Greek... with the Collaboration of H.C. Youtie. (London 1937 = repr.) Darmstadt 1968.
[A. Dillmann, Das Buch Henoch übers. und erkl. Leipzig 1853.]
J. Flemming/L. Radermacher, Das Buch Henoch hrsg. Leipzig 1901 (GCS 5).
M.A.Knibb, The Ethiopic Book of Enoch. A New Edition in the Light of the Aramaic Dead Sea Fragments. ...in Consultation with E. Ullendorf. I:Text and Apparatus. II: Introduction, Translation and Commentary. Oxford 1978.
[S. Uhlig, Das Äthiopische Henochbuch. (JSHRZ V/2,1984), S. 461-780].
Zu 4QEn siehe unter „Qumran-Texte": J.T. Milik.

HENOCH, SLAVISCHER (=SLHEN/2HEN)

[G.N. Bonwetsch, Die Bücher der Geheimnisse Henochs. Das sogenannte slavische Henochbuch. Leipzig 1922 (TU 44).]

TESTAMENT HIOBS

S. P. Brock, Testamentum Iobi. (zusammen mit J.-C. Picard, Apocalypsis Baruchi Graece.) Leiden 1967 (PVTG 2).

R.A. Kraft e.a., The Testament of Job according to the SV Text. Greek text and English transl. ed. by (Missoula/Mont.) 1974 (SBL.TT 5).

[B. Schaller, Unterweisung in lehrhafter Form. Das Testament Hiobs. (JSHRZ III/3, 1979), S. 301-387].

PARALIPOMENA JEREMIAE

R.A. Kraft/A.-E. Puriton, Paralipomena Jeremiou ed. a. transl. (Missoula/Mont.) 1972 (SBL. TT 1).

JOSEPH UND ASENETH

P. Batiffol, Studia Patristica. Etudes d'ancienne littérature chrétienne I-II. Paris 1889-1890.

C. Burchard, *Ein vorläufiger Text von Joseph und Aseneth* . DBAT 14, 1979, S. 2-53; 16 (1982), S. 37-39.

[C. Burchard, Unterweisung in erzählender Form. Joseph und Aseneth. (JSHRZ II/4, 1983), S. 577-735].

M. Philonenko, Joseph et Aséneth. Introduction, texte critique, traduction et notes. Leiden 1968 (SPB 13).

JUBILÄEN-BUCH

R.H. Charles, The Ethiopic Version of the Hebrew Book of Jubilees otherwise known among the Greeks as Η ΛΕΠΤΗ ΓΕΝΕΣΙΣ. Oxford 1895.

[K. Berger, Unterweisung in erzählender Form. Das Buch der Jubiläen. (JSHRZ II/3, 1981), S. 273-575].

APOKALYPSE MOSES

K.v.Tischendorf, Apocalypses apocryphae... (s.o. bei Sammlungen), S. 1-23.

[= M.E. Stone (מ. סטון), .(סי׳ ברוך ד׳). ספר שאר דברי ברוך (סי׳ ברוך ד׳). ספרי חיי אדם וחווה, Jerusalem (1974) - interner Nachdruck der griechischen, lateinischen und slavischen Version, nicht im Handel].

Vgl. auch „Vita Adae et Evae"

ASSUMPTIO MOSIS

C. Clemen, Die Himmelfahrt des Mose. Neudr. 1.A. Bonn 1924 (KIT 10).

[E. Brandenburger, Apokalypsen. Himmelfahrt Moses. (JSHRZ V/2, 1976), S. 57-84].

PSEUDO-PHILO: LIBER ANTIQUITATUM BIBLICARUM

[C. Dietzfelbinger, Unterweisung in erzählender Form. Pseudo-Philo: Antiquitates Biblicae (Liber Antiquitatum Biblicum). (JSHRZ II/2, 1979), S. 89-271].

G. Kisch, Pseudo-Philo's Liber Antiquitatum Biblicarum. Notre Dame 1949 (PMS 10).

D. J. Harrington, Pseudo-Philon - Les Antiquités Bibliques. Tome 1: Introduction et texte critique par D.J.H.; traduction par J. Cazeaux. Paris 1976 (SC 229); Tome 2: Introduction littéraire, commentaire et index par C. Perrot et P.-M.Bogaert avec la coll. de D. J. Harrington. Paris 1976 (SC 230).

D. J. Harrington, The Hebrew Fragments of Pseudo-Philo's Liber Antiquitatum Biblicarum Preserved in the Chronicles of Jerahmeel. Ed. and transl. (Missoula/Mont.) 1976 (SBL.TT 3).

[M.R. James, The Biblical Antiquities of Philo. repr. New York 1971 with a Prolegomenon by L.H. Feldman].

ODEN SALOMOS

J.H. Charlesworth, The Odes of Solomon. The Syriac Texts ed. with transl. and notes. Chico/California (1977) (SBL.TT 13).

[G. Diettrich, Die Oden Salomos unter Berücksichtigung der überlieferten Stichengliederung ... (Berlin 1911 =) repr. Aalen 1973 (NSGTK 9).

M. Lattke, Die Oden Salomos in ihrer Bedeutung für Neues Testament und Gnosis. I/Ia/II Freiburg/Göttingen 1979-80 (OBO 25/1, 1a, 2).

TESTAMENT SALOMOS

C.C. McCown, The Testament of Solomon ed. ... with introduction. Leipzig 1922 (UNT 9).

SCHATZHÖHLE

C. Bezold, Die Schatzhöhle »Me'arath gazze« (The Cave of Treasures / La Caverne des Trésorts). Eine Sammlung biblischer Geschichten aus dem sechsten Jahrhundert jemals *Ephraem Syrus* zugeschrieben. Syrischer Text, arabische Version hrsg. ... mit deutscher Übersetzung und Anmerkungen. (Leipzig 1883-1888 = repr.) Amsterdam (1981).

ORACULA SIBYLLINA

J. Geffcken, Die Oracula Sibyllina. (Leipzig 1902 =) repr. New York 1979 (GCS 8).

ZOSIMUS

J.H. Charlesworth, The History of the Rechabites. Vol.. 1: The Greek Recension. Ed. a. transl. (Chico 1982) (SBL.TT 17).

TESTAMENTE DER ZWÖLF PATRIARCHEN

[J. Becker, Unterweisung in lehrhafter Form. Die Testamente der zwölf Patriarchen. (JSHRZ III/1, 1980), S. 15-163].

R.H. Charles, The Greek Versions of the Testaments of the Twelve Patriarchs ed. ... (Oxford 1908 = repr.) Darmstadt 1966.

[H.W. Hollander/M.de Jonge, The Testaments of the Twelve Patriarchs. A Commentary. Leiden 1985 (SVTP 8).]

M. de Jonge, The Testaments of the Twelve Patriarchs. A Critical Edition of the Greek Text ... in Cooperation with H.W. Hollander, H.J.de Jonge, T. Kortweg. Leiden 1978 (PVTG 1/2).

M.E. Stone, The Testament of Levi. A First Study of the Armenian MSS of the Testaments of the XII Patriarchs in the Convent of St. James, Jerusalem with Text, Critical Apparatus, Notes and Translation. Jerusalem 1969.

M.E. Stone, The Armenian Version of the Testament of Joseph. Introduction, Critical Edition, and Translation. (Missoula 1975) (SBL.TT 6).

4. QUMRAN-TEXTE

CD	C. Rabin, The Zadokite Documents. I. The Admonition II. The Laws. Ed. with a Translation and Notes. 2nd, rev. edt. Oxford 1958.
1Q	D. Barthélemy/J.T. Milik, Discoveries in the Judaean Desert 1: Qumran Cave 1. Oxford (1955 = 1956)
1Q	- M. Burrows, The Dead Sea Scrolls of St. Mark's Monastry. Vol. I: The Isaiah Manuscript and the Habakkuk Commentary. Vol. II, fasc. 2: Plates and Transcription of the Manual of Discipline. With the assistance of J.C. Trever and W.H. Brownlee. New Haven 1950/51. - E.L. Sukenik (א.ל. סוקניק), -אוצר המגילות הגנוזות שבידי האוניבר. Jerusalem 1954. סיטה העברית. פיענחן, העתיקן והוסיף עליהן מבואות...
1QM	Y. Yadin, The Scroll of the War of the Sons of Light against the Sons of Darkness. Ed. with an Introduction, Emendations and a Commentary. (2nd ed.) Jerusalem (1957) [Hebr.].

1QS	J. Licht, The Rule Scroll. A Scroll from the Wilderness of Judaea. IQS. IQSa. IQSb. Text, Introduction and Commentary. Jerusalem 1965 [Hebr.].
1QH	J. Licht, The Thanksgiving Scroll. A Scroll from the Wilderness of Judaea. Text, Introduction, Commentary and Glossary. Jerusalem 1957 [Hebr.].
1QpHab	B. Nitzan, Pesher Habakkuk. A Scroll from the Wilderness of Judaea (IQp Hab). Text, Introduction and Commentary. Jerusalem/Tel-Aviv (1986) [Hebr.].
1QGenAp	- N. Avigad/ Y. Yadin, A Genesis Apocryphon. A Scroll from the Wilderness of Judea. Description and Contents of the Scroll. Facsimiles, Transcription and Translation of Columns II, XIX-XXII. Jerusalem 1956. - J.A. Fitzmyer, The Genesis-Apocryphon of Qumran Cave I. A Commentary. 2nd, rev. ed. Rom 1971 (BibOr 18A).
2Q...	M. Baillet/J.T. Milik/R. de Vaux, Les 'petites Grottes' de Qumrân... Oxford 1962 (DJD III/1-2).
4QAmr	J.T. Milik, *4Q visions de 'Amram et une citation d'Origène.* RB 79, 1972, S. 77-97.
4QDtn	P.W. Skehan, *A Fragment of the „Song of Moses" (Deut 32) from Qumran.* BASOR 136, 1954, S. 12-15.
4QEn	J.T. Milik, The Books of Enoch. Aramaic Fragments of Qumran Cave 4, ed. by... with the Collaboration of M. Black. Oxford 1976.
4QShirShabb	C. Newsom, Songs of the Sabbath Sacrifice: A Critical Edition, Atlanta/Georg. (1985) (HSS 27).
4Q380.381	E.M. Schuller, Non-Canonical Psalms from Qumran. A Pseudepigraphic Collection. Atlanta/Georg. (1986) (HSS 28).
11QBer	A.S. van der Woude, *Ein neuer Segensspruch aus Qumran (11Q Ber).* Bibel und Qumran. FS H. Bardtke. Berlin 1968, S. 253-258
11QMelch	- A.S. van der Woude, *Melchisedek als himmlische Erlösergestalt in den neugefundenen eschatologischen Midraschim aus Qumran Höhle XI.* OS 14, 1965, 354-373. - J.T. Milik, *Milki-sedek et Milki-resa' dans les anciens écrits juives et chrétiens.* JJS 23, 1972, S. 95-144.
11QPs^a	J.A. Sanders, The Psalm Scroll of Qumrân Cave 11 (*11 Q Ps^a*). Oxford 1965 (DJD IV).

Quellenverzeichnis

11QTemp   Y. Yadin (י. ידין ,...מגילת המקדש ההדיר וצירף מבוא ופירוש) (= The Temple Scroll, Hebrew Ed.) I-IIIb, Jerusalem 1977.

11QTgIob   - J.P.M. van der Ploeg/A.S. van der Woude, Le Targum de Job de la Grotte XI de Qumrân ed. et trad. avec la collaboration de B. Jongeling. Leiden 1971.

- M. Sokoloff, The Targum to Job from Qumran Cave XI. Ramat-Gan (1974) (Bar-Ilan Studies in Near Eastern Languages and Culture).

5. PHILON VON ALEXANDRIA

Philonis Alexandrini opera quae supersunt. I-VI ed. L. Cohn /P. Wendland. (Berlin 1896-1915 = repr.) Berlin 1962-63; VII/1-2: Indices ad Philonis Alexandrini opera comp. I. Leisegang (Berlin 1926-30 = repr.) Berlin 1963

[Die Werke Philons von Alexandrien in deutscher Übersetzung. I-VII Hrsg. v. L. Cohn /I. Heinemann /M. Adler /W. Theiler. Breslau/Berlin 1909-1934; I-VI: repr. Berlin 1962].

[R. Marcus, Philo. Supplement I-II: Questions and Answers on Genesis and Exodus. Translated from the Armenian Version of the Original Greek. Cambridge (Mass.)/London (1953 =) 1970-79 (LCL[3])].

6. JOSEPHUS

Josephus in nine volumes (with an English transl.). London/Cambridge (Mass) (LCL):

I: The Life. Against Apion. (H.S.J. Thackeray) (1926 =)1976

II-III: The Jewish War. (H.S.J. Thackeray) (1927-28 =)1968-76

IV-IX: Jewish Antiquities (H.S.J. Thackeray /R. Marcus/A. Wikgren/L.H. Feldman) (1930-65 =) 1966-9.

Michel, O./Bauernfeind, O., Flavius Josephus. De Bello Judaico. Der jüdische Krieg. Griechisch und Deutsch. (Hrsg., eing. und mit Anm. versehen) München (Darmstadt). I: Buch I-III (1959); II, 1: Buch IV-V (1963); II, 2: Buch VI-VII (1969); III: Ergänzungen und Register 1969.

7. TARGUME

Ps-Jon   D. Reider (ד. ריידר), תרגום יונתן בן עוזיאל עם ביאורים, ציוני מקומות ומקבילות... (1. A. Jerusalem 1974) 2. A. [mit neuhebr. Übersetzung des Textes] I-II Jerusalem 1984-1985.

---

3   LCL = Loeb Classical Library.

Frgm-Tg. M.L. Klein, The Fragment-Targums of the Pentateuch according to Their Extant Sources. I-II Rome 1980 (AnBib 76).

8. RABBINICA UND VERWANDTES

Mischna:
Jerusalem/Tel Aviv ששה סדרי משנה מפורשים. א-ו ח. אלבק... (Ch. Albeck) (1956/57-1959 =) 1968/69-1972.

Tosefta:
Tosephta Based on the Erfurt and Vienna Codices... by M.S. Zuckermandel with "Supplement to the Tosephta" by S. Liebermann. New Edt. with add. notes and corrections. Jerusalem 1970.
The Tosefta acc. to Codex Vienna... S. Lieberman. I-V. New York 1955-1988 (Zera'im-Nezikin).

Babylonischer Talmud:
Jerusalem o.J. (= Nachdruck der Ausgabe Wilna 1927).

Jerusalemer Talmud:
Jerusalem 1959/60 (= Nachdruck der Ausgabe Krotoschin 1865/66).
o.O. o.J. (= Nachdruck des Drucks Venedig 1521/22).

Genesis Rabba:
Bereschit Rabba mit kritischem Apparat und Kommentar. I-III. J. Theodor (ab Bd. II bearb. u. erg. v. Ch. Albeck). 2. A. Jerusalem 1965.

Mechilta de Rabbi Jischma'el:
Mechilta d'Rabbi Ismael cum variis lectionibus et adnotationibus ed. H.S. Horovitz...exornavit et absolvit I.A. Rabin. Ed.altera Jerusalem 1970/תש״ל = מכילתא דרבי ישמעאל עם חילופי גרבאות והערות ח.ש. האראוויטץ...נערכו והשלמו י.א. רבין.

Mechilta de Rabbi Schim'on ben Jochai:
Mekhilta d'Rabbi Sim'on b. Jochai. Fragmenta in Geniza Cairensi reperta digessit apparatu critico, notis, praerfatione einstruxit J.N. Epstein ... curavit E.Z. Melamed. = מכילתא דרבי שמעון בן יוחאי... עם מבוא, חילופי גרסאות והערות י.נ. אפשטיין הערך והשלם ע.צ. מלמד Jerusalem o.J. (1955/56, 2. A. 1979/80).

Sifre ad Deuteronomium. H.S. Horovitzii schedis usus cum var. lect. et. adnot. ed. L. Finkelstein (Berlin 1939 = repr.) New York 1969.

Sifri de be Rab:
ספרי דבי רב עם תוספות מאיר עין... מ. איש שלום (= Ed. M. Friedmann, Wien 1863/64 repr. =) Jerusalem תשל״ח/1977/78.

Midrasch Tehilim:

(S. Buber =) באבער .ש ..טוב שוחר המכונה תהילים מדרש (Wilna 1890/91 = repr.) Jerusalem 1976/77.

Aboth de Rabbi Nathan. Ed. from Manuscripts with an Introduction, Notes and Appendices by S. Schechter. Newly corrected edt. New York 1967.

Midrasch Tanḥuma:

מדרש תנחומא על חמשה חומשי תורה... מאת... ח. זונדל (= Ch. Zundel) Jerusalem תשל״ד/1973/74 (= Neudruck einer Ausgabe der 20iger Jahre, Warschau oder Wilna).

Midrasch Tanḥuma (TanB):

מדרש תנחומא הקדום. Ed. S. Buber (Wilna 1885 = repr.) o.O.o.J.

Jalkut Schim'oni:

ילקוט שמעוני על התורה לרבנו שמעון הדרשן. בראשית-במדבר מאת י. שילוני ואחרים (J. Schiloni e.a.) I-VII Jerusalem (1973-1986).

Pesikta Rabbati:

Pesikta Rabbati. Midrasch für den Fest-Cyclus und die ausgezeichnete Sabbathe... M. Friedmann. (Wien 1880 = repr.) Tel Aviv תשכ״ג/1962/63.

Pesikta de Rav Kahana:

Pesikta de Rav Kahana acc. to an Oxford Manuscript... B. Mandelbaum. I-II. New York 1962.

פסיקתא והיא אגדת ארץ ישראל מיוחסת לרב כהנא. הוצאת ש. באבער (=Buber .S). (לבוב/Lyck 1867/68 = Repr.) o.O.o.J. [Jerusalem 1980ff].

H. Odeberg, 3 Enoch or The Hebrew Book of Enoch. Ed... (Cambridge 1928 = repr.) New York 1973 [Prolegomenon by J.C. Greenfield].

P. Schäfer, Synopse zur Hekhalot-Literatur in Zusammenarb. m. M. Schlüter u. H.G. v. Mutius. Tübingen 1981 (TSAJ 2)

Haggada zu Pessach:

E.D. Goldschmidt (גולדשמידט .ד), הגדה של פסח. מקורותיה ותולדותיה. Jerusalem (1960).

9. MAGICA

A. Kropp, Ausgewählte koptische Zaubertexte. 1-3. Bruxelles 1930/31.

A. Kropp, Der Lobpreis des Erzengels Michael (vormals P. Heidelberg Inv.Nr. 1686). Brüssel 1966.

A. Kropp, Oratio Mariae ad Beatos. Ein koptischer Text aus den Gießener Papyrus-Sammlungen. Gießen 1965 (Berichte und Arbeiten aus der Universitätsbibliothek Giessen 7 [=Vorabdruck aus den Nachrichten der Gießener Hochschulgesellschaft 34] 1965).

M. Margalioth (מ. מרגוליות), יוצא לאור. ספר הרזים. הוא ספר כשופים מתקופת התלמוד. על פי שרידי גניזה ושאר מקורות עם מבואות והערות. Tel-Aviv/Jerusalem 1967.

J. Naveh/S. Shaked, Amulets and Magic Bowls. Aramaic Incantations in Antiquity. Jerusalem/Leiden (1985).

K. Preisendanz, Papyri Graecae Magici. Die griechischen Zauberpapyri hrsg. und übers. I-II, 2., verb. A. mit Ergänzungen von K. Preisendanz (und E. Heitsch), durchges. und hrsg. v. A. Henrichs. Stuttgart 1973-1974.

[H.D. Betz (Hrsg.), The Greek Magical Papyri in Translation Including the Demotic Spells. Chicago/London (1986)].

10. ANTIKES CHRISTENTUM UND GNOSTICA

E. Nestle/E. Nestle/K. Aland, Novum Testamentum Graece. 25. A. London (/Stuttgart) 1963. Verglichen mit:

K. Aland e.a., Novum Testamentum Graece... 26., neu bearb. A. Stuttgart 1979.

K. Bihlmeyer/W. Schneemelcher, Die Apostolischen Väter. Neubearb. der Funkschen Ausgabe. 3.A. (= repr. 2.Aufl. mit e. Nachw. v. W. Schneemelcher) Tl. 1 Tübingen 1970 (SQS 2.R, 1) [Tl. 2 ist nicht erschienen].

M. Whittaker, Die apostolischen Väter I: Der Hirt des Hermas. Berlin 1956 (GCS 48).

[M. Dibelius, Der Hirt des Hermas erkl.v. ... Tübingen 1923 (HNT-Erg. bd.: Die apostolischen Väter 4)].

T.A. Bergren, Fifth Ezra. The Text, Origin and Early History. Atlanta (1990) (SBL.SCS 25) [ein eklektischer Text dort S. 395-399; Übersetzung ebd. S 401-405; die hypothetische Rekonstruktion eines Teils der griechischen Vorlage, S. 407-408, wird hier nicht zitiert].

E.J. Goodspeed, Die ältesten Apologeten. Texte mit kurzen Einleitungen. Göttingen (1914 =) 1984.

J. Geffcken, Zwei griechische Apologeten (Leipzig/Berlin 1907 = repr.) Hildesheim/New York 1970.

S.G. Hall, Melito of Sardis*On Pascha* and fragments. Texts and transl. Oxford 1979 (Oxford Early Christian Texts).

M. Whittaker, Tatian. Oratio ad Graecos and Fragments. Edited and translated. Oxford 1982 (Oxford Early Christian Texts).

F.X. Funk, Didaskalia et Constitutiones Apostolorum ed. (I-II Paderborn 1905 =) repr. Torino 1979 (in einem Band).

C. Tischendorf, Evangelia apocrypha... Leipzig 1876 (darin S. 1-50: Protevangelium Jacobi).

É. de Strycker, La form la plus ancienne du Protévangile de Jacques... Brüssel 1961 (SHG 33).

H.R. Smid, Protevangelium Jacobi. A Commentary. Diss. Groningen 1965 (= Assen 1965).

J.-P.Waltzing, Tertullien. Apologétique. Texte établi et traduit par ... avec la collaboration de A. Severyns. Paris 1971 (CUFr).

J.H. Waszink/J.C.M. van Winden, Tertullianus de idolatria. Critical Text, Translation and Commentary. Partly based on a Manuscript left behind by P.G. van der Nat. Leiden e.a. 1987 (VigChr. S 1)

O. Stählin, Clemens Alexandrinus II: Stromata I-VI. Leipzig 1906 (GCS 15).

Zu den Oracula Sibyllina s.o. unter 3.: J. Geffcken.

J.M. Robinson (Ed.), The Nag Hammadi Library in English transl. by members of the Coptic Gnostic Library project... Leiden 1977.

A. Koenen/C. Römer, Der Kölner Mani-Kodex Über das Werden seines Leibes. Kritische Edition aufgrund der von A. Henrichs und L. Koenen besorgten Erstedition hrsg. u. übers. (Opladen 1988) (RWAW.A/Papyrologica Coloniensia 14).

Zu den Oden Salomos s.o. unter 3.: Charlesworth, Dietterich, Lattke.

11. PAGANE KLASSIK[4]

M. Stern, Greek and Latin Authors on Jews and Judaism. Ed. with Introductions, Translations, and Commentary. I-III Jerusalem 1976-1984.

H.W. Smyth, A e s c h y l u s with an English Translation. Cambridge (Mass.)/London (1922-1926) (LCL).

C.B. Gulick, A t h e n a e u s. The Deipnosophists with an English Translation I-VII. London/Cambridge (Mass.) (1927-1941 =) (1951-1957) (LCL).

E. Cary, The Roman Antiquities of D i o n y s i u s of Halicarnassus with an English Translation. Cambridge (Mass.)/London (1937 =) 1968 (LCL).

---

[4] Soweit möglich, alphabetisch nach den antiken Autoren, sonst unter Titel geordnet, Sammelwerke voran.

W.A. Oldfather, E p i c t e t u s . The Discourses as reported by Arrian, The Manual and Fragments with an English Translation I-II. Cambridge (Mass.)/London (1925-1928 =) 1978-1979.
J. Feix, H e r o d o t Historien. Griechisch-deutsch hrsg. v. I-II. 4. A. München/Zürich (=Darmstadt) 1988.
A.D. Godley, H e r o d o t u s with an English Translation. I-IV Cambridge (Mass.)/London (1922-1928 = repr.) 1971-1981 (LCL).
H.G. Evelyn-White, H e s i o d , The Homeric Hymns and Homerica. With an English Translation. Cambridge (Mass.)/London 1914 (=repr. 1982) (LCL).
W. Theiler, Μ α ρ κ ο υ   Α ν τ ω ν ι ν ο υ αυτοκρατορος τα εις εαυτου. textum Graecum recog. G. Theiler ed. tertia correctior. Kaiser Marc Aurel. Wege zu sich selbst. Griechisch u. Deutsch hrsg.v. W. Theiler, 3., verb. A. Darmstadt (1984).
A. Dieterich, Eine M i t h r a s l i t u r g i e erl.v. 3., v. O. Weinreich hrsg., erw. A. (Leipzig/Berlin 1923 =) repr. Darmstadt 1966.
O. Kern, O r p h i c o r u m fragmenta collegit...(1922 = repr.) (Zürich 1972).
G. Quandt, O r p h e i hymni iteratur curis ed. Berlin 1950.
J. Sandys, The Odes of P i n d a r including Principal Fragments. With an Introduction and an English Translation. London/New York 1915 (LCL).
G. Eigler, P l a t o n . Werke in acht Bänden. Griechisch und Deutsch. Darmstadt 1970-1983.
Nixon, P., P l a u t u s with an English Translation. I-V. London/Cambridge (Mass.), I (1916 =) 1966 (LCL).
B. Perrin, P l u t a r c h ' s Lives with an English Translation VI. London/ Cambridge (Mass.) (1918 =) 1970 (LCL).
P l u t a r c h -Moralien
   F.C. Babitt, Plutarch's Moralia II 86B-171F with an English Translation. London/Cambridge (Mass.) (1928 =) 1971 (LCL).
   idem, Plutarch's Moralia V 351C-438E with an English Translation. London/Cambridge (Mass.) (1936 =) 1984 (LCL).
   de Lacy, P.H./Einarson, B., Plutarch's Moralia VII 523C-612B with an English Translation. London/Cambridge (Mass.) (1959 =) 1968 (LCL)
   H. Cherniss/W.C.Helmbold, Plutarch's Moralia, XII 920A-999B. Cambridge (Mass.)/London (1957 =) 1984 (LCL).
E. Vogt, P r o c l i Hymni ed. accedunt fragmenta. Wiesbaden 1957 (KPS 18).
J.v. Arnim, S t o i c o r u m veterum fragmenta. I-IV. Stuttgart (1905-1924 = repr.) 1978-1979.

H. Diehls/W. Kranz, Die Fragmente der V o r s o k r a t i k e r griechisch und deutsch. I-III. 6. A. (Dublin/Zürich 1971).

R. Heinze, X e n o k r a t e s . Darstellung der Lehre und Sammlung der Fragmente. (Leipzig 1892 = repr.) Hildesheim 1965.

Anhang

Bibliographie zur Erforschung der antiken jüdischen Angelologie

Die folgende Liste von Forschungen zur antiken Angelologie nimmt alle relevanten Veröffentlichungen auf, die mir zur Kenntnis gekommen sind. Andere, in der Arbeit erwähnte Literatur, ist hier dagegen nicht aufgeführt. Außerdem sind hier auch solche Arbeiten genannt, die ich nicht selbst gesehen habe. Jene werden durch ein „n.v." gekennzeichnet.

Nicht in allen Teilen der Bibliographie konnte Vollständigkeit erzielt werden, in einigen Rubriken schien das auch gar nicht erstrebenswert, so z.B. bei den Artikeln in Nachschlagewerken oder den mit unserem Thema nur noch verwandten Randgebieten der Dämonologie (wie unter 2. 2 und 13. 2). Hier ist jeweils nur eine Auswahl gegeben, mit deren Hilfe der Leser weiteres Material finden kann (in 12. 5, zur קדושה/dem sanctus, habe ich nur die hebräischen Aufsätze, die bibliographische Fundquelle für weiteres Material und zwei Ergänzungen gegeben, da das Thema nicht eigentlich zur Angelologie gehört, sondern diese nur tangiert).

Dagegen habe ich mich in den eigentlichen Abschnitten (also ab 3.) mit wenigen Ausnahmen um Vollständigkeit bemüht, zumindest für die Zeit ab 1900; frühere Arbeiten sind nur dann aufgenommen, wenn sie die Diskussion wesentlich beeinflußt haben oder aber eine Zusammenfassung der älteren Literatur geben. Ebenfalls nicht aufgenommen sind in der Regel Abschnitte aus größeren Werken wie Kommentaren etc., es sei denn, daß diese der Angelologie wenigstens einen Exkurs widmen. Dabei ist die Entscheidung, ob ein Buch/Aufsatz etc. wirklich der Angelologie oder mehr der Exegese eines Textes gilt, von Fall zu Fall höchst subjektiv.

Die Wahl der behandelten Quellenbereiche geht davon aus, daß auch die neutestamentlichen Schriften zum Teil jüdisches Material aufbewahrt haben; in weitaus geringerem Maße gilt das noch für die Kirchenväter-Literatur. Für christliche Kunst und Liturgie, wiewohl sie sicher zur Sache gehören, bin ich nicht Fachmann genug, bezweifle auch, daß die mir erreichbaren Bibliotheken hier ausreichend ausgestattet sind. Gnostica habe ich nur da vermerkt, wo sie in

Zusammenhang mit anderen Unterbereichen der Bibliographie auftauchten. Eine Zusammenfassung der relevanten Titel findet sich am Schluß der Kirchenväter-Literatur (Auch hier hätte der eine oder andere wohl anders entschieden; manche hätten die Hechaloth-Literatur wohl eher unter Gnostica notiert als unter Rabbinica; aber da findet die eigene Anschauung ihren Ausdruck in einer scheinbar neutralen Bibliographie). Spätestens aus der Forschungsrichtung eines großen Teils dieser Abteilung, der Kirchenväter-Literatur (14. 2), geht hervor, was die pagane Dämonologie mit unserem Thema zu tun hat; dem Leser der vorangegangenen Studien selbst, muß das nicht mehr verdeutlicht werden.

Einzelne Angaben, die nicht genau den hier abgesteckten Grenzen entsprechen, aber für den Leser von Interesse sein könnten, habe ich in eckigen Klammern gegeben. Auf die Setzung einiger diakritischer Zeichen mußte auch hier verzichtet werden.

Es soll zwar betont werden, daß hier im Wesentlichen wissenschaftliche Literatur verzeichnet ist, aber deshalb darf aus der Nichterwähnung eines Buches oder Aufsatzes noch keine Wertung gefolgert werden. Mir ist bewußt, wie lückenhaft dieser erste Versuch einer Bibliographie in diesem Ausmaß ist, und ich rechne damit, einen evtl. gar nicht unerheblichen Teil der Literatur nicht gesehen zu haben. So kann ich nur darum bitten, mir etwaige Mängel mitzuteilen.

Um die Benutzung zu erleichtern, sind die Veröffentlichungen nach Sachgesichtspunkten untergliedert, welche der folgenden Inhaltsübersicht entnommen werden können. Die Subjektivität solcher Gliederung liegt auf der Hand, ließ sich aber nicht umgehen. Der Aufsplitterung des Stoffes habe ich versucht, durch die Querverweise entgegen zu wirken; ein „siehe" mit nachfolgender Ziffer bezeichnet den entsprechenden Abschnitt der Bibliographie, wo die Publikation unter dem Namen des Verfasser alphabetisch eingeordnet ist[1].

---

1 Bei den hebräischen Periodica sind diejeniegen, die in Schwertners Abkürzungsverzeichnis aufgenommen worden sind, nach seinem Kürzel gegeben, die anderen gelegentlich nur im hebräischen Original-Titel. Bei zwei-sprachigen Titeln ist versucht worden, beide zu nennen, der jeweils der einzelnen Veröffentlichung entsprechende zuerst. In der Regel sind Ortsangaben hebräischer Publikationen in lateinischen Buchstaben erfolgt. Sofern eine dem gregorianischen Kalender entsprechene Jahreszahl im Buch selbst erscheint, wird diese, anderenfalls die beiden der hebräischen entsprechenden genannt. Letztlich konnte völlige Konsequenz auf diesem Gebiet nicht erreicht werden, aber die Bibliographie soll ja in erster Linie ein Hilfsmittel sein.

Auf die jeweilige Angabe „p." bzw. „pp." habe ich verzichtet. Die Titel der unselbständigen Veröffentlichungen gebe ich in Kursive, die Jahreszahlen von Zeitschriften, sowie die Angaben, die nicht dem Titelblatt selbst entnommen werden können, dagegen in Klammern, desgleichen Reihenangaben. Sofern mir nur Nachdrucke zur Verfügung standen, habe ich die Original-Angaben in Klammern hinzugefügt, im umgekehrten Falle habe ich mich bemüht, den Nachdruck ausfindig zu machen und in Klammern anzugeben.

Gliederung

1	Lexika	355
2	Allgemeinere Studien	356
2.1	Dämonologie und gefallene Engel unter Ausschluß des Neuen Testaments	358
3	Themenbezogene Studien, die einzelne Literaturbereiche überschreiten	360
4	Biblische Angelologie	363
4.1	Allgemeines	363
4.2	Der Engel (המלאך) und der Engel des Herrn (מלאך ה׳)	365
4.3	Der himmlische Hofstaat	366
4.31	Allgemein	366
4.32	Dtn 32, 8-9; 33	368
4.33	Ps 82	368
4.4	Angelologische Studien zu einzelnen Stellen	369
4.41	Der Pentateuch	369
4.42	Die Propheten	372
4.43	Das Buch Daniel	373
4.44	Die anderen Bücher	374
4.5	Namen und Gruppen von Engeln	374
4.51	Allgemein	374
4.52	הכרובים	375
4.53	השרפים	376
4.54	בני (ה) אל (ים) / (ה) אלהים	377
4.55	(ה)קדושים	378
4.56	ה׳ צבאות und die Heerscharen als Engel (Auswahl)	378
4.57	Schutzengel	379
4.58	עירין und andere	379
5	Persische Einflüsse	380

6	Die Samaritaner	380
7	Septuaginta	380
7. 1	Zur Wortgeschichte des griechischen ἄγγελος	381
8	Qumran und die Essener	381
9	Philon von Alexandria	385
10	Die nachbiblisch-außerkanonische Literatur	387
10. 1	Allgemeine Überblicke	387
10. 2	Der äthiopische Henoch	389
10. 3	Die Testamente der 12 Patriarchen	389
10. 4	Die anderen „Testamente"	389
10. 5	Das Jubiläenbuch	390
10. 6	Das Gebet des Joseph	390
10. 7	Die Assumptio Mosis	390
10. 8	Die Namen der Engel in der außerkanonischen Literatur	390
11	Josephus Flavius	391
12	Rabbinica	391
12. 1	Allgemeines	391
12. 2	Targum, Midrasch, Talmud	392
12. 3	Die Hechaloth-Literatur	394
12. 4	Die Namen der Engel	394
12. 5	Das sanctus, הקדושה	396
13	Das Neue Testament	397
13. 1	Überblicksforschungen	397
13. 2	Dämonologie	398
13. 21	ἄρχοντες τοῦ κόσμου	399
13. 3	Paulus	400
13. 31	Allgemein	400
13. 32	Galaterbrief	400
13. 33	Der erste Brief an die Korinther	401
13. 34	Die στοιχεῖα τοῦ κόσμου im Galater- und Kolosserbrief	401
13. 4	Die synoptischen Evangelien	402
13. 5	Das Johannesevangelium	403
13. 6	Die Apostelgeschichte	403
13. 7	Der Hebräerbrief	404
13. 8	Die verbleibenden Briefe	404
13. 9	Die Apokalypse des Johannes	404
14	Die alte Kirche	405

14. 1	Antike Judenchristen	405
14. 2	Engel-Christologie	406
14. 3	Die Kirchenväter	407
14. 4	Die christliche Liturgie	412
14. 5	Altchristliche Kunst	412
14. 6	Die hier erwähnten Gnostica	413
15	Pagane Angelologie und Dämonologie	413
16	Register der in der Bibliographie genannten Autoren	416

1 Lexika

Ambroggi, P. de, *Art. Angelo. L'a.nel Vecchio Testamento.* EC 1, 1243-1245.

Bamberger, B.B., *Art. Angels and Angelology.* EJ(E) 2, 956-977.

bin Gorion, E., *Art. Engel: 1 in der Bibel.* EJ(D) 6, 626-630.

Bietenhard, H., *Art. Engel, Bote.* TBLNT 1, 226-230.

Bertholet, A., *Art. Geister, Engel und Dämonen im AT, Judentum und NT.* RGG[2] 2, 1217-1224.

Böcher, O., *Art. Engel: IV Neues Testament.* TRE 9, 596-599.

Cremer, H., *Art. Engel.* RE[3], 4, 364-372.

Dan, Y., *Art. Michael and Gabriel in the Kabbalah.* EJ(E) 11, 1490.

Ficker, R., *Art.* מלאך. THAT 1, 900-908.

Flattau, D., *Engel 6: Engel in der Liturgie.* EJ(D) 6, 646-648.

Ginzberg, H.L., *Art. Michael and Gabriel.* EJ(E) 11, 1487-1489.

Grözinger, K.E., *Art. Engel: III Judentum.* TRE 9, 586-596.

Grundmann, H./Rad, G. v./Kittel, G., *Art.* ἄγγελος κτλ. ThWNT 1, 72-87.

Guttmann, J., *Art. Engel 2: In der apokryphen Literatur.* EJ(D) 6, 630-636.

Hamp, V., *Art. Engel Jah-wes.* LThK 3, 8-18.

Haubst, R., *Art. Engel II: Dogmengeschichtlich.* LThK[2] 3, 867-872.

Horodetzky, S.A., *Art. Engel 5: Engel in der Mystik.* EJ(D) 6, 644-646.

Kittel, G., siehe Grundmann.

Klatzkin, J., *Art. Engel 3: Gefallene Engel.* EJ(D) 6, 636-639.

Leclerq, H., *Art. Anges.* DACL I/2, 2080-2161.

Lemonnyer, A., *Art. Anges: II Angélologie Chrétienne.* DBS 1, 255-262.

ליכט, י., ערך מלאך הי, מלאכים. 975-990, 4 (B) EB. (Licht, J.)

Limbeck, M., *Art. Engel.* J.B. Bauer (Hrsg.), Heiße Eisen von A-Z. Ein aktuelles Lexikon für den Christen (Graz/Wien/ Köln 1972), 100-108.

Marmorstein, A., *Art. Engel 4: Engel in Talmud und Midrasch.* EJ(D) 6, 639-644.

Michl, J., *Art. Engel.* BThW³ (1967), I, 253-268.

Idem, *Art. Engel: Die Engellehre des AT (samt außerkanonischem Schrifttum) und NT.* LThK 3, 864-867.

Idem, *Art. Engel. I-IX (heidnisch, jüdisch, gnostisch, christlich, Engelnamen, Gabriel, Michael, Raphael, Uriel).* RAC 5, 53-258.

Idem, *Art. Engel.* HThG I, 269-281.

Preisendanz, K., *Art. Uriel.* PRE 2. R. 17, 1011-1023.

Rad, G.v., siehe Grundmann.

Ringgren, H., *Art. Geister, Dämonen, Engel II: im AT, Judentum und NT.* RGG³ 2, 1301-1303.

Scholem, G., *Art. Metatron (Matatron).* EJ(E) 11, 1443-1446.

Seebaß, H., *Art. Engel II: Altes Testament.* TRE 9, 583-586.

Tavard, G., *Art. Engel V: Kirchengeschichtlich.* TRE 9, 599-609.

Vagaggini, C., *Art. Angelo 3: L'a. nel Nuovo Testamento e nel Dogma.* EC 1, 1248.

Weiß, J., *Art. Dämonen.* RE³ 4, 408-410.

2 Allgemeinere Studien

Anges et Démons. Actes du Colloque de liège de Louvain-la-Neuve, 25-26 novembre 1987. Ed. par J. Ries avec la coll. de H. Limet. Louvain-la-Neuve 1989 (Homo religiosus 14).

Bishop, E.F.F., *Angelology in Judaism, Islam and Christianity.* AThR 46, 1964, 142-154.

Caquot, A., *Anges et Démons en Israel (dans l'AT et aux alentours de l'ère Chrétienne). Génies, anges et démons.* Paris. 1971 (SO 8), 115-152.

Castelli, D., *Gli antecedenti della cabbala nella Bibbia e nella letteratura talmudica.* Actes du douzième congrès international des orientalistes. III/1, (Rom 1899 = repr.) Nendeln 1968, 57-109.

Davidson, G., A Dictionary of Angels. London 1967.

Forsyth, N., The Old Enemy. Satan and the Combat Myth. Princeton 1987.

Groß, H./Schlier, H., Die Engel in der heiligen Schrift. Leipzig 1961 [n.v.] (vgl . 4. 1; 13. 1).

Gunther, J.J., St. Paul's Opponents and Their Background. A Study of Apocalyptic and Jewish Sectarian Teachings. Leiden 1973 (NT.S 35), 172-208: *Angelology.*

Koch, O., Engel und Dämonen in der heiligen Schrift. Wuppertal-Barmen 1951.

Langton, E., The Ministries of the Angelic Powers according to the Old Testament and Later Jewish Literature. London 1937 [n.v.].

Lewy, J., *Les textes palio assyriens et l'Ancien Testament*. RHR 110, 1934, 29-65.

Mann, U., *Ikone und Engel als Gestalten geistleiblicher Mittlerschaft*. ErJb 52, 1983, 1-53, bes. 34-45.

Idem, Das Wunderbare. Wunder - Segen und Engel. Gütersloh 1979 (Handbuch der systematischen Theologie 17), hier: 47-51.

Oesterley, W.O.E., *The Belief in Angels and Demons*. Judaism and Christianity. Vol. I: The Age of Transition ed.by W.O.E. Oesterley. (1937 = repr.) New York 1969, 191-209.

Quinlan, J., *Engelen en duivels*. TTh 7, 1967, 43-61.

Rappoport, A.S., Myth and Legend of Ancient Israel. (London 1928), hier: 1, 28-88. 156-170.

= repr. with an Introduction and Additional Notes by R. Pattai. I-III New York (1966).

= repr. with illustrations by J.H. Amshewitz New York (1987) [einbändig].

Rosenberg, A., Engel und Dämonen. Gestaltwandel eines Urbildes. Mit e. Vorw. v. O. Betz. (München [1967 n.v.]; 1986².

Scheffczyk, L., Einführung in die Schöpfungslehre. 3., verb. u. erw. Aufl. Darmstadt 1987, 151-167: Die Welt der Engel .

Schlier, H., siehe Groß.

Szabo, A., *Die Engelvorstellung vom Alten Testament bis zur Gnosis*. Altes Testament - Frühjudentum - Gnosis. Hrsg.v. K.-W.Tröger. Berlin 1980, 143-152.

Takahashi, M., *An Oriental's Approach to the Problem of Angelology*. ZAW 78, 1966, 343-350.

Welker, M., *Über Gottes Engel. Systematisch-theologische Überlegungen im Anschluß an Claus Westermann und Hartmut Gese*. JBTh 2, 1987, 194-209.

Wilson, P.L., Angels. (London 1980, n.v.)

= Engel. Stuttgart e.a. (1981).

Ziegler, M., Engel und Dämonen im Lichte der Bibel mit Einschluß des ausserkanonischen Schrifttums. Zürich (1957).

2. 1 Dämonologie und gefallene Engel unter Ausschluß des Neuen Testaments

Aptowitzer, V., *Mélanges*. REJ 54, 1907, 54-64 , 59-63: *4. Sur la légende de la chute de Satan et des anges.*

Bamberger, B.J., Fallen Angels. Philadelphia 1952.

Barker, M., *Some Reflections upon the Enoch Myth.* JSOT 15, 1980, 7-29.

Bauckham, R., siehe 14. 3.

Beylot, R., *Une tradition éthiopienne sur la chute des anges.* Sem 32, 1982, 121-125.

Bietenhard, H., *Art. Dämon.* TBLNT 1, 166-171.

Blois, K.F., de, *How to deal with Satan? with paticular* [sic] *reference to the book of Job and the Old Testament. A Study in biblical theology and translation theory and practice.* The Bible Translator 37, 1986, 301-309.

Brock-Utne, A., *Der Feind. Die alttestamentliche Satansgestalt im Lichte der sozialen Verhältnisse des Nahen Ostens.* Klio 28, 1935, 219-227.

Colpe, C./Maier, J./Vreigt-Lenz, J.ter/Zintzen, C./Schweizer, E./Kallis, A./ vanderNat, P.G./Müller, C.D.G., *Art. Geister (Dämonen).* RAC 9, 546-797 (dort weitere Literatur).

Davies, T.W., Magic, Divination, and Demonology among the Hebrews and their Neighbours. (1898 = repr.) New York 1969.

Delcor, M., siehe 4.41.

Dexinger, F., siehe 4.41.

Dhorme, É., *La démonologie biblique.* Maqqel shâqedh. La branche d'amadier. Hommage à W. Vischer. Montpellier 1960, 46-54.

Dimant, D./ד׳ ,דימנט, siehe 8.

di Nola, A., [Il diavoli. Le forme, la storia, le vicende di Satana e la sua universale e malefica presenca presso tutti popoli, dall'antichità ai nostri giorni. Rom 1987 =] Der Teufel. Wesen, Wirkung, Geschichte. (München 1990), bes. 175-235.

Duhm, H., Die bösen Geister im Alten Testament. Tübingen/Leipzig 1904.

Fauth, W., *Liliths und Astarten in aramäischen, mandäischen und syrischen Zaubertexten.* WO 17, 1986, 66-94.

Forsyth, N., siehe 2.1.

Frank-Duquesne, A., *Réflexions sur Satan de la tradition judéo-chrétienne.* Et Carm 27, 1948, 179-311.

Georgescu, J.V., Demonologia Vechiuli Testament. Azazel. Bucureşti 1934.

Idem, Demonologia Vechiuli Testament. Satan in Profeția lui Zaharia. București 1938.
Grünbaum, M., *Beiträge zur vergleichenden Mythologie aus der Hagada.* ZDMG 31, 1877, 183-359, hier: 198-240. 243-258.
Heller, B., *La chute des anges. Schemhazai, Ouzza et Azael.* REJ 60, 1910, 202-212.
Jirku, A., Die Dämonen und ihre Abwehr im Alten Testament. Leipzig 1923.
Jung, L., Fallen Angels in Jewish, Christian and Mohammedan Literature. Philadelphia 1926 (=repr. New York 1974).
Kaupel, H., Die Dämonen im Alten Testament. Augsburg (1930).
Kelly, H.A., Towards the Death of Satan. The Growth and Decline of Christian Demonology. London 1968.
Idem, The Devil at Baptism. Ritual, Theology, and Drama. Ithaca/London (1985), 17-77: *The Background.*
Kroll, J., Gott und Hölle. Der Mythos vom Descensuskampfe. (1932 = repr.) Darmstadt 1963.
Kruse, H., *Das Reich Satans.* Bib 58, 1977, 29-61.
Langton, E., Good and Evil Spirits. A Study of the Jewish and Christian Doctrine, its Origin and Development. London/New York (1942).
Idem, Satan, a Portrait. A Study of the Character of Satan through the Ages. London (1945).
Idem, Essentials of Demonology. A Study of Jewish and Christian Doctrine, its Origin and Development. London (1949).
Lewi, H., *Zum Dämonenglauben.* ARW 28, 1930, 241-252.
Lods, A., *La chute des anges. Origine et portée de cette speculation.* RHPhR 7, 1927, 295-315 = Congrès d'Histoire du Christianisme. Jubilé A. Loisy I-III, Paris/Amsterdam 1928, I 29-54.
Idem, *Les origines de la figure de Satan, ses fonctions à la cour céleste.* Mélanges Syriens I-II, FS R. Dussaud. Paris 1939, II 649-660.
Maag, V., *B^{e}lija'al im Alten Testament.* Idem, Kultur, Kulturkontakt und Religion. Gesammelte Studien zur allgemeinen und alttestamentlichen Religionsgeschichte. Hrsg. v. H. H. Schmid u. O. H. Steck.Göttingen/Zürich (1980), 221-233.
Macler, F., Histoire de Saint Azazaïl. Texte syriaque inédit avec introduction et traduction française précédée des Actes grecs de Saint Pancrace. Paris 1902 (BEHE.H).
Michelini-Tocci, F., „*Il principe del volto"*. OrAnt 3, 1963, 269-273.

Michl, J., *Art. Satan II: Theologiegeschichtlich*. HThG II, 469-478.

Molenberg, C., siehe 10.2.

Randellini, L., *Satana nell' AT*. BeO 5, 1963, 127-132.

Rappoport, A. S., siehe unter 2.1.

Rosenstiehl, J.-M., *La chute de l'Ange. Origines et dévelopment d'une légende; ses attestations dans la littérature copte*. Ecritures et traditions dans la littérature copte. Journée d'études coptes Strasbourg 28 mai 1982. Strasburg 1983 (Cahiers Biblique Copte 1), 37-60.

Schärf, R.R., Die Gestalt des Satans im Alten Testament. Diss. Zürich 1948.

Schierse, F.J., *Art. Satan I: Biblisch*. HThG II, 465-469.

Schmidt, K.L., *Luzifer als gefallene Engelmacht*. ThZ 7, 1951, 160-179.

Smit, J., siehe 13. 2.

Stroumsa, G.A.G., Another Seed: Studies in Gnostic Mythology. Leiden 1984 (NHS 24), 17-34: *Unde malum: From Apocalyptic Literature to Gnostic Myth*.

Thompson, P.E.S., *Die Dämonen in der biblischen Theologie*. Beiträge zur biblischen Theologie hrsg. v. G. Rosenkranz. München 1967, 148-163.

Thompson, R.C., The Devils and Evil Spirits of Babylonia. Being Babylonian and Assyrian Incantations against the Demons, Ghouls, Vampires, Hobgoblins, Ghosts, and Kindred Evil Spirits, which Attack Mankind. Transl. Vol. 1: „Evil Spirits" [London 1903 (Semitic Text and Translation Series 14)], Vol. 2: „Fever Sickness" and „Headache", etc. [London 1904 (Semitic Text and Translation Series 15)] = repr. (New York 1976).

Torczyner, H.,*Wie Satan in die Welt kam*. ExpTi 1936/37, 563-564 [= MHUJ 4, 1938, n.v.].

Wünsche, A., Der Sagenkreis vom geprellten Teufel. Leipzig/Wien 1905, 125-128.

3 Themenbezogene Studien, die einzelne Literaturbereiche überschreiten

Baumgarten, J.M., *The Heavenly Tribunal and the Personification of Ṣedek in Jewish Apocalyptic*. ANRW II 19/1, 219-239.

Betz, O., Der Paraklet. Fürsprecher im häretischen Judentum, im Johannesevangelium und in neugefundenen gnostischen Schriften. Leiden 1963 (AGSU 2), 40-43. 64-69. 149-158.

Black, M., *The „Two Witnesses" of Rev 11, 3f in Jewish and Christian Apocalyptic Tradition*. Donum Gentilicium. New Testament Studies in Honour

of D. Daube ed. by E. Bammel, C.K. Barrett, and W.D. Davies. Oxford 1978, 227-237.
Böhlig, A., *Jakob als Engel in Gnosticismus und Manichäismus*. Erkenntnisse und Meinungen hrsg.v. G.Wiessner. Wiesbaden 1978 (GOF 17), 1-14 = Idem, Gnosis und Synkretismus. Ges. Aufs. zur spätantiken Religionsgeschichte. 1. Tl. Tübingen (1989) (WUNT 47), 164-179 mit neuem Exkurs: 180.
Idem, *Jacob as an angel in Gnosticism and Manicheism*. Nag Hammadi and Gnosis. Papers read at the First International Congress of Coptology (Cairo, December 1976). Ed. R. Mc Wilson. Leiden 1978 (NHS 14), 122-130.
Box, G.H., *The Idea of Intermediation in Jewish Theology. A Note on Memra and Shekinah.* JQR 23, 1932/33, 103-119.
Charlesworth, J.H., *The Portrayal of the Righteous as an Angel*. Ideal Figures in Ancient Judaism. Profiles and Paradigms. Ed. by J.J. Collins and G.W. E. Nickelsburg. (Chico 1980) (SCSt. 12), 135-151.
Cohen, N.G., *From* nabi *to* mal'ak *to „ancient figure"*. JJS 36, 1985, 12-24.
Culianu, J.P., *The Angels of the Nations and the Origins of Gnostic Dualism*. Studies in Gnosticism and Hellenistic Religions. FS G. Quispel ed. by R. vandenBroeck and M.J. Vermaseren. Leiden 1981 (EPRO 91), 78-91.
Cumont, F., *Les vents et les anges psychopompes*. Pisciculi. Studien zur Religion und Kultur des Altertums. FS F.J. Dölger. Hrsg.v. T. Klausner und A. Rücker. Münster 1939, 70-75.
Daniélou, J., *Les sources juives de la doctrine des anges des nations chez Origène*. RSR 38, 1951, 132-137.
Deissmann, A., Licht vom Osten. Das Neue Testament und die neuentdeckten Texte der hellenistisch-römischen Welt. 4., völlig neubearb. Aufl., Tübingen 1923, 351-362: *Beilage 1: Die Rachegebete von Rheneia*.
פלוסר, ד., "ולא על ידי מלאך..." טורי ישורון כ"ט, תשל"ב/1973, 18-21. (Flusser, D.)
Gaylord, H.E., *How Satanael lost his „-el"*. JJS 33, 1982 (FS Y. Yadin), 303-309.
Goldberg, A., *Kain, Sohn des Menschen oder Sohn der Schlange*. Jud 25, 1969, 203-221.
Goldin, J., *Not by Means of an Angel and not by Means of a Messenger*. Religions in Antiquity. Essays in memory of E.R. Goodenough. Ed. by J. Neusner, Leiden 1968 (SHR 14), 412-424. [=repr. Goldin, J., Studies in Midrash and Related Literature. Edt. by B.L. Eichler and J.H. Tigay. Philadelphia/New York/Jerusalem 1988, 163-173].

Grant, R.M., *Les êtres intermédiaires dans le Judaisme tardif.* SMSR 38/1-2, 1967 (FS A.Pincherle), 245-259 = The Origin of Gnosticism. Colloquium of Messina 13-18 April 1966. Texts and Discussions publ. by U. Bianchi. Leiden 1967 (SHR 12), 141-157.

(Gruenwald, I.) -.גרינולד, א., שירת המלאכים, ה״קדושה״ ובעית חיבורה של ספרות ההיכ
לות. פרקים בתולדות ירושלים בימי בית שני. ספר זכרון ל-א. שליט בעריכת א. אופנהיימר,
א. רפפורט ומ. שטרן (Jerusalem in the Second Temple Period. A. Schalit Memorial vol. Ed. by A. Oppenheimer, U. Rappaport, M. Stern.) Jerusalem 1980/תש״מ, 459-481.

Gruenwald, I., *Angelic Songs, the Qedusha and the Problem of the Origin of the Hekhalot Literature.* Idem, From Apocalypticism to Gnosticism. Studies in Apocalypticism, Merkavah Mysticism and Gnosticism. Frankfurt/M. e.a. (1988) (BEATAJ 14), 145-173 [= rev. Übers. des vorigen].

Holzmeister, U., *Michael Archangelus et Archangeli Alii.* VD 22, 1942, 176-186.

Johansson, N., Parakletoi. Vorstellungen von Fürsprechern für die Menschen vor Gott in der alttestamentlichen Religion, im Spätjudentum und Urchristentum. Lund (1940), 22-40: *Engel als Fürsprecher der Menschen*, 75-84: *Engel als Fürsprecher*, 275-278: *Engel als Fürsprecher*.

Landsberger, F., *The Origin of the Winged Angel in Jewish Art.* HUCA 20, 1947, 227-254.

Luecken, W., Michael. Eine Darstellung und Vergleichung der jüdischen und morgenländisch-christlichen Tradition vom Erzengel Michael. Göttingen 1898. [1-61 = Der Erzengel Michael in der Überlieferung des Judentums. Diss. Marburg 1898.]

Lugt, F., *Man and Angel.* GBA 6th ser. 25, 1944, 265-282. 321-346.

Mach, M., *Tora-Verleihung durch Engel.* Das Alte Testament als geistige Heimat. FS H.W. Wolff. Hrsg.v. M. Augustin und J. Kegler. Bern/Frankfurt/M. 1980 (EH.T 177), 51-70.

Rohland, J.P., Der Erzengel Michael. Arzt und Feldherr. Zwei Aspekte des vor- und frühbyzantinischen Michaelskultes. Leiden 1977 (BZRGG 19).

Ruddick, C.T., *Behold I send my messenger.* JBL 88, 1969, 381-417.

Schneider, T., *Der Engel Jakob bei Mani.* ZNW 33, 1934, 218-219.

Schultz, J.P., *Angelic Opposition to the Ascension of Moses and the Revelation of the Law.* JQR 61, 1970/71, 282-307.

Segal, A.F., *Ruler of this World: Attitudes about Mediator Figures and the Importance of Sociology for Self-Definition.* Jewish and Christian Self-Definition II: Aspects of Judaism in the Graeco-Roman Period. Ed.by E.P. Sanders, A.I. Baumgarten and A. Mendelson. Philadelphia 1981, 245-268. 403-413.

Silberman, L.H., *Prophets/Angels: LXX and Qumran-Ps 151 and the Epistle to the Hebrews*. Standing before God. Studies on Prayer in Scriptures and in Tradition with Essays in Honour of J.H. Oesterreicher. Ed. by A. Finkel and L.Frizzell. New York 1981, 91-101.

Simon, M., *Remarques sur l'Angélolâtrie juive au début de l'ère chrétienne*. CRAI 1971, 120-134 = Idem, Le Christianisme antique et son contexte religieux. Scripta varia. I-II. Tübingen 1981 (WUNT 23/1-2), I, 450-464.

Smith, M., *A Note on some Jewish Assimilationists; the angels (P. Berlin 5025b, P. Louvre 2391)*. Ancient Studies in Memory of E. Bickerman. JANES 16/17, 1987 (vol. ed. S.J.D. Cohen), 207-212.

Stroumsa, G.G., *Le couple de l'ange et de l'esprit: Traditions juive et chrétienne*. RB 88, 1981, 42-61.

Tawil, H., *'Azazel the Prince of the Steppe: A Comparative Study*. ZAW 92, 1980, 43-59.

4 Biblische Angelologie
4.1 Allgemeines

Caquot, A., *Anges et démons dans l'ancien Israel*. RHR 167, 1965, 117-119.

Idem, *Die biblische Angelologie. 1. Das Alte Testament.* (siehe Tavard 14. 3), 1-9.

Cazelles, H., *Os Fundamentos da Teologia dos Anjos segundo o Antigo Testamento*. Atualidades Biblicas. Miscelânea en memoria de J.J. Pedreira de Castro. Ed. de S. Voigt e F. Vier. Petropolis, Rio de Janeiro 1971, 55-68.

Chaffer, L.S., *Angelology*. BS 98, 1941, 389-420; 99, 1942, 6-25. 135-156. 262-296. 391-417.

Crown, A.D., *Messengers and Scribes. The* סופר *and* מלאך *in the OT*. VT 24, 1974, 366-370.

Cunchillos, J.-L., *Etude philologique de Mal'āk. Perspectives sur le Mal'āk de la divinité dans le Bible hébraique*. Congress Volume 1980. Leiden 1981 (VT. S 32), 30-51.

Dillmann, A., Handbuch der alttestamentlichen Theologie. Aus dem Nachlaß des Verfassers hrsg. v. R. Kittel. Leipzig 1895, 318-341: *§ 36. Von den Engeln und engelähnlichen Wesen*; 334-341: *§ 37 Von den Dämonen und vom Satan.*

Firchow, O., *Die Boten der Götter*. Ägyptologische Studien. FS H. Grapow hrsg.v. O. Firchow. Berlin 1955, 85-92.

Fontinoy, C., *Les anges et les démons de l'Ancient Testament*. Anges et Démons. Actes du Colloque de liège de Louvain-la-Neuve, 25-26 novembre 1987. Ed. par J. Ries avec la coll. de H. Limet. Louvain-la-Neuve 1989 (Homo religiosus 14), 117-134.

Gross, H., *Der Engel im Alten Testament*. ALW 6, 1959, 28-42.

Heidt, W.G., Angelology of the Old Testament. A Study in Biblical Theology. Washington 1949 (SST 2nd.ser 24).

Heinisch, P., Personifikationen und Hypostasen im Alten Testament und im Alten Orient. Münster 1921 (BZfr 9.Folge H. 19/11).

Johnson, A.R., The One and the Many in the Israelite Conception of God. Cardiff 1942; 1961².

Lindström, F., God and the Origin of Evil. A Contextual Analysis of Alleged Monistic Evidence in the Old Testament. (Lund 1983) (CB.OT 21).

Lust, J., *Devils and Angels in the Old Testament*. LouvSt 5, 1974/75, 115-120.

Meier, S.A., The Messenger in the Ancient Semitic World. Atalnta (1988) (HSM 45), 119-129: *Divine Messengers in Mesopotamia/the Bible/at Ugarit*.

North, R., *Separated Scriptural Substances in the Old Testament*. CBQ 29, 1967, 419-449.

Ohler, A., Mythologische Elemente im Alten Testament. Eine motivgeschichtliche Untersuchung. Düsseldorf (1969) (KBANT), 190-219: *Die himmlischen Wesen in Jah-wes Umgebung*.

Philips, G., *De Angelis in Antiquo Testamento*. REcL 31, 1939-42, 44-52.

רופא, א., האמונה במלאכים בישראל בתקופת בית ראשון לאור מסורות מקראיות (.Rofè, A)
ראיות. עייד Jerusalem תשכ״ט/1969 = repr. Jerusalem 1979 (תשל״ט) I-II.

Rosenberg, A., *Der Engel im Alten Testament*. Begegnung mit Engeln. Dokumente religiöser Erfahrung hrsg.v. A. Rosenberg. München-Planegg 1956, 1-35.

Saggs, H.W.F., *External Souls in the Old Testament*. JSeS 19, 1974, 1-12.

Skrinjar, A., siehe 4.42.

Suys, A., *De „Angelis" apud veteres Aegyptos*. VD 13, 1933, 347-351. 371-378.

Tournay, R., *Relecture biblique concernant la vie future et l'angélologie*. RBG 9, 1962, 481-505.

Unger, M.F., *The Old Testament Revelation of the Creation of Angels and the Earth.* BS 114, 1957, 206-212.

Winter, U., Frau und Göttin. Exegetische und ikonographische Studien zum weiblichen Gottesbild im Alten Israel und in dessen Umwelt. Freiburg/Göttingen 1983 (OBO 53), 239-245: *Die „Schutzengel" des thronenden Fürsten.*

Yates, R., *Angels in the Old Testament.* IThQ 38, 1971, 164-167.

4. 2 Der Engel (המלאך) und der Engel des Herrn (מלאך הי)

Ackerman, H.C., *The Principle of Differentiation between „the Word of the Lord" and the „Angel of the Lord".* AJSL 37, 1920/21, 145-149.

Baumgartner, W., *Zum Problem des „Jah-wes-Engels".* SThU 14, 1944, 97-102. = Idem, Zum Alten Testament und seiner Umwelt. Ausg. Aufs. Leiden 1959, 240-246.

Bella, B.M., Mal'akh Jah-ve. Alexandria 1931. (Ἀνατόπωσις ἐκ τοῦ Ἐκκλησιαστικοῦ Φάρου/April-Mai-Juni 1931).

Finestone, D., *Is the Angel of Jah-we in the Old Testament the Lord Jesus Christ?* BS 95, 1938, 372-377.

Greene, J.T., The Role of the Messenger and the Message in the Ancient Near East. Oral and Written Communication in the Ancient Near East and in the Hebrew Scriptures: Communicators and Communiques in Context. Atlanta (1989) (BJSt 169).

Greenstein, E.L., *Trans-Semitic Idiomatic Equivalency and the Derivation of Hebrew* mal'kh. UF 11, 1979 (FS C.F.A. Schaeffer), 329-336

Grysson, R., *L'Ange de Jah-we.* CMech 52, 1967, 474-482.

Guggisberg, F., Die Gestalt des Mal'ak Jah-we im Alten Testament. Diss. Neuenburg 1979.

Gunkel, H., *Der Schreiberengel Nabu.* ARW 1, 1898, 294-300.

Hamp, V., *Art. Engel Jah-wes.* LThK² 3, 879.

Heinisch, P., siehe unter 4.1, 24-27.

Hilhorst, A., *Malachias Angelus.* WSt 100, 1987, 175-184 [n.v.].

Hirth, V., Gottes Boten im Alten Testament. Die alttestamentliche Mal'ak-Vorstellung unter besonderer Berücksichtigung des Mal'ak-Jah-we-Problems. Berlin 1975 (ThA 32).

Lagrange, M.-J., *L'Ange de Iah-vé.* RB 12, 1903, 212-225.

Lobina, A.M., *El Mal'akh Jah-we: El Angel de Dios.* RevBib 18, 1956, 79-81.

Lods, A., *L'ange de Jah-we et l'âme extérieure*. Studien zur semitischen Philologie und Religionsgeschichte. FS J.Wellhausen... hrsg. v. K. Marti, Giessen 1914 (BZAW 27), 265-278.

Meyer, S.M., The Messenger in the Ancient Semitic World. Atlanta (1988) (HSM 45), 119-128.

Ohlmeyer, A., *Der Logos als Gottesbote im Alten Bund*. BenM 24, 1948, 81-88.

Rad, G.v., siehe unter 1.

Romeo, A., *Art. L'Angelo de Jah-weh*. EC 1, 1245-1248.

Röttger, H., Mal'ak Jah-we - Bote von Gott. Die Vorstellung von Gottes Boten im hebräischen Alten Testament. Frankfurt/M./Bern/Las Vegas (1978) (RST 13).

Rybinski, J., Der Mal'ak Jah-we. Paderborn 1930.

Sole, F.M., *L'Angelo di Jah-ve*. Renovatio 6, 1971, 531-536.

Stier, F., Gott und sein Engel im Alten Testament. Münster 1934 (ATA XII/2).

Then, R., siehe 4. 42.

Touzard, J., *Ange de Jah-we*. DBS 1, 242-255.

Urquiza, P.Y., Jah-we und sein Mal'akh. Diss. Wien 1972.

van der Woude, A.S., *De mal'ak Jah-weh: En Godsbode*. NThT 18, 1963, 1-13.

Vella, V.M., siehe Bella, B.M.

Westermann, C., Genesis 2. Tlbd.: Genesis 12-24. Neukirchen 1977 (BKAT I/2), 289-291: *Exkurs: Der Bote Gottes ('המלאך') im AT.*

4. 3 Der himmlische Hofstaat
4. 31 Allgemein

Betz, O., siehe 3, hier: 40-43.

Brown, R.E., *The Pre-Christian Semitic Concept of „Mystery"*. CBQ 20, 1958, 417-443.

Couturier, G., *La vision du conseil divin; étude d' une forme commune au prophétisme et à l'apocalyptique*. ScEs 36, 1984, 5-43.

Cross, F.M., *The Council of Yah-we in Second Isaiah*. INES 12, 1953, 274-277.

Dequeker, L., *La cour céleste de Yah-vé*. CMech 52, 1967, 131-140 [n.v.].

Fabry, H.J., סוד. *Der himmlische Thronrat als ekklesiologisches Modell*. Bausteine biblischer Theologie. FS G.J.Botterweck hrsg.v. H.J. Fabry. Köln/Bonn 1977 (BBB 50), 99-126.

Kingsbury, E.C., *The Prophet and the Council of Jah-weh.* JBL 83, 1964, 279-286.

ליונשטם, ש. א., *נחלת ה׳.* פרסומי החברה לחקר המקרא בישראל (.Loewenstamm, S.A) תשי״ח Jerusalem. ספר ש. דים. בעריכת י. בר-דרומא, ח.מ.י. גבריהו ובי״צ לוריא. (1958),120-125.

ליונשטם, ש.א., *נחלת ה׳.* מחקרים במקרא ... מאה שנה להולדתו (.Loewenstamm, S.A) Jerusalem של מ.ד. קאסוטו (עורך ראשי: ח. ביינארט, עורך הכרך ש. א. ליונשטם) תשמ״ז (1987), 149-172.

Loewenstamm, S.E., *נחלת ה׳.* Studies in the Bible 1986. Edt.... S. Yaphet. Jerusalem 1986 (ScrHier 31), 155-192 [=Engl. Version des vorigen].

Merendino, R.P., *Review* of Whybray [s.u.]. Bib 58, 1977, 281-283.

Mettinger, T.N.D., *Härskaronas Gud.* SEÅ 44, 1979, 7-21.

Idem, *Den närvarande Guden - on tempelteologi och gudsbild i Gamla testamentet.* SEÅ 47, 1982, 21-47.

Idem, The Dethronement of Sabaoth. Studies in the Shem and Kabod Theologies. Lund 1982 (CB.OT 18).

Miller, P.D., *The Divine Council and the Prophetic Call toWar.* VT 18, 1968, 100-107.

Idem, The Divine Warrior in Early Israel. Cambridge/Mass. 1973 (HSM 5).

Mosca, P.G., *Once again the heavenly witnesses of Ps 89: 38.* JBL 105, 1986, 27-37.

Mullen, E.T., The Divine Council in Canaanite and Early Hebrew Literature. (= The Assembly of the Gods) (Chico 1980) (HSM 24).

Idem, *The Divine Witness and the Davidic Royal Grant.* JBL 102, 1983, 207-218.

Robinson, H.W., *The Council of Yah-we.* JThS 45, 1944, 151-157.

Schmidt, H., *Jah-we und die Kulttraditionen von Jerusalem.* ZAW 67, 1955, 168-197.

Tsevat, M., *The Throne Vision of Isaiah.* Idem, The Meaning of the Book of Iob and Other Biblical Studies. Essays on the Literature and Religion of the Hebrew Bible. New York/Dallas (1980), 155-176.

Veijola, T., *The Witness in the Clouds: Ps 89: 38.* JBL 107, 1988, 413-417.

Whybray, R.N., The Heavenly Counsellor in Isaiah XL: 13-14: A Study of the Sources of the Theology of Deutero-Isaiah. Cambridge 1971.

Wright, G.E., The Old Testament against its Enviroment. London 1950 (SBT 2), 30-41.

4. 32 Dtn 32, 8-9; 33

Beeston, A.F.L., *Angels in Deut. 33 , 2.* JThS NS. 2, 1951, 30-31.

קאסוטו, מ. ד., *שירת משה*. בספרו: מחקרים במקרא ובמזרח הקדום. כרך ב׳: (.Cassutto, U)
תשלי״ט Jerusalem ספרות מקראית וספרות כנענית. פרקים נוספים. (1979), 3-7.

- *The Song of Moses (Deuteronomy Chapter xxxii 1-43).* Idem, Biblical and Oriental Studies. Vol. I : Bible. Jerusalem 1973, 41-46.

Dussaud, R., *Yah-we, fils de El: Ugaritica, Dtn 32, 8.* Syr. 34, 1957, 232-242.

Lana, M., *Deuteronomio e angelologia alla luce di una variante qumranica (4Q Dtn 32, 8).* Henoch 5, 1983, 179-207.

Loretz, O., *Die Vorgeschichte von Deuteronomium 32, 8f. 43.* UF 9, 1977, 355-357.

Meyer, R., *Die Bedeutung von Dtn 32, 8f .43 (IVQ) für die Auslegung des Moseliedes.* Verbannung und Heimkehr. Beiträge zur Geschichte und Theologie Israels im 6. und 5. Jh.v.Chr. FS W. Rudolph hrsg.v. A. Kuschke. Tübingen 1961, 197-209.

Schlisske, W., Gottessöhne und Gottessohn im Alten Testament. Phasen der Entmythologisierung im Alten Testament. Stuttgart e.a. (1973) (BWANT 97), 58-71.

Skehan, P.W., *The Structure of the Song of Moses in Deuteronomy (Dt 32: 1-43).* CBQ 13, 1951, 153-163 [=repr. Idem, Studies in Israelite Poetry and Wisdom. Washington 1971 (CBQ. MS 1), 67-77 - n.v.].

Idem, *A Fragment of the „Song of Moses" (Deut. 32) from Qumran.* BASOR 136, 1954, 12-15.

Idem, *Qumran and the Present State of Old Testament Text Studies: The Massoretic Text.* JBL 78, 1959, 21-25.

Idem, *The Qumran Manuscripts and Textual Criticism.* Volume du Congrès Strassbourg 1956. Leiden 1957 (VT.S 4), 148-160.

Winter, P., *Der Begriff der „Söhne Gottes" im Moselied, Dtn 32, 1-43.* ZAW 67, 1955, 40-45.

Idem, *Nochmals zu Deuteronomium XXXII, 8.* ZAW 75, 1963, 218-223.

4. 33 Ps 82

Ackermann, J.S., An Exegetical Study of Ps 82. Diss. Harvard 1966.

Idem, *The Rabbinic Interpretation of Psalm 82 and the Gospel of John: John 10, 34.* HThR 58, 1966, 186-191.

Emerton, J.A., siehe 8.

Fabry, H.J., „*Ihr alle seid Söhne des Allerhöchsten*" *(Ps 82, 6)*. BiLe 15, 1974, 135-147.

Gonzáles, A., *El orden nuevo. El Salmo 82*. Idem, Naturaleza, historia y revelación. Madrid 1969, 255-273.

Gordon, C.H., *Elohim in Its Reputed Meaning of Rulers, Judges*. JBL 54, 1935, 139-144.

Idem, *History of Religion in Psalm 82*. Biblical and Near Eastern Studies. FS W.S. LaSor, ed. by G.A. Tuttle. Grand Rapids/Mich. 1978, 129-131.

Höffken, P.,*Werden und Vergehen der Götter. Ein Beitrag zur Auslegung von Psalm 82*. ThZ 39, 1983, 129-137.

Jeremias, J., Kultprophetie und Gerichtsverkündigung in der späten Königszeit Israels. Neukirchen 1970 (WMANT 35), 120-125.

Jüngeling, H.-W., Der Tod der Götter. Eine Untersuchung zu Psalm 82. Stuttgart (1969) (SBS 38).

Loretz, O., *Psalmenstudien*. UF 3, 1971, 101-115, bes. 113-115: *III: Eine kanaanäische* short story: *Ps 82*.

Machado Siqueira, T., *O Salmo 82*. Estudos Bíblicos 1, 1984, 14-18.

Morgenstern, J., *The Mythological Background of Ps 82*. HUCA 14, 1939, 29-126.

Neyrey, J.H., „*I said: You are Gods"* : *Psalm 82: 6 and John 10*. JBL 108, 1989, 647-663.

Niehr, H., *Götter oder Menschen - eine falsche Alternative. Bemerkungen zu Ps 82*. ZAW 99, 1987, 94-98.

O'Callaghan, R.T., *A Note on the Canaanite Background of Psalm 82*. CBQ 15, 1953, 311-314.

Preuss, H.D., Verspottung fremder Religionen im Alten Testament. Stuttgart e.a. (1971) (BWANT 92), 112-115 u.ö. (siehe indices).

Rinaldi, G., *Synagoga deorum (Salmo 82)*. BeO 7, 1965, 9-11.

Tsevat, M., *God and the Gods in Assembly. An Interpretation of Ps 82*. HUCA 40/41, 1969/70, 123-137 = Idem, The Meaning of the Book of Iob and Other Biblical Studies. Essays on the Literature and Religion of the Hebrew Bible. New York/Dallas (1980), 131-147.

4. 4 Angelologische Studien zu einzelnen Stellen

4. 41 Der Pentateuch (Zu Gen 6,1-4 vgl. auch 4.54)

אבישור, י., סיפור ביקור המלאכים אצל אברהם *(בראשית י"ח, א-טז) ומק-* (.Avishur, J.)
בילו בספרותאוגרית (2 אקהת V: 4-31). BetM 32, תשמ"ז/1977/78, 177-168.

Bartelemus, R., Heroentum in Israel und seiner Umwelt. Eine traditionsgeschichtliche Untersuchung zu Gen. 6,1-4 und verwandten Texten im Alten Testament und der altorientalischen Literatur. Zürich 1979. (ATA NT 65).

Bauer, J.B.,*Videntes filii Dei filias hominum (Gen 6, 2)*. VD 31, 1953, 95-110.

Brock-Utne, A., *Regenzeit und Sintflutzeit. Eine Studie zu der Heroenschilderung Gen 6, 1-4 und ihr Verhältnis zu dem jah-wistischen Sintflutbericht*. MO 30, 1936, 27-42.

קאסוטו, מ. ד., מעשה בני האלהים ובנות האדם (בראשית ו', א'-ד').ספר (.Cassutto, U)
יובל י.צ. הרץ. London. (1943), 44-35= ספרו: מחקרים במקרא ובמזרח הקדום
(1971/72), 98-107. תשל"ב Jerusalem כרך א': ספרות מקראית וספרות כנענית.

- *The Episode of the Sons of God and the Daughters of Man (Genesis vi 1-4)*. Idem, Biblical and Oriental Studies. Vol. I: Bible. Jerusalem (1973), 17-28.

Cazelles, H., *Essai sur le pouvoir de la divinité à Ugarit et en Israel*. Ug 6, 1969 (BAH 81, Mission de Ras Shamra XVII), 25-44, bes. 32-36.

Clines, D.J.A., *The Significance of the „Sons of God" Episode (Genesis 6: 1-4) in the Context of the „Primeval Hisatory" (Genesis 1-11)*. JSOT 13, 1979, 33-46.

Closen, G.E., Die Sünde der „Söhne Gottes" (Gen 6,1-4). Ein Beitrag zur Theologie der Genesis. Rom 1937.

Coleran, J.E., *The Sons of God in Gen 6, 2*. TS 2, 1941, 487-509.

Cunchillos, J.L., *Los b^{e}ne ha'elohim en Gen 6, 1-4*. La Idea de Dios eula Biblia. XXVIII Semana Biblica Espanola (Madrid 23-27 Sept. 1968). Madrid 1971, 181-207 = EstB 28, 1969, 5-31.

Darmesteter, J., *Cabires, benê elohîm et dioscures. Essay sur les traductions mythiques*. MSLP 4, 1881, 89-95.

Delcor, M., *Le mythe de la chute des anges et de l'origine de géants comme explication du mal dans le monde de l'apocalyptique juive. Histoire de traditions*. RHR 190, 1976, 3-53 = Idem, Etudes bibliques et orientales de religions comparées. Leiden 1979, 262-313.

Dexinger, F., Sturz der Göttersöhne vor der Sintflut? Versuch eines Neuverständnisses von Gen 6, 2-4 unter Berücksichtigung der religionsvergleichenden und exegesegeschichtlichen Methode. Wien 1966 (WBTh 13).

Enciso, J., *Los 'hijos de Dios' en Gen 6, 1-4*. EstB 3, 1944, 189-277.

Eslinger, L., *A Contextual Identification of the bene ha'elohim and benoth ha-'adam in Genesis 6: 1-4*. JSOT 13, 1979, 65-73.

Fischer, J., *Deutung und literarische Art von Gen 6, 1-4.* BBB 1, 1950, 74-85.
Gese, H., siehe 4.52
Gomá, C., *La causa del diluvio en los libros apócrifos judios.* EstB 3, 1944, 25-54.
Hendel, R.S., *Of Demigods and the Deluge: Toward an Interpretation of Gen 6: 1-4.* JBL 106, 1987, 13-26.
Idem, *When the Sons of God Cavorted with the Daughters of Men.* Bible Review 3/2, 1987, 8-13. 37.
Heuschen, J., *De „zonen Gods" in Gen 6, 1-4.* REcL 39, 1952, 90-95 [n.v.].
Janssens, Y., *Le thème de la fornification des anges.* The Origin of Gnosticism. Colloquium of Messina 13-18 April 1966. Textes and Discussions publ. by U. Bianchi. Leiden 1967 (SHR 12), 488-494.
Joüon, P., *Les unions entre les „Fils de Dieu" et les „Filles des Hommes".* RSR 29, 1939, 108-112.
Junker, H., *Zur Erklärung von Gen 6, 1-4.* Bib 16, 1935, 205-212.
Kline, M.G., *Divine Kingship and Gen 6: 1-4.* WThJ 24, 1961, 187-204.
Kraeling, E.G., *The Significance and Origin of Gen 6, 1-4.* JNES 6, 1947, 193-208.
Krappe, A.H., *Bene Elohim (Gen 6, 2).* SMRS 9, 1933 [Rom 1963], 157-172.
Loretz, O., *Götter und Frauen (Gen 6, 1-4I. Ein Paradigma zu: Altes Testament - Ugarit.* BiLe 8, 1967, 120-127.
(Marsel, J.) /תשמ"ב, 27/91 BetM. התפתחות וכליה. מרזל, י., בני אלהים ובנות האדם 1972/73, 203-219.
Perella, G.M., *I figli di Dio e le figlie del uomo (Gn 6, 2-4).* DT(P) 36, 1933, 435-450.
Petersen, D.L., *Genesis 6: 1-4, Yah-weh and the Organization of the Cosmos.* JSOT 13, 1979, 47-64, bes. 52-54.
Philips, G., *De spiritualitate angelorum et matrimonio „filiorum Dei" (Gen VI, 1-4).* REcL 31, 1939/40, 290-300.
Phillips, G.M., Lower than the Angels: Questions raised by Genesis 1-11. Cambridge 1983 [n.v.].
(Rofè, A.) רופא, א., סיפור ארוסי רבקה (בראשית כד). מחקר ספרותי-היסטורי. אשל שבע א' תשלי"ו/(1976/77), 42-67. [Eshel Beer Sheva 1]
Rothstein, J.W., *Die Bedeutung von Gen 6, 1-4 in der gegenwärtigen Genesis.* Beiträge zur alttestamentlichen Wissenschaft. FS K.Budde hrsg.v. K. Marti Gießen 1920 (BZAW 34), 150-157.

Scharbert, J., *Traditions- und Redaktionsgeschichte von Gen 6, 1-4.* BZ NF. 11, 1967, 66-78.
Thompson, D., The Genesis Messenger Stories and Their Theological Significance. Diss. Tübingen 1972 [n.v.].
Tur-Sinai, N.H.,*The Riddle of Gen 6: 1-4.* EpTim 71/11, 1960, 348-350.
Weiss, F.D., *Die „Seuns van God" in Gen 6, 1-4.* HTS 14, 1958-59, 53-67.
Westermann, C., Genesis. 1.Tlbd: Gen 1-11. Neukirchen 1974 (BK I/1), 501-503: *Exkurs: Die Göttersöhne (oder Gottessöhne).*
Wickham, L.R., *The Sons of God and the Daugthers of Men. Gen VI 2 in Early Christian Exegesis.* OTS 19, 1974, 135-147.

Stein, B., *Der Engel des Auszugs.* Bib 19, 1938, 286-307.

Zu Deuteronomium 32-33 siehe 4.32

4. 42 Die Propheten
Green, J.T., siehe 4.2
Grimm, D., *Der Name des Gottesboten in Ri 13.* Bib 62, 1981, 92-98.
Gunkel, H., siehe 4.2
Malchow, B.N., *The Messenger of the Covenant in Mal 3: 1.* JBL 103, 1984, 252-255.
North, R., *Angel-Prophet or Satan-Prophet?* ZAW 82, 1970, 31-67.
Ridderbos, N.H., *Einige Bemerkungen über den Propheten als Boten Jah-wes.* Travels in the World of the Old Testament. Studies presented to M.A. Beek ed. by H.van Voss, H.ten Cate, N.A.van Uchelen. Assen 1974, 211-216.
(Rofè, A.) רופא, א., "הבעל הנביא והמלאך (מל״ב פרק א). עיון בתולדות הספרות והאמונה במקרא. באר-שבע א׳ [Beer Sheva 1] תשלי״ג/1972/73, 222-231.
Ross, J.F., *The Prophet as Jah-wes Messenger.* Israel's Prophetic Heritage. FS J. Muilenburg ed. by B.W.Anderson and W.Harrelson. London (1962), 98-107 [= repr.: Prophecy in Israel. Search for an Identity. Ed. by D.L. Petersen. Philadelphia/London 1987 (Issues in Religion and Theology 10), 112-121 - n.v.]
Skrinjar, A., *Angelus Testamenti.* VD 14, 1934, 40-48.
Then, R., „Gibt es denn keinen mehr unter den Propheten?". Zum Fortgang der alttestamentlichen Prophetie in frühjüdischer Zeit. Frankfurt/M. e.a. 1990 (BEATAJ 21), 143-161: *Mal' ak Jah-we für Prophet.*
Tournay, R., *Relectures bibliques concernant la vie future et l'angélologie.* RB 69, 1962, 481-505.

van der Woude, A.S., *Der Engel des Bundes. Bemerkungen zu Maleachi 3, 1c und seinem Kontext.* Die Botschaft und die Boten. FS H.W. Wolff hrsg.v. J. Jeremias und L. Perlitt. Neukirchen 1981, 289-300.

(Weinfeld, M.) /תשלי״ח, ErIs 14 (Ginzberg-vol.) ויינפלד, מ., מן השמים נלחמו. 23-30, (1978).

4. 43 Das Buch Daniel (vgl. 4. 55)

Bampfylde, G., *The Prince of the Host in the Book of Daniel and in the Dead Sea Scrolls.* JSJ 14, 1983, 129-134.

Bertholet, A., *Der Schutzengel Persiens.* Oriental Studies. FS C.E. Pavry ed. by J.D.C. Pavry. Oxford 1934 , 34-40.

Brekelmans, C., *The Saints of the Most High and Their Kingdom.* OTSt 14, 1965, 305-329.

Collins, J.J., The Apocalyptic Vision of the Book of Daniel. (Missoula/Mont. 1977), (HSM 16), 123-152: The „Saints of the Most High" and „One Like a Son of Man".

Idem, *The Son of Man and the Saints of the Most High.* JBL 93, 1974, 50-66.

Coppens, J., *Le Fils d'homme daniélique et les relectures de Dan 7, 13 dans les apocryphes et dans le Nouveau Testament.* EThL 37, 1961, 5-51.

Idem, *Miscellanées bibliques.* EThL 39, 1963, 87-94: *XXVIII: Le chapitre VII de Daniel*; 94-100: *XXIX: Les Saints du Très-Haut sont-ils à identifier avec les milices célestes?* 100-104: *XXX: L'Origine du Symbole „Fils d'Homme".*

[Idem, *Le chapitre VII de Daniel. Lecture et commentaire.* EThL 36, 1960, 301-322.]

Coppens, J./Dequeker, L., Le fils de l'homme et les Saints du très-haut en Daniel VII, dans les Apocryphes et dans le Nouveau Testament. 2.ed. Louvain 1961 (ALBO III, 3), 15-54.

Dequeker, L., *Daniel VII et les Saints du Très-Haut.* EThL 36, 1960, 353-392.

Idem, *The „Saints of the Most High" in Qumran and Daniel.* OTSt 18, 1973, 108-187.

Diez Merino, L., siehe 10. 7.

Di Lella, A.A., *The One in Human Likeness and the Holy Ones of the Most High in Daniel 7.* CBQ 39, 1977, 1-19.

Goldingay, J., *„Holy Ones on High" in Dan 7: 18.* JBL 107, 1988, 495-497.

Hanhart, R., *Die Heiligen des Höchsten.* Hebräische Wortforschung. FS W. Baumgartner hrsg. v. B. Hartmann e.a. Leiden 1967 (VT.S 16), 90-101.

Hasel, G.F., *The Identity of the "Saints of the Most High" in Daniel 7.* Bib 56, 1975, 173-192.

Koch, K. e.a., Das Buch Daniel. Darmstadt 1980 (Erträge der Forschung 144), 205-210: *Mitregierende Engel.* 234-239: *Die Heiligen (des) Höchsten.*

Mertens, A., Das Buch Daniel im Lichte der Texte vom Toten Meer. (Würzburg/Stuttgart) 1971 (SBM 12), 100-112: *Der Engelglaube im Daniel-Buch und in Qumran.*

Murray, R., *The Origin of Aramaic 'îr, Angel.* Orient 53, 1984, 303-317.

Noth, M., *Die Heiligen des Höchsten.* Interpretationes ad Vetus Testamentum pertinentes. FS S. Mowinkel [ed.by N.A. Dahl, A.S. Kapelrud]. (Oslo 1955), 146-161. = Idem, Gesammelte Studien zum Alten Testament [1]. München 1966³, (ThB 6), 274-290.

Rowland, C., *A Man Clothed in Linen. Daniel 10, 6ff and Jewish Angelology.* JSNT 24, 1985, 99-110.

Winterbotham, R.,*The Angel-Princes of Daniel.* Exp. 8th ser. 1911/I, 50-58.

4. 44 Die anderen Bücher

Dion, P.E., *The Angel with the Drawn Sword (IChr 21, 16): An Exercise in Restoring the Balance of Text Criticism and Attention to the Context.* ZAW 97, 1985, 114-117.

יפת, ש., אמונות ודעות בספר דברי-הימים ומקומן בעולם המחשבה המקראית. (Japhet, S.) Jerusalem (תשל״ז/1977), 121-132: המלאכים בספר דה״י.
- The Ideology of the Book of Chronicles and its Place in Biblical Thought. Frankfurt/M. e.a. (1989) (BEATAJ 9), 137-149: *Angels in the Book of Chronicles.* [= rev. engl. Übers. des vorigen].

מרגליות (מרגוליס), י., תהלים ס״ח, י״ח-י״ט ומסורת מרי בני-(.Magalioth [Margolis], J)
אל. 39 Tarb. ,תש״ל/1969, 1-8.

רופא, א., המלאך בקהלת ה, ה לאור נוסחת ויכוח חכמתית. ErIs 14 תשל״ח, (Rofè, A.) (1978), (Ginzberg-vol.), 105-109.

4. 5 Namen und Gruppen von Engeln
4. 51 Allgemein

Grill, S., *Synonyme Engelnamen im Alten Testament.* ThZ 18, 1962, 241-246.

4. 52 הכרובים

Albright, W.F., *What Were the Cherubim*. BA 1, 1938, 1-3.

Barrick, W.B., *The Meaning and Usage of RKB in Biblical Hebrew*. JBL 101, 1982, 481-503.

Born, A., siehe: van den Born

קאסוטו, מ. ד./ברנעט, ר. צ., "ערך כרוב, כרובים. 4 EB(B), 238-244. (Cassutto, U.)

Cleveland, R.L., *Cherubs and the „Tree of Life" in Ancient South Arabia*. BASOR 172, 1963, 55-60.

Dessenne, A., Le sphinx, étude iconographique. I: Des origines à la fin du second millénaire. Paris 1957.

Dhorme, P./Vincent L.H., *Les Chérubins*. RB 35, 1926, 328-358. 481-495.

Dhorme, É., *Le nom des Chérubins*. Idem, Recueil E. Dhorme. Études bibliques et orientáles. Paris 1951, 671-683

Gese, H., *Der bewachte Lebensbaum und die Heroen: Zwei mythologische Ergänzungen zur Urgeschichte der Quelle J*. Wort und Geschichte. FS K. Elliger hrsg.v. H. Gese und H.P. Rüger. Neukirchen 1973, 77-85 = Idem, Vom Sinai zum Zion. Alttestamentliche Beiträge zur biblischen Theologie. München 1974 (BEvTh 64), 99-112.

Görg, M., *Keruben in Jerusalem*. Biblische Notizen 4, 1977, 13-24.

הרן, מ., הארון והכרובים (משמעותם הסמלית, צורתם, בעית המקבילות הא־ר - (Haran, M.) כיאולוגית), ErIs 5 (Mazar-vol.), תשי״ט/(1958), 90-83.

- *The Ark and the Cherubim*. IEJ 9, 1959, 30-38. 89-94 [=rev. Übersetzung des vorigen].

Idem, Temples and Temple-Service in Ancient Israel. An Inquiry into the Character of Cult Phenomena and the Historical Setting of the Priestly School. Oxford 1978, 246-259.

Jacoby, A., *Zur Erklärung der Kerube*. ARW 22, 1923/24, 257-265.

Kapelrud, A.S., *The Gates of Hell and the Guardian Angels of Paradise*. JAOS 70, 1950, 151-156.

Keel, O., Jah-wevisionen und Siegelkunst. Eine neue Deutung der Majestätsschilderungen in Jes 6, Ez 1 und 10 und Sach 4. Mit e. Beitr. von A. Guthub über die vier Winde in Ägypten. Stuttgart (1977) (SBS 84/5), 15-45. 152-158.

Krüger, H., Die Kerubim. Geschichte einer Vorstellung. Diss. Halle 1968.

Landesdorfer, S., Der ΒΑΑΛ ΤΕΤΡΑΜΟΡΦΟΣ und die Kerube des Ezechiel. Paderborn 1918 (SGKA 9/1).

Maier, J., Vom Kultus zur Gnosis. Studien zur Vor- und Frühgeschichte der „jüdischen Gnosis". Bundeslade, Gottesthron und Märkabah. Salzburg (1964) (Kairos 1), 64-73: *Exkurs: Die Keruben.*
Idem, Das altisraelitische Ladeheiligtum. Berlin 1965 (BZAW 93), 50-54: *Exkurs: Jah-we Zebaoth, der Kerubenthroner.*
Mettinger, T.N.D., siehe 4. 31 und 4. 56.
Nickel, J., Die Lehre des Alten Testaments über die Cherubim. Breslau 1890 [n.v.].
Ollenburger, B.C., Zion. The City of the Great King. A Theological Symbol of the Jerusalem Cult. (Sheffield 1987) (JSOT.SS 41), 42-43: *Yah-weh ,Enthroned upon the Cherubim'*.
Patai, R., The Hebrew Goddess. (New York 1967), 101-136: *The Cherubim.*
Petersen, L., Cherubim . Gütersloh 1898 [n.v.].
Pfeiffer, R.H., *Cherubim.* JBL 41, 1922, 249-250.
R(inaldi), (G)., *Nota.* BeO 9, 1967, 211-212.
Schmidt, H., *Kerubenthron und Lade.* Eucharisterion. Studien zur Religion und Literatur des Alten und Neuen Testaments. FS H. Gunkel hrsg.v. H. Schmidt, I-II. Göttingen 1923 (FRLANT 36, 1-2), I, 120-144.
Schmitt, H., Zelt und Lade als Thema alttestamentlicher Wissenschaft. Eine kritische forschungsgeschichtliche Darstellung. Gütersloh (1972), 128-131: *Exkurs: Die Wendung* יושב הכרובים.
Trinquet, J., *Art. Kerub, Kerubim.* DBS 5, 1957, 161-186.
van den Born, A., *Art. Kerub.* Bibel-Lexikon hrsg.v.H. Haag. Einsiedeln/ Köln/Zürich 1968 (2., neubearb. und verm. Aufl.) = repr. 1970, 936-940.
Vaux, R. de, *Les Chérubins et l'Arche d'Alliance, les sphinx gardiens et les thrônes divins dans l'ancien Orient.* MUSJ 37, 1961 (Mélanges R. Mouterde), 91-124. = Idem, Bible et Orient. Paris 1967, 231-259 [ohne Bilder].
Vincent, L.H., siehe unter Dhorme, P.
Vogt, E., *Die vier „Gesichter" (pānīm) der Keruben in Ez.* Bib 60, 1979, 327-347.
Welten, P., *Art. Mischwesen.* BRL, 1972, 224-227.

4. 53 השרפים

ערך שרף, שרפים. 8 EB(B), 394-396.
Day, J., *Echoes of Baal's Seven Thunders and Lightnings in Psalm XXIX and Habakkuk III 9 and the Identity of the Seraphim in Isaiah VI.* VT 29, 1979, 143-151.

Duhm, H., siehe 2.2, hier 4ff.
Görg, M., *Die Funktion der Serafen bei Jesaja*. Bibl. Notizen 5, 1978, 28-39.
Greenfield, J.C., *Baal's Throne and Isa. 6: 1*. Mélanges bibliques et orientaux en l' honneur de M.M. Delcor. Ed. par A. Caquot, S. Légasse et M. Tardieu. Kevelaer/Neukirchen 1985 (AOAT 215), 193-198.
Joines, K.R., *Winged Serpents in Isaiah's Inaugural Vision*. JBL 86, 1967, 410-415.
Keel, O., siehe 4. 52, 46-124.
Key, A.F.,*The Magical Background of Isaiah 6, 9-13*. JBL 86, 1967, 198-204.
Knierim, R., *The Vocation of Isaiah*. VT 18, 1968, 47-68.
Lacheman, E., *The Seraphim of Isaiah 6*. JQR 49, 1968, 71-72.
Nicol, G.G., *Isaiah's Vision and the Visions of Daniel*. VT 29, 1979, 501-504.
Savignac, J. de, *Les „Seraphim"*. VT 22, 1972, 320-325.
Ward, W.A., *The Four-Winged Serpent on Hebrew Seals*. RSO 43, 1968, 135-143.
Welten, P., siehe 4. 52.
Wiseman, D.J, *Flying Serpents?* TynB 23, 1972, 108-11 [n.v.].

4. 54 אלהים (ה) / (אל (ים) (ה) בני (siehe auch 4. 41)
Alexander, P.S., siehe 12. 2.
קאסוטו, מ. ד., ערך בני אלים, בני (ה)אלהים, בני עליון.2 EB(B), 172f. (Cassutto, U.)
Cooke, G., *The Sons of (the) God(s)*. ZAW 76, 1964, 22-47.
Cunchillos, J.L., Cuando los Angelos eran Dioses. Salamanca 1976 (Bibliotheca Salamaticensés XIV, Estudios 12).
Emerton, J.A., siehe 8.
Forsyth, N., siehe 2.1, bes. 147-159: *The Sons of God and the Daughters of Men*.
Gese, H., siehe 4. 52.
Herrmann, W., *Die Göttersöhne*. ZRGG 12, 1960, 242-251.
Kolaska, A., Gottessohn und Engel in den vorexilischen Büchern des AT und in der Ras-Schamra Mythologie im Lichte des biblischen Monotheismus. Diss. Wien 1953.
Loretz, O., Psalm 29. Kanaanänische El- und Baaltraditionen in jüdischer Sicht. Altenberge 1984 (Ugaritisch-Biblische Literatur 2), 75-78.
McKenzie, J.L., *The Divine Sonship of the Angels*. CBQ 5, 1943, 293-300.

Rendtorff, R., *El, Ba'al und Jah-we. Erwägungen zum Verhältnis von kanaanäischer und israelitischer Religion.* ZAW 78, 1966, 277-291, bes. 287-289.

Salvoni, F., *Quando Gli Angeli Erano Dei di G. Cunchillos.* RBR 17, 1982, 151-156.

Schlisske, W., siehe 4. 32, hier 15-78.

Winter, P., siehe 4. 32.

4. 55 קדושים(ה) (vgl. auch 4.43)

Coppens, J., *Les saints dans le Psautier.* EThL 39, 1963, 485-500.

Dequeker, L., *Les Qedôsim du Ps LXXXIX à la lumiere des croyances sémitiques.* EThL 39, 1963, 469-484.

Schedl, C., *„Die Heiligen" und „die Herrlichen" in Psalm 16, 1-4.* ZAW 76 1964, 171-175.

Zolli, E., *Die Heiligen in Psalm 16.* ThZ 6, 1950, 149-150.

4. 56 צבאות הי und die Heerscharen als Engel (Auswahl)

Arnold, W.R., *Ephod and Ark. A Study in the Records and Religion of the Ancient Hebrews.* Cambridge (/Mass.) 1917 (HThS 3), 142-148: *Excursus I : The Divine Name Yah-we Ṣebaoth.*

Beer, (G.), *Art. Sabaoth.* PRE 2, R. 2, 1533-1535.

Borchert, O., *Der Gottesname Jah-we Zebaoth.* ThStKr 69, 1896, 619-642.

Cassutto, U., *Art. Gott. Die Gottesnamen in der Bibel.* EJ(D) 7, 551-559, 556-557: *Zebaoth.*

Cripps, R.S., *A Critical and Exegetical Commentary on the Book of Amos.* London 1929, 330-333: *Excursus I: Divine Names in the Book of Amos, II: The Use of the Term „Hosts" (Ṣ^{e}bā'ôth) in Connection with the Divine Name.*

Eissfeldt, O., *Jah-we Zebaoth.* Miscellanea Academica Berolinensia II/2 (1950), 128-150 = Idem, Kleine Schriften 3 hrsg. v. R. Sellheim u. F. Maass. Tübingen 1966, 103-123.

Kessler, W., *Aus welchen Gründen wird die Bezeichnung „Jah-we Zebaoth" in der späteren Zeit gemieden?* Gottes ist der Orient. FS O. Eissfeldt. Berlin 1959, 79-83.

Liverani, M., *La preistoria dell 'epiteto „Yah-weh ṣ^{e}bā'ōt".* Aion 17, 1967, 331-334.

Maag, V., *Jah-wäs Heerscharen.* SThU 20, 1950 (FS L. Köhler), 27-52 = Idem, Kultur, Kulturkontakt und Religion. Ges. Studien zur allgemeinen und alttestamentlichen Religionsgeschichte. Hrsg .v. H.H. Schmid u. O.H. Steck. Göttingen 1980, 1-28.

Maier, J., siehe 4. 52 (Ladeheiligtum).

Mettinger, T.N.D., *YHWH SABAOTH - The Heavenly King on the Cherubim Throne*. Studies in the Period of David and Salomon and other Essays. Papers read at the International Symposion for Biblical Studies, Tokyo, 5-7 December 1979. Ed. by T. Ishida. Tokyo 1982, 109-138.

Oldenburger, B.C., siehe 4. 52, hier: 37-38: *'Yah-weh of Hosts' and the Shilo Ark*.

Ross, J.P., *Jah-weh Ṣᵉbaoth in Samuel and Psalms*. VT 17, 1967, 76-92.

Schmitt, R., Zelt und Lade...(siehe 4. 52), 145-159: *Exkurs: Der Gottesname* ה' צבאות.

Tsevat, M.,*Yhwh Ṣeḇa'oṯ*. HUCA 36, 1965, 49-58 = Idem, The Meaning of the Book of Iob and Other Biblical Studies. Essays on the Literature and Religion of the Hebrew Bible. New York/Dallas (1980), 119-129.

van der Woude, A.S., Art. צבא, *ṣāḇā'*, *Heer*. THAT II, 498-507.

Wambacq, B.N., L'epithète divine Jah-vé Ṣᵉba'ot. Bruxelles 1947.

Westphal, G., צבא השמים. Orientalische Studien. FS T. Nöldeke hrsg.v. C. Betzold. I-II Gießen 1906, II, 719-728.

4. 57 Schutzengel

Bertholet, A., siehe 4. 43

Landesdorfer, S., *Zur Lehre von den Schutzengeln im Alten Testament*. Kath 98, 1918/II (Bd 21/22), 114-120.

Murray, R., siehe 4. 43

4. 58 עירין und andere

Albright, W.F., *The Babylonian Temple-Tower and the Altar of Burnt Offering*. JBL 39, 1920, 137-142.

Feigin, S., *The Meaning of Ariel*. JBL 39, 1920, 131-137.

Hartmann, B., *Mögen die Götter dich behüten und unversehrt bewahren!* Hebräische Wortforschung. FS W. Baumgartner hrsg.v. B.Hartmann e.a. Leiden 1967 (VT. S 16), 102-105.

Murray, R., *Prophecy and the Cult*. Israel's Prophetic Tradition. Essays in Honor of P. Ackroyd ed. by R. Coggins, A. Phillips and M. Knibb. Cambridge (1982), 200-216.

Idem, siehe 4. 43

5 Persische Einflüsse

Doumézil, G., Naissance d' Archanges (Jupiter Mars Quirinus III). Essai sur la formation de la théologie zoroastrienne. La Montagne Saint Genevieve (1945).

Gray, L.H., *The Double Nature of the Iranian Archangels*. ARW 7, 1904, 345-372.

König, F.B., Die Amesha Spentas des Awesta und die Erzengel im Alten Testament. Dissertationsteildruck Rom 1935.

Idem, Die Amesha Spentas des Awesta und die Erzengel im Alten Testament. Melk 1935 [n.v.].

Kohut, A., Über die jüdische Angelologie und Dämonologie in ihrer Abhängigkeit vom Parsismus. Leipzig 1866 (AKM 4/3).

Moulton, J.H., *Art. Zoroastrianism*. DB(H) 4, 1911, 988-992, bes. 991f.

Oesterley, W.O.E., *Persian Angelology and Demonology*. Occident and Orient. (M.) Gaster Anniversary Volume ed. by B. Schindler in coll. with A. Marmorstein. London (1936), 457-466.

Stave, E., Über den Einfluß des Parsismus auf das Judentum. Haarlem 1898 (Verhandelingen rakende den natuurlijken en geopenbaarden geodsdienst, Teylers godgeleerd genootschap. NS. Decl. 16), bes. 204-235: *Angelologie* und 235-280: *Dämonologie*.

6. Die Samaritaner

Montgomery, J.A., *Notes from the Samaritan V: Angels Attendant at the Sacrifices*. JBL 25, 1906, 54.

Fossum, J., De nam van God en de Engel des Heren./The Name of God and the Angel of the Lord. The Origins of the Idea of Intermediation in Gnosticism. Diss. Utrecht 1982.

Idem, The Name of God and the Angel of the Lord. Samaritan and Jewish Concepts of Intermediation and the Origin of Gnosticism. Tübingen 1985 (WUNT I/36) [= überarbeitete Dissertation, siehe oben].

Idem, *The Origin of the Gnostic Concept of the Demiurge*. EThL 61, 1985, 142-152.

Idem, *Gen 1, 26 and 2, 7 in Judaism, Samaritanism, and Gnosticism*. JSJ 16, 1985, 202-239.

7 Septuaginta

Gammie, J.G., *The Angelology and Demonology in the Septuagint of the Book of Job*. HUCA 56, 1985, 1-19.

Katz, P., Philo's Bible. The Aberrant Text of Bible Quotations in Some Philonic Writings and its Place in the Textual History of the Greek Bible. Oxford 1950, 146-149: *Appendix I/2: The „Host of Heaven"*.

Raurell, F., *„Archontes" en la interpretatio midrashica da' Is.-LXX*. Revista Catalana de Teologia 1, 1976, 315-374.

Idem, *Angelologia à demonologia an Is.-LXX*. Revista Catalana de Teologia 2, 1977, 1-30.

Silberman, L.H., siehe unter 3.

7.1 Zur Wortgeschichte des griechischen ἄγγελος

Dibelius, M., Die Geisterwelt im Glauben des Paulus. Göttingen 1909, 209-221.

Hatziadakis, G.N., Ἄγγελος und Verwandtes. Wien 1913 (SAWW.PH 173/2).

Lampe, G.W.H., A Patristic Greek Lexicon. Oxford 1968, s.v. ἄγγελος, δαίμων.

Moulton, J.H./Milligan, G., The Vocabulary of the New Testament illustrated from the Papyri and other non-literary sources. London 1914-1929 (= repr. London 1930 = Grand Rapids 1982), s.v. ἄγγελος.

Smieszek, A., Ἄγγελος *et* λαβύρινθος. Eos 3O, 1927, 257-266, bes. 257-60.

8 Qumran und die Essener

Allegro, J.M., *Some unpublished Fragments of Pseudepigraphical Literature from Qumran's Fourth Cave*. ALOUS 4, 1962/63, 3-5 = Idem, Qumran Cave 4, Vol. I, Oxford 1968 (DJD V), 77-79.

Allison, D.C., *The Silence of Angels: Reflections on the Songs of the Sabbath Sacrifice*. RdQ 13, 1988 [=Mémorial J. Carmignac: Études Qumraniennes éd. par F.G. Martínez et É. Puech], 189-197.

Bamphylde, G., siehe 4. 43.

Baumgarten, J.M., *The Qumran Sabbath Shirot and Rabbinic Merkabah traditions*. RdQ 13, 1988 (= Études Qumraniennes. Mémorial J. Carmignac. Ed. par F. Garcia Martínez et É. Puech), 195-213.

Idem, *On the Nature of the Seductress in 4Q184*. RdQ 15, 1991 (= Mémorial J. Starcky I: Textes et études qumrâniens. Ed. par É. Puech et F. Garcia Martínez), 133-143.

Berger, K., *Der Streit des guten und des bösen Engels um die Seele. Beobachtungen zu 4QAmr^b und Jud 9*. JSJ 4, 1973, 1-18.

Betz, O., Offenbarung und Schriftforschung in der Qumransekte. Tübingen 1960 (WUNT I/6), bes. 143-154: *Die Lehre von den beiden Geistern und ihre Bedeutung für die Offenbarung.*

Idem, siehe 3, hier 64-69.

Brownlee, W.H., *The Cosmic Role of Angels in the Targum of Job.* JSJ 8, 1977, 83-84.

Caquot, A., *Les Service des Anges.* RdQ 13, 1988 [=Mémorial J. Carmignac: Études Qumraniennes éd. par F.G. Martínez et É. Puech], 421-429.

Carmignac, J., *„Règle des chants pour l'holocauste du sabbat". Quelques détails de lecture.* RdQ 4, 1963/64, 563-566.

[de Jonge, M., *The Role of Intermediaries in God's Final Intervention in the Future According to the Qumran Scrolls.* Studies in the Jewish Background to the New Testament ed. by H. vom Praag/O. Michel, Assen 1969, 44-63].

Daniélou, J., *Une source de la spiritualité chrétienne dans les manuscrits de la Mer Morte: Le doctrine des deux Esprits.* DViv 25, 1953, 127-136.

Delcor, M., *L'Eschatologie des Documents de Khirbet Qumran.* RevSR 26, 1952, 363-386, bes. 372-385.

(Dimant, D.) דימנט, ד., "מלאכים שחטאו" במגילות מדבר יהודה ובספרים החיצוניים הקרובים להן. ע"יד Jerusalem תשל"יד/1974.

Dionisio, F., *A Qumran con gli Esseni.* BeO 30, 1988, 3-34. 85-110, bes. 99: *L'angeologia* ; 100: *La Demonologia.*

Dupont-Sommer, A., *L'instruction sur les deux Esprits dans le „Manuel de Discipline".* RHR 142, 1952, 5-35.

du Troit Laubscher, F., *God's Angel of Truth and Melchizedek; a Note on 11Q Melch 13b.* JSJ 3, 1972, 46-51.

Emerton, J.A., *Melchizedek and the Gods: Fresh Evidence for the Jewish Background of John X. 34-36.* JTS 17, 1966, 400f.

Fitzmyer, J.A., siehe 13. 33

Forsyth, N., siehe 2.1, bes. 192-211: *The Angel of Light and the Angel of Darkness.*

Gärtner, B., *The Temple and the Community in Qumran and the New Testament.* Cambridge 1965 (SNTS.MS 1), 92-99.

Gianotto, C., Melchisedek e la sua tipologia. Tradizioni guidaiche, cristiane e gnostiche (sec.II a.C. - sec.III d.C.) (Brescia 1984)(RivBib. Suppl. 12), 64-86: *Melchisedek, figura celeste...*

Ginzberg, L., *Eine unbekannte jüdische Sekte IV*. MGWJ 57, 1913, 666-696, bes. 687-696. = Idem, Eine unbekannte jüdische Sekte. New York 1922 (= repr. Hildesheim 1972), 240-261. [„revised and updated translation" =] An Unknown Jewish Sect. New York 1976, 169-179: *Angelology and Discourse on the direct Revelation of the Law; Satan and Belial; Demonology*. vgl. index s.v. angelology etc.

Hoenig, S.B., *The New Qumran Pesher on Azazel*. JQR 56, 1966, 248-253.

Holstein, H., *Les „deux esprits" dans la Règle de la communauté essénienne du Desert de Juda*. RAM 31, 1955, 297-303.

Klinzing, G., Die Umdeutung des Kultus in der Qumrangemeinde und im Neuen Testament. Göttingen 1971 (StUNT 7), 125-130.

Kosmala, H., Hebräer - Essener - Christen. Leiden 1959 (SPB 1), 44-75: *Die „Brüder", die „Heiligen", die „Gemeinde Gottes"*.

Kuhn, H.-W., Enderwartung und gegenwärtiges Heil. Göttingen 1966 (StUNT 4), 66-73: *Exkurs I: Die Gemeinschaft mit den Engeln in den Qumrantexten*; 90-93: *Exkurs IV: Der Ausdruck „die Heiligen" in den Qumrantexten und im sonstigen Spätjudentum*.

Lamberigts, S., *Le sens de Qdwšym dans les textes de Qumran*. EThL 46, 1970, 24-39.

ליכט, י., מטעת עולם ועם פדות אל. מחקרים במגילות הגנוזות. ספר זכרון לא.ל. (Licht, J.) סוקניק בעריכת י. ידין וח. רבין. ירושלים תשכ״א (1961), עמי 49-75.

- *An Analysis of the Treatise of the Two Spirits*. ScrHier 4, 1965, 88-100.

Lichtenberger, H., Studien zum Menschenbild in Texten der Qumrangemeinde. Göttingen (1980) (StUNT 15), 123-142: *1QS 3, 13-4, 26*; 224-227: *Zur Gemeinschaft mit den Engeln in Qumran*. [vgl. indices].

Mansoor, M., The Thanksgiving Hymns. Transl. and Annotated with an Introduction. Leiden 1961 (STDJ 3), 77-84: *Angelology*.

Mertens, A., siehe 4. 43.

Meyer, R., siehe 4. 32.

Milik, J.T., *4Q Visions de 'Amram et une citation d'Origène*. RB 79, 1972, 77-97.

Newsome, C.A., 4Q Serek Širot ʻOlat Haššabat. (The Qumran Angelic Liturgy). Edition, Translation and Commentary. Diss. Harvard 1982.

Eadem, Songs of the Sabbath Sacrifice: A critical edition. Atlanta/Georgia (1985) (HSS 27).

Eadem, *Merkabah Exegesis in the Qumran Sabbath Shirot*. JJS 38, 1987, 11-30.

Eadem, *"He Has Established for Himself Priests" : Human and Angelic Priesthood in the Qumran Sabbath Shirot.* Archaeology and History in the Dead Sea Scrolls. The New York University Conference in Memory of Y. Yadin. Ed. by L.H. Schiffman. (Sheffield 1990)(JSP.SS 8/JSOT.M 2), 101-120.

Eadem/Yadin, Y., *The Masada-Fragment of the Qumran Songs of the Sabbath Sacrifice.* IEJ 34, 1984, 77-88.

ניצן, ב., התפילה והשירה הדתית מקומראן בזיקתן למקרא. ע״ד Tel-Aviv (Nitzan, B.) תשמ״ט/1989, 343-292: *פרק שישי: השירה המיטסית.*

Nötscher, F., *Geist und Geister in den Texten von Qumran.* Mélanges bibliques rédigés en l'honuer de A. Robert. Paris 1957 [TICP 4], 303-315 = Idem, Vom Alten zum Neuen Testament. Ges. Aufs. Bonn 1962 (BBB 17), 175-187.

Idem, *Heiligkeit in den Qumrantexten.* RdQ 2, 1960, 163-181. 315-344 = Idem, Vom Alten zum Neuen Testament. Ges. Aufs. Bonn 1962 (BBB 17), 126-174.

Idem, *Himmlische Bücher und Schicksalsglaube in Qumran.* RdQ 1, 1959, 405-411 = Idem, Vom Alten zum Neuen Testament. Ges. Aufs. Bonn 1962 (BBB 17), 72-79.

Noll, S.F., Angelology in the Qumran Texts. Diss. Manchester 1979.

Idem, *Communion of Angels and Men and "Realized Eschatology" in the Dead Sea Scrolls.* Proceedings of the Eighth World Congress of Jewish Studies 1981. Division A: The Period of the Bible. Jerusalem 1982, 91-97.

Osten-Sacken, P. von der, Gott und Belial. Traditionsgeschichtliche Untersuchungen zum Dualismus in den Texten von Qumran. Göttingen 1969 (StUNT 6), 222-232: *Die Gemeinschaft mit den Engeln.*

Otzen, B., siehe 10. 3.

Philonenko, M., *Philon d'Alexandrie et l' "Instruction sur les deux esprits".* Hellenica et Judaica. Hommage à V. Nikiprowetzky. Ed. par A. Caquot, M. Hadas-Lebel et J. Riaud. Leuven-Paris 1986, 61-68.

Pimentel, P., siehe 13. 2.

Robinson, S.E., siehe 10. 4.

Sekki, A.E., The Meaning of *Ruah* at Qumran. Atlanta (1989)(SBL.DS 110), 145-171: Ruah *as Angel/Demon.*

שיפמן, י., *ספרות ההיכלות וכתבי קומראן.* דברי הכנס הבינלאומי (Schiffman, L.H.) הראשון לתולדות המיסטיקה היהודית.(מחקרי ירושלים במחשבת ישראל ו' [תשמ״ז])/ Proceedings of the First International Conference on the History of Jewish Mysticism. (Jerusalem Studies in Jewish Thought 6, 1987), 121-138.

Idem, *Merkabah Speculation at Qumran: 4Q Serek Shiroth 'Olat Ha-Shabbat.* Mystics, Philosophers and Politicians. Essays in Jewish Intellectual History in Honour of A. Altmann. Ed. by J. Reinharz and D. Swetschinski. Durham 1985 (Duke Monographs of Medieval and Renaissance Studies 5), 15-47.

Idem, *Purity and Perfection: Exclusion from the Council of the Community in the* Serekh Ha'Edah. Biblical Archaeology Today. Proceedings of the International Conference on Biblical Archaeology Jerusalem, April 1984 (Ed. by J. Amitai) Jerusalem (1985), 373-389, bes. 383-384: *The Presence of Angels.*

Silberman, L.H., siehe 3.

Strugnell, J., *The Angelic Liturgy at Qumran: 4Q Serek Širot 'Olat Haššabbath.* Congress Volume 1959. Leiden 1960 (VT.S 7), 318-346.

Treves, M., *The Two Spirits and the Role of the Community.* RdQ 3, 1961, 449-452.

van der Woude, A.S., *Fragmente einer Rolle der Lieder für das Sabbatopfer aus Höhle XI von Qumran (11Q ŠirŠabb).* Von Kanaan bis Kerala. FS J.P.M. van der Ploeg ... hrsg.v. W.C. Delsman e.a. Kevelaer/Neukirchen 1982 (AOAT 211), 311-337.

Vermes, G., siehe 10. 7.

ויינפלד, מ., עקבות של קדושת יוצר ופסוקי דזמרה במגילות קומראן ובספר (Weinfeld, M.) בן-סירא. Tarb. 45, תשל"ו/(1975/76), 15-26.

Wernberg-Møller, P., *A Reconsideration of the Two Spirits in the Rule of the Community.* RdQ 3, 1961/62, 413-441.

ידין, י., מגילת מלחמת בני אור בבני חושך. Jerusalem (תשט"ז=) /תשי"ז (Yadin, Y.), (1957), 209-221: תורת מלאכים.

9 Philon von Alexandria

Aall, A., Der Logos. Geschichte seiner Entwicklung in der griechischen Philosophie und der christlichen Litteratur I: Geschichte der Logosidee in der griechischen Philosophie. Leipzig 1896, bes. 184-231.

Belkin, S., *Some Obscure Traditions Mutually Clarified in Philo and Rabbinic Literature.* JQR 75, 1967, 80-103, bes. 88-90: *4. Heavenly Birds.*

Bormann, K., Die Ideen- und Logoslehre Philons von Alexandrien. Eine Auseinandersetzung mit H. A. Wolfson. Diss. Köln 1955.

Bréhier, É., Les idées philosophiques et religieuses de Philon d'Alexandrie. Pa ris 1925 (EPhM 7), 126-133: *Les Anges*, 136-157: *Les puissances (Δυνάμεις)*.

Cazeaux, J., *Mystique et Sagesse: Le repas des trois anges et d'Abraham a Mambré vu par Philon d'Alexandire*. Prière, Mystique et Judaïsme. Colloque de Strasbourg (10-12 septembre 1984). Textes ras. R. Goetschel. Paris (1987) (Travaux du centre d'histoire des religions de Strasbourg 2), 21-41.

Cohn, L., *Zur Lehre vom Logos bei Philon*. Judaica. FS H. Cohen. Berlin 1912, 303-331.

Dahl, N.A./Segal, A.F., *Philo and the Rabbis on the Names of God*. JSJ 9, 1978, 1-18.

Decharneux, B., *Anges, démons et Logos dans l'ouvre de Philon d'Alexandrie*. Anges et Démons. Actes du Colloque de liège de Louvain-la-Neuve, 25-26 novembre 1987. Ed. par J. Ries avec la coll. de H. Limet. Louvain-la-Neuve 1989 (Homo religiosus 14), 147-175.

Dey, L.K.K., The Intermediary World and Patterns of Perfection in Philo and Hebrews. (Missoula/Mont. 1975) (SBL.DS 25).

Dillon, J., *Philo's Doctrine of Angels*. Two Treatises of Philo of Alexandria. A Commentary on De Gigantibus and Quod Deus Sit Immutabilis ed. by D. Winston and J. Dillon. Chico (1983) (BJSt 25), 197-205.

Hegermann, H., Die Vorstellung vom Schöpfungsmittler im hellenistischen Judentum und Urchristentum. Berlin 1961 (TU 82), 67-87: *Der Logos als Theophanieträger*.

Keferstein, F., Philo's Lehre von den göttlichen Mittelwesen. Zugleich eine kurze Darstellung der Grundzüge des philonischen Systems. Leipzig 1846.

Lameere, W., *Sur un passage de Philon d'Alexandrie (de plantatione 1-6)*. Mnem IV/4, 1951, 73-80.

Mack, B.L., Logos und Sophia. Untersuchungen zur Weisheitstheologie im hellenistischen Judentum. Göttingen (1973) (StUNT 10), 179-184: *Exkurs: Die Kraftlehre Philons*.

Marmorstein, A., The Old Rabbinic Doctrine of God. Vol. I: The Names and Attributes of God. London 1927 (Jews' College Publications 10).

Morris, J., siehe unter Schürer.

Nikiprowetzky, V., *Note sur l'interpretation litterale de la loi et sur l'angelologie chez Philon d'Alexandrie*. Mélanges A. Neher [ed. E.A. Levy-Valensi e.a.] Paris 1965, 181-190.

Idem, *Sur une lecture démonologique de Philon d'Alexandrie*, De Gigantibus 6-

18. Hommage à G.Vajda. Etudes d'histoire et de pensée juive. Ed. par G. Nahon et C. Tonati. Louvain 1980, 43-71.

Pulver, M., *Das Erlebnis des Pneuma bei Philon.* ErJb 13, 1946, 111-132.

Philonenko, M., siehe 8.

Schürer, E., The History of the Jewish People in the Age of Jesus Christ (175 B.C.-A.D. 135). A New English Version Revised and Edited by G. Vermes, F. Millar, M. Goodman. Vol. III/2, 809-891: § 34 *The Jewish Philosopher Philo.* (J. Morris), 881-885: *The Intermediary Beings and the Logos.*

Segal, A.F., siehe unter Dahl.

Simon, M., siehe 10. 1.

Williamson, R., Philo and the Epistle to the Hebrews. Leiden 1970 (AGLHJ 4), 183-201.

Windisch, H., Die Frömmigkeit Philos und ihre Bedeutung für das Christentum. Eine religionsgeschichtliche Studie. Leipzig 1909, 46-52:*Gott und seine Kräfte.*

Wolfson, H.A., Philo. Foundation of Religious Philosophy. Cambridge/Mass. 1947, I-II. 2nd ed. 1948, bes.: I, 360-385.

10 Die nachbiblisch-außerkanonische Literatur
10. 1 Allgemeine Überblicke

Bietenhard, H., Die himmlische Welt im Urchristentum und Spätjudentum. Tübingen 1951 (WUNT I/2).

Böcher, O., Der johanneische Dualismus im Zusammenhang des nachbiblischen Judentums. Gütersloh (1965), 39-49: *Engel und Engelklassen.*

Bogaert, P.-M., *Une tradition juive sur la création de l'esprit mauvais au deuxième jour.* Anges et Démons. Actes du Colloque de liège de Louvain-la-Neuve, 25-26 novembre 1987. Ed. par J. Ries avec la coll. de H. Limet. Louvain-la-Neuve 1989 (Homo religiosus 14), 135-146.

Bousset, W./Gressmann, H., Die Religion des Judentums im späthellenistischen Zeitalter. 4. Aufl. mit einem Vorw.v. E. Lohse. Tübingen 1966 (HNT 21), 320-357: *Die Angelologie. Der Dualismus. Die Dämonologie. Die Hypostasenvorstellung.*

Couturier, G., siehe 4. 31.

Frey, J.-B., *L'Angélologie Juive au temps de Jésus-Christ.* RSPhTh 5, 1911, 75-110.

Hackspill, L., *L'Angélologie Juive a l'Epoque Néo-Testamentaire.* RB 11, 1902, 527-550.

Halusa, Tezelin, *Die Engel in den Apokryphen.* PastB 38, 1927, 278-289.

Himmelfarb, M., *Revelation and Rapture: The Transformation of the Visionary in the Ascent Apocalypses.* Mysteries and Revelations. Apocalyptic Studies xince the Uppsala Colloquium. Ed. by J.J. Collins and J.H. Charlesworth. (Sheffield 1991) (JSP.SS 9), 79-90

Johnson, N.B., Prayer in the Apocrypha and Pseudepigrapha. A Study of the Jewish Concept of God. Philadelphia 1948 (SBL.MS 2), 63-65: *An Angel.*

Kuhn, H. B., *The Angelology of the Non-Canonical Jewish Apocalypses.* JBL 67, 1948, 217-232.

Langton, E., siehe 2. 1 / 2. 2.

Oesterley, W.O.E., siehe 2. 1.

Idem, *Angelology and Demonology in Early Judaism.* A Compendium to the Bible ed. by T.W. Manson. Edinburgh 1939, 332-347.

Pfeiffer, G., Ursprung und Wesen der Hypostasenvorstellungen im Judentum. Stuttgart (1967) (AzTh I/31).

Philonenko, M., *Prière au soleil et Liturgie angélique.* La littérature intertestamentaire. Colloque de Strasbourg (17-19 octobre 1983)(Paris 1985), 221-228.

Rowland, C., The Open Heaven. A Study of Apocalyptic in Judaism and Early Christianity. London (1982), 78-123: *What is Above: the Mysteries of God, the Angels, and Astronomy.*

Idem, siehe 4. 43.

Russell, D.S., The Method and Message of Jewish Apocalyptic 200 BC-100 AD. (London 1964 = 1980), 235-262: *Angels and Demons.*

Idem, The Old Testament Pseudepigrapha. Patriarchs and Prophets in Early Judaism. (London 1987), 41-43. 82f: *A companion of angels.*

Schiefer, W., Die religiösen und ethischen Anschauungen des IV Ezrsabuches im Zusammenhang dargestellt. Leipzig 1901, 15-25 [n.v.].

Simon, M., *Judaism: Its Faith and Worship. VI Angelology and Demonology; Philonic Speculations.* A Compendium to the Bible. 2nd ed. Ed. by H.H. Rowley. Edinburgh (1963), 410-412.

Tsakonas, B., *The Angelology According to the Later Jewish Literature.* Θεολογία 34, 1963, 136-151.

Ziegler, M., siehe 2. 1.

Zimmermann, F., The Book of Tobit. An English Translation with Introduction and Commentary. New York (1958), 150-151: Appendix III: *The Angels who stand before the Glory of God.*

10. 2 Der äthiopische Henoch

Bartelemus, R., siehe 4. 41, bes. 151-193.

Black, M., *The Twenty Angel Decadarchs at I Enoch 6. 7 and 69. 2.* JJS 33, 1982 [= FS Y. Yadin ed. by G. Vermes and J. Neusner], 227-235.

Decock, P.B., *Holy Ones, Sons of God, and the Transcendent Future of the Righteous in 1 Enoch and the New Testament.* Neotestamentica 17, 1983, 70-83 [n.v.].

Delcor, M., siehe 4. 41.

Dimant, D./.ד ,דימנט, siehe 8.

Färber, P., Wesen, Aufgabe und Hierarchie der Engel in den drei Henochbüchern. Diss. Graz 1984 [n.v.].

Forsyth, N., siehe 2.1, bes. 160-171: *The Watcher Angels in the Aramaic Enoch Books.*

Grünbaum, M., siehe 2. 2.

Kaplan, H., *Angels in the Book of Enoch.* AThR 12, 1930, 432-437 [n.v.].

Kaupel, H., *Die Strafengel im Buche Henoch.* ThGl 27, 1935, 186-195.

Molenberg, C., *A Study of the Roles of Shemihaza and Asael in Enoch 6-11.* JJS 35, 1984, 136-146.

[Rubinkiewicz, R., Die Eschatologie von Henoch 9-11 und das Neue Testament. Lublin 1980 (Österreichische Biblische Studien 6), passim].

Suter, D.W., *Fallen Angels, Fallen Priests. The Problem of Family Purity in I Enoch 6-16.* HUCA 50, 1979, 115-135.

Torrey, C.C., *Alexander Jannaeus and the Archangel Michael.* VT 4, 1954, 208-211.

10. 3 Die Testamente der 12 Patriarchen

Caquot, A., *Les protecteurs des tribus d'Israël.* La vie de la parole. De l'Ancien Testament au Nouveau Testament. Etudes d'exégèse et d'herméneutique bibliques offertes à P. Grelot. Paris 1987, 49-59.

Malchow, B.N., siehe 4. 42.

Munch, P.A., *The Spirits in the Testaments of the Twelve Patriarchs.* AcOr 13, 1934/35, 257-263.

Otzen, B., *Die neugefundenen hebräischen Sektenschriften und die Testamente der 12 Patriarchen.* StTh 7, 1953/54, 125-157.

10. 4 Die anderen „Testamente"

Carlson, D.C., *Vengeance and Angelic Mediation in Testament of Moses 9-10.* JBL 101, 1982, 85-95.

Kee, H.C., *Satan, Magic, and Salvation in the Testament of Job.* SBL.SP 1, 1974, 53-76.

Kolenkow, A.B., *The Angelology of the Testament of Abraham.* Studies in the Testament of Abraham. Ed. by G.W.E. Nickelsburg. Missoula/Mont. (1982) (SCSt 6), 153-162.

Robinson, S.E., *The Testament of Adam and the Angelic Liturgy.* RdQ 12, 1985, 105-110.

10. 5 Das Jubiläenbuch

Caquot, A., *Les anges inférieurs et les anges supérieurs d'après le livre des Jubilés.* (Bulletin de la Societé Ernest Renan 29 [1980] = Appendix zu) RHR 198, 1981, 114-115.

Forsyth, N., siehe 2.1.

Schäfer, P., *Der Götzendienst des Enosch.* Idem, Studien zur Geschichte und Theologie des rabbinischen Judentums. Leiden 1978 (AGAJU 15), 198-213.

Testuz, M., Les idées religieuses du Livre des Jubilés. Geneve/Paris 1960, 75-92: *Le Monde des Esprits* .

10. 6 Das Gebet des Joseph

(Schäfer, P.)- שפר, פ. „תחרות בין מלאך לאדם ביתפילת יוסף' החיצונית ובספרות חז״ל. דב-
רי הקונגרס העולמי הששי למדעי היהדות, ירושלים תשל״ג (Proceedings of the Sixth World Congress of Jewish.Studies, Jerusalem 1973), Jerusalem 1977/תשל״ז, 511-515.

10. 7 Die Assumptio Mosis

Tromp, J., *Taxo, the messenger of the Lord.* JSJ 21, 1990, S. 200-209.

10. 8 Die Namen der Engel in der außerkanonischen Literatur
(Über gefallene Engel vgl. 2.2 und 13.2)

Barton, G.A., *The Origin of the Names of Angels and Demons in the Extra-Canonical Apocalyptic Literature to 100 AD.* JBL 31, 1912, 156-167.

Black, M., siehe 12. 4.

Diez Merino, L., *Los „vigilantes" en la literatura intertestamentaria.* Simposio Biblico Español (Salamanca 1982). Ed. por N.F. Marcos, J.T. Barrera, J.F. Vallina. Madrid 1984, 575-609.

Gry, L., *Quelques noms d'anges ou d'êtres mysterieux en II Henoch.* RB 49, 1940, 193-203.

Kaplan, H., *The Angel of Peace-Uriel-Metatron*. AThR 13, 1931, 306-313.
Idem, *Versions and Readings in the Book of Enoch*. AJSL 50, 1934, 171-177.
Pautrel, R./Lefebvre, M., *Trois Textes de Tobie sur Raphael (Tob. V, 22; III, 16s; XII, 12-15)*. RSR 39, 1951/52, 115-124.
Perdrizet, P., *L'archange Ouriel*. Seminarium Kondakorianum 2, 1928, 241-276.
Polotsky, H.J., siehe 14. 3.
Preisendanz, K., siehe 1.
Vermes, G., *The Archangel Sariel. A Targumic Parallel to the Dead Sea Scrolls*. Christianity, Judaism and Other Greco-Roman Cults. Studies for M. Smith. III: Judaism before 70. Ed.by J. Neusner. Leiden 1975 (SJLA 12/3), 159-166.

11   Josephus Flavius

Davies, W.D., *A Note on Josephus Antiquitates 15: 136*. HThR 47, 1954, 135-140 = Idem, Jewish and Pauline Studies. (London/Philadelphia 1984), 84-88.
Walton, F.R., *The Messenger of God in Hecateus of Abdera*. HThR 48, 1955, 255-257.

12   Rabbinica
12. 1   Allgemeines

Grözinger, K.E., Musik und Gesang in der Theologie der frühen jüdischen Literatur. Tübingen 1982 (TSAJ 3).
Klener, J., *Démonologie talmudique et ashkénaze*. Anges et Démons. Actes du Colloque de liège de Louvain-la-Neuve, 25-26 novembre 1987. Ed. par J. Ries avec la coll. de H. Limet. Louvain-la-Neuve 1989 (Homo religiosus 14), 177-201.
Lévy, J., *(Rezension zu) Schwab, M.,* [s.u.]. REJ 34, 1897, 155-158.
מרגליות, ר., מלאכי עליון המוזכרים בתלמוד בבלי וירושלמי, בכל המד־ .(Margalioth, R.) רשים זהר ותיקונים, תרגומים וילקוטים... Jerusalem תש״ה (1945); מהדורה שניה תשכ״ד (1964); מהדורה שלישית תשמ״ז (1987)]; 2. Aufl. ohne den Anhang der ersten: "דרישות בעניני מל אכים...מרבנו משה קורדוברו", aber mit „Ergänzungen und Berichtigungen"; die der dritten fehlen].
פלאטו, ד., מלאכי עליון ושליחותם לדרי מטה. אדר היקר. דברי ספרות ומחקר (Plato, D.) מוקדשים ל־ש. א. הורודצקי ... Tel-Aviv תש״ז (1947/48), פ״א-פ״ז.

Schwab, M., Vocabulaire de l'angélologie d'après les manuscrits hébreux de la bibliothèque nationale... Paris 1897.
Idem, Supplement. Paris 1899.

12. 2 Targum, Midrasch, Talmud

Ackermann, J.S., siehe 4. 33.

Alexander, P.S., *The Targumim and the Early Exegesis of „Sons of God" in Gen 6*. JJS 23, 1972, 60-71.

Baeck, L., *Gerechte und Engel*. Idem, Aus drei Jahrtausenden. Wissenschaftliche Abhandlungen zur Geschichte des jüdischen Glaubens. (Berlin 1938; veränderter Nachdruck:) Mit einer Einführung von H. Liebeschütz. Tübingen 1958, 210-214.

Butterweck, A., Jakobs Ringkampf am Jabbok. Gen 32,4ff in der jüdischen Tradition bis zum Frühmittelalter. Frankfurt/M./Bern (1981) (JU 3), 72-74: *Vorbemerkungen zur Entwicklung der Engelvorstellung in den Targumim*, 91-135: *Die thematische Ausgestaltung der Rolle des Engels in der Ringkampferzählung*, 136-140: *Das Verhältnis der verschiedenen Engelrollen zueinander*.

Chester, A., Divine Revelation and Divine Titles in the Pentateuchal Targumim. Tübingen 1986 (TSAJ 14), 64-67: *Niphal of* ראה *with* יהוה - מלאך *„angel of Y" as subject Ex. 3. 2.*

Goldfahn, A.H., *Justinus Martyr und die Agada*. MGWJ 22, 1873, 49-60. 104-115. 145-153. 194-202. 257-269, bes. 111-115.

Goldin, J., siehe 3.

Gonzalo Rubio, C., La Angelologia en la Literatura Rabinica y Sefardi par... Barcelona 1977 (Bibliotheca nueva Sefarad 2).

(Gruenwald, I.) ,QS 51 *(Rezension zu) Schäfer, P., Rivalität...*[s.u.],.א ,גרינולד. תשלי״ז/77/1976, 659-663.

Halévy, J., *Traces d'Aggadot Saducennes dans le Talmud*. REJ 8, 1884, 38-56, bes. 44-47: *Négations des anges et des esprits*.

(Horodetzky, S.A.) הורודצקי, ש. א., המיסטורין בישראל. כרך א׳. Tel-Aviv /תרצ״ב (1931/32), קמ״ז-קע״ב.

Kohler, K., Grundriß einer systematischen Theologie des Judentums auf geschichtlicher Grundlage. Leipzig 1910, 134-154 = Jewish Theology Systematically and Historically Considered. New York 1928 (= repr. New York 1968), 180-205.

Kohut, A., siehe 5.

Lévy, J., *Les Légendes Judéo-Chrétiennes*. REJ 8, 1884, 64-73.

Idem, *Légendes Judéo-Chrétiennes*. REJ 8, 1884, 197-205, bes. 202-205: *Encore un mot sur la légende de l'ange et l'ermite*.

Idem, *Nouvelle note sur la légende de l'ange et l'ermite*. REJ 48, 1904, 275-277.

מרמורשטין, א., ויכוחי המלאכים עם הבורא. מלילה. [Melilah] III-IV, (Marmorstein, A.) 1950, 93- 122.

Idem, *Anges et hommes dans l'Agada*. REJ 84, 1927, 37-50. 138-140.

Idem, siehe 9.

Miller, W.T., Mysterious Encounters at Mamre and Jabbok. Chico (1984) (BJSt 50), 16-19: *The Participants*. [ad Gen 18].

Moore, G.F., *Intermediaries in Jewish Theology, Memra, Shekina, Metatron*. HThR 15, 1922, 41-85.

Idem, Judaism in the First Centuries of the Christian Era. The Age of the Tannaim. I-II. (1927-30 = repr.) New York 1971.1974, II, 401-413: *Ministers of God*.

Rubio, Gonzalo C., siehe oben: Gonzalo Rubio, C.

Schäfer, P., Rivalität zwischen Engeln und Menschen. Untersuchungen zur rabbinischen Engelvorstellung. Berlin/New York 1975 (SJ 8).

Idem, siehe 10. 6.

[Scholem, G.G., *Some Sources of Jewish-Arabic Demonology*. JJS 16, 1965, 1-13.]

Segal, A.F., Two Powers in Heaven. Early Rabbinic Reports about Christianity and Gnosticism. Leiden 1977 (SJLA 25), 135-146: *Divine Powers and Angels*, siehe auch index s.v. angel.

שנאן, א., האגדה בתרגומים הארמיים ה"ארץ-ישראליים" לתורה-עיבודה, (Shinan, A.) תכניה ומיקומה בספרות חז"ל (על פי התרגומים לספר בראשית וקטעים נבחרים משאר החומש). עי״ד Jerusalem תשלי״ח (1977/78), 279-256: *פמליה של מעלה*. =-Jerusa lem תשלי״ט (1979).

dem, *The Angelology of the „Palestinian" Targums on the Pentateuch*. Sefarad 43, 1983, 181-198 [vgl. oben א, שנאן].

שונרי, י., "מלאכים" בתרגומי המקרא הארמיים והפשיטתא. ספר מאיר ולנ- (.Shunri, Y) שטיין. מחקרים ב מקרא ובלשון מוגשים במלאת שבעים וחמש. בעריכת ח. רבין ואחרים (Studies in the Bible and the Hebrew Language offered to M. Wallenstein... Ed. by C. Rabin e.a.) Jerusalem תשלי״ט(1979), 269-276.

אורבך, א. א., חז"ל. פרקי אמנות ודעות. הדפסה שלישית. Jerusalem (E.E. ,Urbach) תשלי״ח/ (1975), 115-160: *פמליה של מעלה*.

Vermes, G., siehe 10. 7.

Weber, F., Jüdische Theologie auf Grund des Talmud und verwandter Schriften gemeinfaßlich dargestellt. Hrsg. v. F. Delitzsch und G. Schnedermann. 2., verb. Aufl. [1. Aufl.: System der altsynagogalen palästinischen Theologie oder Die Lehren des Talmud.] Leipzig 1897 (=repr. Hildesheim 1975), 162-177: *Die himmlische Welt*; 177-195: *Mittlerische Hypostasen*.

12. 3 Die Hechaloth-Literatur

אלטמן, א., שירי הקדושה בספרות ההיכלות הקדומה. מלילה ב' [Melilah 2], (Altmann, A.) תשי"ו/(1946), 24-1 = בספרו: פנים של יהדות. מסות נבחרות (ערך א. שפירא) Tel-Aviv (1983), 44-60.

Gruenwald, I. (גרינולד, א.), siehe 3.

Graetz, (H.), *Die mystische Literatur in der gaonäischen Epoche.* MGWJ 8, 1859, 67-78. 103-118. 140-153, bes. 146-148.

Grözinger, K.E., *The Names of God and the Celestial Powers: Their Function and Meaning in the Hekhalot Literature.* Proceedings of the First International Conference on the History of Jewish Mysticism. Early Jewish Mysticism. JSJT 6, 1987 (/דברי הכנס הבינלאומי הראשון לתולדות המיסטיקה היהודית מחקרי ירושלים במחשבת ישראל ו', תשמ"ז), engl. sect. 53-69.

אידל, מ., תפיסת התורה בספרות ההיכלות וגילגוליה בקבלה. מחקרי ירושלים במח- (Idel, M.) שבת ישראל א', תשמ"א (JSJT 1, 1981), 23-84.

עולם המלאכים בדמות אדם. מחקרים בקבלה, בפילוסופיה יהודית ובספרות המוסר, Idem וההגות מוגשים לי. תשבי. [ערכו י. דן, י. הקר] ירושלים תשמ"ו, 66-1. [= Studies in Jewish Mysticim, Philosophy and Ethical Literature Presented to I. Tischby, edt. by J. Dan, J. Hacker], Jerusalem 1986, 1-66.

Odeberg, H., 3Enoch or the Hebrew Book of Enoch. Cambridge 1928 (repr. New York 1973: Prolegomenon by J. C. Greefield), 147-170: *The Angelology of 3 Enoch*.

Schäfer, P., *Engel und Menschen in der Hekhalot-Literatur.* Kairos N.F. 22, 1980, 201-225. = Idem, Hekhalot-Studien. Tübingen 1988 (TSAJ 19), 250-276.

Idem, *Die Beschwörung des Sar-ha-Panim.* FJB 6, 1978, 107-145. = Idem, Hekhalot-Studien. Tübingen 1988 (TSAJ 19), 118-153.

Schiffman, L., siehe 6.

12. 4 Die Namen der Engel

Alexander, P.S., *The Historical Setting of the Hebrew Book of Enoch.* JJS 28, 1977, 156-180, bes. 159-167.

Bibliographie

Aptowitzer, V., *Les Nomes de Dieu et des Anges dans la Mezouza. Contributions a l'histoire de la mystique et de la cabbale.* REJ 60, 1910, 39-52.

בר-אילן, מ., כסא הי - מה שתחתיו, מה שגגדו ומה שאצלו. דעת ט״ו Daat) (.Bar-Ilan, M)
(15, תשמ״ה/1985, 21-35.

Black, M., *The Origin of the Name Metatron.* VT 1, 1951, 217-219.

Cohen, M.S., The Shi'ur Qomah-Liturgy and Theurgy in Prekabbalistic Jewish Mysticism. Lanham/New York/London (1983), 124-137: *Metatron in the Shi'ur Qomah.*

Dan, J., siehe 1.

דן, י., ענפיאל, מטטרון ויוצר בראשית. Tarb. 52, תשמ״ג/1983, 447-457. (Idem)

Idem, *The Seventy Names of Metatron.* Proceedings of the Eighth World Congress of Jewish Studies 1981. Division C: Talmud and Midrash, Philosophy and Mysticism, Hebrew and Yiddish Literature. Jerusalem 1982, 19-23.

[Idem, *Samael. Lilith, and the Concept of Evil in Early Kabbalah.* AJSt.R 5, 1980, 17-40]

Fauth, W., *Tatrosjah-Totrosjah und Metatron in der jüdischen Merkabah-Mystik.* JSJ 22, 1991, 40-87.

Horodetzky, S.A., *Michael und Gabriel.* MGWJ 72, 1928, 499-506.

הורודצקי, ש. א., אכתריאל וסנדלפון. ספר היובל לכבוד הרב ד״ר א. קאמינקא... Wien (Idem)
תרצ״ז/(1937) (כתבי בית המדרש ״רמבם״ וינא), 15-20.

הורודצקי, ש. א., המיסטורין בישראל א׳. Tel-Aviv תרצ״א (1931), ק״ס-קע״ב. (Idem)

הורודצקי, ש. א., אוריאל. ספר קלוזנר. מאסף למדע ולספרות יפה מוגש לפרופ׳ י. (Idem)
קלוזנר ... Tel-Aviv תרצ״ז (1936/37), 277-282.

אידל, מ., חנוך הוא מטטרון. דברי הכנס הבינלאומי הראשון לתולדות המיסטיקה (.Idel, M)
היהודית. (מחקרי ירושלים במחשבת ישראל ו׳ [תשמ״ז]) / Proceedings of the First
International Conference of Jewish Mysticism (JSJT 6, 1987), 151-170.

Kaplan, C., siehe 10. 7.

Liebermann, S., *Metatron, the Meaning of His Name and Functions.* Appendix zu I. Gruenwald, Apocalyptic and Merkavah-Mysticism. Leiden 1980 (AGAJU 14), 235-241.

לוצאטו, ש.ד., מכתב כ״ג: לידיד נפשי... יש״ר. כרם חמד ד׳ [-Kerem Che (.Luzzatto, S.D)
med 4] (תקצ״ט/40/1839), 174-183.

Margalioth, R. (.מרגליות, ר), siehe 12. 1.

מרגליות, ר., מטטרון. ספר היובל. קובץ תורני-מדעי מוגש להרב מ. א. עמיאל. -Idem, Jerusa
lem (1943) תשי״ג, מ״ח-ע״ט.

Moore, G.F., siehe 12. 2, Intermediaries..., 62-85.

Murtonen, A., *The Figure of Metatron.* VT 3, 1953, 409-411.

Odeberg, H., siehe 12. 3, 79-146 (= §§ 8-13).

Perles, J., *Etymologische Studien zur Kunde der rabbinischen Sprache und Altertümer*. MGWJ 19, 1870, 210-217. 253-267. 310-326. 375-384. 418-431. 457-478. 493-524. 558-567, hier bes. 420-423.

Rosenau, W., *Some Notes on Akteriel*. Oriental Studies. FS P. Haupt ed. by C. Adler and A. Ember. Baltimore/Leipzig 1926, 103-105.

Scholem, G.G., siehe 1.

שלום, ג., בליאר (בליאד, בילִיד, BELIAR) מלך השדים. מדעי היהדות א׳ (ידיעות ,.Idem)
המכון למדעי היהדות III), תרפ״ו-תרפ״ז/1925/26, 127-112.

Idem, Major Trends in Jewish Mysticism. New York 1941 (1963), 67-70.

Idem, Jewish Gnosticism, Merkaba Mysticism and Talmudic Tradition. New York 1960 (1965²), 43-55: *Some Remarks on Metatron and Akatriel*.

Idem, Ursprung und Anfänge der Kabbala. Berlin 1962 (SJ 3), 106-109. 186-190 [vgl. auch indices].

Stroumsa, G.G., siehe 14. 2.

Schwab, M., siehe 12. 1.

Vajda, G., *Pour le Dossier de Metatron*. Studies in Jewish Religious and Intellectual History presented to A. Altmann. Ed. by S. Stein and R. Loewe. Alabama (1979), 345-354.

12. 5   Das sanctus, הקדושה (Auswahl)

Altmann, A. (אלטמן, א.), siehe 12. 3.

פליישר, ע,, לנסחה הקדום של קדושת העמידה. Sinai 63, תשכ״ח/1968 (.Fleischer, E)
/69, רכ״ט-רמ״א.

פליישר, ע., לתפוצתן של קדושות העמידה והיוצר במנהגות התפילה של בני א״י (Idem)
Tarb. 38, תשכ״ט/1969/70, 284-255.

Gruenwald, I. (גרינולד, א.), siehe 3.

היינמן, י., קדושה ו״מלכיות״ של קריאת שמע וקדושה דעמידה. שי להימן (.Heinemann, J)
מחקרים בספרות העברית של ימי הביניים מוגשים ל-א. מ. הברמן (היימן הירושלמי).
ערך צ. מלאכי בהשתתפות י. דוד Jerusalem תשל״ז (1977/78), 119-107 = בספרו:
עיוני תפילה. קיבץ וערך א.שנאן. Jerusalem תשמ״א/(1981), 21-12.

Kries, A. v., Zur Erforschung der jüdischen Liturgie innerhalb der Wissenschaft des Judentums. Diss. München 1976, 141-145: *Anhang C: Die Keduscha*. [Bibliographie!]

מאך, מ., קדושים - מלאכים / האל והליטורגיה השמימית. ספר זכרון ל- א. גוט -.(Mach, M)
ליב בעריכת מ.אורון. תל אביב,(בדפוס).

Marmorstein, A., *Zum Wortlaut der Keduschah.* FS A. Freimann hrsg.v. A. Marx und H. Meyer. Berlin 1935, 162-166.

Weinfeld, M., *The Heavenly Praise in Unisone.* מקור חיים Meqor Hajjim. FS G. Molin hrsg. v. J. Seybold. Graz 1983, 427-437.

Idem (ויינפלד, מ.), siehe 5.

Werner, E., *The Genesis of the Liturgical Sanctus.* Essays Presented to E. Wellesz. Ed. by J. Westrup. Oxford 1966, 19-32.

13 Das Neue Testament
13. 1 Überblicksforschungen

Coke, P.T., *Los Angelos del Hijo del Hombre.* EsB 32, 1973, 283-289.

Hurtado, L.W., One God, One Lord. Early Christian Devotion and Ancient Jewish Monotheism. Philadelphia (1988), bes. 71-92. 155-160: *Principal Angels.*

Langton, E., The Angel Teaching of the New Testament. London 1937 [n.v.].

Lindblom, J., Gesichte und Offenbarungen. Vorstellungen von göttlichen Weisungen und übernatürlichen Erscheinungen im ältesten Christentum. Lund (1986) (SHVL 65), 68-77: *5. Angelophanien und Engelepiphanien.*

Meijer, J., De engelen in de openbaringsgeschiedenes. 1959 [n.v.].

Michl, J., *Die biblische Angelologie. 2. Das Neue Testament.* (siehe unter Tavard 14. 3, 9-19).

Miranda, O.A., The Work and Nature of Angels According to the New Testament. Diss. Princeton - New Jersey 1962.

Roets, A., *Doctrina Novi Testamenti de munere angelorum in oeconomia christiana.* CGan 2nd. ser. 1, 1951, 35-41.

Schick, E., Die Botschaft der Engel im Neuen Testament.Stuttgart 1940; Basel 1945[2]; 1946[3].

Schlier, H., *Der Engel nach dem Neuen Testament.* ALW 6, 1959, 43-56. = Die Engel in der Welt von heute. Ges.Aufs. hrsg.v. T.Bogler. 2., erw. Aufl. Maria Laach 1960 (LuM 21), 38-54 = Idem, Besinnung auf das Neue Testament. Exegetische Aufs. und Vorträge II. Freiburg e.a. (1964), 160-175 = *Les anges dans le Nouveau Testament.* Idem, Essays sur le N.T. Lectio divina 46, 1968, 187-204. [n.v.].

Stählin, G., *Christus und die Engel.* Begegnung mit Engeln. Dokumente religiöser Erfahrung hrsg. v. A. Rosenberg. München-Planegg 1956, 37-66. 111-113.

13. 2 Dämonologie (Auswahl)

Bauckham, R., siehe 14. 3.

Baumbach, G., Das Verständnis des Bösen in den synoptischen Evangelien. Berlin 1963 (ThA 19), bes. 27-49. 105-120. 164-204.

Böcher, O., Dämonenfurcht und Dämonenabwehr. Ein Beitrag zur Vorgeschichte der christlichen Taufe. Stuttgart 1970 (BWANT 90).

Idem, Das Neue Testament und die dämonischen Mächte. Stuttgart (1972) (SBS 58).

Boyd, J.M., Satan and Mara. Christian and Buddhist Symbols of Evil. Leiden 1975 (SHR 27).

Caird, G.B., siehe 13. 3.

Conybeare, F.C., *The Demonology of the New Testament*. JQR 8, 1896/97, 576-608 [=part I:] *Christian Demonology II-IV*. JQR 9, 1896/97, 59-114. 444-470. 581-603.

Delton, W.J., Christ's Proclamation to the Spirits. A Study of I Peter 3: 18-4: 6. Rom 1965 (AnBib 23), bes. 163-196.

Eitrem, S., Some Notes on the Demonology in the New Testament. Oslo 1950 (SO.S 12).

Forsyth, N., siehe 2.1.

Garrett, S.R., The Demise of the Devil. Magic and the Demonic in Luke's Writings. Minneapolis (1989).

Hoennicke, G., *Die Teufelsidee in den Evangelien*. Neutestamentliche Studien. FS G. Heinrici (hrsg.v. A. Deißmann und H. Windisch). Leipzig 1914 (UNT 6), 208-212.

Kallas, J., The Satanward View. A Study in Pauline Theology. Philadelphia (1966).

Kelly, H.A., *The Devil in the Desert*. CBQ 26, 1964, 190-220.

Kruse, H., *Das Reich Satans*. Bibl 58, 1977, 29-61.

Lee, J.Y., *Interpretating the Demonic Powers in Pauline Thought*. NT 12, 1970, 54-69.

Ling, T., The Significance of Satan. New Testament Demonology and Its Contemporary Relevance. London 1961.

Manson, T.W., *Principalities and Powers: The Spiritual Background of the Work of Jesus in the Synoptic Gospels*. SNTS.B 3, 1952, 7-17.

Morrison, C.D., The Powers that Be. Earthly Rulers and Demonic Powers in Romans 13.1-7. London (1960) (SBT).

Noack, B., Satanas und Soteria. Untersuchungen zur neutestamentlichen Dämonologie. København 1948.

Pimentel, P., *The „unclean spirits" of St. Mark's Gospel*. ExTi 99, 1988, 173-175.

Prat, F., *Le triomphe du Christ sur les principantes et les puissances*. RSR 3, 1912, 210-229.

Reicke, B., The Disobedient Spirits and Christian Baptism. A Study of I Pet III. 19 and Its Context. Kopenhagen 1946 (ASNV 13).

Riekkenen, V., Römer 13. Aufzeichnung und Weiterführung der exegetischen Diskussion. Helsinki 1980 (DHLASF 23) [umfangreichste Bibliographie zur Frage der dämonologischen Interpretation von Röm 13].

Russel, J.B., Satan: The Early Christian Tradition. Ithaca 1981.

Idem, The Devil. Perceptions of Evil from Antiquity to Primitive Christianity. Ithaca (1977).

Schlier, H., *Mächte und Gewalten im Neuen Testament*. ThBl 9, 1930, 289-297 =

Idem, *Mächte und Gewalten im Neuen Testament*. GuL 31, 1958, 173-183 = Idem, Besinnung auf das Neue Testament. Exegetische Aufs. und Vortr. I-II. Freiburg e.a. 1964, II 146-159.

Idem, Mächte und Gewalten im Neuen Testament. Freiburg 1958 (QD 3), [1963³ - n.v.].

Schmidt, K.L., *Die Natur- und Geisteskräfte im paulinischen Erkennen und Glauben*. ErJb 19, 1947, 87-143.

Smit, J., De daemoniacis in historia evangelica. Rom 1913 (SPIB).

Vgl. weiter C. Colpe 2.2 und ThWNT X/2, 1034-1036.1261f.

13. 21 ἄρχοντες τοῦ κόσμου

Carr, W., *The Rulers of this Age - I Corinthians ii. 6-8*. NTS 23, 1976/77, 20-35.

Feuillet, A., *Les „Chefs de ce siècle" et la Sagesse divine d'après I Cor. 2 , 6-8*. SPCIC. I-II Rom 1963 (AnBib 17-18), I, 383-393.

Miller, G., *Τῶν ἀρχόντων τοῦ αἰ νος τούτου: A New Look at 1 Corinthians 2, 6-8*. JBL 91, 1972, 522-528.

Schniewind, J., *Die Archonten dieses Äons, I.Kor. 2, 6-8*. Nachgelassene Reden und Aufsätze. Mit e.Vorw. v. G. Heinzelmann hrsg. v. E. Kähler. Berlin 1952 (= repr. Mit e.Vorw. v. H.-J. Kraus Giessen/Basel 1987), 104-109.

13. 3 Paulus
13. 31 Allgemein

Arnold, C.E., *The „Exorcism" of Ephesians 6. 12 in Recent Research: A Critique of Wesley Carr's View of the Role of Evil Powers in First-Century AD Belief.* JSNT 29, 1987, 71-87.

Baumgarten, J., Paulus und die Apokalyptik. Die Auslegung apokalyptischer Überlieferung in den echten Paulusbriefen. Neukirchen 1975 (WMANT 44), 147-158: *Angelologie, Dämonologie, Satanologie.*

Caird, G.B., Principalities and Powers. A Study in Pauline Theology. Oxford 1956.

Carr, W., Angels and Principalities. The Background, Meaning and Development of the Pauline Phrase HAI ARCHAI KAI HAI EXOUSIAI. Cambridge 1981 (SNTS.MS 42).

Idem, siehe 13. 2.

De los Rios, E., *S. Paulus de angelicis hierarchis.* VD 9, 1929, 289-297.

Dibelius, M., Die Geisterwelt im Glauben des Paulus. Göttingen 1909.

Ellis, E.E., *„Spiritual" Gifts in the Pauline Community.* NTS 20, 1973/74, 128-144.

Everling, O., Die paulinische Angelologie und Dämonologie. Ein biblisch-theologischer Versuch. Göttingen 1888.

Jones, M., *St. Paul and the Angels.* Exp 8th ser. 16, 1921, 356-370. 412-425.

Kurze, G., Der Engels- und Teufelsglaube des Apostels Paulus. Freiburg 1915.

Lee, J.Y., siehe 13. 2.

Miller, G., siehe 13. 21.

Moran, J.W., *St. Paul's Doctrine on Angels.* AEcR 132, 1955, 378-384 [n.v.].

Philips, G., *De Angelis et Daemonibus secundum S. Paulum.* REcL 31, 1939-41, 226-236.

Roets, A., *Doctrina Paulina de angelis.* CGan 2nd.ser. 1, 1951, 132-136.

Sanders, J.A., *Dissenting Deities in Philippians 2, 1-11.* JBL 88, 1969, 279-290.

Schmidt, K.L., siehe 13.2

13. 32 Galaterbrief (vgl. 13. 34.)

Callan, T.D., The Law and the Mediator: Gal 3: 19b-20. Diss. Yale 1976.

Idem, *Pauline Midrash: The Exegetical Background of Gal 3: 19b.* JBL 99, 1980, 549-567.

Salvadori, L., *„Mediatori d'angeli" (Gal 3, 19-20).* RBR 17, 1982, 143-145.

13. 33 Der erste Brief an die Korinther

Delcor, M., *Les tribunaux de l'église de Corinthe et les tribuneaux de Qumran.* Studiorum Paulinorum Congressus Internationalis Catholicus. I-II. Rom 1963 (AnBib 17-18), II 535-548.

Fitzmyer, J.A., *A Feature of Qumran Angelology and the Angels of I Cor. XI 10.* zuletzt in: Idem, Essays on the Semitic Background of the New Testament. (Missoula/Mont. 1974) (SCSt 5), 187-217 [mit weiterer Bibliographie bes. 202ff].

Kittel, G., *Die Macht auf dem Haupte (I Kor. 11, 10).* Idem, Rabbinica. Leipzig 1920 (ARGU I/3), 17-31.

Küchler, M., Schweigen, Schmuck und Schleier. Drei neutestamentliche Vorschriften zur Verdrängung der Frauen auf dem Hintergrund einer frauenfeindlichen Exegese des Alten Testaments im Antiken Judentum. Freiburg/ Göttingen 1986 (Novum Testamentum et orbis antiquus 1), Kap. 4.

13. 34 Die στοιχεῖα τοῦ κόσμου im Galater- und Kolosserbrief

Bandstra, A. J., The Law and the Elements of the World. An Exegetical Study in Aspects of Paul's Teaching. Diss. Amsterdam (Kampen) 1964.

Blinzler, J., *Lexikalisches zu dem Terminus τὰ στοιχεῖα τοῦ κόσμου bei Paulus.* SPCIC I-II. Rom 1963 (AnBib 17-18), II, 429-443.

Bonhöffer, A., Epiktet und das Neue Testament. (Gießen 1911 = repr.) (Berlin 1964) (RGVV 10), 130-132 (ältere Literatur).

Calandra, G., *Il senso di „pienezza, elementi del mondo, primogenito di ogni creatura" nelle Lettere Paoline della cattività.* S. Paolo da Cesarea a Roma. Ed. B. Mariani. 1963, 259-275 [n.v.].

Cramer, A.W., Stoicheia tou kosmou. Interpretatie van en nieuvtestamentische term. Nieuwkoop 1961.

Delling, G., *Art.* στοιχεῖον. ThWNT 7, 670-687.

Francis, F. O., *Humility and Angelic Worship in Col 2: 18.* StTh 16, 1963, 109-134. = Conflict at Colossae. A Problem in the Interpretation of Early Christianity by Selected Modern Studies. Rev. ed. by F.O. Francis and W. A. Meeks (Missoula/Mont.) 1975 (SBL.SBS 4), 163-195.

Hatch, W.H.P., „*τὰ στοιχεῖα" in Paul and Bardaisan.* JTS 28, 1927, 181f.

Kurze, G.,*Die στοιχεῖα τοῦ κόσμου Gal 4 und Kol 2.* BZ 15, 1921, 335-337.

McMinn, J. B., An Historical Treatment of the Greek Phrase τὰ στοιχεῖα τοῦ κόσμου. Diss. Louisville (1951) [n.v.].

Scheu, L. E., Die Weltelemente beim Apostel Paulus (Gal 4, 3. 9; Kol 2, 8. 20). Diss. Catholic University Washington 1933.

Schweizer, E., *Die „Elemente der Welt" Gal 4, 3. 9; Kol 2, 8. 20.* (Verbum Veritatis. FS G. Stählin hrsg.v. O. Böcher und K. Haaker. Wuppertal 1970, 245ff [n.v.] =) Idem, Beiträge zur Theologie des Neuen Testaments. Neutestamentliche Aufs. (1955-1970). Zürich (1970), 147-163.

Idem, *Slaves of the Elements and Worshippers of Angels: Gal 4: 3, 9 and Col 2:8, 18, 20.* JBL 107, 1988, 455-468.

Vielhauer, P., *Gesetzesdienst und Stoicheiadienst im Galaterbrief.* Rechtfertigung. FS E. Käsemann hrsg.v. P. Stuhlmacher, W. Pöhlmann, J. Friedrich. Göttingen 1976, 543-555. = Idem, Oikodome. Aufsätze zum Neuen Testament II. Hrsg. v. G. Klein. München 1979 (ThB 65), 183-195.

Williams, L. A., *The Cult of the Angels at Colossae.* JTS 10, (1909 =) 1965, 413-438.

Wink, W., *The „Elements of the Universe" in Biblical and Scientific Perspective.* Zygon 13, 1978, 225-248.

Idem, Naming the Powers. The Language of Power in the New Testament. The Powers: Vol. 1: Naming the Powers. Philadelphia (1984), Vol. 2: Unmasking the Powers. The Invisible Forces that Determine Human Existence. ebd. (1987).

Yates, R., *Christ and the Powers of Evil in Colossians.* Studia Biblica 3, 1980 (JSNT. Suppl. 3), 461-468.

Zedda, S., *Il carattere Gnostico e Guidaico dell'errore colossese nella luce dei manoscritti del Mar Morto.* RivBib 5, 1975, 31-56.

13. 4 Die synoptischen Evangelien

Bernadin, J. B., *A New Testament Triad.* JBL 57, 1938, 273-279.

Collins, J.J., *The Gospel for the Feast of the Guardian Angels (Mt 18: 1-10).* CBQ 6, 1944, 423-434.

Flusser, D., *Sanktus und Gloria.* Abraham unser Vater. Juden und Christen im Gespräch über die Bibel. FS O. Michel hrsg.v. O. Betz. M. Hengel und P. Schmitt. Leiden 1963 (AGSU 5), 128-152. = Idem, Judaism and Christianity. Collection of Articles (Jerusalem 1973), 275-298.

Gaechter, P., *Die Engelerscheinungen in den Auferstehungsberichten.* ZKT 89, 1967, 191-202.

Michelini-Tocci, F., siehe 2. 2.

Philips, G., *De angelis in evangelio.* REcL 31, 1940, 172-179.

Schnellbächer, E. L., *Das Rätsel des νεανίσκος bei Markus.* ZNW 73, 1982, 127-135.

Winter, P., *Two Notes on Luke. 2. πλῆτος στρατιᾶς οὐρανίου, Lk II 13.* StTh 7, 1953, 164-165.

Zerwick, M., *Vidi Satanem sicut fulgur de caelo cadentem (Lc 10 , 17-20).* VD 26, 1948, 110-114.

13. 5 Das Johannesevangelium

Ackermann, J. S., siehe unter 4. 33.

Betz, O., siehe 3, hier: 149-158.

Buchanan, G.W., *John of Patmos and the Angel of Revelation.* Proceedings of the Sixth World Congress of Jewish Studies, Jerusalem 1973. Vol. 3, Jerusalem 1978, 159-173.

Emerton, J.A., siehe 8.

Jeremias, J., *Die Berufung des Nathanael (Joh 1,45-51).* ΑΓΓΕΛΟΣ 3, 1930, 2-5.

Michaelis, W., *Joh 1, 51, Gen 28, 12 und das Menschensohnproblem.* ThLZ 85, 1960, 561-578.

Neyrey, J.H., siehe 4. 33.

Quispel, G., *Nathanael und der Menschensohn (Joh 1, 51).* ZNW 47, 1956, 281-283.

Rowland, C., *John 1: 51, Jewish Apocalyptic and Targumic Tradition.* NTS 30, 1984, 498-507.

Windisch, H., *Angelophanien um den Menschensohn auf Erden. Ein Kommentar zu Joh 1, 51.* ZNW 30, 1931, 215-233.

Idem, *Joh 1, 51 und die Auferstehung Jesu. Ein Nachtrag zu dem Aufsatz: Angelophanien um den Menschensohn auf Erden (ZNW 1931, 215ff).* ZNW 31, 1932, 199-204.

13. 6 Die Apostelgeschichte

Bamberger, B.J., *The Sadducees and the Belief in Angels.* JBL 82, 1963, 433-435.

Daube, D., *On Acts 23: Sadducees and Angels.* JBL 109, 1990, 493-497.

Halévy, J., siehe 12. 2.

Lachs, S.T., *The Pharisees and Sadducees on Angels: A Reexamination of Acts XXIII. 8.* Gratz College Annual of Jewish Studies 6, 1977, 35-42.

Moulton, J.H., *„It is His Angel".* JTS 3, 1902, 514-527.

Zeitlin, S., *The Sadducees and the Belief in Angels.* JBL 83, 1964, 67-71.

13. 7 Der Hebräerbrief

Bakker, A., siehe 13. 11.

Braun, H., *Die Engel im Hebräerbrief.* Festgabe für H. Thyen. Heidelberg 1977, 98-100.

Dey, L.K.K., The Intermediary World and Patterns of Perfection in Philo and Hebrews. (Missoula/Mont. 1975) (SBL.DS 25).

McNicol, A.J., The Relationship of the Image of the Highest Angel to the High Priest Concept in Hebrews. Diss. Vanderbuilt (Nashville/Tenn.) 1974.

Nash, R.H., *The Notion of Mediator in Alexandrinian Judaism and the Epistle to the Hebrews.* WThJ 40, 1978, 89-115.

Silberman, L.H., siehe 3.

Spicq, C., L'Epitre aux Hébreux. I-II Paris 1953, II, 50-61: *Excursus I - Anges dans l'Epitre aux Hébreux.*

Williamson, R., Philo and the Epistle to the Hebrews. Leiden 1970 (ALGHJ 4), 183-201.

13. 8 Die verbleibenden Briefe

Benoit, P., ῝Αγιοι *en Colossiens 1.12: Hommes ou Anges?* Paul and Paulinism. Essays in Honour of C.K. Barrett ed. by M.D. Hooker and S.G. Wilson. London 1982, 83-99 [engl. summary: 100-101].

Berger, K., siehe 6.

Fossum, J., *Kyrios Jesus as the Angel of the Lord in Jude 5-7.* NTS 33, 1987, 226-243.

Rubinkiewicz, R., *„Die Geister im Gefängnis". Interpretation von 1. Petr. 3, 19 im Lichte von Hen 10, 4.12.* [Polnisch] Roczniki Teologiczno-Kanoniczne 28, 1981, 77-87 [n.v.; vgl. RdQ 14, 1989, 164].

13. 9 Die Apokalypse des Johannes

Betz, O., siehe 3, hier: 149-158.

Black, M., siehe 3.

Dix, G.H., *The Seven Archangels and the Seven Spirits.* JTS 28, 1927, 233-250.

Günther, H.W., Der Nah- und Enderwartungshorizont in der Apokalypse des heiligen Johannes. Würzburg 1980, 145. 150-2.

Karrer, M., Die Johannesoffenbarung als Brief. Studien zu ihrem literarischen, historischen und theologischen Ort. Göttingen (1986) (FRLANT 140), 128-131: *Die Vorstellung der sieben Geister in der Apk*; 147-149: *Zur*

Frage einer Engelchristologie in der Apk; 169-186: *Das Einbringen der Gemeindeengelvorstellung in die Beauftragungen.*
Mantel, A., *Die Dienste der Engel nach der Apokalypse des Johannes.* BuL 2, 1961, 59-65.
Michl, J., Die Engelvorstellungen in der Apokalypse des heiligen Johannes. I: Die Engel um Gott. München 1937 [II nicht erschienen].
Müller, H.-P., *Die himmlische Ratsversammlung. Motivgeschichtliches zu Apc 5, 1-5.* ZNW 54, 1963, 254-267.
[Reichelt, H., Angelus interpres- Texte in der Johannes-Apokalypse. Strukturen, Aussagen und Hintergründe. Diss. Leipzig ca. 1991]
Rowland, C., *The Vision of the Risen Christ in Rev I. 13ff: The Dept of an Early Christology to an Aspect of Jewish Angelology.* JThS 31, 1980, 1-11.
Schaik, H.P.v., Αλλος ἄγγελος *in Apk 14.* L'Apocalypse johannique et l' Apocalyptique dans le NT. Ed. J. Lambrecht. Gambloux/Leuven 1980.
Schweizer, E., *Die sieben Geister in der Apokalypse.* EvTh 11, 1951/52, 502-512.
Sickenberger, J., *Die Deutung der Engel der sieben apokalyptischen Gemeinden.* RQ 35, 1927, 135-149.
Vögtle, A., ΤΩ ΑΓΓΕΛΩ...ΤΗΣ...ΕΚΚΛΗΣΙΑΣ. ORPB 67, 1966, 327-332.

14 Die alte Kirche
14.1 Antike Judenchristen
Bagatti, B., *Jesus, chef des anges.* TS(F) (Febr. 1966), 68.
Idem, The Church from the Circumcision. History and Archaeology of the Judaeo-Christians. Jerusalem (1970=) 1984 (SBF.CMa 2), 179-183: *Christ in relation to the angels.* 287-293: *The Angels and other Elements of the Cosmic Ladder.* [auch franz., port. und ital.].
Daniélou, J., *Trinité et Angélologie dans la Théologie judéo-chrétienne.* RSR 45, 1957, 5-41.
Idem, Histoire des doctrines chrétiennes avant Nicée. Théologie du Judéo-Christianisme. Paris e.a. 1958, 167-198: *Trinité et Angélologie.* = Idem, A History of Early Christian Doctrine before the Council of Nicaea. I: The Theology of Jewish Christianity. London/Philadelphia 1964 =1978, 117-146: *The Trinity and Angelology.*
Longenecker, R.M., The Christology of Early Jewish Christianity. (London 1970 = repr.) Grand Rapids (1981=1985), 26-32: *Angelomorphic Christianity.*

Mancini, J., *Un aspetto della teologia giudeo-cristiana: Cristo Angelo.* TS(I) 42/43, 1966, 72-76 = TS(F), 1966, 132-136.

Schoeps, H.-J., *Die Dämonologie der Pseudoclementinen.* Idem, Aus frühchristlicher Zeit. Tübingen 1950, 38-81.

Testa, E., *L'angelologia dei Giudeo-Cristiani.* SBFLA 33, 1983, 273-302.

14. 2 Engel-Christologie (vgl. 14. 1)

Bakker, A., *Christ an Angel ? A Study of Early Christian Docetism.* ZNW 32, 1933, 255-265.

Barbel, J., Christos Angelos. Die Anschauung von Christus als Bote und Engel in der gelehrten und volkstümlichen Literatur des christlichen Altertums. Zugleich ein Beitrag zur Geschichte des Ursprungs und der Fortdauer des Arianismus. Bonn 1941 (Theoph 3) [erw. Nachdr. 1964 - n.v.].

Idem, *Zur „Engel-Trinitätslehre" im Urchristentum.* ThRv 54, 1958, 49-58. 103-112.

Idem, *Zur Engelchristologie bei Novatian.* TThZ 67, 1958, 96-105.

Idem, *Christos Angelos. Die frühchristliche und patristische Engelchristologie im Lichte der neueren Forschung.* Die Engel in der Welt von heute. Ges. Aufs. hrsg.v. T. Bogler. 2., erw. Aufl. Maria Laach 1960 (LuM 21), 89-108.

Cavallera, F.,*Une prétendue controverse sur le Christ-Ange.* RSR 2, 1911, 56-59.

Karrer, M., siehe 13. 9.

(Libes, Y.) ליבס, י., מלאכי קול השופר וישוע שר הפנים. דברי הכנס הבינלאומי הראשון לתולדות המיסטיקה היהודית.(מחקרי ירושלים במחשבת ישראל ו' [תשמ"ז]) = -Proceedings of the First International Conference on the History of Jewish Mysticism. = JSJT 6, 1987, 171-195

MacDonald, W.G., *Christology and the „Angel of the Lord".* Current Issues in Biblical and Patristic Interpretation. Studies in Honour of M.C. Tenney ed. by G. F. Hawthorne. Grand Rapids/Mich. (1975), 324-335.

Malchow, B.N., siehe 4. 42.

Michaelis, W., Zur Engelchristologie im Urchristentum. Abbau der Konstruktion Martin Werners. Basel 1942 (GBTh 1).

Moxnes, H., *God and His Angel in the Shepherd of Hermas.* StTh 28, 1974, 49-56.

Rowland, C., siehe 13. 9.

Scheidweiler, F.,*Novatian und die Engelchristologie.* ZKG 66, 1954/5, 126-139.

Idem, *Zwei Anmerkungen zum Engelkult.* ZKG 68, 1957, 319-321.

Stroumsa, G.G., siehe 3.

Idem, *Form(s) of God; Some Notes on Metatron and Christ.* HThR 76, 1983, 269-288.

Werner, M., Die Entstehung des christlichen Dogmas problemgeschichtlich dargestellt. Bern/Leipzig 1941, 302-321: *Das Wesen des Christus nach der urchristlichen Lehre (Engelchristologie).* 321-349: *Die Nachwirkung der Auffassung des Christus als Engelwesen.*

Idem, *Christus Angelus. Zu einem katholischen Beitrag zur Erforschung der altchristlichen Auffassung von Christus als Engelwesen.* SThU 13, 1943, 62-70. 119-120.

14. 3   Die Kirchenväter

Amann, E., *L'ange du baptême dans Tertullien.* RevSR 1, (1921 = repr.) Amsterdam 1970, 208-221.

Andres, F., Die Engellehre der griechischen Apologeten des zweiten Jahrhunderts und ihr Verhältnis zur griechisch-römischen Dämonologie. Paderborn 1914 (FChLDG 12/3).

Idem, *Die Engel- und Dämonenlehre des Klemens von Alexandria.* RQ 34, 1926, 13-27. 129-140. 307-329.

Bagatti, B., siehe 14. 1.

Bauckham, R., *The Fall of the Angels as the source of Philosophy in Hermias and Clement of Alexandria.* VigChr 39, 1985, 313-330.

Baumstark, A., siehe 14. 4.

Benoit, P., *Fragment d'une prière contre les esprits impurs?* RB 58, 1951, 549-565.

Blane, C., *L'angélologie d'Origène.* StPatr 14 (=TU 117) (1976), 79-109.

[Budge, E.A.W., St. Michael the Archangel. Three encomiums by Theodosius, Severus, Patriarch of Antioch and Eustathius, Bishop of Trake. The Coptic texts with extracts from the Arabic and Ethipic versions, ed. with a translation. London 1884.]

Capelle, B., *Fondaments scriptuaires de l'angélologie liturgique.* Sacra Pagina: Miscellanea Biblica Congressus Internationales Catholici de Re Biblica. Ed. J. Coppens e.a. I-II. Paris/Gamblaux 1959 (BEThL 12-13), II 456-463.

Cayré, F., Initiation à la philosophie de saint Augustin. Paris 1947 (BAug.P 1), 204-207: *Le monde intelligible dans le anges.*

Cramer, Winf., Die Engelvorstellungen bei Ephräm dem Syrer. Rom 1965 (Or ChrAn 173).

Culianu, J.P., siehe 3.

Daniélou, J., siehe 3; 14. 1

Idem, *Besprechung zu „A. Kropp, Lobpreis ..."* [siehe unten]. RSR 55, 1967, 102-103.

Idem, Les anges et leur mission d'après les Pères de l'Eglise. 1953 [n.v.] = Chevetogne 1957 [n.v.] = Die Sendung der Engel. Salzburg (1963) (WuA 30) = [engl. Fassung] Westminster/Ma. 1957 [n.v.].

Idem, A History of Early Christian Doctrine Before the Council of Nicaea, London/Philadelphia vol. II: Gospel Message and Hellenistic Culture. (1973 = 1980), 427-434: *Demons and Idolatry in the Apologists*; 434-441: *The Demonology of Origen*; vol. III: The Origins of Latin Christianity (1977 = 1980), 405-411: *Idolatry and Demonology*; 412-418: *Pampa diaboli*.

Deissmann, A., siehe 3, hier: 393-399: Beilage 9: *Die sog. Planeteninschrift am Theater zu Milet ein spätchristlicher Schutzzauber*.

Dibelius, M., *Der Offenbarungsträger im „Hirten" des Hermas*. [Original: FS A. v. Harnack („Harnack-Ehrung") - n.v. =] Idem, Botschaft und Geschichte. Ges.Aufs. II: Zum Urchristentum und zur hellenistischen Religionsgeschichte. In Verb.m. H. Kraft hrsg.v. G. Bornkamm. Tübingen 1956, 80-93.

Forsyth, N., siehe 2.1.

Frank, P.S., ΑΓΓΕΛΙΚΟΣ ΒΙΟΣ. Begriffsanalytische und Begriffsgeschichtliche Untersuchung zum „engelgleichen Leben" im frühen Mönchtum. Münster (1964) (BGAM 26).

Geerlings, H.J., De antieke daemonologie en Augustinus' Geschrift Divinatione Daemonium. Diss. Den Haag/s'Gravenhaage 1953 [n.v.].

Ghius, B., *Ingerii la Sfenti parinti [Die Engel bei den Kirchenvätern]*. Metropolia Olteniei (Craiova) 9, 1957, 350-356 [n.v.].

Giversen, S., *Solomon und die Dämonen*. Essays on the Nag Hammadi Texts in Honour of A. Böhlig. Ed. by M. Krause. Leiden 1972 (NHS 3), 16-21.

Glorieux, P., Autour de la Spiritualité des anges. Dossier scriptuaie et patristique rass.... Tournai e.a. (1960) (MCS 3).

Goodenough E.R., The Theology of Justin Martyr. An Investigation into the Conceptions of Early Christian Literature and its Hellenistic and Judaistic Influences. (Jena 1923 = repr.) Amsterdam 1968, 189-205: *The Lower Powers*.

Gokey, F.X., The Terminology for the Devil and the Evil Spirits in the Apostolic Fathers. Washington (1961) (PatSt 93) [= Repr. New York 1982].

Goldfahn, A.H., siehe 12. 2.

Grant, R.M., Greek Apologists of the Second Cantury. Philadelphia (1988), 63-64: *Angels and Demons*.

Heiser, L., Die Engel im Glauben der Orthodoxie. Trier 1976 (Sophia. Quellen zur östlichen Theologie 13).

Heising, A., *Der heilige Geist ud die Heiligung der Engel in der Pneumatologie des Basilius von Cäsarea. Ein Beitrag zum Verständnis der theologischen Arbeitsweise in der griechischen Patristik.* ZKTh 87, 1965, 257-308.

Journet, C., *L'aventure des anges.* NV 33, 1958, 127-154 [n.v.].

Kropp, A., Der Lobpreis des Erzengels Michael (vormals P. Heidelberg Inv. Nr. 1686). Brüssel 1966 [vgl. oben: Danielou].

Kurz, L., Gregors des Großen Lehre von den Engeln. Diss. Rom 1938.

Lechner, O., *Zu Augustins Metaphysik der Engel.* StPatr 9/3 (= TU 94) (1966), 422-430.

Leclerq, D.H., *Mélanges d'épigraphie chrétienne: I. L'ange du tombeau, II. Les anges psychagogues, III. Les anges psychopompes.* RBen 1905, 65-67. 67-74. 74-80.

Legeay, D.H., *L'ange et les théophanies dans l'Ecriture Sainte d'après la doctrine des pères.* RThom 10, 1902 (=repr. 1965), 138-158. 405-424.

Lohse, B., *Zu Augustins Engellehre.* ZKG 70, 1959, 278-291.

Luecken, W., siehe 3.

Marrou, H.-I., *Un ange déchu, un ange pourtant.* [Satan. Les Études carmélitaines 1948, 28-43 - n.v. =] Patristique et humanisme. Mélanges par H.-I. Marrou. Paris (1976) (PatSor 9), 393-408.

Michelini-Tocci, F., siehe 2. 2.

Mossay, J., *L'intervention „angelique" dans le funérailles de Constance II. Note sur Grégoire de Nazianze,* Oratio v,*16.* Mélanges liturgiques offerts à B. Botte. Louvain 1972, 379-399.

Müller, C.D.G., Die Engellehre der koptischen Kirche. Wiesbaden 1959.

Oeyen, C., Las Potencias de Dios en los dos primeros siglos cristianos, I: Acerca de la Pneumatologia de Clemente Alejandro. Buenos Aires 1963 [n. v.]. = *Eine frühchristliche Engelpneumatologie bei Klemens von Alexandrien.* IKZ 73/292 (N.F. 55), 1965, 102-120; 74/293 (N.F. 56), 1966, 27-47.

Idem, *Die Lehre der göttlichen Kräfte bei Justin.* StPatr 11/2 (= TU 108) (1972), 215-221.

O'Maara, J.J., siehe 15.

Osborn, E., *The Intermediate World in Origen's On Prayer*. Origeniana Secunda. Seconde colloque internationale des études origéniennes. Textes rass. par H. Cruezel, A. Quaequareli. (Rom)1980 (QVetChr 15), 95-103.

Osborn, E.F., Justin Martyr. Tübingen 1973 (BHTh 47), 32-35: *The Angel of the Great Counsel: ἀγγελὸς μεγάλης βουλῆς*; 55-65: *The Demons, Enemies of the Word*.

Owen, E.C.E., *Δαίμων and Cognate Words*. JThS 32, 1931, 133-153.

Pastore, M., Gli angeli in S. Ambrogio. Rom 1949 [n.v.].

Patrides, C.H., *I nove ordini degli angeli. Storie de una idea*. Sophia (Padova) 33 (1965), 341-348. (geht zurück auf die folgenden: Patrides, C.A., *Renaissance Thought on the Celestial Hierarchy: The Decline of a Tradition*. JHI 20, 1959, 155-166 und idem, *Renaissance views on the „vnconfused orders angellick"* [sic]. JHI 23, 1962, 265-267).

Perdrizet, P., siehe 10. 7.

Pelz, K., Die Engellehre des heiligen Augustinus. Münster 1913 [n.v.].

Peterson, E., Das Buch von den Engeln. Stellung und Bedeutung der heiligen Engel im Kultus. Leipzig 1935 [München 1955² - n.v.]. = [engl. Übers.] The Angels and the Liturgy. London 1964.

(Pines, S.) פינס, ש., מאפלה לאור גדול. מחקרים בספרות מוגשים ל-ש. הלקין. בעריכת ע. פליישר Jerusalem תשל"ג (1973), 173-179.

(Idem) פינס, ש., האל, הכבוד והמלאכים לפי שיטה תיאולוגית של המאה השניה לספירה. דברי הכנס הבינלאומי השני לתולדות המיסטיקה היהודית. ראשית המיסטיקה היהודית באירופה. מחקרי ירושלים במחשבת ישראל ו'[תשמ"ז]) = -of the Proceedings Second International Conference on the History of Jewish Mysticism. The Beginnings of Jewish Mysticism in Medieval Europe (= JSJT 6, 1987), 1-14.

Polotsky, H. J., *Suriel der Trompeter*. Muséon 49, 1936, 231-243. = Idem, Collected Papers. Jerusalem 1971, 288-300.

Preisendanz, K., siehe 1.

Proost, D.R., *La simplicité des substances spirituelles à l'origine de la philosophie chrétienne*. RBen 20, 1903, 52-63.

Rapisarda, E., *L'angelo della morte in Virgilio e ih Tertulliano (Aen. IV, 242-244; De an. 53, 6)*. Acta philologica III in memoriam N. I. Herescu. Rom 1964, 307-311.

Recheis, A., Engel, Tod und Seelenreise. Das Wirken der Geister beim Heimgang des Menschen in der Lehre der alexandrinischen und kappadokischen Väter. Rom 1958 (TeT 4).

Riedinger, U., *Eine Paraphrase des Engel-Traktates von Klemens von Alexandreia in den Erotapokriseis des Pseudo-Kaisarios?* ZKG 73, 1962, 253-271.

Rohland, J.P., siehe 3.

Rousse, J., *Les anges et leur ministère selon Saint Grégoire de Nazianze.* MSC 22, 1965, 133-152.

Ruhbach, G., Engel und Dämonen in der frühen griechischen Kirche und ihr geistesgeschichtlicher Hintergrund. Habil. Heidelberg 1966 [n.v.].

Scheidweiler, F., siehe 14. 2.

[Schneider, J.W., Michael und seine Verehrung im Abendland. Eine Studie zur Bewußtseinsentwicklung der Völkerwanderungszeit und des Mittelalters. Alte Michaels-Lieder und Michaels-Gebete. Ges. u. übertr. Dornach (Geering) 1981. - n. v.]

Schoeps, H.-J., siehe 14. 1.

Scopelo, M., *Le Myth de la „chute" des anges dans l'Apocryphon de Jean (II. 1) de Nag Hammadi.* RevSR 54, 1980, 220-230.

Severus, E.v., *ΒΙΟΣ ΑΓΓΕΛΙΚΟΣ. Zum Verständnis des Mönchslebens als „Engelleben" in der christlichen Überlieferung.* Die Engel in der Welt von heute. Ges. Aufs. hrsg.v. T. Bogler, 2. Aufl., Maria Laach 1960 (LuM 21), 73-88.

Sheldon-Williams, I.P., siehe 15.

Simonetti, M., *Due note sull' angelologia Origeniana.* RCCM 4, 1962, 165-208.

Solms, E. de, Anges et démons. Textes patristiques trad. par...Intr.de L.Boyer. Vanban 1972 (Les Point Cardineux 21).

Staniek, E., *Angelologia w Pasterzu Hermasa [Die Engellehre im „Pastor" von Hermas].* STV 9, 1971, 51-82.

Tavard, G. (unter Mitarbeit von A. Caquot und J. Michl), Die Engel. Freiburg e.a. 1968 (HDG II 2b).

Testa, E., siehe 14. 1.

Turmel, J., *Histoire de l'angélologie du temps apostolique à la fin du cinquième siècle.* RHLR 3, 1898, 288-308. 407-434. 533-552. [n.v.].

Idem, *L'angélologie depuis le faux Denys l'Aréopagite.* RHLR 4, 1899, 217-238. 289-309. 414-434. 537-562.

van der Lof, L. J., *Les interlocuteurs d'Augustin dans le De Divinatione daemonium.* REAug 13, 1967, 25-30.

van Esbroeck, M., *Nathanaël dans une homélie géorgienne sur les Archanges.* AnBoll 89, 1971, 155-176.

Weinel, H., *Die spätere christliche Apokalyptik*. ΕΥΧΑΡΙΣΤΗΡΙΟΝ. Studien zur Religion und Literatur des Alten und Neuen Testaments. FS H. Gunkel hrsg.v. H. Schmidt. Göttingen 1923 (FRLANT 36, 1-2), II 141-173.

Wey, H., *Die Funktionen der bösen Geister bei den griechischen Apologeten des zweiten Jahrhunderts nach Christus*. Winterthur 1957 (Diss. Zürich 1957).

[Winklhofer, A., *Angelus ne cadat. Angelologische Erwägungen zu einer Sequenz Gottschalks von Limburg* . ALW 6, 1959, 57-61.]

14. 4 Die christliche Liturgie

Baumstark, A., *Trishagion und Qeduscha*. JLW 3, 1923, 18-32.

Capelle, B., siehe 14. 3.

Flusser, D., siehe 13. 4.

Idem,*Jewish Roots of the Liturgical Trishagion*. Immanuel 3, 1973/74, 37-43.

Heiming, O., *Der Engel in der Liturgie*. Die Engel in der Welt von heute. Ges. Aufs. hrsg.v. T.Bogler. 2., erw. Aufl. Maria Laach 1960 (LuM 21), 55-72.

Michl, J., *Duo seraphim clamabant alter ad alterum*. ThGl 29, 1937, 440-446.

Neuenheuser, B., *Der Engel im Zeugnis der Liturgie*. ALW 6, 1959, 4-27.

Peterson, E., siehe 14. 3.

Segal, P., *Early Christian and Rabbinic Liturgical Affinities: Exploring Liturgical Acculturation*. NTS 30, 1984, 63-90.

Spinks, B.D., The sanctus in the eucharistis prayer. Cambridge e.a. (1991).

van Unnik, W.C., *1Clem 34 and the „Sanctus"*. VigChrist 5, 1951, 204-248.

Wéry, E., *Les anges dans la liturgie*. QLP 34, 1953, 199-202.

Wintersig, A., *Die Engel in der Liturgie*. MS(D?) 55, 1925, 222-227 [n.v.].

Wobbe, J., *Das Gloria (Lk 2, 14)*. BZ 22, 1934, 118-152. 224-245; 23, 1935/36, 358-364.

14. 5 Altchristliche Kunst

Alverny, M.-T. d', *Les anges et le our*. CahArch 9, 1957, 271-300.

Beck, A.C.M., Genien und Niken als Engel in der altchristlichen Kunst. (Diss. Giessen) Düsseldorf 1936 [n.v.].

Feliş, K.,*Die Niken und die Engel in altchristlicher Kunst*. RQ 26, 1912, 3-25.

Kirschbaum, E.,*L'angelo rosso e l'angelo turchino*. RivAC 17, 1940, 210-248.

Leclerq, D.H., siehe 14. 3.

Lugt, F., siehe 3.

Perdrizet, P., siehe 10. 7.

Stuhlfauth, G., *Die Engel in der altchristlichen Kunst.* Freiburg i.B. 1897 (ASCA 3).

14. 6 Die hier erwähnten Gnostica (Vgl. weiter 2. 2 / 13. 2 / 13. 21.)

Böhlig, A., siehe 3.
Culianu, J.P., siehe 3.
Fossum, J., siehe 6.
Gianotto, C., siehe 6.
Grant, R.M., siehe 3.
Janssens, Y., siehe 4. 41.
Maier, J., siehe 4. 52.
Michelini-Tocci, F., siehe 2. 2.
Michl, J., siehe 1 (RAC-Art).
Quispel, G., siehe 13. 5.

Preisendanz, K., siehe 1.
Robinson, S.E., siehe 10. 4.
Schneider, T., siehe 3.
Stroumsa, G.(A.)G., siehe 2. 2 [34-70: *The Archons as seducers]*, 3.
Scholem, G. G., siehe 12. 4.
Scopelo, M., siehe 14. 3.
Szabo, A., siehe 2. 1.
Zedda, S., siehe 13. 34.

15 Pagane Angelologie und Dämonologie (Auswahl)

Abt, A., Die Apologie des Apuleius von Madaura und die antike Zauberei. Beiträge zur Erläuterung der Schrift de magia. (Gießen 1908 = repr.) (Berlin 1967) (RGVV IV/2), 187/252-183/257.

Andres, F., siehe 14. 3.

Idem, *Art. Angelos.* PRE. Suppl. 3, 101-114.

Idem, *Zum Art. Daimon.* PRE. Suppl. 3, 267-322.

Bertier, J., *Les aspects philosophiques de la demonologie antique.* Entretiens sur l'homme et le diable sous la direction de M. Milner. Paris/La Haye 1965, 25-33. 34-49.

Bonhöffer, A., Epictet und die Stoa. Untersuchungen zur stoischen Philosophie. (Stuttgart 1894 = repr.) Stuttgart-Bad Cannstatt 1968, 81-86.

Bousset, W., *Zur Dämonologie der Spätantike.* ARW 18, 1915, 134-172.

Boyance, P., *Les deux démons personnels dans l'Antiquité grecque et latine.* RevPhil 61, 1935, 189-202 [n.v.].

Brenk, F.E., *„A Most Strange Doctrine."* Daimon *in Plutarch.* CJ 69, 1973, 1-11.

Idem, *In the Light of the Moon: Demonology in the Early Imperial Period.* ANRW II/16, 3, 1986, 2068-2145 [mit weiterer Bibliographie].

Burkert, W., Greek Religion. Cambridge/Mass. (1985), 179-181: *Daimon.*

Cumont, F., siehe 3.

Idem, *Les anges du paganisme.* RHR 72, 1915, 159-182.

den Boeft, J., Calcidius on Demons (Commentarius Ch. 127-136). Leiden 1977 (Ph Ant 33).
Detienne, M., De la pensée religieuse a la pensée philosophique. La notion de Daïmôn dans le pythagorisme ancien. Paris 1963 (BFPUL 165).
Idem, *La „démonologie" d'Empédocle*. REG 72, 1952, 1-17.
Idem, *Xénocrate et la démonologie Pythagoricienne*. REA 60, 1958, 271-279.
Dibelius, M., siehe 7. 1, 221-227: Δαίμων, δαιμόνιον.
Dillon, J., The Middle Platonists. A Study of Platonism 80 B.C. - A.D. 200. (London 1977), index s.v. „demon" etc.
Eitrem, S., Götter und Dämonen. Oslo (SO 34) [n.v.].
Geerlings, H.J., siehe 14. 3.
Gnilka, C., *Götter und Dämonen in den Gedichten Claudians*. AuA 18, 1973, 144-160.
Hall, A.S., *The Klarian Oracle at Oenoanda*. ZPE 32, 1978, 263-267.
Heinze, R., Xenokrates. Darstellung der Lehre und Sammlung der Fragmente. (Leipzig 1892 = repr.) Hildesheim 1965, 79-123.
Höfer, O., Art. *Theodaimon (Θεοδαιμων)*. ALGM V, 611-612.
Hopfner, T., Griechisch-ägyptischer Offenbarungszauber. I-II. Leipzig 1921-1924 (Studien zur Paläographie und Papyruskunde 21. 23), bes. I, 1-141; veränderter Nachdr. I-II/2 Amsterdam 1974ff, I, 1-127.
Lewy, H., Chaldean Oracles and Theurgy. Mysticism, Magic and Platonism in the Later Roman Empire. (Paris 1956/60) Nouvelle édition par M. Tardieu. Paris 1978, 157-164: *God, the Gods and the Angels*; 259-309: *Chaldaen Demonology*.
Lloyd, A.C., *Neo-platonic and Aristotelian logic - II. The two concepts of δύναμις*. Phronesis 1, 1955/56, 146-160.
Luck, G., Arcana Mundi. Magic and the Occult in the Greek and Roman Worlds. A Collection of Ancient Texts Translated, Annotated, and Introduced. Baltimore/London (1985), 161--225: *Daemonology*.
= Magie und andere Geheimlehren in der Antike. Stuttgart (1990), 205-288: *Dämonologie*.
Martinez, D.G., P. Michigan XVI. A Greek Love Charm from Egypt (P. Mich. 757). Edition and Commentary. Atalanta (1991) (ASP 30), 46-48.
Motte, A., *La catégorie platonicienee du démonique*. Anges et Démons. Actes du Colloque de liège de Louvain-la-Neuve, 25-26 novembre 1987. Ed. par J. Ries avec la coll. de H. Limet. Louvain-la-Neuve 1989 (Homo religiosus 14), 205-221.

Mühl, M., *Die traditionsgeschichtlichen Grundlagen in Platons Lehre von den Dämonen*. ABG 10, 1966, 241-270.

Nilsson, M.P., Geschichte der griechischen Religion. München (HAW V/2, 1-2), I: Die Religion Griechenlands bis auf die griechische Weltherrschaft. 2., durchg. u. erg. Aufl. 1955, 216-222: Δαίμων; II: Die hellenistische und römische Zeit. 1950, bes. 199-207.

O'Maara, J.J., Porphyry's Philosophy from Oracles in Augustine. Paris 1959 (EAug), 51-59. 98-115. 125

Pepin, J., *Influences paiennes sur l'angélologie et la démonologie de saint Augustin*. Entretiennes sur l'homme et le diable sous la direction de M. Milner. Paris/LaHaye 1965 (Centre culturel de Cerisyla-Salla, 24 juillet - 3 août 1964), 51-59. 60-74.

= Idem, *La doctrine platonicienne des anges et des démons*. Ex Platonicorum persona. Études sur les lectures philosophiques de saint Augustin. Amsterdam 1977, 27-38.

Perdrizet, P., Negotium perambulans in tenebris. Études de Demonologie Gréco-Orientale. Strasbourg/Paris 1922 (Publications de la Faculté des lettres de l'université de Strasbourg 6).

Peterson, E., *Engel- und Dämonennamen. Nomina Barbara*. RMP.NF 75, 1926, 393-421.

Prümm, K., Der christliche Glaube und die altheidnische Welt. I-II. Leipzig 1935, I, 137-159.

Preisendanz, K., siehe 1.

Rapisarda, E., siehe 14. 3.

Rhode, E., Psyche. Seelenkult und Unsterblichkeitsglaube der Griechen. 9. und 10. Aufl. mit einer Einf. v. O. Weinreich. Tübingen 1925. I-II, Indices, s.v. Dämon(en), δαίμων, κτλ.

Sheldon-Williams, I.P., *Henads and Angels. Proclus and the Ps. Dionysius*. St Patr 11/2 (= TU 108) (1972), 65-71.

Sheppard, A.R.R., *Pagan Cults of Angels in Roman Asia Minor*. Talanta. Proceedings of the Dutch Archaeological and Historical Society 12-13 (1980-81), 77-101.

Smith, J.Z., *Towards Interpretating Demonic Powers in Hellenistic and Roman Antiquity*. ANRW II.16.1 (1978), 425-439.

Speidel, M.P./Dimitrova-Milceva, A., *The Cult of the Genii in the Roman Army and a New Military Deity*. ANRW II/16, 2, 1978, 1542-1555.

Speyer, W., *Art. Gigant*. RAC 10, 1978, 1247-1276.

Sokolowski, F., *Sur le cult d'Angelos dans le paganisme Grec et Romain.* HThR 53, 1960, 225-229.

Stemplinger, E., Antiker Aberglaube in modernen Ausstrahlungen. Leipzig 1922 (Das Erbe der Alten, 2.R. H. 7), 19-23. 59-65.

Soury, G., La démonologie du Plutarque. Essai sur les idées religieuses et les mythes d'un platonicien éclectique. Paris 1942.

Idem, *Sens de la démonologie de Plutarque.* REG 52, 1939, 51-69.

Sybel, v., *Art. Daimon.* ALGM I, 938-939.

Tamborino, J. De antiquorum daemonismo. Giessen 1909 (RVV 7/3).

van den Horst, P.C., *ΔAIMΩN.* Mnem ser. 3, 10, 1942, 61-68.

Vernière, Y., *Nature et fonction des démons chez Plutarque.* Anges et Démons. Actes du Colloque de liège de Louvain-la-Neuve, 25-26 novembre 1987. Ed. par J. Ries avec la coll. de H. Limet. Louvain-la-Neuve 1989 (Homo religiosus 14), 241-251.

Waser, (?), *Art. Daimon (δαίμων).* PRE IV/2, 2010-2012.

Wendland, P., *Antike Geister- und Gespenstergeschichten.* Festschrift zur Jahrhundertfeier der Universität zu Breslau...hrsg.v. T. Siebs. Breslau 1911, 33-55.

Wilamowitz-Moellendorf, U. v., Der Glaube der Hellenen. I-II, (1952 = repr.) Darmstadt 1984, I, 355-364.

Wilford, F.A., *ΔAIMΩN in Homer.* Numen 12, 1965, 217-232.

Wünsch, R., *Art. Tierdämonen.* ALGM V, 1916-1924, 936-353.

16 Register der in der Bibliographie genannten Autoren (ohne Berücksichtigung der reinen Verweise)

Aall, A. 385
Abt, A. 413
Ackerman, H.C. 365
Ackermann, J.S. 368
Albright, W.F. 375
Albright, W.F., 379
Alexander, P.S. 392, 394
Allegro, J.M. 381
Allison, D.C. 381
Altmann, A. (אלטמן, א.) 394
Alverny, M.-T. d' 412

Amann, E. 407
Ambroggi, P. de 355
Andres, F. 407
Aptowitzer, V. 358, 395
Arnold, C.E. 400
Arnold, W.R. 378
Avishur, J. 369
Baeck, L. 392
Bagatti, B. 405
Bakker, A. 406
Bamberger, B.B. 355
Bamberger, B.J. 358, 403

Bampfylde, G. 373
Bandstra, A. J. 401
Bar-Ilan, M. (בר-אילן, מ.) 395
Barbel, J. 406
Barker, M. 358
Barrick, W.B. 375
Bartelemus, R. 370, 389
Barton, G.A. 390
Bauckham, R. 407
Bauer, J.B. 370
Baumbach, G. 398

Register zum bibliographischen Anhang 417

Baumgarten, J. 400
Baumgarten, J.M. 360, 381
Baumgartner, W. 365
Baumstark, A. 412
Beck, A.C.M. 412
Beer, (G.) 378
Beeston, A.F.L. 368
Belkin, S. 385
Bella, B.M. 365
Benoit, P. 404, 407
Berger, K. 381
Bernadin, J. B. 402
Bertholet, A. 355, 373
Bertier, J. 413
Betz, O. 360, 382
Beylot, R. 358
Bietenhard, H. 355, 358, 387
bin Gorion, E. 355
Bishop, E.F.F. 356
Black, M. 360, 389, 395
Blane, C. 407
Blinzler, J. 401
Blois, K.F. 358
Böcher, O. 355, 387, 398
Bogaert, P.-M. 387
Böhlig, A. 361
Bonhöffer, A. 401, 413
Borchert, O. 378
Bormann, K. 385
Bousset, W. 387, 413
Box, G.H. 361
Boyance, P. 413
Boyd, J.M. 398
Braun, H. 404
Brekelmans, C. 373

Brenk, F.E. 413
Bréhier, É. 385
Brock-Utne, A. 358, 370
Brown, R.E. 366
Brownlee, W.H. 382
Buchanan, G.W. 403
Budge, E.A.W. 407
Burkert, W. 413
Butterweck, A. 392
Caird, G.B. 400
Calandra, G. 401
Callan, T.D. 400
Capelle, B. 407
Caquot, A. 356, 363, 382, 389f, 411
Carlson, D.C. 389
Carmignac, J. 382
Carr, W. 399, 400
Cassutto, U. (קאסוטו, מ.ד.) 368, 370, 375, 377f
Castelli, D. 356
Cavallera, F. 406
Cayré, F. 407
Cazeaux, J. 386
Cazelles, H. 363, 370
Chaffer, L.S. 363
Charlesworth, J.H. 361
Chester, A. 392
Cleveland, R.L. 375
Clines, D.J.A. 370
Closen, G.E. 370
Cohen, M.S. 395
Cohen, N.G. 361
Cohn, L. 386
Coke, P.T. 397
Coleran, J.E. 370
Collins, J.J. 373, 402

Colpe, C. 358
Conybeare, F.C. 398
Cooke, G. 377
Coppens, J. 373, 378
Couturier, G. 366
Cramer, A.W. 401
Cramer, Winf. 408
Cremer, H. 355
Cripps, R.S. 378
Cross, F.M. 366
Crown, A.D. 363
Culianu, J.P. 361
Cumont, F. 361
Cunchillos, J.L. 363, 370, 377
Dahl, N.A. 386
Dan, Y.(J.) (דן, י.) 355, 395
Daniélou, J. 361, 382, 405, 408
Darmesteter, J. 370
Daube, D. 403
Davidson, G. 356
Davies, T.W. 358
Davies, W.D. 391
Day, J. 376
de Jonge, M. 382
De los Rios, E. 400
Decharneux, B. 386
Decock, P.B. 389
Deissmann, A. 361, 408
Delcor, M. 370, 382, 401
Delling, G. 401
Delton, W.J. 398
den Boeft, J. 414

Dequeker, L. 366, 373, 378
Dessenne, A. 375
Detienne, M. 414
Dexinger, F. 370
Dey, L.K.K. 386, 404
Dhorme, É. 358, 375
Di Lella, A.A. 373
di Nola, A. 358
Dibelius, M. 381, 400, 408
Diez Merino, L. 390
Dillmann, A. 363
Dillon, J. 386, 414
Dimant, D. (דימנט, ד.) 382
Dimitrova-Milceva, A. 415
Dion, P.E. 374
Dionisio, F. 382
Dix, G.H. 404
Doumézil, G. 380
du Troit Laubscher, F. 382
Duhm, H. 358, 377
Dupont-Sommer, A. 382
Dussaud, R. 368
Eissfeldt, O. 378
Eitrem, S. 398, 414
Ellis, E.E. 400
Emerton, J.A. 382
Enciso, J. 370
Eslinger, L. 370
Everling, O. 400
Fabry, H.J. 366, 369
Färber, P. 389
Fauth, W. 358, 395
Feigin, S. 379

Feliş, K. 412
Feuillet, A. 399
Ficker, R. 355
Finestone, D. 365
Firchow, O. 364
Fischer, J. 371
Fitzmyer, J.A. 401
Flattau, D. 355
Fleischer, E. (פליישר, ע.) 396
Flusser, D. (פלוסר, ד.) 361, 402
Fontinoy, C. 364
Forsyth, N. 356
Fossum, J. 380, 404
Francis, F. O. 401
Frank, P.S. 408
Frank-Duquesne, A. 358
Frey, J.-B. 387
Gaechter, P. 402
Gärtner, B. 382
Gammie, J.G. 380
Garrett, S.R. 398
Gaylord, H.E. 361
Geerlings, H.J. 408
Georgescu, J.V. 358
Gese, H. 371, 375
Ghius, B. 408
Gianotto, C. 382
Ginzberg, H.L. 355
Ginzberg, L. 383
Giversen, S. 408
Gnilka, C. 414
Görg, M. 375, 377
Gokey, F.X. 409
Goldberg, A. 361
Goldfahn, A.H. 392

Goldin, J. 361
Goldingay, J. 373
Gomá, C. 371
Gonzalo Rubio, C. 392
Gonzáles, A. 369
Goodenough E.R. 408
Gordon, C.H. 369
Graetz, (H.) 394
Grant, R.M. 362, 409
Gray, L.H. 380
Greene, J.T. 365
Greenfield, J.C. 377
Greenstein, E.L. 365
Gressmann, H. 387
Grill, S. 374
Grimm, D. 372
Grözinger, K.E. 355, 391, 394
Groß, H. 356
Gross, H. 364
Grünbaum, M., 359
Gruenwald, I. (גרינולד, א.) 362, 392
Grundmann, H. 355
Gry, L. 390
Grysson, R. 365
Günther, H.W. 404
Guggisberg, F. 365
Gunkel, H. 365
Gunther, J.J. 356
Guttmann, J. 355
Hackspill, L. 387
Halévy, J. 392
Hall, A.S. 414
Halusa, T. 388
Hamp, V. 355, 365
Hanhart, R. 373

Haran, M. (הרן, מ.) 375
Hartmann, B. 379
Hasel, G.F. 374
Hatch, W.H.P. 401
Hatziadakis, G.N. 381
Haubst, R. 355
Hegermann, H. 386
Heidt, W.G. 364
Heiming, O. 412
Heinemann, J. (היינמן, י.) 396
Heinisch, P. 364
Heinze, R. 414
Heiser, L. 409
Heising, A. 409
Heller, B. 359
Hendel, R.S. 371
Herrmann, W. 377
Heuschen, J. 371
Hilhorst, A. 365
Himmelfarb, M. 388
Hirth, V. 365
Höfer, O. 414
Höffken, P. 369
Hoenig, S.B. 383
Hoennicke, G. 398
Holstein, H. 383
Holzmeister, U. 362
Hopfner, T. 414
Horodetzky, S.A. (הורוד־צקי, ש.א.) 355, 392, 395
Hurtado, L.W. 397
Idel, M. (אידל, מ.) 394f
Jacoby, A. 375
Janssens, Y. 371
Japhet, S. 374

Jeremias, J. 369, 403
Jirku, A. 359
Johansson, N. 362
Johnson, A.R. 364
Johnson, N.B. 388
Joines, K.R. 377
Jones, M. 400
Joüon, P. 371
Journet, C. 409
Jüngeling, H.-W. 369
Jung, L. 359
Junker, H. 371
Kallas, J. 398
Kallis, A. 358
Kapelrud, A.S. 375
Kaplan, H. 389, 391
Karrer, M. 404
Katz, P. 381
Kaupel, H. 359, 389
Kee, H.C. 390
Keel, O. 375
Keferstein, F. 386
Kelly, H.A. 359, 398
Kessler, W. 378
Key, A.F. 377
Kingsbury, E.C. 367
Kirschbaum, E. 412
Kittel, G. 355, 401
Klatzkin, J. 355
Klener, J. 391
Kline, M.G. 371
Klinzing, G. 383
Knierim, R. 377
Koch, K. 374
Koch, O. 357
König, F.B. 380
Kohler, K. 392

Kohut, A. 380
Kolaska, A. 377
Kolenkow, A.B. 390
Kosmala, H. 383
Kraeling, E.G. 371
Krappe, A.H. 371
Kries, A. v. 396
Kroll, J. 359
Kropp, A. 409
Krüger, H. 375
Kruse, H. 359, 398
Küchler, M. 401
Kuhn, H. B. 388
Kuhn, H.-W. 383
Kurz, L. 409
Kurze, G. 400f
Lacheman, E. 377
Lachs, S.T. 403
Lagrange, M.-J. 365
Lamberigts, S. 383
Lameere, W. 386
Lampe, G.W.H. 381
Lana, M. 368
Landesdorfer, S. 375, 379
Landsberger, F. 362
Langton, E. 357, 359, 397
Lechner, O. 409
Leclerq, D.H. 409
Leclerq, H. 355
Lee, J.Y. 398
Lefebvre, M. 391
Legeay, D.H. 409
Lemonnyer, A. 355
Lewi, H. 359
Lewy, H. 414

Lewy, J. 357
Lévy, J. 391, 393
Libes, Y. (ליבס, י.) 406
Licht, J. (ליכט, י.) 355, 383
Lichtenberger, H. 383
Liebermann, S. 395
Limbeck, M. 355
Lindblom, J. 397
Lindström, F. 364
Ling, T. 398
Liverani, M. 378
Lloyd, A.C. 414
Lobina, A.M. 365
Lods, A. 359, 366
Loewenstamm, S.E. (ליונשטם, ש.א.) 367
Lohse, B. 409
Longenecker, R.M. 405
Loretz, O. 368f, 371, 377
Luck, G. 414
Luecken, W. 362
Lugt, F. 362
Lust, J. 364
Luzzatto, S.D. (לוצאטו, ש.ד.) 395
Maag, V. 359, 378
Mach, M. 362, 396
Machado Siqueira, T. 369
Mack, B.L. 386
Macler, F. 359
Maier, J. 358, 376
Malchow, B.N. 372
Mancini, J. 406
Mann, U. 357
Manson, T.W. 398
Mansoor, M. 383

Mantel, A. 405
Margalioth [Margolis], J. (מרגליות [מרגוליס], י.) 374
Margalioth, R. (מרגליות, ר.) 391, 395
Marmorstein, A. (מרמור- שטיין, א.) 356, 386, 393, 397
Marrou, H.-I. 409
Marsel, J. (מרזל, י.) 371
Martinez, D.G. 414
McKenzie, J.L. 377
McMinn, J. B. 401
McNicol, A.J. 404
Meier, S.A. 364
Meijer, J. 397
Merendino, R.P. 367
Mertens, A. 374
Mettinger, T.N.D. 367, 379
Meyer, R. 368
Meyer, S.M. 366
Michaelis, W. 403, 406
Michelini-Tocci, F. 359
Michl, J. 356, 360, 397, 405, 411f
Milik, J.T. 383
Miller, G. 399
Miller, P.D. 367
Miller, W.T. 393
Milligan, G. 381
Miranda, O.A. 397
Molenberg, C. 389
Montgomery, J.A. 380
Moore, G.F. 393, 395
Moran, J.W. 400

Morgenstern, J. 369
Morris), J. 387
Morris, J. 386
Morrison, C.D. 398
Mosca, P.G. 367
Mossay, J. 409
Motte, A. 414
Moulton, J.H. 380f, 403
Moxnes, H. 406
Mühl, M. 415
Müller, C.D.G. 358, 409
Müller, H.-P. 405
Mullen, E.T. 367
Munch, P.A. 389
Murray, R. 374, 379
Murtonen, A. 395
Nash, R.H. 404
Neuenheuser, B. 412
Newsome, C.A. 383
Neyrey, J.H. 369
Nickel, J. 376
Nicol, G.G. 377
Niehr, H. 369
Nikiprowetzky, V. 386
Nilsson, M.P. 415
Nitzan, B. 384
Noack, B. 399
Nötscher, F. 384
Noll, S.F. 384
North, R. 364, 372
Noth, M. 374
O'Callaghan, R.T. 369
O'Maara, J.J. 415
Odeberg, H. 394, 396
Oesterley, W.O.E. 357, 380, 388
Oeyen, C. 409

Register zum bibliographischen Anhang

Ohler, A. 364
Ohlmeyer, A. 366
Ollenburger, B.C. 376
Osborn, E. 410
Osborn, E.F. 410
Osten-Sacken, P. von der 384
Otzen, B. 389
Owen, E.C.E. 410
Patai, R. 376
Patrides, C.H. 410
Pautrel, R. 391
Pelz, K. 410
Pepin, J. 415
Perdrizet, P. 391
Perella, G.M. 371
Perles, J. 396
Petersen, D.L. 371
Petersen, L. 376
Peterson, E. 410, 415
Pfeiffer, G. 388
Pfeiffer, R.H. 376
Philips, G. 364, 371, 400, 402
Phillips, G.M. 371
Philonenko, M. 384, 387f
Pimentel, P. 399
Pines, S. (פינס, ש.) 410
Plato, D. (פלאטו, ד.) 391
Polotsky, H. J. 410
Prat, F. 399
Preisendanz, K. 356
Preuss, H.D. 369
Proost, D.R. 410
Prümm, K. 415
Pulver, M. 387

Quinlan, J. 357
Quispel, G. 403
Rad, G. v. 355
Randellini, L. 360
Rapisarda, E. 410
Rappoport, A.S. 357
Raurell, F. 381
Recheis, A. 410
Reicke, B. 399
Rendtorff, R. 378
Rhode, E. 415
Ridderbos, N.H. 372
Riedinger, U. 411
Riekkenen, V. 399
Ries, J. 356, 364
Rinaldi, G. 369, 376
Ringgren, H. 356
Robinson, H.W. 367
Robinson, S.E. 390
Roets, A. 397, 400
Röttger, H. 366
Rofè, A. (רופא, א.) 364, 371f, 374
Rohland, J.P. 362
Romeo, A. 366
Rosenau, W. 396
Rosenberg, A. 357, 364
Rosenstiehl, J.-M. 360
Ross, J.F. 372
Ross, J.P. 379
Rothstein, J.W. 371
Rowland, C. 374, 388, 403, 405
Rubinkiewicz, R. 389, 404
Ruddick, C.T. 362
Ruhbach, G. 411

Russel, J.B. 399
Russell, D.S. 388
Rybinski, J. 366
Saggs, H.W.F. 364
Salvadori, L. 400
Salvoni, F. 378
Sanders, J.A. 400
Savignac, J. de 377
Schäfer, P. (שפר, פ.) 390, 393f
Schärf, R.R. 360
Schaik, H.P.v. 405
Scharbert, J. 372
Schedl, C. 378
Scheffczyk, L. 357
Scheidweiler, F. 406
Scheu, L. E. 402
Schick, E. 397
Schiefer, W. 388
Schierse, F.J. 360
Schiffman, L.H. (שיפמן, י.) 384
Schlier, H. 356, 397, 399
Schlisske, W. 368, 378
Schmidt, H. 367, 376
Schmidt, K.L. 360, 399
Schmitt, H. 376
Schmitt, R. 379
Schneider, J.W. 411
Schneider, T. 362
Schnellbächer, E.L. 403
Schniewind, J. 399
Schoeps, H.-J. 406
Scholem, G.G. (שלום, ג.) 356, 393, 396
Schürer, E. 387

Schultz, J.P. 362
Schwab, M. 392
Schweizer, E. 358, 402, 405
Scopelo, M. 411
Seebaß, H. 356
Segal, A.F. 362, 386, 393
Segal, P. 412
Sekki, A.E. 384
Severus, E.v. 411
Sheldon-Williams, I.P. 415
Sheppard, A.R.R. 415
Shinan, A. (שנאן, א.) 393
Shunri, Y. 393
Sickenberger, J. 405
Silberman, L.H. 363
Simon, M. 363, 388
Simonetti, M. 411
Skehan, P.W. 368
Skrinjar, A. 372
Smieszek, A. 381
Smit, J. 399
Smith, J.Z. 415
Smith, M. 363
Sokolowski, F. 416
Sole, F.M. 366
Solms, E. de 411
Soury, G. 416
Speidel, M.P. 415
Speyer, W. 415
Spicq, C. 404
Spinks, B.D. 412
Stählin, G. 397
Staniek, E. 411
Stave, E. 380

Stein, B. 372
Stemplinger, E. 416
Stier, F. 366
Stroumsa, G.A.G. 360, 363
Strugnell, J. 385
Stuhlfauth, G. 413
Suter, D.W. 389
Suys, A. 364
Sybel, v. 416
Szabo, A. 357
Takahashi, M. 357
Tamborino, J. 416
Tavard, G. 356, 411
Tawil, H. 363
Testa, E. 406
Testuz, M. 390
Then, R. 372
Thompson, D. 372
Thompson, P.E.S. 360
Thompson, R.C. 360
Torczyner, H. 360
Torrey, C.C. 389
Tournay, R. 364, 372
Touzard, J. 366
Treves, M. 385
Trinquet, J. 376
Tsakonas, B. 388
Tsevat, M. 367, 369, 379
Tur-Sinai, N.H. 372
Turmel, J. 411
Unger, M.F. 365
Urbach, E.E. (אורבך, א.א.) 393
Urquiza, P.Y. 366
Vagaggini, C. 356
Vajda, G. 396

van den Born, A. 376
van den Horst, P.C. 416
van der Lof, L. J. 411
van der Woude, A.S. 366, 373, 379, 385
van Esbroeck, M. 411
van Unnik, W.C. 412
vanderNat, P.G. 358
Vaux, R. de 376
Veijola, T. 367
Vella, V.M. 366
Vermes, G. 391
Vernière, Y. 416
Vielhauer, P. 402
Vincent L.H. 375
Vögtle, A. 405
Vogt, E. 376
Vreigt-Lenz, J.ter 358
Walton, F.R. 391
Wambacq, B.N. 379
Ward, W.A. 377
Waser, (?) 416
Weber, F. 394
Weiß, J. 356
Weinel, H. 412
Weinfeld, M. (ויינפלד, מ.) 373, 385, 397
Weiss, F.D. 372
Welker, M. 357
Welten, P. 376
Wendland, P. 416
Wernberg-Møller, P. 385
Werner, E. 397
Werner, M. 407
Westermann, C. 366, 372
Westphal, G. 379
Wey, H. 412

Wéry, E. 412
Whybray, R.N. 367
Wickham, L.R. 372
Wilamowitz-Moellen-
    dorf, U. v. 416
Wilford, F.A. 416
Williams, L. A. 402
Williamson, R. 387, 404
Wilson, P.L. 357
Windisch, H. 387, 403

Wink, W. 402
Winklhofer, A. 412
Winter, P. 368, 403
Winter, U. 365
Winterbotham, R. 374
Wintersig, A. 412
Wobbe, J. 412
Wolfson, H.A. 387
Wright, G.E. 367
Wünsch, R. 416

Wünsche, A. 360
Yadin, Y. (ידין) 384f
Yates, R. 365, 402
Zedda, S. 402
Zeitlin, S. 403
Zerwick, M. 403
Ziegler, M. 357
Zimmermann, F. 388
Zintzen, C. 358
Zolli, E. 378

Register der modernen Verfasser

(Bei allen Registern beziehen sich die angegebenen Zahlen auf die Seite, im Falle einer Anmerkung auf die Seite, zu der die Anmerkung gehört. Der Unterschied von Text und Anmerkung konnte aus technischen Gründen nicht vermerkt werden.)

Achelis, H. 70
Ackerman, J.S. 19, 23, 28
Ahlström, G.W. 118
Albeck, C. 123
Albertz, R. 100, 104, 145
Albright, W.F. 14, 22f
Alexander, P. 138, 222, 230, 233, 235, 238, 264, 265, 292
Allison, D.C. 231, 236, 240
Alt, A. 54
Amir, Y. 9, 11, 109, 168
Amoussin, J.D. 316
Andersen, F.I. 137, 223, 236
Anderson, G.W. 130
Andres, F. 155
Aptowitzer, V. 238, 267
Armstrong, A.H. 175
Arnim, J.v. 110
Attridge, H.W. 302-304, 317, 321-323, 327
Augustin, M. 30, 63
Aune, D.E. 141
Avigad, N. 185, 199
Avishur, Y. 50
Baer, Y. 131

Bakker, A. 288
Balach, D.L. 303
Balz, H. 57
Banti, L. 156
Bar-Ilan, M. 125
Baras, Z. 200
Barbel, J. 292
Barnet, R.D. 36
Barré, M.L. 298
Bartelemus, R. 30
Bartlett, J.R. 317, 325
Batiffol, S.P. 131, 267, 269-271
Bauckham, R. 267
Baudissin, W.W. 14, 25, 29, 63
Bauernfeind, O. 315f
Baumgarten, J. 287
Baumgarten, J.M. 22, 168, 177, 183, 188, 256, 258
Baumgartner, W. 39f
Baus, K. 187, 191, 193
Beall, T.S. 315
Beck, A.C.M. 200
Becker, J. 58, 130, 140, 255, 294
Beer, G. 25
Beer, M. 207
Begg, C. 312
Behm, J. 276
Benoit, P. 167, 287
Bensley, R.L. 205

Berger, K. 81, 88, 147, 176, 179, 227, 267, 270f, 273
Bernhardt, K.-H. 121
Betz, H.D. 141
Betz, O. 79, 139, 161, 257, 271, 274, 305, 312, 327
Beyer, K. 135f, 239
Bezold, C. 152, 153
Bickerman, E. 121, 247f
Bietenhard, H. 7, 222, 260
Bilde, P. 304
Black, M. 154, 182
Blau, L. 164, 222, 240, 300
Blech, M. 191, 193
Blenkinsopp, J. 317
Block, D.J. 24
Bludau, A. 145
Böcher, O. 60, 143, 154, 294, 304, 313, 331
Böhl, F. 217
Böhlig, A. 164
Boll, F. 175
Bonhöffer, A. 155
Bonwetsch, N. 137
Borchert, ? 25
Borgen, P. 97
Bousset, W. 120, 161, 197, 204, 288, 294,

Register der Verfasser

296
Bowersock, G.W. 70
Bowman, J. 51
Bowman, S. 189
Brandenburger, E. 109
Braulik, G. 2
Braun, M. 309
Brekelmans, A.J. 192, 194, 196
Brenk, F.E. 147, 155, 172f, 250
Brin, G. 65
Brock, S.P. 150
Brown, R.E. 26
Brox, N. 285
Bruce, F.F. 304
Bühner, J.A. 292
Bultmann, R. 57, 327
Burchard, C. 97, 131, 267f, 269-271, 273-276
Burkert, W. 172
Butterweck, A. 51
Caird, B.C. 66
Campenhausen, H.v. 130
Caquot, A. 230
Casey, M. 289
Casher, A. 137, 246
Cassuto, U. 21, 23, 36, 109
Castellis, D. 10
Causse, A. 121
Chafer, L.S. 4
Charles, R.H. 34, 197, 230
Charlesworth, J.H. 32, 116, 161, 168, 204
Chester, B.A. 57
Cohen, M.S. 140
Cohen, N. 61, 143, 303
Cohen, S.J.D. 302f, 305f, 311f

Collins, J.J. 116, 172, 180, 291
Colpe, C. 120
Conrad, E.W. 58
Conzelmann, H. 197
Courcelle, P. 185
Cramer, W. 34, 231, 292
Cross, F.M. 12, 67, 329
Culianu, I.P. 120, 172
Cullmann, O. 315
Cumont, F. 70, 155f, 175, 199
Cunchillos, J.L. 29, 109
Damati, I. 200
Daniel, C. 315
Danielou, J. 154
Daube, D. 167, 302
Davies, W.D. 47
de Blois, K.F. 106
de Jonge, M. 130, 179
Dean-Otting, M. 120, 155, 166, 178, 278
Decock, P.B. 163, 287
Deissmann, (G.)A. 85, 267, 278, 300
Delcor, M. 153
Delling, G. 102, 116, 267, 272-276, 327
den Boeft, J. 156
Denis, A.M. 92, 136, 182f, 203
Deselaer, P. 141, 220
Detienne, M. 172
Deubner, L. 191, 193, 203
de Vaux, R. 25
Dexinger, F. 319
di Lella, A.A. 100
Dibelius, M. 70, 130f, 197, 204, 240, 308
Dieterich, A. 120, 175, 187, 203, 209

Dietzfelbiger, C. 164, 293
Dillmann, A. 59, 204, 260
Dimant, D. 13, 29, 31, 74, 122, 216
Dion, P.-E. (H.-M.) 58
Dion, P.E. 329
Dölger, F. 202, 268
Doran, R. 243, 245, 248f
Dotan, M. 185
Drexler, W. 274
Dupont-Sommer, A. 160
Dussaud, R. 173
Efron, Y. 129, 131
Egnell, J. 85
Eissfeldt, O. 25, 33, 186
Eitrem, S. 264
Ellis, E.E. 11, 56
Ellul, J. 296
Emerton, J.A. 292
Engel, H. 139
Eslinger, S. 30
Everling, O. 1
Ewald, H. 60
Fallon, F.T. 173
Farmer, W.R. 305, 313
Fauth, W. 118
Feix, J. 248
Feldman, L.H. 225, 303-306, 308f, 315, 317, 320, 322, 331
Ficker, R. 42
Fiensy, D.A. 223
Finkelstein, L. 91
Fischer, J. 80
Fischer, U. 8, 183
Fitzmyer, J.A. 34, 135, 212, 215, 287, 292
Flusser, D. 92, 94, 117, 119, 131f, 143, 195, 199, 228, 238, 240,

267, 285, 289
Foakes-Jackson, F.J. 305, 323
Foerster, G. 173, 192, 200
Foerster, W. 174
Fohrer, G. 21, 30, 33
Four, J. 190
Fox, R.L. 70
Francis, F.O. 295
Frank, P.S. 161, 210
Frankel, Z. 66, 73, 76, 86
Franxman, T.W. 303, 325
Freedman, D.N. 41f
Fritsch, C.T. 71, 81
Gaechter, P. 154
Gärtner, B. 213, 254
Gammie, J.G. 105, 112
García Martinez, F. 134, 138
Gaylord, H.E. 264
Gehman, H.S. 84
Geissen, A. 145
Georgi, D. 140, 160, 167
Gese, H. 37, 54, 80
Gianotto, C. 236
Gibson, J.C.L. 23, 40
Glasson, T.F. 158
Godley, A.D. 248
Görg, M. 35
Gokey, F.X. 62
Goldenberg, D. 303, 306
Goldin, J. 93
Goldschmidt, E.D. 92, 94
Goldstein, J.A. 244f, 248
Goodenough, E.R. 141, 150, 156, 186, 190-192, 194, 197-200, 264, 300
Goppelt, L. 285
Greenberg, M. 36, 59, 146
Greene, J.T. 42
Greenfield, J.C. 36, 118, 136, 141, 188, 190
Greenstein, E.L. 39
Grelot, P. 79
Gressmann, H. 161, 294
Grill, S. 58
Grimm, D. 41, 81
Grintz, M. 141
Grözinger, K.-E. 144, 206, 214, 313
Gruenwald, I. 3, 9, 11, 27, 67, 116, 121, 124f, 129, 182, 197, 206, 219, 222, 229, 236, 277, 300, 324
Grundmann, W. 191, 198, 305
Guggisberg, F. 11, 38, 73
Gundel, W. 175, 177
Gunkel, H. 273
Gunther, J.J. 295
Gutman, J. 190
Gutman, Y. 8, 67
Gutmann, J. 303
Guttmann, J. 120
Haag, C. 192
Haag, E. 100
Haaker, K. 151
Habicht, C. 244f
Hadas, M. 246, 283
Hage, W. 188
Hahn, J. 304, 316
Hall, A.S. 70
Halperin, D. 144, 222, 229
Hamerton-Kelly, R.G. 121
Hamm, W. 145
Hanhart, R. 67, 86, 137, 141, 145, 243
Hanson, P.D. 33, 158
Haran, M. 36, 217
Harnisch, W. 61
Hartman, L.F. 100
Hartmann, B. 34
Hata, G. 302f, 314
Heater, H. 107f, 111
Heidt, W.G. 11, 16, 97
Heinemann, I. 110, 303, 320, 322, 327
Heinze, R. 155
Heising, A. 161
Heller, B. 302
Hendel, R.S. 30, 78
Hengel, M. 8, 66, 136, 138, 143, 154, 163, 172, 183, 220, 249, 258, 260, 304f, 313, 316, 324
Herr, M.D. 117
Heureux, C.E.L. 23
Himmelfarb, M. 120, 163
Hirsch, E.G. 195
Hirth, V. 4, 11, 38, 40, 61, 72f, 90
Hoenig, S.B. 305, 313
Holladay, C. 177, 281
Holladay, C.R. viii, 134, 177
Hollander, H.W. 179
Holstein, J.A. 48
Holtz, G. 197
Holtz, T. 267, 287
Horsley, R.A. 305
Horton, F.L. 236, 238
Humbert, P. 80
Hunzinger, C.H. 212

Register der Verfasser

Hurtado, L.W. 169, 228, 234, 292f
Idel, M. 164
Ilan, Z. 192, 200f
Isaac, E. 264
Isbell, C.D. 277, 279
Jacobson, H. 92, 182, 189, 283
Jakob, B. 45
James, M.R. 152, 225
Janowski, B. 118
Janssen, E. 151
Japhet, S. 329f
Jellicoe, S. 66f
Jenni, E. 211
Jeremias, A. 62, 177
Jeremias, J. 154, 212
Jeremias, Jo. 19f, 57-60
Jessen, O. 274, 276
Johansson, N. 55, 257, 291
Johnson, A.R. 30, 42
Johnson, D.G. 33
Johnson, N.B. 246, 293
Jongeling, B. 79
Jüngling, H.-W. 17, 19
Kahle, P. 67
Kapelrud, A.S. 35
Karrer, M. 180, 202, 295-297
Katz, P. 73, 76, 85
Keßler, W. 250
Kee, H.C. 140, 267
Keel, O. 2, 17, 32, 35f
Keferstein, F. 7
Kellermann, U. 79, 204
Kern, O. 183
Kindler, A. 191, 194
Kippenberg, H. 134
Kistemaker, S. 75
Klein, M.L. 84
Klijn, A.F.J. 331
Kline, M.G. 29

Klinzing, G. 120, 212, 215
Kobelski, P.J. 236-238
Koch, K. 105
Köhler, L. 39, 58
Konikoff, A. 199
Kraeling, C.H. 187
Kraft, H. 197, 296
Kraft, R.A. 150, 304
Kraus, S. 273
Kropp, A. 153f, 187, 264, 278
Kuhl, C. 101
Kuhn, H.-W. 210, 212-214
Kutsch, E. 41
Lafargue, M. 183
Lambert, W.G. 124
Lande, I. 58
Landsberger, F. 185, 199
Langton, E. 35
Lauterbach, J.Z. 233
Lefebre, M. 145
Leiman, S.Z. 11, 66
Leisegang, H. 56
Lessing, G.E. 132
Levey, S.H. 79
Levine, L.I. 185, 191
Levinger, J. 29
Levy, J. 252
Lewinsky, A. 301, 308
Licht, J. 11, 14, 37, 43, 50, 117, 153, 195, 210, 212-214, 253, 263, 284, 291
Lichtenberger, H. 213-216, 221
Lieberman, S. 8, 94, 206, 243, 299
Limbeck, M. 35
Lindblom, J. 40, 42, 57
Lindner, H. 302, 304f, 313f, 317

Lindström, F. 37, 45, 54
Liverani, M. 25
Loewenstamm, S.E. 22, 24, 75, 78, 151, 157
Lohfink, G. 250
Lohmeyer, E. 197, 296f
Lohse, E. 210, 253, 263
Loretz, O. 21, 23, 30
Luecken, W. 272, 293, 296f
Lührmann, D. 327
Lührmann, R. 57
Lugts, F. 185, 187
Lutz, H.-M. 55, 84
Maag, V. 25, 53, 109, 149
Mac Rae, G. 323
Macdonald, J. 308
Maier, J. 12, 36, 148, 183, 210, 214, 227
Maier, W.A. 23
Marcus, R. 56, 72, 93, 331
Margalioth, M. 300
Margalioth, R. 6
Mazar, B. 199
Meeks, W.A. 295
Meier, S.A. 42
Merino, L.D. 34
Mettinger, T.N.D. 25f, 55
Metzger, M. 36
Meyer, R. 75f, 190
Mez, A. 67, 306
Michaelis, W. 57, 80, 276, 292
Michel, O. 315f
Michl, J. 6, 140, 180, 201
Milik, J.T. 134f, 139-141, 188, 190, 215, 236, 238f, 272
Millar, W.R. 33

Miller, P.D. 23
Miller, W.T. 51
Milligan, G. 70
Miranda, O.A. 6
Mirski, A. 328
Moehring, M.R. 327
Molenberg, C. 158
Momigliano, E. 249
Montgomery, J.A. 267
Moore, C.A. 121, 139, 146, 194
Mosca, P.G. 28
Mossay, J. 154
Moulton, J.H. 70
Mühl, M. 155
Müller, C.D.G. 154
Müller, E. 328
Müller, H.P. 2
Müller, U.B. 289
Mullen, E.T. 21, 28, 265
Murphy, F.J. 118
Murray, R. 34
Myers, J.M. 205
Narkiss, B. 185
Naveh, J. 205, 277f
Negev, A. 192
Nellessen, E. 333
Nestle, E. 249
Neusner, J. 190
Newsome, C. 139, 230f, 235f, 239, 292
Neyrey, J.H. 19, 23
Nickelsburg, G.W.E. 116, 158, 170, 210, 290f
Niehr, H. 19
Nikiprowetzky, V. 313
Nilsson, M.P. 175, 248
Nitzan, B. 122, 222, 236
Nock, A.D. 172, 190, 274

Nötscher, F. 88, 138, 161, 273
Noll, S.F. 33, 129, 210
Noth, M. 18, 162
Odeberg, H. 138
Ohler, A. 52
Oldenburg, U. 25
Otzen, B. 118, 121
Owen, E.C.E. 133, 157
Pagels, E. 262
Pautrel, R. 145
Pax, E. 57
Pervo, R.T. 267
Peterson, E. 140, 153, 223, 268
Philonenko, M. 97, 267, 270f, 275, 278
Picard, J.-C. 188
Pietersma, A. 163
Pines, S. 92, 273
Piovanelli, P. 39
Plaut, R. 306
Plöger, O. 146, 267
Polotsky, H.J. 264
Poznanski, A. 301, 308, 329
Preisendanz, K. 1, 141, 278
Preisigke, F. 70
Prijs, L. 74, 77, 94
Puech, É. 230, 236
Qimron, E. 215
Rad, G.v. 4, 18, 58, 124
Rahlfs, A. 66f, 73, 75, 78, 87, 107
Rajak, T. 302, 304f, 313f
Rapisarda, E. 154
Rapp, A. 274-276
Rappaport, S. 303, 305, 319, 326
Rathmann, G. 175
Rau, E. 178

Raurell, F. 99
Recheis, A. 154
Reider, D. 74
Reifenberg, A. 192
Reitzenstein, R. 147, 199, 266
Rengstorff, K.H. 203, 301
Richter, G.M.A. 275
Ridderbos, N.H. 47
Riedinger, U. 241
Robinson, J.M. 154
Robinson, S.E. 222
Röttger, H. 6, 11, 15, 37
Rofé, A. 3, 11, 15, 26, 37, 46, 49, 54, 75, 120, 329f
Rohde, E. 156, 174
Rohland, J.P. 272, 298
Roscher, W.H. 275
Ross, F.D. 18
Ross, J.F. 47
Rost, L. 116, 141
Roth, C. 191, 305
Rowland, C. 228, 289
Rüger, H.P. 11, 141
Runia, D.T. 56
Russell, D.S. 82, 124, 260, 274
Sänger, D. 131, 246, 266-268, 270f, 273
Sanders, J.A. 66, 86
Sanderson, J.E. 12
Sauer, G. 259
Saulnier, C. 314
Schäfer, P. 7, 11, 49, 121, 138, 141, 148, 151, 176, 206, 210, 212-215, 239f, 256, 264, 298, 301, 318
Schaller, B. 150f, 155, 209
Schecker, H. 303

Register der Verfasser

Scheffczyk, L. 1, 7
Schermann, T. 165
Schiffman, L.H. 138, 234
Schlatter, A. 301, 305, 308, 312, 317, 319, 323
Schlisske, W. 21, 29, 32, 35
Schlüter, M. 174, 278
Schmidt, F. 151
Schmidt, H. 62
Schmidt, J.M. 116
Schmitt, A. 59, 247
Schneider, T. 164
Schniewind, J. 288
Schnutenhaus, F. 57
Scholem, G.G. 120, 206
Schrage, W. 188, 196
Schreckenberg, H. 295
Schreiner, J. 143
Schrenk, G. 212
Schüpphaus, J. 145
Schüssler-Fiorenza, E. 296
Schultz, J.P. 144, 321
Schuster, M. 276
Schwab, M. 6, 206
Schwartz, D.R. 120, 305
Schwarz, E. 123
Schweizer, E. 323
Schwemer, A.M. 154
Scoralick, R. 17
Scott, R.B.Y. 59
Seeligmann, J.L. 91
Segal, M.S. 259
Seitz, C.R. 18
Sekki, A.E. 139
Seyrig, H. 173, 186, 202
Shaked, S. 205, 277f
Sheppard, A.R.R. 70, 185, 298
Shinan, A. 18, 65, 75, 79, 81f, 92f, 113, 165, 223, 239
Shonri, Y. 39, 82
Shutt, R.J.H. 303
Silberman, L.H. 47
Simon, M. 293, 301
Sjöberg, E. 290f, 323
Skehan, P.W. 75, 78
Skrinjar, A. 40
Smieszek, A. 69
Smith, J.Z. 325
Smith, M. 151, 162, 168f, 172f, 190, 194, 223, 241, 272, 278, 305, 313
Smith, M.S. 24
Söldner, M. 199
Sokoloff, M. 79
Sokolowski, F. 70
Speidel, M.P. 70
Spinks, B.D. 223, 241
Spittler, R.P. 150
Sprödowsky, H. 303
Stähli, H.-P. 173, 308
Stählin, O. 203
Stein, B. 44
Stein, E. 325
Stemberger, G. 11
Stern, E. 36
Stern, M. 49, 136
Stettner, W. 175
Stockholm, N. 247
Stone, M.E. 82, 86, 116, 136, 143f, 165, 168, 173, 188, 190
Stroumsa, G.A.G. 122, 166
Strugnell, J. 165
Stuhlfauth, G. 187, 200
Sukenik, E.L. 252f, 263
Suter, D.W. 122
Sweete, H.B. 65, 85
Tabor, J.D. 173, 312
Tachauer, G. 303
Talmon, S. 12, 67, 123, 217
Talshir, Z. 77
Tavard, G. 152, 293
Tcherikover, V. 243
Tedesche, S. 248
Thackeray, H.S.J. 302f, 306, 308, 314, 319, 323
Then, R. 47, 90
Thomas, J.D. 141
Thompson, A.L. 61
Tigchelaar, E.J.C. 134
Torczyner, H. 111
Tov, E. 65, 67, 72, 100
Tromp, J. 291
Tsafrir, Y. 185, 192, 199f
Tur-Sinai, H. 111
Turner Comstock, S. 163
Uffenheimer, B. 55
Uhlig, S. 135f, 138, 142, 163, 165, 176, 188, 190, 226, 255, 260, 264, 284
Ullendorf, E. 39
Ulrich, E.C. 75, 329
Urbach, E.E. 74, 79, 81, 88, 92, 94, 97, 113, 117, 129, 143, 190, 238, 300, 325
van der Horst, P.C. 172, 175, 240
van der Horst, P.W. 169, 182
van der Ploeg, J.P.M. 79
van der Woude, A.S. 25, 44, 48, 79, 85, 139, 236f

van Stempvoort, P.A. 322
van Unnik, W.C. 302, 306, 317
van Winden, J.C.M. 136
VanderKam, J.C. 32, 53, 58, 74, 85, 124, 135f, 158
Veijola, T. 28
Vermes, G. 190, 310
Vieweger, D. 17
Vogt, E. 182, 212
Volz, P. 172, 258, 276
von der Osten-Sacken, P. 124, 139, 210, 212, 215, 252
Waard, J. de 75
Wacholder, B.Z. 134, 189, 303, 310
Walter, N. 134, 136, 183f, 281
Walters, P. 73f
Walton, F.R. 49
Wanke, G. 57
Waszink, J.H. 136
Wegenast, K. 305
Weicker, G. 99, 133, 155-157, 172, 193, 199
Weinfeld, M. 25, 59, 189, 211, 213, 223, 227
Weiss, H.-F. 304
Wendland, P. 1, 155f, 309
Wenham, G.J. 30
Weniger, L. 57, 59f
Wernberg-Møller, P. 214
Werner, M. 292
West, G. 267
Westermann, C. 30, 63
Westphal, G. 25
Wevers, J.W. 71, 73, 75, 78
Whittaker, M. 204
Widengren, G. 202
Wilamowitz-Moellendorf, U.v. 275f
Willet, T.W. 116
Willoughby, B.E. 41f
Wink, W. 85, 173, 258-260, 305
Winston, D. 97, 160
Wintermute, O.S. 163, 188, 196
Wolff, C. 331
Wolff, H.W. 32, 54
Wünsche, R. 277
Wuttke, G. 236
Yadin, Y. 215, 252f, 282
Zeitlin, S. 248, 302, 313f
Ziegler, J. 80, 87, 100, 107, 109

Zimmerli, W. 18
Zimmermann, F. 140
Zorn, G. 267
Zunz, L. 279

HEBRÄISCHE NAMENSFORMEN

אופנהיימר, ב. 55
בר, מ. 207
ברנעט, ר.ד. 36
גוטמן, י. 8, 67
גרינולד, א. 67, 236, 324
דימנט, ד. 29, 74
הרן, מ. 36
ויינפלד, מ. 227
לונשטם, ש.א. 75
מירסקי, א. 328
מרגליות, ר. 206
ניצן, ב. 222
סגל, מ.צ. 259
סוקניק, א.ל. 252
פינס, ש. 273
צורן, ג. 267
קאסוטו, מ.ד. 36
קימרון, א. 215
קרויס, ש. 273
רופא, א. 49, 75, 329
ריידר, ד. 74
שונרי, י. 82
שורץ, ד. 305
שיפמן, י. 234
שנאן, א. 65

Sach-Register (in Auswahl)
1. Hebräische Begriffe

אבירים 16, 97
אופנים, s. *Hofstaat-Bezeichnungen*
אנשים/איש 50, 71, 115, 326; s. *Engel-Bezeichnungen: Mann*
איש האלהים 46, 48
ברוך הוא וברוך שמו 225
גלגלים 265
דעת 138f
זבול 218
חדרי פנים 277
חיות 36, 61, 188, 226, 241
חשמל 231

Sach-Register 431

יום ה' 245
להתיצב במעמד 214
כרובים, s. *Cherubim*
לא על ידי מלאך ולא על ידי שליח 91f
לא"ך 39
ליסטאה 324
מחנה אלהים/מחנה 62, 325
מלאך passim, bes. 37ff
מלאך-ה', s. „*Engel des Herrn*"
מלאך-המוות, s. *Engel-Funktionen: Todes-Engel*
(ה)מלאך (ה)משחית 44, 62, 92-94
מלאכי השרת 261
מלך 51, 87f, 329
נחלת ה'/נח"ל 24, 78
נער 308, s. *Engel-Bezeichnungen: Jüngling*
סוד 211, 215
סוד עולם 214; סוד עליון 284
עירין 34, 52, 56, 61, 82, 86, 136

עירין וקדישין/עיר וקדיש 34, 82,
  104, 257; עירי השמים 216
ערבות 59
פלא 81, 211
ציר 87-89
קדושה, s. *Engel-Funktionen: Gesang*
קדושים, s. „*Heilige*"
קדישי עליונין 18, 162, 289
קטורת, s. *Räucheropfer*
ראי"ה 57
רבבות קודש 83f
רז 138f
רוחי דעת אמת וצדק 139
רקיע 206, 232
שמים 20, 76
חזודי שמש/שמיש 277f
שר 218
שר-צבא-ה', s. *Engel im Krieg*
שרפים, s. *Seraphim*
שר"ת 230

Griechische Begriffe

ἄγγελος passim, bes. 69-73
  ἄγγελος (τοῦ) κυρίου 96, 204, 307; ἄγγελος θεοῦ/θεῶν/θεῖος 101, 308, 328
ἅγιος/ἅγιοι, s. *Heilige*
ἀνήρ/ἄνδρες 50, 51, 72, 248, 269 s. *Engel-Bezeichnungen: Mann*
  ὁ ἀνὴρ ὁ θαυμάσιος 290
ἀρχάγγελος, s. *Erzengel*
ἀρχιστράτηγος, s. *Engel im Krieg*
βουβών 307
δαίμων, s. *Dämonen/Dämonologie*
  δαίμονες ἁγνοί 171
δεύτερος θεός 56
Διαναθάν 281
δύναμις 85f, 93
ἐγώ εἰμι 272
εἴδωλα 102
ἡγούμενος 259
θεός 72, 91, 100
  θεός ὑψίστος 70
  θεὸς τῶν θεῶν 101

θρησκεία τῶν ἀγγέλων 295
θύρσος 194
ἶρις 202
Κεραυνός 249
κῆρυξ 269
κύριος 90
κύριος τῶν δυνάμεων 85
λησταί/λῃστεία 305, 315
λόγος 92, 94; λόγος θεοῦ/θεῖος 282f
μερίς (κυρίου) 259, 262
μεσίτης 255
μετάνοια 270, 276
μυστήριον 167
νεανίας/νεανίσκος, s. *Engel-Bezeichnungen: Jüngling*
νόμος 286
ὄψις 324f
Οὐρανίδαι 183
οὐρανοί 76
παίζειν 111
παῖς 30, 72
παντοκράτωρ 245

πνεῦμα 103, 167, 323
πνεῦμα ἅγιον 102
πνεῦμα συνέσεως 139
πνεῦμα θεοῦ 103
σαβαώθ 85, 282
στέφανος, s. *Kranz*
στοιχεῖα τοῦ κόσμου 295
στρατιά 85
ταπεινοφροσύνη 295
τάδε λέγει κύριος 90

τιτρώσκειν 107, 108
τύχη 317
υἱοὶ [(τοῦ) θεοῦ] 30, 73, 77, 79, 81
ὕλη 201
φαίνειν 57
φάντασμα 306, 308, 310, 317, 325-328
φέγγος 274
φυλακτήρια 150
ὤφθη 57, 244

Allgemeines Register

Abajje 298
Abaoth 300
Abbahu 308
Abel 198
Abraham 43, 175, 178
Abrasax 300
Acher 184
Acherusischer See 153
Adam 137, 168, 169
Adler 149, 186, 200, 202
Adonai 300
adversus-iudaeos-Literatur 295
24 Älteste 168
Agrippas 314
Amescha Spentas 34
Amram 333
angeli 39
Angelolatrie, s. *Engelkult*
Angelophanie 5, 14, 44-47, 54, 57f, 60, 95, 247f, 267, 269, 289, 306, 311, 321, 323, 327, 331f
  Angelophanie-Furcht 310
angelus interpres 27, 61, 101, 118, 129, 142-144, 255, 285
Apollon 248, 300
R. Aqiba 98
Aquila 85
Archistratege, s. *Engel im Krieg*
Aristeas-Legende 67
Aristides 298
Artapanus 178
Assur/Assyrer 242, 247, 250

Astrologie/Astronomie 134, 137, 172, 174-176, 178; s. auch *Helios, Sonne, Mond, Sterne*, etc.
  Astral-Motive 204
  Astralkulte 186
  Astralsymbolik 150
  Dekane 177f, 259, 278
  Gestirngottheiten 186, 208
  Planeten-Engel 184
Atlas 134
aura, s. *Kranz*
Ba'al 25, 33
Baruch 142
Behemot 106, 111
Belial/Beliar 153, 252
Ben Hadad 42
Bet Alpha 185, 191
Beth She'arim 199
Bileam 61
bn. il./ilm. 29, s. *Engel als Gottes-Söhne*
bn. qds. 29, s. Engel, heilige
Boten-Konzeption 4, 6, 15, 37-56, 60f, 63f, 69, 86, 88, 94, 96, 98, 112f, 146, 158f, 161, 248, 273, 292, 307f
  Aufgaben 38
  Botenrecht 14
  Funktion 39
  menschliche 71, 87f
  Namen 21, 40
  Titel 53

Sach-Register

Wesen 39
Boten-Götter 38, 40
Bücher, himmlische 138, 198, 273
   Tafeln, himmlische 135
Calcidus 156
Castor und Pollux 249
Celsus 297
Cherubim 16, 25, 35f, 56, 61f, 85f,
   151-153, 186, 189, 194, 198,
   201f, 220, 223-225, 232, 251,
   265, 308, 324
   Cheruben-Wagen 143, 155
   Cheruben-Thron 25, 36
Christophanie 58, 60, 289
Christus-Angelus 287, 288, 297
Chrysippos 110
communio sanctorum 133
Cupiden 199
custodes 147, 256
Dan'il 50
David 26, 42, 55, 63
Dämonen/Dämonologie 9, 60, 62,
   70, 110, 133, 136, 147, 155-157,
   172, 175, 262, 270, 276, 327
   Daimon, persönlicher 147
   Dämonologie, stoische 110
deificatio (hominis) 150, 169, 204
deus ex machina 328
Dionysos, dionysisch 199
Dura-Europos 187, 199
Ebenbild Gottes 168
Eden 35, 163
El 23, 25, 29-32, 40, 42, 45, s.
   Engel-Bezeichnungen: *El-Söhne*
Eleazar ben Jaïr 314
Eliah 61, 62, 149, 153f, 275, 314
Elieser 62
Empedokles 172
Engel, s. auch *Botenkonzeption*
   Abbildung der 300
   Anbetung, s. *Engelkult*
   Bezeichnungen:
      אלהים 292
      Gottes-Söhne 319f

Jüngling 308, 321, 329, 332
   נער 308
   νεανίας/νεανίσκος 205,
      244, 306, 308, 327f
   Mann 38, 46, 50-52, 58, 60,
      271f, 269, 289, 325
   Mann Gottes 51
   איש 326
Dämonisierung 96
Erschaffung 79
Essen, s. *Engel-Brot*
des Friedens 152f, 255
Funktionen 3, 52, 60
   Ankläger 55
   Auszugsengel 44, 92
   Begleiter/Reisebegl. 144-148,
      158, 161, 207, 209
   Begleiter der Toten, bzw. der
      Seele 148-200, 207f, 219
   Buchführer 256, s. *Schreiber-*
      engel
   Fürsprache und Vermittlung
      63, 107, 226
   מלאך מליץ 55
   Gebetsvermittlung 301
   Gericht 23, 27f, 50, 55, 62,
      100, 256-258, s.a. *Gericht*
   Gesang 61, 75, 157, 222
   Sanctus/Trishagion/קדושה
      17, 35f, 152, 206, 219,
      222f, 228, 233, 241
   im Krieg 34, 55, 62, 99, 323;
      שר-צבא-ה': 34, 51, 242,
      293, 312; s. Jos 5, 13f;
      ἀρχιστράτηγος: 163, 241,
      250, 269, 272
   Heer des Himmels 33, 61,
      137, 175, 182, 186,
      224, 225, 241-255; s.
      Hofstaat-Bezeichnun-
      gen: Heerscharen
      צבא השמים 25, 84f, 173,
      259
      צבא קדושים 214

bei Offenbarung 45f, 61; vgl. *angelus interpres*
Schreiberengel 50, 138, 256, 260
Schutzengel 49, 62
Strafengel 106, 108, 110, 112, 257
Todes-Engel 96f, 106, 157
Türhüter 140, 233
Wächter 34, 147
gefallene 112, 158, 174-176, 225, 229, 285f, 293
heilige 287; vgl. *Heilige*
Hierarchie 264
Kritik 41, 46-48, 50, 63
Namen 3, 5f, 16, 41, 47, 86, 223, 270, 315
אכתריאל 194, 206
זריאל 194, 205
כסיאל 205
כרוביאל 190, 202
כריאל 205
עזריאל 205
Abael 264
Akatriel 206
Anael 264
Artosael 177
Barakiel 176
Eremiel/Jeremiel 140, 293, 296
Gabriel 51, 61, 151, 177, 180, 226, 252, 264f, 289, 299f
Kokabiel 176
Michael/מיכאל 24f, 63, 140, 143, 151f, 163, 177-180, 205, 218f, 223, 226, 233, 237, 241-243, 250, 252, 259-261, 264, 266, 272, 277, 291, 294, 298-300
Phanael 250
Phanuel 226
Purouel 178
Rakeel 176
Ramiel 140
Raphael 127, 129, 142, 148, 177, 208, 220f, 226f, 243, 252, 264, 269, 272, 300
Sandalphon/סנדלפון 194, 206, 234
Sariel 252, 264
Satanael 264
Surafel 264
Suriel 264, 300
Uriel 142, 143, 151, 177, 178, 205, 264
Vreteel/Vrevoel 138
Yaoel 143
Zerhivel/Zeruel 250
der Naturerscheinungen 264
und Opfer 73, 95; Opfer an 293, 298
und/als Priester 49f, 72, 218
und/als Propheten 20, 47-49, 51, 86, 281, 285
Sprache der Engel 169, 240
Theophanie
Begleitung 83f
todbringend 107, 109-112
ἄγγελοι θανατηφόροι 107
Völkerengel 22-25, 62f, 78, 158, 177, 258-263, 299, 326
Wagen der Engel 151, 328
Weisheit 105, 133ff; vgl. Hofstaat
Engel als Reiter 59, 244f, 247
„Engel des Angesichts" 49, 230
„Engel des Bundes" 48
„Engel des Herrn"/מלאך-ה'/ἄγγελος (τοῦ) κυρίου 3f, 14, 40, 55, 60, 95f, 204, 207, 238
Engel Israels 24
Engel-Brot/Essen d. E. 16, 63, 97f
Engel-Ehen 176, 319
Engelklassen 194
Engelkult 4, 222, 292-301
Engel der Gerechten 234
Engel der Gewalt 225
Engel der Herrschaften 225
Engelstimme 60

Sach-Register

Eos 275, 276
Ephiphanie/ἐπιφάνεια 243, 246, 248f, 327; s.a. *Angelophanie, Christophanie, Theophanie*
Ephrem, der Syrer, 34, 292
Erdbeben 60
Erhöhung 163
Eroten 199f
Erwählung 124
Erzengel/ἀρχάγγελος 56, 142, 177, 225, 230
Essener(eid) 131, 315f
Flügel 35f, 149f, 156, 185-209
Furcht-Motiv 3, 57f, 60, 243, 269
Gebet 206, 217-219, 221, 227, 234, 268, 270, 273, 277, 322
Geist/Geister 19, 39, 103, 146
  Herr/Fürst der Geister 96, 225
Geist des Lebens 271
Geist, heiliger 102f, 105, 140, 157
  רוח קדושים/הקודש/אלהין/אלהין
  קדישין 102f, 140
genius/Genien-Kult 70
Gericht 123, 151, 168, 171, 224-227, 230, 232, 236, 256
Gestirngottheiten, s. *Astrologie*
Giganten 134, 136f, 320
Gigantenbuch 136
Gottes-Söhne 16, 52, 74, 79, 81f, 220, 281
  בני-(ה)אל(ה)ים 16, 18f, 21f, 29f, 45, 73, 75, 77-79, 81f, 86, 106, 288, 319; בר אלהין 101
Gottesdienst, himmlischer 168
Gottesknecht 48
Götter 100, 102f, 105, 172, 183f, 208
  Fremdgötter etc. 24, 82, 84, 184
Götter, chtonische 157
Götzenbilder 102
Götzendienst 24, 293
Gürtel 169, 245
Hades 147
Hagar 45, 61
Hammath-Tiberias 185, 191

Heer des Himmels, s.*Engel im Krieg*
Heerscharen, s. *Hofstaat-Bezeichnungen*
Heilige 16, 27, 34, 37, 46, 52, 54, 56, 61, 83f, 86, 103, 133, 209, 221, 224, 282
  קדושים 16, 32, 55, 83, 106, 108, 225
  קדישין 103, 136; vgl. עירין
  צבא קדושים 214
  רוח קדושים 103
  ἅγιος/ἅγιοι 33, 84, 209
Heiligkeit 32, 98
Heiligtum, himmlisches 122f, 217, 219, 238, 240
Hekataios von Abdera 49
Hekate 70
Heliodor 128, 243f, 248
Helios 175, 182, 185f, 202f, 208, 258, 262, 266, 274-278
Henoch 73, 134-136, 142f, 148, 154, 161-163, 169, 175, 178, 319
Herakles 328
Hermes 156, 328
Heroen 30, 249
Hieronymus 39, 130
Himmels-Söhne 214
Himmelsreise 123, 129, 142-144, 147, 149, 151, 229
  Himmelfahrt Eliahs 155
  Himmelsreise Levis 149
Himmelsstimme 104
Hiskia 35
Hofstaat 6, 11, 14-37, 39, 42, 45f, 52f, 55f, 60, 63f, 73f, 77, 83, 100f, 106, 112-114, 122, 128, 142f, 158, 174, 179, 182f, 186, 194, 214, 220f, 227f, 240, 248, 265, 282, 292, 306, 324
  Attribute 52
  Bezeichnungen 28f, 32-34, 37, 56, 62, 69, 81f, 86, 215, 225
  Cherubim s. da

אלהים 19, 45, 53-56, 73f, 77, 79, 81f, 86, 165, 231, 237
  El-Söhne 23, 29-32, 34, 52, 56, 73, 77, 102, 134, 137, 183, 186
  Heerscharen 17, 25, 51, 56, 61, 84-86, 103, 157
  צבא-השמים/צבאות 16, 33f, 62, 250
  Herr d. Heerscharen 17, 54; ה' צבאות 33
  „Himmel" 76, 78
  θεός 288
  קדושים, s. „Heilige"
  Ophanim/אופנים 224f, 265
  Seraphim, s. da
  Degradierung 20f, 31, 37
  Funktionen 35, 52
  Gesang 16, 20, 36, 61, 76, 157
  im Gericht 27f, 104
  Kritik 19-21, 37, 63
  Weisheit 26f, 37, 47, 62, 80, 101-103, 105, 129, 133, 137-140, 283-288
Hofstaat-Schilderung 16ff, 183
Hohepriester 238
Honig 271, 273, 276
Instrumente (Musik-) 151
R. Jischmael 98, 206
Jakob 15, 45, 50f, 53f, 61
Jerusalem, himmlisches 143, 163
R. Jochanan ben Sakkai 74
Johannes der Essäer 316
Johannes der Täufer 233
Kalb, goldenes 44
Kalender 123
Kanon 5, 11-13, 66, 129f
Klarion-Orakel 70
Kleider/Kleiderwechsel 164, 169, 171, 192, 270, 273
Kräfte 93, 284
Kranz 191-209
  aura 192; corona 191
  Feuerkrone 202

Krone, 241, 274
  Krone der Sonne 181
  Krone Gottes 194
  Kronen der Gerechten 150
  Nimbus 187; vgl. ἶρις 202
  στέφανος 150, 191, 197, 201, 269, 275
  στέφανος τῆς δικαιωσύνης 205
  Strahlenkrone 197
Krieg, heiliger 58
Kronos 262
Kultprostitution 30
Laubhüttenfest 194
Leuchten, s. Licht-
Leviathan 111
Lichtglanz/ -strahlen, etc. 58, 146, 171, 180, 266, 269, 274
Lilit 188
Liturgie 123, 133, s. Engel-Funktionen: Gesang, Lob(-gesang, -preis etc.); himmlische 159
Lob/ -gesang/ -preis 168f, 210, 213, 216-229, 232, 235f, 254, 278, 282
Lokalheroen, delphische 128
Lot 62
Logos, s. λόγος
Magie 154, 293, 298, 300
Mani 164
Manna 16, 97, 271, 273
Mastema 81, 96
Mächte u. Gewalten/Kräfte 286, 289
Märchen 133
Märtyrer 196, 199, 204
Melchizedek 82, 165, 236-238, 288, 291f
Menschensohn 59, 163, 181, 258, 289f
Merkavah-Literatur 182
Messianologie 81
Messias 40, 56, 170
Metatron 138, 140, 164, 169, 308
Milet - Planeteninschrift 184
Mischwesen 35f

Sach-Register

Mithrasliturgie 175
Mond 33, 176, 179
Monotheismus 2, 4, 9, 14f, 17, 31, 82, 94, 142, 155, 159, 184, 319, s. *Polytheismus*
Morgenstern 183, s. *Eos*
Moses 144, 151, 154, 177, 182
Mythos/Mythologie 118, 133, 149, 155, 184
Neuschöpfung 161
Niken 193, 198-201, 208
Nimbus, s. *Kranz*
Nimrod 204
Noah 135
nomina barbara 293, 300
nuntii 39
Opfer 41, 46, 47, 49, 133, s. *Engel* unblutige 140
Ophanim, s. Hofstaat-Bezeichnungen
Orakel 157
Orphik 155
Osten 268
Öl, himmlisches 234
Pantheon 320
Paradies (Eden) 62, 152f, 163, 206, 229, 271
Pessach-Haggada 91f, 94
Pferde 274f
Philon 8, 56, 85, 110
   Logos-Theorie 7
Phönix 188f, 223
Polytheismus 2f, 29, 63, 74, 81f, 127, 133, 157, 193, 265, 279, s. *Monotheismus*
Porphyrius 175
Priester 49, 72, 115, 120, 161, 205, 214, 238
Prometheus-Mythos 158
Propheten/Prophetie 48f, 62, 144f, 161, 164
Proskynese 182
Psychopompe 150, 158, 163, 185, 218f s. a. *Seelengeleiter*
Quadriga 185, 271, 275

Raschi 59
Räucheropfer/קטורת 206, 219, 230, 232f
Regenbogen (τόξον/קשת) 201, 203
Reinheit, kultische 213
Resch Laqisch 218
Rescheph 25
Rheneia - Rachegebete 70
Rompha 294
Samael 264
Samaritaner 134
Sanctus, s. *Engel-Funktionen: Gesang*
Sanherib 62, 245, 246
Satan/שטן 55, 106, 109
Saturn 294
Saul 19, 42
Schlangenkult 35
„Schreiber der Gerechtigkeit" 138
Schwert 249, 251, 323f, 329-331
Sechsflügelige 189, 223
Seele 148-153, 155f, 159, 169, 172
   Fall der Seele 172
   Seele, Weiterleben 149, 159
Selene 275f
Septuaginta s. Aquila
   Codex Alexandrinus 71f, 90
   Doppelübersetzung 77, 83f
   Lukian/Protolukian 67
Seraphim/שרפים 16f, 35f, 56, 61, 85f, 152, 182, 186, 189, 194, 220, 223-225, 231, 265
Seth-Söhne 30, 319
Siegeslied 223, 227
Simeon, Hoher Priester 119
Sirenen 133, 155, 157, 199
Sohn Gottes 288
Sohnesverheißungsorakel 80, 327
sol invictus 185
Sonne 33, 156, 170f, 173, 176, 179, 181, 188, 198, 203, 269, 276, 278, 290f
Sonnengott 155, 182, 274
Sonnenkalender 176

438

Sonnenkreis 185
Sonnenwagen 155
Sphingen 35
Sterne 22, 24-26, 33, 62, 150, 156, 159, 170-185, 202, 208, 250, 266, 272, 291, 298
   sieben 181
Strahlen 274
Strahlenkrone s. *Kranz*
Tafeln, himmlische, s. *Bücher*
„Tag des Herrn" 245
Tartarus 178
Tempel 118f, 121, 163, 218, 229, 310, 315, 330f
   Polemik 120
Tempelzerstörung 267, 318, 332
Tetragramm 81
Theodizee 96, 106, 108, 110, 113
Theophanie 4, 14, 44, 53, 57-59, 61, 83, 95, 148, 267, 269, 321, 323
   Begleitung 61
   Elemente 60
   Furcht 57
   Leuchten 170
   Stimme 60
Thera-Inschriften 70
Thron 182, 204, 221, 229
   Thron des Frommen 196, 209
   Thron Gottes 182, 183
Thronwagen 151, 188, 231f
Tierkreis 185
Titanen-Mythos 136

Tod 96, 106, 109f, 112, 149-151, 155, 161, 168, 171, 179f
Todesdämon 157
Tora-Verleihung 84, 286, 308
transfiguratio Jesu 154
Träume 101, 105, 317
   Traumdeutung 103
   Traumerscheinung 105, 157, 311
Uraeus-Schlange 17, 35
Verwandlung (des Gerechten) 133, 141, 150, 156, 159, 161, 163-173, 184, 194, 204, 208f, 240, 270f, 286f
Vision 17, 61, 324
Vulgata 39
Wagen 151, 274-277
   Wagen der Sonne 189
   Wagen des Geistes 60
   Wagen des Eliah 149
Weisheit/σοφία 137-139, 142-144, 157f, 175, 210-212, 214f
   Davids 72
Wochengötter, babylonische 260
Wolken/עננים 59
Wolkenreiter 59
Wunder 128, 305
Würger 282
Wüstentradition 90, 92, 98
Xenokrates 155
Yam 40, 42, 72
Zeloten 305, 307, 315, 332
   Ideologie der 312

Stellen-Register (in Auswahl)

Bibel (Altes Testament)
Genesis

1, 26(f)	17, 79, 168
2, 1	235
3, 5	165
3, 22	26, 164
3, 24	35, 62, 251, 324
5, 24	148
6, 1-4	29, 30f, 37, 63, 134, 260, 262, 318, 320, 332
10	23
11, 7	18, 261
12, 10-20	310
14, 18-20	236
16, 7ff	61, 273, 311
16, 10	43
16, 11	80
16, 13	45

Stellen-Register

17, 19	80	25, 9	117
18	50, 61, 186, 321f	28, 41	291
18, 8	52, 63, 305, 321	29, 9	291
19	62, 309, 321f	32f	44
19, 24	321	32, 34	44
21, 13	43	33, 2f	44, 62
21, 14-21	311	33, 34	62
21, 17-21	61	Levitikus	
21, 17	45	19, 2	32
22	3, 187, 311	21, 10	291
22, 11(. 15)	43, 61	21, 16ff	215
24	144, 148	23, 40	194
24, 7. 40	62	Numeri	
25ff	324	3, 40	253
28, 10ff	53, 61, 324	5, 1ff	215
29, 32ff	80	16, 4f	233
30, 20	92	21, 6	35
31, 11	45, 61	20, 16	44, 62
32, 2f	15, 53, 61, 62, 309, 324, 325	22ff	311, 323
		22, 20-35	61, 251, 323, 343
32, 4. 7	42	24, 17	291
32, 25ff	37, 45, 50f, 54, 62, 223, 309, 325f	Deuteronomium	
		4, 19f	23-25, 63
32, 30	316, 326	4, 35	2
33, 10	326	8, 15	35
39, 6	275	23, 10ff	215
41, 37ff	103, 274	26, 15	117
46, 27	78	30, 3ff	117
48, 15f	51, 53, 148, 325	32, 8f	10, 22-24, 63, 77, 262, 299
Exodus			
3, 2	45, 57, 61, 271, 283, 309	32, 16f	78
4, 24ff	37, 107	32, 43	10
12	44	33, 2	61
12, 12	92	33, 26	59
12, 21ff	37, 44, 92f	Josua	
12, 33	62	5, 13f	34, 51, 62, 99, 186, 242, 251, 273, 293, 312, 314
14, 19	44, 62		
15, 11	19	6, 17. 25	42
16, 14. 31	271	Richter	
20, 2	19	2, 1-4	44, 62, 90
20, 3f	298	5	173
21, 6	29	5, 20	25
23	44, 312		
23, 20ff	43f, 48, 62, 89		

6	41, 44f, 61, 73, 186, 309, 324, 326	22, 19-22	16, 37, 61, 85, 103, 312
6, 12	57	2Könige	
6, 21	271	1, 3. 5	61
6, 23	58	2, 11f	275, 328
13	45, 60f, 73, 186, 221, 309, 311, 324	6, 33	51
		7, 2	51
13, 3. 10	57	18, 4. 14	35
13, 6	48, 51	19	311
13, 8	46	19, 15	25
13, 15f	41	19, 23	20, 42, 87
13, 17f	47, 271, 293, 316	19, 35	62, 99, 282, 313
13, 20	328	Jesaja	
13, 22	45, 58, 310	6, 1ff	16f, 27, 35-37, 61, 188, 220, 222
1Samuel			
4, 4	25	14	55
4, 12	310	14, 29	35
10, 6. 9	164, 169	14, 32	73
17, 56	40, 308	18, 2	87
19, 11	42	19, 1	59
20, 21f	40, 308	19, 14	37
28, 3ff	19	23, 21-23	15
29, 9	55, 59, 62f	24-27	33
2Samuel		24, 21-23	33, 259
3, 12f	43	28, 5	201
6, 2	25	30, 6	35
7, 1-13	281	37, 16	25
14, 17. 20	55, 62, 63	37, 24	43, 87
19, 28	55, 62, 63	37, 36	62, 99
24	44, 62, 251, 311f, 324, 329	40, 3	18
24, 15-18	62, 108, 281, 330	40, 14	27
1Könige		42, 19	48, 73
1, 41	310	44, 26	20, 43, 48
2, 11	155	54, 16	108
8, 13	219	62, 3	201
13	46	62, 6	34
13, 12	61, 63	63, 9	62, 87, 92, 239
13, 18	312	Jeremia	
19	312	1, 11. 13	142
19, 5. 7	61, 62	23, 18	27, 62, 142
20, 2	42	25, 11-13	260
20, 4f	43	27, 3	87
20, 9b	72	27, 7	260

Stellen-Register

29, 10	260	14, 5	61, 84, 287
49, 14	87	Maleachi	
Ezechiel		1, 1	48f
1	16, 36, 61, 189, 226	2, 7	49, 115, 161, 214, 239
1, 26-28	58, 180, 201f, 267, 269, 289	3, 1	40, 44, 48, 61f
		3, 23	48
2	61	Psalmen	
2, 1	273	19, 1f	61
3, 12	36, 220, 223	24, 7. 9	233
8, 2f	146	29, 1	20f, 81, 220
8, 16	24	29, 10	20
9	50, 138, 256, 273, 331	34, 8	62
9, 2	58	35, 5f	62
10	36, 61	68, 5. 18. 34	59, 84, 223
28, 11ff	55, 201	68, 8	117
37	187	78, 25	16, 98
Hosea		78, 49	63
12, 1-6	32, 54	80, 2	25
12, 3-14	37, 50, 54, 62, 325	82	19, 23, 29, 63
Amos		89, 6-9	20, 52, 76, 81
5, 25-27	295	89, 37f	28
Obadja		91, 11	53, 62, 144, 148
1, 1	88	97, 7	21, 29, 61, 75, 77
Zephania		97, 9	21
1, 5	24	99	17
Nahum		99, 1	25
2, 14	73	103, 20ff	21, 25, 52, 61f, 220, 230
Haggai		104, 1-2	59
1, 13	47, 115	104, 4	53, 61, 236, 263
Sacharia		104, 26	111
1, 8-11	59, 61, 247	138, 1	75
1, 11-13f	61f	148, 1-3	21, 25, 52, 61f, 76, 173, 220, 282
2, 1ff	61		
3	55, 62, 163, 273	Sprüche	
3, 7	238	9, 1	274
4	16	13, 17	42, 63, 73
4, 1. 4f	61	15, 8	217
5, 5	61	16, 14	63
6, 1-8	59, 61	30, 3	27, 62
9, 14	249	Hiob	
12, 1-8	84	1-2	18, 37
12, 8	55, 63, 214	1, 6	106

1, 14	42	10, 10-21	24, 58, 62f, 219, 243, 251, 259f, 289
2, 1	106	12	22, 294
4, 18	20, 46f, 52, 63	12, 1	24, 62f, 243, 251
5, 1	55, 62	12, 3	170
15, 8	26, 62	12, 6f	289
15, 15	20, 46f, 52, 63		
16, 20f	106	Nehemia	
33, 23	55, 62	9, 6	21, 25, 61f, 182
38	173	1Chronik	
38, 7	18, 61, 79, 183, 220, 225, 227	13, 6	25
		17, 1-12	281
40, 19	110	21, 6	251
Threni		21, 15ff	44, 59, 62, 92, 108, 281, 311f, 324, 329f
3, 24	299	21, 19f	51, 73, 329f
Kohelet (Prediger)		21, 26-30	281
5, 5	49, 72, 115, 161	24, 4-6	234
Daniel	3, 13	2Chronik	
2, 11	27, 62, 102, 143, 158	3, 1	281
2, 47	101	16, 30	62
3, 25. 28f	37, 62, 101	18, 18	16, 61
4	34, 82, 136	36, 15f	47f, 234, 281
4-5	140	Septuaginta	
4, 5f. 15	102	Genesis	
4, 10. 14. 20	34, 52, 61, 103f	6, 1-4	73, 311, 320
4, 19. 22	102	16, 8	86
4, 31f	101	Exodus	
5, 4. 23	102	4, 24-26	81, 95f
5, 11. 14	102f	22, 9	74
6, 27ff	101	23, 20	87
7	28, 162, 256	23, 22	89
7, 9ff	18, 59, 61, 273	33, 2	87, 89
7, 13	59f, 289	Levitikus	
7, 16	61	18, 21	84
8	317	Numeri	
8, 10	176	20, 16	91
8, 13	52, 61	21, 21	71f
8, 15ff	51, 61, 289	22, 5. 7	71
9	103	22, 10	71, 86
9, 2. 24ff	260	22, 22ff	71
9, 21f	51, 61, 289	29, 11	233
10	22, 294		
10, 5f	58f, 181, 201, 266, 269, 289		

Stellen-Register

Deuteronomium	
2, 26	71f
32, 8f	77, 83, 25f
32, 43	75, 77f, 83f
33, 2	83, 257

Richter
2, 1-5	89f, 99
4, 8	95, 98, 144, 242
6, 12ff	95
11, 14	86
13	81
13, 11	86

Josua
5, 14	272
6, 25	71
24, 15	82

1Samuel
2, 25	74
25, 42	72
29, 9	72

2Samuel
| 11, 7 | 87 |
| 11, 18 | 99 |

1Könige
| 18, 14 | 86 |
| 21, 9b | 72 |

2Könige
| 7, 17 | 88 |
| 19, 23 | 87 |

2Chronik
| 36, 15f | 86, 281 |

1Esra (apokryph)
| 1, 48 | 86, 281 |

Esther
| 5, 2a | 121 |

Tobit
	141
3	227
3, 16f	220
3, 6-12	269
5, 4f (Sinaiticus)	322
5, 5ff	59
5, 17	145
5, 22	145
6	118, 142
8, 15	221
10, 12	145
11	142
11, 14	221f
12, 5	301
12, 12-15	142, 147, 220f, 264, 296
12, 16-18	58
13f	118

1Makkabäer
1, 44	283
4, 57	194
7, 41	313

2Makkabäer | 99 |
2, 16-18	119
2, 21	243
3 (bes. V 24f)	58f, 128, 248, 308, 313, 315
3, 9ff	243f, 249
5, 1ff	59, 245, 313
7, 34. 41	313
8, 19-20	245, 313
8, 24	245
10, 7	194
10, 29-31	59, 245, 249
11, 6. 8	59, 246
12, 11. 16. 22	246
15, 8	246
15, 12ff	246, 251
15, 22f	246, 313

3Makkabäer
3, 4	137
4, 8	194
5, 8. 51	246
6, 18-20	58, 246, 283
7, 16	194

4Makkabäer
| 4, 1ff | 247 |
| 17, 15 | 196 |

Psalmen
| 8, 5f | 74 |

28, 1	81	36, 16-19	119
67, 18	84	42, 17	282, 284
78, 25	95, 97f, 271	44-50	119
88, 7	81	45, 12	196
96, 7	75	48, 9	153
137, 1	75	50, 6f	170, 238
151 (bes. V 4)	47, 49, 86, 281	51, 12	119

Sprüche
13, 17	87f
16, 14	107
25, 13	87
26, 6	87
30, 3	27

Kohelet (Ecclesiastes)
5, 5	72, 88

Hiob 105-113, 257
1, 16-18	86
4, 18	109
5, 1	83
9, 7	109, 183
20, 15	106, 108
33, 23	83, 107f
38, 7	79
36, 14	83, 108
40, 11	108
40, 19	110f
41, 25	110, 112

Sapientia Salomonis
1, 13	109, 123
2, 8	113, 168
3, 1	195
3, 6f	160
5, 5	160, 171
5, 15f	160, 281
7, 26	160, 194-196
10, 10. 12	140, 180
16 (V 20)	140, 160
18, 15	94, 97
19, 21	92, 282
	271

Sirach
Prolog	11, 66
17, 17	258, 262
24, 1f	283f

XIIProph 49

Obadja
1, 1	88

Sacharia
1, 17	86
12, 8	81
14, 5	84

Maleachi
2, 7	88
3, 1	87

Jesaja
6	85
9, 5	79f, 289
18, 2	88
37, 24	20, 87
57, 9	88
63, 9	88, 91, 94

Jeremia
29, 15	87
30, 8	87
34, 2	87
49, 14	88

epistula Jeremiae
6	127, 145, 148, 281
66	170

Susanna 139

Daniel 99-105, 145
2, 11	101-103
2, 47	101f
3, 25. 49. 92	101f
4	257
4 (Theodotion)	82
4, 13. 23	104
4, 17f	102f
4, 22. 24	102

Stellen-Register

4, 32f	104
5, 4	102
5, 11f	102f
6, 23	91, 104
Bel et Draco 32ff	145-148

Qumran

Damaskusschrift (CD)	
2, 3	212
2, 18	216
5, 18f	216
11, 21	217
15, 15ff	215
1QGenesis Apokryphon	135
2	236
2, 19-21	135
20, 20	310
1QHodajot	
1, 8-13	263
2, 13	210
2, 22	215
3, 19-23	213
3, 32-36	252
4, 24f	213f
6, 13	214f, 239f
7, 11f	214
9, 25	195
11, 9ff	212, 241
12, 29f	284
13, 11	214
fragm. 1	284
fragm. 2, 4	213f
fragm. 10	214
1QM - Kriegsrolle	34, 99, 129
1, 10f	252
7, 1-7	215
9, 5f	247
9, 14ff	215, 252
11, 1f	313
11, 11ff	247
12, 1-5	215, 252f
12, 6-9	252
12, 10f	252
13, 3	230
14, 4ff	250
14, 8	252
15, 14	252
17, 6	252
19, 1	252
19, 14ff	252
1QpHab	13, 123
1QSerech Hajachad	
3, 13ff	215, 252
3, 18ff	238
3, 22ff	165, 292
4, 7f	195f
4, 22	139
8, 17. 23	209
9, 4f	217
11, 4-9	211
1QSa - Gemeinschaftsregel	
2, 8f	215
1QSb - Segenssprüche	
3, 25	214
4, 25f	214, 239, 292
Livre de Noé 3, 5	277
4Q184	188
4Q381, 1, 10	282
4Q400 1 i 14	235
4Q400 2, 1	139
4Q400 I 14-17	230
4Q401, 11, 3	292
4Q403 1 i 19. 24	139
4Q403 1 i 31	139
4Q405 3 ii 9. 16	139
4Q405 20 ii 21-22	231
4QAmr	239
4QDtn	22, 75-78
4QEn	12, 74
4QMa	252
4QpaleoExodm	12
4QSam^c	329f
4QSerShirShab	238, 264
8HevXIIgr	67

11QBer 13f	215
11QMelch	82, 236, 238, 292
2, 5. 8. 10	165, 237
11QPs	86, 281
11QPs^{a}Creat. XXVI 11f	227
11QShirShab	
2-1-9 5	139
8f	230
11QTgJob	79
11QTemp 45, 17f	215
MassSerShirShab	230

Pseudepigraphen/Ausserkanonische
Literatur
Fragmente jüdisch-hellenistischer
Literatur

Artapanos	
fragm. 3	177, 259, 283
Eupolemos	
fragm. 2	281
Ezechielus Tragicus	92, 183
Z. 70ff	204
Z. 79f	182
Z. 99	94, 283
Z. 159	283
Z. 187	283
Ps-Eupolemos	134, 137
Ps-Phokylides	
71	183
75	184
101-104	184
162f	184
PsOrph	
33f	183
Apokalypse Abrahams	143
11, 2	203
17	222, 235
18, 5f	188
19, 9	178
23, 5	188

Testament Abrahams	130, 151
A 3, 3	222
A 4, 7-10	97
A 5, 2	241
A 7, 2ff	198
A 7f	151
A 7, 3	202
A 12, 5ff. 11	290
A 13, 2	290
A 13, 11	178
A 15ff	143
A 16, 6	179
A 16, 9	161
A 20, 10-14	152, 162, 222
B 4, 4	223, 241
B 7	171, 198
B 8ff	151
B 9, 5ff	151
B 10	290
B 13	161
B 14	152
Testament Adams	
1, 4	222
4, 7f	244
Vita Adae et Evae	
4, 2	97
13ff	152, 241
33. 39	148
47	153
48, 1	178
Baruch, syr. (= 2Bar/syBar)	
6, 4f	331
15, 8	195, 197
51, 1ff	165f
55, 3	140
63, 6	140
67, 2f	260
75, 1	293
Baruch, graece (= 3Bar/grApkBar)	
2, 6	250
4, 7	264
4, 15	188
4, 16	168

Stellen-Register

6	188	7	204
6, 1	155	7, 6	153
6, 2	178, 202	visio Esrae 56ff	151
6, 16	178	Henoch, äthiopischer	34
7, 4	178	1-37	74
7, 5	188	1	13
8, 1. 4	178	1, 2	135
9, 3	178	1, 3-9	85
10, 1	250	1, 9	252, 257
11, 4	234, 250	6, 7	176
11, 7	141	6-15	31f, 122, 158, 293
11ff	219, 233	8, 3	220
11-16	264, 301	9	257
12, 1-5. 6ff	234	(9-) 10	177, 225, 257, 264
13, 4	168, 234	10, 4-8	142
15, 1; 16, 1ff	234	10, 13ff	290
Eliah-Schriften		12, 2	135
Apokalypse Eliahs		12, 4	138, 273
1, 10	163, 238, 240	14ff	239
5, 2	188	14	120, 229
20, 12ff	196	15	109
38, 17-39, 1	188	15, 1	58
vita Eliae	165	15, 5	235
4Esra		16, 3	136, 284f
allg.	61	17ff	143
4, 21	143	18, 13-16	175
4, 36	140	18, 14-19, 2	178
4, 38	293	20	264
5, 38	143	20, 2	178
5, 44. 56	86	20, 5	250, 260
7, 85. 95	162	20, 7	265
(arm.) 7, 96	168	20, 8	140
7, 97. 125	170	21, 3-6	142, 176, 178
8, 52	238	21, 9f	58, 178
(arm.) 8, 62I	168	27, 3-5	240
10, 59	86	33, 1f	178
12, 40. 51	86	37-71	136
13, 52	290	38, 4	170
14, 42	138, 257	39, 4f	162
Esra, griech. Apokalypse		39, 5	171
6	151	39, 7	170
6, 17	196, 204	39, 12	222
6, 21	204	40, 3-7	226

40, 8	255	90, 31f	59
40, 9ff	226, 264	99, 3	301
41, 2	162	100, 5	148
41, 7	179	103, 2	135
43-44	170	104, 2	170f
43, 3	179	104, 6	162, 170
46, 1f	289	106, 7. 19	135
50, 1	170	108, 11ff	196
51, 5	165	Henoch, slavischer (=slHen/2Hen)	
52, 5	255	1, 3	189
53, 4	255	3, 1	188
54, 4	255	4, 2ff	178, 189
54, 6	264	8, 1	234
56, 2	255	8, 8	223
57, 1f	60	11, 4	178, 189
60, 3	58	12, 2	189
61, 1	188, 190	14, 2	181, 203
61, 4	165	15, 1	223
61, 9-11	224, 265	16, 7	178, 189
62, 15f	59	17	223, 240, 254
63, 2	240	18, 31	264
68, 2-69	272	19, 1	181
69, 10-11	168	19, 2ff	178, 223
69, 26	225, 240	19, 5	256
70, 2	60, 153	19, 6	189
71	240	20, 3-21, 1	223
71, 5	60	21, 1	189, 240
71, 7	265	22, 4	138
71, 8	264	22, 6	250
71, 11	163, 240	22, 8ff	59, 163, 234
72-82	319	22, 11	138, 257
72, 1 (. 3)	178	22, 12	163
74, 2	178	23, 1f	223, 250, 254
75, 3	178	23, 6	138, 257
77, 2f	59	24, 3	137, 284f
79, 6	178	29, 3	250, 265
80, 6	176	30, 1	250
82, 1ff. 7ff	178	30, 8	137
88, 1-3	176, 251	30, 11f	137, 168
89, 59ff	260	31, 2	223
89, 76	138, 256, 296	33, 7	250
90, 14. 22	138, 256	33, 10	250
90, 19. 34	251	36, 2	153
90, 24ff	260	37, 1	153

Stellen-Register

40, 2f	137	16, 17	267
42, 4	223	17, 3	271
55, 1	153	17, 7f	271, 275
55, 2	238	17, 9	272
56, 2	234	20, 6	274
65, 10f	165	**Jubiläen-Buch**	
66, 7	165	1	49, 123
67, 2	153	1	49, 257
69ff	236	1, 27	239
72	189	1, 29	229
Anhang 1, 8	205	2	79
Anhang 3, 9	189	2, 1. 18	239
Testament Hiobs		2, 2	235, 263
3, 1	240	2, 3	228
4, 1	240	2, 17ff	235
4, 10	196	3	163
33, 2	209	4, 1-10	256, 319
33, 9	151	4, 14f	176
43, 10	257	4, 17	319
46, 5ff	245	4, 21	136
47, 1. 11b	150	4, 23	229
48, 3; 49, 2; 50, 1f	209, 240	6, 18	235
52 (bes. 2-10)	150f, 155, 240, 244, 257	8, 3	176, 319
		10, 10-14	142, 220
Paralipomena Jeremiae		15, 31bf	260
3, 2-4	331	16, 30	194
Proseuche Joseph, Z. 10	325	30, 20	296
Joseph und Aseneth		31, 14	214, 239
JosAs	6, 82, 131, 266	48, 2	81, 107
5, 4f	274f	**Judith**	
5, 6	198	3, 7	194
6, 2f	276	5, 11	194
6, 5	155	15, 1	194
6, 6	274	**Apokalypse Moses**	
11, 1y	268	7	148
14, 1-2	268	9, 3	234
14, 8f	198, 269, 272	12	148
14, 10-17	270	13, 1	234
15, 2f. 8	270	29, 3	229
15, 12xf	270f	32, 3	260
16, 8	271	33	153
16, 14	97, 271	37, 3	188f
16, 16-16x	271	38. 40	152f, 222, 264
		43	152f, 222

Assumptio Mosis

10, 1f	251, 260, 290
10, 9	171
11, 17	291

Pseudo-Philo: Liber Antiquitatum Biblicarum (LAB)

1, 1ff	319
11, 12	256
13, 6	147, 293
15, 5	147
18, 6	223, 325
19, 5	97
19, 12. 16	153, 167, 225
20, 2f	164, 240
24, 3	147
27, 10-12	169, 250, 252
28, 9	167
30, 5	147
32, 1	147
33, 5	167, 171
34	293, 298
59, 4	147
61, 5ff	250
61, 9	169
64, 6	147

Psalmen Salomos
129

Oden Salomos

1, 1	204, 288
5, 11f	288
9, 8. 9. 11	204
15, 15	204
17, 1	204
17, 4	166
20, 7f.	204

Testament Salomos

1, 6	264
2, 4	264
5, 5	297
5, 9	264
8, 9	177
18, 4-8	177

Schatzhöhle
152, 204

Oracula Sibyllina

2, 187	153
2, 215-217	140, 178
2, 227ff	178
3, 652	291
5, 155ff	180, 291

Testamente der Zwölf Patriarchen

Ruben 5, 3	141
Ruben 5, 6	74
Levi 3, 2ff	140, 143, 238, 229, 252, 257
Levi 5, 2	239
Levi 5, 3-6	146, 294
Levi 5, 6f	260
Levi 8	264
Levi 8, 2	59, 140, 198, 205, 238f
Levi 8, 5	97
Levi 8, 10	198, 291
Levi 17f	239
Juda 25, 2	179, 239
Dan 5, 12	163, 238, 240
Dan 6, 1ff	255, 260, 294, 296
Dan 6, 5	250
Dan 6, 7	292
[hebrTNaph 8ff	261]
Ascher 6, 5f	153, 255
Benjamin 4, 1	196
Benjamin 6, 1	153, 255

Testamente Isaaks und Jakobs (zum TAbr s.o. unter „Abraham")

Isaak 2, 1ff	166, 223
Isaak 6, 16. 24f	226
Isaak 7	153
Isaak 8, 3	222
Isaak 9, 1	222
Jak 2, 4ff	148, 166

Apokalypse Zephanias

5	238
6, 1-3	296
6, 8ff	140, 181, 203
7, 10	227
8, 1-5	164, 240f

9, 1	227	2, 205	333
9, 4f	163	2, 344	307
		3, 62	309

Philon

somn. 1, 129	325	4, 38	307
somn. 1, 227-230	56	4, 107-120	323
de Abrahamo 116-118	98, 321	5, 143	322
det. 117f	271	5, 213f	309, 326
fuga 138	271	5, 243	307
Gig 6	73	5, 276ff	309f, 328
leg. all. 2, 34	93	5, 357	307, 310
mut.nom. 14	325	6, 74f	307
QG II 62	56	6, 211	323
QEx I 23	93	7, 34	307
		7, 72	311

Josephus

Bellum Iudaicum

		7, 141f. 144f	307
		7, 294	311
1, 3	302	7, 324ff	312, 330f
1, 277. 328	307	7, 360	310
2, 45	307	8, 329	312
2, 116	317	8, 347	307
2, 142	315	9, 20-22	307
2, 152ff	316	9, 404	312
2, 401	315	10, 21	313
2, 620. 623	307	10, 79	331
3, 298	307	10, 117-119	317, 331
3, 351ff	317	10, 124-130	317
3, 353	310	10, 126. 128. 133f	331
3, 400	307, 317	10, 272	311, 317
3, 433	307	12, 136	313
4, 229. 236. 344. 526	307	12, 331	307
5, 381	310	14, 286. 349. 372. 451	307
5, 388. 410ff	313	15, 136	72, 307f
5, 512-518	330	16, 286	307
6, 296-300	310	18, 89f	307

Antiquitates Iudaicae

		19, 346	307
1, 68-73	73, 173, 176, 306, 319f	19, 358	194
		20, 87. 89.	307
1, 189	308	20, 263	302f

Contra Apionem

1, 197ff	308-310, 321f	1, 37	308
1, 233	311	1, 50	302
1, 279	324		

Vita

1, 325	309, 325	1ff	302
1, 331ff	309f, 325f	208	317
2, 82	311		

Neues Testament

Matthäus-Evangelium

1, 20	58
1-2	202, 333
10, 32f	289
13, 24-30	289
13, 43	171
14, 27	58
16, 27	258, 289
17	154
17, 2ff	59, 171
17, 6ff	58
19, 28	168
22, 30	166
24, 30ff	167, 289
28, 1-4	292
28, 5. 10	58

Markus-Evangelium

6, 50	58
8, 38	258, 289
9	154
9, 2	59
12, 25	166
13, 16	60
13, 26f	289
14, 62	60
16, 1ff	72, 205

Lukas-Evangelium

1	233
1, 13. 20	58
2, 13f	85, 228
2, 16	58
5, 4ff	58
9	154
9, 26	258, 289
9, 29–30	59
9, 34	58
10, 1ff	261
10, 24	285
12, 8f	289
16, 22	154
20, 36	166
22, 30	168
24, 36	58
24, 36-43	167, 287

Johannes-Evangelium

1, 1	56
1, 51	289
10	23

acta/Apostelgeschichte

6, 15	59
7, 42f	294
7, 52	308
7, 55	59
12, 15	148, 167
12, 20	307
18, 9	58
27, 23f	58

Römerbrief

8, 38	286
16, 22	138, 257

1Korinther

2, 6-8	288
6, 3	257, 286
9, 25	197
11, 10	287
13, 1	286
15, 40-42	171
15, 51f	167, 192

2Korinther

3, 18	171
4, 4	167
11, 14	287
12, 7	287

Galater

1, 8	286
3, 19	286, 308
4	295, 298
4, 14	287
4, 26	238

Epheser 3, 10   285f

Philipper

2, 5ff	288
3, 14	197
3, 20f	166, 238, 287

Kolosser

1, 12	167, 287
1, 15	167
2	298
2, 8. 16	295
2, 18	295, 297

1Thessalonicher

2, 19	197
3, 13	287
4, 16	167, 289

2Thessalonicher 1, 7   289

1Timotheus

3, 16	288
4, 1	295
5, 21	295

2Timotheus 4, 7f   197

Hebräerbrief

1-2	288
1, 1-4	167, 288
1, 6	75
1, 14	230
2, 2	308
2, 7	201
11, 16	238
12, 22	238

Jakobusbrief

1, 12	197
2, 25	71

1Petrusbrief

1, 12	285
3, 22	289

2Petrusbrief

2, 4	286
5, 4	198

Judasbrief 6   286

Apokalypse des Johannes   130

1, 12b-16	58, 181, 202, 245, 289
2, 1	138, 257
2, 10	192, 197
3, 5	289
3, 11	197
4(f)	168, 202, 234
4, 3f. 10	197, 202
4, 6f	239
4, 8-11	228, 241
5, 1ff	257
5, 8. 11f	228
6, 2	197, 202
6, 2-8	60
6, 10f	192
9, 7	197, 202
10, 1	202
11, 1-14	154
12, 1	197, 202
12, 28f	60
12, 3	202
12, 7	251
13, 1	202
14, 3	228
14, 14-20	197, 202, 289
19, 10	296
19, 12	202
21	238
22, 8f	296

Frühe Kirche

Barnabas 9, 4   286

Ignatius

Smyrnäer 6, 1	295
Trallenser 5, 1f	295

2Clemens 7, 1-3   204

Martyrium Polykarps

2, 3	166
17, 1	204

Hermas

sim 6, 1, 5	308
sim 6, 2, 1	308
sim 8, 2, 1	204
sim 8, 3, 6	204
vis 1, 3, 3	240
vis 1, 4, 1	308
vis 2, 4, 1	308
vis 3, 1, 6ff	308
vis 3, 2, 5	308

vis 3, 4, 1 308
vis 3, 10, 1. 7 308
5Esra
  1, 19 97
  2, 42-47 192, 205
Ascensio Isaiae
  7, 22 195, 204
  9, 6-13 192, 204
Aristides
  Apol. 14, 4 297
Tatian, Oratio ad Graecos
  7, 2f 157f
  8, 2 158
  9, 1 158
  12, 4 158
  13, 2f 157f
  14, 1 158
  16, 1 172
  18, 2f 158
  21, 2 158
  fragm. 2 172
Justin
  1Apologie
    6, 2 297
    54 262
    66, 4 262
    70, 1ff 262
  dialogus cum Tryphone Iudaeo
    19, 5f 295
    36, 5 233
    73, 6 295
    83, 4 262
    84, 4 233
    91, 3 262
    94, 2 262
    100, 5 233
    132f 295
Meliton, ΠΕΡΙ ΠΑΣΧΑ 92
Protevangelium Jacobi
  7 233
  8, 1 97
  15, 2 97
  23f 233

Tertullian
  Apologia 22, 8 190
  de idolatria 4, 2f 136
Clemens Alexandrinus
  Quis dives 42, 16 154
  Strom V 77 203
  Strom V 130 155
  Strom VI 41 297
Origines
  Comm. in Ion. zu 13, 17 297
  Contra Celsum
    I, 26 298
    V, 2 298
    V, 6 298
    V, 52 136, 298
Apostl.Const. 7. 35. 3f (Funk I, S. 430) 223

Rabbinica, incl. Hekhalot und Targumliteratur
Targum allgemein zu
  Ex 14, 24 223
  Ex 15, 7 113
  Hi 38, 7 79
Corpus Neophiti zu Gen 18, 8 321
Pseudo-Jonathan
  Gen 3, 5 165
  Gen 18, 18 97
  Gen 32, 25 239
  Gen 33, 10 148
  Ex 4, 24(-26) 81, 96
  Nu 16, 20 94
  Dtn 32, 8 22
  Dtn 34, 6 151
  Ps 78, 25 97
Fragmenten-Targum
  Dtn 32, 8 22
  Dtn 33, 2 84
Targum Onkelos
  Ex 4, 24 81, 96
  Dtn 33, 2 84
Mischna, Tosephta, Talmude
  MHul 2, 8 298

Stellen-Register

MTam 6, 3	233
tSchab 18, 2	148
tSot 13, 5-6	233
tAZ 1, 18	148
tHul 2, 12	298
bAZ 42b. 43b	300
bBB 75b	241
bBer 17a	184, 195
bBer 7a	206, 233
bHag 12b	218
bHag 13b	206, 308
bHag 15a	83, 184
bHul 40b	298
bHul 91b	222f
bKet 104a	153
bMeg 15b	195
bMeg 29a	148
bMen 110a	219
bNed 31b-32a	81, 96
bNed 32a	25
bPes 51a	219
bRH 24b	265
bSan 103a	148
bSan 106b	324
bSan 38b	166
bSan 94a	79
bSchab 151b	166
bSot 33a	233, 240, 301
bSuk 52b	219, 236
bSuk 5b	308
bYom 4b	97
bYom 39b	233
bYom 75b	97
bZeb 62b	219
jBer IX (Ven. 12a/Krot.13a)	301
jRoschHasch II, 5 (Ven. 58a) 181	

Midraschim

Genesis rabba (Seiten nach Theodor/Albeck)

25, 1 (S. 238f)	149
40 (41), 2 (S. 389)	310
48, 14 (S. 491)	97
75, 8 (S. 886)	148
77 (S. 912)	326

Mechilta (Seiten nach Horovitz/Rabin)

Bo VII (S. 23)	92f
Beschalach III-Ende (S. 167)	97
Jitro I (S. 191)	81, 96
Jitro X (S. 239)	300

Mechilta de Rabbi Schimon bar Yochai (Seiten nach Epstein/Melamed)

Beschalach XIV, 29 (S. 68) 164f

Exodus rabba (nach ed. Wilna)

21, 4 (Wilna, 40c)	206
32, 7 (Wilna, 60d)	168

Levitikus rabba (nach Margalioth)

1	49
30, 2	162, 171
34, 8	97

Numeri rabba (nach ed. Wilna)

11, 7 (fol. 44d)	219
2, 10 (fol. 5d)	178

Deuteronomium rabba (ed. Wilna)

2, 34 (fol. 104c)	299
4, 4 (fol. 140b)	148
11, 4 (fol. 119a)	97
11, 10 (fol. 120b)	153
Dtn.r-Lieberman, S. 65f	299

Sifre (Seiten nach Finkelstein)

Beracha 243 (S. 398f) 83f

Midrasch Tehilim (Psalmen)

17, 8 (Buber, S. 66b)	148
55, 3 (Buber, S. 148b)	148

Hohes Lied rabba

2, 13	236
ARN, A 12	184

Pesikta Rabbati (Friedmann)

2	219
20	84, 144
21	197, 313
26	331

Pesikta de Rav Kahana (Mandelbaum)

Bahodesch (I, S. 220) 84

Beracha (II, S. 449)	83f
Tanchuma, Beracha 5	84
Tanchuma Buber	
Beracha 3	83f
Mezora 2	49, 148
Jalqut Hamechiri (Kahana-Schapira)	
S. 72f	79
Jalqut Schimoni	
§ 59	310
§ 951	83
Midrasch der zehn Worte, 1	218
Hekhaloth-Literatur	
3Henoch	
3, 2	239
6, 1	153
12, 4	202
13, 1	202
15	164
16, 1f	202
17. 18	202, 244, 264
21, 4	202
22, 3-9	251
22, 5. 8	202, 207
22, 6	189, 245
25,5	265
26, 7	202
27, 1f	138, 257
35, 4f	222, 233
36	233
38, 1	222
39, 2	202
40, 1f	222
48 C	138, 164, 220
Hekhalot-Synopse (Schäfer)	
§ 9	153
§ 33f	189, 202, 245
§ 40/870	207
§ 73	138, 164
§ 85	164
§ 138. 151. 501. 597. 667	206
§ 859	202
§ 869	245
§ 869f	202
§ 870	189
§ 890	153

Klassische Autoren

Aischylos	
Agamemnon 633	276
Athenaeus	
VII 296e	276
XV 693	276
Diodorus	
Bibliotheca historica 30, 6	177
Dionysios Halikarnasses	
AntRom 1, 64	173
AntRom 6, 13, 1-4	249, 327
AntRom 6, 3, 1-4	308
Herodot	
Hist. 2, 139	248, 325
Hist. 5, 56	248, 325
Hist. 6, 117	248, 325
Hist. 7, 12	248, 325
Hist. 8, 37-39	248
Hesiod	
erga	174
erga 121ff	171
erga 165-173	172
Homer	
Ilias III, 276	276
Ilias V, 437	250
Ilias XXI, 227	250
Odyssee XIX, 386ff	157
Homerische Hymnen	
2, 62; 3, 411	276
28, 12f	275
31, 7	276
31, 9	275
Orphische Hymnen 8	276
Pindar, Olympische Gesänge	
VII, 55f	262
VII, 39	276
Platon	
Gesetze IV 713c-d	262
Gesetze VIII 848d	177
Kritias 109b-c	262

Phaidon 107c-108d	155
Phaidros 246-249	155, 172
Staat 508a	276
Symposion 202c	155
Timaeus 39a-40b	2
Timaeus 41d/e	172
Plautus	
Amphytrion 1126-1129	328
Plutarch	
de Genio Socrati 588bff	172
de facie 945c	276
Porphyrius	
Ad Marcellam 343f	256
Proklus	
Hymnus an Helios	275

Magica

AKZ VII, 2. 4ff	205
Papyri Graecae Magicae (PGM)	
I, 195-222	228
I, 300ff	300
II, 81-140	276
III, 145ff	300
III, 149f	264
III, 159	300
IV, 1181ff	278
IV, 1607	276
IV, 2985	276
VII, 796ff	278
XIII, 768	276
XXIIb	141
Sefer Harazim	185, 300

Gnosis

Mani-Kodex 51, 1	164

Texte und Studien zum Antiken Judentum

Alphabetische Übersicht

Becker, Hans-Jürgen: siehe Schäfer, Peter
Chester, Andrew: Divine Revelation and Divine Titles in the Pentateuchal Targumim. 1986. *Band 14.*
Cohen, Martin Samuel: The Shi^{c}ur Qomah: Texts and Recencions. 1985. *Band 9.*
Engel, Anja: siehe Schäfer, Peter
Gleßmer, Uwe: Einleitung in die Targume zum Pentateuch. 1992.
Grözinger, Karl: Musik und Gesang in der Theologie der frühen jüdischen Literatur. 1982. *Band 3.*
Halperin, David J.: The Faces of the Chariot. 1988. *Band 16.*
Herrmann, Klaus: siehe Schäfer, Peter
Instone Brewer, David: Techniques and Assumptions in Jewish Exegesis before 70 CE. 1992. *Band 30.*
Ipta, Kerstin: siehe Schäfer, Peter
Kasher, Aryeh: The Jews in Hellenistic and Roman Egypt. 1985. *Band 7.*
–: Jews, Idumaeans, and Ancient Arabs. 1988. *Band 18.*
–: Jews and Hellenistic Cities in Eretz-Israel. 1990. *Band 21.*
Kuhn, Peter: Offenbarungsstimmen im Antiken Judentum. 1989. *Band 20.*
Lohmann, Uta: siehe Schäfer, Peter
Luttikhuizen, Gerard P.: The Revelation of Elchasai. 1985. *Band 8.*
Mach, Michael: Entwicklungsstadien des jüdischen Engelglaubens in vorrabbinischer Zeit. 1992. *Band 34.*
Mendels, Doron: The Land of Israel as a Political Concept in Hasmonean Literature. 1987. *Band 15.*
Mutins, Hans Georg von: siehe Schäfer, Peter
Otterbach, Rina: siehe Schäfer, Peter
Prigent, Pierre: Le Judaisme et l'image. 1990. *Band 24.*
Reeg, Gottfried (Hrsg): Die Geschichte von den Zehn Märtyrern. 1985. *Band 10.*
Renner, Lucie: siehe Schäfer, Peter
Rohrbacher-Sticker, Claudia: siehe Schäfer, Peter
Samely, Alexander: The Interpretation of Speech in the Pentateuch Targums. 1991. *Band 27.*
Schäfer, Peter: Der Bar-Kokhba-Aufstand. 1981. *Band 1.*
–: Hekhalot-Studien. 1988. *Band 19.*
Schäfer, Peter (Hrsg): Geniza-Fragmente zur Hekhalot-Literatur. 1984. *Band 6.*
Schäfer, Peter, Gottfried Reeg, Klaus Herrmann, Claudia Rohrbacher-Sticker, Guido Weyer (Hrsg): Konkordanz zur Hekhalot-Literatur. Band 1. 1986. *Band 12.*
Schäfer, Peter, Rina Otterbach, Gottfried Reeg, Klaus Herrmann, Claudia Rohrbacher-Sticker, Guido Weyer (Hrsg): Konkordanz zur Hekhalot-Literatur. Band 2. 1988. *Band 13.*
Schäfer, Peter, Hans-Jürgen Becker, Anja Engel, Kerstin Ipta, Uta Lohmann, Martina Urban, Gert Wildensee (Hrsg): Synopse zum Talmud Yerushalmi. I/1 Ordnung Zera^{c}im – Traktate Berakhot und Pe'a. 1991. *Band 31.*
Schäfer, Peter, Margarete Schlüter, Hans Georg von Mutins (Hrsg): Synopse zur Hekhalot-Literatur. 1981. *Band 2.*
Schäfer, Peter, Hans-Jürgen Becker, Klaus Herrmann, Claudia Rohrbacher-Sticker, Stefan Siebers (Hrsg): Übersetzung der Hekhalot-Literatur. Band 2: §§ 81–334. 1987. *Band 17.*
Schäfer, Peter, Hans-Jürgen Becker, Klaus Herrmann, Lucie Renner, Claudia Rohrbacher-Sticker, Stefan Siebers (Hrsg): Übersetzung der Hekhalot-Literatur. Band 3: §§ 335–597. 1989. *Band 22.*
Schäfer, Peter, Hans-Jürgen Becker, Klaus Herrmann, Lucie Renner, Claudia Rohrbacher-Sticker, Stefan Siebers, (Hrsg): Übersetzung der Hekhalot-Literatur. Band 4: §§ 598–985. 1991. *Band 29.*
Schlüter, Margarete: siehe Schäfer, Peter

Texte und Studien zum Antiken Judentum

Schmidt, Francis: Le Testament Grec d'Abraham. 1986. *Band 11.*
Schwartz, Daniel R.: Agrippa I. 1990. *Band 23*
Shatzman, Israel: The Armies of the Hasmonaeans and Herod. 1991. *Band 25.*
Siebers, Stefan: siehe Schäfer, Peter
Swartz, Michael D.: Mystical Prayer in Ancient Judaism. 1992. *Band 28.*
Urban, Martina: siehe Schäfer, Peter
van Loopik, Marcus (Übers. u. Komm.): The Ways of the Sages and the Way of the World. 1991. *Band 26.*
Wewers, Gerd A.: Probleme der Bavot-Traktate. 1984. *Band 5.*
Weyer, Guido: siehe Schäfer, Peter
Wildensee, Gert: siehe Schäfer, Peter

*Die Gesamtkataloge »Theologie« und »Philosophie/Soziologie« erhalten Sie von
J. C. B. Mohr (Paul Siebeck) · Postfach 2040 · D-7400 Tübingen*